Georg Huth

Geschichte des Buddhismus in der Mongolei

Georg Huth

Geschichte des Buddhismus in der Mongolei

ISBN/EAN: 9783337385149

Printed in Europe, USA, Canada, Australia, Japan

Cover: Foto ©ninafisch / pixelio.de

More available books at **www.hansebooks.com**

Geschichte

des

Buddhismus in der Mongolei.

Aus dem Tibetischen

des

'Jigs-med nam-mk'a

herausgegeben, übersetzt und erläutert

von

Dr. Georg Huth,

Privatdocent an der Universität zu Berlin

Erster Teil:

Vorrede. Text. Kritische Anmerkungen.

STRASSBURG

KARL J. TRÜBNER

1892.

Herrn Professor Dr. Freiherrn

Georg von der Gabelentz

verehrungsvoll gewidmet.

Vorrede.

Der Ausgabe des vorliegenden Werkes liegt eine von Schiefner angefertigte Abschrift des in dem Asiatischen Museum zu St. Petersburg befindlichen Holzdruckes zu Grunde: vgl. Mélanges asiatiques, I, p. 414, no. 438b. Kurze Mitteilungen über denselben machte dieser Gelehrte bereits im Jahre 1851 in dem Bulletin historico-philologique der Petersburger Akademie (s. Mél. Asiat., I, pp. 414. 422—428. 437). Ein zweites Exemplar wird in dem Katalog der Bibliothek des Asiatischen Departements in Petersburg (1844) unter no. 505 erwähnt.

Laut Angabe am Schluss des Textes (p. 284 fg.), wurde das Werk auf Anordnung des Zam-t'sa, eines lamaistischen Grosswürdenträgers, von dem hohen Geistlichen 'Jigs-med nam-mk'a, dessen Lebenslauf in dem Werke selbst (pp. 225,3—228,9) geschildert wird, im Jahre 1818 in bKra-šis dga-ldan bšad-sgrub gliṅ verfasst. Auch die Abfassung des Werkes in mongolischer Sprache wurde von Zam-t'sa angeordnet; ob aber dieser Befehl zur Ausführung gelangte, wird nicht mitgeteilt.

Das erste Fünftel des Werkes enthält eine gedrängte Darstellung der politischen Geschichte der Mongolen, für welche der Verfasser nach seiner eigenen Mitteilung neben anderen mongolischen Geschichtswerken hauptsächlich das des Sanang Setsen benutzte. Dann folgt der Hauptteil, die Geschichte des Buddhismus in der Mongolei, auf Grund tibetischer Quellen, namentlich der Biographieen der grossen lamaistischen Geistlichen und hohen Kirchenfürsten. Die Darstellung beginnt mit der sehr eingehenden Erzählung der ersten Verbreitung der lamaistischen Lehre zugleich mit der Einführung der Schrift in der Mongolei durch das Priestergeschlecht der Sa-skya's, deren Hauptvertreter uns in ausführlichen Biographieen geschildert werden. Des weiteren wird C'os-kyi .od-zer's wichtige Thätigkeit beschrieben und danach die minder bedeutsame Zeit bis zum Auftreten bTsoṅ-k'a-pa's, des Reformators der lamaistischen Kirche, kurz behandelt. Von da ab wird ihre Ausbreitung und Fortentwickelung in der Form von Biographieen einer grossen Anzahl der verdienstvollsten und bekanntesten Sendboten und Lehrer des Lamaismus geschildert, deren unermüdlicher, allen Hindernissen und Gefahren des unwirtlichen Landes trotzender Eifer uns eine Vorstellung gestattet von dem religiösen Ernst dieser Männer wie von der tiefen, machtvollen Wirkung, welche der Buddhismus auch auf die Gedanken und Gefühle der Völker Centralasiens auszuüben vermochte.

Der Wert des vorliegenden Werkes für die Erforschung des Lamaismus liegt in der ausserordentlichen Fülle von Angaben über die inneren Verhältnisse, Zustände und

Institutionen der verschiedensten Gebiete des lamaistisch-kirchlichen Lebens, die uns bisher grösstenteils ganz oder fast ganz unbekannt waren, und zu deren vollständiger Kenntnis und Erkenntnis allerdings auch noch andere Quellen benutzt werden müssen. Die Ausbildung, Laufbahn, Lehrthätigkeit und hierarchische Organisation der Geistlichkeit; die Entwicklung der buddhistisch-lamaistischen Lehren; die Formen des Kultus und der priesterlichen Magie; die äussere Geschichte des Lamaismus in der Mongolei und zum Teil auch in Tibet; die religiöse Litteratur, namentlich der original-tibetische Teil derselben: sie alle erhalten durch das Werk mannigfache und bedeutsame Aufhellung und werden unserer Kenntnis und unserem Verständnis beträchtlich näher gebracht. Aber auch mit Bezug auf die politische Geschichte der Mongolen und ihrer Nachbaren, sowie auf die geographischen Verhältnisse ihrer Länder, wie auch betreffs gewisser sprachlicher Erscheinungen des Tibetischen, Mongolischen und Chinesischen, speciell in lautgeschichtlicher Hinsicht, erfährt unser Wissen vielfache Bereicherung.

Die auf allen diesen Gebieten sich ergebenden Resultate beabsichtige ich in ihrer Gesamtheit zugleich mit eingehenden Einzeluntersuchungen im Anschluss an meine demnächst erscheinende Uebersetzung des vorliegenden Textes zu veröffentlichen.

Es liegt mir noch die angenehme Pflicht ob, dem Hohen Königl. Preussischen Unterrichts-Ministerium für die gütige Unterstützung, durch welche mir die Publication dieses Werkes ermöglicht wurde, sowie der Königlichen

Akademie der Wissenschaften zu Berlin für ihren wohlwollenden und thätigen Anteil an demselben auch an dieser Stelle meine tiefgefühlte Erkenntlichkeit auszudrücken.

Ausserdem schulde ich Herrn Professor Dr. Georg von der Gabelentz meinen wärmsten und herzlichsten Dank für seine rege, fürsorgliche Anteilnahme an meiner Arbeit und seine bereitwillige Förderung derselben. Ebenso fühle ich mich Herrn Professor Dr. W. Grube für die freundliche Ueberlassung des Manuskriptes aus dem Schiefner'schen Nachlass zu vielem Danke verpflichtet.

Berlin, 15. August 1892.

Georg Huth.

༄༅། །ཆེན་པོ་ཧོར་གྱི་ཡུལ་དུ་དམ་པའི་ཆོས་ཇི་ལྟར་བྱུང་བའི་ཚུལ་བཤད་པ་རྒྱལ་བའི་བསྟན་པ་རིན་པོ་ཆེ་གསལ་བར་བྱེད་པའི་སྒྲོན་མེ་ཞེས་བྱ་བ།

ན་མོ་གུ་རུ་མཉྫུ་གྷོ་ཥཱ་ཡ།

སྙིང་སྟོབས་ཆེན་པོས་བྱང་ཆུབ་མཆོག་ཏུ་ཐུགས་ཆེར་སྨོན་འཇུག་ཐུགས་བསྐྱེད་ཅིང་།
ཞིང་དང་དཔག་དཀའི་ཀུན་བཟང་སྤྱོད་པས་ཚོགས་གཉིས་རྒྱ་མཚོའི་མཐར་ཕྱིན་ནས།
སྐུ་བཞི་མངོན་དུ་མཛད་དེ་སྲིད་པ་ཇི་སྲིད་གནས་དོན་ལྷུར་མཛད་པ།
རྒྱལ་བ་ཐུབ་པའི་དབང་པོ་སྲས་དང་བཅས་ལ་གུས་པས་ཕྱག་འཚལ་ལོ།

འཇམ་མགོན་ས་སྐྱ་པཎ་ཆེན་འགྲོ་མགོན་འཕགས་པ་ཆོས་སྐུ་འོད་ཟེར་དང་།
རྒྱལ་བ་གཉིས་པ་རྣམས་ཆེན་ཆོས་རྗེ་བསོད་ནམས་ཡོན་ཏན་རྒྱ་མཚོའི་ཞབས།
རྗེ་བཙུན་དམ་པ་བཛ་ཡ་བཀྲི་ད་སོགས་དམ་པ་གོང་མ་དང་།
དྲིན་ཅན་བླ་མ་རྣམས་ལ་གུས་པས་འདུད་དོ་བྱང་ཆུབ་བར་དུ་སྐྱོངས།

ཁྱབ་བདག་བླ་མའི་བཀའ་དྲིན་སྒྲུབ་པའི་ཆེད།
སོག་པོའི་ཡུལ་དུ་དར་ཆོས་བསྟན་འཛིན་བཅས།
ཇི་ལྟར་བྱུང་ཚུལ་དར་བ་གོང་མ་ཡི།
གསུང་གི་རྗེས་སུ་འབྲངས་ཏེ་མདོར་བསྡུས་ཏེ།
དེ་ལ་སློབ་དཔོན་ཆེན་པོ་ཉི་བ་ཟླས།

འགྲོ་བའི་སྡུག་བསྔལ་སྨན་གཅིག་པུ། བདེ་བ་ཐམས་ཅད་འབྱུང་བའི་གནས། བསྟན་པ་ཞེས་གསུངས་པ་ལྟར་སྐྱེ་རྒུའི་འཕྲལ་དང་ཐུགས་ཀྱི་ཕན་བདེ་མ་ལུས་པ་འབྱུང་བའི་གནས་རྒྱལ་བའི་དམ་ཆོས་བསྟན་པ་རིན་པོ་ཆེ་སོག་པོའི་ཡུལ་དུ་ཇི་ལྟར་བྱུང་ཚུལ་བཤད་པ་ལ་གཉིས། རྒྱལ་པོའི་རབས་ཇི་ལྟར་བྱུང་ཚུལ་དང་། རྒྱལ་བའི་བསྟན་པ་བསྟན་འཛིན་དང་བཅས་པ་ཇི་ལྟར་བྱུང་ཚུལ་དངོས་བཤད་པའོ། །

དང་པོ་ནི། རྒྱ་དང་བོད་ཀྱི་བྱང་ན་ཧོར་གྱི་རྒྱལ་ཁབས་ཆེན་པོ་ཡོད་པ། དེར་སོག་པོའི་རྒྱལ་རིགས་ནི་མང་བཀུར་རྒྱལ་པོའི་རིགས་ཡིན་ཏེ། དེ་ཡང་སྔོན་རྒྱ་གར་འཕགས་ཡུལ་དུ་མ་ཧཱ་སམྨ་ཏིའི་མང་པོས་བཀུར་བའི་རྒྱལ་པོ་ཞེས་བྱ་བ་བྱུང་ལ་དེའི་རིགས་བརྒྱུད། འཇམ་དཔལ་རྩ་རྒྱུད་ལས། ཤཱ་ཀྱ་ཤྲཱི་རྣམས་རིགས་སུ་འབྱུང་། ཞེས་བོད་ཀྱི་རྒྱལ་པོ་བྱུང་བསྟན་པའི་སྐབས་སུ་བྱུང་བ་བཞིན་ཤཱཀྱ་ལི་ཙྪ་བིའི་རིགས་བརྒྱུད་ཀྱི་རྒྱལ་པོ་ཞིག་ལས་སྲས་མཆེད་དང་ལྡན་པ་ཞིག་བསྐྲད་དེ། ཕྱག་སྐས་འགེབས་པ། གཡུའི་སྨིན་མ་ཅན། སོ་དང་སོ་འཁོར་མང་ཡོད་པ། ལག་མཐིལ་ན་འཁོར་ལོའི་རི་མོ་ཅན། སོར་མོ་དྲ་བས་འབྲེལ་བ་ཞིག་བཙས་པ་ལ་མཚན་མཁན་གྱིས་དབྱུད་པས་སྟོབས་པས་ངན་པར་དོགས་ནས་ཟངས་ཁ་སྦྲར་དུ་བཅུག་སྟེ་གངྒཱ་ལ་བསྐྱུར་བ་ཞིང་པས་རྙེད་དེ་གསོས། དེ་ཆེར་སྐྱེས་པ་ན་སྔར་གྱི་གཏམ་ཐོས་པས་ཡིད་སྐྱོ་ཞིང་གངས་ཅན་དུ་བྲོས་ཏེ་བྱོན་པ་ན། ཕྱུགས་རྫི་རྣམས་ཀྱིས་མཐོང་སྟེ་གང་ནས་འོངས་ཞེས་དྲིས་པས། བཙན་པོ་ཡིན་ཟེར་ཞིང་མཛུབ་མོ་ནམ་མཁར་ལ་བསྟན་པས་ལྷ་ལས་བབས་པ་ཡིན་ནམ་སྙམ་སྟེ། བོད་ཁམས་ཀྱི་རྒྱལ་པོར་འོས་སོ་ཞེས་མི་ཡི་ཁྲི་ལ་བཀལ་སྟེ་མིའི་གཉའ་བ་ལ་ཁུར་ནས་བོད་

འབངས་རྣམས་ཅང་ཀྱིས་འདུད་པར་བྱས་པས་དེའི་མཚན་ལ་གཉའ་ཁྲི་བཙན་པོ་ཞེས་བཏགས་སོ། །དེའི་སྲས་བརྒྱུད་རིམ་པ་ལྟར་མུ་ཁྲི་བཙན་པོ། དིང་ཁྲི་བཙན་པོ། སོ་ཁྲི་བཙན་པོ། མེར་ཁྲི་བཙན་པོ། གདགས་ཁྲི་བཙན་པོ། སྐྱིབས་ཁྲི་བཙན་པོ་སྟེ་གནམ་གྱི་ཁྲི་བདུན་བྱུང་ངོ་། །སྤྲིབས་ཁྲི་བཙན་པོའི་སྲས་རྒྱལ་པོ་གྲི་གུམ་བཙན་པོ་ཞེས་པ་དེ་བློན་པོ་བློ་ངམ་ཞེས་པས་བཀྲོངས་ཏེ་རྒྱལ་སར་བསྐྱོད་དོ། །དེའི་ཚེ་རྒྱལ་པོ་ཆེན་པོ་དེའི་སྲས་ཤ་ཁྲི་དང་། ཉ་ཁྲི་ཞེས་བྱ་བ་གསུམ་ཡོད་པ་དེ་དག་རིམ་པ་བཞིན་སྤོ་བོ་དང་། ཉང་པོ་དང་། ཀོང་པོའི་ཡུལ་དུ་བྲོས་སོ། །རྒྱལ་པོ་སྤྱོད་མ་དེའི་བློན་པོ་དག་གིས་རྒྱལ་པོ་དེའི་བཙུན་མོ་ཁྲིད་ནས་བྲོས་ཤིང་འབངས་མཐའ་དག་བསྐྱུས་ཏེ་རྒྱལ་པོ་བློ་ངམ་རྒྱལ་སར་ལོ་བྱེད་ཙམ་བསྐྱོད་པའི་དུས་སུ་བསད་ནས། ད་ནི་སྲས་གསུམ་གྱི་གཅིག་རྒྱལ་པོར་མངའ་གསོལ་དགོས་ཞེས་གྲོས་བྱས་པ་ལ། ཡུམ་གྱིས་སྨྲས་པ། ཁོ་མོས་བྱ་ཁྲི་ར་བཙས་སྔོན་གྱི་དུས་སུ་རྨི་ལམ་ན་མི་མདོག་དཀར་པོ་གཅིག་དང་ལྷན་ཅིག་ཤལ་བར་རྨིས་པའི་རྗེས་སུ་སྒོང་གཅིག་བྱུང་། དེ་རྫོལ་བ་ལས་བུ་དེ་བྱུང་བས་དེ་རྒྱལ་པོར་འོས་སམ་སྙམ་པས་དེ་ཁུགས་ཏེ་རྒྱལ་སར་འཁོད་ཅིག་ཅེས་པ་ལྟར་སྤོ་བོའི་ཡུལ་ནས་དེ་བཀུག་སྟེ་རྒྱལ་སར་བཀུག་པས་རྒྱལ་པོ་བྱ་ཁྲི་ར་སྟེ་དེ་ཀུང་རྒྱལ་དུ་གྲགས་སོ། །དེའི་སྲས་བརྒྱུད་རིམ་པ་བཞིན་ཨེ་ཤོ་ལེགས་དང་། དེ་ཤོ་ལེགས་སོགས་སའི་ལེགས་དྲུག་དང་། ཟ་ནམ་ཟི་ལྡེ་སོགས་བར་གྱི་ལྡེ་བརྒྱད་ལ་སོགས་པའི་བོད་ཀྱི་རྒྱལ་རབས་རྣམས་བྱུང་ཞིང་། རྒྱལ་རབས་ཉེར་བདུན་པ་ཀུན་དུ་བཟང་པོའི་སྤྲུལ་པར་གྲགས་པ་ལྷ་ཐོ་ཐོ་རི་གཉན་བཙན་གྱི་དུས་སུ་དམ་པའི་ཆོས་ཀྱི་དབུ་བརྙེས། །དེ་ནས་རྒྱལ་རབས་ལྔ་པ་འཁྲུངས་ཚུལ།

ཀུན་མཁྱེན་འཇམ་དབྱངས་བཞད་པ་རྡོ་རྗེས་མཛད་པའི་བསྟོད་རྩེ་ལྟར་ན། སྔོན་པ་ཕྱུགས་རྫི་ཆར་གྱིས་མི་ནུ་ལ་སྐྱ་འཁྱངས། དགུང་ལོ་སོ་དྲུག་གི་ལྷུགས་སྦྱོང་ལོར་མངས་རྒྱས། དེའི་ལོ་ཕྱི་མའི་ཚེ་ན་ལ་དུས་འཁོར་ཙ་རྒྱུད་གསུངས། དགུང་ལོ་གྲུ་གཉིས་ཀྱི་མི་ཡོས་འདབའ་རྩལ་བསྟར། དེ་ནས་ལོ་རྫོང་དང་བཞི་བརྒྱ་ལྔ་བཅུ་སོང་བའི་མེ་སྦྲུལ་ལོར། ཟེ་སྐད་དུ། འཇམ་དཔལ་ཙ་རྒྱུད་ལས།

དེ་བཞིན་གཤེགས་པའི་བསྟན་འདི་ལ། །ནམ་བ་སྣ་ཚོགས་བྱ་བ་བྱེད།
བྱང་གི་ཕྱོགས་ལ་བརྟེན་ནས་ནི། །དེ་ཡི་ཚེ་ན་འབྱུང་བར་འགྱུར།

ལྷ་ལྡན་ཡུལ་ཞེས་བྱ་བ་ཡི། །གངས་ཅན་རི་ཡི་དང་གནས་པའི།
རྒྱལ་པོ་སི་ཡི་ལྷ་ཞེས་པ། །སྲི་ན་ཕྲི་རྣམས་རིགས་སུ་འབྱུང་།

ཞེས་པ་ནས།

འཇིག་རྟེན་སྒྲོལ་མ་ཞེས་གྲགས་དང་། །ལྷ་མོ་གོས་དཀར་མོ་དང་ནི།
དཀར་མོ་ཆེན་མོ་གཞན་ཡང་བརྗོད། །ནག་དུ་ཡིད་ནི་སི་སྒྲོ་བཏོད།

དེ་ལ་སོགས་པ་གསུངས་པ་ཡི། །དེ་བཞིན་རྒྱལ་པོ་མང་པོ་ནི།
རྣམ་པ་དུ་མ་མང་འགྲོ་དག །ཁ་དོག་སྣ་ཚོགས་སྣ་ཚོགས་གཟུགས།

ཞེས་སོགས་གསུངས་པ་ལྟར། འཕགས་པ་སྤྱན་རས་གཟིགས་ཀྱི་སྤྲུལ་པར་གྲགས་པའི་ཆོས་རྒྱལ་སྲོང་བཙན་སྒམ་པོ་འཁྲུངས། དགུང་ལོ་བཅུ་པའི་སེ་ཁྲི་ལ་རྒྱལ་སར་ཕྱིན། བལ་བཟའ་ཁྲི་བཙུན་ཁབ་ཏུ་བཞེས། ཇོ་བོ་མི་བསྐྱོད་རྡོ་རྗེ་དང་། བྱམས་པ་ཆོས་འཁོར་གདན་དྲངས། དགུང་ལོ་ཉི་ཤུ་ལ་རྒྱ་བཟའ་ཀོང་ཇོ་བཙུན་མོར་བཞེས། འཕྲུལ་སྣང་གི་ཇོ་བོ་སྤྱན་དྲངས་ཏེ་གཙུག་ལག་ཁང་འཛིངས་པ་དང་། ཐོན་མི་སམྦྷོ་ཊ་རྒྱ་གར་དུ་བརྫངས་ཏེ།

བྲམ་ཟེ་པི་ཎི་ན་དང་། སྒྲ་རིག་པ་དྲི་སེང་གེ་སོགས་ལས་སྒྲ་རིག་པ་ཡིགས་པར་བསླབ་ཅིང་། བོད་དུ་བྱོན་ནས་བོད་ཡིག་སུམ་རྟགས་སོགས་བསྟན་བཅོས་བརྒྱད་བརྩམས་དེ་བཀའ་དང་བསྟན་བཅོས་མང་པོ་བསྒྱུར་བའི་སྒོ་ནས་བསྟན་པ་རིན་པོ་ཆེ་དར་བར་མཛད། དེ་ནས་རྒྱལ་རབས་དྲུག་པ་འཛམ་པའི་དབྱངས་ཀྱི་རྣམ་འཕྲུལ་དུ་གྲགས་པ་ཁྲི་སྲོང་ལྡེ་བཙན་གྱི་དུས་སུ་མཁན་ཆེན་ཞི་བ་འཚོ་དང་སློབ་དཔོན་ཆེན་པོ་པདྨ་སམྦྷ་སོགས་པཎ་གྲུབ་མང་པོ་སྤྱན་དྲངས་དེ་མདོ་སྔགས་བསྟན་བཅོས་བགྲང་ལས་འདས་པ་བསྒྱུར། སྨྲས་སྐད་སོགས་མང་མི་མི་བདུན་རབ་ཏུ་བྱུང་། ཆོས་གྲྭ་ཆེན་པོ་བཅུ་གཉིས་བཙུགས་པ་སོགས་བསྟན་པའི་བྱ་བ་རྒྱ་ཆེར་མཛད་དོ། །དེ་ནས་རིམ་གྱིས་ཆོས་རྒྱལ་ལོ་པཎ་རྣམས་ཀྱིས་བསྟན་པའི་བྱ་བ་མཛད་ཅིང་། ལྷག་པར་ཇོ་བོ་རྗེ་དཔལ་ལྡན་ཨ་ཏི་ཤ་དང་། དཔལ་ལྡན་ས་སྐྱ་པ་ཡབ་སྲས་དང་། གྲུབ་དབང་མར་པ་ཡབ་སྲས་སོགས་དང་། ཡང་སྨོས་རྒྱལ་བ་གཉིས་པ་ཡབ་སྲས་རྣམ་བརྒྱུད་སྟེ་སྲིད་ཞིའི་གཙུག་རྒྱན་པཎ་ཆེན་ཐམས་ཅད་མཁྱེན་པ་རྗེ་བཙུན་བློ་བཟང་དཔལ་ལྡན་བསྟན་པའི་ཉི་མ་ཕྱོགས་ལས་རྣམ་རྒྱལ་དཔལ་བཟང་པོའི་ཞལ་སྔ་ནས་སོགས་ཀྱི་བར་མཁས་གྲུབ་གཉིས་ལྡན་གྱི་སྐྱེས་མཆོག་དུ་མས་གངས་རིའི་ལྗོངས་ཡོངས་སུ་གང་བ་ལྟ་བུར་བྱོན་ཏེ་མཚམས་མེད་ཐུབ་པའི་དབང་པོའི་དམ་པའི་ཆོས་ཀྱི་རིང་ལུགས་དྲི་མ་མེད་པ་ཉིད་པོ་ལྟར་ཆེས་ཆེར་གསལ་བར་མཛད་པ་འདི་བཞིན་དུ་བཞུགས་སོ། །

གངས་ཅན་ལྗོངས་སུ་ཐུགས་རྗེ་ཆེན་པོའི་རྣམ་འཕྲུལ་རྒྱལ་བློན་རྣམས།
འཕགས་པའི་ཡུལ་ནས་སྐྱེས་མཆོག་པཎ་གྲུབ་ཚོགས་རྣམས་སྤྱན་དྲངས་ཏེ།
མཚམས་མེད་ཀླུའི་རྒྱལ་པོའི་ལུང་རྟོགས་བསྟན་པ་རིན་པོ་ཆེ།

ཆོས་ཆེར་རྒྱས་མཛད་མཛད་པ་བཟང་པོ་དྲན་ཀྱིན་སྙིང་རུས་གུས།
ཅེས་བྱ་བ་ནི་བར་སྐབས་ཀྱི་ཚིགས་སུ་བཅད་པའོ། ། ། །

དེ་ལྟར་འཕྲུལ་སྤྱོད་མོང་ནས་རྒྱལ་པོ་ཁྲི་གཙུག་བཙན་པོའི་སྲས་ཐ་ཆུང་༧ཁྲི་འདུས་སྲོང་སྐད་དུ་པོར་ད་ཟེ་བ་ཞེས་པ་དེས་སྐོང་པོའི་ཡུལ་ནས་བཙུན་མོ་གླུ་མ་རལ་ཞེས་པ་བླངས་པ་དེ་ཁྲིད་ནས་སོག་ཡུལ་དུ་ཅོང་དེ་བྲའི་གལ་ཞེས་པའི་ཆུ་འགྲམ་གྱི་རི་བོ་བོར་ནན་གལ་དོ་ར་ཞེས་པར་འབྱོར་བ་ལ་དེར་པེ་དེ་ཞེས་པའི་མི་སྡེ་གནས་པ་དེ་དག་གིས་དེ་ལ་རྒྱ་མཚན་དྲིས་པ་ན། སྔོན་མང་བཀར་རྒྱལ་པོའི་རིགས་སུ་བྱུང་བ་ནས་བརྒྱུད་སྟེ་རིགས་རུས་ཀྱི་ཁུངས་དང་། གང་ནས་འོངས་པའི་ཡུལ་དང་འོངས་པའི་རྒྱུན་སོགས་གསལ་བར་བཤད་པས། མི་སྡེ་དེ་དག་གིས་གོས་བྱས་ནས་འདི་ནི་རིགས་རུས་བཟང་བས་ཁོ་བོ་ཅག་གིས་དཔོན་དུ་བྱས་ན་ལེགས་ཅེས་དཔོན་དུ་བཀུར་ནས་བསྟི་སྟང་བྱས་པས་ཇོར་ད་ཆི་ནོ་ཞེས་གྲགས་སོ། །དེའི་སྲས་བྲ་ཁྲི་མ་མཁན་དང་། བྲ་ཁྲི་རྒྱ་གན་གཉིས་ཡོད་པའི་བྲ་ཁྲི་རྒྱ་གན་གྱི་སྲས་ཐ་མ་ཆིག །དེའི་སྲས་དོ་ར་ཆིར་མེར་གེན། འདིས་ད་ལྟའང་སྤྱིར་པོའི་ཁ་གཙོར་གྱུར་པས་པདྨ་འབྱུང་གནས་ཀྱི་སྤྲུལ་པ་ཡིན་ཟེར། དེའི་སྲས་བརྒྱུད་རིམ་པ་བཞིན་ཨ་གོ་ཅིམ་པོ་གོ་ར་ལ་དང་། མ་ལིག་ལ་ཅི་གོ་དང་། ཡེ་ཁེ་ནི་དུ་ན་དང་། མམ་སྐུ་རྗེ་དང་། ཁ་ཡི་ཁར་ཚོ་དང་། ཐོར་རྗེ་གི་དའི་མེར་གེན་དང་། དོ་རལ་ཅིན་བྷ་ཡན་ཞེས་བྱ་བ་རྣམས་བྱུང་ངོ་། །ཕྱི་རབ་འདིའི་ཚང་མ་ཟོ་རོག་ཆིན་གོ་ཞེས་པ་ལས་བུ་གཅིག་བྱུང་བ་དབྱལ་བར་ཤིག་གཅིག་ཡོད་ལ་སྤྲོས་གསུམ་གྱི་ནང་ཚུར་ཚད་མཐོང་ནས་མིང་ལ་དོ་བོ་སོ་ཁོར་ཞེས་བཏགས་སོ། །དེའི་ནུ་བོ་དོ་བོན་མེར་གེན་དེ་སྤུན་གཉིས་བྱུང་བའི་དོ་བོ་སོ་ཁོར་གྱི་བུ་དོ་ནའི་དང་། ཏོག་ཤིན་དང་།

ཀྵེམ་མིག་དང་། ཨེར་ནེ་ཉེས་བྱ་བ་རྣམས་ལས་མཆོད་པ་ཨོའི་རོད་ཀྱི་ཨུ་གེ་ལྷུར་དང་། ཊཱ་ག་ཕྲོད་དང་། རོའིད་དང་། ཆེ་རེ་རྣད་དེ་ཚོ་རིགས་རྣམ་པ་བཞི་མཆེད་དོ། །དེ་ཝོན་མེར་གེན་དེམ་ཏུ་ཞེ་ཕུ་ཡེད་རིགས་ཅན་གོ་ཊིལ་དའི་མེར་གེན་གྱི་བུ་ཝོ་ཨ་ལོན་གོ་ཞེས་པ་བརྩོན་ཤོར་སྦྱངས་པ་ལས་ཐུས་བལ་གོ་དའི་དང་། བ་གོན་བའི་གཉིས་བྱུང་ལ། དེ་ཝོན་མེར་གེན་ག་ཤེགས་རྗེས་སུ་དེའི་བཙུན་མོ་ཕྱུག་མང་གནས་པའི་ཚེ་ལས་དུ་རྒྱབ་རང་ཟོར་ཐི་གཉེར་ཤ་ཅན་ཤིན་དུ་མཛེས་པ་གཅིག་ཡོངས་ནས་ལྷར་དུ་ཞལ་ཞིང་ཕོ་རངས་ཀྱི་དུས་སུ་སྐྲར་སོང་བ་སྨིམ་པ་དེ་ཕྲུར་རྒྱ་སོ་ལ་སྤྲུས་པ་ཡིན་སྐད། ཡང་འགའ་ཞིག་ནི་དེའི་ལུས་ལ་ནམ་མཁའ་ནས་འོད་ཟེར་འཇའ་ཚོན་འདྲ་བ་ཤིག་བྱུང་ནས་འཁྲུད་པས་བདེ་བ་སྐྱོང་བར་ཡང་བཤད། གང་ལྟར་ཡང་དེ་ལ་བཙན་ནས་སྲས་བྲོ་གྲུན་ཐི་གི་དང་། བྲོ་གོ་ཤལ་ཆེ་གོ་དང་། བྲོ་དོན་ཆར་ཞེས་བྱ་བ་གསུམ་བྱུང་བ་ལ་སྤྲུར་རྣམས་ཟབ་ཚུན་ཐི་འདུས་པ་ཕྱུག་གིས་མཐིང་ནས། བུ་རེ་རེ་ལ་འཁྲུགས་དུས་རེ་རེ་ཕྱིར་ནས་འདི་གཙོག་ཅིག་བྱས་པས་བཟག་སྟེ་ཐོར་བ་ལ། ཡང་འཁྲུགས་དུས་ལྷ་སྒྲུག་ལྡན་དུ་ཕྱིན་ནས་འདི་གཙོག་ཅིག་བྱས་པས། ལྷ་བོ་རེ་བོས་ཀྱིས་གཅིག་པར་རྩོལ་ཀྱང་བཟག་པར་མི་ནུས་པ་དཔེར་བྱས་ཏེ་སྨྲས་པ། བུ་ཆེ་བ་གཉིས་ཀྱིས་གཅན་གྱི་ཁ་གཏོང་བ་ལ་བརྟེན་ནས་ཁོ་བོ་ལ་བརྟམས་འདུ་བྱས་པར་འདུག །བུ་འདི་གསུམ་རི་ལྷའི་རིགས་ཀྱི་བུ་ཡིན་ཞེས་སྨྲར་གྱི་རྒྱུ་མཚན་བཤད་ཅིང་། ཁྱེད་རྣམས་ཐི་འདུས་ན་སྤྱར་གྱི་འཁྲུགས་དུས་བཞིན་ཐི་གཅིག་གིས་ཀྱང་འཇོམས་པར་མི་ནུས་ཤིང་། འདུས་ན་འཁྲུགས་དུས་ལྷ་སྒྲུག་བཞིན། ཐི་ཡང་འོས་ཀྱང་ཐུབ་པར་དཀའ་ཞེས་སླུས་པས། ཇི་སྐད་དུ། དཔལ་མགོན་འཕགས་པ་བླ་སྒྲུབ་ཀྱི་ཞལ་ནས།

མཁས་རྣམས་ཧ་བར་མ་སྨྲ་ཡང་། །ངར་སྒོམ་སྤྱད་བ་རེར་བསྟེན་པར་གྱིས། །
ཇེ་ཉིག་ཚིག་ན་དེ་དག་ཀྱང་། །ཡང་དག་བདུད་རྩི་ལྟ་བུར་འགྱུར། །

ཞེས་གསུངས་པ་ལྟར། །ཨ་མའི་ངར་སྒོམ་སྦྱངས་པ་ལ་ནང་མར་འབྱུང་སྟེ་བར་རྩུབ་མཉེས་གཤིར་བར་གནས་སོ། །དེ་ལྟར་བུ་གསུམ་གྱི་བརྒྱུད་པ་ཕྱིས་སུ་ཐོ་གྲོ་ཤ་ཕྲི་གྱི་ལས་ཀ་ཕྲི་ཞོད་དང་། ཐོ་ཤ་ཀལ་ཚེ་གྱོ་ལས་ཀལ་ཚེ་གྱོད་དང་། ཐོ་རོན་ཆར་ལས་ཕྱིར་ཚེ་ཤིང་ཅེས་བུ་བའི་དཔོན་བརྒྱུད་ཀྱི་ཚོ་རིགས་གསུམ་བྱུང་ངོ་། །དེ་ནས་པའི་ལོར་རྩམས་བགོས་པས་ཐོ་རོན་ཆར་དེ་ཧ་ང་ར་བ་ཀྱིག་ལས་མ་ཐོབ་ཁྲད་དཔའ་མཛངས་རྟལ་ལྡོད་འགྲུར་རྒྱ་དང་བྲལ་བས། ཕྱོགས་ག་ནར་དུ་སོང་སྟེ་ཐོར་ཅི་ཤིང་ཅེས་པའི་སོག་པོའི་ཡི་སྒེ་ཆེན་པོ་ཉིག་གི་དཔོན་པོ་མཛད་དེ་ཐོ་རོན་ཞེས་པའི་བཙུན་མོ་ཐྲངས་པ་ལས་སྲས་ལྷུང་བ་ལ་རྒྱལ་རིགས་ན་ཡི་ཚི་ཕྲ་ག་ཕྱོར་ཞེས་བཏགས་སོ། །དེའི་སྲས་བརྒྱུད་རིམ་པ་བཞིར་ཡི་ཤིར་པ་ག་ཕྱོར་དང་། མ་ཀ་ཐོད་རདང་། ཁ་ཚི་ཁ་ལུག་དང་། པ་རམ་ཡོང་ཙའར་ཐོག་ཉིར་དང་། ཕྱིས་ཕྱི་གཞི་སེ་ཆེན་དང་། ཁ་ཐོལ་ཁད་དང་། པར་ཙས་པ་ག་ཕྱོར་རྣམས་བྱུང་ངོ་། །པར་དས་པ་ག་ཕྱོར་དེའི་སྲས་ཡི་སུ་བེའི་པ་ག་ཕྱོར་དང་། ནི་ཀུན་ཐ་ས་ཙི་དང་། སེང་གེ་ཐུ་སེ་ཆེན་དང་། ཐ་རི་ཏའི་དང་། ཙ་ཚེ་གིན་ཏེ་མུར་ཟླ་ཡོད་དོ། །ཡི་སུ་གེའི་པ་ག་ཕྱོར་དེས་ལས་ཉེག་ཏུ་འགྲོ་བའི་ཚེ་མི་མང་པོ་བསྡུད་པའི་ཤིང་ན་ཉིག་འགྲོ་གིན་ཡོད་པའི་ལམ་དུ་བུ་མོ་གཅིག་གཞོན་བཞང་བ་དེ་མཐོང་ནས་བུ་མོ་འདི་ལ་བུ་བཟང་པོ་སྐྱེ་བར་འདུག་ཅེས་དེ་ལ་སློག་པས་ཡེ་ཁེ་ཆི་ལེ་ཐུ་ཞེས་པའི་མི་ཉིག་གིས་ཁྱིམ་ལ་གྱོ་ཏོར་ཞེས་པའི་མ་ཆ་ནས་མེ་ཀ་ལེར་ཞེས་པའི་བུ་མོ་དེ་བག་མར་བབ་སྟེ་ཁྱེར་བ་ལ་སྨག་པ་དེ་ཁྱུད་པ་གསུམ་གྱི་པར་བ་རྒྱལ་བར་དེད་པས་དེ་བྱིས་པ་ལ་བུ་མོ

དེ་རང་གི་རྒྱང་སར་བྱས་སོ། །ཡབ་ཡུམ་དེ་གཉིས་ལས་དཔལ་ཕྱག་ན་རྡོ་རྗེའི་སྤྲུལ་པར་གྲགས་པ་གནས་བསྐོས་མའི་ཚངས་པ་སྟོབས་ཀྱི་འཁོར་ལོས་བསྒྱུར་བའི་རྒྱལ་པོ་ཆེན་པོ་པོག་ར་ཛིང་གིས་འཁྲུངས་སོ་སྐྱེ། ད་ཡང་རབ་བྱུང་གསུམ་པའི་ཆུ་རྟའི་ལོར་ཟླ་མཆར་བའི་ཡར་ཚེས་སྐྱུར་སྐུས་ཚོགས་པའི་སྐྱེས་རིག་བཙས་པ་ལ་མིང་ཐི་སྲུ་ཤེར་དུ་བཏགས་སོ། །དེ་དང་མ་གཅིག་པའི་གཅུང་ཆ་ཐོ་ཕྲེང་མར་དང་། ངར་ཕྲེང་ཆེ་གོ་དང་། ཀྲཱའི་ཕྲ་ཀྲཱ་ཆེ་གོ་གསུམ་དང་། ཆ་བྲུམ་བུ་པེ་ཤུར་པོ་རྣམས་སོ། །ས་ག་ཡེ་དབང་དག་རིའི་བྲ་བྲུ་ཏེ་ཅིག་ཐེར་དང་། བུ་དེ་ཅིལ་གེ་དེའི་གཉིས་ནི་སྤུན་ཟླ་གོ། །ཡང་ཀྱིས་ཐི་སྲུ་ཤར་ལ་རྒྱང་ས་རྒྱང་བའི་དོན་དུ་ཞང་པོའི་མ་ཆ་ཨིལ་གོ་རྡོང་རྒྱུགས་སུ་མིང་བའི་ཆེ་བོང་གི་རང་ཀྱི་ཏ་ཡི་སེ་ཆེན་ཤེས་པས་མཐོང་སྨོ་ཕྱེད་རྟུས་པ་ཅན། ཕྱིར་ཅི་ཀིད་རྗེ་རིགས་ཅན་གྱི་གཉེན་ཁྱིད་གར་ཐེབས་ཅེས་པ་ལ། རྒྱ་མཚན་བཤད་པས་དེས་སྤྲས་པ། མདང་གི་རྨི་ལམ་དུ་ཁྱི་དཀར་པོ་ཞིག་ཐོར་ཅིག་ཁོ་བྱའི་ལག་པའི་སྟེང་དུ་རི་རིང་ཡོད་པ་རྨིས་པས་ངས་བརྟགས་ན་དེ་ཁྱེད་ཀྱི་མོ་ལྷ་ཡིན་བར་ངེས། ངའི་བུ་མོ་གཅིག་བུ་བློར་དུ་ཚི་ཀིར་ཞེས་པ་རིག་ཡོད་པས་དེ་ཐི་སྲུ་ཤེར་ལ་སྤེར་རོ་ཟེར་བ་ལ། ཐི་སྲུ་ཤེར་གྱིས་དེ་ཚོག་ཟེར་ནས་དེ་བཟང་པོ་བྱང་སྐྱེས་སུ་བྱིན་ཏེ་བཙུན་མོར་བཞེས་སོ། །དེ་ནས་ཐི་སྲུ་ཤེན་དེ་དགུང་ལོ་ཉེར་བརྒྱད་ཐོག་མ་བྱའི་ལོར་ཡུལ་ཁྱིད་པར་དུ་འཕགས་པ་ཆེན་པོ་ཚོར་གྱི་ཡུལ་ནི་རྡུ་བཙན་ཞེས་པའི་རྒྱ་ལྕང་གི་འགྲམ་དུ་བཏགས་པའི་ཚེ། ཇི་སྐད་དུ། སྟོན་པ་སངས་རྒྱས་ཀྱི་བཀའ་ལས།

བསོད་ནམས་ཅན་རི་ནང་མེད་ཀྱང་། །ཐོན་པའི་གནས་དཀར་བསོད་ནམས་ཀྱིས།
བསོད་ནམས་རྒྱུད་ལྡན་གཞི་བྱེད་ཡོད། བསོད་ནམས་དག་གིས་རྒྱལ་སྲིད་འཛིན།

ཅེས་གསུངས་པ་ལྟར། ཞེ་དེ་ཞེས་པའི་ཡི་སྤྱི་ཁྲི་སྡུག་བཞི་བཅུའི་ས་ངའ་བདག་རྒྱལ་པོར་མངའ་གསོལ་ལོ། །རྒྱལ་པོར་མངའ་བསྒྱུར་བའི་ཉིན་དེ་ཉིད་ནས་བཟུང་སྟེ། ཉི་མ་གསུམ་གྱི་སྔ་དྲོའི་དུས་སུ་པོ་བྲང་གི་མདུན་གྱི་ཁ་ཐོང་གུ་བཞི་པ་གཅིག་གི་སྟེང་དུ་སྟར་མཕྱོང་པ་སྟོང་བའི་བུ་ཡིན་དུ་འདོང་བ་མཁྲིན་པའི་སྤྲུ་དང་གཙོག་སྐྲའི་མདོག་འཛའ་ཚོན་ལྟར་ཁ་དོག་སྣ་ཚོགས་ཀྱི་སྐད་སྙན་པ་ཞིག་བསྒྲད་ནས་ཙིང་གིས་ཙིང་གིས་ཞེས་པའི་སྐད་སྙན་པོ་ཕྱུན་ཙང་དུ་བསྒྲགས་པས། སྔོན་པོ་རྣམས་ཀྱིས་ཚོ་མཚར་བའི་ལྟས་དང་བཀྲ་ཤིས་པའི་མཚན་མར་གོ་ནས། རྒྱལ་པོའི་མཚན་དུ་ཕོག་ད་ཙིང་གིས་ཞེས་གསོལ་ལོ། །ད་ལྟ་བོད་ཀྱི་སྐད་དུ་རྒྱུར་ཚག་སྤྲེ་ཙིང་གིར་ཞེས་འདོད་པར་སྣང་ངོ། །དེར་པ་བོང་གུ་བཞི་པ་དེ་སྤྲོ་བུར་ད་རང་གི་ངང་གིས་གས་པའི་ནང་དུ་རྒྱལ་ཐམས་གསུང་དྲུང་རིན་པོ་ཆེའམ་ནམ་བྲུ་ཐམ་ག་ཨེར་དེ་རི་ཞེས་བྱ་བ་མཆུ་ཞེང་དུ་མཐོ་གང་ཡོད་པ། རྒྱལ་ད་ཙམ་སྤྲུལ་གྱི་གཟུགས། དེའི་སྟེང་དུ་འབྲུག་གཉིས་འཁྲིལ་བའི་གཟུགས་ཅན། ཙི་སོ་ལེགས་པར་བཀོས་པ་ལྟ་བུ་བྱུང་ངོ། །རྒྱལ་ཐམ་དེ་ཤོག་བུ་སྟེང་ཚོ་ལ་བརྡབ་ཀྱང་ཐམ་རྒྱང་དུ་བབས་པ་ཞིག་ཡིན་ནོ། །རྒྱལ་སྲིད་ཀྱི་སྲིང་ཆེན་པོ་ཚོར་དུ་གྲགས་སོ། །ཧོར་ད་དེའི་རིགས་རི་མང་འིགར་རྒྱལ་པོའི་རིགས་ཡིན་པར་ས་རྫ་གོང་གི་བརྩམ་བརྒྱུད་ཀྱིས་ཀྱང་ལྟའི་རིགས་སུ་མཛད་ལ། ཡོངས་གྲགས་ལ་བྲ་ད་རང་གྲྭའི་ཆ་གགར་ཕྲེང་གི་རིའི་སྲས་སུ་གྲགས་ལ། དམ་པ་གོང་མ་རྣམས་ཀྱིས་འོད་གསལ་ལྷའི་རིགས་སུ་ཡང་བཤད་དོ། །ཧོར་ད་རྒྱལ་པོ་འདི་ནི་འབངས་ཁྲིམ་བཅུ་སྡུག་ཁ་ཤས་ལ་དབང་བའི་དཔོན་པོ་འགའ་ལ་སྟོབས་ཀྱིས་འཚོར་ཞིང་བསྒྱུར་བ་ཞེས་རྩོལ་བསྟོད་བྱས་པ་སྟ་བུ་ས་ཡིན་པར་དོན་དང་ལྡན་པའི་གནས་བསྐོས་མའི་

ཚངས་པ་སྟོབས་ཀྱིས་འཁོར་ལོས་བསྒྱུར་བ་སྒྲུབ་པའི་ཆོས་རྒྱལ་ཆེན་པོ་ཡིན་པར་ངེས་དེ། རྒྱ་མཚན་གང་གིས་ན་ཧོ་ག་ད་རྒྱལ་པོ་འདི་སྐུས་བཅམ་ཀྱིས་ས་སྟོང་གི་སྐྱེ་བོ་ཕལ་ཆེར་པའི་འོག་ཏུ་བསྡུས་ཏེ་བྱང་ཕྱོགས་ཕྱིད་ཆ་ཆེར་བའི་འབངས་ཚུར་ཆད་དང། ཕྱོགས་གཞན་གསུམ་གྱི་རྒྱ་མཚོའི་གླིང་པ་གཉིས་པེན་དང་ཀླུ་མང་དང་སི་ཡན་ཀོ་དང་ཞི་ཡང་ལ་སོགས་པའི་རྒྱ་བོད་ཧོར་གསུམ་ཁ་ཆེ་ནི་བོད་སོགས་འཛམ་གླིང་གི་ཁྱོད་ལ་དབང་བསྒྱུར་ཞིང་བདེ་སྐྱིད་རྫོགས་ལྡན་གཉིས་པའི་དགའ་སྟོན་དུ་གྱུར་པ་འདི་འདུ་རྒྱ་ནག་ཧོར་བོད་ཀྱི་རྒྱལ་པོ་གཞན་སུ་ལ་ཡང་མ་བྱུང་བས་སོ། །ཧོ་ག་ད་རྒྱལ་པོ་འདི་རྗེ་འཕྲུལ་བསྟན་པ་མང་སྟེ། མཚོན་ན་དེའི་ནུ་བོ་ཆ་ཁོ་ཕོ་ཅ་མར་དང། བུ་ཏེ་ཐེལ་གེ་དེའི་གཉིས་ཀྱིས་འཁོངས་རྩལ་དང་དཔའ་རྩལ་གྱིས་ཁྱིམས་ལས་རྣམས་སེམས་སྒྲུས་ཏེ་ཁོ་བོ་གཉིས་ལས་གཞན་ཧོག་ད་འདི་ཡི་རྒྱལ་སྲིད་ལ་ལག་འདོགས་མཁན་སུ་ཡོད་ཅེས་གྲགས་སོ་ལ་བ། ཧོག་ད་རྒྱལ་པོས་མཁྱེན་དེ་ཁྱིམས་སྐྱུང་བའི་ཆེད་དུ་ཨུས་རྩང་བའི་ནད་པོ་ཞིག་ཏུ་སྤྲུལ་ནས་གཉུ་ཚོང་རྒྱ་ཡིན་ཟེར་གྱིན་ཕྱིས་མཆོས་གྲྭ་བ་ལ། དེ་གཉིས་ཀྱིས་མཐོང་ནས་ནད་པོ་ཁྱོད་ཀྱི་གཉུ་འདིས་ཅི་བྱ་ཞེས་འདྲི་བར་ནད་པོས་གཞོན་ནུ་ཁྱེད་གཉིས་མ་ལྟ་བར་ཐེ་ལྟར་འགྱུ། བརྟུམ་ན་ཤེས་ཅེས་སྨྲས་དེ་ཕྱིར་པས་བརྟུམ་ཤིང་བཀད་དེ་ཐེལ་གེ་ཏེས་གཉུ་རྒྱུད་འགོལ་སི་ཐུབ་པ་ལ་ནད་པོས་གཉུ་རྒྱུད་བཀལ་དེ་ཕྱིར་པས། ཆ་བོ་ཕོ་ཅ་མར་ཕྲུངས་དེ་གཉུ་རྒྱུད་བརྡུང་སི་ཐུབ་པ་ལ། ནད་པོ་དེ་དེ་དག་གི་མངོན་སུམ་དུ་སྒྲ་དང་ཁ་སྤྲོ་དཀར་པོ་ཅན་གྱི་ནད་པོ་གྱུར་ཏེ། དེའུ་སྟོན་པོ་སྤྲི་དཀར་ལ་ཆིབས་ནས་གཉུ་དེ་ལ་མདས་འཕངས་ཤིང་ཐག་གཅིག་གི་ཕྱེད་གམ་པར་འཕངས་ཏེ། ཀོ་གཞོན་ནུ་ཁྱེད་གཉིས་སྤྱི་ཁས་ཆེ་ཡང་ནད་པོས་རྒྱལ་པོ། ཞེས་སྨྲས་ནས་སོང་བས

དེ་གཉིས་ཀྱིས་ཆང་པོ་འདི་རང་ག་བ་ཞིག་རེ་ཡིན། རོག་ད་རྒྱལ་པོའི་སྤྲུལ་པ་ཡིན་པར་ངེས་སྙམ་སྟེ། དེ་ཕྱིན་ཆད་ནས་རོག་ད་རྒྱལ་པོ་ལ་འཇིགས་ཤིང་སྐྲག་པས་དྲང་པོའི་ལམ་དུ་སོང་བའོ། །གཞན་ཡང་རོག་ད་རྒྱལ་པོ་མཁར་སྟོད་ཟླ་བྱུར་བཞུགས་པའི་དུས་སུ་འང་ཡུལ་དེ་ནས་ཆལ་ཚའི་ས་ཚའི་ཁལ་ཐར་ངང་གཞི་རི་ལ་ཡོངས་ཞུས་དེ་ཉི་མ་དེ་ཉིད་ལ་ཕྱིར་བཞུགས་ཡུལ་དུ་འཁོར་ནས་འཇོངས་པ་དང་། དེ་བཞིན་ཡུལ་དེ་ནས་ཉི་ཡང་སྤུག་རིང་དུ་ཕྱིན་ཏེ་ཉི་མ་དེ་ཉིད་ལ་ཕྱིར་འཁོར་ནས་བཞུགས་ཡུལ་དུ་སྐྱོབས་ཡོངས་པ་དང་། དེ་དང་དེ་དག་གི་ཚེ་ཞབས་འབྲིང་གི་སྟོར་པོ་སོགས་འགའ་ཞིག་རོག་ད་ལ་མ་ཉུས་པར་ཆུང་ཆད་ཅིག་ལས་དུ་ཕྱོགས་ན་ཉི་མ་ཕྱེད་ཀྱི་ལས་དེ་ལ་རྒྱ་བ་གཉིས་སྤུས་དུ་འགྲོ་དགོས་པ་ལྟ་བུའི་ངོ་མཚར་བ་མང་པོ་མཆིས་སོ། །རོག་ད་རྒྱལ་པོ་འདི་ཉིས་རང་དུ་བསྡུས་པའི་ཡུལ་སྤེ་ཆེ་ལོང་ཙམ་ཆུང་ཆད་བསྐོར་ན། འཛམ་སགོར་མ་སྐྱུ་བཀྲྀདའི་ཞལ་ནས།

བདག་ཉིད་ཆེན་པོ་གནས་པའི་མར། གཞན་པ་གཉན་དག་སྲུ་ཡིས་རྟེ།
གཞན་ལ་ཉི་མ་ཤར་བ་ན། རྒྱུ་སྐར་མང་ཡང་མཐོང་མི་འགྱུར།

ཞེས་གསུངས་པ་ལྟར། དགུང་ལོ་ཉེར་དགུ་རྒྱགས་ཀྱིའི་ལོར་བྱ་འགྱེད་ནས་ཞིངས་བྱེད་ཀྱི་རའགྲོ་བའི་ཚོ་སར་ཧུ་ཧུར་ཆེད་ཀྱི་རྒྱལ་པུར་བྲར་རྒྱུར་གྱིས་ས་སྒོང་ནས་བྲོས་དེ་སོང་བས་རོག་ད་རྒྱལ་པོས་དམག་དུངས་ཤིང་སོང་ནས། དེའི་མཁར་བསྐོར་དེ་གནས་པ་ལས། རྒྱལ་པོས་ཁྲོད་ཆེ་སྐྱག་རཀྟ་དྲ། ཕྱི་ལ་སྟོང་ཕྱིར་ཅིག་དང་ངེད་ཀྱིས་ཕྱིར་འགྲོ་རྒྱུ་ཡིན་ཙམ་སྨྲས་པ་ལྟར་ཕྱུལ་བ་ལ། དེ་དག་ཐམས་ཅད་ཀྱི་རྫ་མ་ལ་ནས་བལ་རྒྱལ་བཅས་བཏགས་དེ་པེ་སྒྲུར་ནས་བཏང་བ་དང་། དེ་དག་རང་རང་གི་རྫོང་དང་ཁང་པའི་ཕྱོགས་སུ་སོང་བས

མཁར་དེ་ལེགས་རྩིག་གོ། ། དེས་རྒྱལ་སྲིད་དེ་འབངས་བཅས་རབ་འཕེལ་དུ་བསྐྱུས་སོ། ། དཀར་པོ་སོ་གཅིག་དུས་ཉི་མ་ཤར་ཕྱོགས་ཀྱི་སོ་ལོང་ཀྱིའི་ཕྱོགས་དཔག་ཚད་ལས་ཡུལ་དེའི་ས་སྐྱོང་ར་གན་ཅེས་པས་ཤིན་ཏུ་སྡུག་སྡེ་རང་གི་བུ་མོ་རྡོ་ལྡན་གྱི་ཞེས་པ་དེ་ཕུལ་བ་དེ་འབངས་དང་བཅས་རབ་འཕེལ་དུ་བསྐྱུས་སོ།།
དེ་ནས། ཱཿ སྐད་དུ། འཛམ་མགོན་ས་པར་གྱིས།

རིན་པོ་རྣམས་ལ་དགའ་བས་ཀུང་། རང་གི་འཁོར་གྱིས་གནོད་པ་རང་།
མིང་གི་ལུས་ཀྱི་འབྲུ་ཡིད་པ། སྲོག་ཆག་པ་གཞན་གྱིས་ག་ལ་ཟ།

ཞེས་གསུངས་པ་ལྟར། བགྲོ་མའི་ཧར་གྱི་བུ་བརྒྱད་ཕྲའི་ཉི་བུ་རེ་རྩི་ལ་གེར་ཞེས་བྱ་བས་འགྲན་སོགས་དང་ཕྲག་དོག་གིས་སེམས་འཁྲུགས་དེ་རང་གི་ཁང་པའི་ནང་དུ་དོང་ཟབ་སོ་བརྐོས་དེ། སྟེང་གཡོགས་བྱས་པའི་སྟེང་དུ་ཁྲིང་བཞག་ནས་ཐོག་ད་རྒྱལ་པོ་གདན་དྲངས་པ་ལྟར་ན་བོ་ཞ་བོ་ཕྲ་ཁ་མར་དང་ཡོ་གིའི་ཐྲ་ཡོ་ཚི་གོ་སོགས་དང་བཅས་བྱིན་ནའང་། དཔལ་མགོན་བླ་སྒྲུབ་ཀྱིས།

ཐབས་མཁས་ཚེ་དང་ལྡན་པ་ལ། དགྲ་རྣམས་ཀྱིས་དེ་ཐེ་ཡི་འགྱུར།
རྩོ་ག་རབ་དུ་སྦྱར་ཞུགས་ན། དུག་ཀུང་བདུད་རྩི་ཉིད་དུ་འགྱུར།

ཞེས་གསུངས་པ་ལྟར། དེ་དག་གི་གནོད་པས་ཡི་ཐེ་བར་བཅོས་ཤིང་དབང་དུ་བསྡུས་སོ། །དེ་ནས་ཁོ་བྲང་དུ་བཞུགས་པའི་ཚེ། སྟོན་པ་སངས་རྒྱས་ཀྱི་ཞལ་ནས།

བསོད་ནམས་བྱེད་རྣམས་བསོད་ནམས་ཀྱིས། བསམ་པ་བ་ཅན་གྱིས་རང་གཞན་ལས།
ཚོགས་དང་ཐམ་སྦྱིས་རིན་ཆེན་རྣམས། ཐམས་ཅད་བདེ་བ་འཐོབ་པར་འགྱུར།

ཞེས་གསུངས་པ་ལྟར། སྤྱི་བུར་དུ་ནས་མཁའ་ལས་ནམ་ཡེ་ཤེས་དེ་རིའི་སྟོང་

ཏུ་བདུད་རྩི་མ་བང་བ་བབས་དེ་ཕྱུག་ཏུ་འཁོར་བ་དེ་བཞེས་པས་ཤིན་ཏུ་ཞིམ་ཞེས་པ་ལ། ནུ་བོ་བཞིས་ལྷའི་བདུད་རྩི་ཐོག་ཏུ་ཁྱེད་གཅིག་བྲུས་བཞེས་མས་ཞུས་པས། བདེན་སྐྱུར་རས་ལྷག་མ་དེ་དག་ལ་གཏང་བས་བཞི་པོ་རེ་མོས་ཀྱིས་འཐུང་བདང་མེད་པ་ལས་པ་ཕར་བས། དེ་དག་གིས་གསུམ་པ་བྲུས་ཏེ་ཞུས་པ། ཚུལ་འདིས་ཀུང་ཁྱེད་གཏང་བསྐོས་ཀྱིས་རྒྱལ་པོ་ཡིན་བས། ད་ཕྱིན་ཆད་ཁྲི་བོ་ལུག་གིས་ཁྱིད་ཀྱིས་རྗེ་ལྟར་བསྐོས་པ་ལྟར་བགྱིད་དོ་ཞེས་ནུས་པས། ཐོག་དུས་ཁྲི་བོ་དང་འཁོར་རྒྱལ་ཁྲིར་བཀུགས་པའི་ཚེ་གདན་གྱི་སྨས་རྒྱལ་སར་དབང་བསྐུར། འོག་གི་ལྷའི་རྒྱལ་པོས་རྒྱལ་ཕྲས་གཡུང་དྲུང་རིན་པོ་ཆེ་བྲལ་བྱུང་། ད་ལྟ་དགུ་ཤ་བོ་བཙོམ་པའི་ཚེ་ལྷའི་རྒྱལ་པོས་ལྷའི་བདུད་རྩི་ཕྱིན་པ་འདིས་ཀུང་ཁྱིད་རྣམས་ཀྱིས་སྤྱས་པ་ལྟར་ཡིན་ཡང་སྲིད་གསུང་ངོ། །དགུང་ལོ་མོ་གཙུག་ཕྱོག་རྒྱ་ནག་གི་རྒྱལ་པོ་ཨུལ་ཐར་ཞེས་པ་དེ་ཡུལ་ནས་བཙོད་དེ་སུ་ཅི་བཅུ་གསུམ་གྱི་རྒྱ་ནག་གི་ཡི་སྡེ་ཐམས་ཅད་དབང་དུ་བསྡུས་ནས་རྒྱ་ནག་གི་རྒྱལ་པོ་མཛད་ཅིང་ལྷོ་ཕྱོགས་སུ་འཁོར་ནས་རྒྱའི་ཆོས་ལུགས་ལེགས་པ་ཞིག་གདན་དྲངས་པས་ཀྲའི་སེང་སྲོ་སྲོ་ཙིང་གིས་རྒྱལ་པོ་ཞེས་གྲགས་སོ། །ཚུལ་དེ་ལྟ་བུའི་གྲགས་པ་དེ། དཔལ་མགོན་བླ་མ་སྐྱབ་ཀྱིས།

བརྩོན་འགྲུས་རྟུལ་ཤོད་བརྟན་པ་དང་། སྟོབས་དང་བློ་གྲོས་ཕ་རོལ་གནོན།
འབད་རྩོལ་ཡོན་དང་དྲུག་ལྡན་པ། དེ་ལ་ལྷ་ཡང་འཛིགས་པ་སྐྱེ།

ཞེས་གསུངས་པ་ལྟར། བོད་ཀྱི་རྒྱལ་པོ་ཁྲི་ཙེ་ན་ཉི་དེར་གྲོ་ཞ་ཀུན་གྱིས་ཐོས་དེ། ཐོག་ད་རྒྱལ་པོ་ཡ་མཁྱི་ཞེས་ཁྲིད་ཀྱི་ལག་པ་ལྷ་བྲུར་བྱུར་ནས་དབྱུལ་མོ་ཞེས་ཟོ་ཀ་བཅང་བ་ལ། ཐོག་ད་རྒྱལ་པོས་ཕྱུགས་རང་ས་དེ་བྲ་དགར་གཏང་ནས་བཏང་ངོ། །སོ་བ་ཉིའི་སྟེང་ཕྱོད་དཀར་རས་རྒྱ་སེར་རས་སར་ཐ

གཡུལ་ཕྱོགས་སུ་ཕྱིན་ཏེ་ཡུལ་དེའི་རྒྱལ་པོ་སྲུལ་དེར་ཐེར་བ་དེ་བཅོམ་ནས་དེའི་མི་སྤྱི་ཐམས་ཅད་མངའ་འོག་ཏུ་བཙུག་གོ ། །མོ་ཁྲིའི་སྟེང་ཕྱོག་སོག་ཕྱོགས་སུ་ཕྱིན་ཏེ་ཡུལ་དེའི་རྒྱལ་པོ་སང་ཀྱོ་ཡིག་སྲུལ་དེར་ཞེས་པ་བཅོམ་ནས་དེའི་འབངས་མཐའ་དག་དབང་དུ་བསྡུས་སོ ། །སོ་བདུན་སྟེང་ཧེ་རི་ཡིད་ཀྱི་རྒྱལ་པོ་ཕྱང་ཞེས་པ་དབང་དུ་བསྡུས་ཏེ་དེའི་སྲིད་འབངས་བཅས་ཆབ་འོག་ཏུ་བཙུག་གོ ། །སོ་དགུའི་ཕྱོག་ནྲ་དི་ས་ར་གྱི་རྒྱལ་པོ་ཕྲ་ཡ་ན་ས་མཐར་བསྐྱད་ནས་དེའི་སྲིད་འབངས་མཐའ་དག་དབང་དུ་བསྡུས་སོ ། །ཞི་གཅིག་ཕྱོག་གྲོར་ལྷོ་སུ་ཀྱི་རྒྱལ་པོ་ནྲ་རི་ན་ཞེས་པ་གཡོན་པོར་བསྐྱང་སྟེ་དེའི་སའི་འབངས་ཐམས་ཅད་དབང་དུ་བསྡུས་སོ ། །ཞི་གསུམ་སྟེང་ ། འཇམ་མགོན་མ་པར་གྱིས །

མི་རྣོགས་བྱ་བ་རྒྱས་པ་དང་ ། མང་དང་འཁོར་ཞིང་སྟོབས་ལྡན་རྒྱུད །
བྱུང་མེད་ཡིད་རྟོན་ངར་དང་མཛའ ། ཕྲ་བོ་སྤྲུར་དུ་རྣུག་པའི་རྒྱ །

ཞེས་གསུངས་པ་ལྟར ། ནར་ཡི་གོད་ཀྱི་རྒྱལ་པོ་ཡར་མ་ལང་ཞེས་པ་དམག་དཔུང་ཆེ་ཞིང་རྟིགས་པ་རྣ་ཞིག་གིས་རང་ཚོད་མ་འཛིན་པར་ཐེ་སུ་ཅིན་རྫོང་གིས་ཞེས་པ་གཅིག་གིས་དམག་དྲངས་ནས་རྒྱལ་ཕྲན་མང་པོ་དག་དབང་དུ་བསྡུ་བར་འདུག་པས ། ངས་ནི་དེ་འོང་བའི་སྔོན་ལ་དེ་ཕྱོགས་སུ་སོང་ནས་འཇོམས་བར་བྱའོ ། །ཞེས་དམག་དྲངས་ནས་འོངས་པ་ལ ། འོག་ཏུ་རྒྱལ་པོས་སྤྱི་དཔོན་པོ་ཧོ་ལའི་སོགས་དམག་དཔོན་སྤྲ་དམག་དཔུང་དང་བཅས་པ་བཏངས་ནས་རྒྱལ་ཕྲན་དེ་སྲིག་མེད་དུ་བཅོམ་སྟེ་དེའི་འབངས་མཐའ་དག་ཆབ་འོག་ཏུ་བཙུག་གོ ། །ཞི་ཁྲིའི་སྟེང་རབ་བྱུང་བཞི་པའི་སེ་ཡོས་ལོར་ཧིད་ཀྱི་ས་ཆ་དབུས་སུ་ཕྱིན་པའི་ཚེ་སྤྱི་སྲིད་རྗེ་དགའ་དང་ཚལ་པ་ཀུན་དགའ་རྡོ་རྗེ་སོགས་ཀྱིས་ཚོར་ཏེ་མི་སྲུལ་བརྒྱའི་བསུ་བ་དང་དགའ་སྟོན་རྒྱ་ཆེར་བྱས་ནས་ཁྲིད་ཀྱི

རབ་འོག་དང་འཇུག་གོ །ཞེས་སྨྲས་པོ་ཤ་བཏང་སྟེ་མཇལ་ཏེ་མངའ་རིས་སྐོར་གསུམ། དབུས་གཙང་རུ་བཞི། སྨད་ཁམས་སྒང་གསུམ་ཐམས་ཅད་ཕྱག་ལ་བབས་དེ་དག་ལ་བྲ་དགའ་ཆེན་པོ་གནང་ཞིང་འདོད་མཐུན་དག་དབང་དུ་བསྡུས་སོ། །དེ་ནས་བླ་མ་ས་ཆེན་ཀུན་དགའ་སྙིང་པོ་ལ་རབ་གོ་ག་སྐྱིམ་བཅས་བསྙར་ནས་དྲུ་བ་རི། དམ་པ་ཁྲིད་ཁྲི་བོམ་གདན་དྲངས་འདྲེན་བྱེད་དགོས་རྒྱ་ཡིན། འོན་ཀྱང་ད་དང་རྒྱལ་སྲིད་ཀྱི་བྱ་བའི་རིགས་འགའ་ཞིག་པ་ཚར་བས། དེ་ཞིག་གདན་དྲངས་ས་ཐུགས་ཀྱང་ཁྲི་བོམ་འདི་ནས་ཁྲིད་ལ་བསྟེན་ནོ། །ཁྲིད་ཀྱིས་དེ་ནས་ཁྲི་བོ་ལ་སྤྱངས་ཤིག །རྗེས་མོར་ཁྲི་བོའི་བྲ་བ་མཐར་ཕྱིན་པའི་ཚེ་ཁྲིད་ལུས་བཅས་ཀྱིས་སོང་ཡུལ་དུ་རྒྱལ་བསྟན་སྤེལ་དགོས། ཞེས་བསྒྲུར་བས། དེར་དཔོན་སློབ་སྤྱོད་ཀུང་རིང་པོ་ནས་བྲམ་ཟེར་བརྒྱད་སྟེ་དགུས། གཙང་གི་རྗེར་གསུམ་དགེ་འདུན་བཅས་ལ་བསྐྱོད་བཀུར་མཛད་པས། བསྟན་པའི་སྒྲོན་བདག་ཆོས་ཀྱི་རྒྱལ་པོར་གྱུར་ཏོ། །དེ་ནས་དཀྱུས་ཕྲོག་དེར་རྒྱ་གར་གྱི་རྒྱལ་འབངས་བཅས་དབང་དུ་བསྡུ་བའི་ཆེད་དུ་དེ་ཕྱོགས་སུ་བྱོན་དེ་ལ། ཆེན་པོ་ཞིག་གི་སྟོང་དུ་ཕྱིན་པའི་ཚེ་དེར་ཤ་བའི་ལུས་ལ་རྭའི་ཁ་མ་ཅན་མགོ་ནག་གཅིག་ཡོད་པ། མདོག་ལྗང་གུའི་རི་དྭགས་གཅིག་རྒྱུག་ཅིང་ཡོངས་ནས་ཞོག་དབའི་མདུན་དུ་པུས་མོ་གཉིས་བཙུགས་དེ་ལན་གསུམ་ཕྱག་བྱས་པས་ཐམས་ཅད་ཀྱིས་ཡ་མཚར་དུ་གྱུར་པ་ལ། བོད་ཀྱི་རྒྱལ་པོ་འདི་སྐད་གསུང་། རྒྱ་གར་རྡོ་རྗེ་གདན་ཞེས་པ་ནི། སྟོན་གྱི་སངས་རྒྱས་རྣམས་ཀྱི་བཞུགས་གནས་ཡིན། བྱང་ཆུབ་སེམས་དཔའ་དང་། རྒྱལ་ཆེན་རྣམས་ཀྱི་སྐྱེ་གནས་ཡིན་པས། ད་ལྟ་སྐད་ཀྱི་ཤེས་པའི་རི་དྭགས་འདིས་ཀྱི་བཞིན་དུ་ཕྱག་བྱས་པའི་དགོས་པ་ཅི་ཡིན། དེར་སོང་ནས་ངན་པར་འགྱུར་ཡང་སྲིད། ཡབ་སྐུའི་རྒྱལ་སྲོལ་འགོག་པའི་

བརྡའ་ཡི་དམ་རྣམས་སྨྲས་རབ་སྒྲུར་རང་གི་ཡུལ་དུ་ཕྱིར་ཕེབས་སོ། །དགའ་བོ་ནི་བདུད་ནས་འབྲུག་གི་འོར་སད་ཐག་རིང་གི་རྒྱལ་པོ་ཨབས་ལྷ་ཀའི་ལ་དགེ་འདུལ་བར་བང་རིང་བཅང་བ་ལ། འཛམ་གསོལ་ནས་ཕར་གྱིས།

ང་ཅང་རྩོམ་པ་ཆེ་དགས་ན། ཕྱག་བསྟེལ་བརྒྱུད་སར་ཕྱོག་དུ་འབབ།
སེང་གེ་རྒྱལ་ཆེ་བའི་རྒྱས། ལྷ་ཡི་ཁར་པོ་བསྐུར་ཞེས་ཕྱོས།

ཞེས་གསུངས་པ་ལྟར། དེས་པ་ཉན་པར་མི་འཕྲད་པའི་ཁྲིངས་སྟོག་སྨྲས་ཤིང་ལོག་ལྟབས་བྱས་པས་དེར་དམག་དྲངས་ཏེ་ཕེབས་པ་དང་། དེས་ཀྱང་དམག་ཁྲི་ཕྲག་བཅུ་དང་བཅས་བསྐུས་ཏེ་ལྷའི་གཡུལ་ཞེས་པའི་རྒྱ་འགྲམ་དུ་གཡུལ་འགྲེད་ནས་དེ་བསྒྲལ་ཏེ་མཚའ་འབངས་མཐར་དག་དབང་དུ་བསྡུས་སོ།། དེ་ནས་པོ་བྲང་དུ་བབས་ཏེ། ཇི་སྐད་དུ། དཔལ་མགོན་ཀླུ་སྒྲུབ་ཀྱི་ཞལ་ནས།

མི་བསྲུན་སྐྱེ་བོ་གདུལ་བར་བྱ། ཡོན་ཏན་ཅན་ནི་བཀུར་བར་བྱ།
ངང་པོའི་སྤྱོད་པས་དགོར་མཛོད་གང་། རང་གི་ཡུལ་འཁོར་བསྐྱང་བར་བྱ།

ཞེས་གསུངས་པ་ལྟར། ཤོགད་རྒྱལ་པོས་རང་གི་ནོ་བོ་དང་སྲས་རྣམས་དང་དཔའ་མཛངས་གྲོན་པོ་རྣམས་ལ་བབ་དང་བསྟུན་པའི་སོ་སོ་གཙང་བ་སྟེ། དེ་ཡང་བརྒྱ་ཐུབ་དང་། སྟོང་ཐུབ་དང་། ཁྲི་ཐུབ་དང་། ཁྲི་ཕྲག་པང་པོ་ཐུབ་པའི་དཔོན་པོ་ཞེས་བཀའ་གནང་ཞིང་། མངའ་འབངས་ཐམས་ཅད་ལའང་བྲ་དགའ་དང་བདག་ཉིད་ཟུར་སྲུབ་ཚོགས་པ་གནང་སྟེ་འདི་སྐད་གསུང་། ཡབ་གཉིས་ཀྱི་ལྷ་དབང་བརྒྱ་བྱིན་གྱིས་བཀའ་བསྒྲིམས་པ་ལྟར་རྒྱལ་ཁམས་ཀྱི་རྒྱལ་པོ་བཅུ་གཉིས་དག་དབང་དུ་བསྡུས། ཤོག་པའི་ལས་ལ་ཞུགས་པའི་རྒྱལ་ཕྲན་རྣམས་བཅོམ་ཞིང་། ཕྱི་སྦྱི་ཆེན་པོ་དག་སོགས་མངའ་འབངས་མཐའ་དག་བདེ་སྐྱིད་དཔལ་དུ་བཀོད་པར་བྱས་སོ། །དེ་རི་ལྟུས་སེམས་བདེ་

སོར་འདག་རྒྱ་ཡིན་གསུངས་དེ། མ་འབྲུག་གི་ལོ་དེ་ནས་སེ་ཁྲིའི་ལོའི་བར་ལོ་བཅུ་དགུའི་རིང་ལ་རྒྱལ་སྐྱོར་འབངས་དང་བཅས་པའི་བདེ་སྐྱིད་ནི་རྟའི་དཔལ་ལ་འགྲུར་བ་ལྟ་བུར་གྱུར་ཏོ། །དེ་ནས་དཀའ་ལོ་རེ་དྲུག་གི་སྟོང་པ་ཕག་གི་ལོར་བོད་ཀྱི་ཡུལ་ལ་དམག་དྲངས་ཏེ་དེའི་མ་སྐྱོང་དག་པ་རྗེ་རྗེ་དཔལ་ལས་གྲོ་ཅིང་པ་སོགས་སྔར་ད་ནི་དར་གྱི་ཕྱུལ་གེར་ཏ་ཀར་ནེས་པ་རེའི་ཞུས་ཤེས་དྲངས་ནས་ཁྲི་སྤྲེ་སམྦྷ་དགའ་དབང་དུ་བསྡུས་སོ། །དེའི་བཙུན་མོ་གར་བྱུལ་ཆེན་གྱི་ནེས་པ་དེས་བོགད་རྒྱལ་པོ་ལ་གནོད་པའི་ཆེན་གྱིས་འདས་ཤེས་གྲགས་ཀང་ད་བོ་ཕོ་ཏ་སར་ལ་ཆད་པ་བཙོག་པ་སོགས་བྱས་པ་ལ་ངའི་བྲུ་དག་པ་དགའ་བས་ངར་པར་སྨྲས་པ་ཡིན་ཏེ། །བཙུན་མོ་དེས་གནོད་སེ་ཕྲུབ་པས་ཕྲག་སྡེ་ནག་རྒྱལ་འཇོང་ནས་ཀས་པས་རྒྱ་རེ་ཏ་ཕྱོར་སྟེ་རེ་རད་གྲགས་སོ། །བོགད་རྒྱལ་པོ་དེས་སྐུ་དངོས་ཀྱི་མཛད་པ་རྣམས་རྫོགས་ནས་རབ་རྒྱུའི་འབྲས་ད་དབྱར་ཀྱི་རིང་ལ་བཞུགས་མ་སྨོན་དེ་བཞུགས་པའི་རྗེ་སྐྱ་སྐྱངས་ནས་ལོ་དེའི་རྒྱ་བ་བདུན་པའི་ཚེས་པ་བཅུ་གཉིས་ལ་སྐུ་རགས་པ་སྟོང་པའི་ཟ་མ་ཏོག་ཏོར་དེ་བཞི་བར་གཤེགས་སོ། །དེའི་ཚེ་སེ་རང་ག་བ་དང་མི་འདྲ་བར་བཞིན་གྱི་མདོག་གསལ་ལ་རིང་གཞོན་པ་ཚར་དང་གཟི་བརྗིད་ཆེ་བར་གྱུར་ཏོ། །བོགད་རྒྱལ་པོ་དེའི་སྲས་ཛྲ་ཏི་དང་། ར་ག་ཏའི་དང་། ཨ་གེ་དེའི་དང་། ཐོ་ལོའི་སྟེ་བཞི་དང་། སྲས་མོ་མི་ཆེན་ཀུང་ཇུ་རྣམས་ཡོད་དེ། ཡབ་ཀྱིས་སྲས་ཆེ་བ་ཛྲ་ཏི་དེ་ཐོག་མོག་གི་ཡུལ་གྱི་རྒྱལ་པོར་བསྐོས། གཉིས་པ་ར་གདའི་ལ་ཆིན་རྒྱང་གི་གོ་ས་གནང་ནས་ཐོད་དཀར་རབ་ཨོ་རི་ས་ཡིའི་རྒྱལ་པོར་བསྐོས་ཏེ་ཡོད་ཁེར་གྱི་མཁར་དུ་ཞོ་ཐུགས་བཅུག་གོ །གསུམ་པ་ཨ་གེ་དེའི་ནེས་བྱ་བ་དེ་ཕྱུགས་སྐྱབ་རིང་དཀྱིལ་ཆེ་བ། མཛངས་ཤིང་མཁས་པ་འགྱུར་རྟོག་སེ་

མངའ་བའི་རང་བཞིན་ཅན་དེ་རང་ཉིད་ཀྱི་རྒྱལ་སྲིད་དུ་དབང་བསྒྱུར་རོ། །ཕྱིའི་ཨོ་ཆ་ག་དའི་ལ་བུ་ལྷ་ཡོད་པའི་ཆེ་བ་ཨ་སྨྲ་ལ་ཏི་པའི་རྒྱལ་སྲིད་བྱས། གཉིས་པ་ཨི་ས་ས་ན་ཡི་ནི་ཁ་ཆེའི་རྒྱལ་པོར་བསྐོས་པ་སྣ་སར་གན་གྱི་མཁར་ཆེན་པོར་བཞུགས། གསུམ་པ་ཨ་དྷི་ར་ས་ན་ས་ད་ནི་རྒྱ་གར་ཤར་ཕྱོགས་ཀྱི་རྒྱལ་པོར་བསྐོས་པ་བྲ་ལ་ཤའི་མཁར་དུ་བཞུགས་པ་སྟེ་འདི་སྤྱིལ་སྤུ་ཅིག་ཡིན་པར་གྲགས་སོ། །བཞི་པ་གོད་ཁང་ནི་ཨོས་ཡུལ་གྱི་རྒྱལ་པོར་བསྐོས་པ་དེ་སུ་ཧྲི་ལའི་མཁར་དུ་བཞུགས། ལྔ་པ་ཧི་སུར་ནི་ཨོ་ར་ང་ཁའི་རྒྱལ་པོར་བསྐོས་པ་ཉྲ་ཏ་རའི་མཁར་དུ་བཞུགས་ཏེ་དེ་དག་གིས་ཡུལ་དེ་དང་དེ་ལ་མངའ་བསྒྱུར་རོ། །ཕྱིའི་ཨོ་ཨ་གེ་དེའི་དེ་ཉིད་ལུག་ལོ་བ་དགུང་ལོ་ནི་གཉིས་ཕྲག་ས་ཁྲིའི་ལོར་རྒྱ་སོག་གི་རྒྱལ་སྲིད་ལ་དབང་བསྒྱུར་རོ། །སྔར་ཐོག་ད་རྒྱལ་པོ་དེས་ཡངས་པའི་རྒྱལ་ཁམས་ལ་དབང་བསྒྱུར་ཡང་རྒྱ་རིག་ལུགས་ཀྱི་བཤད་ཁྲིམས་དེ་སྤྲ་ཉིབ་ད་ལེགས་པར་དགོངས་ཏེ། ཅི་དར་གྱི་རིགས་ལས་བྱུང་བའི་སློབ་ཆེན་ཡེ་ཤེའི་ཆུ་ཚའི་ཉིས་པ་ནང་རིག་པ་དང་ཐ་སྙད་ཀྱི་རིག་པ་དང་། གྲུབ་མཐའ་དང་། སྔགས་རིགས་སང་པོ་ལ་མཁས་པ། རྫུར་ཆེན་གསེར་གྱི་རྒྱལ་པོས་སློབ་གཉེར་བ་རྣམས་རྩོད་བགས་དུ་བཅུག་པའི་ཚེ་མཁས་པའི་གྲལ་དུ་ཚུད་པས་ན་རྫུར་ཆེན་ཀྱ་སེར་གེན་དུ་གྲགས་པ་དེ་ལ་རྒྱ་ལུགས་ཀྱི་རྟེས་སོགས་སྤྱོ་བའི་བསྟན་བཅོས་མང་པོ་བྲིད་དུ་བཅུག་རིང་། གཞན་མང་པོ་ལ་ཡང་སློབ་དུ་བཅུག་པས། འཛམ་མགོན་མ་པཎ་གྱིས།

ཀྱེ་རྫེམ་རིང་དུ་ལྟ་བ་དང་། བག་ཡོད་པ་ལ་བརྩོན་སྤྱིར་ཆེ།
བཙོད་འགྲུས་ཆེ་ཞིང་བརྟན་པ་གྱིས་བས།། བྲན་གཡོག་ཡིན་ཡང་དཔོན་དུ་འགྲུར།

ཞེས་གསུངས་པ་ལྟར། ཡིད་ཆེས་པའི་རང་རྒྱལ་གྱི་གཙོ་བོར་གྱུར་ཏོ། །ཡང་

འཇམ་མགོན་མ་ཕམ་གྱིས།

ཆེན་པོ་རྣམས་ལ་བརྟེན་བཅས་ན། །དམན་པ་རྣམས་ཀྱང་ཆེན་པོ་འཐོབ།

ལྗོན་ཤིང་ཆེ་ལ་བརྟེན་པ་ཡི། །འཁྲི་ཤིང་རྩེ་མོར་ཕྱིན་ལ་ལྟོས།

ཞེས་གསུངས་པ་ལྟར། སྲས་རྒྱལ་པོ་འདིས་ཀྱང་ཏ་ཡེར་གེར་དེ་ཉིད་བཀའ་བློན་གྱི་གཙོ་བོར་བསྐོས་ཏེ་བསྟན་སྲིད་གཞུང་དོན་ལ་ཐུགས་རྩིས་གནང་ཞིང་ཡར་འདེའི་མཛད་འཕྲིན་གྱི་རྫ་ལག་བརྟན་པ་དང་སྤེལ་བར་བྱས་སོ། །འདོར་དཔལ་མགོན་ཀླུ་སྒྲུབ་ཀྱིས།

བློན་པོ་སྒྲོ་ལྟར་ཡང་བ་ཡིས། །རྗེ་དང་འཐབས་ཀྱི་དོན་ཀུན་འགྲུབ།

མདའ་དང་མཁས་པས་འཕངས་གྱུར་ན། །གང་ལ་གཏད་པར་འཕོག་པ་ཡིན།

ཞེས་གསུངས་པ་ལྟར། བཀའ་བློན་ཆེན་པོ་དེས་རྒྱལ་པོ་ལ་ཞུས་ཏེ། ང་ཕྱིར་ཆད་རང་གི་ཟུར་གཡོག་གསར་མི་ཆོག །འབངས་དག་ལས་ཞིང་གི་ཐུང་དང་། ཕྱུགས་དང་། ཚོང་པ་རྣམས་ལས་ཡོགས་ཁྲལ་བླང་བ་དང་། རྒྱ་རྣམས་ལས་དཔྱ་ལ་དང་གོས་དང་རས་དང་ཤིང་གི་ཕྱུང་བླང་བའི་བཅའ་ཁྲིམས་བཀག་གོ །སྲས་རྒྱལ་པོ་དེ་ལོ་དྲུག་རྒྱལ་སྲིད་བསྐྱངས་ཏེ་གཤེགས་སོ།། དེའི་སྲས་གཉིས་ཀྱི་ཆེ་བ་གླུ་ཤུག་ གླང་པོ་བ་ དཔལ་ ལོ་ཉེར་ དགུའི་ཐོག་ རྒྱལ་ཁྲི་ལ་རྒྱ་བ་དྲུག་བཞུགས་ཏེ་གཤེགས། དེའི་གཅུང་ཐོ་གོ་དན་སྐྱག་པོ་བ་དཔལ་ ལོ་ཉེར་ དགུའི་ ཐོང་ རྒྱལ་ སར་ འཁོད་ དེ་ ལོ་བཅོ་བརྒྱད་ བཞུགས་ཏེ་གཤེགས་སོ། །ཕྱིའི་ཆོས་ཕྲ་ཕོའི་སུས་སྲུང་ཚེ་དང་། ཏོ་ཤི་ལའི་དང་། ཀུ་ཤི་ན་དང་། ཨ་རིག་བུ་ཀེ་ཞེས་བྱ་བ་བཞི་ཡོད་པ་ལས། ཆེ་བ་ཐུང་ཚེ་དེ་རི་དཔལ་ལོ་ཞེ་དྲུག་གི་ཐོང་རྒྱལ་ཁྲི་ལ་འཁོད་དེ་ལོ་བརྒྱད་བཞུགས་ནས་གཤེགས། རྒྱལ་པོ་འདིའི་སྐབས་སུ་བཙུན་པོ་ཏོ་ཤི་ལའི་སོགས་སྤྱི་དཔོན་

ལྷ་ལ་དཔག་དཔུང་ལྷ་ཕྱིར་དེ་རྒྱ་གར་ཕྱོགས་སུ་དཔག་དུངས་པས་དེ་ཕྱོགས་ཀྱི་མདོག་དམ་པོའི་མི་སྡེ་དང་། པོ་མཆོད་ལ་རིན་པོ་ཆེས་སྤྲས་པའི་མི་སྡེ་སོགས་མི་སྡེ་ཆེན་པོ་སུམ་ཅུ་སོ་བདུན་དང་། མཁར་ཆེན་པོ་བཅུ་བཞི་རྣམས་མངའ་འོག་ཏུ་བཙུག་གོ ། དེའི་གཙང་པོ་མའི་དབང་ཕྱུག་ཆེན་པོ་ཏྲི་ཕྲི་པའི་རི་ཤིང་ཕག་ལོ་བ་དཀར་ལོ་ནི་དུག་གི་སྟེང་ལུགས་སྨིལ་ཐོར་རྒྱལ་མར་འཁོད་དེ། དྲིའི་ད་མཁར་དང་། ཆ་གར་མཁར་དང་། ཏུ་རི་ཡེ་བྲུ་མཁར་དང་། ཡང་ཕྱིང་མཁར་ཏེ་མཁར་ཆེན་པོ་བཞི་བརྩིགས། མི་ཡོད་དར་ཅན་དག་དཔོར་བོར་བསྐོས་ཏེ་རྒྱལ་པོའི་བཙའ་ཁྲིམས་མཐའ་དག་རྒྱལ་པོ་ལྷ་མ་རྣམས་ལས་ཀྱང་ལྷག་པར་ལྷ་ཁྲིང་ཁྲི་བ་དུ་མཛད་དོ། །དེ་རྣམས་རྒྱལ་པོ་འདིས་ཇི་སྐད་དུ། དཔལ་མགོན་ཀླུ་སྒྲུབ་ཀྱིས།

ལུགས་ལ་མཁས་པའི་བློན་པོ་ཡིས། སྐྱེ་བོ་མ་ལུས་སྐྱོང་བྱེད་པའི།
རྒྱལ་པོ་གཅིག་པུ་ཕོ་རུས་ཀྱང་། མ་རྣམས་མ་ལུས་ཆས་དུ་པབས།

ཞེས་གསུངས་པ་ལྟར། སྟོན་གྱི་རྒྱལ་པོ་རྣམས་ཀྱི་ཆབ་འོག་ཏུ་གྱུར་པའི་རྒྱ་ནོད་དོར་གསུམ་སོགས་རྒྱལ་ཁམས་ཆེན་པོ་མང་པོ་ཡང་དབང་དུ་བསྡུས་ཤིང་རྒྱལ་སྲིད་ཀྱི་སྲིང་ལ་དྲིའི་ཡུན་ཞེས་གྲགས་སོ། །རྒྱལ་པོ་འདི་ནི། དཔལ་མགོན་ཀླུ་སྒྲུབ་ཀྱིས།

གང་ཞིག་གཏོང་ཕོད་བློ་ལྡན་པ། ཚིག་བདེན་གཙང་ལ་བྲམ་པ་བཟོ།
དེ་ལ་དག་ཏུ་དཔལ་གྲགས་རྣམས། གྲིབ་མ་བཞིན་དུ་རྗེས་སུ་འབྲང་།

ཞེས་གསུངས་པ་ལྟར། ཐུགས་བསམ་དཀར་ཞིང་དད་པ་ཆེ་བ། རོར་ལོངས་སྤྱོད་ལ་མི་བཀས་པ། ལུགས་ཟུང་ལ་མཁས་པ། དག་སྣང་ཆེ་ཞིང་འབངས་ཐམས་ཅད་ཆོས་བཞིན་དུ་སྐྱོང་བ་སོགས་ཀྱི་ཡོན་ཏན་དང་ལྡན་པས

རྒྱ་ནག་པ་ཐམས་ཅད་ཀྱིས་དེང་དུས་ཀྱི་ཡོ་རུ་ཀཱ་ར་རྒྱལ་པོ་ཉིས་བསྐོར་ཅིང་བཀུར་རོ། །འཛིམས་རྒྱའི་བོར་པོ་ཛོར་ཙི་ཛེའི་ཡོ་ཀེ་པ་ལ་ཆེར་སེར་བསྒྲིགས་སོ།།

རྫོང་གིས་རྒྱལ་པོ་ནས་འཛིན་ཉིད་ཀྱི་བར་ལ་རིམ་གྱིས་མངའ་འབངས་སུ་ཐོབ་པའི་མི་སྡེ་ནི། མོག་པོ་སྔོན་པོ་མི་ཁྲིམ་བཞི་འདུས་རྣག་དང་། རྒྱ་དམར་པོ་དང་། ནོར་ནག་པོ་དང་། མར་ཐ་གོལ་སེར་པོ་དང་། མོ་ལོན་གོས་དཀར་མོ་སྤྱི་རང་རང་རིགས་གཞིག་པའི་མི་ཁ་དོག་ལྷ་ཅན་དང་། ཙུག་ནི་བུ་མོ་དང་། གཡོར་རྒྱ་དང་། ཐང་སིག་ཅན་དང་། ཁྲི་པགོ་ཅན་དེ་གཞན་སྐྱ་རིགས་བཞི་དང་། ཡང་དབྱིབས་དང་གོས་དང་བྱ་སྤྱོད་སོགས་གཞན་ནས་མི་འདྲ་བའི་རིགས་རིགས་བདུན་ཡུ་ལྷག་ཡོད་ཅེར་ལ། མ་ར་ཡང་རབ་བྱུང་གི་ཕྱོགས་ཕྲེར་གོད་ཀྱི་ཆབ་ནི་ཡོད་པའི་ཁིན་རའུས་མོག་སྐད་དུ་ཁམ་ ཁམས་ཆེ་ཉེས་པའི་མི་སྡེ་ནི་ཁལ་ཁའི་པོ་བྲང་ནས་རྒྱང་བཀགས། ཁྲི་ཚོ་གསུམ་གྱིས་བསྐལ་པའི་ས་ཆ་ན་ཡོད་ལ་ཡུལ་དེའི་ཤི་པལ་ཆེ་བ་རྣམས་རི་འབྲོང་བ་དང་ལྷན་ཅིང་། རྣག་པར་དུ་བཙང་པོ་ཁྲི་ཕྲུག་དང་ལྷན་པ་མང་སྟེ། སིག་སྤྱོ་ལ་སྨྲ་དམར་པོ་ཅན་དེ་རྣམས་དཔའ་ཞིང་གཡུལ་ཤི་རྒྱུག་པ་ལུས་ལ་མཚོན་ཆ་སྒ་སོགས་ རྒྱུན་དུ་འཛོམས་པ། དབྱར་ཉི་རིང་པོའི་མཚན་ཉིན་དུ་ཐུང་བར་གྲགས་པ་དེ་ནས་བཟུང་ཤར་དང་ནུབ་ཀྱི་གླིང་ལྷན་གྱི་ཡི་དང་མར་ཧུ་དང་རྒྱ་མཚོའི་གླིང་པ་གཞི་ཟེར་དང་རུ་མང་དང་སི་ཡན་ལོ་དང་ཉེ་ཡང་སོགས་དང་ལྷོ་རབ་ཕྱོགས་ཀྱི་རྒྱ་གར་སྐྱེད་དང་ཁ་ཆེའི་མཐར་ཐུག་ཆད་རྣམས་སོ། །རྒྱལ་པོ་འདིའི་ཆབ་འོག་དུ་གཏོགས་པའི་ལྷ་ཁང་དགོན་པ་ཆེ་ཆུང་གི་གྲངས་ཁྲིར་སྟོང་ བཞི་ཁྲི་ཉིས་སྟོང་སུམ་བརྒྱ་བཅོ་བརྒྱད་ཡོད་ལ། དགེ་འདུན་གྱི་སྡེ་ཚོགས་ཆེ་ཆུང་སྟོང་ཕྲག་ན་ཁྲི་ཕྲག་ཞེར་གཅིག་དང་སུམ་སྟོང་ཞིག་བརྒྱ་ཡོད་ཅེས་སྤེལ་སྔོན་ལས་བྱུང་ངོ༎

ཧྥུ་ཞེས་པའི་གླིང་ཚན་གྱི་མཁར་ཆེན་པོ་སྟོག་བརྒྱ་རེ་དགུ། །ཨིནྡི་ཡི་གླིང་ཚན་གྱི་མཁར་བར་བ་ཉིས་བརྒྱ་བདུན་བཅུ། ཉི་ཧོང་གླིང་ཚན་གྱི་མཁར་ཆུང་ཏུ་སུམ་བརྒྱ་གོ་བརྒྱད་ཡོད། གཞན་ཡང་ཨ་ཡི་ཞེས་པའི་མཁར་ཆུང་སྟོང་དང་སྟོག་བརྒྱ་རེ་ལྔ་ཡོད། ཕྱི་གླིང་ཆེ་ཆུང་ཉིས་སྟོང་བདུན་བརྒྱ་སུམ་ཅུ། རང་གླིང་དེ་བརྒྱ་དྲུག་གཅིག་དང་ཉེར་གཅིག་ཡོད་རེར་རོ། །དེང་རབས་ཀྱི་རྩ་ཡན་དུ་ལོ་ཉི་ཤུ་རྒྱལ་སར་བཞུགས་ལ། རྒྱ་ནག་གི་བཙན་ཁྲིམས་གཙོ་བོར་བྱས་ནས་རྒྱལ་སར་ལོ་བཅོ་ལྔ་བཞུགས་པ་སྤྱི་ལོ་སྟོ་ཕྲའི་བར་དུ་རྒྱལ་སར་བཞུགས་པས་འཁོར་ལོས་བསྒྱུར་བ་མེ་ཆེན་རྒྱལ་པོ་ཞེས་པའི་སྐད་གྲགས་ཆེན་པོས་ཕྱོགས་ཀུན་དུ་ཁྱབ་སྟེ། དགུང་ལོ་བརྒྱད་ཅུ་རྩ་གཉིས་ཀྱི་སེ་སྐྱེལ་ལོར་ཞྭའི་ཡུལ་དུ་གཤེགས་སོ། །མེ་ཆེན་རྒྱལ་པོ་དེའི་སྲས་ཧི་ཧི་དང་། པདྨ་དང་། རྗེང་གེ་དང་། རོ་བོ་དར་ཞེས་པ་བཞི་དང་། མེ་རིག་ཞེས་པའི་བུ་མོ་གཅིག་ཡོད་པ་ལས། སྲས་གསུམ་པ་རྗེང་གེ་དེ་ནི། ཕྱིར་མི་ཆེན་རྒྱལ་པོ་བཞུགས་དུས་ཀྱི་མེ་བྱི་ལོར་རྣམ་རྩིས་རྒྱལ་འཕགས་པ་བོད་དུ་སྤྱན་ཐེབས་པའི་ཚེ་ཕྲས་དེ་ཉིད་ས་སྐྱར་བསྐྱལ་ཏེ་མོང་བ་ལ་ཡབ་རྒྱལ་པོས་ཕྲགས་མཉམ་དེ་སྲས་དེ་རྒྱལ་སར་དབང་བསྐུར་བར་བཀའ་བ་ནས་ཀྱང་སྲས་དེ་དེར་འདས་སོ།། ཇེང་གེས་འདི་ལ་སྲས་ཀ་མ་ལ། དྷརྨ་པཱ་ལ། ཏྲི་ཏུ་ཐེ་སུར་གསུམ་ཡོད་པ་ལས། ཏ་ཆུང་ཏྲི་ཏུ་ཐེ་སུར་ཡིང་སྒྲུང་ལོ་བ་དགུང་ལོ་སུམ་ཅུ་ཐོག་ཡིང་དུ་ལོར་རྒྱལ་སར་བཞུགས་ནས་ཨོལ་ཇེའི་ཐུ་ཁ་ཀར་ཞེས་མཚན་བཏགས་སོ། །རྒྱལ་པོ་འདི་མི་ཆེན་རྒྱལ་པོ་བཞུགས་དུས་སུ་རྒྱལ་སར་འཁོད་ཀྱང་། སེམས་པོ་མི་ཆེན་རྒྱལ་པོ་འདས་པའི་འོག་དུ་མེ་བྱ་ལོ་ནས་མགོ་བཙུགས་ཏེ་རྒྱལ་སྲིད་ལ་དབང་བསྒྱུར་བ་ནས་ལོ་བཅུ་གཅིག་ལོར་པའི་ནི་གསུམ་ལ་གཤེགས།

འདིའི་རིང་ལ་གྲགས་ཆེ་བའི་རྒྱ་རག་གི་རྒྱལ་ཁམས་གསུང་དྲུང་རིན་པོ་ཆེ་དེ་རྒྱལ་པོ་འདིའི་ཕྱག་ཏུ་འགྱུར་རོ། །དེ་རྗེས་དེའི་བུ་མོ་དྷརྨ་བཱ་ལའི་སྲས་ནའི་མིང་དང་། ཨ་ཤུར་པར་པད་ཞེས་པ་གཉིས་ཡོད་པའི་ཆེ་བ་ནའི་མིང་ལྷུགས་སྤྱལ་ལོ་བ་དགུང་ལོ་ཉེར་བརྒྱད་སྟོང་མ་སྤྱིལ་ལོར་རྒྱལ་སར་བཞུགས་པ་ལ་ཁྲ་ལུག་རཀན་ཞེས་མཚན་བཏགས་སོ། །ལོ་བཅིར་ལུགས་རྒྱང་གིས་བསྐྱར་སྲིད་བསྐྱངས་ནས་རང་ལོ་སོ་གཅིག་ལ་གཤེགས། དེ་རྗེས་དེའི་གཅུང་པོ་ཨ་ཤུར་པར་ཤིང་བྱ་ལོ་བ་དགུང་ལོ་ཉེར་བརྒྱད་སྟོང་ཧུ་ཀྲིའི་ལོར་རྒྱལ་སར་བཞུགས་པ་ལ་བློ་ཡན་ཕྱོ་རྒྱལ་པོ་ཞེས་པའི་མཚན་ཕུལ་ལོ། །འདིས་ལོ་འགའི་བར་དུ་རྒྱལ་སར་བཞུགས་ནས་མོ་དྲུག་ལ་གཤེགས། དེའི་སྲས་ཤྲཱི་པལ་ཧུ་ཡོས་ལོ་བ་དགུང་ལོ་བཅུ་དགུའི་ཐོག་རྒྱལ་སར་འཁོད་པ་ལ་ཀེ་ཀེར་རྒྱལ་པོ་ཞེས་མཚན་བཏགས་པ་དེ་ལོ་གསུམ་བཞུགས་ནས་ཉེར་གཅིག་ལ་གཤེགས། རྒྱལ་པོ་བློང་མ་རྣམས་ཀྱིས་ཉ་གོས་ནས་སོག་ལུགས་སོར་བཞག་ཡོད་པ་ལ། རྒྱལ་པོ་འདི་ཕས་རི་ལ་འཁོར་རྒྱ་ནག་ཏུ་བསྐྱུར་བཀོད་བྱས་སྐད་དོ། །དེ་རྗེས་ཕའི་ཚོ་ཀ་མ་ལའི་སྲས་ཨཱ་སུ་ཐེ་མུར་མཚན་ཅན་ཕའི་རིང་རྒྱལ་པོ་ཧུ་ཡོས་ལོ་བ་དགུང་ལོ་ཉེར་གཉིས་ཀྱི་ཤིང་བྱི་ནས་མ་འབྲུག་གི་བར་ལོ་ལྔར་རྒྱལ་སར་བཞུགས་ནས་ཉེར་དྲུག་ལ་གཤེགས། དེ་རྗེས་རྒྱལ་པོ་ནའི་མིང་ཏ་ལུག་གི་སྲས་ཆེ་བ་རི་ན་ཆེན་འཕགས་ལྷགས་ཁྲི་ལོ་བ་དགུང་ལོ་སུམ་ཅུའི་ཐོགས་སྤྱལ་ལོར་རྒྱལ་སར་འཁོད་དེ་ཞག་བཞི་བཅུ་ལོན་ནས་གཤེགས། དེའི་གཅུང་པོ་ཀོ་ས་ལའི་མཚན་ཅན་སྟོང་ཚུང་རྒྱལ་པོ་སྤྱལ་ལོ་བ་དེས་མོ་འཛིར་དགུང་ལོ་ཉེར་ལྔའི་སྟོང་རྒྱལ་སར་འཁོད་དེ་ཞག་ལྔ་བཅུ་ལོན་ནས་གཤེགས། དེའི་རྗེས་བློ་ཡན་ཕྱོ་རྒྱལ་པོའི་སྲས་ཚུང་བ་ཐུག་ཐེ་མུར་མཚན་ཅན་རྡོ་ཡ་གཤོ་རྒྱལ་པོ་འབྲུག་ལོ་བ

དེས་ས་སྐྱོང་ལོ་ཉེར་དྲུག་ཕྲག་རྒྱལ་སར་བཞུགས། རས་ཉེར་དགུ་ལ་གཤེགས། སྲིང་ཚུང་རྒྱལ་པོ་ཀོ་ས་ལའི་སྲས་རིན་ཆེན་དཔལ་སེ་ཞྭ་ལོ་བ་དགུང་ལོ་བདུན་ཕྲག་རྒྱལ་སར་ལྔ་བ་གཅིག་བཞུགས་རས་གཤེགས། དེ་རྗེས་ཧྲི་ཡ་ཀ་ཕྲུ་རྒྱལ་པོའི་སྲས་ཕོ་གཉེར་ཐེ་སུར་ས་ཏ་ལོ་བ་དགུང་ལོ་བཅུ་དྲུག་གི་ཕྲག་རྩ་བའི་ལོར་རྒྱལ་སར་བཞུགས་པའི་སྲིང་ཨུར་ཀྲི་འས་ཀྱོ་ར་ཀ་ཧོ་ན་ཀར་ཞེས་པ་དེའི་རིང་ལ་རྒྱ་ས་ས་སྐྱ་པ་ཀུན་དགའ་བློ་གྲོས་གདན་དྲངས་ནས་ལུགས་ཟུང་གིས་རྒྱལ་སྲིད་བསྐྱངས་དེ་བཞུགས་པ་ལ། རྒྱའི་རྒྱ་ཞེས་པའི་ཚོ་རིགས་ཅན་གྱི་ཁྲིམས་ལ་སྣང་བརྫང་སང་པོ་དང་བཅས་པའི་བུ་གཅིག་རྒྱ་གེ་ཞེས་པ་ཚིག་འཇམ་ཞིང་སྐྱུ་ཐབས་ལ་མཁས་པ་དེ། ཇི་སྐད་དུ། དཔལ་མགོན་ཀླུ་སྒྲུབ་ཀྱིས། གཡོན་ཅན་རྣམས་ཀྱི་གྲོས་ཅན་ཚིག ། མཛངས་པས་ཤེས་པར་མ་བརྟགས་ན། ཁོང་ཁྲོའི་དོན་རྣམས་མ་འགྱུར་པའི། རི་དྭགས་གཅན་གྱིས་བཀྲོག་པར་སྣང་། ཞེས་དང་། འཇམ་མགོན་པར་གྱིས།

མ་བརྟགས་པར་རི་སྤུ་ལ་ཡང་། ཡིད་ཆེས་པ་དང་བསྟེན་མི་བྱ།
བག་ཐབ་པ་ལས་སྐྱོན་བྱུང་དང་། གྲོས་བཅལ་བ་ལས་དགྲར་གྱུར་མང་།

ཞེས་གསུངས་པ་ལྟར། རྒྱལ་པོས་མ་བརྟགས་པར་བག་ཡབ་ཕྱི་སི་ཕྱི་རྣམས་ཀྱི་ཕྱི་དཔོན་ཆེན་པོར་བསྐོས་པ་དེས་རྒྱ་ས་གི་སེ་ཕྱི་མཐའ་དག་དབང་དུ་བསྡུས་ཤིང་། རྒྱལ་སྲིད་འཕྲོག་པའི་ཐབས་བསམ། འདུལ་བ་ལུང་ལས།

བཙང་པོ་དགའ་ལ་སྣ་བའི་མིས། སྐྱེ་བོ་ངན་པ་བསྟེན་མི་བྱ།
སེང་གེ་ཁྲུ་མཆོག་མཛའ་བ་ལ། ཝ་ཡིས་ཕྲ་དང་ཕྱེ་ལ་བྱས།

ཞེས་གསུངས་པ་ལྟར། རྒྱལ་པོ་དེའི་རྫ་སྟོར་དཔའ་འཛངས་པ་ལ་ཆེ་བ་སྐུ་ཐབས་ཀྱིས་རྒྱལ་པོ་ལ་ཕྱ་ས་བཙུག་སྟེ་སང་སྐོར་གྱི་གཙོ་བོ་ཐུག་ཐ་རྟེ་ཐའི་རི

གསོད་དུ་བཙུག་པ་དང་། ང་ སྔོན་ གཉན་ སང་པོ་རྣམས་ རྒྱལ་པོ་ལས་ ཐག་བསྒྲིངས་པར་བྱས་དེ། དེའི་རྗེས་སུ་དཔག་ཚུངས་པའི་བྱབ་བྱེད་པའི་གོང་ད་དབྱ་གཅིག་རྒྱལ་པོ་དེའི་སྐྱེ་ལམ་དུ། མཆད་པོ་སྐྱ་དཀར་པོ་ཅན་ཞིག་འོངས་ཏེ་སྨྲས་པ། ཁྱོད་ཀྱིས་རང་གི་ཁང་བསྲུང་བའི་ཁྱི་བཟང་པོ་སྲུངས་པ་ལ། ཁྱི་རོ་ལ་གྱི་སྲུང་གིས་རྟུངས་པ་རྒྱག་ཅིང་འོང་བར་འདུག་ པས་ དེ་ལ་ ཐབས་ ཅི་སེམས། ཞེས་ཟེར་ཁྲོས་ཤིང་བཀད་བཀོར་བྱས་དེ་མི་སྣང་བར་གྱུར་པ་རྨིས་ནས་དེ་ལ་དངངས་ཤིང་སྐྲག་བཞིན་པས་མནད་དེ། དེའི་མང་ཉིན་རང་གི་བླ་མ་ལ་དོན་དེ་ཞུ་བ་དང་། བླ་མས་རེ་ཞིག་ཚང་རེ་གསུང་བར་བཏུགས་ནས་འདི་སྐད་གསུང་། ཁྱི་བཟང་པོ་ཟླ་བ་རང་གི་ངང་སྔོན་སྲུངས་ནས། སྲུང་གི་ས་རྟུངས་པ་ནི་ཟླ་བྲ་ཧྨེ་གེ་ངང་སྔོན་གྱི་གཙོ་བོང་བཀར་བའི་ཆེད་གྱིས་རྒྱལ་སྲིད་ལ་ངན་པ་འབྱུང་བའི་སྔ་ལྟས་ཡིན་གསུང་བ་ལ། རྒྱལ་པོས་དེ་ལ་ཐབས་ཅིས་པར་ཞུས་པས། བླ་མས་འདི་སྐད་གསུང་། སྔོན་ཁྱོད་ཀྱི་གོང་མ་འོག་ད་ཧོ་ཕྱི་ལའི་མི་ཆེན་རྒྱལ་པོའི་དུས་སུ་རང་ཚག་གི་གཙུག་རྒྱན་ཆོས་རྒྱལ་འཕགས་པས་ཉི་མ་གསུམ་གྱི་རིང་ག་རུས་པ་ལ། དེར་རྒྱལ་པོས་དེའི་རྒྱ་མཚན་ཞུས་པས། བླ་མས་འདི་སྐར་གསུང་། རྒྱལ་པོ་ཁྱེད་དང་ཁོ་བོ་ཚག་གཉིས་ཀྱི་རིང་ལ་འབྱུང་བའི་དོན་རྟོག་ཡིན། རང་ཚག་གི་འོག་ཏུ་རྒྱལ་རབས་དགུ་འདས་བཅུའི་རིང་ལ་གོ་གར་སེང་ཅན་གྱི་རྒྱལ་པོ་འབྱུང་། དེའི་རིང་ལ་རང་ཚག་གཉིས་ཀྱི་བསྟན་སྲིད་གཉིས་ཀ་ནུབ་པར་གདའ། རྒྱུ་མཚན་དེ་ཡིས་དུ་བ་ཡིན་གསུང་བར། དེར་རྒྱལ་པོས། ཀྱེ་བླ་མ་ལགས་ཁྱེད་ཀྱི་སྔ་རོ་ཆུང་བལ་མ་འོངས་པའི་དུས་ཐག་རིང་པོའི་དོན་དེ་ཇི་ལྟར་མཁྱེན་ལགས་ནུས་པས། ཇོ་ལགས་ཁོ་བོས་འདི་ཙམ་ཟླ་ཚོགས་སྦྱོར་གྱི་དུས་སུ་མ་རྟོགས་

འདིར་ནག་བདར་གྱི་རིང་ལ་ཁྲག་གི་ཆར་ཆེན་པོ་འབབས། པའང་ཁོ་བོས་ཞེས་གསུང་། དེ་ལ་རྒྱལ་པོ་དེས་སྤྱིར་གྱི་ཡིག་ཚང་རྣམས་བཀློག་སྟེ་ལྟ་རྟོག་བྱས་པས། ཡིག་ཚང་གཅིག་ན་སྔོན་རྒྱ་ནག་གི་ཐང་ཐའི་ཙུང་རྒྱལ་པོའི་དུས་སུ་ས་ཕྱོགས་འདིར་ཁྲག་གི་ཆར་ཆེན་པོ་ཉག་བདར་ལ་འབབས་སོ། །དེ་ལ་རྒྱ་ནག་གི་ལོ་ཙ་བ་ཐང་ཡང་ཙུང་ཞེས་བྱ་བ་སློབ་དཔོན་དབྱིག་གཉེན་གྱི་སློབ་མ་ཞིག་གིས་མ་འོངས་པའི་དུས་ཀྱི་ལུང་བསྟན་བཤད་པ་དང་བཅས་པ་མཐོང་ནས། རྒྱལ་པོ་དེས་བླ་མ་འཕགས་པ་ལ་སྨྲས་པས་ཀུང་ཆེས་ཤིན་དུ་མོས་གུས་སྐྱེས་པར་འདུག །དེ་སྔར་རྗེ་བཙུན་གྱིས་ལུང་བསྟན་པ་སྔར་གྱི་དུས་ལ་ཐུག་པ་འདིར་སྤྱི་ཡིས་བསྒྲུག་པར་ནས། འོན་ཀྱང་ལྷས་དཀོན་མཆོག་ལ་གསོལ་བ་དྲག་དུ་གཏང་བ། རང་གི་ཆོས་བསྐྱང་ལ་གཏོར་མ་འབུལ། ངེས་པར་པར་འགྱུར་ཡང་སྲིད་གསུངས་པས། ཇི་སྐད་དུ། འཇམ་མགོན་ས་པཎ་གྱིས།

པར་པར་སྒྲུབ་དགོས་པ་སྟེ། དེ་ནས་དེ་དག་ཞར་པ་དགོས།
སྨན་པ་མཁས་པ་རྙེད་དཀའ་སྟེ། དེ་ཡི་ཚིག་བཞིན་བྱེད་པ་ཉུང་།

ཞེས་གསུངས་པ་ལྟར། རྒྱལ་པོ་དེས་ཆ་ས་ལ་ཕྲིམ་དེ། གླས་ཁྲིད་ཀྱིས་རང་གི་ཡུལ་དུ་ཕེབས་ཤིག་ཅེས་པ་ལ། ཁྲ་པས་ཐུགས་ཤིན་ཏུ་དགའ་ནས་འདི་ལྟར་བསྟན་སྲིད་བདེ་བར་གནས་པའི་སྐབས་སུ་བདག་ལ་རང་ཡུལ་དུ་སོང་ཞེས་གསུང་བ་འདི་རིན་རྗེ་ཅན་ཆྱ་མའི་བྱིན་རླབས་ཡིན་ཞེས་གསུང་ནས་ས་སྐྱའི་ཕྱོགས་སུ་ཕེབས་སོ། །དེའི་རྗེས་སུ་སྤྱིལ་པོར་བླ་བ་བརྒྱད་པའི་ཉེར་བརྒྱད་ལ། འཇམ་མགོན་ས་པཎ་གྱིས།

གཡོ་ཅན་བཟང་པོའི་ཚུལ་བཟུང་ནས། ཕྱི་རྣམ་རིང་ལ་བསྒྱུ་བ་ཡོད།
རི་དགས་རྫ་མ་བསྟན་ནས་ནི། ཁྱིམ་འདས་མོང་བུའི་ཀུ་དགའ་ཚོང་།

ཞེས་གསུངས་པ་ལྟར། རྒྱའི་རྫུ་གེས་རྩམས་པོར་ཡིན་ཞེས་འབྲིད་དེ་ཤིང་ཧ་ཁྲི་ཚོ་དྲུག་གི་རིང་དུ་དམག་དཔུང་རྣམས་སྤྲུས་ནས་ རྒྱལ་པོའི་ཕོ་བྲང་ དུ་བཞུགས་དེ་མི་མདའ་བཟང་བའི་བརྡར་བྱས་པ་དང་སྦས་དུ་དམག་དཔུང་ རྣམས་ ཕྱིར་ཐོན་ནས་རྒྱལ་སྲིད་འཕྲོག་གོ ། དེ་ལ་རྒྱལ་པོ་ཨོ་ད་ཀ་གྲུ་ཤི་ཀན་ཐེ་པུར་བྲོས་ཏེ། རྒྱའི་ཕྱོགས་ཀྱི་རྒྱལ་སྲིད་ཤོར་ལ་ཧུ་ཀྲང་ཁྲིར་ལྷུན་གྱི་འགྲམ་དུ་སོང་ནས་ཐུ་ར་ཏ་གྲུ་ཞེས་པ་བརྩིགས་ཏེ་དེར་སོག་པོ་ཙམ་གྱི་རྒྱལ་པོར་ བྱས་ ནས་ལོ་གསུམ་བསྡད་དེ་དགུང་ལོ་ང་གསུམ་གྱི་ཐུགས་ཁྲོ་ལོར་གཤེགས་སོ། །གོང་མ་ཆིང་གིས་རྒྱལ་པོས་རྒྱ་ནག་ལ་མངའ་བསྒྱུར་བའི་ཤིང་སྟག་ནས་མ་སྨིལ་འདིའི་བར་ད་ལོ་བརྒྱ་དང་དོན་ལྔ་ལ་ཆོར་རྒྱལ་པོ་རབས་བཅོ་ལྔས་རྒྱལ་སྲིད་བསྐྱངས་སོ།།

དེའི་སྲས་ཐེ་ཙིག་ཐུ་ས་ཤྭག་ལོ་བ་ དགུང་ལོ་སོ་བཞིའི་ཐོག་ ཐུགས་ རག་ ལོར་རྒྱལ་སར་འཁོད་དེ་ཞི་གཅིག་ལས་གཤེགས། དེའི་གཅུང་ཐོ་ཡོ་ས་གལ་ཏ་ལོ་བ་དགུང་ལོ་སོ་བརྒྱད་སྟེང་ས་ལུག་ལོར་རྒྱལ་ མར་ བཞུགས་དེ་ཞི་ བདུན་ལ་གཤེགས། དེའི་སྲས་ཨེང་ཧེ་ཐེ་རིག་ཐུ་དང་། ཨེལ་ཐེག་ཏྲི་ག་ལེས་ཏུའི་དང་། ནར་གོ་ཆག་ཐུ་ཀུ་ཧུང་ཐེང་ཐའི་ཙི་ཞེས་པ་གསུམ་ཡོད་པའི་ཆེ་བ་ཨེང་ཧེ་ཐེ་རིག་ཐུ་པག་ལོ་བ་དགུང་ལོ་སོ་གཅིག་སྟེང་ས་སྦྲུལ་ལོར་ རྒྱལ་ སར་བཞུགས་ནས་སོ་བདེ་ལ་གཤེགས། དེའི་གཅུང་ཨེལ་ཐེག་ཏྲི་ག་ལེས་ཏུའི་སྐྱང་ལོ་བ་དགུང་ལོ་སོ་གསུམ་ཐོག་ཧུ་ཏའི་ལོར་རྒྱལ་སར་ འཁོད་དེ་ ལོ་བདུན་ལོན་པའི་སྐབས་སུ། སྟོན་པ་མངས་རྒྱས་ཀྱི་བཀའ་ལས། ཅིའི་ཕྱིར་བུད་མེད་ཅེས་བྱ་ཞེ་ན། ཉེས་པ་མང་ཞིང་སྐྱོ་མཐར་ཡས་པས་དེའི་ཕྱིར་འདི་རི་སྐྱུ་མ་སྟེ་བུད་མེད་ཅེས་བྱའོ། །གང་བུད་མེད་ཀྱི་དབང་དུ་སོང་བ་དེ་དག་བདུད་ཀྱི་ལག་དུ་སོང་བའོ། །གང་བདུད་ཀྱི་ལག་ཏུ་སོང་བ་དེ་དག་སྡིག་ཅན

ཀྱི་དབང་དུ་མཛད་པ་སྟེ། བྱིང་རྒོད་ནི་ཤེས་པ་སྔང་པོ་སྐྲ་རབ་ཡས་པ། སེམས་ཡང་བ། སེམས་འགྱུར་བ། སེམས་མི་བརྟན་པ། སེམས་རབ་ཏུ་གཡོ་ཞིང་མི་བརྟན་པ་སྤྲེའུའི་སེམས། སྤྲེའུ་དང་མཚུངས་པ། སྒྲ་སྒོར་བ་ལ་མཁས་པ་སྟེ། དེའི་ཕྱིར་བྱིང་རྒོད་ཅེས་བྱའོ། ཞེས་དང་། འཇམ་དཔལ་རྩ་རྒྱུད་ལས།

བྱིང་རྒོད་ཆགས་པས་བསྒྲུབ་པས་ན། ཀུན་ནས་ཡོངས་སུ་འཁོར་འགྱུར་ཞིང་།
འདམ་ཆེན་ནང་དུ་འབྱིང་འགྱུར་ལ། འཁོར་བའི་རྒྱ་མཚོའི་བཙོན་ར་ཡིན།
བྱིང་རྒོད་ཆགས་པའི་སྐྱོན་པོའི་མི། རྩལ་བའི་རྩེ་ལ་བྲ་བཞིན་ནོ།
གང་དུ་མི་དེ་ཆགས་བྱེད་པ། ཤིན་ཏུ་མི་བཟད་སྡུག་བསྔལ་བསྐྱེད།
དཀར་པོའི་ཆོས་ནི་དེས་ཉམས་བྱེད།

ཅེས་དང་། དཔལ་མགོན་ཀླུ་སྒྲུབ་ཀྱིས།

མ་བདག་འདོད་ལ་ཆགས་པས་ཕན་དང་གནོད་པ་ཤེས་མི་འགྱུར།
ཇི་ལྟར་རང་དགར་རང་སྤྱོར་སྤྱོད་པའི་གླང་ཆེན་བཞིན་དུ་སྤྱོད།
དེ་འོག་འགྲོད་པས་རབ་གདུངས་ཉམ་ངའི་སྔ་ངན་གཡང་སར་ལྟུང་།
དེ་ཡིས་འཁོར་ལ་ཤེས་པ་སྐྱོང་བྱེད་རང་གི་སྐྱོན་མ་རིག།

ཅེས་གསུངས་པ་ལྟར། གཙང་པོ་དྲུ་ག་རྩང་རྡོང་ཁའི་ཚོའི་བཙུན་མོ་ཁ་ལ་ཚོའི་རྡོང་གོ་ལ་སེམས་ཤིན་ཏུ་ཆགས་ནས་དེ་བདག་གིར་བྱེད་པའི་ཆེད་དུ་གཙང་པོ་བཤད་དེ། ཀླུ་ལ་ཚོའི་དོང་གྱི་བཙུན་མོར་གྱུར་ནས་དེ་རེ་ཞིག་གནས་སོ། །དེ་ཉིད་ལ་ཇི་སྐད་དུ། སྟོན་པ་སངས་རྒྱས་ཀྱི་བཀའ་ལས།

སེམས་ཅན་འདོད་དགའ་ཁྲི་བའི་རྒྱུས། གཅིག་ལ་གཅིག་ནི་ཟ་བར་བགྱིད།
ཡང་དང་ཡང་དེ་ངན་སོང་དུ། སྡུག་བསྔལ་དུ་མས་རབ་ཏུ་གཙེར།

ཞེས་གསུངས་པ་ལྟར། རྒྱའི་རྫུ་གེས་རྩམ་དོན་ཡིན་ནས་འབྲིད་དེ་ཤིང་རྟ་ཁྲི་ཚོ་དྲུག་གི་རང་དུ་དམག་དཔུང་རྣམས་སྤྲུས་ནས་ རྒྱལ་པོའི་ཕོ་བྲང་ དུ་ཞུགས་ཏེ་ཕེ་མདའ་གཞང་བའི་བརྫའ་བྱས་པ་དང་མཉམ་དུ་དམག་དཔུང་ རྣམས་ ཕྱིར་ཐོན་ནས་རྒྱལ་སྲིད་འཕྲོག་གོ། །དེ་ལ་རྒྱལ་པོ་ཨོ་ཏ་ཀ་ཕུ་ཧོ་ཀན་ཕེ་སུར་བྲིམ་དེ། རྒྱའི་ཕྱོགས་ཀྱི་རྒྱལ་སྲིད་ཤོར་ལ་རྒྱ་སྒང་ཁིར་ཤུན་གྱི་འགྲམ་དུ་སོང་ནས་ཕྲ་ར་ཏ་ཕོ་ཞེས་པ་བརྩིགས་དེ་དེར་སོག་པོ་ཅན་གྱི་རྒྱལ་པོར་ བྱས་ ནས་ལོ་གསུམ་བསྡད་དེ་དགུང་ལོ་ང་གསུམ་གྱི་སྟགས་ཁྲི་ལོར་གཤེགས་སོ། །གོང་མ་ཆིང་གིས་རྒྱལ་པོས་རྒྱ་ནག་ལ་མངའ་བསྒྱུར་བའི་ཤིང་ཕུག་ནས་མ་སྤྲུལ་འདིའི་བར་དུ་ལོ་བརྒྱ་དང་དོན་བཞི་ལ་སོང་རྒྱལ་པོ་རབས་བཅོ་ལྔས་རྒྱལ་སྲིད་བསྐྱངས་སོ།།

དེའི་སྲས་ཐི་ཚིག་ཐུ་ས་ཕྱུག་ལོ་བ་དགུང་ལོ་སོ་བཞིའི་ཐོག་ སྟགས་ ཕག་ ལོར་རྒྱལ་སར་འཁོད་དེ་ཞི་གཅིག་ལས་གཤེགས། དེའི་གཞུང་བོ་ཨོ་མ་གལ་ཏ་ལོ་བ་དགུང་ལོ་སོ་བརྒྱད་སྟེང་མ་ལུག་ལོར་རྒྱལ་ སར་ བཞུགས་དེ་ཞེ་ བདུན་ལ་གཤེགས། དེའི་སྲས་ཨེང་ཏེ་ཛེ་རིག་ཐུ་དང་། ཨོལ་ཞེག་ཏི་གུ་ལེས་ཏུའི་དང་། ནར་གོ་ཆག་ཏུ་གུ་རུང་རྫོང་ཐའི་ཚོ་ཞེས་པ་གསུམ་ཡོད་པའི་ཆེ་བ་ཨེང་ཏེ་ཛེ་རིག་ཐུ་པག་ལོ་བ་དགུང་ལོ་སོ་གཅིག་སྟེང་མ་སྤྲུལ་ ལོར་ རྒྱལ་ སར་བཞུགས་ནས་སོ་བཞི་ལ་གཤེགས། དེའི་གཞུང་ཨེལ་ཞེག་ཏི་གུ་ལེས་ཏུའི་སྤྲང་ལོ་བ་དགུང་ལོ་སོ་གསུམ་ཐོག་ཆུ་བྱའི་ལོར་རྒྱལ་ སར་ འཁོད་དེ་ ལོ་བདུན་ལོན་པའི་སྐབས་སུ། སྟོན་པ་སངས་རྒྱས་ཀྱི་བཀའ་ལས། ཅིའི་ཕྱིར་བུད་མེད་ཅེས་བྱ་ཞེ་ན། ཞེས་པ་ཡང་ཞིང་སྐྱ་མཐར་ཡས་པས་དེའི་ཕྱིར་འདི་ནི་སྐྱ་མ་སྟེ་བུད་མེད་ཅེས་བྱའོ། །གང་བུད་མེད་ཀྱི་དབང་དུ་སོང་བ་དེ་དག་བདུད་ཀྱི་ལག་ཏུ་སོང་བའོ། །གང་བདུད་ཀྱི་ལག་ཏུ་སོང་བ་དེ་དག་སྡིག་ཅན

ཀྱི་དབང་དུ་སོང་བ་སྟེ། བུད་མེད་ནི་ཤེས་པ་མང་པོ་སྒྲ་མཐུན་ལས་པ། སེམས་ཡང་བ། སེམས་འགྱུར་བ། སེམས་མི་བརྟན་པ། སེམས་རབ་དུ་གཡོ་ཞིང་མི་བརྟན་པ་སྤྲེའུའི་སེམས། སྤྲེའུ་དང་མཚུངས་པ། སྒྱུ་སྤྱོད་པ་ལ་མཁས་པ་སྟེ། དེའི་ཕྱིར་བུད་མེད་ཅེས་བྱའོ། ཞེས་དང་། འཛམ་དཔལ་རྩ་རྒྱུད་ལས།

བུད་མེད་ཆགས་པས་བསྒྲུབས་པས་ན། ཀུན་ནས་ཡོངས་སུ་འཁོར་འགྱུར་ཞིང་།
འདམ་ཆེན་ནང་དུ་འབྱིང་འགྱུར་ལ། འཁོར་བའི་རྒྱ་མཚོའི་བཙོན་རར་ཡིན།
བུད་མེད་ཆགས་པའི་སྐྱེ་བོའི་ཚེ། རུལ་བའི་རོ་ལ་ཁྲ་བཞིན་ནོ།
གང་དུ་མི་ནི་རྨོངས་བྱེད་པ། ཤིན་ཏུ་མི་བཟད་སྡུག་བསྔལ་བསྐྱེད།
དཀར་པོའི་ཆོས་ནི་རིམ་ཉམས་བྱེད།

ཅེས་དང་། དཔལ་མགོན་ཀླུ་སྒྲུབ་ཀྱིས།

མ་བདག་འདོད་ལ་ཆགས་པས་ཕན་དང་གནོད་པ་ཤེས་མི་འགྱུར།
ཇི་ལྟར་རང་དགར་རང་སྤྱོད་སྨྱོས་པའི་གླང་ཆེན་བཞིན་དུ་སྤྱོད།
དེ་འོག་འགྱོད་པས་རབ་གདུངས་ཉམ་ངའི་ས་ངན་གཡང་སར་ལྷུང་།
དེ་ཡིས་ལྷོར་ལ་ཉེས་པ་སྐྱོར་བྱེད་རང་གི་སྐྱོན་མ་རིག།

ཅེས་གསུངས་པ་ལྟར། གཙང་པོ་རྩ་ཀ་རྩང་སྟོང་ཐའི་ཚེའི་བཙུན་མོ་ཨཱ་ལ་ཨེའི་དོང་གྲོ་ལ་སེམས་ཞེན་དུ་ཆགས་ནས་དེ་བདག་གིར་བྱེད་པའི་ཆེད་དུ་གཙང་མོ་བསད་དེ། སྐྱེལ་ཚེའི་ཤང་གྲོ་བཙུན་མོར་བླངས་དེ་རེ་ཤིག་གནས་སོ། །དེ་ཉིད་ལ་ཇི་སྐད་དུ། སྟོན་པ་སངས་རྒྱས་ཀྱི་བཀའ་ལས།

སེམས་ཅན་འདི་དག་ཁྲོ་བའི་རྒྱུས། གཅིག་ལ་གཅིག་ནི་ཟ་བར་བགྱིད།
ཡང་དང་ཡང་དུ་རིང་ནས་སོང་དུ། སྡུག་བསྔལ་དུ་མས་རབ་དུ་གཟིར།

ཞེས་གསུངས་པ་ལྟར། ཨོ་དེ་རང་གི་བྱའི་ཚོ་ཨ་ཁེ་རེ་ཏ་ཀ་ཝ་ཆེན་པ་དེས་ཟླ་དོག་གི་དབང་གིས་སེམས་འཁྲུགས་པས་རྒྱལ་པོ་དེ་བཀྲོངས་ནས་བཙུན་མོ་ཡུལ་ཚེའི་རྫོང་གོ་ཆུང་མར་བླངས་ནས་ཆོས་ཡུལ་ཁལ་ཆེར་ལ་དབང་བསྒྱུར་ཆེར། བཙུན་མོ་རྫོང་གོ་དེས་བྱའི་ཚོ་དྷུ་ག་རུང་ལ་ཡོད་པའི་ནོ་མང་ལ་དགོད་ཚགས་ནས་ལྷ་བ་གསུམ་ཡོད་པ་དེ་རྒྱལ་པོ་ཨེལ་ཟེག་རྡི་ཀ་ལེསྟ་ཧྲེ་བདག་གིར་བྱས་ཏེ་ལྷ་བ་བཞི་ལོན་པའི་ཚོ་ཨ་ཁེ་རེ་ཏ་ཀ་ཝས་འཁྱོག་པ་ལ་ལྷ་བ་རྫོགས་ནས་བཙས་པ་དེ་ལ་ཨ་ཛའི་ཞེས་མིང་བཏགས། རྒྱལ་པོ་ཨེལ་ཟེག་རྡི་ཀ་ལེས་རའི་འཛིའི་སྐུས་རེ་བ་བཀར་ཁྲ་སུར་སྤྲུལ་པོ་བ་དཀར་པོ་ཞེར་བཞི་ཕྱོག་ཀླུགས་འབྲུག་ཁོར་རྒྱལ་སར་འཁོད་དེ་ཞེར་དྲུག་ལ་གཤེགས། དེའི་གཅུང་ཨུལ་ཤིའི་ཁྲི་སྲུར་ལུག་ལོ་བ་དཀར་པོ་ཞེར་བྲའི་སྟེང་རྒྱ་ལྕུག་ལོར་རྒྱལ་སར་བཞུགས་ནས་སོ་གཉིས་ལ་གཤེགས། དེའི་སྲས་དེལ་ཟེག་པག་ལོ་བ་དཀར་པོ་བཅུ་བདུན་ཕྱོག་ཀླུགས་ཡོས་ལོར་རྒྱལ་སར་བཞུགས་ནས་རང་ལོ་ཞེར་གཅིག་ལ་གཤེགས། དེའི་རྗེས་ཨོ་དེ་ཟོང་གི་ཨ་ཁེ་ཊིའི་སྲས་ཨི་སེར་ཏུ་ཡོས་ལོ་བ་རང་ལོ་ཞེར་དགའི་ཤིང་ལུག་ལོར་རྒྱལ་སར་བཞུགས་ནས་སོ་དགུ་ལ་འདས་སོ།།

དེ་རྗེས་དྷུ་ག་རུང་གི་སྲས་ཨ་ཛའི་བྱའི་ཚོ་ཞེས་པ་དེས་ཨོ་དེ་ཟོང་ཀྱི་མ་ར་ནས་བཟོས་དེ་རང་གི་ཡུལ་དུ་ཕྱིར་ནས། ཨོ་ཆེ་གིན་གྱི་སྲས་བརྒྱད་ཨ་དའི་བྱའི་ཚོ་ལ་འགྲོགས་བྱས་དེ་ཨོ་དེ་ཟོང་གི་ཕྱོགས་སུ་དམག་དྲངས་པས་ཨོ་དེ་ཟོང་གི་སི་སྦྱི་དབང་དུ་བསྡུས་ཤིང་། ཨ་དའི་བྱའི་ཚོ་རང་ལོ་སོ་བདུན་ཕྱོག་སེ་ཏུ་ལོར་རྒྱལ་སར་བཞུགས་པའི་ལོ་བཅུ་གསུམ་པ་ལ་ཨོ་དེ་ཟོང་རྒྱལ་པོ་ཨེ་སེན་ཏའི་སྲས་པོ་གར་བའི་ཚོ་དེས་རྒྱལ་པོ་དེ་བཀྲོངས་ནས། ཇི་སྐད་དུ། འཛམ་གཏོར་ས་པར་ཀྱིས།

རྣམ་པ་ཀུན་དུ་སྤྱི་དཔྱིད་པར། དགུ་ལ་སར་རྟིང་ར་རྒྱུར་དགས་ཡིན།
སར་སེའི་འོད་ལ་འཛིངས་པ་ཡིས། སྣང་བྱུ་རབའ་བར་འགྱུའ་ཞག་ཏེ།

ཞེས་དང་།

ཁ་ཚང་སགྲུ་རྟལ་ཆེ་དུགས་ར། ཤུབ་པའི་ལྷ་མོར་བྱེད་པ་ཡིན།
གཡུལ་དུ་བསད་པ་པལ་སོ་ཏེ། སགྲུ་རྟལ་ཅན་ལ་བྲང་བ་སང་།

ཞེས་གསུངས་པ་ལྟར། ཕོག་ད་རྟིང་གིས་རྒྱལ་པོའི་ལོ་རྒྱང་གི་སདུན་དུ་ཤིར་དུ་ཁིངས་ཤིང་རིགས་པའི་ཚུལ་གྱིས་ཕོག་ད་རྒྱལ་པོ་ལ་ཁྲིད་ད་གསོད་པའི་སྐོག་ཚལ་ཚོལ་སང་མོ་སྐྱུས་པས་དེའི་ལ་རས་ཁྲག་དྲང་རས་འདས་སོ། །དེའི་སྲས་ཨེ་སེར་པག་ལོ་བ་རང་ལོ་སོ་གཉིས་ཕོག་ས་དྲའི་ལོར་རྒྱལ་སར་ལོ་གཅིག་ཙམ་བསྐྱང་དེ་རྒྱལ་སྲིད་ཤོར། དེ་རས་ཨ་ཛའི་ཐྲིའི་ཙའི་སྲས་གསུམ་གྱི་ཆེ་བ་ཐྲིའི་ཚུང་སྟག་ལོ་བ་དགང་ལོ་འབོ་བརྒྱད་ཕོག་ས། ལུག་ རས། ལོ་བཅུ་ བཞིའི་བར་རྒྱལ་སྲིད་ བསྐྱངས་དེ་རྒྱ་སྤྲེལ་ལོར་ཨོའི་ རིང་ཀྱི་ཨེ་སེར་ དང་ འཐབ་ རས་གཉིས་ཀ་འདས་སོ། །དེ་རྗེས་ཐྲའི་ཚུང་གི་བུ་སེར་ཅང་བེར་ཐྲའི་ཧོ་ཧོ་སྟག་ལོ་བ་རང་ལོ་བདུན་ལ་རྒྱ་སྤྲེལ་ལོར་རྒྱལ་སར་བསྐྱང་པའི་ལོ་རྗེས་པ་ལ་དོ་ཡོད་ཐུ་སེད་ཀྱི་དོ་གོ་ལོང་ཐྲའི་ཞེས་བཀོངས། སེར་ཅང་ཞེན་གྱི་བུ་བོ་སོ་ཡོང་ཐྲའི་ཅི་སྤྲུལ་ལོ་བ་དགང་ལོ་བཅུ་བདུན་སྐྱིང་རྒྱ་བྲ་ལོར་རྒྱལ་སར་བསྐྱང་ཤིང་དེའི་ལོ་རྗེས་པ་ལ་འདས་སོ། །དེ་རྗེས་ཁ་ཛའི་ཐྲའི་ཙའི་སྲས་གསུམ་པ་སན་ཏ་ཀྱོལ་ཏ་ལོ་བ་དགང་ལོ་སོ་བརྒྱད་ཕོག་རྒྱ་ལུག་ལོར་རྒྱལ་སར་བཞུགས་རས་དོ་མོ་ལང་ཐྲའི་ཙི་དེ་བསར་དེ་དོ་ལོར་ཐུ་སེད་ཀྱི་སི་སྐྱེ་སངའ་འོག་ཏུ་བཙུག །དེ་རས་ཨ་ཛའི་ཐྲའི་ཙའི་སྲས་གཉིས་པ་ཁ་ཤ་ར་པར་ཟེ། དེའི་སྲས་ཐར་གྱོ་རྒྱག། དེའི་སྲས་བྲ་ཡར་སྤང་ཅེ་གཡོལ་ཧོ་རྗེ་རྟེང་སྐྱེ། དེ་དང་རྒྱལ་པོ་གཉིས་ཀྱི་བར་ལ།

ཇི་སྐད་དུ། འཇམ་པ་མགོན་མ་པའ་གྱིས།

ཉག་དུ་འབྱེད་ལ་བརྩོན་པའི་སེམས། པཛྙའ་བོ་བདུན་པའང་ཕྱེད་འགྱུར་ཏེ།

ཚུ་ཡིས་ཉག་དུ་གསོས་གྱུར་ན། ཟླ་བ་ལ་སེར་ཀ་ཤི་འབྱུང་ངས།

ཞེས་གསུངས་པ་ལྟར། སྐྱེ་བོ་ངན་པ་གཞན་གྱིས་བླ་མ་ཡང་ཡང་བཅུག་པའི་རྐྱེན་གྱིས་དེ་གཉིས་གཡུལ་འགྱེད་པས། པོ་ལ་ཧྲ་ཛི་རྡོང་པས་སྟེ་གཞན་ཕྱོགས་སུ་བྲོས་སོ། །རྒྱལ་པོ་མར་དོ་གོལ་དགའ་ལོ་ཞེ་གཉིས། སྤྱང་སེ་པག་བོར་གཞེགས། རྒྱལ་པོ་དེ་བུ་མེད་པར་འདས་པའི་འོག་ཏུ་དེའི་བཙུན་མོ་ཆུང་བ་མར་དོ་འདི་མི་ཆེན་ཞེས་བྱ་བ་དེ་ཉིད། ཧོར་ཆེན་གྱི་སྡེ་པའི་ད་བོ་ཕྱུ་ཧ་མར་གྱི་བུ་བརྒྱད་རེ་ཡར་པོ་ལོད་ཅེས་བྱ་བའི་ དཔོན་པོ་གཅིག་ གིས་ རང་གི་ བཙུན་མོར་བླངས་བྱས་པ་ལ། བཙུན་མོ་དེས་ཁ་ས་ཀྲན་པར། པེག་དུ་ཆེང་གིས་རྒྱལ་པོའི་སྲས་བརྒྱད་ཕྲིས་ཐབ་ཏུ་བཅལ་བར། དེའི་ཚེ་བླ་ཡར་སྟུང་བའི་སྲས་བླ་གྲོ་སྟུང་ཏེ་ཞེས་བྱ་བ་ཞིག་ཏེ་སྟུར་ཏ་དག་ཅེས་བྱ་བའི་ཕྱིས་ན་གསོས་ཤིང་སྐྱེད་དེ་ལོ་བདུན་ལོན་པ་དེ་ཕྱིན་ནས་ཕྱིས་ཐབ་ཏུ་ཕྱིས་པ་དེ་ གཉིས་ ཀྱིས་ ལྷ་དང་པ་སེམས་དགའ་ཡ་མཆོད་པ་བྱས་ཤིང་ཐུག་ཐུས་ཏེ། སྨོན་ལམ་འདི་ལྟར་གདབ་བོ། །པེག་ཏུ་རྒྱལ་པོའི་རྒྱལ་རབས་ཀྱི་རྒྱུན་འཆད་པར་མི་བྱ་བའི་དོན་ད་བླ་ཆུང་འདི་ལ་ཡང་ས་བསྐྲུམ་པར་ཕྱིས་ཐབ་དུ་བྱས་པ་འདིའི་མཐུས། ཁོ་བོ་ལ་བུ་བདུན་དང་བུ་མོ་གཅིག་བྱུང་ཞིང་། བུ་དེ་དག་ལ་པོ་ལོད་བདུན་ཞེས་ཟེར་བ་བཏགས་ནས་པེག་ཏུ་རྒྱལ་པོ་ཕྱིན་གྱི་རྒྱལ་རབས་བཟང་པོ་སྤེལ་བར་ཤོག་ཅིག་ཅེས་སྨོན་ལམ་བཏབ་ནས་ཕྱིའུ་དེ་དང་བཅས་ཤོར་གྱུར་ཏོ། །སྔགས་སྨག་པོ་དེ་ཉིད་ལ་བླ་གྲོ་སྟུང་ཏེ་ ཤིང་སྤྱིལ་པོ་བ་ དགའ་ལོ་བདུན་ཐོག་ མར་དོ་འདི་མི་ཆེན་མ་ནི་པོ་བ་ལོ་སོ་གསུམ་ལོན་པ་དེ་བཙུན་མོར་བྱས་ཏེ་རྒྱལ་སར་བཀུགས

རས་དྲ་ཡ་ར་ཏ་ཀར་ཞེས་མཚན་ཡོངས་སུ་གྲགས་སོ། །བར་དོ་དྲི་ཟ་སེ་ཆེན་ནི་ལ་ཧཱུ་ལྟར་སྨོན་ལམ་བཏབ་པ་ལྟར་བྲ་ཧྨ་ཎ་ཏོ་ཏོད་དང་སྲི་ཀྲི་ཧྲ་ཏོད་ཅེས་བའི་སྲས་གཉིས་མཆེ་མར་བཙས། དེ་རྗེས་བྲ་ཧྨ་བྲ་ཀུང་ཚུ་ཞེས་པའི་བུ་མོ་དང་བྲ་རས་སྲ་ཏོ་ཏོད་གཉིས་མཆེ་མར་བཙས། དེ་རྗེས་ཨར་སྲུ་པོ་ཏོད་ཅེས་བ་གྲུང་། དེ་རྗེས་ཨ་ལ་ཀྲེ་པོ་ཏོད་དང་ཨོ་ཀྲིར་པོ་ཏོད་གཉིས་མཆེ་མར་བཙས། དེ་རྗེས་རྡེ་རེ་བྲ་ཏོད་བཙས་སོ། །ཡང་རྒྱལ་པོ་དེའི་བཙུན་མོ་ཛ་ཡི་ཡར་ཞེས་པ་ལས་སྲས་གེ་རེ་བྲ་ཏོད་དང་། གེ་རེ་སེང་ཧེ་གཉིས་དང་། བཙུན་མོ་ཨོའི་རོད་ཏུ་མའི་ཞེས་པ་ལས་སྲས་གེར་ཐུ་དང་ཨུ་པ་མན་ཆ་ཆིང་ཐའི་ཆི་གཉིས་ཏེ་སྲས་བཅུ་གཅིག་ཡོད་དོ། །དེ་ལྟར་དྲ་ཡན་རྒྱལ་པོ་ལོ་དོན་བཅོའི་རིང་ལ་རྒྱལ་སར་བཞུགས་རས་དགུང་ལོ་བརྒྱད་ཅུའི་ཚུ་ཡོས་ལོར་གཤེགས་སོ། །དེའི་སྲས་ཐུ་རུ་བོ་ཏོད། ཀྲོ་ཀྲོས་པོ་ཏོད་གཉིས་རེ་ཡབ་ཞལ་བཞུགས་རིང་ལ་གཤེགས། ཐུ་རུ་པོ་ཏོད་ཀྱི་སྲས་ཆེ་བ་པོ་དི་ཨ་ལག་ཐའི་ཅི་ཤིང་ཁྱི་ལོ་བ་དགུང་ལོ་ཞེ་གཅིག་ཐོག་ཤིང་འབྲུག་རས་མེ་ལུག་གི་བར་དུ་ལོ་བཞི་ལ་རྒྱལ་སར་བཞུགས་རས་གཤེགས། དེའི་སྲས་ཏ་རས་སྤུན་ཏུ་རིང་ཐའི་ཅི་འབྲུག་ལོ་བ་དགུང་ལོ་ཉེར་དགུའི་སྟེང་ས་སྤྲེལ་ལོར་རྒྱལ་སར་གཞུགས་རས་རང་ལོ་སོ་བརྒྱད་ལ་གཤེགས། དེའི་སྲས་བཞིའི་ཆེ་བ་ཐུ་སེན་ཐའི་ཅི་ལུག་ལོ་བ་དགུང་ལོ་ཉི་ཤུའི་ཐོག་མ་ཏ་རས་ཚུ་འབྲུག་གི་བར་དུ་ལོ་སོ་ལྔ་ལ་རྒྱལ་སར་བཞུགས་རས་གཤེགས། དེའི་སྲས་བཅུ་གཅིག་གི་ཆེ་བ་བྲོ་ཡན་ཐའི་ཅི་ཡོས་ལོ་བ་དགུང་ལོ་སོ་དགུའི་ཐོག་ཚུ་སྤྲེལ་ལོར་རྒྱལ་སར་བཞུགས་རས་ཞེ་དགུ་ལ་གཤེགས། དེའི་སྲས་མང་པོས། རབ་དཀར། མ་གྲོ་དི་ཐར་ཅེས་པ་གསུམ་ཡོད་པའི་ཆེ་བ་མང་པོས་ཡབ་རྒྱལ་པོ་བཞུགས་པའི་རིང་ལ

གཤེགས། དེའི་སྲས་ལེགས་ལྡན་ལྷ་ག་གྲོར་ཐའི་ཚེ་དང་། སང་གར་ཟམ་ཡོད་ཅན་གྲྭའི་ཚོ་གཉིས་ལས། གྲྭའི་ཚོ་ཆེ་བ་ལེགས་ལྡན་ལྷ་ག་གྲོར་རྒྱ་འབྲུག་ལོ་བ་དགུང་ལོ་བཅུ་གསུམ་སྟོང་ཤིང་འབྲུག་ལོར་རྒྱལ་སར་བཞུགས་པ་ལ་ཆ་ཅན་ཏོ་གྲོག་གྲོར་ཀར་ཞེས་གྲགས་སོ། །རྒྱལ་པོ་ལེགས་ལྡན་ཏོ་གྲོག་ཇོ་འདི་ཆོས་ལ་དཀར་ཞིང་བསྟན་པའི་བྱ་བ་མཛད་པ་ལེགས་པ་ཡིན་ཀྱང་བར་སྐབས་སུ། འཇམ་མགོན་ས་པཎ་གྱིས།

གཞུང་ས་ནོར་ལ་གཅེས་འཛིན་པ། །མཛའ་བཤེས་ཡིན་ཡང་ཡོད་མི་བརྟན། །
ཆེན་པོ་རྣམས་ལ་གསུམ་ཐེམས་ནས། །གཉེན་གྱིས་བརྡུག་པར་བྱས་པ་མང་། །

ཞེས་གསུངས་པ་ལྟར། ཡིད་བརྩུགས་པའི་རྒྱ་སྐྱི་ཞིག་གིས་སྒྱུ་ཐབས་ཀྱིས་སྦྲུལ་མགོ་གཅིག་ལ་མཇུག་མ་མང་བ་དང་སྦྲུལ་མགོ་མང་ལ་མཇུག་མ་གཅིག་པ་གཉིས་བྲིས་ཏེ་རྒྱལ་པོ་དེ་ལ་བསྟན་པས། རྒྱལ་པོས་དེའི་རྒྱུ་མཚན་དྲིས་པ་དང་། པོ་ཉ་བས་ཞུ་བ། སྦྲུལ་མགོ་གཅིག་པའི་མཇུག་མ་མང་ཡང་མགོའི་རྗེས་སུ་འབྲང་བ་ལྟར་རང་ཅག་རྒྱ་ནག་གི་རྒྱལ་པོ་གཅིག་ཡིན་པས་ཆབ་འོག་པ་ཐམས་ཅད་ཀྱང་དེས་བསྒོས་པ་ལྟར་བྱེད་པ་ཡིན། ཁྱེད་བོད་ཡུལ་ན་རང་ཚུགས་འཛིན་པའི་རྒྱལ་པོ་དང་དབུ་གཙོ་མང་བའི་སྐབས་ཀྱིས་སྦྲུལ་མགོ་མང་བ་ལྟར་ཐམས་ཅད་ཀྱིས་འདྲེན་པ་གཅིག་ཏུ་སྤྱིལ་དཀའ་བས་རྒྱལ་སྲིད་ཡུན་རིང་དུ་བརྟན་པར་དཀའ་བའི་དོན་ཡིན་ནོ། །ཞེས་པའི་ཚིག་དེ་ལ་བརྟེན་སྐབས་སྟེ། རང་གི་ཉེ་དུའི་དཔོན་ཆེན་རྣམས་དང་ཕར་འཁྲུགས་བྱེད་ཅིང་ཕ་ཚང་རྒྱབ་པས་གནོད་པ་ཆེན་པོ་བྱས་པ་ལ་བརྟེན་ནས། དཔལ་མགོན་ཀླུ་སྒྲུབ་ཀྱིས།

ཚུང་མ་ངན་དང་མཛའ་བོ་ངན། །རྒྱལ་པོ་ངན་དང་ཉེ་དུ་ངན། །
ཁྱིམ་མཚེས་ངན་དང་ཡུལ་ངན་རྣམས། །ཐག་རིང་དུ་ནི་སྤང་བར་བྱ། །

ཞེས་གསུངས་པ་ལྟར། ཉེ་དུའི་དཔོན་ཆེན་དེ་རྣམས་སེམས་སྐྱོ་ཞིང་སྨུན་པས་མཁར་སྟོད་ཀྱི་ཁྲུ་ཞེང་རྫོགས་ནས་རང་རང་གི་དབང་ཐང་དང་བཅས་ཡུལ་སོ་སོ་ལ་འགྲོལ་དེ་གནས་བདབ་ཅིང་། ཡོས་བུ་ཆུ་དུར་ནི་ཡར་སོགས་ཡུལ་རྫོགས་འདིར་ཡོངས་ནས་ནའི་རས་ཐ་རྡོ་ཐོག་ད་སེ་ཆེན་རྒྱལ་པོ་ལ་མགོ་བདགས་བྱས་ཤིང་། ཧ་ཝོ་ཧྲོན་མར་གྱི་སྦྱས་བརྒྱུད་ཧོར་ཆེན་རྫོགས་ཀྱི་དཔོན་ཆེན་རྣམས་དང་བཅས་ཐོག་ད་རྒྱལ་པོ་དེའི་རང་རྩེན་གྱི་གཙོ་བོར་གྱུར་ཏོ། །དེར་ས་ཆད་རང་ལོ་ཞི་གསུམ་ཕྱོག་ཆུ་སྨིན་རྒྱལ་མཚན་འཁོར་བཅས་ཀྱིས་ཕྱུགས་དཀྲུགས་པ་དང་། ཡང་དཔལ་མགོན་བླུ་སྒྲུབ་ཀྱིས།

སྤྲུལ་གདུག་སྐྱེ་བོ་ངན་པ་གདུག །སྤྲུལ་པས་ལྷག་པར་སྐྱེ་ངན་གདུག།
སྤྲུལ་གདུག་སྔགས་དང་སྨན་གྱིས་ཐུབ། །སྐྱེ་ངན་གདུག་པ་གང་གིས་ཞི།

ཞེས་དང་། འཇམ་མགོན་ས་པཎ་གྱིས།

གཡོ་ཅན་སྔོན་པར་སྨྲ་བ་ནི། རང་དོན་ཡིན་གྱི་གཞན་ཕྱིར་མིན།
སྲིན་བུ་བསྙེན་ནས་མཆོད་པ་དེ། ལྟས་ངན་གཏོང་གི་དགའ་ནས་མིན།

ཞེས་གསུངས་པ་ལྟར། དྲུ་ཡན་རྒྱལ་པོའི་སྲས་བཅུ་པ་གེ་རེ་སེང་ཇེ་ལ་བུ་བདུན་ཡོད་པའི་གསུམ་པ་ཡོ་ནི་ཧྲོ་ཨུས་ཇིང་གི་ཚ་བོ་ཆེ་དོར་ཇོག་ཐུ་ཞེས་པ་དེ་ལས་ན་དང་ཡུལ་ནས་སྤྲུགས་པ་མཚོ་ཁར་འོངས་དེ་རྒྱལ་པོ་འདི་ལ་འབྲིན་བསྐུར་པ་ནི། ངེད་ཚོའི་ཡུལ་འདིར་སྡོད་ནས་མ་སྐྱུ་པའི་བསྟན་པ་དར་བ་ལ་ཐེང་སང་དགེ་ལུགས་པ་དར་གིན་འདུག་པས་དེ་འཇོམས་ན་ལེགས་ཨེས་པའི་གཏམ་ངན་སོལ་བ་ལ་བདེན་པར་ཞེན་ཏེ། འཇམ་མགོན་ས་པཎ་གྱིས།

བསོད་ནམས་ཆད་ན་ངན་སེམས་སྐྱེ། །རིགས་ཆད་པ་ན་བུ་ངན་སྐྱེ།
ནོར་ཆད་པ་ན་ཁམས་ཆགས་སྐྱེ། །ཚེ་ཆད་པ་ན་འཆི་ལྟས་འབྱུང་།

ཞེས་གསུངས་པ་ལྟར། བོད་ཀྱི་རྒྱལ་པོ་ཁྲི་སྲིད་གཙང་པ་ལྷུན་སོགས་རྣམ་རྒྱལ་དང་བསྐྱོངས་ནས་དགེ་ལུགས་པའི་བསྟན་པའི་སྲིང་སེད་དུ་གདོང་རྗེས་ཀྱིས་དམག་དཔུང་བཅས་བོད་ཀྱི་ཕྱོགས་སུ་རྐམ་པ་དང་། མཚོ་སྔོན་གྱི་བྱང་གི་ཞི་ར་ཐལ་ད་སྤྱིར་པའི་དུས་སུ། འཇམ་དཔལ་བཀའ་ཕྱོད་ཚོས་ཀྱི་རྒྱལ་པོས་དེ་བསྐུལ་བས་སྐུ་དང་ཆོས་ཀྱི་རྒྱལ་སྲིད་གཉིས་ཀ་འཕྲོར་རོ། །དེའི་རྗེས་སུ་ཉིའང་ཐའི་རེའུ་དང་སུ་ཐའི་ཐའི་རེའུ་ཕོ་རྒྱལ་སོ་ཆེ་ཆུང་གཉིས་དང་། ཨེཨེའི་སྔང་གོར་དང་ཨ་པ་ནའི་ཕོ་རྒྱལ་བུ་ཕྱིས་པ་གཉིས་ལ་འཁོར་དུ་ཆ་གར་དེ་ཉེ་སྐོར་བ་ཆོ་བ་བརྒྱད་ཀྱི་དམག་མི་སྟོང་དུ་མ་ལོངས་པ་ཙམ་ལས་མ་ཡུས་ཤིང་། ལོངས་སྤྱོད་ཤས་ཆེ་བའང་ཤིང་ལོ་རྒྱང་གིས་བདས་པ་བཞིན་དུ་སོང་བས་ཡི་མུག་ནས། གསེར་རྒྱང་ལས་བསྐུབས་པའི་རིགས་ཀྱི་སྐྱང་མ་གཡར་མགོན་གྱི་སྐུ་བརྟན་ཐིག་ཚད་དང་གཟུངས་གཞུག་དང་རབ་གནས་ཕྱམས་ཅད་འགྲོ་མགོན་འཕགས་པ་ཉིད་ཀྱིས་གནང་བ་ཞིག་འབྲལ་སྐྱངས་སུ་ཡོད་པ་དེ་དབུ་སྤྲས་སུ་ཞལ་སྤྲོད་བྱས་དེ་བཀྲས་ལ། མཆོད་པ་རྒྱ་ཆེན་པོ་བཤམས་ནས་མཆོད་ཅིང་། དཔུགས་རྒྱང་དང་དུ་སྨྲེག་གཉིས་ལ་རེ་ཞིག་རང་མགོ་ཐོན་པའི་རེ་བ་སྐྱངས་གཤིས། མི་ཆེན་པོ་ཞིག་ལ་བརྟེན་པ་ལས་འོས་པ་མཆིས་པས། ཕྱོགས་གང་གི་ཆེན་པོ་ལ་བརྟེན་ན་འཕྲུལ་ལུགས་སུ་བཀྲ་ཤིས་པ་དེ་ཕྱོགས་སུ་ཞལ་བསྐྱུར་ཤིག་ཅེས་བདེན་བཞར་གྱི་དཔོད་ཚིག་གསུངས་ནས་ཉལ་བས། ནང་པར་བལྟས་ཙན་ཤར་ཕྱོགས་ཀྱི་ཕྱོགས་སུ་ཞལ་བསྐྱུར་འདུག་རྗེས། དེ་ནས་ནའི་རས་གྲུ་ཨན་དེར་བོགད་ཐའི་ཚང་རྒྱལ་པོའི་སྐུར་གྲགས་སྤྱི་སོ་ནས་གསན་ཡོད་ཅིང་ཕྱོགས་ཀུང་འཕྲིག་བས། ཇི་སྐད་དུ། དཔལ་མགོན་ཀླུ་སྒྲུབ་ཀྱིས།

བདག་སྐྱབས་ཆེ་ལ་བརྟེན་ནའི། ཆུང་ཡང་བཙན་པ་ཉིད་དུ་འགྱུར།

རི་རབ་བརྙོན་ལ་བརྟེན་པའི་བུ། གསེར་གྱི་མདོག་ཏུ་འགྱུར་ཞེས་གྲགས། ཞེས་གསུངས་པ་ལྟར། ཕུག་རེན་གྱི་གནས་སུ་ཕྱིན་དེ་པོགད་རྒྱལ་པོར་མགོ་བཏགས་ཏུས་ཤིང་། ཐ་ས་ཀ་རི་ན་པོ་ཆེ་ཕུལ་ལོ། །དེ་ཡང་སྟོན་རྒྱ་ནག་གི་ཡུལ་དུ་བ་བདར་ཞེས་པའི་སི་དབང་བདུན་བྱུང་བའི། རྒྱ་བླང་གི་དུས་སུ་རི་ཤིང་ཤར་ལ་བྱའི་རྒྱལ་པོ་རྒྱུང་ཤྭང་བབས་པ་པི་འདན་ཀོ་ཞེས་པའི་ཡིས་མཐོང་ནས། དེས་རི་ན་པོ་ཆེ་མི་མངའ་བའི་གནས་སུ་བྲ་རྒྱལ་འདི་སོ་འབབ་བས། ཡིས་ཀུང་ཡོད་སླབ་ནས་ཆོལ་དུ་ཕྱིན་པས་རྡོ་ཆེན་པོ་ཞིག་ལས་སེ་སྣང་བས། དེ་ཁར་ནས་བྱང་དེ་ལ་བྲལ་བར་ཡོད་པ་ཆེས། ཕྱིས་རྡོ་དེ་ག་འགས་པས་ནང་ནས་འཛིག་རྟེན་ཆ་དཀོན་པའི་ཡང་ཏི་དཀར་པོ་གཡད་བྲལ་བོར་ཚང་ཚམ་པའི་རྡོག་པ་གཅིག་བྱུང་ངོ་། །སྐབས་སྐབས་འོད་འགྲོ་བ་དང་གཙང་སྦྲ་བྱས་ནས་གསོལ་བ་བདབ་ན་བཀྲ་ཤིས་པའི་རྟགས་དང་རི་མོ་སྣ་ཚོགས་སྟོན་པ་ཡོད་པས། ཚིན་གར་གྱི་བྱང་གིས་ཐོས་ནས་པཁར་རྫོངས་བཙོ་ཁྲུས་སླུ་བར་འདོད་ཅེས་ཀུང་ས་སྟེར། ཕྱིས་ཚིན་ཤི་ཧྭང་གིས་རྒྱའི་ཕྱོགས་མཐར་དག་ལ་དབང་བསྒྱུར་བ་ན་ཕྱག་ཏུ་བྱུང་སྟེ་ཐ་ས་ཀ་བཟོས་ནས། སྦྲིན་ཆེན་ལི་ཟེམ། ཤིའུ་ཤིང་ཡུའི་ཕིའུ་ར། ཀྲི་ཞེའུ་ཡུང་ཕང་། ཞེས་པའི་ཡི་གེ་བརྒྱད་སྐོར་ཡིག་ཏུ་བྲིས་ལ་བཀོས་སོ།། བོད་སྐད་ལ། གནམ་གྱིས་བསྐོས་པས། ཚེ་རྒྱུན་ཡུན་རིང་། ཞེས་པའི་ཚིག་བརྒྱད་དེ། དེའི་དོན་ནི། བསོད་ནམས་ཀྱི་མཐུས་རྐྱེན་གྲོ་བྱུར་བ་གང་ལ་ཡང་མ་ཕྲོས་པར་ཆོས་ཉིད་ཀྱིས་བདག་པོ་ཆེན་པོར་བསྐོས་པས། སྐུ་ཚེ་དང་གདུང་རབས་ཀྱི་རྒྱུན་ནས་ཡང་མི་འཆད་པར་ཡུན་རིང་དུ་བརྟན་པར་འགྱུར། ཞེས་པའོ། །རྒྱལ་ཐམས་གཡུང་དྲུང་འདི་ཚིན་གུར་གྱི་རྒྱལ་རབས་གསུམ་པ་བྱང་ཅེ་ཡིང་གིས་ཧྲན་ཀ་ཏུ་ཙྪ་ལ་ཕུལ། ལོ་བཞི་བརྒྱའི་སྐོར་ན་ཧྲན་གུར

འཁྲུགས་སྐབས་རྒྱལ་རྫོང་འཛིན་སྐྱོང་ཀྱིས་འགོར་ཞིང་། ཡོ་བྱང་གི་གསེར་ཐོག་ན་མེ་ཧོར་བར་བཙན་པོའི་སྐྱས་ཞིག་རིན་པོ་ཆེ་འདི་ཁྱེར་ནས་ རང་ གི་ཁྲིད་བར་སྤེབས་པ་ལ། དེ་ནས་ལོ་བཅུ་སྐོར་ལོན་པའི་ཚེ་དམག་དཔོན་སྲུན་ཀིའན་གྱིས་མཚན་མོ་ཁྲིད་པ་དེ་ལས་འོད་ཟེར་འཕྲོ་ཞིང་འབར་བ་མཐོང་ནས་བཙལ་ཏེ་བརྙེས་སོ། །དེ་ནས་ རྒྱའི་ རྒྱལ་པོ་རྣམས་ལ་རིམ་གྱིས་ བརྒྱུད་པའི་ མཐར་ ཕང་གྱི་མའི་རྒྱལ་འཛུགས་ལྷོ་ཁྲང་གིས་རྒྱལ་སྲིད་ཧོར་སྐབས་འཕངས་ཏེ་ནས་པག་ལ་ཏུ་བཅགས་ནས་མེར་འཚོང་སྟེ་ཤི་བས། ཧོན། ཏུན། ཧེའུ་ཕྱི་མ་གསུམ་དང་སུང་གང་དེ་བཞིའི་རྒྱལ་སྲིད་ རབས་ཞོར་ཁྲིད་སྟོང་ལོ་གསུམ་ བརྒྱ་ཞེ་ བདུན་ གྱི་བར་འཛིག་རྟེན་ན་རེའི་སོང་ཙམ་ཤུས་སོ། །དེ་ནས་ཆེན་པོ་ཧོར་གྱི་སྡེའི་དམག་ཡུལ་དབུས་སུ་བྱུང་བ་དང་། མི་ཞིག་གིས་རིན་པོ་ཆེ་འདི་བསླམས་ཏེ་བྱིན་ནས་དམག་དཔོན་ཆེན་པོ་སོ་ཧུ་ཡི་ལ་ཕུལ་ཏེ། དེ་ཡང་ཁོ་ཤི་ཤེས་པས་རིན་པོ་ཆེ་དཀྲུས་མའི་ཁྲོད་དུ་བསྐོག་ནས་ལོ་ཁ་ཤས་སོང་བ་དང་། སེ་ཆེན་རྒྱལ་པོ་གནས་ལ་གཤེགས་པའི་འོག་ཏུ་ཡུལ་ཙེའི་ཐུ་རྒྱལ་པོ་ལ་ཕུལ་ཏོ། །དེ་ནས་རིམ་གྱིས་ཧོར་གྱི་རྒྱལ་རབས་རིམ་པ་ བཞིན་དུ་བརྒྱུད་ ནས་ རྒྱལ་པོ་ཡེ་གས་ ཐེན་ ལ་ ཐུག་པའི་རྒྱལ་ཐམས་རིན་པོ་ཆེ་དེ་ཡིན་ནོ། །དེ་ལྟར་ཐུལ་བས་མཐོང་ནས་ཀུང་བཀའ་དྲིན་ཆེན་པོས་རྗེས་སུ་བསྐྱངས་ཤིང་། སེམ་རྟོགས་མི་འཛུག་པའི་ཕྱིར་རྒྱལ་སོ་གཉིས་ཁབ་དུ་བཞེས་པའི་རྩུང་བ་ལས་ཐུ་ཐང་ཅིང་བྱང་འཁྲུངས། ཨེ་ཙེའི་ཚོང་གོར་ལ་རང་གི་སྲས་སོ་གུང་རི་ཀུང་ཙུ་བག་མ་རར་གཏང་ཡང་དེ་འཚོ་བ་ཐུང་བས། དེའི་གཙང་པོ་ཨ་པ་ནའི་ལ་ཅིན་བྱང་གི་གོ་ས་གཏང་ནས་ཀུང་ཙུ་ཡང་དེ་ཉིད་ལ་ གཏང་ ཞིང་བློན་པོའི་གཙོ་བོར་ བསྐོས་ཏེ་ མནྟྲ་ དང་ཧོར་ སོག་གཅིག་ཏུ་འདྲེས་པའི་རྒྱ་བ་རྩུགས་སོ། །དེའི་སྲས་ཐུ་རིན་བྱང་ལ་སོགས་པ

ཧི་ཆ་གར་ཆོ་བརྒྱུད་ཀྱི་དཔོན་བརྒྱུད་དོ། །ཞང་གི་བླ་གྲོ་སྒུང་ཁྲི་ལྡ་ཡར་རྒྱལ་པོའི་སྲས་གསུམ་པ་བླ་རས་པོ་ཡོད་དེ་ཉིད་གཡས་ཕྱོགས་ཀྱི་མ་ཆའི་མི་སྐྱེ་ཁྲི་ཚོ་གསུམ་གྱི་ཕོག་ཏུ་སྐྱེ་དཔོན་ཆེན་པོར་བཞུགས་པ་དེ་ལ་སྲས་ཀུན་གྱི་ཤེག །ཨལ་ཐན་ད་ཀན། ལ་ཕྲུག་ཐའི་ཅི། བླ་ཡས་གཡུ་རུ་དྲ་ལེ་ར་ས། བླ་ཡ་རྡར་རྡ་རིན་ཐའི་ཅི། པོ་ཏི་ད་ར་ཨོ་ཏ་ཀན་ཐའི་ཅི། ཐར་ཤའི་ཐའི་ཅི་བདུན་ལས། དང་པོ་གྲུ་དཔེ་ཡིག་དེ་ཉིད་ཡོང་དེ་སྲོའི་མི་སྐྱེ་བྲིན་ས་ཐུ་མེད་ཕྱོགས་སུ་མེར་གེན་ཇི་ནོང་བསྐོས། ཨལ་ཐན་གེ་གེན་ཏ་ཀན་དེ་སེ་ཨོམ་ལོ་བ་ཐུ་མེད་བཅུ་གཉིས་ཀྱི་ཕལ་ཆེར་ལ་དབང་བསྒྱུར་ནས་རྒྱལ་པོར་གྱུར་པ་དེ་ཉིད་ཨོའི་རད་ཀྱི་ཕྱོགས་སུ་དམག་དྲངས་ནས་དེའི་མི་སྐྱེ་མཐའ་དག་དབང་དུ་བསྡུས་ཤིང་། རྒྱའི་ཕྱོགས་སུ་དམག་དྲངས་པ་ལ་རྒྱའི་ཏའི་མིང་རྒྱལ་པོས་སྐྲག་ནས་རང་གི་རྔ་བྲོན་ཞིག་བཏངས་ཏེ། འདི་སྐད་ཅེས། ཁྱོད་ལ་ཤུན་ཡི་ཝང་ཞེས་གཞིངས་བསྐོད་བྱས་པའི་གསེར་གྱི་ཐམ་ཀ་ཕུལ་ལོ། །དེང་ཕྱིན་ཆད་ཁོ་བོ་ཅག་གཉིས་པར་མཐུན་སྒྲོ་མཐུན་བྱས་ནས་བདེ་བར་གནས་ན་མི་ལེགས་སམ། ཞེས་སྨྲས་པ་ལ། འཇམ་མགོན་ས་པཎ་གྱིས།

དམ་པ་ཁྲོས་ཀྱང་བསྟོད་ན་ཞི། །དམན་རྣམས་བསྟོད་ན་རྒྱག་པར་རེངས། །
གསེར་དངུལ་སྦྱང་ཡང་བཏུ་ནུས་ཀྱི། །ཁྱི་ལུད་བཏུ་ན་དྲི་ང་འབྱུང་། །

ཞེས་གསུངས་པ་ལྟར། ཨལ་ཐན་གེ་གེན་ཏ་ཀན་དེས་རྒྱའི་རྒྱལ་པོ་ལ་ཕྱག་སམ་སྐྱེ་རང་ཡུལ་ཕྱོགས་སུ་ཐེབས་སོ། །དེ་རྗེས་དགུང་ལོ་རེ་བདུན་ཐོག་རྒྱ་བུ་ཡོར་བོད་ཕྱོགས་སུ་དམག་དྲངས་ཏེ་བོད་ཀྱི་མི་སྐྱེ་མཐའ་དག་མངའ་འོག་ཏུ་བསྡུས་སོ། །དེའི་ཚེ་གྲུ་ཡི་ཡིག་མེར་གེན་ཇི་ནོང་གི་སྲས་བཞི་པ་ཆོས་ཐར་ཧྭང་ཐའི་ཅི། དེའི་སྲས་ཧོ་ཕྲུག་ཐའི་མི་ཆེན་ཧྭང་ཐའི་ཅི་ཞེས་པ་མཚོར་ཤེས་དང་

རྫུ་འཕྲུལ་མཁའ་བ་ཞིག་གིས་ཀུང་ཐོད་ཅོ་ཕྱོགས་སུ་ཕེབས་ནས་བླ་མ་འགའ་ཞིག་དང་རྟགས་པ་འགའ་ཞིག་ལ་རྫུ་འཕྲུལ་བསྟན་པའི་སྒོ་ནས་དབང་དུ་སྡུད་ཅིང་། མེས་པོ་ཨ་ལ་ཐན་གེ་གེན་ཧ་ཀན་ལ་མངའ་ཡང་མཛད་དོ། །རྒྱལ་པོ་དེ་བགྲེས་པའི་ཚེ། འཛམ་རྒོན་མ་པར་གྱིས།

བློ་གྲོས་ལྡན་པ་གཉིས་འགྲོས་ན། །བློ་གྲོས་ལེགས་པ་གཞན་འབྱུང་ཕྱིར། །
ཡུང་བ་དང་རི་ཚ་ལ་ལས། །ཁ་དོག་གཞན་ཞིག་སྐྱེ་བར་འགྱུར། །

ཞེས་གསུངས་པ་ལྟར། དོ་གྲོག་ཐའི་སེ་ཆེན་དོང་ཐའི་ཅི་གཉིས་ཀ་བགྲེས་ནས་དེ་རང་གི་སྲས་དང་བློན་པོ་རྣམས་ཐོས་ནས་བསྟན་པ་རིན་པོ་ཆེ་དང་དཀོན་མཆོག་གསུམ་གྱི་གནས་སྐབས་དང་མཐར་ཐུག་གི་ཕན་ཡོན་ལན་མང་དུ་གསུངས་པའི་སྒོ་ནས་ཁྲིད་རྣམས་ཀྱིས་དེང་ཕྱིན་ཆད་བསྟན་པ་རིན་པོ་ཆེ་དང་དགེ་འདུན་པ་དག་ལ་གནོད་པ་གཏན་ནས་བྱེད་མི་ཆོག་པའི་བཀའ་གནང་ཞིང་། དེ་ལྟ་བུའི་སློབ་བཙན་པོ་དེ་ཡུན་རིང་དུ་གནས་པར་བྱ་བའི་ཆེད་དུ་རྒྱལ་ཁྲིམས་ཀྱི་ཡི་གེར་བྲིས་ནས་འཇུག་ཕྱི་དགུང་ལོ་དོན་བདུན་ལ་རྒྱ་ལུག་ལོར་དག་ཞིང་དུ་གཤེགས་སོ། །རྒྱལ་པོ་དེའི་སྲས་ཆེ་བ་སེང་གེ་དུ་གུ་རུང་ཐེ་སུར་དོང་ཐའི་ཅི་མ་ཁྲི་ལོ་བ་དགུང་ལོ་ཞེ་བདུན་ཐོག་ཤིང་སྤྲེལ་ལོར་རྒྱལ་སར་བཞུགས་སོ། ། དེའི་སྲས་ཧྲུ་ཧིར་དཱའི་ཆིང་ཏོང་ཐའི་ཅི། གཱལ་ཊུ་ཐའི་ཅི། ཐོ་ལ་གོ་ཊུ་ཐའི་ཅི། ཅོག་ཐུ་ཐའི་ཅི། ཐོ་ལོ་ཐུ་ཐའི་ཅི། བོར་ཏ་ཐུ་ཐའི་ཅི་དང་དྲུག །སྲས་ཆེ་བ་ཧྲུ་ཧིར་དཱའི་ཆིང་ཏོང་ཐའི་ཅིའི་སྲས་ལྷ་རྒྱལ་དབང་རིན་པོ་ཆེ་བཞི་པ་ཡོན་ཏན་རྒྱ་མཚོ་དཔལ་བཟང་པོ་འོ། །སྲས་གཉིས་པ་གཱལ་ཊུ་ཐའི་ཅི་ལ་སྲས་ཨོམ་བུ་རྒྱ་ནར་དང་། ཨི་དྲ་དའི་གཉིས། ཐུ་མེད་ཨོམ་འདིའི་ཛ་སག་ཨོམ་བུ་རྒྱ་ནར་གྱི་སྲས། ཛ་སག་པའི་སེ་ཀུ་སུ། ཙུག་ཧོར། ཨོམ་ཧོར་གསུམ། ཛེའི་

སེ་ཀཱ་སུའི་སྨྲས་དྲུག་པ་པོའི་སེ་ཐྲ་སྐྱབས། དེའི་སྨྲས་ཆེ་བ་པོའི་སེ་བརྡེ། དེའི་སྨྲས་གཅིག་པུ་ནི་བླ་མ་དང་དཀོན་མཆོག་གསུམ་ ལ་དད་ པ་ བརྟན་པོ་དང་ ལྡན་ཅིང་། བསྟན་སྲིད་གཉིས་ཀྱི་ལུགས་ཟུང་ལ་མཁས་པ་བསྟན་པའི་སྦྱིན་བདག་ཆེན་པོ། ཚིང་ར་ཆེད་མེན་གྲྭ་ཚིག་བྱ་མེད་ཤོག་གི་ཛ་མག་པའི་མ་ནམ་ཀ་ཕྲ་ཡས་གྲོ་ལང་གྲོ། དེའི་སྨྲས་བླ་མ་དཀོན་མཆོག་གསུམ་ལ་སྤྱི་ཏུ་ཆེ་དམ་པའི་ཆོས་ལ་དགའ་ཞིང་དང་བརྩོན་དང་ལྡན་པ་ཛ་མག་པའི་སེ་ཕུན་ཚོགས་རིན་ཆེན། དེའི་སྨྲས་གསུམ་ པ་དེང་ སང་གི་དུའི་ཚིང་གར་གྱི་རྒྱལ་པོ་རྟེན་འཛིན་ དང་ སློན་གྱི་གཙོ་བོར་བྱས་ཏེ། རང་གི་སྨྲས་མོ་གུར་ རི་ཀུང་ ཚེ་བག་མར་གནང་ཞིང་གྲུ་སོག་གི་སློན་པོ་མཐའ་དག་ལས་ཕྱུགས་རྟགས་ཤིན་ཏུ་ཆེ་བ། མགྲོ་རིམ་ཀྱི་ཡོངས་དན་རི་ར་པོ་ཆེ་བདུན་གྱིས་མཛེས་པར་ བརྒྱན་ཞིང་ ལུགས་ ཟུང་ ལ་ མཁས་པས་བསྟན་སྲིད་གཉིས་ཀ་ཚུལ་བཞིན་དུ་སྐྱོང་ བའི་མ་སྐྱོང་ཆེན་པོ་ ? རྟ་མེད་གྲྭ་ཚིག་གར་ནི་ཨེ་རྡུ་ཛ་མག་པའི་སེ་མ་ཀི་ ཐྲ་ད་ཡིན་ནོ། །དེ་དག་ནི་སྔོན་གྱི་བྱ་མེད་བཙུ་གཉིས་སུ་གྲགས་པ་དེ་རྣམས་ལས་གྱེས་ཏེ་ཐོགས་འདིར་འོངས་པའི་བྱ་མེད་ཤོག་གི་དཔོན་བརྒྱུད་ཡིན་ནོ། །དྲུ་ཡན་རྒྱལ་པོའི་སྨྲས་ཆེ་བ་བྱ་རུ་བོ་ལོད་ཀྱི་སྨྲས་པོ་དེ་ཨ་ལག་རྒྱལ་པོ། དེའི་སྨྲས་ཆེ་བ་དྲུ་རམ་སུན་ཏ་ཧང་། དེའི་སྨྲས་བྱ་མེད་དང་། ཚུག་ཐུ་དང་། ཐར་ནི་པ་ཅ་དང་། དའི་ཚིང་དང་བཞི་ལས། གཉིས་པ་ཚུག་ཐྲ་རྗེ་རལ་རྗེ་ཡན་གྱི་སྨྲས་བརྒྱུད་ནི་ཏུའི་ཆེད་ཀྱི་དཔོན་བརྒྱུད་དོ། །པོ་དེ་ཨ་ལག་གི་སྨྲས་གསུམ་པ་ཨོང་གྲུན་དུ་རལ་གྱི་སྨྲས་བརྒྱུད་ནི་སུ་ཉིད་ཀྱི་དཔོན་བརྒྱུད་དང་། ཡང་ཨོང་གྲུན་དར་ལ་གྱི་སྨྲས་དྲུ་ཡན་པའི་ནོ་ཡན་གྱི་སྨྲས་བརྒྱུད་ནི་ཨུ་ཙ་སུ་ཆེན་གྱི་དཔོན་བརྒྱུད་དང་། པོ་དེ་རྒྱལ་པོའི་སྨྲས་ལྷ་པ་རོས་ཕྱིའི་བུ་བརྒྱུད་ནི་མགོ་ར་པོ་སྐྱབས་ཀླུང་ངེ་ཡིན་ནེར། པོ་དེ་ཨ

ལག་གི་གཙུང་ཨོ་ཉིག་གི་སྲས་གསུམ་པ་པ་མ་ མ་ལའི་སྲས་དོ་རྫང་དོ་རལ་དང་ ཨ་སེར་ཨའི་རྫིང་གཉིས་ཀྱི་སྲས་བརྒྱུད་ནི་ཨ་དྲུ་ རད་ དང་ ནའི་ མར་གྱི་དཔོན་བརྒྱུད་དོ། །ཡང་དྲུ་ཡར་རྒྱལ་པོའི་སྲས་གསུམ་པ་པ་དྲ་རམ་པོ་ཡོད་མའི་ན་ཨ་ལག་ཅི་སྟོང་གི་སྲས་ཚེ་བ་ཀུན་གྱི་ཞིག་ གྲུ་སེར་གེར་ ཏེ་སྟོང་དེའི་ སྲས་ བརྒྱུད་ནི་རིང་གིས་ རྒྱལ་པོའི་གར་ སོགས་ བསྲུང་ མཁར་ཡོར་དྲ་སྒོ་རྩོ་དྲུག་གི་ དཔོན་བརྒྱུད་དོ། །དྲུ་ཡར་རྒྱལ་པོའི་སྲས་བཞི་པ་ཨར་སྒོ་བོ་ཡོད་ཀྱི་སྲས་སེར་གེར་སྟོང་པའི་ཅིའི་སྲས་བརྒྱུད་ནི་དོ་ཡོ་ཀན་བྲུ་སེད་ཀྱི་དཔོན་བརྒྱུད་དོ། །དྲུ་ཡར་རྒྱལ་པོའི་སྲས་ལྔ་པ་ཨོ་ཆེར་པོ་ཡོད་ཀྱི་ སྲས་ བརྒྱུད་ནི་ཏེ་ཤིག་ ཐེར་གྱི་ དཔོན་བརྒྱུད་དོ། །དྲུ་ཡར་རྒྱལ་པོའི་སྲས་དྲུག་པ་ཨལ་རྟོ་བོ་ཡོད་ཀྱི་སྲས་སྟོར་ཀ་ཆེ་ཏ་མར། དེ་ལ་སྲས་བྲུ་ལས་ཆེ་བ་ཨོ་པ་ཏེ་ཨའི་རྫིང་གི་སྲས་བརྒྱུད་ནི་རྡྲ་རྫོད་ཀྱི་དཔོན་བརྒྱུད་དོ། །གཉིས་པ་སྐྱུ་བྲུ་ཏའི་དར་ཏན་རྟོ་ཡན་གྱི་སྲས་བརྒྱུད་ནི་པ་རིན་གྱི་དཔོན་བརྒྱུད་དོ། །དྲུ་ཡར་རྒྱལ་པོའི་སྲས་དགུ་པ་གེ་ར་པོ་ཡོད་ཀྱི་སྲས་བརྒྱུད་ནི་ཨོ་རྫང་གོང་ཀྱི་དཔོན་བརྒྱུད་དོ། །དྲུ་ཡར་རྒྱལ་པོའི་སྲས་བཅུ་པ་གེ་རེ་སེང་རྫེའི་སྲས་བདུན་གྱི་བརྒྱུད་ པ་ནི་ཏལ་ཏ་ ཆོ་བདུན་སྟེ་ བཞིའི་ དཔོན་བརྒྱུད་དོ། །ལྷག་པར་གེ་རེ་སེང་རྫེའི་སྲས་གསུམ་པ་ཨོ་ནེ་ཏོ་ཁྲའི་རྫིང་གི་སྲས་བརྒྱུད་ཨ་སུ་ཐའི་རྒྱལ་པོའི་ཚ་བོ་རྗེ་རྫ་ཐུ་ཧི་ཡེ་ཐུ་ ཏར་གྱི་སྲས་སུ་དྲ་ར་ཏ་ཐའི་སྐུའི་སྐྱེ་བ་རྗེ་བཙུན་དམ་པ་རྒྱ་བཟང་བསྟན་པའི་ རྒྱལ་ མཚན་ འཁྲུངས་སོ།།

དྲུ་ཡར་རྒྱལ་པོའི་སྲས་བཅུ་གཅིག་པ་རིང་ ཐའི་ཅིའི་ སྲས་ བརྒྱུད་ནི་ཐད་ ཏུར་གྱི་དཔོན་བརྒྱུད་དོ། །ཐོག་ཏུ་རིང་གིས་རྒྱལ་པོའི་གཙང་ན་བོ་ཐོ་ཏ་མར་གྱི་བྲུ་བརྒྱུད་རིམ་པར་བརྒྱུད་དེ་རྩང་ཏེ་ཙེར་གོལ་ཞེས་བ་དྲུང་། དེ་ལ་སྲས་བཞི་ཡོད་པའི་ཆེ་བ་བྲ་ཏོར་ཏོ་ཡན་གྱི་སྲས་བྱོར་གཞི་ལས་བརྒྱུད་ པ་ནི་ཨུ་རད་ ཀྱི་དཔོན

བརྒྱད་དོ། །བཞི་པ་ཙི་ཏེ་གེའི་ཨུ་པ་ཤི་ཤུ་ཀི་ཡི་ཧྲུའི་སྲས་བརྒྱད་རི་ཧོར་ཆེན་ཚོ་བཙུའི་དཔོན་བརྒྱད་དོ། །ཡང་བྲ་ཧོར་རོ་ཡན་གྱི་སྲས་རོས་ཤུ་ཏུན་དུ་ལེན་དྲའི་ཆིང་དང་ཅ་བྲོར་བྲ་གཞོར་སོགས་ཀྱི་བུ་བརྒྱད་རེ་ཨ་རུ་ཧོར་ཆེན་གྱི་དཔོན་བརྒྱད་དོ། །ཡང་བྲ་ཧོར་རོ་ཡན་གྱི་སྲས་ཨུན་དེའི་ཨོང་ཅན་གྱི་བུ་བརྒྱད་རི་དྲུར་ཐེན་ཅེའུ་ཅེད་ཀྱི་དཔོན་བརྒྱད་དོ། །སོའུ་ཞིང་ཀན་གྱི་དཔོན་བརྒྱད་ཀང་ཅ་བོ་ཐོ་ཅ་སར་གྱི་བུ་བརྒྱད་ཡིན་ནོ། །ཆིང་གིས་རྒྱལ་པོའི་གཙུང་ཅར་ཐུ་ཅ་ཙི་གཉའི་སྲས་བརྒྱད་ཀྱིས་ཐོ་གྱར་ཆག་གི་དཔོན་བྱས་ཟེར། ཆིང་གིས་རྒྱལ་པོའི་གཙུང་ཐུ་ཅེ་ཐེལ་གེ་དེའི་སྲས་བརྒྱད་རེ་ཨ་པ་ག་ཚོ་བཞིའི་དཔོན་བརྒྱད་དོ། །ཆིང་གིས་རྒྱལ་པོའི་གཙུང་ཨོའི་ཐྲ་ཨོ་ཆེ་ཐོས་ཅར་ཀྱུད་ཀྱི་དཔོན་མཛད་ཀང་རིགས་བརྒྱད་སེད་ལ། ཨུ་གེ་ཀྱུད་ཀྱི་དཔོན་བརྒྱད་རི་ཅ་ཐོ་ཐོ་ཅ་སར་གྱི་བརྒྱད་པ་དྲུག་པ་ཨས་གལ་དའི་རོ་ཡན་གྱི་སྲས་གཉིས་པ་ཨོ་རོག་ཐེ་ཧུར་གྱི་བུ་བརྒྱད་ཡིན་ནོ། །ཨོའི་རོད་ཚོ་བཞིའི་ནང་ཚན། ཅ་ཐོ་ཐོ་ཅ་སར་གྱི་སྲས་བརྒྱད་ཨོ་རོག་ཐེ་ཧུར་ལས་རིམ་པར་བརྒྱད་རབ་ཏུ་སེ་ཆིང་མང་ཞེས་པ་བྱུང་། དེའི་སྲས་ཆེ་བ་ཕྱོ་བྱུའི་སར་ཛ་ཞེས་པ་ལ། སྲས་ཅ་སའི་རོ་ཡན་ཧོང་གོར་དང་། ཅ་སྡོག་ཞེས་པ་གཉིས་ལས། ཆེ་བ་ཅ་སའི་རོ་ཡན་དེས་བཙུན་མོ་ཨ་དའི་ཅ་ཐོར་སྐྲངས་པར་སྲས་ལྷ་བྱུང་བ་ལ་ཨ་དའི་ཅ་ཐོར་གྱི་བྲ་རས་ལྷ་ཞེས་གྲགས་པའི་གསུམ་པ་རི་ག་ཀྲི་གེ་གེར་ཅན་ཡིན་ནོ། རྒྱལ་པོ་དེ་ལ་བཙུན་མོ་གསུམ་ཡོད་པའི་ཆེན་མ་ལ་སྲས་ཐེག་ཞི་ཐུ་དྲུ་ཡན་ཅན་དང་། ཨ་ཙ་ར་སེ་ཆེན་ཧོང་ཐའི་ཅི་དང་། དྲུ་ལའི་ཨ་ཕྱུ་ཤི་བྲ་ཡན་ཨ་པ་གའི་དང་། ད་ལན་ཐའི་ཅང་བཞི། བཙུན་མོ་འབྲིང་མ་ལ་སྲས་ཚོ་རིང་ཨི་ལ་ད་ཆི་དང་། རྡོ་རྗེ་དྲ་ལའི་ཧོང་ཐའི་ཅི་དང་། ཅུ་རི་ས་ཞི་ཨེར་དེ་རི་དྲའི་ཆིང་དང་། མགོན་པོ་ཚེ་དབང་དང་། མང་གར་ཚའི་དང་

བྱ། བཙུན་མོ་རྒྱང་བཅིང་མའི་སྲས་བཀྲ་ཤིས་ཏཱ་ག་ཐོར་སྒོ་བཅུ་ཡོད་ལ། སྤྱི་པ་འདིས་མ་མཚོ་སྔོན་གྱི་རྒྱལ་པོ་བྱས། སྲས་རྗེ་བ་ཐིག་ཞི་ཐུ་དཱ་ཡར་ནར་བོད་ཀྱི་རྒྱལ་པོར་བསྐོས། དེ་ལ་སྲས་དྲུག་ཡོད་པའི་ཆེ་བ་ད་ལའི་ཧན་ལ་སྲས་བསྟན་འཛིན་དབང་རྒྱལ་དང་། ལྷ་བཟང་ཁན་གཉིས་ཡོད། སྤྱི་པ་འདིས་བོད་ཀྱི་རྒྱལ་ས་ལོ་བཅུ་གསུམ་དུ་བསྐྱངས་ཏེ། དབུས་གཙང་གི་བསྟན་འགྲོའི་ཕན་བདེ་རྒྱ་ཆེར་རྒྱས་སྤེལ་བར་མཛད། ཀུ་ཤྲི་གི་སེར་རྒྱལ་པོའི་སྲས་ལྷ་པ་ཚེ་རིང་སྐྱིད་དུ་ཆེ་ལ་སྲས་མཁར་འགྲོ་དང་། དར་རྒྱལ་ཧོ་ཤོག་ཐུ་ཅི་རྟེང་གཉིས། སྤྱི་པ་ལ་སྲས་མི་དབང་དཔལ་འབར་དང་། མེར་གེན་ཏེ་ཡན་དང་། དཱའི་ཆིང་ནོ་ཡི་ཡོ་ཅི་དང་། དགའ་ལྡན་ཧོ་ཤོག་ཐཻ་དང་། དོན་གྲུབ་བཀྲ་ཤིས་ཏེ་བྱ་ཡོད། དཱའི་ཆིང་ནོ་ཡི་ཡོ་ཅི་ལ་སྲིས་སུ་ཡུང་ཏེའི་ངས་མའི་རལ་ཕྱི་ཐབ་རྒྱལ་པོས་ཆེན་ཏྲུང་གི་གོས་གསར་ཏོ། །བཀྲ་ཤིས་ཏཱ་ག་ཕྱིར་ལ་སྲས་ཐང་ལྷ་སྐྱབས་དང་། ཆེར་ཏྲུང་སྙི་བཟང་བསྟན་འཛིན་གཉིས་ཡོད། དེ་རྣམས་ལས་འགའ་ཞིག་བོད་དབུས་གཙང་གི་རྒྱལ་སར་གཞུགས་པ་གཙོགས་གཞན་ངག་ནི་མཚོ་སྔོན་གྱི་ཨུ་གེ་ཡུན་དང་མདོ་ཁམས་བོད་ཆེན་གྱི་དཔོན་བྱས་ལ། ཡང་ན་ཐོ་ཁྲི་ན་མར་གྱི་བུ་བརྒྱད་དུ་ཡའི་ཧོ་བ་ཞི་ལས་བརྒྱད་པ་ནི་ཁླར་ཀྱི་ཨ་ལག་ཤའི་དབོན་བརྒྱུད་དོ། །ན་སོག་ལས་བརྒྱུད་པ་ནི་མཚོ་སྔོན་སྟོང་གི་ཐའི་ཅི་སོ་གསུམ་བརྒྱུད་བཅས་ཡིན། གོང་དུ་སྨོས་པའི་ཏོ་བོ་མོ་ངང་གི་བྱུ་ཏོ་དའི་སོགས་བཞིའི་བརྒྱུད་པ་ནི་ཚུང་གར་གྱི་ཨུ་གེ་ཡུད་ཐབ་ཆེར་དང་། བྲ་ག་སྨྲ་དང་། ཏོར་གོད་དང་། རྗེ་རེ་རང་ཀྱི་རྒྱལ་པོ་དང་དཔོན་པོ་རྣམས་སོ། །ཨོ་རོ་སུ་འཚ་རྒྱ་མེར་གྱི་རྒྱལ་བརྒྱུད་ནི་རིང་གིས་རྒྱལ་པོའི་སྲས་ཆ་གཏའི་སྲས་བརྒྱུད་ཡིན་ལ་ཐོག་ཏུ་རྟིང་གིས་རྒྱལ་པོའི་རྒྱལ་ཁམས་རིན་པོ་ཆེ་དེ་ནི་སྲས་བརྒྱུད་འདི་ལ་ཡོད་ཅེས་སོ། །

ཁྲོག་སོག་གི་རྒྱལ་རབས་ཉི་རྡིང་གིས་རྒྱལ་པོའི་སྨྲས་ཧུ་རྫིའི་རིགས་སུ་སྐྱེས་པའི་ཐེ་ཁྲུ་ཁི་ནས་རིམ་པར་སྲུལ་དེ་དང་པྲ་ག་ཡོར་དང་ཟང་གིར་དང་ཆ་མ་གྲོ་སོགས་སོ། །དེ་ལྟར་བོག་ད་རྡིང་གིས་རྒྱལ་པོས་རབ་བྱུང་གསུམ་པའི་ཉེ་གསུམ་པ་མ་བྱའི་ལོར་རྒྱལ་སར་བཞུགས་པ་ནས་བཟུང་གོ་གན་ཐེ་སུར་ཡོ་ཧ་ཀ་ཡོ་རྒྱལ་པོའི་རྒྱའི་ཡོངས་ཀྱི་རྒྱལ་སྲིད་ཤོར་བའི་མ་སྨོལ་པོའི་བར་རྒྱལ་རབས་བཅུ་དྲུག་བྱུང་བ་ལོ་གྲངས་བརྒྱ་དང་བརྒྱད་ཙམ་སོང་ཞིང་། རྒྱལ་པོ་གོ་གན་ཐེ་སུར་གྱིས་སོག་པོ་ཚོ་ལ་དབང་བསྒྱུར་བའི་ལོ་གསུམ་དང་། དེའི་སྲས་ཐེ་ཡིག་ཐུ་རྒྱལ་པོ་ནས་བཟུང་ཆ་གར་ཡིགས་ཐེན་ཧོ་ཐོག་ཐོ་རྒྱལ་པོ་རྒྱལ་སྲིད་ཤོར་བའི་ཤིང་ཁྱི་ལོའི་བར་རྒྱལ་རབས་ཉི་ཤུ་བྱུང་བ། ལོ་གྲངས་ཉིས་བརྒྱ་ང་བདུན་སོང་བ་ཡིན་ནོ། །བོག་ད་རྡིང་གིས་རྒྱལ་པོའི་སྨྲས་བརྒྱུད་རྣམས་ཀྱིས་རི་རྒྱལ་སྲིད་ཡུན་རིང་དུ་བསྐྱངས་ཤིང་བར་སྐབས་སུ་ཡུལ་དབུས་ཀྱི་རྒྱལ་སྲིད་ཆེན་པོ་ཤོར་ཡང་སོར་ཡུལ་དུ་རྒྱལ་པོ་མཛད་ལ། ཁྱད་པར་དུ་ཡང་རྡིང་གིས་རྒྱལ་པོའི་སྨྲས་བརྒྱུད་དང་བློན་རྣམས་ཀྱི་བྱ་བརྒྱུད་རིད་ལྷའི་བར་དུ་ཆེན་པོ་ཅོར་གྱི་མ་ཆ་མཐར་དགའ་ལ་ཁྱབ་ཅིང་རང་མཚོས་དང་བསྟན་པའི་རྒྱལ་ཁྲུན་དང་། བྲང་དང་། ཐའི་ལེ་དང་། ཐའི་སོ་དང་། གར་དང་། ཐའི་ཙི་རྣམས་ཀྱི་བབ་དང་མཐུན་པར་རིམ་གྱིས་བརྒྱུད་ནས་འབངས་མཐར་དགའ་ལ་དབང་བསྒྱུར་བར་ཡོད་པའདི་ཤིན་དུ་ངོ་མཚར་ཅན་ཞིག་ཡིན་ནོ། སྔོན་རྒྱ་དང་བོད་ལ་བྱུང་བའི་ཤིན་དུ་གྲགས་ཆེ་བའི་རྒྱལ་པོ་མང་ཡང་དེ་དག་གི་སྨྲས་བརྒྱུད་རི་རིང་མང་བོག་ད་རྡིང་གིས་རྒྱལ་པོའི་སྨྲས་བརྒྱུད་འདི་ལྟ་བུ་གཏན་ནས་མེད་པའི་ཕྱིར་རོ། །དེར་མ་ཟད་དུ་ཤིང་རྒྱལ་པོའི་ཁབ་རབས་གསུམ་པ་མར་རང་ཀྱང་བོག་ད་རྡིང་གིས་རྒྱལ་པོའི་གདུང་བརྒྱུད་ཡིན་ནོ། ཇི་ལྟར་ན་གོང་དུ་སྨོས་པའི་ཐོ་གན་ཐེ

སྤུར་ཨོ་ར་ཀ་གྷོ་ར་ཀར་ངེས་ཛྙ་ག་ལ་ཀྲ་དགག་གི་རྒྱལ་སྲིད་ཧོར་བའི་རྩེ། ཧའི་ད་སྒམ་པར་ལམ་ཟྙོམ་དེ་བྱུང་རྟོགས་སུ་སོང་། དེའི་ཚེ་རྒྱལ་པོ་དེའི་མིང་གི་རིང་ཀྱི་མ་ཏ་ནས་ སྐྱངས་ པའི་ཕྱོག་ཐ་དེ་ཐའི་ཨེའི་ སྨུས་སོ་གེ་ རེ་ལ་ཐྲ་ཞེས་བྱ་ བའི་བཙུན་མོ་སངལ་ནསྲིད་ཚགས་ནས་ སྐྲ་བ་ གསུམ་ ལོད་པ་ གཅིག་བྲིམ་མ་ཕྲུབ་པར་ཛྫ་ས་ཆེན་པོ་ཞིག་ལ་ཡིབ་སྦེ་གནས་ པ་དེ་ ཛྙ་གེམ་མཐོང་ ནས་ རང་གི་བཙུན་མོར་བྱས། ཛྙ་གེ་དེ་ཉིད་རི་རང་ལོ་ཉེར་ལྔའི་ཕྱོག་ཀྱའི་རྒྱལ་ས་དེར་བསྡད་པའི་རིང་དེ་ཀྱའི་ཕྲའི་མིང་ཐའི་ཚ་རྒྱལ་པོ་ཛྙ་ཏུང་ཀྲུ་ཞེས་གྲགས་སོ། །ཧོར་རྒྱལ་པོའི་བཙུན་མོ་དེ་ནི་འདི་ལྟར་སེམས་ཏེ། སངལ་ཚགས་པ་འདི་ད་ལྟ་སྐྲ་བ་བདུན་ལོན་ནས་བཅས་ནདགའི་བུའོ་སྐྱས་ནས་སྤྲང་ཏོགས་ཡོད་ལ། སྐྲ་བ་བཅུ་ལོན་ནས་བཅས་ན་རང་གི་བྲ་སྐྱས་ནས་གསོ་བསྐྱང་བྱེད་པས། ཡབ་ཀྱིའི་རྒྱལ་པོའི་བརྩེ་བར་དགོངས་ནས་སངལ་ན་གནས་པ་འདི་སྐྲ་བ་རྫོགས་ རབའང་ སྐྲ་བ་གསུམ་ལྷག་ པར་བསྐྱན་ཏེ་བཙས་པའི་ཤེས་བ་སྟོལ་ཅིག །ཅེས་ཡང་དང་ཡང་དུ་གསོལ་བ་བཏབ་པས། སྐྲ་བ་ བཅུ་ལོན་ཏེ་མ་ བཙས་ པར་ སྐྲ་བ་ བཅུ་ གསུམ་རྫོགས་ནས་འཁྲུངས་སོ། །དེ་རྗེས་རྒྱལ་པོ་དེའི་བཙུན་མོ་གཞན་ཞིག་ལས་བུ་གཅིག་ཀྱང་བཙས་སོ། །དེའི་ཚེ་རྒྱལ་པོ་དེའི་སྔོ་ལམ་དུ་འབྲུག་གཉིས་འཐབ་པོ་བྱེད་པ་ལ་གཡོན་ཕྱོགས་ཀྱི་འབྲུག་རྒྱལ་བར་མཐོང་བ་རྨིས་ནས། སང་ཉིན་ལ་མཚན་མཁན་གཅིག་ཁུགས་ནས་འདྲི་བས། དེས་ཞུས་པ། འབྲུག་གཉིས་ནི་ལྷ་ཁྲིང་ཀྱི་རྒྱལ་བུ་གཉིས་ཡིན། གཡས་ཀྱི་འབྲུག་ནི་ཀྱའི་བཙུན་མོའི་བུ་ཡིན། གཡོན་གྱི་འབྲུག་ནི་སོག་པོའི་བཙུན་མོའི་བུ་ཡིན། དེ་གཉིས་པོ་གང་ཡིན་ཀྱང་རྒྱལ་ས་འཛིན་ པའི་ བསོད་ ནམས་ མི་ཆུང་བ་ ཞིག་ཡིན་ཞུས་ པས། རྒྱལ་པོ་དེས་བསམས་པ། བུ་འདི་གཉིས་གང་ཡིན་ཀྱང་ཧོར་པོའི་བུ་ཡིན་པ་ནི

འདྲ་བ་ལ། ཆེ་བ་རི་སྤུར་དཀྱུ་ཞེམ་ཆུང་མར་བྱས་པའི་བཙུན་མོའི་བུ་ཡིན་པས། དེ་རྒྱལ་སར་བསྐོ་བ་རྗེ་སྟར་རིགས་སྨྲས་ནས། སྲས་ཆེ་བ་དེ་མཁར་ཆེན་པོ་གཞན་ཞིག་བཙོས་ནས་དེར་བསྐྱོད་དུ་བཅུག་གོ །དེ་ལྟར་ཕའི་ཚུ་རྒྱལ་པོ་ལོ་སོ་གཅིག་ལ་རྒྱལ་སར་བཞུགས་ནས་དགུང་ལོ་ང་ལྔ་ལ་གཤེགས། དེ་རྗེས་དེའི་སྲས་གཉིས། ག་ཅེར་ཁྲིན་ཁྲི་ལོ་བ་དགུང་ལོ་ཉེར་དགའི་སྟེང་ས་ལྷག་ཡོང་རྒྱལ་སར་བསྐྱོད་ནས་རྒྱབ་བའི་རྨུག་ཙམ་ཡོད་པ་ལ་ སྨར་གྱི་རྒྱལ་པོ་ཕྲི་གར་ཕེ་སྐུར་གྱི་བཙུར་མོ་ལས་འཁྲུངས་པའི་རྒྱལ་བུ་རིམ་སོག་པོའི་དམག་སྟོང་ཚོ་དྲུག་དང་། རྟར་ཆེན་གྱི་དམག་ཁྲི་ཚོ་གསུམ་དང་། རྒྱང་ཕྱོགས་ཀྱི་ཀྲུ་སག་གི་དམག་དཔུང་བཅས་རྒྱལ་པོ་དེའི་ཕྱོགས་སུ་ཕྱིན་ནེ་ རྒྱལ་པོ་ཅེར་ཁྲིན་བསྐྱད་ཅིང་དེའི་རྒྱལ་སྲིད་འཕྲོག་ནས་ཡིན་ ཀཱ་ཧྲི་རྒྱལ་པོའི་ སྲས་རིམ་ དགུང་ལོ་སོ་གཉིས་ཐོག་མ་ཡོས་ལོར་རྒྱལ་སར་གནགས་པའི་ཤིང་རི་ཡུང་ལུ་ཞེས་བདགས་ལ་ལོ་ཉེར་གཉིས་རྒྱལ་སར་བཞུགས་ ནས་ དགུང་ལོ་ང་ གསུམ་ ལ་ གཤེགས། དེའི་སྲས་ཙོན་དེ་ལྷག་ལོ་བ་དགུང་ལོ་སོ་དྲུག་གི་སྟེང་ལུགས་ཕྲུང་ཡོང་རྒྱལ་སར་བསྐྱོད་དེ་ལོ་བཅུ་ཡོད་ནས་གཤེགས། དེའི་སྲས་ཏིང་དྲུང་ཐ་ལོ་བ་དགུང་ལོ་སུམ་ཅུའི་ཐོག་ ལུགས་ རྟག་ ཡོང་ རྒྱལ་ སར་ འཁོད་དེ་ རང་ལོ་སོ་གཉིས་ ལ་ གཤེགས། དེའི་སྲས་ ཏིང་ཏེའི་ཁྲི་ལོ་བ་ དགུང་ལོ་བཅུ་ བདུན་ཐོག་ཤིང་ ལྷག་ཡོང་རྒྱལ་སར་བསྐྱོད་ནས་ལོ་བཞི་ལོན་པའི་ས་ཕྲའི་ཡོར་ཡོའེ་རོང་ ཀྱི་ཕའི་ཏི་ཡེ་སེན་དང་གཡུལ་འགྱེད་ པ་ན་ཡེ་སེན་གྱིས་ རྒྱལ་པོ་དེ་ གསོད་པའི་བཀྲ་ ནས་འཁྱེར་བས། དེའི་གཅུང་པོ་ཏི་སྟང་ཕྱི་ལོ་བ་དགུང་ལོ་ཉི་ཤའི་ས་ལུག་ཡོང་རྒྱལ་སར་བཞུགས་ནས་དགུང་ལོ་ཉེར་བདུན་ལ་གཤེགས། དེ་རྗེས་སྟར་གྱི་ཏིང་དེའི་རྒྱལ་པོ་རིམ་གཅུང་ཅི་སྐར་རྒྱལ་པོའི་རྒྱལ་སར་བཞུགས་པའི་ལོ་ལྔ་པར་རོར་གྱི

ས་རཱ་ནས་རང་ཡུལ་དུ་ཕྱིར་འོངས་པ་དེ་ དགའ་བོ་སྲུབ་ ཧྲུ་ཧོག་སེ་ ཡོས་ལོར་ཡང་རྒྱལ་སར་བཞུགས། ནས་ཁྲིའུ་ཀྱུར་རྒྱལ་པོ་ཞེས་མཚན་བཏགས་ལ་ལོ་བཅུ་བདུན་གྱི་བར་བཞུགས་ཏེ་དགའ་བོ་ཞི་དྲུག་ལ་གཤེགས། དེའི་སྲས་རིང་ཏ་སྟག་ལོ་བ་ དགའ་བོ་སོ་གཅིག་ཐོག་རྒྱལ་ སར་ བཞུགས་ ནས་ རང་ལོ་ང་ གསུམ་ལ་གཤེགས། དེའི་སྲས་རྗོང་ཅི་སྦྲུལ་ལོ་བ་དགའ་བོ་སོ་དགུའི་སྟེང་མེ་ལུག་ལོར་རྒྱལ་སར་བཞུགས་ནས་ང་དྲུག་ལ་གཤེགས། དེའི་སྲས་ཨུ་ཙུང་ཅིང་དྲུ་ཀྲི་ལོ་བ་དགའ་བོ་བཞི་བཅུའི་ཤིང་གླང་ལོར་རྒྱལ་སར་བཞུགས་ནས་ རང་ལོ་ང་ བདུན་ལ་གཤེགས། དེའི་སྲས་ཞི་ཙུང་ཙ་ཅིང་ཧ་ལོ་བ་དགའ་བོ་ཞེར་བཞིའི་ལྕགས་སྦྲུལ་ལོར་རྒྱལ་སར་བཞུགས་ནས་རེ་བརྒྱད་ལ་གཤེགས། དེའི་སྲས་ཙུང་ཅིན་ཧྲ་ཧོ་པ་དགའ་བོ་ཞི་ལྔ་ཐོག་རྒྱལ་སར་བཞུགས་ནས་ང་གཅིག་ལ་གཤེགས། དེའི་སྲས་ཞེན་ཙུང་ཁྲིན་ཧི་པག་ལོ་བ་དགའ་བོ་ཞེར་གསུམ་གྱི་ཆུ་ བྱ་ལོར་རྒྱལ་ སར་བཞུགས་ནས་དགའ་བོ་བདུན་ཅུ་ལ་གཤེགས། དེའི་སྲས་དའི་ཅིང་སྦྲུལ་ལོ་བ་དགའ་བོ་ཞེ་གཅིག་ཐོག་སྤྲུགས་ཟླའི་ལོར་རྒྱལ་ སར་བཞུགས། ནས་ལོ་དེ་ཉིད་ལ་གཤེགས། དེའི་གཞུང་ཁྲིའུ་ཅི་འབྲུག་ལོ་བ་དགའ་བོ་བཅུ་དགའི་ཐོག་ཆུ་ཕྲེའི་ལོར་རྒྱལ་སར་བཞུགས་ནས་རང་ལོ་ཉེར་ལྔ་ལ་ གཤེགས། དེའི་ཚ་བོ་ཁྲུང་ཅིང་པག་ལོ་བ་ དགའ་བོ་སོ་གཅིག་ཐོག་ ས་སྦྲུལ་ལོར་རྒྱལ་ སར་ བཞུགས་ནས་ལོ་བཅུ་དྲུག་ལོན་པའི་ཤིང་སྦྲུལ་ལོར་རྒྱལ་སྲིད་ཤོར་ཏོ། རྒྱལ་སྲིད་ཀྱི་མིང་ནི་ནྟའི་མིང་སྟེ་མངའ་ཐང་རི་བྱང་ དང་ནུབ་ཀྱི་ ཕྱོགས་ ལས་ དབང་ བས་ཆེར་གྱི་སྐབས་ལས་ཞར་ཀྱང་། ཕྱོགས་གཞན་དག་ལ་ངོ་ཤེས་དུ་མཐོ་བ་རྣམ་དང་ཕྱགར་གྱི་དུས་ལས་རྫི་དམན་པ་ཉིད་དོ། །གནས་པོ་ཉིས་བརྒྱ་བདུན་ཅུ་དོན་དྲུག་གི་རིང་ལ་ས་སྐྱོང་བཅུ་དྲུག་བྱུང་སྟེ། །དེ་ཡང་རྒྱལ་པོ་དང་པོ་དང་གསུམ་པ

གཉིས་ས་གཏོགས་པ་རྣམས་ནི། ཇི་སྐད་དུ། འཇམ་མགོན་ས་པཎ་གྱིས།

གནས་མིན་ན་ཚང་དྲང་པོ་ཡང་། རང་གཞན་གཉིས་ཀ་བརླག་པ་ཡོད།
མདའ་ཡིས་པ་རོལ་གསོད་པ་འམ། ཡང་ན་རང་ཉིད་འཆག་པར་འགྱུར།

ཞེས་གསུངས་པ་ལྟར། ཁ་ཚང་འཇེབ་ཐལ་རེས་པས་ཀླུ་རྒྱལ་པ་དང་བློན་པོ་ངན་པའི་རིགས་ལ་སྟ་གྲག་ཤོར་བས་རྒྱལ་སྲིད་ལ་འཁྲུགས་པ་རང་ངོ་བྱུང་བ་དང་། ལྷག་པར་བཙན་པོ་ཨུ་དུང་རྒྱལ་པོ་ནི། སྟོན་པ་སངས་རྒྱས་ཀྱི་བཀའ་ལས།

ཚང་འབྱུང་བ་ལ་མངོན་པར་དགའ་བའི་མི།
བདག་ལ་ཕན་དང་གཞན་ལ་བདེ་མི་འགྱུར།
སྨོངས་དང་མདོག་ངན་བྱེད་པ་ཚང་ཡིན་ཏེ།
ཇི་ལྟར་ཁ་ལའི་དུག་བཞིན་དེ་མི་བཟུང་།

ཞེས་དང་། དཔལ་མགོན་ཀླུ་སྒྲུབ་ཀྱིས།

ཚང་གིས་འཇིག་རྟེན་བརྙས་འགྱུར་ཞིང་། དོན་ཡལ་ནོར་ཡང་ཟད་པར་འགྱུར།
སྨོངས་པས་བྱ་བ་མ་ཡིན་བྱེད། དེ་བས་དག་ཏུ་ཚང་ནི་སྤོངས།

ཞེས་དང་། ཡང་དགའ་བ་ཅན་གྱི་མདོ་ལས་ཚང་གི་ཉེས་དམིགས་ནི། ཚེ་འདི་ལ་ནོར་ཟད་པ་དང་། ནད་རྣམས་རྒྱས་པར་བྱེད་པ་དང་། འཐབ་མོ་དང་རྩོད་པ་སྐྱེད་པ་དང་། ཞེས་སོགས་ཉེས་དམིགས་སུམ་ཅུ་རྩ་ལྔ་གསུངས་པ་ལ། དེ་ལྟར་མ་ཤེས་པར་ནག་ཚང་གི་འདམ་དུ་བྱིང་བ་དང་ལྷག་པར། སྟོན་པ་སངས་རྒྱས་ཀྱི་བཀའ་ལས།

བུད་མེད་གཉིས་ལས་སྐྱེས་པ་ཡང་། གསང་དང་བཙོང་བ་སྟོང་འགྱུར་ཞིང་།
དམྱལ་སྲུངས་རྣམས་ཀྱིས་སྨྱིག་པ་དང་། ངེས་པར་འཆིང་བའང་སྟོང་བར་འགྱུར།

ཞེས་དང་། དཔལ་མགོན་ཀླུ་སྒྲུབ་ཀྱིས།

གཡན་པ་ཕྲུགས་ན་བདེར་འགྱུར་བ། དེ་བས་གཡན་པ་མེད་པ་བདེ།

དེ་བཞིན་འཇིག་རྟེན་འདོད་ལྡན་བདེ། འདོད་པ་མེད་པ་དེ་བས་བདེ།

ཞེས་གསུངས་པ་ལྟར། བུད་མེད་སོགས་འདོད་པའི་ཉེས་དམིགས་ཤིན་དུ་མང་བ་ལ། དེ་ལྟར་མི་ཤེས་པར་བུད་མེད་ལ་རོལ་རྩེད་དང་བག་མེད་ལ་དགའ་བ་ལ་སོགས་པ་རྒྱལ་སྲིད་ཉམས་པའི་རྒྱུ་མང་པོས་འཁྲུགས་པའི་ས་བོན་བཏབ། བཅུ་གཅིག་པ་ཞི་ཙུང་རྒྱལ་པོ་རི་བོར་རོལ་ལ་ཞུགས་ཏེ། རྒྱལ་སྲིད་ཀྱི་ཁ་ལོ་ཕྱིས་པ་ས་རབས་པས་བསྐྱུར་དུ་བཙུག་ཅིང་། རང་ཉིད་བོན་སྒོང་ཉིད་བཞིན་པར་གནས་ལོ་བཞི་བཅུ་ཙ་ལྔ་བཞུགས་པ་དང་། བཅུ་གསུམ་པ་ཤིན་ཙུང་རྒྱལ་པོས་གཟུགས་པོ་མི་མཛེས་པ་ལ་ཉམ་སྐྱོངས་པས་ལན་ཡང་མེར། གང་ལྟར་ཡང་གནས་ལོ་བཞི་བཅུ་ཙ་བརྒྱད་ བཞུགས་ཀྱང་བློན་པོ་རྣམས་ལ་ འཇལ་ ཁ་གཉིས་གསུམ་ཙམ་ལས་མ་གནང་བར་མལ་ཞེན་པོ་རས་དམ་ཕྱུར་རིང་བྱུལ་བས་ཡས་པས་ནང་སྒྲིབ་ཀྱི་ནབུན་ཆེན་པོས་འཁྲུགས་པའི་སྒྲུ་གུ་ནས་ཡལ་ག་ལོ་འདབ་ཀྱི་ཟར་བསྐྱེད་སྦྱིངས་ཐུས་པའི་འབྲས་བུ། རྒྱལ་རབས་བཅུ་དྲུག་པ་ཁྲུང་ཅིང་རྒྱལ་པོའི་དུས་སུ་སྨིན་ཏེ་རྒྱལ་སྲིད་ཟམ་དགོན་ཡི་ཟི་རིང་གི་ལག་ཏུ་ཤོར་རོ།། །།

དེ་ནས་རང་རུས་ཆེན་པོ་དའི་ཆིང་གི་རྒྱལ་རབས་ནི། ཧོར་ཡུལ་གཡོན་ཕྱོགས་ཀྱི་མ་ཆའི་ཀྲོལ་ཀེར་མོང་གོལ་ཞེས་བྱ་བའི་མི་སྡེ་ནས་གྱེས་ཏེ་འཐོངས་པ་སྔོན་གྱི་ཧྲུར་ཆེད་རྒྱལ་པོ་ཨ་ལ་ཕད་ཀྱི་རིགས་ མས་ ཕོན་ཆུ་གན་ ཨ་གྱ་ལའི་ཉེ་འདབས་ སུ་ཡན་ལག་བརྒྱད་ལྡན་གྱི་མཚོ་གཅིག་ཡོད་པ་དེར་ སྐབས་ སྐབས་ སུ་ལྷའི་བུ་མོ་དག་ཡོངས་ནས་ལུས་ཁྲུས་པ་དང་། སྐབས་ཤིག་ཏུ་ཁྲུས་བྱས་པའི་ཚེ་བུ་མོ་ཞིག་གི་བོས་ལ་ལྷ་ཡི་རྣམ་འཕྲུལ་ཀེ་ཀ་ཞིག་ གིས་རྒྱ་ཤོག་ དམར་པོ་གཅིག

བཞག་པ་དེ་རྩོམ་པ་དང་སྤྲུལ་པོར་བྱུར་དེ་ལྟ་ཡུལ་ དུ་འགྲོ་སི་ ཐུབ་པར་ དེར་བྱ་གཅིག་བཙས་དེ་ཤིང་གི་སྟེང་དུ་བཞག་ནས་རྒྱ་ལ་བསྐུར་བས་ཡབ་རྗེའི་སི་རྣམས་ཀྱིས་རྙེད་ནས་གསོས་པའི་བུ་དེ་ལས་མཆེད་པའི་ཡོང་ར་རྗེ་བྲ་ གཉེར་ཞེས་བྱ་བ་དཔའ་ཞིང་མཛངས་ལ་རྩལ་ལྡན་པ་ཞིག་བྱུང་སྟེ། ཇི་སྐད་དུ། དཔལ་མགོན་ཀླུ་སྒྲུབ་ཀྱི་ཞལ་ནས།

རང་གི་ཉིང་འཛུགས་འདོད་པ་ཡིས། གཞན་གྱི་ཕན་ལ་བརྩོན་པར་བྱ།
ཉིང་འཛུགས་སྤྱོར་བར་བྱས་པའི། བསྒྲུབ་པ་པོ་ཡིས་ཅི་ཞིག་འགྲུབ།

ཅེས་གསུངས་པ་ལྟར། དཔའ་བོ་དེས་གཉན་པར་ལ་དུས་ཀུན་དུ་བརྩོན་ཞིང་། ཡི་མ་རུངས་པ་རྣམས་དྲག་པོས་རྣར་བཅད། ཡི་ཆུན་པ་རྣམས་ལ་བླག་པར་བརྩེ་བས་འཕངས་ཤིང་བསྐྱངས། རང་གི་འཁོར་གཡོག་རྣམས་ལ་བུ་བཞིན་སྐྱོང་བར་མ་ཟད། མི་གཞན་ཁྲི་ཚོ་རྣག་ལ་མཉེས་གཉེར་པར་བྱས་དེ། དེ་དག་ལ་མགྲོན་གྱི་ཚུལ་དུ་དུས་རྒྱུན་པར་བཀུར་ཞིང་བསྐྱངས་པའི་རྗེར་གྱིས། དེ་དག་གིས་དེའི་སྐད་གྲགས་ཆེན་པོ་ཕྱོགས་ཀུན་དུ་ཁྱབ་པར་གྲགས་པས། དཔལ་མགོན་ཀླུ་སྒྲུབ་ཀྱིས།

བུ་བས་ཡིན་མི་བྱེད་ཅིང་། བཤེས་པ་འཁོས་ལ་ཞེབས་པ་དང་།
ཡུལ་ལ་འདོད་པ་ཐག་བསྙེངས་པའི། སྐྱེས་བུ་མཁས་པ་སྲུས་ཡི་བཀུར།

ཞེས་གསུངས་པ་ལྟར། དཔའ་རྩལ་ཅན་མང་པོ་ཞིག་གིས་མགོ་བཏགས་བྱས་ཤིང་། བྱང་ཤར་ཕྱོགས་ཀྱི་རྒྱ་ནག་པ་མཐར་དག་དང་། ཡར་རྗེ་གསར་རྙིང་དང་། སོག་པོ་ཁ་ཤས་ལ་དབང་བསྒྱུར་ཞིང་། དེའི་སྲས་གཉིས་པ་དོང་ཐའི་ཙོ་རྒྱ་འབྲུག་ཡོ་བ་དགུང་ལོ་ཉེར་དགུ་ནས་དམག་དཔུང་སྟེ་བཞིའི་བདག་པོར་བྱས། དེ་རང་ཉིད་ཀྱིས་རྒྱ་ནག་ཕྱོགས་སུ་དམག་ དྲངས་ ནས་དེའི་ དཔག་ དཔོན་སུང

ཏིང་ཞེས་པ་བཙོན་རས་མཁར་ཆེན་པོ་གསུམ་ཐོབ་པས། དེའི་མངའ་ཐང་ཆེས་ཆེར་གྱུར་པ་སྟེ་ལྷག་པར་དགའ་ལོ་ནི་བཞིའི་ཤིང་ལག་ལོ་ནས་འོར་ཆེན་ཚོ་བཅྭའི་སྤྱི་དཔོན་སོགས། སོག་པོའི་སྤྱི་དཔོན་མང་པོ་འབངས་བཅས་ཀྱིས་མགོ་བཏགས་བྱས་པ་དང་། རྒྱ་གར་ལིགས་ལྡན་རྒྱལ་པོའི་བཙུན་མོ་གཉིས་དང་ཕྲུའི་ཅོ་གཉིས་བཅས་མགོ་བཏགས་བྱས་ནས་རྒྱལ་ཐམས་རིན་པོ་ཆེ་ཕུལ་བས། དེའི་མངའ་ཐང་སྟོབས་འབྱོར་ཆེས་ཤིན་དུ་འཕེལ་བར་གྱུར་ཏེ། དེ་ནས་ཤ་པོ་གྲོ་ཤ་མར་གྱི་ཡུལ་བརྒྱད་བོར་ཆེན་ཚོ་བཅུའི་སྤྱི་དཔོན་རྣམས་གཙོས་བྱས་པའི་སོག་པོ་ཚོ་བཞི་བཅུ་དང་། མན་ཧྲུ་ཧྲུར་ཅིད་སོགས་མི་སྡེ་མང་པོས་བཀུར་བྱས་ནས། ཨ་གོ་ད་ཀྲ་ཧུ་ཞི་ཡེག་ཆི་དེ་གེ་ད་ཨེར་ཏེས་ཐུ་སའི་རས་ཐ་ཇེ་ཡོག་ད་སེ་ཆེན་ཐའི་ཙུང་རྒྱལ་པོ་ཞེས་གཟེངས་བསྟོད་བྱས་ཏེ་མངའ་གསོལ་ལོ། །རྒྱལ་པོ་དེས་ཀུག་དེན་མཁར་ལ་ལོ་དྲུག་ཏུ་རྒྱལ་སྲིད་བསྐྱངས་སོ། །དེ་ནས་ཤིང་སྤྲེལ་ལོར། ལྷའི་དམག་ཡན་ལག་བརྒྱ་པའི་དབུང་ཚོགས་རྣམས་ཡུལ་དབུས་སུ་ཆས་ཏེ། ཇི་སྐད་དུ། འཇམ་མགོན་མ་ཕམ་གྱིས།

རྩུབ་པས་རྩུབ་པ་ཐུལ་འགྱུར་གྱི། །ཞི་བས་འདུལ་བར་ག་ལ་ནུས།
ཐོལ་ཕྱིག་བསྒྲིགས་དང་བཅས་པས་གཏོར། ཉི་ཚོས་དེ་ཡིས་དགའ་དུ་འགྱུར།

ཞེས་གསུངས་པ་ལྟར། ཛག་དཔོན་ལི་ཟི་ཆིང་སོགས་ཛག་ཀུན་ཁྲི་བསྡུན་པའི་ཚོགས་ཐམས་ཅད་ཆར་བཅད་དེ། རྒྱལ་པོ་དེའི་སྲས་ཐའི་ཅི་ཁ་ལྷག་ལོ་དགུང་ལོ་བརྒྱད་ལོན་པ་དེ་ཟིའི་རིང་ཡི་བྲང་དུ་ཞུགས་ནས་རྒྱལ་སར་བཞུགས་པའི་མཚན་ནི་ཧྲུ་གེའུ་ཀ་ལེག་སེན་ཧྲང་དི་ཨེ་ཡེ་ཐེར་ཛ་སག་ཆི་ཤུན་ཏི་རྒྱལ་པོ་ཞེས་ཡོངས་སུ་གྲགས་ཤིང་སྐྱེ་འགྲོ་མཐའ་དག་མི་འཇིགས་པ་སྐྱབས་ཀྱི་སྐྱོང་པས་འཚོངས་པར་མཛད། མཉམ་མེད་རི་བོ་དགེ་ལྡན་པ་དང་མཆོད་ཡོན་དུ་འབྲེལ། །

ཐུགས་གསུམ་གྱིས་གཙོ་བྱས་པའི་རིག་བྱེད་སྣ་ཚོགས་པ་བྱེད་དུ་བཙུག །ལོ་བཅོ་བརྒྱད་ཀྱི་རིང་ལ་རྒྱལ་སྲིད་བསྐྱངས་ནས་དགུང་ལོ་ཉེར་བཞི་ལ་ལྷའི་ཡུལ་དུ་གཤེགས་སོ། །ནི་ཙུ་ཧྭང་དྲི་འདི་ཡི་སྲས་ཞིང་ཙུ་ཀྲ་རུ་ཞི་ཡེལ་ཐུ་ཧྭང་དྲི་བའི་སྲིད་རྒྱལ་པོ་ཤིང་དའི་ལོ་བ་དགུང་ལོ་དགུའི་ཚེ་ཕྱག་ལོ་ནས་བཟུང་རྒྱལ་སར་ལོ་ཉི་གཅིག་ལ་བཞུགས་ཤིང་གནས་འོག་པ་ཡོངས་ལ་བདའ་བསྐྱུར་ཞིང་། ཤིས་རབ་ཀྱི་པ་རོལ་ཏུ་ཕྱིན་པ་བརྒྱད་སྟོང་པ་སེར་ཧུའི་སྐད་དུ་བསྒྱུར་བ་སོགས་བསྟན་པའི་བྱ་བ་རྒྱ་ཆེན་པོ་མཛད། དེའི་སྲས་བཅུ་བཞི་པ་ཉི་ཙུང་ཡུང་ཏེང་ནའི་རལ་ཕྱུ་ཐུབ་རྒྱལ་པོ་ཆུ་ཡོས་ནས་ལོ་བཅུ་གསུམ་རྒྱལ་སར་བཞུགས་པ་ལུགས་རྒྱ་ཆོས་བཞིན་དུ་བསྐྱངས་སོ། །དེ་རྗེས་ཡུང་ཏེང་རྒྱལ་པོའི་སྲས་གནས་བསྐོས་ལྷ་ས་སྐྱོང་ཐའི་ཧྭང་དྲི་ཁྲན་ལུང་ཞུགས་ཡོས་ལོང་དགུང་ལོ་ཉེར་དྲུག་གི་སེ་འབྲུག་ལོར་རྒྱལ་སར་བཞུགས་ནས་བསྟན་སྲིད་གཉིས་ཀ་ཆོས་བཞིན་དུ་སྐྱོང་བའི་སྒོ་ནས་གནམ་ལོ་དྲུག་ཅུའི་རིང་ལ་ལུས་ཅན་རིམ་སུ་པ་མཆིས་པ་ཐམས་ཅན་རྫོགས་ལྡན་གཉིས་པའི་དཔལ་འབྱོར་ལ་བཀོད་དོ། །དེ་ནས་རྒྱལ་པོ་ཐའི་ཧྭང་དྲིའི་སྲས་མའི་ཞི་ཡལ་ཐའི་ཡི་རུ་གེལ་ཐུ་ཛྙ་རིང་རྒྱལ་པོ་ཞུགས་འབྲུག་ལོ་བ་དགུང་ལོ་སོ་བདུན་གྱི་སེ་འབྲུག་ལོར་གནས་གྱིས་བསྐོས་ཏེ། གནས་འོག་པ་ཡོངས་ལ་བསོད་ནམས་དང་སྟོབས་ཀྱིས་འཁོར་ལོས་བསྒྱུར་བ་ཆེན་པོའི་དབང་ཕྱུག་ལ་མངའ་བརྙེས་ནས་བསྟན་སྲིད་གཉིས་ཀ་ཆོས་བཞིན་དུ་སྐྱོང་བར་མཛད་བཞིན་པ་འདི་སྐྱེ་འགྲོ་ཡོངས་ལ་ཤིན་ཏུ་སྐྱིད་ཅེ་བ་ལགས་སོ། །

ཆེར་སྨིགས་དུས་འདིར་ས་སྐྱོང་བཅུ་གཉིས་ཀྱིས།
སྐྱེ་རྒྱུའི་ཕན་བདེ་འཛོམས་ལ་མངོན་ཕྱོགས་ཀྱེ།
ཕྱུབ་པའི་བང་ཆེན་གསང་འཛོད་བདག་པོ་དེ།

མི་རྗེའི་ཚུལ་དུ་བྱོན་པ་ཨོ་ཏོ་མད།

ཐོད་རྗེ་སྲོང་བཙན་རྣམ་ཐར་རྗེ་བཞིན་དང་།
སྒྱུ་མའི་སེང་གེས་སྒྱུ་མའི་གླང་འཇོམས་བཞིན།
བརླང་ཕྲོར་སྤྱོད་རྣམས་བཙོས་ཚོ་ཧོར་ཡུལ་འདིར།
རྒྱལ་བསྟན་དར་ཞིང་རྒྱས་པའི་དཔྱིད་དུ་གྱུར།

སྤྱི་ཡི་སྤྱོད་པ་རྩུབ་མོར་བསྟན་ཀྱང་ཉམ་ཐག་འགྲོ་ལ་བརྩེ་བས་དམ་དུ་འཁྱུད།
ཁྲིམས་ཀྱི་ཆ་ལུགས་བརྩུང་སྲང་རྒྱལ་བསྟན་སྲིད་པའི་ལྷག་བསམ་འོ་མའི་རྒྱ་མཚོ་རྫོལ།
ས་ཡི་ཚངས་པ་ཡབ་སྲས་བརྒྱུད་པར་བཅས་པའི་ངོ་མཚར་མཛད་བཟང་སྐུ་དྲིན་གཟུགས།
དང་པའི་ཡིད་མཆོར་ཤར་ཚེ་ལག་པའི་འདབ་བརྒྱ་སྙིང་གར་མི་རྣམ་དཀྲོད་ལྷར་སྨྲ།

ཞེས་བྱ་བ་ནི་བར་སྐབས་ཀྱི་ཚིགས་སུ་བཅད་པའོ།། ||

གཉིས་པ་རྒྱལ་བའི་བསྟན་པ་བསྟན་འཛིན་དང་བཅས་པ་ཆེན་པོ་ཧོར་གྱི་ཡུལ་དུ་ཇི་ལྟར་བྱུང་ཚུལ་དངོས་བཤད་པ་ལ་གཉིས། རྒྱལ་བའི་བསྟན་པ་རིན་པོ་ཆེ་ཇི་ལྟར་བྱུང་ཚུལ་སྤྱིར་བཤད་པ་དང་། ཁྱད་པར་དུ་འཇམ་མགོན་རྒྱལ་བ་གཉིས་པ་བཙོང་ཁ་པ་ཆེན་པོའི་བསྟན་པ་རིན་པོ་ཆེ་ཇི་ལྟར་བྱུང་ཚུལ་བཤད་པའོ།། དང་པོ་ནི། དེ་ཡང་སྤྱིར་དུས་གསུམ་ཕྱོགས་བཅུའི་སངས་རྒྱས་ཐམས་ཅད་ནི་བདེ་བ་ཆེན་པོ་ཆོས་ཀྱི་སྐུ་ལས་མ་གཡོས་པ་བཞིན་དུ་ནམ་མཁའ་ཁྱབ་པའི་ལུས་ཅན་མཐའ་དག་ལ་ལྷག་པར་རྗེས་སུ་བརྩེ་བའི་ཐུགས་རྗེ་ཆེན་པོའི་གཏན

དབང་དུ་བྱས་པས། དངོས་དང་བརྒྱུད་པ་ཅི་རིགས་ཀྱི་སྨོན་ནས་སྨྲས་པ་ཕར་ཡས་བས་འཁོར་བ་ཇི་སྲིད་བར་དུ་སེམས་ཅན་གྱི་དོན་རླབས་པོ་ཆེ་མཛད་ཅིང་། རྟག་པར་མི་མཇེད་འཇིག་རྟེན་གྱི་ཁམས་ཀྱི་བསྐལ་པ་བཟང་པོ་འདི་ལ་གྲགས་ཆེན་གྱི་སངས་རྒྱས་སྟོང་འབྱོན་པའི་བཞི་པ་རྣམ་འདྲེན་ཏོག་ཏུ་གྱུར་པ་མཉམ་མེད་ཤཱཀྱ་ཐུབ་པ་དེ་ཉིད། དཔལ་མགོན་འཕགས་པ་ཀླུ་སྒྲུབ་ཀྱིས།

དང་པོར་བྱང་ཆུབ་མཆོག་ཏུ་ཐུགས་བསྐྱེད་དེ།
བསྐལ་པ་གྲངས་མེད་གསུམ་དུ་ཚོགས་བསགས་ཤིང་།
བར་དུ་གཅོད་པའི་བདུད་བཞི་འཇོམས་མཛད་པ།
བཅོམ་ལྡན་ཤཱཀྱ་སེང་གེ་དེ་ལ་གུས་ཕྱག་འཚལ།

ཞེས་གསུངས་པ་ལྟར། ཐོག་མར་བྱང་ཆུབ་མཆོག་ཏུ་སེམས་བསྐྱེད་ཅིང་། བར་དུ་བསྐལ་ཆེན་གྲངས་མེད་གསུམ་དུ་ཚོགས་བསགས་ཏེ། མཐར་སྐུ་བཞིའི་གོ་འཕང་མངོན་པར་རྫོགས་པར་སངས་རྒྱས་ནས་སེམས་ཅན་དཔག་ཏུ་མེད་པའི་དོན་མཛད་པ་ཡིན་ལ། དེ་ཡང་ཐོག་མར་བྱང་ཆུབ་མཆོག་ཏུ་སེམས་བསྐྱེད་ཚུལ་ནི། སྔོན་བྱུང་བ་འདས་པའི་དུས་བསྐལ་པ་གྲངས་མེད་པ་གངྒཱའི་ཀླུང་གཅིག་གི་བྱེ་མ་སྙེད་འདས་པའི་དུས་དེར་བདག་ཅག་གི་སྟོན་པ་དེ་ཉིད་བྲམ་ཟེ་རྒྱ་མཚོའི་རྡུལ་ཞེས་བྱ་བར་གྱུར་བའི་ཚེ་སངས་རྒྱས་རིན་ཆེན་སྙིང་པོའི་མདུན་དུ། ཞིང་མ་དག་པ་མི་མཇེད་ཀྱི་ཞིང་། སེམས་ཅན་རྣམས་རྟུངས་པ་མི་དགེ་བཅུ་རྫོངས་པར་སྤྱོད་པ་དང་། མཚམས་མེད་པ་ལྔ་བྱེད་པ། ཤིན་ཏུ་གདུལ་དཀའ་བ་རྣམས་ལ་ཐུགས་རྗེས་ལྷག་པར་གཟིགས་ནས། སྨོན་ལམ་ཆེན་པོ་ལྔ་བརྒྱ་བཏབ་སྟེ་ཐུགས་བསྐྱེད་དོ། །བར་དུ་བསྐལ་ཆེན་གྲངས་མེད་གསུམ་དུ་ཚོགས་བསགས་ཚུལ་ནི། བྱང་སེམས་ཚོགས་ལམ་དང་སྦྱོར་ལམ་གྱི་གནས་སྐབས

སུ་གྲངས་མེད་དང་པོའི་ཚོགས་རྫོགས། ས་དང་པོ་ནས་ས་བདུན་པའི་བར་དུ་གྲངས་མེད་གཉིས་པའི་ཚོགས་རྫོགས། ས་བརྒྱད་པ་དགུ་པ་བཅུ་པ་གསུམ་གྱི་རིང་ལ་གྲངས་མེད་གསུམ་གྱི་ཚོགས་རྫོགས་པའོ། །དེ་ཡང་མཚོན་ན་བདག་ཅག་གི་སྟོན་པ་དེ་ཉིད་ཀྱིས། སྔོན་སློབ་པ་ལམ་གྱི་གནས་སྐབས་སུ་རྒྱལ་པོའི་པོ་བྲང་རྡོ་བཟངས་ཞེས་བྱ་བར་གླིང་གཅིག་གི་འཁོར་ལོས་བསྒྱུར་བ། ཆོས་དང་ལྡན་པའི་ཆོས་ཀྱི་རྒྱལ་པོ། རང་གི་ལུས་ལས་འོད་བྱུང་བའི་རྒྱལ་པོ་ཟླ་འོད་ཅེས་པར་གྲགས་པའི་ཚེ། འཛམ་བུ་གླིང་གི་སྐྱེ་རྒུ་ཐམས་ཅད་ཆོས་བཞིན་དུ་སྤྱོད་པར་མཛད་པ་ལ། རི་སྲུམ་ཀྱི་ངང་ལྡན་ན་གནས་པའི་བྲམ་ཟེ་དྲག་པོའི་མིག་ཅེས་བྱ་བས། རྒྱལ་པོའི་ཡན་ལག་གི་མཆོག་དབུ་བསླངས་པ་ལ་སྦྱིན་པའི་ཕྱིར་ བྲམ་ཟེ་དེ་ཁྲིད་ ནས་འོང་བ་ རིན་པོ་ཆེའི་ སྙིང་པོའི་སྐྱེད་མོས་ཚལ་ དེའི་དབུས་སུ་ཙམ་པ་ཀའི་ཤིང་ཡོད་པ་དེར་སོང་བས། ཚལ་དེའི་ལྷ་མོས་བྲམ་ཟེ་སྡིག་ཅན་ཁྱོད་ཉེས་པ་མེད་པ་འདིའི་ཀ་པོ་ཊེ་ལྟར་གཅོད་པར་བྱེད། ཅེས་པ་ལ་རྒྱལ་པོས་ལྷ་མོ་དེ་བཀྲོག་སྟེ། ལྷ་མོ་ངས་སྔོན་ཚལ་འདི་ཉིད་དུ་མགོ་སྟོང་སྟེང་གཏོང་བར་བྱས། ཅེས་སོགས་གསུངས་པ་དང་། འཕགས་པ་ཀླུས་པས་ཞུས་པར། སྟོན་པས་སྔོན་སེམས་ཅན་རྣམས་ལ་ཕྲག་དང་ཁང་བྱིན་པའང་རྒྱ་མཚོ་ཆེན་པོ་བཞི་ལས་ཆེས་ལྷག་པ་དང་། མིག་བྱིན་པ་དེ་རི་རབ་ཀྱི་ཚད་ལས་ཆེས་ལྷག་པར་གསུངས་ཤིང་། འཕགས་པ་གང་པོས་ཞུས་པ་ལས་ཀྱང་། སྔོ་ཏུ་དཀའ་ཡངས་གལ་དེ་བསྐལ་པ་གཅིག་གམ། བསྐལ་པ་ལས་ལྷག་པར་སྦྱིན་བྱང་ཆུབ་སེམས་དཔའི་སྤྱད་པ་སྤྱོད་པའི་ཚེ། སེམས་ཅན་བཀྲེས་ཤིང་སྐོམ་པ་རྣམས་ལ་རང་གི་ཤ་དང་ཁྲག་གིས་ཚིམ་པར་བྱས་པ་དག་བསྡོམས་ན་ཡང་མཐར་ཕྱག་པར་མི་འགྱུར་རོ། །ཞེས་གསུངས་པས་མཆོད་པའི་ཞིང་དུ་དཔག་པར

དཀར་བའི་པ་ཊོ་ལ་དུ་ཀྱིན་པ་ཏྲུག་གིས་བསྐུམ་པའི་ཚོགས་གཉིས་རྒྱ་བས་པོ་ཆེ་བསམ་གྱིས་མི་ཁྱབ་པ་བསགས་པའོ། །མཐར་སྐུ་བཞིའི་ངོ་བོར་མངོན་པར་རྫོགས་པར་སངས་རྒྱས་ཚུལ་ཡང་། འཕགས་པ་ལང་ཀར་གཤེགས་པའི་མདོ་ལས།

> རིན་ཆེན་སྣ་ཚོགས་མཛེས་པ་ཡི། འོག་མིན་གནས་ནི་ཉམས་དགའ་བར།
> གཙང་མའི་གནས་ཀྱི་སྟེང་བཞུགས་ནས། ཡང་དག་སངས་རྒྱས་དེར་སངས་རྒྱས།

སྤྲུལ་པ་པོ་ནི་འདིར་འཚང་རྒྱ།

ཞེས་གསུངས་པ་ལྟར་གཙང་མའི་གནས་ཀྱི་འོག་མིན་གྱི་གོང་ན་ཡོད་པའི་འོག་མིན་སྟུག་པོ་བཀོད་པར་རང་དོན་མཐར་ཕྱུག་གི་སྐུ་ངོ་བོ་ཉིད་སྐུ་དང་། ཡེ་ཤེས་ཆོས་སྐུ་གཉིས་དང་། གཞན་དོན་མཐར་ཕྱུག་གི་ལོངས་སྤྱོད་རྫོགས་པའི་སྐུ་དང་། སྤྲུལ་པའི་སྐུ་སྟེ་སྐུ་བཞིའི་ངོ་བོར་སངས་རྒྱས་སོ། །དེ་ལ་དང་པོ་ངོ་བོ་ཉིད་སྐུ་ལ་གཉིས་ལས། རང་བཞིན་རྣམ་དག་གི་ཆ་ནས་བཞག་པའི་ངོ་བོ་ཉིད་སྐུ་ལ་རྣམ་མཁྱེན་བདེན་སྟོང་སོགས་འཇོག །གློ་བུར་རྣམ་དག་གི་ཆ་ནས་བཞག་པའི་ངོ་བོ་ཉིད་སྐུ་ལ་སྒྲིབ་གཉིས་སྤངས་པའི་སྤངས་བ་འཇོག་གོ །གཉིས་པ་ཡེ་ཤེས་ཆོས་སྐུ་ལ་ཆོས་ཐམས་ཅད་མངོན་སུམ་དུ་རྟོགས་པའི་མཐར་ཕྱུག་གི་མཁྱེན་པ་ཐམས་ཅད་འཇོག་གོ །གསུམ་པ་གཞན་དོན་གྱི་སྐུའི་གཙོ་བོ་ལོངས་སྐུ་དེ་ནི་ངེས་པ་ལྔ་དང་ལྡན་ཏེ། གནས་ངེས་པ་འོག་མིན་པོ་ནར་བཞུགས་པ། ཆོས་ངེས་པ་ཐེག་པ་ཆེན་པོའི་ཆོས་འབའ་ཞིག་གསུང་བ། འཁོར་ངེས་པ་བྱང་སེམས་འཕགས་པ་ཤ་སྟག་གིས་བསྐོར་བ། སྐུ་ངེས་པ་མཚན་དང་དཔེ་བྱད་ཀྱིས་བརྒྱན་པ། དུས་ངེས་པ་ཇི་སྲིད་འཁོར་བ་མ་སྟོངས་ཀྱི་བར་དུ་བཞུགས་ལས

འདའ་ཚུལ་མི་སྟོན་པའོ། །བཞི་པ་སྤྲུལ་པའི་སྐུ་ལ་གསུམ་ལས། དང་པོ་མཆོག་གི་སྤྲུལ་པའི་སྐུ་ནི་རྗེ་བཙུན་བྱམས་པ་མགོན་པོས།

ཐུགས་རྗེ་ཆེན་པོས་འཇིག་རྟེན་མཁྱེན། འཇིག་རྟེན་ཀུན་ལ་གཟིགས་ནས་ནི།
ཆོས་ཀྱི་སྐུ་ལས་མ་གཡོས་པར། སྤྲུལ་པའི་རང་བཞིན་སྣ་ཚོགས་ཀྱིས།
སྐྱེ་བ་མཆོད་པར་སྐྱེ་བ་དང་། དགའ་ལྡན་ནས་ནི་འཕོ་བ་དང་།
ལྷུམས་སུ་འཇུག་དང་བལྟམས་པ་དང་། བཟོ་ཡི་གནས་ལ་མཁས་པ་དང་།
བཙུན་མོའི་འཁོར་དགྱེས་རོལ་པ་དང་། ངེས་འབྱུང་དཀའ་བ་སྤྱོད་པ་དང་།
བྱང་ཆུབ་སྙིང་པོར་གཤེགས་པ་དང་། བདུད་སྡེ་འཇོམས་དང་རྫོགས་པར་ནི།
བྱང་ཆུབ་ཆོས་ཀྱི་འཁོར་ལོ་དང་། མྱ་ངན་འདས་པར་གཤེགས་མཛད་རྣམས།
ཡོངས་སུ་མ་དག་ཞིང་རྣམས་སུ། སྲིད་པ་ཇི་སྲིད་གནས་པར་སྟོན།

ཞེས་གསུངས་པ་ལྟར་མཆོག་གི་སྤྲུལ་པའི་སྐུས་ སོའི་ཡུལ་དུ་མཛད་པ་བཅུ་གཉིས་ཀྱི་ཚུལ་སྟོན་ཏེ། དེ་ལ་རྒྱལ་བ་ཤཱཀྱ་ཐུབ་པའི་སངས་རྒྱས་ཀྱི་ཞིང་ཡི་མཛེད་ཀྱི་འཇིག་རྟེན་གྱི་ཁམས་འདི་ལ་གླིང་བཞི་པའི་འཇིག་རྟེན་གྱི་ཁམས་བྱེ་བ་ཕྲག་བརྒྱ་ཡོད་པའི་འཛམ་བུའི་གླིང་བྱེ་བ་ཕྲག་བརྒྱར་ རྒྱལ་བ་ཤཱཀྱ་ཐུབ་པའི་མཛད་པ་བཅུ་གཉིས་ཀྱི་ཚུལ་བྱེ་བ་ཕྲག་ བརྒྱ་ཅིག་ ཅར་དུ་སྟོན་ཏོ། །དེ་ཡང་དགའ་ལྡན་གྱི་གནས་ནས་འཕོ་བ་བྱེ་བ་ཕྲག་བརྒྱ་ཅིག་ཅར་དུ་སྟོན་ཏེ། དེ་བཞིན་དུ་ཡབ་རྒྱལ་པོ་ཟས་གཙང་མ་བྱེ་བ་ཕྲག་བརྒྱ་དང་ཡུམ་སྒྱུ་མ་ལྷ་མཛེས་ བྱེ་བ་ཕྲག་བརྒྱའི་ལྷུམས་སུ་ཞུགས་པ་དང་། སྐུ་བལྟམས་པ་དང་། གཞོན་ནུ་རོལ་རྩེད་མཛད་པ་དང་། བཙུན་མོའི་འཁོར་གྱིས་རོལ་བ་དང་། ངེས་པར་འབྱུང་བ་དང་། དཀའ་བ་སྤྱོད་པ་དང་། བྱང་ཆུབ་ཀྱི་ཤིང་དྲུང་དུ་གཤེགས་པ་དང་། བདུད་འདུལ་བ་དང་། མངོན་པར་རྫོགས་པར་སངས་རྒྱས་པ་དང་། ཆོས་ཀྱི་

འཁོར་ལོ་བསྐོར་བ་དང་། མྱ་ངན་འདས་པའི་ཚུལ་བྱེ་བ་ཕྲག་བརྒྱ་ཅིག་ཅན་ན་སྟོན་ཏེ། ཞིང་འདིར་མྱ་ངན་ལས་འདའ་བའི་ཚུལ་བྱེ་བ་ཕྲག་བརྒྱ་སྟོན་པ་ན། ཞིང་གཞན་དུ། ལ་ལར་ལྷུ་བསྙམས་པ་དང་། ལ་ལར་འཚང་རྒྱ་བ་དང་། ལ་ལར་ཆོས་ཀྱི་འཁོར་ལོ་བསྐོར་བ་ལ་སོགས་པའི་ཚུལ་བྱེ་བ་ཕྲག་བརྒྱ་ཅིག་ཅན་ན་སྟོན་ཏེ། དེ་བཞིན་དུ་འཁོར་བས་སྟོངས་ཀྱི་བར་དུ་སྟོན་ཏོ། །གཉིས་པ་གཙོ་བ་སྤྲུལ་སྐུ་ལ་བཀོད་པའི་ཡུལ་རྣམ་པ་སྣ་ཚོགས་ལ་མཁས་པའི་ཡི་ཤཱཀྱ་སྨར་སྤྲུལ་པ་ལྟ་བུ་འཇོག །གསུམ་པ་སྐྱེ་བ་སྤྲུལ་སྐུ་ལ། རྒྱལ་རྗེད་དང་། བྲམ་ཟེ་དང་། ཁྱིམ་བདག་དང་། བྱ་དང་རི་དྭགས་སོགས་དང་། རིན་པོ་ཆེ་དང་། དཔག་བསམ་གྱི་ཤིང་ལ་སོགས་པ་སྣོད་བཅུད་སྣ་ཚོགས་ཀྱི་རྣམ་པར་སྤྲུལ་པའི་སྐུ་རྣམས་འཇོག །དེ་ལྟར་སྟོན་པ་ཐུགས་རྗེ་ཅན་དེ་ཉིད་ཀྱི་ཕྱོགས་སུ་བར་དང་ཐ་མའི་མཛད་པ་ཐམས་ཅད་ཀྱང་གཞན་དོན་ཁོ་ན་ཡིན་པས། དོན་གཉིས་དོན་ཇི་ལྟར་མཛད་ཅེ་ན། ཇི་སྐད་དུ།

ཐུབ་རྣམས་སྡིག་པ་ཆུ་ཡིས་མི་འཁྲུ་ཞིང་།
འགྲོ་བའི་སྡུག་བསྔལ་ཕྱག་གིས་མི་སེལ་ལ།
ཉིད་ཀྱི་རྟོགས་པ་གཞན་ལ་སྤོ་མིན་ཏེ།
ཆོས་ཉིད་བདེན་པ་བསྟན་པས་གྲོལ་བར་མཛད།

ཅེས་གསུངས་པ་ལྟར་དམ་པའི་ཆོས་གསུངས་པའི་སྒོ་ནས་གཞན་དོན་མཛད་དོ།། དེ་ཡང་སྟོན་པ་སངས་རྒྱས་ཀྱི་སྐུ་མཚན་སུམ་ཅུ་རྩ་གཉིས་དང་དཔེ་བྱད་བཟང་པོ་བརྒྱད་ཅུས་སྤྲས་ཤིང་། གསུང་ཡན་ལག་དྲུག་ཅུ་དང་ལྡན་པ་གསུང་དབྱངས་གཅིག་གིས་ཀྱང་སེམས་ཅན་རང་རང་གི་སྐད་དུ་ཆོས་སྟོན་པར་ནུས། ཐུགས་ཤེས་བྱ་ཐམས་ཅད་མངོན་སུམ་དུ་གཟིགས་ཤིང་། སེམས་ཅན་ཐམས་ཅད

ཅན་ལ་ཉེ་རིང་མེད་པར་ཐུགས་རྗེ་ཆེན་པོ་སྒོམས་པར་འཇུག་པ། འཕྲིན་ལས་ནི། མདོ་ལས།

རྒྱ་མཚོ་ཆུ་སྲིན་གནས་ཀྱི་གནས། དུས་རླབས་ཡོལ་བར་འགྱུར་ཡང་སྲིད།
གདུལ་བར་བྱ་བའི་སྲས་རྣམས་ལ། སངས་རྒྱས་དུས་ལས་ཡོལ་བ་མེད།

ཅེས་གསུངས་པ་ལྟར། གདུལ་བྱ་འདུལ་བའི་དུས་ལས་སྐད་ཅིག་ཀྱང་མ་གཡེལ་བར་འབད་མེད་ལྷུན་གྲུབ་ཏུ་འཇུག་ཅིག་འཁོར་བ་ཇི་སྲིད་བར་དུ་གཞན་དོན་མཛད་པའི་ཡོན་ཏན་བསམ་གྱིས་མི་ཁྱབ་པ་དང་ལྡན་པས་ན། སྟོན་པ་ཐུགས་རྗེ་ཅན་དེ་ཉིད་ཀྱིས་ཉམ་ཐག་པའི་སེམས་ཅན་ཐམས་ཅད་མ་རིག་པའི་ལིང་ཏོག་གིས་ནི་གཡོགས། བདག་ལྟའི་མདུད་པས་ནི་ཅིངས། ང་རྒྱལ་གྱི་རི་བོས་ནི་ནོན། འདོད་ཆགས་ཀྱི་མེས་ནི་གདུངས། ཞེ་སྡང་གི་མཚོན་གྱིས་ནི་རྨས། འཁོར་བའི་དགོན་པར་ནི་ཞུགས། སྐྱེ་རྒ་ན་འཆི་བའི་ཆུ་བོ་ལས་མ་བརྒལ་བ་དེ་སྡུག་བསྔལ་བར་གཟིགས་ནས། དེ་དག་ལས་ཐར་པར་བྱ་བའི་ཕྱིར་དུ། རྫུ་འཕྲུལ་གྱི་ཆོ་འཕྲུལ་གྱིས་སེམས་ཅན་རྣམས་ལ་འདུན་པ་བསྐྱེད་པར་མཛད་དེ། ཐུགས་ཀུན་དུ་བརྗོད་པའི་ཆོ་འཕྲུལ་གྱིས་གྲངས་ལས་འདས་པའི་གདུལ་བྱ་སོ་སོའི་ཁམས་དང་བསམ་པ་སོགས་ཇི་ལྟ་བ་བཞིན་དུ་མངོན་སུམ་དུ་གཟིགས་པའི་བླ་ན་མེད་པ་རྣམ་པ་ཐམས་ཅད་མཁྱེན་པའི་ཡེ་ཤེས་ཀྱིས་བདག་ཉིད་བྱས་ནས། རྗེས་སུ་བསྟན་པའི་ཆོ་འཕྲུལ་གྱིས་སེམས་ཅན་རྣམས་ཀྱི་ཉོན་མོངས་པ་བརྒྱད་ཁྲི་བཞི་སྟོང་གི་གཉེན་པོར་ཆོས་ཀྱི་ཕུང་པོ་བརྒྱད་ཁྲི་བཞི་སྟོང་གསུངས་ནས། ཉན་ཐོས་ཀྱི་རིགས་ཅན། རང་རྒྱལ་གྱི་རིགས་ཅན། ཐེག་ཆེན་གྱི་རིགས་ཅན་དེ་རིགས་ཅན་གསུམ་གྱིས་གཙོ་བྱས་པས་གྲངས་མེད་པའི་གདུལ་བྱ་རྣམས་ཀྱི་རྒྱུད་ལ་དགེ་བའི་རྩ་བ་མ་སྨིན་པ་རྣམས་བསྨིན་པར་མཛད། སྨིན་པ་རྣམས

སྨིན་པར་མཛད། སྨིན་པ་རྣམས་གྲོལ་བར་མཛད། གྲོལ་བ་རྣམས་ཕ་ཐར་ཕྱིན་པར་མཛད་པའི་སྔོན་ནས་སྐལ་པ་དང་ལྡན་པ་རྣམས་ཀྱི་འཕྲལ་དང་ཕུགས་ཀྱི་རེ་བ་མཐའ་དག་སྐོང་བར་མཛད་དེ། སྐལ་མེད་ཀྱི་གདུལ་བྱ་འགའ་ཞིག་གི་སྣང་ངོར་མྱ་ངན་ལས་འདས་པའི་ཚུལ་བསྟན་ཀྱང་། དོན་དངོས་གནས་ལ་མྱ་ངན་ལས་འདས་མེད་དེ། གསེར་འོད་ལས།

སངས་རྒྱས་མྱ་ངན་ཡོངས་མི་འདའ། ཆོས་ཀྱང་ནུབ་པར་མི་འགྱུར་རོ།
སེམས་ཅན་རྣམས་ནི་འདུལ་བའི་ཕྱིར། མྱ་ངན་འདའ་བ་སྟོན་པར་མཛད།

ཅེས་གསུངས་པའི་ཕྱིར་རོ། །དེ་ལྟར་ན་སྤྱིར་ཆོས་ཞེས་བྱ་བའི་སྒྲ་ནི་དོན་བཅུ་ལ་འཇུག་སྟེ། ཀུན་མཁྱེན་གཉིས་པ་དབྱིག་གཉེན་གྱི་ཞལ་ནས།

ཆོས་ནི་ཤེས་བྱ་ལམ་དང་ནི། མྱ་ངན་འདས་དང་ཡིད་ཀྱི་ཡུལ།
བསོད་ནམས་ཚེ་དང་གསུང་རབ་དང་། འབྱུང་འགྱུར་ངེས་དང་ཆོས་ལུགས་ལའོ།

ཞེས་འབྱུང་བ་ལྟར་ལ། དེ་ཡང་མདོ་ལས། ཆོས་རྣམས་ཐམས་ཅད་དེ་འདྲར་ཤེས་པར་གྱིས། ཞེས་པ་ཤེས་བྱ་དང་། ཡང་དག་པའི་ལྟ་བ་ནི་ཆོས་ཡིན་ནོ། ཞེས་པ་ལམ་དང་། ཆོས་ལ་སྐྱབས་སུ་སོང་བ་ཞེས་པ་མྱང་འདས་དང་། ཆོས་ཀྱི་སྐྱེ་མཆེད་ཅེས་པ་ཡིད་ཡུལ་དང་། བཙུན་མོའི་འཁོར་དང་གཉེན་དུ་རྣམས་དང་ལྷན་ཅིག་ཆོས་སྤྱོད་ཅེས་པ་བསོད་ནམས་དང་། ཁྱིམ་པ་ནི་མཐོང་བའི་ཆོས་གཅིག་པར་འདོད་ཅེས་པ་ཚེ་དང་། ཆོས་ཞེས་པ་ནི་འདི་ལྟ་སྟེ། མདོའི་སྡེ་དང་། དབྱངས་ཀྱིས་བསྙད་པའི་སྡེ་དང་ཞེས་པ་གསུང་རབ་དང་། ལུས་འདི་ཞིག་པའི་ཆོས་ཡིན་ནོ་ཞེས་པ་འབྱུང་འགྱུར་དང་། དགེ་སློང་གི་ཆོས་ཞེས་པ་ངེས་པ་དང་། ཡུལ་ཆོས་དང་རིགས་ཆོས་ཞེས་པ་ཆོས་ལུགས་ཏེ་བཅུ་ལ་

འཇུག་པའོ། །དེ་ལྟར་དོན་བཅུ་ལ་འཇུག་པ་ལས་སྐབས་འདིར་ནི་ཆོས་ནི། རྗེ་བཙུན་བྱམས་པ་མགོན་པོས།

སྡུག་བསྔལ་དག་ནི་ཐམས་ཅད་དང་། སྒྲིབ་ཀུན་སེལ་བྱེད་དམ་པའི་ཆོས།

ཞེས་གསུངས་པ་ལྟར། གང་དེ་ལ་ཚུལ་བཞིན་དུ་གནས་པའི་ལུས་ཅན་རྣམས་ཀྱི་སྡུག་བསྔལ་དང་སྒྲིབ་པ་ཐམས་ཅད་ཟད་པར་བྱ་བའི་ཐབས་སུ་གྱུར་པའི་དམ་པའི་ཆོས་ཡིན་ལ། དེ་ཡང་ཤེས་བྱ་ཞེས་པས་བསྟན་པའི་བརྗོད་བྱ་གཞིའི་ཆོས་ཀུན་རྫོབ་བདེན་པ་དང་དོན་དམ་བདེན་པ་གཉིས། ལམ་ཞེས་པས་བསྟན་པའི་ལམ་གྱི་ཆོས་ཐབས་ཤེས་གཉིས། སྤངས་འདས་ཞེས་པས་བསྟན་པའི་འབྲས་བུའི་ཆོས་ཆོས་སྐུ་དང་གཟུགས་སྐུ་གཉིས་དང་། གསུང་རབ་ཅེས་པས་བསྟན་པའི་གཞི་ལམ་འབྲས་བུའི་ཆོས་དེ་དག་བརྗོད་བྱར་བྱས་ནས་བསྟན་པའི་བརྗོད་བྱེད་དྲང་དོན་དང་ངེས་དོན་གྱི་གསུང་རབ་རྣམས་སོ། །དེ་ཡང་མདོ་ལས། དམ་པའི་ཆོས་ནི་ཐོག་མར་དགེ་བ། བར་དུ་དགེ་བ། ཐ་མར་དགེ་བ། ཞེས་དང་། རྒྱུད་ཀྱི་རྒྱལ་པོ་མཚན་བརྗོད་ལས་ཀྱང་།

ཐོག་མར་བར་དང་མཐར་དགེ་བ།

ཞེས་གསུངས་པའི་དོན་ནི། རྗེ་བཙུན་བྱམས་པ་མགོན་པོས།

དད་དང་དགའ་དང་བློ་རྣམས་ཀྱི། རྒྱུ་ཕྱིར་ཆོས་འདི་དགེ་བ་ཡིན།

ཞེས་པས་བཀྲལ་ནས་གསུངས་ཏེ། དེ་ཡང་དམ་པའི་ཆོས་དེ་དང་པོར་ཐོས་པས་ས་ཤེས་པ་ཤེས་ནས་ཡུལ་ཁྱད་པར་ཅན་ལ་དད་པ་བསྐྱེད་པའི་རྒྱུར་འགྱུར་བའི་ཕྱིར་ཐོག་མར་དགེ་བ། ཐོས་པའི་དོན་དེ་རིགས་པའི་རྣམ་གྲངས་མང་པོས་ཚུལ་བཞིན་དུ་རབ་ཏུ་བརྟགས་ཏེ་བསམས་པས་དེ་དག་གི་དོན་རྟོགས་ནས་ཡིད་ལ་རབ་ཏུ་དགའ་བ་བསྐྱེད་པའི་རྒྱུར་འགྱུར་བའི་ཕྱིར་བར་དུ་དགེ་བ། བསམས་བྱུང་

གི་ཤེས་རབ་ཀྱིས་གནད་ལ་ཕབ་པའི་དོན་དེ་ཡིད་ལ་འདྲིས་པར་བྱས་ཏེ་བསྒོམས་པས་སྒྲ་ངས་དེ་ཁོ་ཉིད་མངོན་སུམ་དུ་རྟོགས་པའི་ཉམས་པར་མི་རྟོག་པའི་ཡེ་ཤེས་བསྐྱེད་པའི་རྒྱུར་འགྱུར་བའི་ཕྱིར་ཐ་མར་དགེ་བའོ། །དཔེ་པའི་ཆོས་མངས་རྒྱས་ཀྱི་བསྟན་པ་རེ་ལ་དབྱེ་ན། སློབ་དཔོན་དབྱིག་གཉེན་གྱིས།

སྟོན་པའི་དམ་ཆོས་རྣམ་གཉིས་ཏེ། ལུང་དང་རྟོགས་པའི་བདག་ཉིད་དོ། ཞེས་གསུངས་པ་ལྟར་ལུང་གི་བསྟན་པ་དང་། རྟོགས་པའི་བསྟན་པ་གཉིས་ཡོད། ལུང་གི་བསྟན་པ་ལ་མངས་རྒྱས་ཀྱིས་གསུངས་པའི་བཀའ་དང་། མཁས་གྲུབ་དམ་པ་རྣམས་ཀྱིས་བརྩམས་པའི་བསྟན་བཅོས་གཉིས་ཡོད། བཀའ་ལ་སྡེ་སྣོད་གསུམ་དང་། རྒྱུད་སྡེ་བཞི་ཡོད་ལ། སྡེ་སྣོད་གསུམ་ནི་འདུལ་བའི་སྡེ་སྣོད་དང་། མདོ་སྡེའི་སྡེ་སྣོད་དང་། མངོན་པའི་སྡེ་སྣོད་དོ། །རྒྱུད་སྡེ་བཞི་ནི། བྱ་བའི་རྒྱུད་དང་། སྤྱོད་པའི་རྒྱུད་དང་། རྣལ་འབྱོར་གྱི་རྒྱུད་དང་། རྣལ་འབྱོར་བླ་མེད་ཀྱི་རྒྱུད་དོ། །རྒྱ་བོད་ཀྱི་མཁས་གྲུབ་ཚད་ལྡན་རྣམས་ཀྱིས་བརྩམས་པའི་སྡེ་སྣོད་གསུམ་དང་རྒྱུད་སྡེ་བཞིའི་དགོངས་དོན་གསལ་བར་མཛད་པའི་བསྟན་བཅོས་ཤིན་ཏུ་མང་པོ་རྣམས་ཡོད་དོ། །བསྟན་བཅོས་ཞེས་པ་ནི་འཆོས་དང་སྐྱོབ་པའི་ཡོན་ཏན་གཉིས་དང་ལྡན་ཏེ། སློབ་དཔོན་དབྱིག་གཉེན་གྱིས།

ཉོན་མོངས་དགྲ་རྣམས་མ་ལུས་འཆོས་པ་དང་།
ངན་འགྲོའི་སྲིད་ལས་སྐྱོབ་པ་གང་ཡིན་པ།
འཆོས་སྐྱོབ་ཡོན་ཏན་ཕྱིར་ན་བསྟན་བཅོས་ཏེ།
གཉིས་པོ་འདི་དག་གཞན་གྱི་ལུགས་ལ་མེད།

ཅེས་གསུངས་པ་ལྟར་རྒྱའི་སྐབས་སུ་རང་ཉམས་སུ་བླང་བའི་སྐྱེ་བོའི་དག

གསུམ་དང་ཉེས་སྤྱོད་ལས་འཚོས་ཤིང་། འབྲས་བུ་ངན་སོང་འཁོར་བས་མཚོན་པའི་རྒྱུད་པ་མཐར་དག་ལས་སྐྱོབ་པས་ན་བསྟན་བཅོས་ཞེས་བྱ་བའོ། །དེས་ན་བཀའ་ཡང་བསྟན་བཅོས་སུ་ཤེས་པར་བྱའོ། །རྟོགས་པའི་བསྟན་པ་ལ་ནི། ཚུལ་ཁྲིམས་ཀྱི་བསླབ་པ་དང་། ཏིང་ངེ་འཛིན་གྱི་བསླབ་པ་དང་། ཤེས་རབ་ཀྱི་བསླབ་པ་སྟེ་རྣམ་པའི་བསླབ་པ་གསུམ་དང་། མཚན་བཅས་མཚན་མེད་ཀྱི་རྣལ་འབྱོར་དང་། བསྐྱེད་རིམ་དང་རྫོགས་རིམ་གྱི་རྣལ་འབྱོར་དང་། ས་བཅུ་དང་། ལམ་ལྔ་ལ་སོགས་པ་རྣམས་འཇོག་གོ །དེ་སྐད་ཡང་། ཟླའི་བུ་ཀློ་གྲོས་རབ་གཏོར་གྱིས་ཞུས་པའི་མདོ་ལས།

ཆོས་རྣམས་ཐམས་ཅད་བཀའ་དང་བསྟན་བཅོས་གཉིས་སུ་འདུ།
ལེགས་པར་གསུངས་དང་དེ་ཡི་དགོངས་འགྲེལ་བ།
དེ་ཡི་དབང་གིས་ཤཱཀྱའི་བསྟན་པ་ཡང་།
འཇིག་རྟེན་ཁམས་འདིར་ཡུན་རིང་གནས་པར་འགྱུར།

ཞེས་གསུངས་པ་ལྟར་རོ། །དེ་ལྟར་སྟོན་པ་སངས་རྒྱས་ཀྱི་དམ་པའི་ཆོས་ཀྱི་མཛོད་ལེགས་ཚོགས་ཐམས་ཅད་ཀྱི་འབྱུང་གནས་དེ་དག་ནི། འཕགས་པ་འོད་སྲུངས་ཆེན་པོ་སོགས་ཉན་ཐོས་ཆེན་པོ་རྣམས་དང་། རྗེ་བཙུན་བྱམས་པ་དང་། རྗེ་བཙུན་འཇམ་དཔལ་དང་། འཕགས་པ་ཀུན་དུ་བཟང་པོ་དང་། གསང་བའི་བདག་པོ་ལ་སོགས་པ་རྣམས་ཀྱིས་ལེགས་པར་བསྡུས་ཤིང་། དེ་དག་ལས་རིམ་པར་དཔལ་མགོན་འཕགས་པ་ཀླུ་སྒྲུབ་དང་། འཕགས་པ་ཐོགས་མེད་ལ་སོགས་པ་འཛམ་བུ་གླིང་གི་རྒྱན་དྲུག་མཆོག་གཉིས་སོགས་པཎྜི་ཏ་དང་གྲུབ་པ་ཐོབ་པའི་སྐྱེས་བུ་དམ་པ་གྲངས་མེད་པ་རྣམས་ཀྱིས་རྒྱ་གར་འཕགས་པའི་ཡུལ་དུ་ཆེས་ཆེར་རྒྱས་པར་མཛད་དོ། །དེ་ནས་སྟོན་པ་སངས་རྒྱས་མྱ་ངན་ལས་

འདས་པའི་ཚུལ་བསྟན་པའི་དུས་དེ་ནས་ལོ་ཉིས་སྟོང་བཅུ་གསུམ་ལོན་པའི་ཚེ། རྒྱ་ནག་གི་ཡུལ་དུ་ཆེན་པོ་ཧན་གྱི་མིང་ ཏི་རྒྱལ་པོའི་དུས་ སུ་ རྒྱ་གར་ ནས་འོད་སྲུངས་ཀྱི་རིགས་ལས་དགེ་བསློང་པ་མ་ཏྣྒ་དང་། པཎྜིཏ་ཧྲ་རན་ཞེས་བྱ་བ་གཉིས་བྱོན་པ་ལ་རྒྱལ་པོ་དེས་བསུ་བ་དང་བཀུར་སྟི་མཛད་དོ། །དེ་ལ་གཞུག་པར་གནས་པའི་བོན་པོ་དོ་ཙུ་མིའི་ རྣམས་ ཕྲག་དོག་ བྱས་ཏེ་ ལུགས་ སྨྲ་བ་མཐུན་པ་འདྲེན་དར་ཤི་རྟུང་ཉེས། རྒྱལ་པོ་ལ་རྒྱ་ མཚན་ མང་པོ་རྣམ་པ་ལ་ རྒྱལ་པོས། དོ་ར་གཉིས་ཀའི་ཆོས་ཀྱི་གླེགས་བམ་མེ་ལ་བསྲེགས་ནས་གང་མ་ཚིག་པ་དེ་མཆོད་གནས་སུ་བྱེད་པ་ཡིན་གསུངས་བཞིན་བྱས་པས། དོ་ཙུ་མིའི་ཆོས་རྣམས་ཚིག །སངས་རྒྱས་ཀྱི་ཆོས་མེའི་སྐྱོན་གྱིས་མ་གོས་པས། དོ་ཙུ་མིའི་གཙོ་བོ་མི་ལོའུ་དང་ཚུ་ཤར་ཤེར་གཉིས་མེ་ལ་འཆོར། པཎྜིཏ་ གཉིས་ ནས་མཁར་འཕགས་ནས་རྫུ་འཕྲུལ་ཡ་མ་རྒྱུང་ བསྟན་ པས། རྒྱལ་བློན་ འབངས་ དང་བཅས་པ་ཆོས་ལ་དད་པ་ཐོབ་སྟེ་རྒྱལ་པོས་འདི་སྐད་ཅེས།

ཟླ་སྐྱེས་སེང་གེར་གདོགས་ཤིན་སྒྲོན་མེ་དེ།
ཉི་ཟླ་བཞིན་དུ་གསལ་བར་མི་འགྱུར་དེ།
མཚོ་ཕྲན་རྒྱ་མཚོ་བཞིན་དུ་ཁྱབ་མི་ཆེ།
སྤུང་ཕྲ་རི་བོའི་བརྗིད་ལ་རི་ཕྲན་མིན།

ཆོས་སྤྲིན་སྐལ་ལྡན་འཛིག་རྟེན་ལ་ཁྱབ་ཅིང་།
ཆར་གཙང་འགྲོ་བའི་ས་བོན་ལ་ཆུགས་པའི།
སྤྱོད་མེད་བྱ་བད་ལྷ་མཆོད་སྨུག་མཐོང་།
ཚོགས་ཀུན་འགྲོ་བ་ཡང་པོའི་འདྲེན་བར་གྱུར།

ཚེས་པའི་ཚིགས་སུ་བཅད་པས་བསྡུགས་པ་བརྗོད་དོ། །དེ་རང་རྒྱུའི་མཁར་དེར་པོའི་ལ་ཕྱིས་གཙོ་བའི་ལྷ་ཁང་བདུན་དང་། བཙུན་མོའི་ལྷ་ཁང་གསུམ་བཞེངས། རྒྱལ་པོས་དགེ་བསྙེན་གྱི་སྡོམ་པ་བླངས། སྒྲོན་ཆེན་འགའ་རིག་གིས་གཙོ་བྱས་པའི་སེ་སྟོང་ལྷག་ རབ་ཏུ་བྱུང་བ་ སོགས་ཀྱི་སྒོ་ནས་ རྒྱལ་ བའི་བསྟན་པ་རིན་པོ་ཆེ་དར་ཞིང་རྒྱས་པར་ མཛད་པ་ ནམ་དེང་ སང་གི་ བར་དུ་ཡང་འཕེལ་རྒྱས་སུ་བཞུགས་སོ། །ཆེན་པོ་ཧོར་གྱི་ཡུལ་དུ་སངས་རྒྱས་ཀྱི་བསྟན་པ་རིན་པོ་ཆེ་དར་བར་རྒྱལ་བས་ལུང་བསྟན་པ་ཡིན་ཏེ། དུས་གསུམ་རྒྱལ་བའི་ཡུམ་འཕགས་པ་ཤེས་རབ་ཀྱི་ཕ་རོལ་ཏུ་ཕྱིན་པའི་མདོ་ལས། ང་ཡོངས་སུ་མྱ་ངན་ལས་འདས་ནས་ཤེས་རབ་ཀྱི་ཕ་རོལ་ཏུ་ཕྱིན་པ་འདི་ཡུལ་དབུས་ནས་ལྷོ་ཕྱོགས་ཀྱི་རྒྱུད་དུ་སྤྱོད་པར་འགྱུར་རོ། ཞེས་པ་ནས། བྱང་ཕྱོགས་ནས་བྱང་ཕྱོགས་ཀྱི་ཕྱོགས་དེ་ཉིད་དུ་རྒྱས་པར་འགྱུར་རོ། ཞེས་མཐར་བྱང་ནས་བྱང་དུ་དར་བར་ལུང་བསྟན་པ་ལྟར་དུ་རྒྱ་གར་ལ་ལྟོས་པའི་བྱང་ཤར་གྱི་བོད་དང་ཧོར་གྱི་ཡུལ་དུ་དར་ཚུལ་གསུངས་ལ། ལྷ་མོ་དྲི་མ་མེད་པས་ཞུས་པའི་མདོ་ལས་ཀྱང་། ང་ཡོངས་སུ་མྱ་ངན་ལས་འདས་ནས་ལོ་ཉིས་སྟོང་ལྔ་བརྒྱ་ན་གདོང་དམར་ཅན་གྱི་ཡུལ་དུ་དམ་པའི་ཆོས་དར་བར་འགྱུར་རོ། ཞེས་པས་གཙོ་བོར་བདག་གི་བླ་མ་བཀའ་དྲིན་ཐམས་ཅད་མཁྱེན་པས། བླ་བྲང་ཆེན་པོ་བཀྲ་ཤིས་འཁྱིལ་དུ་བསྟན་པ་དར་ཚུལ་ལུང་བསྟན་པར་གསུངས་པ་ལྟར་ལགས་ལ། ཚིག་གཅིག་དོན་དུ་མ་ལ་འཇུག་པ་མང་ བས་སོག་ཡུལ་དུ་བསྟན་པ་ དར་ བར་ ལུང་བསྟན་པར་ངོས་བཟུང་དུ་ཡང་རུང་ངོ། སངས་རྒྱས་འདས་ཚུལ་བསྟན་ལོ་སེ་ཡོས་དང་ལྕགས་འབྲུག་གང་ལ་བྱས་ཀྱང་ལོ་ཉིས་སྟོང་ལྔ་བརྒྱ་ལས་ཆེས་ལྷག་པར་རྒྱ་ནག་དང་། བོད་དུ་བསྟན་པ་ཆེས་ཆེར་དར་ཞིང་བས་དེ་འགྲིག་པར་

དཀའ་ཞིང་། རྟོགས་འདིའི་ངོར་གྱི་རྒྱལ་པོ་ཐལ་ཆེར་ཆོས་རྒྱལ་དུ་སྣང་ལ་ཆོར་གཏོང་དཔར་ཞེས་ཀྱང་གྲགས་པས། ཡུལ་འདིར་རབ་བསྟན་པ་དར་བ་ཙམ་སྤྱི་སོར་ཡོད་ཀྱང་། ལུང་རྟོགས་ཀྱི་བསྟན་པ་རིམ་རིམ་འཛེམ་བ་རི་ལུང་བསྟན་གྱི་པོ་དང་ཀེར་དུ་འཁྲུག་སྟེ་རབ་བྱུང་བཅུ་གཉིས་པ་ནས་ཡིན་པར་མཁས་པའི་མཆོག་གྱུར་སྨྲ་བ་བླ་མཁན་པོ་རིན་པོ་ཆེས་གསུངས་པས་རྗེ་དེ་གཉིས་ཀྱི་བཞེད་པ་རི་ཤེད་དུ་འཕུར་པར་ཁུངས་སོ། །དེ་ལྟར་ན་སངས་རྒྱས་མི་ཡོངས་ལ་སྤྱང་ན་ལམ་འདས་ཚུལ་བསྟན་པའི་སེ་ཡོངས་ལོ་དེ་ཉིད་ནས་ལོ་ཞིམ་སྟོང་ཞེ་གཅིག་སོང་བའི་རབ་བྱུང་བཅུ་པའི་སེ་ཡོངས་ལོར་མའི་ཙངས་པ་ཆོས་ཀྱི་རྒྱལ་པོ་ལོག་ར་རྫིང་གྱིས་དེ་ཉིད་ཀྱིས་བོད་ས་ཆ་དབུས་ནས་གཙང་དུ་ཡི་སྣ་བསྡང་སྟེས་སྐུ་པ་ཆེན་པོ་རྗེ་བཙུན་ཀུན་དགའ་སྙིང་པོ་དང་མཆོད་ཡོན་མཛད་དེ་དབུས་གཙང་ནས་རིན་གསུམ་གདན་དྲངས་ནས་དེ་དག་ལ་སོག་པོ་ཀུན་གྱིས་ཡི་བྱེད་པའི་དང་པ་གྲོ་སྟེ་མཆོད་རིང་དགེ་བསྙེན་སོགས་ཀྱི་སྡོམ་ལྡན་བྱུང་བ་ནས་སོག་ཡུལ་དུ་དམ་པའི་ཆོས་ཀྱི་དབུ་དངོས་བརྙེས་ནི་ཆོས་སྲིད་རྒྱང་ཡིག་ཕྱི་རྒྱ་པར་བདེའི་དགའ་སྟོན་འབྱུར་མཆོ་ལྟར་སྤྲེལ་བར་མཛད་པས་ཐོག་དུ་རྒྱལ་པོ་དེ་རི་ཆོར་ཡུལ་གྱི་སྐྱེ་འགྲོ་མཐའ་དག་ལ་བཀའ་དྲིན་བསམ་གྱིས་མི་ཁྱབ་པས་བསྐྱང་བའི་རྩ་ལག་དམ་པར་གྲང་ངོ། །དེས་ན་སོག་ཡུལ་དུ་བསྟན་པ་ཐོག་མར་དར་ཚུལ་ནི་དཔལ་ལྡན་ས་སྐྱ་པའི་ཆོས་ལུགས་ཡིན་པས། དེ་ལ་དཔལ་ལྡན་ས་སྐྱ་ཆེན་པོ་ཡབ་སྲས་ཀྱི་ལོ་རྒྱུས་རྒྱང་ཙམ་བརྗོད་པ་ལ། དེ་ཡང་ས་སྐྱ་བ་ཞེས་ཡོངས་སུ་གྲགས་པ་རི་འཁོན་དཀོན་མཆོག་རྒྱལ་པོ་ནས་བྱུང་བ་ཡིན་ལ། དེ་ཡང་འཁོན་གྱི་གདུང་བརྒྱུད་ནི་འོད་གསལ་ལྷ་ལས་རྣམ་པ་རིམ་པ་བཞིན་བརྒྱུད་ནས་འཁོན་སྐྱུའི་དབང་པོ་སྐྱུང་བ་ཞེས་བྱ་བ་མཁར་ཆེན་ཀྱི་བ་འཚོས་མང་ཡི་ཡི་བདུད་རབ་དུ་བྱུང་བའི་

ཧང་ནས་ཤེས་རབ་ཆེ་ཤེས་རེ་ཡིན་ཅིང་། སློབ་དཔོན་པདྨ་བསྡེར་ནས་གདམས་པ་ཞུས། དེ་ནས་བརྒྱུད་སྤྱི་འཁོར་རོག་ཤེས་རབ་ཚུལ་ཁྲིམས་ཀྱི་བར་དུ་གདུང་བརྒྱུད་རྣམས་གསང་སྔགས་རྙིང་མ་ཀཔས་ལེར་བྱེད་པ་འབའ་ཞིག་བྱུང་། དམ་པ་དེས་རང་གི་གཅུང་འཁོན་དཀོན་མཆོག་རྒྱལ་པོ་ཞེས་བྱ་བ་སྔགས་མཚན་ཉིད་ཐམས་ཅད་ལ་མཁས་པ་ཞིག་ཡོད་པ་དེ་ལ་སྟག་ལུང་ན་འབྲོག་མི་ལོ་ཙཱ་བ་ཤཱཀྱ་ཡེ་ཤེས་ཞེས་བྱ་བ་ཤིན་ཏུ་མཁས་པ་ཞིག་ཡོད་འདུག་པས། དེར་སོང་ལ་གསང་སྔགས་གསར་འགྱུར་སློབས་ཤིག་གསུང་བ་ལྟར་དཀོན་མཆོག་རྒྱལ་པོ་འབྲོག་མིའི་དྲུང་དུ་བྱོན། གསང་སྔགས་ཕྱི་འགྱུར་རྣམས་ལ་སྦྱངས། གཞན་ཡང་འགོས་ཁུག་པ་ལྷས་བཙས་ཁ་ཆེའི་པཎྜི་ཏ་དང་དུ་དཀར་པོ། སྨ་ལོ་ཙཱ་བ་རིན་ཆེན་མཆོག །འཁོར་པ་ལོ་ཙཱ་བ་སོགས་མཁས་གྲུབ་ཀྱི་བླ་མ་མང་དུ་བསྟེན་ཅིང་། འབྲོག་མིའི་སྲས་ཀྱི་ཐུ་བོར་གྱུར། དགུང་ལོ་བཞི་བཅུ་པ་ལ་ས་དཔྱད་ཞིགས་པར་གཟིགས་ནས། ས་དཀར་དབུས་ཀྱི་ལོགས་སུ་དགོན་པ་བཏབ་པས་དེ་ཕྱིན་ཆད་ས་སྐྱ་པ་ཞེས་གྲགས་སོ། །དཔལ་པ་དེའི་རིགས་ཀྱི་སྲས་ནི། །རྗེ་བཙུན་ཀུན་དགའ་སྙིང་པོ་སྟེ། དཀོན་མཆོག་རྒྱལ་པོའི་ཇོ་མོ་ཆུང་བའི་སྲས་སུ་ཆུ་མོ་སྦྲུལ་གྱི་ལོར་འཁྲུངས། གཞོན་ནུ་ཉིད་ནས་སྨྲས་པས་ཐོབ་པའི་ཤེས་རབ་ཕུན་སུམ་ཚོགས་པ་དང་ལྡན་པས་རིག་པའི་གནས་རྣམས་ལ་མཁས་པར་གྱུར། ཡབ་ལ་ཀྱེ་རྡོར་གྱི་དབང་གསན། དགུང་ལོ་བཅུ་གཉིས་པ་དེ་ཚེ་ཡུམ་གྱིས་བསྐུལ་ཏེ་བ་རི་ལོ་ཙཱ་བ་སྤྱན་དྲངས་ཏེ། ཁོང་ལ་མངའ་བའི་གདམས་པ་མཐོང་དགོལ་རྫོགས་པར་གསན། བ་རི་བའི་ཞལ་ནས། རྗེ་སྲས་ཁྱོད་སློབ་གཉེར་བྱེད་པ་ལ་ཤེས་རབ་དགོས་པ་ཡིན། ཤེས་རབ་ཀྱི་ལྷ་འཇམ་དབྱངས་ཨ་ར་པ་ཙ་ན་སྒྲུབས་ཤིག་གསུང་ནས་བསྒྲུབས་པས། ཟླ་བ་དྲུག་སོང་བ་ནས

འཕགས་པ་འཇམ་དཔལ་གྱི་ཞལ་མཐོང་སྟེ། ད་གཟིགས་དེ་བྱིན་གྱིས་བརླབས་ཀྱང་ཉིན་པ་བཞི་བྲམ་ལ་སོགས་པ་ཕར་ཕྱིན་གྱི་གདམས་པ་བསྟལ། བྲང་ཕྱི་དང་མ་སྙིང་པོ་སོགས་ མཁས་གྲུབ་དུ་མ་ ལས་ མདོ་པ་ དང་ དབུ་ཚད་ དང་། གསང་སྔགས་ཀྱི་ཆོས་མང་དུ་གསན། བླ་མ་མལ་ལོ་ཙཱ་བ་སྒང་ཕྲང་ན་བཞུགས་པ་ལ་ཆོས་ཉན་བར་བྱོན་པས། བླ་མས་སྐྱོབ་མའི་རྟོད་བཏུག་པའི་ཕྱིར་དང་། རྗེ་སྟམ་ཀྱི་རིགས་པ་འདུག་སི་འདུག་བཏུག་པའི་ཕྱིར་བཤད་པ་ཞུས་པ་རྣམས་ལ་སོགས་བཤད་ཕྱགས་མ་ལུས་པ་མཛད། དེ་ནས་ཆེན་མར་བྱོན་པས་ལམ་དུ་ཆོས་ཉན་བ་དང་འབུལ་བ་བྱེད་པ་མང་པོ་བྱུང་ངས། འབུལ་བའི་ཕྱུང་གསེར་སྲང་བརྒྱ་བརྒྱད་བླ་མ་མལ་གྱི་དྲུང་དུ་འབུལ་བར་བཏང་ནས་བླ་མ་མཉེས་ཏེ་སྙོན་ལྷར་ནས་རིག་ཐོད་པར་འདུག་པས། དང་རྨས་རིང་པོ་མི་བྱུང་པས། ཁར་ངག་ལེར་པ་ལ་ཕྲིན་སྟུར་ཤོར་ཞོག་གསུངས་ནས། ས་ཆེན་སྐྱར་ཡང་མལ་གྱི་དྲུང་དུ་བྱོན། ཆོས་བཀའ་གང་ཡོད་དང་། ཁྲིད་པར་དུ་བའི་མཆོག་དང་ན་རོ་མཁའ་སྤྱོད་ཀྱི་གདམས་པ་ཐམས་ཅད་ དང་ མགོན་པོ་གུར་གྱི་རྗེས་ གནང་ སྒྲུབ་ཐབས་ལས་ཚོགས་དང་བཅས་གནང་ཞིང་བསྒྲུང་མར་བསྔོས། བླ་མ་གནས་ཁང་པའི་དྲུང་དུ་དཔལ་མགོན་ཞལ་བཞི་པའི་སྒྲུབ་ཐབས་མན་ངག་དང་བཅས་པ་རྫོགས་པར་ཞུས། དེ་ཡང་ཆོས་སྐྱོང་དུ་བསྐོས་ཏེ། ས་སྐྱ་པའི་ཆོས་སྐྱོང་རི་ཚང་དུ་གྲགས་པ་དེ་ནས་བྱུང་། གདན་ས་བརྒྱུད་སྟེ་བསྟན་པ་དང་འགྲོ་བའི་དོན་ཀྱི་རིར་མཛད། དགུང་ལོ་ཉི་བདུན་པའི་རི་གྲུབ་ཆེན་ཤྲི་རྣ་པ་ཆོས་སྒོ་སྤྱིལ་གྱི་ཚུལ་དུ་མ་སྐར་བྱོན་པ་ལས། སྤྱིར་རྒྱུད་སྡེ་བདུན་ཙ་དོན་གཅིག་གི་མན་ངག། ཁྲིད་པར་དུ་ཟླ་གས་རྡོ་རྗེ་འབར་བའི་ཚབ་ཆོས་བཞི་ལ་སོགས་པ་སྟེ། མདོར་ན་གསུང་ངག་རིན་པོ་ཆེ་བརྒྱུད་ཀྱི་གདང་ཚབ་སོ་འདི་བདུན་རྩ་ཚོམས་པར་གསོལ། སློབ

མ་འགགས་ལོག་ཟླ་སྐྱེས་པ་ར། མ་ཆེན་གྱི་ཞལ་ནས་གསང་སྔགས་པའི་རྡོ་རྗེ་སློབ་དཔོན་ལ་ལོག་ལྟ་བྱེད་པ་ཤིན་ཏུ་འཁྲུལ་བ་ཡིན་གསུངས་ཏེ། ཉབས་པ་ཕྱིལ་གཉིས་སྟོན་པ་མཛད་པས། ཀྱི་རྡོ་རྗེ་དང་འཁོར་ལོ་བདེ་མཆོག་གི་དཀྱིལ་འཁོར་ཕྱིས་པ་ལས་ཀྱང་གསལ་བ་སྟོན་པར་མཛད། ལྔའི་ཉལ་གཟིགས་པ་དང་སྐྱའི་བགོད་པ་མི་འདྲ་བ་དྲུག་དུས་གཅིག་ཏུ་བསྟན་པ་དང་། གདུལ་བྱ་རྗེས་སུ་བཟུང་བ་སོགས་ཀྱི་རྣམ་ཐར་བསམ་གྱིས་མི་ཁྱབ་ཅིང་སྨྱོན་རས་གཟིགས་ཀྱི་སྐྱུལ་པར་གྲགས། སློབ་མ་ཡང་མཆོག་ཐོབ་པ་གསུམ་བཞེད་པ་ཐོབ་པ་བདུན། རྟོགས་ལྡན་བརྒྱད་ཙ་སོགས་ཕྱུགས་སྨྱས་མང་པོ་བྱུང་། དགུང་ལོ་དྲུག་ཅུ་ར་བདུན་པ་ལ་ཁྲི་བར་གཤེགས་པའི་ཚུལ་བསྟན་ཏེ། བདེ་བ་ཅན། ཏོ་དལ། ཨུ་རྒྱན། བྱང་གསེར་མདོག་ཅན་བཞི་ནཀླུའི་བགོད་པ་བཉིས་འགྲོ་དོན་མཛད་ཅིང་ད་ལྟ་ཡང་བཞུགས་སྐད། མ་ཆེན་ལ་སྲས་ཀུན་དགའ་འབར། བསོད་ནམས་རྩེ་མོ། གྲགས་པ་རྒྱལ་མཚན། དཔལ་ཆེན་འོད་པོ་སྟེ་བཞི་ལས། དང་པོ་རྒྱ་གར་དུ་གཤེགས་ནས་མ་ག་དྷར་ཕྱག་གཤེགས། སློབ་དཔོན་བསོད་ནམས་རྩེ་མོ་ནི། རྒྱ་ལོ་ཕྱིའི་ལོར་སྐུ་འཁྲུངས། དེའི་ཚེ་རྒྱ་གར་རྡོ་རྗེའི་གདན་གྱི་སྦྱོར་ཡ་ཐེམ་ལ། འཇམ་དཔལ་གྱི་སྤྲུལ་པ་མཁན་པོ་བསོད་ནམས་རྩེ་མོ་རྡོ་རྗེ་ཐེག་པ་མཐུར་དག་གི་དབང་ཕྱུག་དམ་པ་མ་སྐད་སྐྱེས་སོ་ཞེས་མཁའ་འགྲོ་མ་རྣམས་ཀྱིས་ཡི་གེར་བྲིས་པ། ཀོ་ཤཀྱའི་པཎྜི་ཏ་དེ་བྲམ་ཟེ་རྟོགས་ལྡན་རྣམས་ཅང་དུ་བསྒྲགས་པ་དང་། དེ་ཉིད་བོད་ཀྱི་མ་སྐྱུ་ཡིན་པར་ཐུན་མོང་ཏེས་གྲགས། འཁྲུངས་མ་ཕྱག་ཞབས་གཉིས་རྡོ་རྗེའི་དཀྱིལ་ཀྱང་གིས་བརྒྱུགས་ཤིང་ཞལ་ནས། བདག་ནི་ཕྱིས་པའི་སྤྱོད་པ་ལས་འདས་པའོ། ཞེས་ལན་གཉིས་སུ་གསུང་། དགུང་ལོ་གསུམ་བཞེས་པའི་ཚེ། འཇམ་དབྱངས། ཀྱེ་རྡོར། སློབ་མ་གསུམ་

ཀྱི་ཞལ་བཞིགས། རྒྱུད་གསུམ་དང་། བདེ་མཆོག་རྩ་རྒྱུད། ཀུན་ལས་བཏུས་ཐུ་ཐུགས་ཐིག་རྣམས་གསུང་། དེ་ནས་དགུང་ལོ་བཅུ་དྲུག་པའི་བར་དུ་རྒྱུད་མན་ངག་དང་བཅས་པ་ལ་སྦྱངས་པས། རྡོ་རྗེ་སློབ་དཔོན་ཆེན་པོའི་གོ་འཕང་མངོན་དུ་མཛད། དེ་ནས་དབུས་སུ་བྱོན་པ་ཆོས་ཀྱི་སེང་གེའི་དྲུང་དུ་ཏོན་ཏེ་ཕར་ཕྱིན་དང་ཚད་མ་སོགས་མཚན་ཉིད་ཀྱི་སྐོར་ལ་མཁས་པར་སྦྱངས། དགུང་ལོ་བཅོ་བརྒྱད་པར་དཔལ་ལྡན་ས་སྐྱའི་གདན་ས་བསྐྱངས་ཏེ་འཆད་རྩོད་རྩོམ་གསུམ་གྱི་སྒོ་ནས་སངས་རྒྱས་ཀྱི་བསྟན་པ་ཉིན་མོ་ལྟར་མཛད། དགུང་ལོ་ཉེར་བརྒྱད་པ་ལ་ལས་འབྲས་གསུང་བའི་ཚེ། དུས་གཅིག་ལ་སྐུའི་བཀོད་པ་གསུམ་པ་བསྟན་ཏེ། རྗེ་བཙུན་གྲགས་པ་རྒྱལ་མཚན་གྱིས་འཛམ་དབྱངས་སུ་གཟིགས། རྗེ་སྐུས་ལྷུགས་རྟེར་གྱིས་བཀྲི་བར་མཐོང་། གཉགས་སོགས་ཁྱལ་ཆེར་གྱིས་སྐྱེར་རམ་གཟིགས་ཀྱི་སྐར་མཐོང་ངོ་། །ཆོས་ལ་འཇུག་པའི་སྒོ་ཞེས་བྱ་བ་སོགས་ཀྱི་བསྟན་བཅོས་མང་པོ་བརྩམས། སློབ་མ་མང་ཡང་གཙོ་བོ་ནི། རྗེ་བཙུན་ཆེན་པོ་སྟེ། དེ་ལ་རྟགས་དང་མཚན་ཉིད་ཀྱིས་བསྡུས་པའི་ཆམ་རྒྱས་ཀྱི་གདམས་པ་མཐར་དག་ཐུབ་པ་གང་བྱོར་སྙུལ་ཏེ་བསྟན་པ་གཏད། དགུང་ལོ་ཞེ་བཞི་པ་ལ་ཆོས་གསུང་འཕྲོ་ལ་ཆོས་ཁྲིའི་སྟེང་ནས་བདེ་བ་ཅན་དུ་གཤེགས་སོ། །དེའི་གཅུང་རྗེ་བཙུན་ཆེན་པོ་གྲགས་པ་རྒྱལ་མཚན་ནི། ཤིང་མོ་ཡོས་ཀྱི་ལོ་ལ་སྐུ་བལྟམས། དགུང་ལོ་བརྒྱད་བཞེས་པའི་ཚེ། བྱང་སེམས་ཟླ་བ་རྒྱལ་མཚན་ལས་ཚངས་སྤྱོད་དགེ་བསྙེན་གྱི་སྡོམ་པ་བཟུང་དེ་ཡ་རང་ཡི་གསོལ་བ་སོགས་ལ་བརྟེན་པར་མཛད། དགུང་ལོ་བཅུ་པར་རྟོགས་པ་ཀྱི་ཤུ་པ་དང་། སྒྲུབ་ཐབས་མཚོ་སྐྱེས་སོགས་གསན། དགུང་ལོ་བཅུ་གཅིག་པ་ལ་རྒྱུད་གསུམ་གྱི་སྒྲུབས་ནས་གསོལ་བའི་མཉམ་ལས་བྱུང་ཞིང་། དེའི་སོད་ལ་ཆོས་ཐམས་ཅད

ཀྱི་དེ་ཚོ་རིགས་ཕྱོགས་སུ་ཆུད། དགུང་ལོ་བཅུ་གཉིས་པར་ཡབ་ལ་རང་ངང་བའི་བདེ་མཆོག་ལཱུ་ནག་དྲིལ་གསུམ་དང་། ཉ་རོ་མཁའ་སྤྱོད་ཀྱི་གདམས་པ་སོགས་ཐུབ་པ་མང་པོའི་ཚུལ་དུ་གསན། དགུང་ལོ་བཅུ་གསུམ་པ་ལ་གདན་ས་བསྐྱངས། གསང་སྔགས་ཀྱི་བཤད་པ་མཛད་པས། མཁས་པ་ཐམས་ཅད་ཀྱིས་བསྔགས་པར་བྱས། སློབ་དཔོན་ཀ་རྣ་དང་གཉན་ལས། ཀུང་མདོ་རྒྱུད་བཤད་པ་སེར་ནག་དང་བཅས་པ་གསན་ནས་ཕྱོགས་སུ་ཆུད་པར་མཛད། རྗེ་བཙུན་འཇམ་དཔལ་དབྱངས་ཀྱི་ཞལ་གཟིགས་ཏེ། ཤེས་བྱ་ཐམས་ཅད་ལ་མི་འཇིགས་པའི་གདེངས་རྙེད། སྐུ་ཕྱི་བ་སྨྲ་བརྒྱད་ཅན་ཕྱོགས་ལ་དྲན། གཞན་གཉེགས་ནུ་གསོལ་བ་བཏབ་པས་བྱུང་བའི་སྐད་ལྷ་བུ་རིག་གིས། བྱང་ཕྱོགས་འཇིག་རྟེན་གྱི་ཁམས་གསེར་མདོག་ཅན་དུ་དེ་བཞིན་གཤེགས་པ་གསེར་འོད་རྣམ་པར་བརྒྱན་པ་ཞེས་བྱ་བའི་བསྟན་པ་ལ། འཁོར་བསྐྱར་བསོད་ནམས་མཐར་ཡས་ཀྱི་སྲས་ཡོན་ཏན་མཐའ་ཡས་ཞེས་བྱ་བར་སྐྱེའོ། ཞེས་ལུང་བསྟན་པ་གསན། མདའ་ལམ་དུ་སློབ་མ་བཅོད་པ་ཐོབ་པ་བྱེ་བྲག་ཅན་དང་། རྟོགས་པ་སྐྱེས་པ་མང་དུ་འབྱུང་བའི་ལྟས་ཀྱང་གཟིགས། དགུང་ལོ་དྲུག་པ་ལ་འོད་གསལ་ཆེན་པོའི་ངང་ལས་རྒྱ་མ་ཆེན་སྐུ་ཡི་ཤེས་སྣང་བ་བསྟན་ཏེ། ལས་འབྲས་ཤིན་ཏུ་ཞི་བ་རྒྱང་དུ་གྲགས་པ་བརྟན་འཛིན་གསལ་བར་མཛད། རྒྱ་གར་དུ་འཇིགས་བྱེད་ཀྱི་བསྐྱེད་རིམ་གསལ་ཞིང་། རྫོགས་རིམ་དང་ལྷག་མཐོང་བྲལ་བ་ཞིག་གི་རྣམ། བླ་བ་དགུ་བརྩེགས་ཞེས་པའི་འདྲེ་གདོན་གདུག་པ་ཅན་ཤིག་ཏུ་སྐྱེས་པ་དེ་བོད་དུ་འོངས་ནས་སྒྲུབ་ཀྱང་བསྒྲུབས་ནས་པའི་ཚེ། རྗེ་འདི་ཉིད་ཀྱིས་བསྒྲུབ་པའི་ངོམས་པ་མཛད་པས་རྒྱ་ནག་ཏུ་འགྲོ་ཞེས་གྲགས། དགུང་ལོ་ཉེར་གཅིག་པའི་དུས་ནས་བདེ་བ་ཅན་དུ་སྐྱེ་འདྲེན་པའི་མཁའ་འགྲོའི་ལོ་ན་

ཡང་ཡང་བྱང་ཡང་། ཉིང་འཛིའི་གདུལ་བྱ་མ་རྫོགས་པས་འབྱོན་པར་ཞལ་གྱིས་མ་བཞེས། བདུན་ཕྲུ་པའི་ཚེ། ཆོས་རྗེས་པར་བྱུང་ན་བཞུགས་སྐབས་བདེ་བ་ཅན་གྱི་ཞིང་གི་བཀོད་པ་གསིམ་ཀས་གཟིགས། དེར་ཆོས་རྗེ་ལ། ཁྱོ་ཐོ་རི་ཉིག་བདེ་བ་ཅན་དུ་འགྲོ། དེར་རྒྱུན་སྡེ་རིང་བ་ཉིག་བསྡད་དུས་དེའི་རྗེས་གསེར་མདོག་ཅན་དུ་འཁོར་བསྒྱུར་གྱི་ཆ་བྱུང་ཀྱིས་ཞིང་སྦྱོང་བར་བྱེད། དེ་ནས་སྐྱེ་བ་གསུམ་པ་དེ་ལ་ཡུལ་མ་སྔངས་པར་ཕྱག་རྒྱ་ཆེན་པོ་མཆོག་གི་དངོས་གྲུབ་ཐོབ་དུ་རེ་བ་ཡིན་གསུང་སྨྲ་བདེ་བ་ཅན་དུ་གཤེགས་སོ། །རྗེ་བཙུན་མགོན་པ་འདི་གསུམ་རྗེན་དགེ་བསྙེན་དུ་བཞུགས་ནའང་བཅས་པ་ཕྲ་མོ་ཡང་ཆད་ཁྲུང་དུ་མི་གསོད་པར། སྟོན་པ་སངས་རྒྱས་ཀྱི་བཀའ་ལས།

རྒྱལ་བ་ངས་གསུངས་སོ་སོར་ཐར་པ་ཡི།
ཚུལ་ཁྲིམས་རྣམ་དག་འདུལ་བ་མ་ལུས་ལས།
སྔགས་པ་ཁྱིམ་པས་རྟགས་དང་ཆོག་སྤང་།
ལྷག་མ་རྣམས་ནི་ཐམས་སུ་བླང་བར་བྱ།

ཞེས་གསུངས་པ་བཞིན་ལུག་ཡིད་ལ་འདེབས་པ་མཛད་དོ། །འཇམ་མགོན་ས་སྐྱ་པཎ་ཆེན་ནི། རྗེ་བཙུན་གྲགས་པའི་གཅུང་དཔལ་ཆེན་འོད་པོའི་སྲས་སུ་རྩ་ཐོ་ཕྱུག་པོའི་དབོ་ཟླ་བའི་ཉེར་དྲུག་གི་ཉིན་ལུད་པ་འཛད་དང་འོད་ཀྱིས་གང་བ་དང་། མཁའ་འགྲོ་མང་པོ་འདུ་བ་དང་། མི་དགེ་གི་ཚུར་འབབ་པ་ལ་སོགས་པ་ལྟར་ཁྱད་པར་ཅན་དང་བཅས་ནས་སྐུ་བལྟམས་ཤིང་། དེ་ནས་ལོ་གཅིག་ཙམ་སོང་བ་ན། ས་ལ་ལཉྫ་དང་བརྡུའི་ཨཱ་ལི་ཀཱ་ལི་རྣམས་བྲིས་ནས། ཞི་སྐྱེ་བའི་སྐད་དུ་སློག་པར་མཛད་པས། རྒྱ་འོད་ཀྱི་ཀློག་དང་ཡི་གེ་ཡང་རང་བཞིན་སུ་མཁྱེན། ཕྱག་པར་རྗེ་བཙུན་རིན་པོ་ཆེའི་དྲུང་དུ་ཚངས་པར་སྤྱོད་པའི་དགེ

བསྐོར་གྱི་སྨོན་པ་བཞེས་ཏེ། མཆོད་ཀུན་དགའ་རྒྱལ་མཚན་དུ་བཏགས། ལུགས་གཉིས་ཀྱི་ཆོ་ག་འདི་སྔོན་ནས་བྱང་ཆུབ་མཆོག་ཏུ་སེམས་བསྐྱེད་པ་དང་། རྒྱས་པ་རྡོ་རྗེའི་དཀྱིལ་འཁོར་དུ་བཞུགས་ཤིང་ མཐོང་ བར་ དབང་ བསྐུར་ བའི་སྒོ་ནས་ཐུགས་ཀྱི་སྨོན་པ་གཏོས་ཏེ། སྨོན་པ་གསུམ་རིམ་ཅན་དུ་བསྐུལ་བའི་བཀའ་དྲིན་ཅན་གྱི་རྩ་བའི་བླ་མ་ནི་རྗེ་བཙུན་རིན་པོ་ཆེ་ཉིད་ཡིན་ནོ། །དེ་ཡང་རྗེ་བཙུན་རིན་པོ་ཆེ་ནི། བདག་ཉིད་ཆེན་པོ་འདིའི་སྐྱེ་བ་ སྔ་མའི་ བར་གྱི་ དགེ་ བའི་བཤེས་གཉེན་དང་ལྷག་པའི་ལྷ་ཕ་མེ་དང་པ་ཡིན་ཏེ། ས་སྐྱར་ཆོས་གསུང་བའི་ངས་མཁར་རྗེ་བཙུན་རིན་པོ་ཆེ་གྲགས་པ་རྒྱལ་མཚན་ཐོན་ནས། ཁྱོད་ཀྱི་ནས་ཕྱིར་བྱུང་བའི་སྐྱེ་བ་ནི་ཤ་ཀྱ་ཐུབ་པའི་བར་དུ་རིག་པའི་ གནས་ ལྔ་ ལ་ མཁས་ པའི་པཎྜི་ཏར་གྱུར་ཏེའི་བར་གྱི་སྐྱེ་བ་ང་ཡིན། དེང་ལས་གནས་ཁྱོད་སུམ་ཀུང་འདུལ་བར་འོས་པ་མ་ཡིན་ནོ། ཞེས་གསུངས། དེ་ཡང་རྗེ་ཉིད་ཀྱི་ཞལ་ནས།

སངས་རྒྱས་ཀུན་གྱི་ཡེ་ཤེས་སྐུ། གཅིག་ཏུ་བསྡུས་པ་འཇམ་པའི་དབྱངས།
དགེ་བསྐོར་མཆོག་གི་སྐྱར་བསྟར་ནས། བདག་གི་འཁྲུལ་བའི་དྲ་བ་བཅད།

ཡུན་རིང་དུས་ནས་འདི་ཉིད་ནི། ཁྱོད་ཉིད་དགེ་བའི་བཤེས་གཉེན་ཞེས།
མཁའ་ལ་དེ་ལྟའི་སྒྲ་བསྒྲགས་པ། ལེགས་འདོམས་ཁྱོད་ལ་ཕྱག་འཚལ་ལོ།

ཞེས་གསུངས་པ་ལྟར་རོ། །དེས་ན་ཆོས་དང་འཇིག་རྟེན་གྱི་དགེ་ལེགས་ཀྱི་རྟེན་འབྲེལ་ཐམས་ཅད་ཀུང་རྗེ་བཙུན་རིན་པོ་ཆེ་ཉིད་ལས་འཁྲུངས་པ་ཡིན་ཏེ། སྐབས་ཤིག་རྗེ་བཙུན་རིན་པོ་ཆེ་བསྙུང་བའི་ཚུལ་བསྟན་པའི་ཚེ། བདག་ཉིད་ཆེན་པོ་འཇམ་ཕྲུག་གཡོག་གི་ངལ་བ་བཏུར་ ཕྲངས་ཤིང་། སོས་གསུམ་ཧྲུ་གཅིག་ཏུ་བསྟེན་པས། རྗེ་བཙུན་ཡང་ཐུགས་མཉེས་ཏེ། ལམ་ཟབ་མོ་བླ་མའི་རྣལ་

འཇོར་གནང་། དེ་ནས་བླ་མ་རྗེ་བཙུན་སངས་རྒྱས་ཐམས་ཅད་ཀྱི་ངོ་བོ་འཇམ་པའི་དབྱངས་སུ་གཟིགས་པས། ཆོས་ཐམས་ཅད་ཀྱི་གནད་ཀྱིར་ཅི་མ་ལོག་པར་གོ་བའི་ནུས་དཔོད་ཀྱི་རྩྭ་གྲོལ་རང་ནས་བརྟོལ་ཏེ། ཕྱི་ཤེས་བྱ་རིག་པའི་གནས་ལྔ་ལ་ཐོགས་མེད་ཀྱི་མཁྱེན་པ་དང་། ནང་ཀྱི་རྩོལ་བ་ཀུན་ཟིལ་གྱིས་གནོན་ནུས་པའི་མི་འཇིགས་པའི་སྤོབས་པ་མངའ། རྒྱ་བོད་ཀྱི་རྒྱལ་པོ་རིགས་པ་ཅན་རྣམས་ཀྱང་འདུད་པ་སོགས་ལྷ་འདྲེ་མི་གསུམ་ཐམས་ཅད་དབང་དུ་འདུས། ནང་དུ་ཡང་ཕྱི་རོལ་གྱི་གཡེང་རྐྱེན་གྱིས་བརྫི་བར་མི་ནུས་པའི་ཏིང་འཛིན་གྱི་རྒྱུན་བརྟན་པོ་བྱུང་བ་ཡིན་གསུང་། དེ་སྐད་དུ།

ཟབ་མོའི་ལས་ཀྱིས་ཕྱིན་གྱིས་བརླབས་པའི་ཚེ།
རྗེ་བཙུན་བླ་མ་འཇམ་པའི་དབྱངས་སུ་གཟིགས།
སྐད་ཅིག་གཅིག་ལ་ཆོས་རྣམས་ཐུགས་སུ་ཆུད།
ཐུགས་གྲོལ་ཁྱོད་ལ་སྤྱི་བོས་ཕྱག་འཚལ་ལོ།

ཞེས་སོ། །འདར་སྟོད་སྡོམ་གསུམ་གྱི་བསྟན་པ་སྤྲེལ་ཚུལ་ནི། དགུང་ལོ་དགུ་པར་སྐྱབས་ཐབས་མཆོག་སྐྱེས་དང་། གསང་སྔགས་ཕྱ་ཡོ་ཊི་རིགས་གསུངས། བཅུ་གཅིག་པའི་དུས་སུ་བདག་གཉིས་དང་སངས་རྒྱས་མཉམ་སྦྱོར། བཅུ་གཉིས་པའི་དུས་སུ་གུར་དང་སཾ་བུ་ཊ་གསུངས་པ་ནས། བདུན་ཕྲུའི་བར་དུ་མདོ་སྔགས་རིག་གནས་དང་བཅས་པའི་བཀའ་པ་རྒྱུན་མི་འཆད་པར་མཛད་ཅིང་། དགུང་ལོ་བཅོ་བརྒྱད་པར་འོད་གསལ་གྱི་ངང་ལས་སློབ་དཔོན་དབྱིག་གཉེན་ལས། ཞག་གཅིག་ལ་ཀླུ་བ་གཅིག་གི་ནས་བས་མངོན་པ་མཛོད་ཚར་གཅིག་གསན། འདུལ་མདོ་རྩ་ཊིཀ་དོན་མ་ལུས་པ་ཐུགས་སུ་ཆུད། ཁྲིད་པར་ཁ་ཆེ་པཎ་ཆེན་ལ་ཚད་མ་གསན་པའི་རྗེས་སུ། རྗེ་དེ་ཉིད་ཀྱི་བཀའ་དྲིན

བསམ་པའི་ཕྱིར་མིན་ནི་བཞིན་ཚད་མའི་ཚོགས་ཕྱུང་ཟེ་ནག་སེང་ང་། དཀའ་བོ་དྲག་ཏུ་ཟེ་གསུམ་པ་ལ་རྒྱ་དག་ལ་ས་ག་ཀེགས་ཀྱི་བར་དུ་གསུངས། དེ་ཡང་སྐུས་ཀྱི་གཙོ་བོ་ཤར་ནུབ་གང་གསུམ། ཁང་གཞན་རང་གསུམ། ཕྱུ་ཕྱུག་པ་རིག་པའི་མིང་གི་སོགས་ལ་བཤད་ཉན་མཛད་པས། རྣམ་འགྲེལ་གྱི་བཤད་སྲོལ་དེང་སང་གི་བར་དུ་ཉི་མ་ལྟར་གསལ་བར་མཛད་པ་འདི་ཡིན་ནོ། །བཀྲིང་ཙོ་གྲྭ་རྒྱི་ལ་སོགས་པའི་མཁས་པ་རྣམས་ལས་ཚད་མ། ཕར་ཕྱིན། སྤྱི། སྐད་ངག །སྡེབ་སྦྱོར། མངོན་བརྗོད། སྙན་ངག་སོགས་གསར་པས་རིག་གནས་ཀྱི་མཚོའི་ཕ་རོལ་ཏུ་སོན་པའོ། །དཀའ་བོ་ཉིར་ལྔ་བོད་པའི་ཚེ། ཁ་ཆེ་པཎ་ཆེན་ཤཱཀྱ་ཤྲཱི་མཁར་པོ། སྤྱི་བོ་རྣམ་པས་སློབ་དཔོན། ན་འབྲིང་པས་གསང་སྔགས་མཛད་དེ་བསྙེན་པར་རྫོགས་ཤིང་དེ་དག་ལས་གསན་པ་རྒྱ་ཆེར་མཛད་དོ། །བདག་ཉིད་ཆེན་པོ་འདི་ཉིད་ཀྱི་སྐབས་འདིར་གྲགས་པ་རྒྱ་གར་ཤར་ནུབ་ཀུན་དུ་ཁྱབ་པའི་ཚེ། འཇོག་བྱེད་དགའ་བ་ལ་སོགས་པའི་ཕྱི་རོལ་པ་རྣམས་ཀྱིས་ཕྲག་དོག་གིས་མ་བཟོད་པར་རྩོད་པར་བརྩམས་ཏེ། སང་ཡུལ་སྐྱིད་གྲོང་དུ་ཉི་མ་བཅུ་གསུམ་གྱི་བར་དུ་རྩོད་པ་མཛད་པས། ཕྱི་རོལ་པ་རྣམས་ཕམ་སྟེ་བདག་ཉིད་ཆེན་པོ་འདིའི་ཕྱག་དང་། གཡས་པར་རྒྱ་འཐུན་འཛམ་པའི་དབྱངས་མངོན་སུམ་དུ་ཐོར་ནས་རྩོད་པའི་གྲོགས་མཛད། དེའི་ཚེ་འཇོག་བྱེད་དགའ་བས།

ཁྱེད་སེན་ཁྱོད་ཀྱི་ཕྱག་པ་གཡས་པ་ཡི།
དཔར་ཤིང་རལ་གྲི་ཅན་དེ་ས་བྱུང་བས།
དེ་བས་ཁྱོད་རྒྱལ་ང་རི་པས་པར་གྱུར།

ཞེས་ཟེར་ཞིང་ནམ་མཁའ་ལ་འཕུར་ནས་འགྲོ་བར་བརྩམས་པས། དཔལ་

ཞུར་གྲུབ་ཐོབ་འདར་འཕྲར་གྱིས་རྫུ་འཕྲུལ་གྱིས་ནམ་མཁའི་དབྱིངས་མཐོང་གྲོ་ནས་བཀག་སྟེ། བདག་ཉིད་རིན་པོའི་དྲུང་དུ་རལ་པའི་ཁར་བྱེགས་ནས་རབ་ཏུ་བྱུང་ངོ་། དེའི་ཚེ།

རྒྱ་མཚོའི་གོས་ཅན་རྒྱ་མཚོའི་མཐར། མ་རིན་འདི་ན་བླ་རིན་པོ།

ཞེས་པ་དམ།

ང་དང་ད་ཡང་སུ་རྟོགས་བྱེད། ཐམས་ཅད་ཚོམ་ཀྱིས་བཀའ་བྱས་ནས།

འདི་བར་གཤེགས་པའི་བསྟན་པའི་ཚུལ། ཀུན་དགའི་རྒྱལ་མཚན་འཛིན་པར་ཤོག།

ཅེས་པའི་བར་གྱི་ཚིགས་བཅད་གསུངས་ཤིང་། རལ་པ་རྣམས་རྒྱལ་བའི་བསྟན་པ་ལ་བྱ་བ་མཛད་པའི་སྐད་གྲགས་ཀྱི་རྟེན་ལ་ཧྲ་སྒྲིག་པའི་རྟེན་དུ། ད་སྔ་ཡང་དཔལ་ལྡན་ས་སྐྱའི་གཙུག་ལག་ཁང་གི་ཀ་རྒྱན་ལ་ཡོད་དོ། །དེ་སྐད་དུ།

རྟོག་གེ་ངན་པའི་ཚོལ་བ་ཐམས་ཅད་བཟློག །
སྒྲ་བས་ཁྱེངས་པའི་རྟོག་གེ་རྒྱལ་གྱིས་གནན།
མཁས་པའི་གྲགས་པས་མ་སྟོང་ཐམས་ཅད་ཁྱབ།
འཇིགས་བྲལ་ཁྲིད་ལ་སྨྲ་བོས་ཕྱག་འཚལ་ལོ།

ཞེས་སོ། །དེ་ལྟར་འཆད་པ་ཉི་མའི་འོད་ཟེར་གྱིས་གདུལ་བྱ་བློ་གསལ་བ་ཀྱི་པདྨ་ཁ་བྱེ་བ་དང་། རྩོད་པ་གནམ་ལྕགས་ཀྱི་ཐོག་གིས་ཚོལ་ངན་གྱི་ནག་རི་བཤིག་པའི་སྒོ་ནས་རྒྱལ་བའི་བསྟན་པ་ལ་བྱ་བ་མཛད་པར་མ་ཟད། སྤྱིར་ལེགས་སྦྱར་གྱི་འབྱིང་བས་ཀུང་མ་ཆེན་པོའི་ཁོར་ཡུག་ཀུན་ཏུ་རྒྱལ་བའི་བསྟན་པ་སྔ་མེད་པ་ཉེས་ཆེར་གསལ་བར་མཛད་པ་ཡིན་ནོ། ཚོམ་དང་ཚོམ་མ་ཡིན་པ་རྣམ་པར་འབྱེད་པ་ལ་མཁོ་རྒྱུད་ཀུན་གྱི་སྒྲིགས་བས་གཅིག་ཏུ་བསྒྲུར་བ་བསྟན

བཅོས་སྡོམ་པ་གསུམ་གྱི་བར་དུ་དབྱེ་བ་དང་། དངོས་སློབ་མ་ཀྱི་རིག་པ་དང་རིག་པ་མ་ཡིན་པ་རྣམ་པར་འབྱེད་པ་ལ་སྐྱེ་བདེན་གྱི་སྙིང་པོ་ནང་མ་རིག་པའི་གཉེར་དང་། འཇིག་རྟེན་གྱི་ཚུལ་དང་ཚུལ་མིན་རྣམ་པར་འབྱེད་པ་ལ་ལེགས་པར་བཤད་པ་རིན་པོ་ཆེའི་གཏེར་དང་གསུམ་པོ་འདི་དེ་དཔྱོད་ལྡན་གྱི་མིག་ཟླ་ལྟ་བུར་གྱུར་ཅིང་། སྲིད་མཐའི་བར་དུ་ཡང་ཡང་དག་པའི་ལམ་གྱི་སྣང་བ་ཆེས་ཆེར་གསལ་བར་སྟོན་པ་ལ་ཟད་ཐུབ་ཀྱི་གཞུང་ཡིན་ནོ། །གཞན་ཡང་ཐེག་པ་ཆེན་པོ་པ་རོལ་དུ་ཕྱིན་པའི་ཨ་སམ་ལེནས་ལུས་གསལ་བར་སྟོན་པ་ལ་ཐུབ་པ་དགོངས་གསལ་ཞེས་བསྟན་བཅོས་མཐུན་ཡས་པ་མཛད། གངས་རིའི་སྤྱོངས་འཛིན་ལྷ་རིག་ཤེས་བྱའི་གནས་ཀུན་ལ་མཁྱེན་པའི་སྒྲ་གྲོས་ཐོགས་པ་མེད་པའི་པཎྜི་ཏ་ཆེས་མཆོག་ཏུ་གྱུར་པ་དེ་བདག་ཉིད་ཆེན་པོ་འདི་ཉིད་ཡིན་ནོ།། དེས་ན་མའི་ཚངས་པ་ཡོ་གའི་ངོང་གིས་རྒྱལ་པོ་དེ་ཉིད་ཀྱིས་ནི། སྨོན་པ་མངས་རྒྱས་ཀྱི་བཀའ་ལས།

རྒྱལ་བ་འདས་དང་མ་བྱོན་ཕྱོགས་བཅུ་གང་བཞུགས་པ།
ཀུན་ལམ་པ་རོལ་ཕྱིན་པ་འདི་ཡིན་གནས་པ་ཡིན།
པ་རོལ་ཕྱིན་འདི་བྱང་ཆུབ་མཆོག་ལ་བཞུགས་རྣམས་ཀྱི།
གསལ་དང་སྒྲོན་དང་སྣང་དང་སྟོན་པ་མཆོག་ཡིན་ཞེས་བཤད།

ཞེས་དང་།

མངས་རྒྱས་གང་དག་འདས་པ་དང་། མངས་རྒྱས་གང་དག་མ་བྱོན་དང་།
མངས་རྒྱས་སྟོང་ན་སེལ་མཛད་པ། ད་ལྟར་སང་པོ་གང་བཞུགས་དག།

ཐམས་ཅད་དམ་པའི་ཆོས་ལ་ནི། གུས་པར་གནས་ཀྱང་གནས་འགྱུར་ཞིང་།

རི་བཞིན་གུས་པར་གནས་པ་མཛད་དེ། དེ་རིང་སངས་རྒྱས་ཆོས་ཉིད་ཡིན།

དེ་ཕྱིར་བདག་ལ་ལེགས་འདོད་ཅིང་། བདག་ཉིད་ཆེན་པོ་མཐོང་འདོད་པས།
སངས་རྒྱས་བསྟན་པ་དྲན་བྱེད་ན། འདི་ལ་དད་ཆོས་གུས་པར་བྱ།
ཞེས་དང་།

མི་ཉིད་འདི་རི་འགྲོ་བར་འགྱུར། འཆི་བདག་རབ་ཏུ་མི་བཟད་འདིང་།
ཁྱོད་ཀྱི་ཚེ་འདི་མི་བརྟན་གྱིས། རྒྱལ་པོ་བག་མེད་མ་བྱེད་ཅིག།

ནོར་ནི་གཏོང་གི་ལུས་ནི་བསྲུང་བར་བྱ།
ཡན་ལག་གཏོང་གི་སྲོག་ནི་བསྲུང་བར་བྱ།
ནོར་དང་ཡན་ལག་རྣམས་དང་དེ་བཞིན་སྲོག།
ཐམས་ཅད་གཏོང་གི་འདིར་ནི་ཆོས་བསྲུང་ངོ་།

ཞེས་དམ་པའི་ཆོས་ནི་དུས་གསུམ་གྱི་སངས་རྒྱས་ཐམས་ཅད་བསྐྱེད་པ་དང་བསྐྱེད་པའི་ཡུམ་དང་ལེགས་ཚོགས་ཐམས་ཅད་འབྱོང་པའི་རྒྱུ་བླ་ན་མེད་པར་ཡིན་པས་ན་སངས་རྒྱས་རྣམས་ཀྱིས་ཀྱང་གུས་པའི་གནས་སུ་བྱས་པས་རྒྱ་བོད་ཀྱི་ཆོས་ཀྱི་རྒྱལ་པོ་རྣམས་ཀྱིས་ལུས་དང་སྲོག་ཀྱང་བཏང་སྟེ་དམ་པའི་ཆོས་སྤྲེལ་བར་མཛད་པའི་ལུགས་སྲོལ་བཟང་པོ་དེ་དེ་རྗེས་སུ་དྲན་ནས་དམ་པའི་ཆོས་ལ་གུས་ཤིང་བླ་མར་བྱེད་འདོད་ཀྱི་ལྷག་བསམ་དགེ་བས་གོང་དུ་བརྗོད་པ་ལྟར་བླ་མ་དམ་པ་ས་ཆེན་ཀུན་དགའ་སྙིང་པོ་ལ་ཡི་གེའི་ལམ་ནས་ཕྲ་ཕར་བརྒྱང་སྟེ་སྐབས་འཇུག་ནས་ཤིང་ཁྱེད་སྲས་བཅས་ཀྱིས་བོད་ཡུལ་དུ་རྒྱལ་བའི་བསྟན་པ་རིན་པོ་ཆེ་སྤེལ་དགོས་ཞེས་བསྐུལ་བ་དང་། ཡང་སྟོན་པ་སངས་རྒྱས་ཀྱི་བཀའ་ལས།

འགྲོ་བའི་རྣམ་རང་སྡུག་བསྔལ་སེལ་མཛད་པ།
སེམས་མེད་ཉོན་ལ་མཆོད་དང་མཐོང་བ་དང་།
ཐོས་དབང་དེ་ལྟར་འདྲེས་བུ་མཆིས་ལགས་ཏེ།
གནས་མཆོག་ཏ་ཀི་མེད་པ་ཐོབ་པར་འགྱུར།

ཞེས་དང་། རྒྱལ་པོ་ཆེན་པོ་དགེ་སློང་གི་དགེ་འདུན་དེ་ནི་རེམས་ཙད་མེད་པ་དང་ལྡན་པ་ཡིན་ཅིང་། སྦྱིན་གནས་ཆེན་པོ་དང་། ལྷ་དང་མི་ཐམས་ཅད་ཀྱི་མཆོད་པར་འོས་པར་འགྱུར་རོ། ཞེས་དང་། དགེ་འདུན་ལ་དགེ་བའི་རྩ་བ་བསྐྱེད་པ་ནི། བགྲང་བ་དང་ཚད་བཟུང་བར་མི་ནུས་ཏེ། འཁོར་བ་ཟད་པར་འགྱུར། ཡོངས་སུ་བཏགས་པར་ཡི་འགྱུར་རིང་། སྡང་ན་ལས་འདས་པ་མི་ཟད་པ་ཡང་འཐོབ་པར་བྱེད་དོ། །ང་ལ་མ་མཆོད་པར་དགེ་འདུན་ལ་མཆོད་ཅིག །དགེ་འདུན་ལ་མཆོད་ན་དཀོན་མཆོག་གསུམ་ལ་མཆོད་པ་ཞེས་བྱའོ། ཞེས་གསུངས་པ་དང་མཐུན་པར་དབུས་གཙང་གི་རྟེན་གསུམ་དགེ་འདུན་དང་བཅས་པ་ལ་མཆོད་པ་དང་བསྙེན་བཀུར་རྒྱ་ཆེན་པོ་མཛད་པ་ཡིན་ནོ། །བོད་ཀྱི་རྒྱལ་པོ་འདིའི་རྒྱལ་བསྟན་སྤེལ་བའི་ཕྱོགས་བཞེད་སྒྲུབ་པ་དང་ལུགས་སྲོལ་བཙན་པོའི་རྗེས་སུ་ཞུགས་ཏེ་ཁོང་གི་སྐུ་ཚ་གོ་དར་རྒྱལ་ཁྲིམས་ཀྱང་། སྟོན་པ་སངས་རྒྱས་ཀྱི་བཀའ་ལས།

སྐྱེ་བོ་བཟང་པོ་ཀླུ་ས་གུས་ལྡན་དེ་དག་གིས།
ཀླུ་ས་མཁས་པ་རྣམས་ལ་རྟག་ཏུ་བསྟེན་པར་བྱ།
ཅི་ཕྱིར་ཞེ་ན་མཁས་པའི་ཡོན་ཏན་དེ་ལ་འབྱུང་།
དེ་དག་ཤེས་རབ་པ་རོལ་ཕྱིན་པ་རྗེས་སུ་སྟོན།
སངས་རྒྱས་ཆོས་རྣམས་དགེ་བའི་བཤེས་ལ་བརྟེན་ཏོ་ཞེས།

ཡོན་ཏན་ཀུན་གྱི་མཆོག་མངའ་རྒྱལ་བ་དེ་སྐད་གསུང་།

ཞེས་དང་།

སངས་རྒྱས་སྤྲུལ་གྱིས་ཞིང་གང་ངམ་མཐོང་བ།
རིན་ཆེན་བཀང་སྟེ་བཞིན་གཤེགས་ཕྱིར་ཡང་།
འདི་ལྟ་བུ་ཡི་ཆོས་འདི་མ་ཐོས་ན།
དེ་ནི་བསོད་ནམས་ཆུང་ཞེས་ང་སྨྲའོ།

གང་གིས་དམ་པའི་དོན་ལྡན་ལྟ་ཟབ་པ།
མདོ་སྡེ་བཟང་པོ་འདི་ནི་ཐོས་གྱུར་ནས།
ཀུན་དུ་འཛིན་ཅིང་བརྗོད་ནས་ཀློག་བྱེད་པ།
འདི་ནི་དེ་བས་བསོད་ནམས་མཆོག་ཏུ་འཕགས།

ཞེས་དགེ་བའི་བཤེས་གཉེན་བསྟེན་པའི་ཕན་ཡོན་དང་ དམ་པའི་ཆོས་ཉན་པའི་ཕན་ཡོན་རྒྱ་ཆེར་གསུངས་པའི་དོན་དང་མཐུན་པར་བྱས་ཏེ། བདག་ཉིད་ཆེན་པོ་འཇམ་མགོན་ས་སྐྱ་པཎ་ཆེན་གྱིས་སྙན་པའི་གྲགས་པས་འཛམ་གླིང་ཀུན་ཏུ་ཁྱབ་ཡོད་པ་དེ་ཉིད་ཧོར་ཡུལ་དུ་རྒྱལ་བསྟན་དང་སྲིད་རྒྱས་པའི་དོན་དུ་སྤྱན་འདྲེན་པ་དང་དབུ་ཐའི་ཨོ་དོར་ཏ་ཞེས་པའི་དཔོན་ཆེན་གཡོག་བཅས་ཕོ་ཉར་མངགས་ཏེ། དེ་ཡང་རྒྱལ་པོ་གོ་དན་གྱི་ལུང་། ས་སྐྱ་པཎྜི་ཏ་ཀུན་དགའ་རྒྱལ་མཚན་དཔལ་བཟང་པོ་ལ་མགོ་བར་བྱེད་པའི་གནས། ངེད་ཀྱི་ཕ་མ་རྣམས་ཀྱི་དྲིན་ལན་བསབ་པའི་ཕྱིར་མཆོད་གནས་ཤིག་དགོས་པ། བརྟག་པ་བྱས་པས་ཁྱོད་འོས་སུ་ཤར་བས། རྗེ་བཙུན་ཁྱེད་དག་ནི་བསྟན་འགྲོའི་ཕན་བདེ་སྤེལ་བར་བཞེད་པ་ཡིན་པས་ལུས་ཀྱི་དཀའ་ཚེགས་ལ་མ་འཛེམ་པར་ཡོང་དགོས། གལ་ཏེ་ཁྱེད་ན་སོ

ཀྲམ་སོ་ཏེ་ར། སྔོན་བླུབ་པའི་དབང་པོས་སེམས་ཅན་གྱི་དོན་དུ་ལུས་གྲངས་མེད་སྦྱིན་པར་བཏང་བ་ཡི་དྲན་ནས། དེས་ཀྱང་མི་ཡོད་ན་ངས་མཐའི་དཔག་དཔུང་ཆེན་པོ་བསྐྱལ་ནས་སེམས་ཅན་སང་པོ་ལ་གནོད་པ་བྱས་ན་ཁྱོད་ཀྱི་སྐྱུག་པ་ཡོ་ཡིན། ཞེས་སོགས་ཀྱི་འཕྲིན་ཡིག་དང་། གཞང་སྦྱིན་གྱི་དེབ་ད་གོས་ཆེན་བྱ་ཤང་གསེར་མདོག་གི་རི་ང་འགག་སོགས་ཁྱད་པར་ཅན་གྱི་དངོས་པོ་ནད་མེད་པ་དང་བཅས་པ་འབྱོར་བས། སྤུར་སྐྲ་ར་ཛེ་བཙུན་ཆེན་པོས་ཁྱོད་ཉིད་ཚེ་ག་ནུ་ཀ་དུ། མི་རིགས་མི་གཅིག་སྤུས་བརྒྱ་དྲུག་ཅུའི་ཡུལ། སྐད་རིགས་མི་གཅིག་བདུན་བརྒྱ་ཀྱི་ཡོའི་སྐད་སློག་པ་བྱུང་ནས་བྱང་ཕྱོགས་རྒྱལ་ཁམས་ནོར་གྱི་ཡུལ་ནས་བྱང་ཆུབ་སེམས་དཔའི་རྣམ་འཕྲུལ་གོ་དོན་ཞེས་བྱ་བའི་རྒྱལ་པོས་ཞུ་ཁྲ་འདྲ་བ་རྣམ་པག་སྣ་འདྲ་བ་གོང་པའི་དོན་དུ་ཞེས་པའི་ཀང་་བསྐྱོགས་བཏང་ནས་འཚོད་དུ་བྱུང་བའི་ཚེ། ཁྱེ་ཆོས་མ་བྱེད་པར་སྒྱུར་དུ་མོང་ཞིག །སངས་རྒྱས་ཀྱི་བསྟན་པ་དང་། སེམས་ཅན་ལ་ཕན་པ་དཔག་ཏུ་མེད་པ་འབྱུང་ངོ་། ཞེས་ལུང་བསྟན་པ་དྲན་པ་དང་། ཡང་སྔོན་པ་སངས་རྒྱས་ཀྱི་བཀའ་ལས།

པར་འདོགས་བྱེད་པར་འདོད་པ་གང་ཞིག་གིས།
འཇིག་རྟེན་གསུམ་ན་སེམས་ཅན་ཐམས་ཅད་ཀྱི།
བདེ་བ་གང་དག་ཡོད་པ་དེ་དག་ཀུན།
སེམས་ཅན་གཅིག་ལ་སྦྱིན་པ་བྱས་པ་བས།
གང་གིས་དེ་ལ་སངས་རྒྱས་ཐུགས་ཀྱི་ནི།
ཚིག་བཞི་པའི་ཚིགས་སུ་བཅད་པ་གཅིག་བསྒྲགས་ན།
དེ་ནི་ཉིད་དུ་པར་འདོགས་མཆོག་ཡིན་དེ།
དེས་ནི་སྡུག་བསྔལ་དག་ལས་གྲོལ་བར་འགྱུར།

གང་གིས་ཀླུའི་བྱེ་སྐྱེད་མངས་རྒྱས་ཏེ།
རིན་ཆེན་བདུན་གྱིས་ཡོངས་སུ་བཀང་བྱས་ན།
དགའ་རབ་སེམས་ཀྱིས་རྒྱལ་ལ་ཕུལ་བ་དང་།
གང་གིས་སེམས་ཅན་གཅིག་ལ་ཚིགས་བཅད་ཕྱིར།
རིན་ཆེན་སྦྱིན་པ་ཤིན་དུ་རྒྱ་ཆེ་དེས།
ཚིགས་བཅད་སྦྱིན་པ་སྐྱེང་རྗེས་བསྒྲུབས་དེ་ལ།
ཆ་ར་ཡང་མི་ཕོད་གྲངས་སུ་འང་མ་ཡིན་ན།
གཉིས་དང་གསུམ་ལ་བསམས་དུ་ག་ལ་ཡོད།

ཅེས་སོགས་དམ་པའི་ཆོས་འཛིན་པའི་ཕན་ཡོན་སྤྱི་དང་། ལྷག་པར་མཐར་འཁོབ་ཡུལ་དུ་དམ་པའི་ཆོས་འཛིན་སྤེལ་བར་བྱེད་པའི་ཕན་ཡོན་བསམ་གྱིས་མི་ཁྱབ་པ་གསུངས་པ་རྣམས་ཀྱིས་ཕྱོགས་འཛོམ་སྟེ། དགུང་ལོ་དྲུག་ཅུ་རྩ་ལྔ་པ་མེ་ཕོ་སྟའི་ལོ་ལ། ཇོ་ཁང་ཆེན་པོ་ལམ་ཟུར་ཕྱག་ཕེབས། དེའི་ཚེ་རྒྱལ་པོ་གོ་དར་ཅེར་ཡུལ་དུ་སོང་བ་ཚུར་བྱོན་པ་དང་། ཕྱག་ལོ་རྒྱ་བ་དང་པོ་ལ་མཇལ་ཏེ། ཆོས་དང་འཇིག་རྟེན་གྱི་གསུང་གླེང་མང་དུ་མཛད། རྒྱལ་པོ་ལ་ཐེག་པ་ཆེན་པོའི་སེམས་བསྐྱེད་དང་ཀྱཻ་རྡོ་རྗེའི་དབང་ལ་སོགས་པ་ཟབ་པ་དང་རྒྱ་ཆེ་བའི་ཆོས་མང་པོ་གནང་ནས། ཧོར་གྱི་རྒྱལ་ཁམས་ཀྱི་སྐྱེ་རྒུ་དག་དཀོན་མཆོག་མཆོད་པ་སོགས་དགེ་བ་བསྒྲུབ་པ་དང་། མི་དགེ་བའི་ལས་ལམ་ཆ་ཤས་ཀྱིས་སྤངས་ནས་སངས་རྒྱས་ཀྱི་བསྟན་པ་རིན་པོ་ཆེ་ལ་གནས་པར་མཛད་དོ། །གཞན་ཡང་རྫུ་འཕྲུལ་བསྟན་པ་དང་རྡོ་དང་བྱེ་མ་སོགས་ལ་མི་ཐོག་པའི་ཕྱག་ཞབས་ཀྱི་རྗེས་བཞག་པ་སོགས་ཀྱིས་ཡུལ་འདི་བྱིན་གྱིས་བརླབས་པ་དང་། ཁྱད་པར་དུ་སོག་ཡིག་བཟོ་བའི་ཐུགས་བཞེད་ཡོད་དུས་སུ་བུད་མེད་ཞིག་གིས་ཐགས

ལ་མཆེད་བཞི་ཤིང་ཐོགས་པ་གཙིགས་པའི་རིན་འབྲེལ་གྱིས་ དེའི་དབྱིངས་ཅན་གྱི་ཡི་གེ་གསར་དུ་བཟོ་བ་ནི། ཨ་ཨེ་ཨི། ན་ནེ་ནི། པ་པེ་པི། ཏ་ཏེ་ཏི། ཀ་ཀེ་ཀི། ས་སེ་སི། ལ་ལེ་ལི། ར་རེ་རི། མ་མེ་མི། ཐ་ཐེ་ཐི། ད་དེ་དི། ཙ་ཙེ་ཙི། ཡ་ཡེ་ཡི། ཚ་ཚེ་ཚི། བྲ་བྲེ། ཞེས་པའི་ཡི་གེ་རྣམས་བཟོས་པ་དེ་ཐོ་རོ་ས་རིང་ངས་གྲིབ་རྟོད་ཞིང་གསུམ་དུ་བསྒྲུབ་པ་མཛད་པ་སོགས་ཀྱི་སྒོ་ནས་བསྟན་འགྲོའི་དོན་ལོ་བདུན་གྱི་བར་དུ་མཛད་དོ། །དེ་ལྟར་རྒྱ་ཧོར་གྱི་ཡུལ་དུ་ནམ་དཀར་གྱི་འཕྲིན་ལས་རྒྱ་ཆེན་པོ་འབྱུང་བའི་རྒྱུ་མཚན་ནི། སྤྲུལ་སྐོང་བདག་ཉིད་ཆེན་པོ་ཉིད་ཀྱི་གསུང་ལས་ཀྱང་།

བདག་ཀྱང་སྔོན་གྱི་བྱེད་པ་འགའ་ཡི་རྒྱུས།
བསྟན་པའི་ཉི་མ་ཤར་གྱི་ཕྱོགས་སུ་འཆར།

ཞེས་དང་། རྗེ་བཙུན་ཆེན་པོ་བྱང་གི་ཉི་ཁྱུང་ཕྱག་པར་བཞུགས་ནས། ཧོར་གྱི་ར་ཡུགས་ཅན་གྱི་ཧུ་སི་མ་གཉིས་ཀོ་བཀབ་པ་ཙམ་བྱུང་བ་ལ། ཉེ་གནས་ཀྱིས་ཅི་ཡིན་བསམ་པས་པ་ལ། ཐམས་ཅད་རླ་མ་རྗེ་བཙུན་ཉིད་བཞུགས་པའི་ཕྱག་པའི་ཤང་དུ་ཆུད་ནས་སྐྱ་མདངས་དུ་འཁོད་དེ། ཁྲི་ཐུ་གཡུའི་ཧོར་ཚོགས་ཅན་དང་མོ་འཁོར་མང་བྱས་པ་རྗེ་ཡོག་ལངས་ནས། ཧོར་གྱི་སྐད་ནམས་བོད་སྐད་དུ་བསྒྱུར་ནས་ཉ་ཕ་འདི་ལྟར་ཟེར་ཧོར་གྱི་ཡོ་ལྷ་གནས་སྟེ་དཀར་པོ་བྱ་བ་ཡིན་པས། རྗེ་བཙུན་ཉིད་ཧོར་ཡུལ་དུ་ཕྱིན་ནས་ལྷ་མི་ཐམས་ཅད་ལ་ཕན་པ་མཛད་དུ་གསོལ་ཞེར་བ་ལ། རྗེ་བཙུན་གྱི་ཞལ་ནས་ང་ན་མོ་ཡང་ཆས། ཁྱེད་ཧོར་དང་ལས་འབྲེལ་ཆེར་མེད་པས། པ་ལྟོངས་པ་ནང་འདི་ཚ་བོ་ཀུན་དགའ་རྒྱལ་མཚན་སྤྲུན་རྫོངས་རེས་པར་བ་རྒྱ་ཆེན་པོ་འབྱུང་གསུངས་པ། ཁྲི་ཐུ་དེས་ཧོར་སྐད་དུ་བསྒྱུར་ནས་ཧོར་རྣམས་ལ་སྒྲ་བར་བྱེད། ཁྲི་ཐུ་དེ་ནི་དྷཱ་ཟའི་རྒྱལ་པོ་གཞན་ཆེན་ཐང་ལྷ

ཡོ་ཐུ་ལ་ཡོངས་པ་ཡིན། དེར་རྗེ་བཙུན་གྱིས་རང་མཆོད་ནས་ཡི་གེ་འབྲུ་གསུམ་གྱིས་བྱིན་གྱིས་བརླབས་ཤིང་རོར་རྣམས་ལ་གཏོར་བས། ཁོང་རྣམས་རི་མ་རུང་ཕྲོག་ཐག་བདར་རྡོའི་འཕྲུང་བའི་སྣང་བ་བྱེད་ཅིང་། རོར་གྱི་སྐད་དུ་གླུ་ལེན་ཞིང་བྲོ་འཁྲབ། མང་དུ་ལངས་པ་དང་རང་ས་ཐིགས་མོང་བ་དང་། ཡང་རྗེ་བཙུན་ཉིད་ཚུ་ལུང་རྡོ་རྗེའི་བྲག་རྫོང་དུ་སྒྲུབ་པ་ལ་རྩེ་གཅིག་དུ་བཞུགས་ནས། དཔལ་ཚོགས་ཀྱི་བདག་པོས་བྲུ་རྟའི་སྐམ་བཅུགས་ནས་མཁའ་དབྱིངས་མཐོར་ཕོར་སྤྲིན་བྲངས་ཏེ། རྒྱ་རོང་གི་རྒྱལ་ཁམས་ཀུན་གསལ་བར་བསྟན་ནས་འདི་དག་ཁྱོད་ཀྱི་གདུལ་བྱ་ཡིན་ཟེར་བ་ལ། ང་དང་རོར་ལས་འབྲེལ་ཆེར་མེད་པས། མ་འོངས་པ་ར་ངའི་ཚ་བོ་འཛམ་དབྱངས་ཀྱི་སྤྲུལ་པ་ཀུན་དགའ་རྒྱལ་མཚན་ལ་གདུལ་བྱ་འདི་དག་ཡོང་བ་གྱིས་གསུང་བའི་བཀའ་བསྒོ་མཛད་པར་བརྙེས། ཕྱིས་སུ་རྒྱ་རོང་གི་རྒྱལ་ཁམས་ཀུན་བདག་ཉིད་ཆེན་པོ་འཛམ་མགོན་ས་པཎ་ཁུ་དབོན་བརྒྱུད་པ་དང་བཅས་པའི་གདུལ་བྱར་གྱུར་པ་ཡིན་ནོ། །དེ་ནས་དགུང་ལོ་བདུན་ཅུ་པ་ལ་ལར་རྗེ་སྐུལ་པ་སྐྱོའི་ཁང་དུ་བདེ་བར་གཤེགས་ཏེ། སྐུ་སྐྱེ་བ་ཕྱི་མ་ལ་མཁའ་སྤྱོད་དང་། དེ་ནས་ཤར་ཕྱོགས་སུ་སུ་རིར་རྒྱལ་པོ་ཉི་མ་སྟོབས་འཕེལ་གྱི་སྲས་སུ་གྱུར་ཏེ་མ་ལས་པལ་ཆེར་བགྱིད། དེའི་ཕྱི་མ་མཚོན་དགའི་ཞིང་དུ་བདེ་བར་གཤེགས་པ་ཏྲི་མེད་དཔལ་ཞེས་བྱ་བར་འཚང་རྒྱ་བར་གསུངས་སོ། ། ། །

དེ་རྗེས་སྤུང་ཁ་རྒྱལ་པོའི་དུས་སུ་ཀརྨ་པག་ཤི་སོགས་བྱོན་ཏེ་ཆོས་བསྟན་པར་མཛད་དོ། །ཀརྨ་པག་ཤི་དེ་ནི་ཤིང་ཕོ་བྱིའི་ལོར་འཁྲུངས། མཚན་ཆོས་འཛིན་དུ་བཏགས། ས་ར་ཧའི་རྣམ་འཕྲུལ་དུ་གྲགས། དགུང་ལོ་ལྔ་དྲུག་ནས་ཡིག་ཀློག་མཁས་པར་མཁྱེན། ལོ་བཅུ་པ་ནས་སངས་རྒྱས་ཀྱི་གསུང་རབ

མཐར་དག་ལ་སྐྱོག་པ་ཅན་གྱིས་ཕྱུགས་རྫུ་རྫུན། རྗེས་རྗེ་སྨོས་བྲག་པ་སོགས་ལ་བསྟེར་ནས་དབང་དང་ཁྲིད་སོགས་གསར། པཎྜིཏ་ཆོས་ཀྱི་བླ་མར་གསོལ། ལོ་བཅུ་བར་འཚམས་མེད་པར་སྒྲུབ་པ་རྩོལ་བ་བཞིན་དུ་བྱས་པས་རྟོགས་པ་ཁྱད་པར་ཅན་འཁྲུངས། ཁམས་སུ་གྲུ་པ་ཟླ་བརྒྱ་ཙམ་བསྡུས་ནས་ཆོས་གསུངས། སྐལ་པའི་གྲགས་པ་ཤཱིར་ཏ་ཆེ་བའི་ཆོ་ངོར་གྱི་རྟུང་ཁ་རྒྱལ་པོས་གསེར་ཡིག་བ་བཏང་ནས་གདན་འདྲེན་བྱུང་བས། རྒྱ་ཡུལ་དུ་བྱོན། ལམ་དུ་ངང་དགེ་འདུན་གྱི་ཞབས་ཏོག་དང་། གཙུག་ལག་ཁང་ཞིག་པ་འཚོས་པ་ལ་སོགས་པའི་བྱ་བ་མང་པོ་མཛད། རྒྱལ་པོ་འཁོར་དང་བཅས་པ་ལ་སེམས་བསྐྱེད་གནང་ནས་བླ་ན་མེད་པའི་བྱང་ཆུབ་ལ་བཙུད། རྒྱ་དང་ཧོར་གྱི་ས་ཆ་རྣམས་སུ་བྱོན་ཏེ་གྲུབ་རྟགས་དང་ཆོས་འཕྲུལ་བསྟན་པ་ཡང་མང་དུ་མཛད་པས། ས་བདག་ཧོ་པི་ལའི་རྒྱལ་པོས་ཀྱང་ཞབས་ལ་བཏུགས། བསྟན་འགྲོའི་དོན་རྒྱ་ཆེར་མཛད་དེ། བརྒྱད་ཅུ་ཞེས་པ་ཆུ་མོ་ལུག་གི་ཟླ་བ་གསུམ་པ་ལ་སྐུ་མྱ་ངན་ལས་འདས་པའི་ཚུལ་བསྟན་ཏོ། །ཡན་ཧྭའི་མཁར་ནང་དུ་ཀརྨ་པ་ཤིའི་མཆོད་རྟེན་བྱ་བ་ཞིག་ཡོད་པ་འདི་ཀརྨ་པཀྴིའི་མཆོད་རྟེན་ཡིན་པ་ལ། སྐད་ཟུར་ཉམས་ནས་ཀརྨ་པ་ཤིའི་མཆོད་རྟེན་དུ་གྲགས་སོ། ཞེས་དགས་པ་འགའ་ཞིག་གིས་གསུངས་སོ།། དེ་རྗེས་མའི་དབང་ཕྱུག་ཆེན་པོ་སྤྲུལ་པའི་ཆོས་ཀྱི་རྒྱལ་པོ་དུ་མི་ལའི་དེ་ཉིད་ནི། ཇི་སྐད་དུ། དཔལ་མགོན་ཀླུ་སྒྲུབ་ཀྱིས།

ལམ་རྣམས་སྟོན་དུ་ཆོས་བཤད་ཀྱང་། བར་དུ་ཆོས་ལྡན་ཐ་མར་ཡང་།
ཆོས་ལྡན་བསྒྲུབ་པའི་མ་བདག་ནི། འདི་དང་གཞན་དུ་གནོད་མི་འགྱུར།

ཀ། ཆོས་ཀྱིས་འཛིར་གྲགས་བདེ་བ་དང་། འདི་དང་འཆི་ཀར་འཇིགས་པ་མེད།

འཇིག་རྟེན་གཞན་དུ་བདེ་བ་རྒྱས། །དེ་ནས་རྟག་ཏུ་ཆོས་བསྟེན་མཛོད།
ཆོས་ནི་ལུགས་ཀྱི་དམ་པ་སྟེ། །ཆོས་ཀྱིས་འཇིག་རྟེན་མངོན་དགར་འགྱུར།
འཇིག་རྟེན་དགའ་བར་འགྱུར་ནས་ཀྱང་། །འདི་དང་གཞན་དུ་བསྐྱུས་ཤི་འགྱུར།

ཞེས་གསུངས་པའི་དོན་དང་མཐུན་པར་སྐྱེ་རྒུ་ས་ལུས་པ་ཆོས་བཞིན་དུ་ལེགས་པར་སྐྱོང་བར་མཛད་པ་སོགས་ཡོན་ཏན་མཐའ་ཡས་པ་མངའ་ཞིང་། ལྷག་པར་སྟོན་པ་སངས་རྒྱས་ཀྱི་བཀའ་ལས།

དད་དང་ཚུལ་ཁྲིམས་ཕུན་སུམ་ཚོགས། །ཤེས་རབ་ལྡན་ཞིང་དཀའ་ཐུབ་ཆེ།
དགེ་བའི་བཤེས་གཉེན་བསྟེན་པ་ནི། །དེ་བཞིན་གཤེགས་པར་ཕྱུར་དུ་འགྱུར།

ཞེས་དང་། །དཔལ་མགོན་ཀླུ་སྒྲུབ་ཀྱིས།

རི་དབང་རྩེ་ནས་ལྷུང་བ་འགའ་ཞིག་གིས།
ལྷུང་བར་མི་བྱ་བསམ་ཡང་ལྷུང་བར་འགྱུར།
བླ་མའི་དྲིན་གྱིས་ཕན་པའི་ལུང་ཐོབ་ན།
གྲོལ་བར་མི་བྱ་བསམ་ཡང་གྲོལ་བར་འགྱུར།

ཞེས་གསུངས་པ་ལྟར་དགེ་བའི་བཤེས་གཉེན་བསྟེན་པ་དང་དམ་པའི་ཆོས་གསར་པའི་ཕན་ཡོན་ཐུགས་ལ་དགོངས་ཏེ་དགོས་པ་དེ་གཉིས་སྒྲུབ་པའི་དོན་དུ་ས་སྐྱ་ནས་བླ་མ་ཆོས་རྒྱལ་འཕགས་པ་བློ་གྲོས་རྒྱལ་མཚན་སྤྱན་དྲངས་ནས་བླ་མར་མཆོད་གསོལ་བ་ཡིན་ནོ། །དེ་ལ་ས་སྐྱ་པཎ་ཆེན་གྱི་སློབ་མ་བཟང་པོ་རྣམས་ཀྱིས་ས་ཁྱབ་པ་མངའ་བ་ལས་མཆོག་ཏུ་གྱུར་པ་ནི་ཆོས་རྒྱལ་འཕགས་པ་འདི་ཡིན་ལ། དེ་ཡང་འགྲོ་མགོན་འཕགས་པ་འདི་ནི། ཡབ་ས་སྐྱ་པཎ་ཆེན་གྱི་གཅུང་སློབ་དཔོན་ཟངས་ཚ་བསོད་ནམས་རྒྱལ་མཚན་དང་། ཡུམ་པ་ ༣༠

ཅིག་ཀུན་སྤྱོད་གཉིས་ཀྱི་སྟེས་སུ་ཤིང་ཕག་རྒྱལ་གསུམ་པའི་ཚེས་དྲུག་ལ་སྐུ་བསྐུམས། དེ་གཉིས་ཀྱི་སྟེས་སུ་འཕྲུངས་པའི་རྐྱེན་ནི། ཡབ་ཟངས་ཚས་ཚོགས་བདག་བསྒྲུབས་པས་ཞལ་གཟིགས་ཏེ། ཚོགས་བདག་གི་གླང་པོ་ཆེའི་སྣ་རྩེར་ཁར་ནས་རི་རབ་ཀྱི་རྩེར་བསྐྱལ་ཏེ་ལྟོས་ཤིག་ཟེར་བས། ཟངས་ཚ་སྐྲག་ནས་ཡུན་རིང་ལྟ་མ་ནུས། དབུས་གཙང་ཁམས་སོགས་བོད་ཀྱི་གདུང་དལ་ཙམ་གཟིགས་པས། ཁྱོད་རང་གིས་གང་མཐོང་དབང་དུ་འདུ་བ་ཡིན་པ་ལ། དབུས་གཙང་ཁམས་གསུམ་སོགས་ཁྱོད་ཀྱི་བུའམ་ཚ་བརྒྱུད་ཀྱིས་དབང་དུ་བསྡུ་བ་ཞིག་འབྱུང་། སྐུར་དུ་མ་མཐོང་བས་ཁྱོད་རང་ལ་ནི་དབང་ཐང་མེད་ཟེར། འོན་ཀྱང་ཡུན་རིང་དུ་སྟེམས་མ་བྱུང་བས་ཟངས་ཚ་དང་ཐུང་ནས། ཚོགས་བདག་གནང་ལ་དབབ་པའི་སྨོན་ཞ་མཛད་པས། སྐབས་ཤིག་གང་ཐང་དུ་སྤུར་ནས་གཟིགས་དང་དངོས་སུ་གསུང་གླིང་མཛད་པའི་མི་སྔོན་རི་པདས་མི་མོ་རི་པ་བཞུགས་པའི་རྒྱར་ཚོགས་བདག་བྱོན་ནས། ཟངས་ཚས་ང་ལ་དབུས་གཙང་ཁམས་གསུམ་དབང་དུ་བསྡུ་བ་ཞིག་དགོས་ཟེར་རང་གྱིས་བསྐྱལ་བྱུང་ཡང་། ཁྱོ་རང་ལ་ནི་སྐལ་བ་མ་འདུག །ཁྱོའི་བུར་འཛིག་རྟེན་གྱི་ཁམས་རྒྱ་ཆེན་པོ་དབང་དུ་འདུ་བའི་སྨོན་ལམ་བཏབ་པ་ཞིག་དགོས་རྒྱུ་ལ་ཁྱེད་ལ་སྐལ་པ་འདུག་པས། ཟངས་ཚའི་བུར་སྐྱེ་བ་བཞེས་ན་དབུས་གཙང་ཁམས་གསུམ་སོགས་བོད་ཡུལ་ཕལ་ཆེར་དབང་དུ་འདུ་བ་ཞིག་འབྱུང་བར་སྣང་བས་ཅིས་ཀྱང་སྐྱེ་བ་ལེན་དགོས་ཞེས་བསྐུལ་བ་ལ་བརྟེན་ནས་དེ་བཞིན་མཛད་པ་ཡིན་ནོ། །ཡུམ་གྱི་རྨི་ལམ་སུ་ཞུགས་པ་དང་། སྐུ་བལྟམས་པའི་དུས་དག་ཏུ་ངོ་མཚར་བའི་ལྟས་ཕུན་སུམ་ཚོགས་པ་མང་དུ་བྱུང་ངོ་། །གཞོན་ནུ་ནས་བློ་གྲོས་དང་དབང་པོ་ཤིན་ཏུ་གསལ་བ་བས་ཡི་གེ་འབྲི་ཀློག་ལ་སོགས་པ་ཐོགས་མེད་པར་མཁྱེན། རིག

པའི་གནས་ངལ་ཆེར་གཟིགས་པ་ཙམ་གྱིས་ཕྱུགས་སུ་ཆུད། སྟོན་གྱི་གནས་ཏྲེར་པའི་མཚོར་ཤེས་ཀྱང་ཐོགས་པ་མེད་པ་མངའ། དགུང་ལོ་གསུམ་བོན་པའི་ཚེ་སྒྲུབ་ཐབས་མཚོ་སྐྱེས་ལ་སོགས་པ་ཐུགས་ནས་གསུངས་པས། ཐམས་ཅད་ངོ་མཚར་ཏེ། འདི་ནི་རིམ་པར་དཔགས་པའི་ཞེས་བརྗོད་པས་དེ་ཕྱིན་ཆད་འཕགས་པ་ཞེས་གྲགས་སོ། །བརྒྱད་པ་ལ་སྐྱེས་རབས་ཕྱུགས་ལས་གསུང་། དགུ་པ་ལ་བརྟག་གཉིས་གསུང་། ཚིགས་སུ་བཅད་པ་མཛོད་པས་མཁས་པ་ཀུན་གྱི་རྒྱལ་ཚབ། །བཅུ་པ་ལ་ཆོས་རྗེའི་ཕྱག་ཕྱིར་བྱང་ཆོས་སུ་བྱོན་པའི་ལམ་དུ་ལྷ་མོ་ཛེ་བོའི་དྲུང་དུ། ཆོས་རྗེ་བས་མཁན་པོ། ཐུལ་བུ་བས་སློབ་དཔོན་མཛད་དེ་རབ་ཏུ་བྱུང་། མཚན་གྲྭ་གྲེས་རྒྱལ་མཚན་ཞེས་བཏགས། སྦྱོར་བྱང་མཁན་པོ་ཤེར་སེང་ལས་དགེ་ཚུལ་གྱི་བསླབ་བྱ་གསར། དགུང་ལོ་བཅུ་གསུམ་པ་ལ་ཆོས་རྗེའི་ཕྱག་ཕྱིར་ཚོར་ཡུལ་དུ་ཐེབས། ཆོས་རྗེ་བ་ལ་མངའ་བའི་ཡོན་ཏན་ཐམས་ཅད་ཡོངས་སུ་རྫོགས་པས་ཆོས་རྗེ་བ་ཕྱུགས་ཤིན་དུ་མཉེས་ཏེ། རྒྱང་བཟེད་དང་། ཆོས་དུང་དཀར་པོ་ཤུང་གྲགས་མ་སོགས་གནང་ནས་བསྔགས་པ་གདད་དེ། ཆོས་རྗེ་དག་ཉིད་དུ་གཤེགས་པ་ལ་དགོངས་རྫོགས་ཀྱང་ལེགས་པར་བསྒྲུབས། དགུང་ལོ་བཅུ་དགུ་བ་ལ་ཨོར་གྱི་ཧུ་ཐི་ཡའི་མི་ཆེན་རྒྱལ་པོས་རྒྱལ་བསྟན་རིན་པོ་ཆེ་དང་རྗེ་རྒྱས་པའི་ཆེད་དུ་རང་གི་ཡོ་བྲང་དུ་སྤྱན་དྲངས་པ་ལ། རྗེ་དེ་ཉིད་ཀྱིས་ཀྱང་། སྟོན་པ་སངས་རྒྱས་ཀྱི་བཀའ་ལས།

ཕྱོགས་བཅུ་རྒྱ་ཆེར་དཔག་ཏུ་མེད་པ་ཡི།
ཞིང་རྣམས་སངས་རྒྱས་སྤྲུལ་གྱིས་གང་གཟིགས་པ།
དེ་དག་ཐམས་ཅད་རིན་ཆེན་རབ་བཀང་སྟེ།
བྱང་ཆུབ་སེམས་དཔས་སྦྱིན་པ་བྱིན་པ་བས།

གང་གིས་མངས་རྒྱས་མང་པོས་བཤད་པ་ཡི།
མདོ་འདི་འདྲ་བ་རབ་བཟང་མ་གོས་པ།
འཆད་དབ་སྐྲོག་གས་གཉན་ལ་སྟོན་བྱེད་པ།
དེ་ཡི་བསོད་ནམས་དེ་ནི་ཆེས་མཆོག་གོ།

ཞེས་གསུངས་པ་ལྟར་གྱི་ཕན་ཡོན་ཕྱུགས་ལ་བཏགས་ནས། སྔོན་གྱི་ལོང་རྗོད་གྱི་ཆོས་རྒྱལ་ཧྲི་ཊི་ལའི་ཊེའི་ཕོ་བྲང་དུ་བྱོན་པ་ལ། རྒྱལ་པོ་བཙུན་མོ་སུམ་དང་བཅས་པས་ཞབས་སྤྱི་བོར་བླངས། ཡོན་མཆོད་གསུང་གླིང་མང་དུ་མཛད། དེའི་ཚེ་བདག་ཉིད་ཆེན་པོ་འདིས་ཕྱུགས་རྒྱལ་ཆེ་བ་ལྟར་མཛད་པ་ན། རྒྱལ་པོ་ན་རེ། ཁྱེད་དེ་ཙམ་དང་རྒྱལ་ཆེ་བ་ཅི་ཡིན། ཁྱེད་ལ་གང་ཅི་ཡོད་གསུངས་པ་ལ། བདག་ཉིད་ཆེན་པོ་འདིའི་ཞལ་ནས། ངེད་སྟོན་ནས། རྒྱ། སེ་ཁམ། རྒྱ་གར། སོག། བོད་ཀྱི་རྒྱལ་པོ་ལ་སོགས་པའི་བླ་མཆོད་བྱས་པས། ཉ་ས་དབང་མ་མགོ་ཙམ་བྱུང་བ་ཡིན་ཞུས། རྒྱལ་པོ་ན་རེ། བོད་ཀྱི་རྒྱལ་པོ་སུས་བྱས། རྒྱལ་པོ་སུ་ཡིས་བཀུར་ཞིང་དབང་སུ་ཡིས་ཞུས། བརྗེ་བོད་དང་མི་མཐུན་པའི་བརྟུན་རྩེར་བ་ཞིག་འདུག་གསུངས་པ་ལ། བདག་ཉིད་ཆེན་པོ་འདིའི་ཞལ་ནས། ངེད་སྟོན་དུ་བོད་ཀྱི་རྒྱལ་པོ་བྱས་དེ་རྒྱ་དང་དཔག་འཐབ་པས། བོད་རྒྱལ་ནས་འཛམ་བུ་གླིང་གི་སུམ་གཉིས་ཙམ་འོག་ཏུ་ཆུག །དེ་རྗེས་རྒྱ་བོད་གཉིས་གཉེར་བྱས་དེ་ཀུང་ཇོ་དང་ཇོ་བོ་གདན་དྲངས་སྐུལ་ཞུས་པས། རྒྱལ་པོ་ན་རེ། བདེན་མ་བདེན་ཡིག་ཚང་ལ་ལྟོས་ཤིག་གསུངས་པ་ལྟར་བལྟས་པས། བདག་ཉིད་ཆེན་པོ་འདིས་ཇི་ལྟར་གསུངས་པ་བཞིན་བྱུང་བས་རྒྱལ་པོ་ཡང་ཕྱགས་དགེས། དེར་ས་རྣ་སྤྲ་རི་ལ་མོ་བྱེ་བའི་གོང་དུ་འཛམ་བུ་གླིང་དུ་ཁྲིག་གི་རར་བ་ཀྱག་བདུར་བབས་པ་ཡིན་གསུངས་པར། རྒྱའི་ཡིག་ཚང་དུ་ཡང་དེ་

བཞིན་བྱུང་བས་རྒྱལ་པོ་ཡིད་ཆེས་སོ། །དེ་ནས་རྒྱལ་པོ་དེའི་བཙུན་མོ་མཛེས་མ་བཟང་མོ་ཞེས་བྱ་བ་ཤིན་ཏུ་གཟུགས་ཤིང་མཛངས་པ་ཞིག་ཡོད་པ་དེས་རྒྱལ་པོ་ལ་ས་སྨྲ་བ་ལ་གསང་སྔགས་ཟབ་མོའི་དབང་བསྐུར་གནང་ལ་སེད་བའི་ཁྲུད་ཆོས་ཤིག་ཡོད་པར་འདུག་པས་དེ་ཞུས་པ་འཐད་ཅེས་ཞུས་པས། རྒྱལ་པོ་ན་རེ། སློབ་ལ་ཁྱོད་ཀྱིས་ཞུས་དང་དེ་ནས་ངས་ཞུའོ་གསུངས་པས། བཙུན་མོས་ཀྱི་རྗེར་གྱི་དབང་ཞུས་པས་ཤིན་ཏུ་དད་པར་གྱུར། དབང་ཡོན་དུ་ཅི་བརྙེད་ཞུས་པས། བདག་ཉིད་ཆེན་པོའི་ཞལ་ནས། རང་གི་ལུས་ལོངས་སྤྱོད་ཁ་ཟེ་དབང་ཐང་ཐམས་ཅད་འབུལ་བ་ཡིན། ཁྱད་པར་དུ་རང་ཉིད་གང་ལ་རྗེས་ཆེ་བའི་དངོས་པོ་དེ་འབུལ་དགོས་གསུངས་པས། བཙུན་མོས། ཇི་སྐད་དུ། ཀླ་ཕ་བྲ་བཅུ་པ་ལས།

དེ་ཕྱིར་སངས་རྒྱས་ཐམས་ཅད་ལ། །རྟག་ཏུ་ཕུལ་བ་ཉིད་དུ་འགྱུར། །
དེ་ཕུལ་བསོད་ནམས་ཚོགས་ཡིན་ཏེ། །ཚོགས་ལས་དངོས་གྲུབ་མཆོག
དུ་འགྱུར། །

ཅེས་གསུངས་པའི་དོན་དང་མཐུན་པར་ང་བག་མ་ལ་ཡོད་དམ་པ་སེམས་ཀྱིས་ཕྱིར་བའི་དོར་རྗེས་ཆེ་བའདི་ཡིན་ཟེར་ནས་རྣ་རྒྱན་གྱི་སྟེང་ན་མུ་ཏིག་གི་ཏོག་པོ་ཆེན་པོ་ཞིག་ཡོད་པ་དེ་ཕྱལ་བ་སོག་པོ་གཅིག་ལ་བཙོངས་པས་གསེར་བྲེ་ཆེན་གང་དང་། དངུལ་བྲེ་ཆེན་སྟོང་བྱུང་བ་དེ་ཡར་བསྐུར་ནས་གཙང་རྩ་ཤིག་གི་ཆོས་འཁོར་དང་། མ་སྐྱུའི་གསེར་གློག་ཆེན་མོའི་གཞི་བྱས་ཟེར། དེ་ནས་བཙུན་མོས་རྒྱལ་པོ་ལ། ཀླུ་མ་འཕགས་པ་ལ་ཆོས་གཞན་ལས་ཁྱད་པར་དུ་འཕགས་པ་ཞིག་འདུག་པ་དེ་གསན་པ་ཟུག་ཞུས་པས། རྒྱལ་པོས་ཀྱང་དང་དུ་བླངས་ནས། ཇི་སྐད་དུ། དཔལ་ཕྱག་ཆེན་ཐིག་ལེའི་རྒྱུད་ལས།

རང་ཕོར་རེ་ཉིག་གང་ཆེ་སྐྱོབ། ལར་གཅིག་དབང་རྣམས་ཀྱིས་ཁྱི་བསྐུར།
དེ་ཚེ་གསང་ཆེན་བཀའ་པ་ཡི། ཐེམ་པར་སྤྱོད་དུ་གྱུར་བ་འོ།

དབང་མེད་ན་ནི་དངོས་གྲུབ་མེད། བྱེ་མ་བཙིར་ལ་མར་མེད་ལྟར།
གང་ཞིག་རྒྱུད་ལྡང་ང་རྒྱལ་གྱིས། དབང་བསྐུར་མེད་པར་འཆད་བྱེད་པ།

སློབ་དཔོན་སློབ་མ་ཤི་མ་ཐག །དངོས་གྲུབ་ཐོབ་ཀྱང་དམྱལ་བར་འགྲོ།
དེ་བས་འབད་པ་ཐམས་ཅད་ཀྱིས། བླ་མ་ལས་ནི་དབང་དོན་ཉ།

ཅེས་གསུངས་པའི་དོན་དང་མཐུན་པར་ཐར་པ་འདུགས་པ་རིན་པོ་ཆེ་ལ་དགྲེས་པ་རྡོ་རྗེའི་དབང་ཆེན་ཐབ་སོའི་ཆོས་ཁྱད་པར་དུ་འཕགས་པའི་བདག་ལ་གནང་དགོས་ཞེས་ཞུས་པས། བདག་ཉིད་ཆེན་པོ་འདིའི་ཞལ་ནས། ཁྱེད་རྒྱལ་པོ་ཆེན་པོ་ཡིན་པས་ཆོས་ཀྱི་དུས་སྟོག་བསྲུང་མི་ཐུབ། ད་རེས་ལོ་ཙ་བ་མཁས་པ་ཡང་མེད་པས་རྗེས་ནས་ཕུལ་ན་ཆོས་གསུངས་པས། རྒྱལ་པོ་ན་རེ། དུས་སྟོག་ཅི་བསྲུང་དགོས་ནས་པས། དབང་བསྐུར་ཞུས་ནས་བླ་མ་གཡུལ་ཞ་གོར་བཞུགས། ལུས་ཀྱིས་ཕྱག་འཚལ། ངག་གིས་ཅི་གསུང་ཉན། ཡིད་ཀྱིས་ཐུགས་དང་མ་འགལ་བ་བྱེད་དགོས་གསུངས་པས། རྒྱལ་པོ་ན་རེ། དེ་ལྟ་བུའི་དུས་སྟོག་བསྲུང་མི་ཐུབ་པར་འདུག་གསུངས་པས། བཙུན་མོ་ན་རེ། དེ་ལ་ཐབས་ཡོད་དེ། ཆོས་ཉན་པའི་སྐབས་དང་མི་ཉུང་དུས་བླ་མ་གང་ལ་བཞུགས། རྒྱལ་སྲིད་དང་མི་དཔོན་ལ་སོགས་པ་མི་ཚོགས་ཆེ་དུས་རྒྱལ་པོ་གོང་ལ་བཞུགས། བོད་ཕྱོགས་ཀྱི་ཞུ་བ་རྣམས་གསུང་ལྟར་སྒྲུབ་ཅིང་བླ་མ་ལ་མ་ཞུས་པར་རྒྱལ་པོས་ལུང་མ་གནང་། དེ་མ་ཡིན་པའི་བྱ་བ་ཆེ་ཆུང་གཞན་ལ་བླ་མའི་གསུང་དང་ཞལ་འཇུག་མ་མཛད་ཅེས་ཞུས་པས། བདག་ཉིད་ཆེན་པོ་འདིས་ཀྱང་ཞལ་གྱིས་

བཏེས་ནས་བསྐོར་སྐྱབ་མཛད། ། དེའི་བར་ལ་ལོ་ཙཱ་བ་ཡང་འབོད་དུ་བཏང་། བསྐོར་བ་རྣམས་གྲོལ་ནས་དབང་གི་ཡོ་བྱད་རྣམས་སྤུ་གོར་མཛད་དེ། རྒྱལ་པོས་གཙོ་བྱས་སྐལ་བ་དང་ལྡན་པ་ཉི་ཤུ་རྩ་ལ་དཔལ་ཀྱི་རྡོ་རྗེའི་དབང་པོ་ཆེ་ལན་གསུམ་གྱི་བར་དུ་བསྐུར་བར་མཛད་དེ། ཆེན་པོ་རོར་གྱི་རྒྱལ་ཁམས་སུ་གསང་སྔགས་རྡོ་རྗེ་ཐེག་པའི་ཆོས་ཀྱི་དགའ་སྟོན་འགྱེད་པར་མཛད་དོ། །རྒྱལ་པོ་ཞང་ཤེར་ར་དད་པར་གྱུར་ཏེ། ཇི་སྐད་དུ། སྡོམ་འབྱུང་གི་རྒྱུད་ལས།

མཆོད་པ་ཐམས་ཅད་ཡོངས་སྤངས་ཏེ། །བླ་མ་མཆོད་པ་ཡང་དག་བརྩམ། །
དེ་མཉེས་པས་ནི་ཀུན་མཁྱེན་གྱི། །ཡེ་ཤེས་མཆོག་ནི་ཐོབ་པར་འགྱུར། །

བླ་མེད་མཛད་པའི་སློབ་དཔོན་ནི། །རྡོ་རྗེ་སེམས་དཔའ་རབ་མཆོད་ན། །
དེ་ཡིས་བསོད་ནམས་མ་བྱས་ཅི། །དཀའ་ཐུབ་མ་བསྡེར་ཅི་ཞིག་ཡོད། །

འཇིགས་དང་ཕྱིག་པ་སྤངས་པ་དང་། །བདེ་བ་དང་ནི་ལྡན་པ་ཉིད། །

ཅེས་གསུངས་པའི་དོན་དང་མཐུན་པར་དབང་ཡོན་དང་པོ་ལ་ཁྲི་སྒོར་བཅུ་གསུམ་ཕུལ། དབང་ཡོན་བར་མ་ལ་རྟེན་དུང་དཀར་པོ་ཆུང་གྲགས་ཀྱིས་གཙོ་བོར་ཆོལ་ཁ་གསུམ་ཕུལ། དབང་ཡོན་ཐ་མ་ལ་རྒྱའི་ཤི་ཡུར་ཆེན་མོ་ཕུལ་བས་བདག་ཉིད་ཆེན་པོ་འདི་ཐུགས་ཤིན་དུ་མཉེས་ནས་བསྔོ་བ་འདི་ལྟར་མཛད་དེ།

འདི་འདྲ་བཙད་པའི་དགེ་བ་གང་དེ་ཡིས། །
མཁྱེན་རབ་དབང་ཕྱུག་ཕྱུགས་དགོངས་རྫོགས་པའི་ཕྱིར། །
པཎ་བདེའི་བསྟན་པ་རབ་ཏུ་རྒྱས་པ་དང་། །
མི་དབང་སྐུ་ཚེ་ཡུན་དུ་བརྟན་ཕྱིར་བསྔོ། །

ཞེས་གསུངས་སོ། །དེ་ལྟར་བདག་ཉིད་ཆེན་པོ་འདི་རྒྱལ་པོ་ཆེན་པོའི་དེ་ཉིད

གྲུར་པའི་རྗེས་སུ། གྲུབ་ཐོབ་ཀརྫ་པཏྲིས་ནས་མཁར་དཀྱིལ་ཀྱང་བཅར་བ། རི་ལ་ཐལ་བྱུང་དུ་འགྲོ་བ་སོགས་རྫུ་འཕྲུལ་མཐའ་ཡས་པ་བསྟན་པ་རྒྱལ་པོས་གཟིགས་ནས་ཡ་མཚན་ནེ། རང་རེའི་བླ་མ་ལས་འཕྲུལ་སྣང་གི་རྫུ་འཕྲུལ་དང་རྟོགས་པ་རྟོགས་ལྡན་རྒྱ་བོ་འདི་རང་ངོ་སོ་ཕྲོ་བ་འདུག་ཅེས་འཁོར་ཀྱི་ངང་དུ་གསུངས་པས་ཀྱེར་བྱས་ནས། བཙུན་མོ་སྒྲོ་མ་བདེ་བར་བདག་ཉིད་ཆེན་པོའི་སྤྱན་སྔར་བྱོན་ཏེ། རྒྱལ་པོས་གསུང་ཚུལ་རྣམས་སྙན་དུ་གསོལ་ནས། བླ་མས་ཀྱང་རྫུ་འཕྲུལ་ཞིག་ས་བསྟན་ན། རྒྱལ་པོའི་རེ་བ་མི་ཁེངས་ཤིང་ཐུགས་ལ་འགྱུར་བ་ཡང་འབྱུང་དོགས་འདུག་ཅེས་གསོལ་བ་བཏབ་པས། བདག་ཉིད་ཆེན་པོའི་ཞལ་ནས། པཎྜིའི་རྫུ་འཕྲུལ་ཡང་སྒྱུར་གདུལ་བྱ་དུས་ལ་བབས་པ་དང་འོང་ལ་ངེད་ཀྱི་ཡིན། འོན་ཀྱང་རྒྱལ་པོ་དད་པ་ཅན་གྱི་རེ་བ་མ་ཁེངས་ན་མི་རུང་། རྗེ་རྗེ་ཐེག་པ་ལས་ཀྱང་ཉེས་པ་ཆེ་བར་འབྱུང་བས་རྫུ་འཕྲུལ་སྟོན་པར་བྱའོ་ཞེས་ཞལ་གྱིས་བཞེས། དེ་ནས་རྒྱལ་པོ་འཁོར་དང་བཅས་པ་ལ་བརྗོད་སྙད་ནས། དེ་ཐམས་ཅད་འཛོམས་པ་ན། བདག་ཉིད་ཆེན་པོའི་ཞལ་ནས། བཙུན་མོ་རང་རལ་གྱི་རྣོན་པོ་ཞིག་ཁྱེར་ཤོག་གསུངས་པ་ལྟར་བཙུན་མོས་རལ་གྲི་ཕུལ་བ་བཞེས་ཏེ། ངེད་ཀྱི་ཡན་ལག་རྣམས་རྒྱལ་བ་རིགས་ལྔར་བྱིན་གྱིས་བརླབས་པར་བྱའོ། ཁྱེད་རང་རྒྱལ་བློན་རྣམས་རིགས་ལྔའི་ཞིང་ཁམས་གང་དུ་སོས་པ་དེར་སྐྱེ་བར་གསོལ་བ་ཐོབ། ཡིད་མ་ཆེས་ན་གཟིགས་ཤིག་ཁྲིའི་སྟེང་ན་ལུས་རི་ལ་པོ་ཡོད་པས་དེ་ལ་མཇལ་བར་མཛོད་ཅེས་གསུང་གནང་སྟེ་ཡན་ལག་རྣམས་སོ་སོར་ཕྲལ་ནས་དབུ་རྣམ་པར་སྤང་མཛད། ཕྱག་ཞབས་བཞི་རིགས་གཞན་བཞིར་བྱིན་གྱིས་བརླབས་དེ་རྒྱལ་བ་རིགས་ལྔ་ཀྱོད་དེ་བྱོན་པ་ལ། རྒྱལ་པོ་བཙུན་མོ་སྒྲོན་པོ་བྲན་འཁོར་དང་བཅས་པ་དད་པ་ཤུགས་དྲག་པོ་སྐྱེས་ཏེ་ཕྱག

དང་བསྐོར་བ་བྱེད་ཅིང་སྐོར་ལམ་བཏབ། དེ་ནས་ལྷ་གཙུག་ལག་ཁང་གི་ཕྱིར་ཕྱིན་པས་གཟིམས་ཁྲིའི་སྟེང་ན་མཚལ་ཁྲག་གིས་ཕུང་ཆར་གོས་པ་རྒྱལ་སྤྲིན་རྣམས་ཀྱིས་མཐོང་ནས་སྐྲག་སྟེ་སྐད་ཤུགས་ཆེན་པོས་གསོལ་བ་བཏབ་ཀྱང་རྫུ་འཕྲུལ་མ་ཤོག །དེ་ནས་བཙུན་མོས། འཇིག་རྟེན་མགོན་པོ་རྫུ་འཕྲུལ་ཕུན་དུ་མ་བཞུགས་ན་རྒྱལ་པོའི་སྙིང་གས་ནས་འཆི་བར་འདུག་གོ །ཞེས་གསོལ་བ་བཏབ་པས། རྫུ་འཕྲུལ་དེ་ལས་བཞེངས་པས་རྒྱལ་པོ་འཁོར་བཅས་དགའ་སྤྲོ་དང་ལྡན་པར་གྱུར། དེ་ཕྱིན་ཆད་ཀྱང་བ་ཐོབ་པའི་སྐྱེས་བུ་ཅི་འདྲ་ཞིག་ཐོན་ནས་རྫུ་འཕྲུལ་བསྟན་ཀྱང་། རྒྱལ་པོའི་ཐུགས་ལ་རྫུ་འཕྲུལ་ངོ་མཚར་ཆེ་ཡང་སྣང་མ་རྟོགས་ཀྱི་ཡོད་དར་ངེད་ཀྱི་ལྷ་སའི་གོང་དུ་འགྲོ་བ་མི་འདུག་སྙམ་པ་ཞར། དེ་ནས་རྒྱལ་པོས་བདག་ཉིད་ཆེན་པོ་འདི་ལ་དེ་ཧྲིའི་མཚན་གསོལ་ཞིང་རིན་པོ་ཆེའི་ཐ་མག་ཕྱུལ། གཞན་ཡང་། གསེར་དང་སུ་ཏིག་གི་རྣམ་སྦྱར། སྐུ་ཆོས། དབྱུ་ཞུ། ཕྱག་ལྷམ། བཞུགས་གདན། གསེར་ཁྲི། གདུགས། གསོལ་ཐབ། གསོལ་སྤྱིར་སོགས་ཚང་མ། ཇ་ལོང་། ཆིབས་རྟ། གསེར་གྱི་སྒ་འཁོར་ཚང་མ་བཅས་ཕུལ། དཔང་པོ་ཧི་ཤུ་བཞེས་པ་ཕྱག་གི་ཡོ་ལ། དངུལ་བྲེ་ཆེན་སྟོ་བཙུ་རྩ་དྲུག །ཇ་སིག་གཉིས་བརྒྱ། གོས་ཕྱག་བརྒྱད་ཅུ། ངར་ཕྱུག་སྟོང་དང་བརྒྱ་བཅས་ཕུལ་ལོ། །དེ་སྐབས་བདག་ཉིད་ཆེན་པོ་འདིས་ཞུས་ཏེ། བསྟོའི་ཁང་པར་གསེར་ཡིག་པ་མི་སྦྱོད་པ་དང་། ཞུ་ཕྱག་མི་བསྐྱལ་བ་དང་། ཁྲལ་ཁར་མི་དགོས་པའི་ཀྱིར་ཀྱང་གནང་། དེ་ནས་རྒྱལ་པོའི་བཀའ་ལས། ཉི་མ་ནུབ་ཀྱི་བཛྲ་རྣམས་ཁྱེར་བྲ་བའི་གོ་ཡུང་མ་སྐྱབ་ཤེས་སུ་ཐུག་བུ་བའི་ཡུང་ཡང་སྐྱུལ། ཡང་རྒྱལ་པོའི་བཀའ་ལས། བོད་ཀྱི་ཡུལ་དུས་ལྷ་བའི་ཆོས་ལུགས་ལས་གཞན་བྱུས་མི་ཆོག་པའི་ཕུང་འབྱུང་གསུངས་པ་ལ། བདག་ཉིད

ཆེན་པོ་འཛིན་དེ་བྱེད་ཀྱི་རྩང་། རང་རང་གི་ཆོས་ལུགས་གང་ཡོད་སྤྱོད་དུ་འཇུག་པ་དགོས་གསུངས་ནས། མཆོད་ཡོན་གཉིས་ཀའི་འཛམ་ས་ཐམས་ཅད་ལ་རང་རང་གི་ཆོས་ལུགས་ལ་འབད་པ་གནོད་ཞེས་གསུངས། དེ་ལྟར་ན་བོད་ཀྱི་གྲུབ་མཐའ་སྣ་ཚོགས་པ་རྣམས་རང་རང་གི་ཆོས་ལུགས་བརྒྱུད་ནས་བསྐྱོད་ཚོག་པ་བྱུང་བ་ཡང་བདག་ཉིད་ཆེན་པོ་འདིའི་བཀའ་དྲིན་དུ་ཁྲམས་སོ། །དེ་ལྟར་རྒྱལ་པོ་ཆེན་པོས་གསོལ་སྐད་རིགས་ཀྱི་གཅིག་པ་དུས་ལ་ཆོས་ཀྱི་བརྡ་དང་ཐ་སྙད་དུ་མ་གསལ་བར་མཛད། རྒྱལ་པོས་ཞུས་པ་བཞིན་སོག་ཡིག་འཁོར་ས་གྲུབ་ཞི་བཟོས་ཤིང་། འདུད་ཤན་དང་སློབ་སྤྱུབ་སོགས་བྱེད་པའི་སློལ་བཙུགས་དེ་བསྟན་འགྲོའི་དོན་རྒྱ་ཆེན་པོ་མཛད། རྒྱལ་པོས་རྒྱ་གར་ནས་མངས་རྒྱུས་ཀྱི་རིང་བསྲེལ་སོགས་དེར་གསུམ་མང་པོ་སྤྱན་དྲངས་དེ་གཙུག་ལག་ཁང་བཞེངས་ཤིང་དགེ་འདུན་གྱི་སྡེ་བཙུགས་ནས་བསྟན་པ་དར་བར་བྱས་སོ། །དེ་ནས་དབུས་སུ་བང་ཆེན་བཏང་ནས། སྡེ་སྲིད་རྒྱ་མཚོའི་མངའ་བདག་སྐྱེ་ཐང་པ་གྲགས་པ་སེངྒེ་གདན་དྲངས་ཏེ། དགུང་ལོ་ཞིར་གཅིག་པ་ཤིང་མོ་ཡོས་ཀྱི་ལོ་རྣབ་ལྷ་པའི་ཚེས་བཅོ་ལྔའི་ཉིན། སྐྱེ་ཐང་པ་གྲགས་པ་སེངྒེ་ས་མཁན་པོ། རྗེ་གདན་བྱུང་པ་བསོད་ནམས་རྒྱལ་མཚན་གྱིས་ལས་སློབ། ཡར་ལུང་པ་བྱང་ཆུབ་རྒྱལ་མཚན་གྱིས་གསང་སྟོན། གནས་པར་པ་ཚུལ་ཁྲིམས་རིན་ཆེན་སོགས་ཀྱིས་ཁ་སྐོང་མཛད་དེ་བསྙེན་པར་རྫོགས་ནས་འདུལ་བ་འཛིན་པ་མཐའ་དག་གི་གཙུག་གི་ནོར་བུར་གྱུར་ཏོ། །མཁན་པོ་ལས་པར་ཕྱིན་ཚོག་གསལ་སོགས་དང་། སློབ་དཔོན་ལས་སོ་ཐར་མདོ་རྩ་སོགས་དང་། གསང་སྟོན་ལས་སྡེ་བདུན་ལ་སོགས་པ་གསན། དེ་ནས་རྗེ་བཙུན་འཇམས་པའི་དབྱངས་ཀྱི་བཀའ་ཞུགས་པའི་གསུམ་རི་བོ་རྩེ་ལྔར་བྱོན། དེའི་ཚེ་སྐྱེ་བོ་ཐམས་ཅད་ཀྱིས་བསུ་

བ་དང་མཆོད་པའི་ཁྱད་པར་རྒྱ་ཆེན་པོ་བྱས། བདག་ཉིད་ཆེན་པོ་འདིས་རི་བོ་རྩེ་ལྔ་པ་བསྐོར་བསྟགས་ཡང་རྒྱ་ཆེར་མཛད་དོ། །དེ་ནས་སླར་ཡང་རྒྱལ་པོའི་ཕོ་བྲང་དུ་བྱོན་ནས་ཆོས་ཀྱི་འཁོར་ལོ་མཐའ་ཡས་པ་བསྐོར། དེའི་ཚེ་རྒྱའི་ཡུལ་དུ་སྟོན་བྱུང་བ་ཐའི་ཤང་ལ་གྱིན་ཞེས་བྱ་བའི་རྗེས་སུ་འབྲངས་པ་མེད་ཤིང་ཞེས་བྱ་བའི་སྡེ་རབ་ཏུ་མང་པོ་གནས་པ་རྣམས་ལྟ་བ་ངན་པ་ལ་མངོན་པར་ཞེན་ནས། དེ་དག་དང་གཞན་དག་ལ་ཡང་གནོད་པར་འགྱུར་བ་གཟིགས་ནས། རྒྱལ་པོ་ཆེན་པོའི་བཀའ་ལོག་པའི་གྲུབ་མཐའ་འདི་དག་ཆོས་དང་མཐུན་པར་ཚར་ཆོད་ཅིག་ཅེས་བསྐུལ་ཏེ། མེད་ཤིང་གི་སྟོན་པ་རིངས་དུ་སྤྱུངས་པས་རང་གི་གཞུང་ལུགས་ཀྱི་མཐར་སོན་པ་བཅུ་བདུན་ཡང་དག་པའི་རིགས་པས་ལེགས་པར་མཛད་ནས་ལྟ་བ་ངན་པ་ལས་བཟློག་སྟེ། ཡང་དག་པའི་ལྟ་བ་འཛིན་དུ་བཅུག་ནས་རབ་ཏུ་འབྱུང་སྟེ་ཐུབ་པའི་བསྟན་པ་ཆེས་ཆེར་གསལ་བར་མཛད་པ་ཡིན། དེའི་ཚེ་བདག་ཉིད་ཆེན་པོ་འདིས་མེད་ཤིང་བདུལ་བའི་རྟོགས་སུ་བཅད་པ་ལས།

དེ་བློ་ངན་པ་ལུགས་ཀྱི་ཁམས། ཡང་དག་གསུངས་པའི་བསྟན་པ་ཡི།
གསེར་འགྱུར་རྩི་ཡིས་རབ་སྤྱངས་ནས། ཐུབ་པའི་བདུལ་ཞུགས་ལེགས་འཛིན་པའི།

རྟོགས་བརྗོད་དམ་པར་བདག་གིས་བསྒྱུར།

ཞེས་གསུངས་སོ། །དེ་ལྟར་ཤར་ཕྱོགས་ཀྱི་རྒྱལ་ཁམས་ཆེན་པོར་བསྟན་པ་དང་འགྲོ་བའི་དོན་དཔག་ཏུ་མེད་པ་མཛད་ནས། སླར་ཡང་ཁ་བ་ཅན་གྱི་གདུལ་བྱ་རྣམས་རྗེས་སུ་གཟུང་བའི་ཕྱིར། དགུང་ལོ་སོ་གཅིག་པ་ཤིང་མོ་གླང་གི་ལོ་ལ་རིམ་གྱིས་གདན་ས་ཆེན་པོ་དཔལ་ལྡན་ས་སྐྱར་བྱོན་ཏེ། མཆོག་དམན་བར་མའི་སེམས་ཅན་མཐའ་ཡས་པ་མཐོང་ཐོས་དྲན་རེག་གིས་དོན་ལྡན་དུ་མཛད

ཇོ། །དེའི་ཚེ་ནོར་དངོས་པོ་གཏོས་ཆེ་བ་བརྙས་ཡོད་པ་རྣམས་ལས། འགའ་ཞིག་རྡོ་རྗེ་གདན་ལ་སོགས་པའི་གནས་ཁྱད་པར་དུ་འབུལ་བ་རྣམས་དང་། མཆོད་པར་འོས་པ་རྣམས་ལ་མཆོད་པའི་རྫས་སུ་ཕུལ་ལ། འགའ་ཞིག་ནི་གཙུག་ལག་ཁང་དང་དེ་བཞིན་གཤེགས་པའི་སྐུ་དང་བཞུགས་པའི་མཆོད་རྟེན་རིན་པོ་ཆེ་དུ་མ་ལས་གྲུབ་པ་ཤིན་ཏུ་མཚར་ཞིང་རྒྱ་ཆེ་བ་བཞེངས་པ་དང་། སྣ་མ་མོང་མ་རྣམས་ཀྱི་སྐུ་འབུམ་ལ་གསེར་གྱི་གདུགས་ལ་སོགས་པ་མཛད་དོ། །འགའ་ཞིག་ནི་དེ་བཞིན་གཤེགས་པའི་གསུང་རབ་དུ་མ་རིན་པོ་ཆེ་ལས་བཞེངས་སོ། །འགའ་ཞིག་ནི་དགེ་འདུན་དུ་མའི་མཆོད་པའི་རྒྱུན་ནར་མར་མཛད་ཅིང་། འགའ་ཞིག་ནི་དགེ་སློང་དང་། བྲམ་ཟེ་དང་། ཕོངས་པ་རྣམས་ལ་སྦྱིན་པ་རྒྱ་ཆེན་མཛད་དེ། བདག་ཉིད་ཀྱི་དོན་དུ་ཡོངས་སུ་མ་བརྔུང་ཤིང་གཞན་དོན་ཁོ་ནར་མཛད་དོ། །དབུས་གཙང་ཁམས་གསུམ་གྱི་དགེ་བའི་བཤེས་གཉེན་མཐའ་ཡས་པ་སྤྱན་བཞིན་འདུས་པ་རྣམས་ལ་ཟབ་པ་དང་རྒྱ་ཆེ་བའི་ཆོས་ཀྱི་འཁོར་ལོ་རྒྱ་ཆེར་བསྐོར་ནས་སངས་རྒྱས་ཀྱི་བསྟན་པ་རིན་པོ་ཆེ་ཉི་མའི་འོད་ཟེར་གྱིས་རེག་པའི་པདྨོ་བཞིན་དུ་གསལ་བར་མཛད་དོ། །དེ་ནས་སྐྱར་ཡང་རྒྱལ་པོས་གདན་འདྲེན་གྱི་གསེར་ཡིག་པ་རིམ་པར་བྱུང་བར་བརྟེན། དགུང་ལོ་སུམ་ཅུ་རྩ་གསུམ་པ་མེ་མོ་ཡོས་ལ་ལས་ཚན་བཅུ་གསུམ་གྱི་ཀུ་སྒྲིགས་མཛད་ནས་ཕྱིན། དེའི་ཚེ་བཅོམ་ལྡན་རལ་གྲིས།

སངས་རྒྱས་བསྟན་པ་བཀའ་ཕྱག་སྦྱིན་གྱིས་བསྐྱབས།
སེམས་ཅན་བདེ་སྐྱིད་མི་དཔོན་ལག་ཏུ་ཤོར།
སྙིགས་དུས་དགེ་སློང་དཔོན་པོའི་བདུལ་ཞུགས་འཛིན།
འདི་གསུམ་མ་རྫོགས་འཁྲུགས་པ་མིན་པར་གོ།

ཞེས་རྒྱུར་བྲ་མཛད། དེའི་ཡན་ད་བདག་ཉིད་ཆེན་པོའི་ཞལ་ནས།

བསྟན་ལ་འཕེལ་འགྲིབ་ཡོད་པ་རྒྱལ་བས་གསུངས།
སེམས་ཅན་བདེ་སྐྱིད་རང་རང་ལས་ལ་རག།
གང་ལ་གང་འདུལ་དེ་ལ་དེ་སྟོན་བྱེད།
འདི་གསུམ་མ་རྟོགས་མཁས་པ་མིན་པར་གོ།

ཞེས་གསུངས་སོ། །དེའི་ཚེ་རྒྱལ་པོ་ཆེན་པོ་དང་། དེའི་སྲས་དང་། བཙུན་མོ་དང་། བློན་པོའི་ཚོགས་ཆེན་པོ་དང་བཅས་པ་ཐམས་ཅད་ཀྱིས་རྒྱ་གར་གྱི་གླང་པོ་ཆེ་ལ་རིན་པོ་ཆེའི་དྲ་བས་སྤྲས་པའི་ཁྲི་དང་། རིན་པོ་ཆེའི་ཟར་ཚགས་མཛོན་པར་འཕྱུར་བའི་གདུགས་དང་། རྒྱལ་མཚན་དང་། བ་དན་དང་། རོལ་མོའི་ཚོགས་རྒྱ་ཆེན་པོ་དུ་མ་དང་བཅས་པ་རྒྱལ་པོའི་འཁོར་བ་ཆེན་པོས་བསུ་བ་དང་། མཆོད་པའི་ཁྱད་པར་དཔག་ཏུ་མེད་པ་མཛད་ཅིང་པོ་བྲང་ཆེན་པོར་གདན་དྲངས་ནས། ཟབ་པ་དང་རྒྱ་ཆེ་བའི་ཆོས་ཀྱི་ཚུལ་དུ་མ་ཞུས་ཤིང་། སངས་རྒྱས་ཀྱི་བསྟན་པ་སོ་ཐོག་ཀ་མ་དའི་ཚལ་ལ་ཟླ་བའི་འོད་ཟེར་ཤར་བ་ལྟར་ཆེས་ཆེར་གསལ་བར་མཛད་དོ། །དེ་ནས་དགུང་ལོ་སོ་དྲུག་པ་ཆུ་མོ་ཉའི་ལོར། རྒྱལ་པོས་གསོལ་བ་བཏབ་སྟེ་ཀྱཻ་རྡོར་གྱི་དབང་བསྐུར། དབང་ཡོན་དུ་ཤེལ་དམ་སྦྱིང་དྲུག་ས་དང་། འཛད་མ་ཁྱད་པར་ཅན་ཕུལ་ཏེ། གནམ་གྱི་འོག་སའི་སྟེང་ན་རྒྱ་གར་ལྷའི་སྲས་པོ། སྤྲུལ་པའི་སངས་རྒྱས། ཡི་གེ་རྩོམ་མི། རྒྱལ་ཁམས་ཆམ་འདྲེག་སུ་འཇུག་པ་པོ། གནས་ལྔ་རིག་པའི་པཎྜི་ཏ་འཕགས་པ་ཏི་ཤྲི་ཞེས་པའི་མཚན་གསོལ། དངུལ་བྲེ་ཆེན་སྟོང་དང་ཚ། གོས་དར་ལྔ་ཁྲི་དགུ་སྟོང་ལ་སོགས་པ་ཚང་ཚིང་གི་འབུལ་བ་མཐར་ཡས་པ་ཕུལ། དེ་ལྟར་རྒྱ་དང་ཧོར་གྱི་རྒྱལ་ཁམས་སུ་སངས་རྒྱས་ཀྱི་བསྟན་པའི་བྱ་བ་དང་། གདུལ

ཞུ་དཔག་ཏུ་མེད་པའི་ཏོར་མཛད་ནས། སྐར་ཡང་ཁ་བ་ཅན་པ་རྣམས་ལ་ཐུགས་རྗེས་གཟིགས་ཤིང་། ཐུགས་བརྩེ་བར་དགོངས་ནས་སྨོན་མའི་ཚོགས་ཀྱི་ཆེན་པོ་དང་། སའི་བདག་པོ་རྒྱལ་པོའི་སྲས་རྒྱལ་བུ་ཆེང་གེས་ཞེས་བྱ་བ་དབྱུང་གི་ཚོགས་ཀྱི་ཆེན་པོ་དང་བཅས་པས་ཞབས་འབྲིང་བྱས་ཤིང་། རིམ་གྱིས་གདན་ས་ཆེན་པོར་བྱོན་པའི་ལམ་རྣམས་སུ་མི་དང་མི་མ་ཡིན་པའི་འགྲོ་བས་འབྱོར་བ་དུ་མས་བསུ་བ་དང་། སྐྱེལ་བ་དང་། མཆོད་པ་དང་། བསྙེན་བཀུར་བའི་ཁྱད་པར་དཔག་ཏུ་མེད་པ་དང་། བསྒྲོད་དཀའ་བའི་ཆུ་བོ་རྣམས་ལ་ཡང་། མི་དང་མི་མ་ཡིན་ཐམས་ཅད་ཀྱིས་ཟམ་པ་འཛུགས་པ་ལ་སོགས་པ་དང་། མཐོང་བ་དང་ཐོས་པ་ཐམས་ཅད་ཀྱང་བ་སྤུའི་ཚོགས་ཀུན་ནས་ལྡང་ཞིང་མཆི་མ་གཡོ་བར་བྱེད་པ་ལ་སོགས་པ་ངོ་མཚར་བའི་ཁྱད་པར་དཔག་ཏུ་མེད་པ་བྱུང་ཞིང་། དེ་དག་སོ་སོའི་བསམ་པ་དང་ཁམས་དང་མཐུན་པར་དམ་ཆོས་བསྟན་ནས་སྨིན་ཅིང་གྲོལ་བར་མཛད་དེ། ཤི་བའི་ལོ་ལ་ངོ་མཚར་བའི་ལྟས་དུ་མ་དང་བཅས་གདན་ས་ཆེན་པོ་དཔལ་ལྡན་ས་སྐྱར་ཕྱག་ཕེབས་པ་ཡིན་ནོ། །དེའི་མོད་ལ་དབུས་གཙང་ན་བཞུགས་པའི་དགེ་བའི་བཤེས་གཉེན་ཆེན་པོ་ཆོས་དོན་དུ་གཉེར་བ་སློབ་མའི་ཚོགས་དང་བཅས་པ་དང་། མི་ཆེན་པོ་དུ་མ་འདུས་ཤིང་། རྒྱ་གར་དང་ཁ་ཆེ་ལ་སོགས་པ་ནས་ཀྱང་འདིའི་སྙན་པས་པཎྜི་ཏ་དུ་མ་བྱུང་ལ། དེ་དག་ཐམས་ཅད་ཀྱིས་རང་རང་གིས་ཇི་ལྟར་འབྱོར་བའི་མཆོད་པ་དང་། བསྙེན་བཀུར་རྒྱ་ཆེན་པོ་བྱས་ཤིང་དགེ་བའི་རྩ་བ་དུ་མ་བསྐྱེད་ནས་དམ་པའི་ཆོས་གསུང་བར་གསོལ་བ་བཏབ་ཅིང་། བདག་ཉིད་ཆེན་པོ་འདིས་ཀྱང་ཆོས་ཀྱི་རྗེ་ཉིད་ལ་མངའ་བའི་དབང་དང་བྱིན་རླབས་ཀྱི་བཀའ་དུ་མ་དང་། བཤད་པའི་སྐོར་དུ་མ་དང་། མན་ངག་གི་སྐོར་ལྷ་ཞིང་ཕྲ་བ་ཐམས་ཅད་ཀྱང་ང་ལ་ལེགས

པར་ཡོད་པ་ཡིན་པས། ཁྱེད་རང་སོ་སོ་གང་ལ་མོས་པའི་ཆོས་ཐམས་ཅད་ད་ལྟ་ང་ལ་ཞུས་ཤིག་གསུངས་ནས། ཤིན་ཏུ་ཟབ་པ་དང་རྒྱ་ཆེ་བའི་ཆོས་ཀྱི་སྒོ་གྲངས་ལས་འདས་པ་དཔེ་མཐུན་མེད་པར་གསར་ཞིང་། ཟང་ཟིང་གི་སྦྱིན་པ་ཡང་རྒྱ་ཆེར་བསྩལ་ཏེ། གངས་ཅན་པ་རྣམས་ཆོས་དང་ཟང་ཟིང་གཉིས་ཀས་ཚིམ་པར་མཛད་དོ། །གདན་ས་ཆེན་པོར་དེ་ལྟ་བུའི་ཚུལ་གྱིས་ཉིན་མཚན་འདའ་བར་མཛད་ཅིང་འགྲོ་བ་དུ་མ་སྐྱོན་གྲོལ་ལ་བཀོད་དེ། དེ་ནས་སེ་སོ་སྒྲུང་གི་ཁོའི་དཔྱིད་ཟླ་ར་བ་ལ་རྒྱལ་བུ་ཆིང་གེས་ཞེས་བྱ་བས་སྤྱིར་བདག་ཉམས་ནས་གཙང་རྟ་ཤིག་རིང་མོར་ཆོས་ཀྱི་འཁོར་ལོ་རྒྱ་ཆེན་པོ་བསྐོར་བའི་ཚེ། བདག་ཉིད་ཆེན་པོ་འཛིམས་དགེ་འདུན་ཁྲི་ཕྲག་བདུན་ལྷག་པ་ལ་ཞལ་ཟས་བྱ་དོས་པས་བསྙེན་བཀུར་ནས། དགེ་འདུན་རེ་རེ་ལ་གསེར་ཞོ་རེ་སོགས་ཀྱི་འབྱེད་མཛད་ཅིང་ཟབ་པ་དང་རྒྱ་ཆེ་བའི་ཆོས་ཀྱི་འཁོར་ལོ་རྒྱ་ཆེན་པོ་བསྐོར་ཏེ། དེར་འདུས་པ་དགེ་འདུན་ཁྲི་ཕྲག་བདུན་དང་། གཞན་ཡང་ཆོས་སྒྲ་བའི་དགེ་བའི་བཤེས་གཉེན་གཞུང་ལུགས་དུ་མའི་པ་རོལ་ཏུ་སོན་པ་སྟོང་ཕྲག་དུ་མ་དང་། སྐྱེ་བོ་དལ་བ་དང་བཅས་པའི་འདུས་ཕྲག་ཏུ་ལོངས་པ་ལ། རྒྱལ་བ་ཐམས་ཅད་ཀྱི་བགྲོད་པ་གཅིག་པའི་ལམ་པོ་ཆེ་ཐེག་པ་ཆེན་པོའི་བྱང་ཆུབ་མཆོག་ཏུ་སེམས་བསྐྱེད་པ་འཛིན་དུ་བཅུག་སྟེ། དེ་ཐམས་ཅད་ཀྱང་འབྲས་བུ་བླ་ན་མེད་པ་རྫོགས་པའི་བྱང་ཆུབ་ཏུ་ངེས་པ་ཁོ་ནར་མཛད་དེ། མཐུག་ཏུ་དགེ་འདུན་འདུས་པ་རྒྱ་མཚོའི་དབུས་སུ་བདག་ཉིད་ཆེན་པོ་འཛིམས་བསྔོ་བའི་ཡོན་བཤད་ཆེན་པོ་མཛད་དོ། །གསུང་ལས་སྐྱེས་པའི་སྨོན་མ་ཡང་། ཞང་དཀོན་མཆོག་དཔལ། དབུས་པ་མངས་རྒྱས་འབུམ་ལ་སོགས་པ་བཤད་སྒྲུབ་ཀྱི་རྒྱལ་མཚན་འཛིན་པའི་སྐྱེས་མཆོག་མཐར་ཡས་པ་བྱོན་ཏེ། བདེ་བར་གཤེགས་པའི་རིང་ལུགས་དྲི་མ་མེད་པ་ཆེས་ཆེར་གསལ

བར་མཛད་དོ། །དེ་ནས་དགུང་ལོ་ཉེ་དྲུག་པ་ལྕགས་ཕོ་འབྲུག་གི་ལོ་ཟླ་བ་བཅུ་གཅིག་པའི་ཉི་ཤུ་གཉིས་ཀྱི་སྔ་དྲོའི་ཆ་ལ་མཆོད་པའི་ཚོགས་ཀྱི་ཆེན་པོ་གཤེགས་གསུངས་ནས། རྡོ་རྗེ་དང་དྲིལ་བུ་བསྣམས་ཏེ་གདན་ལ་བྱ་དུག་འཛིན་ཅན་རྣམས་ཆོས་ལ་བསྐུལ་བའི་ཕྱིར་སྐྱོང་ངས་ལས་འདའ་བའི་ཚུལ་བསྟན་ཏོ། །དེ་ནས་གདུང་ཞུགས་ལ་ཕུལ་བས་གདུང་རྣམས་ནི་རིང་བསྲེལ་གྱི་ཕུང་པོ་ཆེན་པོར་གྱུར་ཅིང་། ངོ་མཚར་བའི་ལྟས་ཀྱང་མང་དུ་བྱུང་ངོ་། །ཇོ་བོ་རྗེ་དཔལ་ལྡན་ཨ་ཏི་ཤ་བོད་དུ་ཕེབས་ནས། མ་སྨྲའི་རིའི་ངོས་ལ་འབྲོང་གཉིས་འདུག་པ་གཟིགས་ནས་འོངས་པ་ནས་ཧྭ་ཀྭ་ལ་གཉིས་ཀྱིས་འཕྲིན་ལས་མཛད་པར་ལུང་བསྟན་ཏོ་གང་ཞལ་གཉིས་སོ། །ས་དཀར་ཡོགས་ལ་ཕྱག་མཛད་ནས། ཧྲཱི་ཡིག་བདུན་དང་ཧཱུྃ་ཡིག་འདུག་པས་འཇམ་དབྱངས་ཀྱི་སྤྲུལ་པ་བདུན་དང་ཕྱག་རྡོར་གྱི་སྤྲུལ་པ་གཅིག་སྟེ་བརྒྱད་ཀྱིས་འགྲོ་དོན་མཛད་པར་ལུང་བསྟན་པ་བཞིན། ས་ཆེན་གྱི་སྲས་སྤུན་བཞི་དང་། ས་པཎ་དང་། ཟངས་ཚ་བསོད་རྒྱན། འཕགས་པ་རྣམས་འཇམ་དབྱངས་དང་། འཕགས་པའི་གཅུང་ཀྱི་གར་ཕྱག་ན་གསང་བདག་མ་ཆེན་ཉིད་སྤྲུལ་པས་གཟིགས་ཏེ་རིགས་གསུམ་རྣམ་འཕྲུལ་དང་། འཇམ་དབྱངས་བདུན་བརྒྱུད་རིམ་པར་བྱོན་ནོ། །དེ་དག་ལས་ས་ཆེན། བསོད་རྩེ། གྲགས་རྒྱན་གསུམ་ལ་དཀར་པོ་རྣམ་གསུམ། ས་པཎ་དང་འཕགས་པ་གཉིས་ལ་དམར་པོ་རྣམ་གཉིས་ཞེས་ཟེར་ཅིང་། དེ་རྣམས་ས་སྐྱ་གོང་མ་ལྔ་ཞེས་གྲགས་སོ། ། ། །

དེ་ནས་ཨ་ཡུ་ཤྲཱི་བུ་རྒྱལ་པོའི་དུས་སུ་ཀུན་མཁྱེན་ཆོས་སྐུ་འོད་ཟེར་གདན་དྲངས་པ་ཡིན་ཏེ། ཀུན་མཁྱེན་དེ་ནི་ཡབ་རྣལ་འབྱོར་དབང་ཕྱུག་གསེར་སྡིངས་པ་གཞོན་ནུ་འོད་དང་། ཡུམ་ཤེས་རབ་རྒྱན་གྱི་སྲས་སུ་འཁྲུངས་ཤིང་། མངལ

ནམ་བཙལ་བའི་ཚེ་ཡང་མའི་ལུས་ལས་འདས་པའི་ལྷ་མོ་གཉིས་སྔོས་ཟ་ལ་སོགས་པའི་སྣང་བ་ཡང་བྱུང་། མཚན་བདག་མེད་རྡོ་རྗེར་བཏགས། ལོ་ལྔ་ལོན་པའི་ཚེ་སློབ་ཚུལ་ཤིན་ཏུ་ཁྱད་པར་དུ་འཕགས་པར་གྱུར། ཡབ་ལ་ཆོས་ཤར་པ་དང་ཡབ་ཀྱིས་བདག་མེད་རྡོ་རྗེ་ཁྱོད་ང་ལ་བརྟུས་མས་བའི་ཆོས་ལ་བརྟུས་ཤེས་བཀའ་བཀོད་པས། ཙོག་ཙོག་པར་ཐལ་མོ་སྦྱར་ཏེ། དེའི་རྒྱུ་མཚན་ཅི་ལགས་ཤེས་ཞུས་པ་ན། ངའི་ཆོས་མགོ་འཛུགས་པ་དང་ཁྱོད་ཀྱི་རྟེད་པོ་མགོ་མཉམ། ཆོས་ཐོབ་པ་དང་རྟེད་པོ་ཐོབ་པ་དུས་མཉམ་ཞེས་གསུངས་པ་ན། ཆོས་ཉ་བས་ཤར་པ་ལ་ཁང་ལག་གི་རྒྱུ་ཐབས་ལ་འགལ་བ་ཅི་ཞིག་མཆིས་ཤེས་ཞུས་པས། འོ་ན་མཛོད་པར་འགྱུར་གྱི་ངའི་ཆོས་རྣམས་སློར་ཅིག་གསུངས་པས། ཉིན་གསུམ་དུ་ཤར་པའི་ཆོས་ཐམས་ཅད་ཚིག་མ་ནོར་བར་སྦྱོར་བྱུང་བས། ཀུན་ཏ་ལས་དེ་འདི་ནི་སྤྲུལ་པའི་སྐྱེ་ཆེན་པོ་ཞིག་གོ་ཞེས་གླེང་བར་བྱེད་དོ། །དེ་ནས་ཕྱིས་རབ་ཏུ་བྱུང་བའི་མཚན་ཆོས་ཀྱི་འོད་ཟེར་དུ་བཏགས་པ་ལ། འགྲོ་བའི་མགོན་པོ་འཕགས་པས་ཆོས་སྐུ་འོད་ཟེར་དུ་མཚན་གསོལ། འདིས་ཆོས་ཀྱི་གླུ་གང་དང་གང་དུ་སྟོན་པའི་ཚེ། ཆོས་ཐམས་ཅད་ལན་རེས་འཛིན་པར་ནུས་པ་དེ་གཞན་གྱིས་བརྗོད་ནས་སྐབས་པའི་བདག་པ་ཟུས་ཀྱང་དེ་ཁོ་ན་བཞིན་དུ་གྱུར་པ་དང་། ཡབ་ལ་བཞུགས་པའི་ཡོན་ཏན་ཐམས་ཅད་མངའ་བ་སོགས་ཆེ་བའི་ཡོན་ཏན་བསམ་གྱིས་མི་ཁྱབ་པ་མངའ་བོ། །དེ་ལྟར་ཀུན་མཁྱེན་ཆོས་སྐུ་འོད་ཟེར་དེས་ཨོལ་ཇེ་ཐུ་རྒྱལ་པོའི་མཆོད་གནས་སུ་བཞུགས་ཤིང་། དེ་རྗེས་ཧའི་སང་ཀུ་ལུག་རྒྱལ་པོའི་རིང་ལ་ཡང་རྒྱལ་པོའི་མཆོད་གནས་སུ་བཞུགས་པ་སྟེ། ཀུན་མཁྱེན་དེ་ལ་ཧའི་སང་ཀུ་ལུག་རྒྱལ་པོས་སངས་རྒྱས་ཀྱི་བཀའ་མདོ་སྔགས་རྣམས་སོག་སྐད་དུ་བསྒྱུར་ཅིག་ཅེས་ཞུས་པས། ཀུན་མཁྱེན་དེས་ཧི་སྐད

༥། སྟོན་པ་སངས་རྒྱས་ཀྱི་བཀའ་ལས།

དམ་ཆོས་འདོད་པའི་བསོད་ནམས་ནི། སངས་རྒྱས་ཀུན་གྱིས་ནར་དར་དུ།
བསྐལ་པ་བྱེ་བར་བརྗོད་མཛད་ཀྱང་། མཐའ་སར་ཕྱིན་པར་འགྱུར་མ་ལགས།

ཅེས་གསུངས་པ་ལྟར་དམ་ཆོས་སྤེལ་བའི་ཕན་ཡོན་ཕྲག་པ་ལ་བཞག དམ་འགྲོ་མགོན་འཕགས་པས་བཅོས་པའི་ཡི་གེ་འཁོར་ས་གྲུ་བཞི་པས་སོག་སྐད་དུ་ཆོས་བསྒྱུར་མ་ཐུབ་པས། སྔར་གྱི་ས་སྐྱ་པཎྜི་ཏས་བཅོས་པའི་ཨ་ཨེ་ཨི་སོགས་ཡི་གེ་ཞེ་གཉིས་ཀྱི་རིམ་པ་དང་པོ་ཨ་དང་ན་སོགས་སོ་ཡིག་བཅོ་ལྔ་ལས་བཅུ་བཞི་དང་། ཨེ་དང་ནེ་སོགས་སོ་ཡིག་བཅོ་ལྔའི་བཅུ་བཞི་རྣམས་ལས་ཡི་གེ་སོ་སོ་ང་དྲུག་སྟེ་རྣམ་བཅོས་པ་ཡིན་དེ། འདི་ལྟར། ཨོ་ཨུ་ཨེུ་ཨུ། ནོ་ནུ་ནེུ་ནུ། བོ་བུ་བེུ་བུ། ཁོ་ཁུ་ཁེུ་ཁུ། གོ་གུ་གེུ་གུ །སོ་སུ་སེུ་སུ། ལོ་ལུ་ལེུ་ལུ། རོ་རུ་རེུ་རུ། མོ་མུ་མེུ་མུ། ཐོ་ཐུ་ཐེུ་ཐུ། དོ་དུ་དེུ་དུ། ཙོ་ཙུ་ཙེུ་ཙུ། ཡོ་ཡུ་ཡེུ་ཡུ། ཆོ་ཆུ་ཆེུ་ཆུ། ཞེས་པའི་ཡི་གེ་མཐུག་མ་ཅན་རྣམས་དེ། མ་ནིང་གི་ཡི་གེ་བཅུ་བཞི་དང་། ཐ་མའི་ཀླ་ཀློ་རྣམས་ལས་མ་བྱེ་བས་ཡི་གེ་གོ་བརྒྱད་བྱུང་། དེ་ཡང་གོང་གི་ཨེུ་ནེུ་སོགས་ཀྱི་ཡི་གེ་རྣམས་ནི་བོད་སྐད་དུ་བྲིས་ཐབས་མ་བྱུང་བས་དེ་ལྟར་བྲིས་པ་ཡིན་གྱི་ཡི་གེ་ངོ་མ་ནི་དེ་ལྟར་མིན་ནོ། །ང་ཡིག་ནི་སོག་སྐད་དུ་ཚིག་མགོར་མི་འཇུག ནང་རྗེས་འཇུག་ལ་འགྲོ་བ་མང་བས། ན་སོགས་ཡི་གེ་བཅུ་དང་ང་ཡིག་སྟེ་རྗེས་འཇུག་གི་ཡི་གེ་བཅུ་གཅིག་ཡོད་དོ། །དེ་ཡང་ན་བ་ག་མ་ལ་ར་ས་ད་འི་ཝུ་ང་རྣམས་ཨ་ཡིག་ལྟ་བུ་ལ་རྗེས་འཇུག་བྱས་ན། ཨན། ཨབ། ཨག །ཨམ། ཨལ། ཨར། ཨས། ཨད། ཨའི། ཨཝུ། ཨང་ཞེས་པ་ལྟ་བུ་སྟེ། ཡང་འཇུག་ནི། ཨ་ཡིག་ལ་འི་རྗེས་འཇུག་ཅན་གྱི་ཨའི་ཞེས་པ་ལ་ཡང་འཇུག་ན་ཡིག་འཇུག་ན་ཨའིན་ཞེས་པ་དང་།

ཡང་འཇུག་བ་ཡིག་འཇུག་ན་ཨའི་བ་ཞེས་དང་། ག་ཡིག་འཇུག་ན་ཨའི་ག་དང་། ས་ཡིག་འཇུག་ན་ཨའི་ས་དང་། ལ་ཡིག་འཇུག་ན་ཨའི་ལ་དང་། ར་ཡིག་འཇུག་ན་ཨའི་ར་ཞེས་པ་བྱུང་། འདིས་མཚོན་ནས་ཨའིན། ཨའིབ། ཨའིག །ཨའིས། ཨའིལ། ཨའིར་ཞེས་པ་སོགས་ཡི་གེ་མང་པོ་བཅོས་པར་མཛད་དོ། །ཡང་སོག་སྐད་དུ་ཆོས་བསྒྱུར་བ་ལ་ཡི་གེ་ས་འཛོམས་པའི་སྐབས་ཀྱིས། ཤ་ཞེ་ཤི། ཙོ་ཙྪུ་ཙྪི་ཙྪུ། ཤ་ཤེ་ཤི། ཚོ་ཚུ་ཚེ་ཚུ་དང་། འབྲེལ་ཚིག་བྱེད་ཚིག་སོགས་ཡི་གེའི་ཆ་རྐྱེན་རྣམས་གསར་དུ་བཅོས་ནས། གཟུངས་གྲྭ་ལྔ་སོགས་བཀའ་བསྟན་འཆོས་འགའ་ཞིག་སོག་སྐད་དུ་བསྒྱུར་ཏེ་དམ་པའི་ཆོས་རྒྱ་ཆེར་པོ་དར་བར་མཛད་པས་བཀའ་དྲིན་བསམས་ཀྱིས་མི་ཁྱབ་པར་གྱུར་དོ། །དེ་རྗེས་བྲོ་ཡར་གྲོ་རྒྱལ་པོས་མ་སྐྱེའི་བདག་ཆེན་དོན་ཡོད་རྒྱལ་མཚན་ཞེས་པ་མཆོད་གནས་སུ་མཛད། དེའི་རིང་ལ་སྟོར་ཐང་གི་བཅོམ་ལྡན་རིག་རལ་གྱི་སློབ་མ་མཁས་པ་འཇམ་དབྱངས་པ་ཞེས་ཡུལ་དུ་བྱོན་པ་ལ་མཆོད་གནས་སུ་མཛད་ཅིང་། འདི་སྣར་ཐང་དུ་ཡོད་དུས་འབྲུག་གྲོར་ནས་རིག་རལ་དངངས་པར་བྱས་པས་བླ་མ་ཐུགས་མི་མཉེས་པར་ཡོད་པ་ལ། དེ་ནས་མ་སྐྱུར་བཞུགས་པ་དང་ཇོར་གྱིས་གདན་དྲངས། སོག་ཡུལ་ནས་བཀའ་བསྟན་འགྱུར་བཞེངས་ཕྱིན་ཀྱི་ཡོ་བྱད་ཚན་ཆེན་བསྐུར་ཞིང་། ཁྲིད་པར་དུ་རྒྱ་རིག་བཟང་པོ་སྐྱེས་ཙུང་གང་ཕུལ་བས་བླ་མའང་མཉེས་ཏེ། ཆ་རྐྱེན་བསྐུར་བ་དེས་དབུས་པ་བློ་གསལ་སོགས་ཀྱིས་ཕྱུགས་ཁུར་བཞེངས་ཏེ་བཀའ་བསྟན་འགྱུར་བཞེངས་པ་སྣར་ཐང་གི་འཇམ་དབྱངས་ལྷ་ཁང་དུ་བཞུགས་སུ་གསོལ་ཞིང་། དེ་ལ་ས་ཕྱི་བྱས་ཏེ་བཀའ་བསྟན་འགྱུར་མང་དུ་འཕེལ་ལོ། །དེའི་སྲས་གེ་གེར་རྒྱལ་པོས་མ་སྐྱེའི་བླ་མ་བསོད་ནམས་རྒྱལ་མཚན་མཆོད་གནས་སུ་མཛད། དེ་ནས་ཡི

སྤུན་ཐི་སུར་རྒྱལ་པོས་ས་སྐྱའི་བླ་མ་དཀའ་བ་བསོད་ནམས་དང་སོག་པོའི་པོ་ཏྲ་བ་ཤེས་རབ་སེང་གེ་གཉིས་ཀྱིས་གསུང་རབ་མང་པོ་བསྒྱུར་དུ་བཅུག ། དེ་ནས་ རྒྱལ་པོ་རིན་ཆེན་འཕགས་ ཀྱིས་ས་ སྐྱའི་བླ་མ་ རིན་ཆེན་ དབང་པོ་མཆོད་གནས་སུ་མཛད་ལ། དེ་ནས་ཀོ་ས་ལ་རྒྱལ་པོའི་རིང་ལ་བླ་མ་ནམ་མཁའ་རྒྱལ་མཚན་མཆོད་གནས་སུ་མཛད། དེའི་རྗེས་ཁྲི་ཡ་ག་གྲོ་རྒྱལ་པོས་ས་སྐྱའི་བླ་མ་ཡེ་ཤེས་རིན་ཆེན་དང་། ཀརྨ་པ་རང་བྱུང་རྡོ་རྗེ་གཉིས་ཀ་སྤྱན་དྲངས་དེ་མཆོད་གནས་སུ་མཛད་དེ། རང་བྱུང་རྡོ་རྗེ་ལ་རྒྱལ་པོ་བཙུན་མོ་དང་བཅས་པ་དབང་ཆེན་སོགས་ཆོས་གསན་ནས་བསྟན་པའི་བྱ་བ་རྒྱ་ཆེན་པོ་མཛད། རྒྱལ་པོ་རིན་ཆེན་དཔལ་གྱི་རིང་ལ་བླ་མ་སངས་རྒྱས་དཔལ་མཆོད་གནས་སུ་མཛད། དེའི་རྗེས་སུ་གྲོ་གན་ཐི་སུར་རྒྱལ་པོའི་རིང་ལ་ས་སྐྱའི་བླ་མ་ཀུན་དགའ་བློ་གྲོས་དང་ཀརྨ་པ་རོལ་པའི་རྡོ་རྗེ་གཉིས་ཀ་ གདན་ དྲངས་དེ་མཆོད་ གནས་སུ་ མཛད་ ཅིང་ཆོས་གསན་ནོ། །འདིར་གོང་འོག་ཏུ་བྱུང་བའི་ཀརྨ་པའི་དུས་པ་གོང་མ་རྣམས་ཀྱི་ལོ་རྒྱུས་ཅུང་ཟད་བརྗོད་པ་ལ། གོང་དུ་སྨོས་པའི་ཀརྨ་པཀྵིའི་སྐྱེས་སྤྲུལ་ཆོས་རྗེ་རང་བྱུང་རྡོ་རྗེ་ནི། རྗེ་བཙུན་མི་ལའི་འཁྲུངས་ཡུལ་དུ་ཤིང་སྤྲེལ་ལོར་སྐུ་འཁྲུངས། དེ་ནས་ཡབ་ཡུམ་སྨྲས་གསུམ་རིམ་གྱིས་རིང་རིང་བྱོན་པས། དུས་པའི་སྐྱེ་དེ་འཛད་ཚོན་ལྷ་བུར་འདུག་པ་ལས་རང་ལ་ཐིམ་པའི་སྣང་བ་བྱུང་། ལོ་ལྔ་ལོན་པ་ན་གྲུབ་ཆེན་ཨོ་རྒྱན་པའི་གསུང་གིས། མང་ངའི་བླ་མ་ཀརྨ་པ་འགྲོན་པར་ཡོད་གསུང་ནས་སྔར་མཆོད་པོ་བཞེས། དེར་གྲུབ་ཆེན་པའི་དྲུང་དུ་ཕྱིན་པ་ན་སྔར་དེ་ལ་ཐོགས་པ་མེད་པར་འཛོམས་དེ་བཞུགས། གྲུབ་ཆེན་པའི་གསུང་གིས། བྱིས་པ་ཁྱོད་ངའི་བླ་མའི་གདན་ལ་བསྡད་པ་ཅི་ཡིན་གསུང་བས། བླ་མ་རང་ང་ཡིན་གསུང་། དེ་ནས་ཨུ་རྒྱན་པས་བྱང་ཆུབ་མཆོག་ཏུ་སེམས་བསྐྱེད

པ་དང་། འཁོར་ལོ་སྡོམ་པ་དྲིལ་བུ་ལུགས་ཀྱི་དབང་སོགས་ཆོས་མང་པོ་གནང་། ལོ་བདུན་པ་ལ་མཁན་པོ་ཀུན་ལྡན་ཤེས་རབ་ལ་རབ་བྱུང་། དེ་ནས་གདན་ས་འཚུར་ཕུར་ཕེབས་ཏེ་གཉན་རས་དགེ་འདུན་འབུམ་སོགས་ལ་ཆོས་མང་དུ་ཞུས། དགུང་ལོ་བཅོ་བརྒྱད་པ་ལ་ མཁན་པོ་གཞོན་ནུ་བྱང་ ཆུབ་ ལ་བསྙེན་ པར་རྫོགས་ཤིང་ཡུང་སྟོ་བཞི་སོགས་གསན། དེ་ནས་ལྷ་སྡིངས་ཀྱི་དབེན་གནས་བདབ། ཀྵ་ས་ད་མ་ལས་ཆོས་མང་པོ་གསན། དེ་ནས་དབུས་ཕྱོགས་སུ་བྱོན་པ་ན་ཕང་རྣམས་བསུ་བ་བྱས། དེ་ནས་འཚུར་ཕུར་ཕེབས་པས་ཆོས་སྐྱོང་རྣམས་དགྱེས་པའི་སྣང་བ་བྱུང་། ལྷ་མར་རྡོ་རྗེ་ཟོ་ལ་གདུགས་ཕུལ་བའི་ཚེ། ཕྱོགས་བཅུའི་འཇིག་རྟེན་ཁམས་ཀྱི་དེ་བཞིན་གཤེགས་པ་རྣམས་ཀྱི་དྲུང་དུ་ཡང་མཆོད་པ་འབུལ་བཞིན་པའི་སྣང་བ་ཤར། གཉན་རོང་རྒྱ་ཆེར་མཛད། སྤྲེའུའི་ལོར་ཧོར་རྒྱལ་པོ་ཏེ་ལ་ག་ཡུའི་གདན་འདྲེན་བྱུང་ནས་དེར་ཐེགས་ཏེ་རྒྱབ་བཅུ་པ་ལ་རྒྱལ་པོའི་པོ་བྲང་དུ་ཕེབས། རྒྱལ་པོ་བཙུན་མོ་དང་བཅས་པ་ལ་དབང་བསྐུར། གཞན་དོན་དཔག་ཏུ་མེད་པ་མཛད་ནས་བོད་ལ་ཕེབས་ཁར། ཁྲི་ལོ་ལ་རི་བོ་རྩེ་ལྔར་ཐེགས། དེ་ནས་དབུས་སུ་ཕེབས་ཏེ་བསྟན་འགྲོའི་དོན་མཛད་ནས། སྐྱར་ཡང་རྒྱའི་ཡུལ་དུ་ཐེགས་ནས་དགུང་ལོ་ང་དྲུག་གི་མ་ཡོས་ལོར་གཤེགས་ཏེ། ཆོས་ཀྱི་རྗེ་ཉིད་སྒྲུབ་པའི་དཀྱིལ་འཁོར་གྱི་ནང་དུ་བཞུགས་པར་བསྟན་པས། རྒྱལ་པོ་འཁོར་དང་བཅས་པ་ཤིན་ཏུ་དད་པར་མཛད་དོ། །དེའི་སྤྲུལ་སྐུ་ཆོས་རྗེ་རོལ་པའི་རྡོ་རྗེ་ནི། རྗེ་བཙུན་འདི་དགའ་ལྡན་དུ་བཞུགས་པ་ལ་བཅོམ་ལྡན་འདས་བྱམས་པས་ཡང་དག་པར་བསྐུལ་ནས་ཡུམ་གྱི་ལྷུམས་སུ་ཞུགས་པའི་རེ་མ་ཏིའི་སྨད་ཟླ་གྲག། ཞུགས་འབྲུག་ལོར་སྐུ་བལྟམས་པ་ཁྲག་མ་ཀྲི་དང་དབྱངས་གསལ་གྱི་གསུང་བྱུང་། ང་ཀ་ཤ་བཀྲའི་སྐྱེ་བ་ཡིན། ངའི་ཞལ་མཐོང་བས་ངན་སོང་དུ་མི་འགྲོ

བ་ཡིན། འཚོར་ཕྱུ་དང་ཀཱ་ཤྱ་དང་རྒྱལ་པོའི་པོ་བྲང་རྣམས་སུ་ཡང་རིམ་གྱིས་འགྲོ། རྒྱལ་པོའི་པོ་བྲང་ནང་གི་གདུལ་བྱ་དཔག་ཏུ་མེད་པ་ཡོད་པ་ཡིན་གསུང་། དེ་ནས་གཞན་དག་ཡོད་ཅེས་གྲོང་བྱ་བའི་ཕྱིར་ཅི་འདྲི་བ་འགའ་ཞིག་ནུས་དེ། ཚང་ཞུས་ནས་བཞེས་བར་ཞུ། དགའ་ལྡན་ན་འདི་འདྲ་ཡོད་དམ་ཞུས་པས། སྐྱོམ་བྱེད་འདི་འདྲ་མེད། བདུད་རྩི་ཡོད་པ་ཡིན། དགའ་ལྡན་ན་མི་ཡུལ་གྱི་མཛོད་འདྲ་བའང་མེད། མཛོད་ཐབས་རང་རིན་པོ་ཆེ་ལས་གྲུབ་པ་ཡིན་གསུང་། དེ་ནས་རྟོགས་ལྡན་མགོན་རྒྱལ་བ་ལ་དབང་དང་ནཱ་རོའི་ཆོས་དྲུག་སོགས་བསྐྱེད་རྫོགས་མང་པོ་གསན། ཟླ་བ་ཤེས་རབ་དཔལ་ལ་བཀའ་འགྱུར་རོ་ཚོག་དང་བསྟན་བཅོས་མང་པོའི་ལུང་གསན་པ་སོགས་ཟླ་བ་དུ་མ་ལས་ཆོས་མང་དུ་གསན། དེ་ནས་འཚོར་ཕུར་གདན་འདྲེན་པ་ལྟར་ཕེབས་ཏེ་མཁན་པོ་དོན་གྲུབ་དཔལ་ལ་རབ་བྱུང་མཛད་དེ་མཚན་དྷརྨ་ཀཱི་རྟིར་གསོལ། གསུང་སྟོན་པ་ལ་རྡོ་རྗེ་འཕྲེང་བའི་དབང་སོགས་གསན། དགུང་ལོ་བཅོ་བརྒྱད་པ་ལ་ཕྱིར་གྱི་མཁན་པོ་ལ་བསྙེན་པར་རྫོགས་གཞན་དོན་རྒྱ་ཆེར་མཛད། དེ་ནས་ཚོང་གི་རྒྱལ་པོ་གྲོ་གར་ཐེ་ཙུར་སྨྲས་བཅས་ཀྱིས་སྤྱན་འདྲེན་པ་ལྟར་དགུང་ལོ་བཅུ་དགུ་ལ་ཕེབས་ཏེ། རྒྱལ་པོ་འཁོར་བཅས་དང་བྱང་ཕྱོགས་ཀྱི་གཞན་དོན་དཔག་ཏུ་མེད་པ་མཛད་དེ། སྤྱིར་ཀརྨ་གྲོང་ནས་བསྟན་འགྲོའི་དོན་རྒྱ་ཆེར་མཛད། སྤྱིར་གོང་མ་རྒྱལ་པོའི་གདན་འདྲེན་བྱུང་བ་ལྟར་ཐུགས་བྱིའི་ལོར་ཏཱའི་ཏུ་མཁར་དུ་ཕེབས་ཏེ་རྒྱལ་པོ་འཁོར་དང་བཅས་པ་ཞལ་མཐོང་གསུང་ཐོས་པ་ཙམ་གྱིས་རབ་ཏུ་དད་པར་མཛད། ཁྱད་པར་རྒྱལ་པོ་ཡབ་སྲས་ལ་རྣལ་འབྱོར་མའི་དབང་དང་། རྒྱལ་བ་རྒྱ་མཚོའི་དབང་དང་། ཐབས་ལམ་ནཱ་རོའི་ཆོས་དྲུག་ལ་སོགས་པ་གནང་། སྨེ་རྒྱ་ཆེར་སོགས་ཀྱི་མི་ཆེན་དང་སྐྱེ་དཔོན་དཔག་ཏུ་མེད་པ་བླ་ན་མེད་པའི་བྱང་ཆུབ་ཏུ་ངེས

པར་མཛད། མུ་གེ་དང་ནད་ཡམས་སོགས་ཀྱང་ཞི་བར་བྱས་ཏེ་རྒྱལ་ཁམས་བདེ་བར་མཛད་པས་བཀྲ་ཤིས་པའི་ཀླ་ཡ་ཞེས་བསྔགས། དེ་ནས་བོད་དུ་ཐེབས་ཏེ་དབུས་གཙང་གི་དགེ་འདུན་པ་རྣམས་ལ་བསྙེན་བཀུར་མཛད་པ་དང་། ཐུབ་པ་ཆེན་པོའི་སྐུ་སྐྱོན་གཡས་ནས་གཡོན་གྱི་བར་དུ་འདེགས་པ་བཅུ་གཅིག་ཡོད་པའི་ཤིན་ཏུ་རྒྱ་ཆེ་བ་བཞེངས་པ་སོགས་ཀྱི་སྒོ་ནས་བསྟན་པའི་ཞབས་ཏོག་རྒྱ་ཆེར་མཛད་དེ། དགུང་ལོ་ཉེ་བཞིའི་ཆུ་ཕག་གི་ལོར་བདེ་བར་གཤེགས་སོ། །དེའི་སྤྲུལ་སྐུ་ཆོས་རྗེ་དེ་བཞིན་གཤེགས་པ་ནི། ཤིང་སྤྲེའི་ལོར་འཁྲུངས། ལོ་གཉིས་པ་ལ་མངོན་པར་མཁྱེན་པ་རྒྱ་ཆེན་པོ་གསུང་བ་དང་ཆོ་འཕྲུལ་དུ་མ་བསྟན། རྡོའི་སྟེང་དུ་ཐེགས་པའི་ཚེ་ཞབས་རྗེས་གསལ་བར་བྱོན། དགུང་ལོ་བདུན་པ་ནས་པའི་ཚེ་ཆོས་རྗེ་མཁའ་སྤྱོད་པ་དང་མཇལ་ནས་རྡོ་རྗེ་འཕྲེང་བའི་དབང་སོགས་གསན། མཁན་ཆེན་བསོད་ནམས་བཟང་པོ་ལ་རབ་ཏུ་བྱུང་སྟེ་མཚན་ཆོས་དཔལ་བཟང་པོར་བཏགས། ཀརྨ་ཕྱོགས་སུ་ཆོས་ཀྱི་འཁོར་ལོ་བསྐོར། ཏི་ཤུ་པའི་ཡོར་སྤུར་གྱི་མཁན་ཆེན་ལ་བསྙེན་པར་རྫོགས་ཏེ་གཞན་དོན་རྒྱ་ཆེར་མཛད། གོང་མ་ཏཱའི་མིང་ཡུང་ལོ་རྒྱལ་པོས་གདན་འདྲེན་པ་ལྟར་ཕེབས། དེའི་དུས་སུ་རྒྱའི་ཡུལ་འོད་ཀྱིས་ཁེངས་པ་དང་། གཟིགས་ཁང་ལ་འཇའི་ཀ་བ་རྒྱག་པ། སྤྲིན་གྱི་གསེབ་ཏུ་སངས་རྒྱས་དང་བྱང་ཆུབ་སེམས་དཔའ་རྣམས་མངོན་སུམ་དུ་བྱོན་པ་དང་། ལྷའི་བུ་དང་བུ་མོ་རྣམས་ཀྱིས་ནམ་མཁའ་ནས་མངོན་སུམ་དུ་མཆོད་པ་འབུལ་བ་ལ་སོགས་པའི་རྫུ་འཕྲུལ་དང་ངོ་མཚར་བའི་ལྟས་དཔག་ཏུ་མེད་པ་བསྟན་པས། རྒྱལ་པོ་ཆེན་པོ་འཁོར་དང་བཅས་པ་དད་པ་ལྷག་པར་སྐྱེས་ནས་ཡང་དག་པའི་ལམ་ལ་བཀོད། གོང་ནས་མཚན་དེ་བཞིན་གཤེགས་པར་གསོལ། མཆོག་ཏུ་གྱུར་པའི་མཛད་པ་ངོ་མཚར་ཅན་ཕུལ་དུ་བྱུང་བ་བརྒྱ་ཙ

བརྒྱུད་མཛད་ནས། གདུལ་བྱ་རྣམས་ཡང་དག་པའི་ལམ་ལ་བཀོད་ནས་བོད་དུ་ཐེབས་སོ། །དེར་ལྷ་ཆེན་མི་ཆེན་སོགས་གཉན་ལ་ཆོས་བསྟན་པས་སྨིན་ཅིང་གྲོལ་བར་མཛད་པའི་གང་ཟག་ཀྱང་གྲངས་ཀྱིས་མི་ཆོད། སློབ་མ་རྟོགས་ལྡན་མང་པོ་བྱུང་ངོ། །དགུང་ལོ་སོ་གཉིས་པ་སེ་ལུག་གི་ལོར་ཞི་བར་གཤེགས་སོ། །དེའི་སྤྲུལ་སྐུ་རིམ་པ་བཞིན། མཆོང་བ་དོན་ལྡན། ཆོས་གྲགས་རྒྱ་མཚོ། མི་བསྐྱོད་རྡོ་རྗེ། དབང་ཕྱུག་རྡོ་རྗེ། ཆོས་དབྱིངས་རྡོ་རྗེ། ཡེ་ཤེས་རྡོ་རྗེ། བྱང་ཆུབ་རྡོ་རྗེ། བདུད་འདུལ་གྲགས་པ་རྡོ་རྗེ་རྣམས་རིམ་པར་བྱོན་པ་ལགས་སོ། །དཔལ་ལྡན་བླ་མ་དེ་དང་དེ་དག་གིས་བསྟན་པ་དང་སེམས་ཅན་གྱི་དོན་རྒྱ་ཆེན་པོ་མཛད་དོ།

ཐམས་ཅད་མཁྱེན་པ་ས་པཎ་ཀུན་དགའ་རྒྱལ་མཚན་དང་།
ཆོས་ཀྱི་རྒྱལ་པོ་འཕགས་པ་བློ་གྲོས་རྒྱལ་མཚན་དང་།
ཀུན་མཁྱེན་ཆོས་སྐུ་འོད་ཟེར་སྲས་བརྒྱུད་དང་བཅས་པའི།
དམ་པ་ཡོན་ཏན་ཆ་ཤས་ཡོངས་རྫོགས་འོད་དཀར་ཅན།
མ་ཡི་ཚངས་པ་ཆོས་རྒྱལ་སྲས་བརྒྱུད་དང་བཅས་པས།
དད་གསུམ་ལྷག་བསམ་མ་གྲོགས་འགྲོས་ཞེགས་བར་དྲངས་པའི་ཚེ།
རྟོགས་འཛིན་འཆད་རྩོད་རྩོམ་པའི་བསིལ་ཟེར་འབུམ་འཕྲོད་དེ།
སྐྱེ་རྒུའི་རྒྱུད་པའི་ཚ་གདུང་ཐུན་པ་རབ་བཅོམ་ཞིང་།
ཐུབ་བསྟན་ཀུན་དེའི་དགའ་ཚལ་རབ་ཏུ་རྒྱས་མཛད་ནས།
སྐྱེ་འགྲོའི་ཕན་བདེའི་དགའ་སྟོན་སྤྲོ་པའི་མཛད་བཟང་དེ།
རྗེས་འཇུག་ཀུན་ལ་བྱང་ཆུབ་བར་དུ་གཞལ་དཀའ་བའི།
བཀའ་དྲིན་ཆེ་བར་གྱུར་ཚུལ་བསམས་ཀྱིན་སྙིང་ནས་གསུམ།

ཅེས་བྱ་བ་དེ་བར་སྐབས་ཀྱི་ཚིགས་སུ་བཅད་པའོ། ། ། །

དུས་གསུམ་རྒྱལ་བའི་མཁྱེན་བརྩེ་ནུས་གསུམ་གཅིག་འདུས་ལྷ།
རིགས་གསུམ་མགོན་པོའི་སྒྱུ་འཕྲུལ་ཡང་རྗེ་བཙོང་ཁ་པའི།
ཉི་མ་མེད་པའི་སློལ་བཟང་མཉམ་མེད་དགེ་ལུགས་པའི།
བསྟན་པ་རིན་ཆེན་ཕྱོགས་འདིར་དར་ཚུལ་འདི་དཀྲོང་།

གཉིས་པ་ཁྱད་པར་དུ་འཇམ་མགོན་རྒྱལ་བ་གཉིས་པ་བཙོང་ཁ་པ་ཆེན་པོའི་བསྟན་པ་རིན་པོ་ཆེ་ཇི་ལྟར་བྱུང་ཚུལ་བཤད་པ་ལ། འཇམ་མགོན་བླ་མ་བཙོང་ཁ་པ་ཆེན་པོ་དེ་ཉིད་ནི། འཇམ་དཔལ་རྩ་རྒྱུད་ལས།

ང་ནི་མྱ་ངན་འདས་གྱུར་ཏེ། ས་ཡི་སྟེང་འདི་སྟོང་པ་ན།
གྲོང་ཉིད་བྱིས་པའི་གཟུགས་ཀྱིས་ནི། སངས་རྒྱས་མཛད་པ་བྱེད་པར་འགྱུར།
དེ་ཚེ་དགོན་ཆེན་རབ་དགའ་བ། ཁ་བ་ཅན་ཡོད་པ་ཡིན།

ཞེས་ཁ་བ་ཅན་དུ་རྒྱལ་བའི་ཡབ་གཅིག་རྗེ་བཙུན་འཇམ་དཔལ་གྱིས་ཐ་མལ་དགེ་སློང་གི་ཚུལ་བཟུང་སྟེ་དམ་པའི་ཆོས་རྒྱས་པར་མཛད་པའི་སྒོ་ནས་ སངས་རྒྱས་ཀྱི་མཛད་པ་མཛད་པར་ཤིན་ཏུ་གསལ་བར་ལུང་བསྟན་པ་ལྟར་ལ། རྗེ་དེ་ཉིད་ཀྱི་རྣམ་པར་ཐར་བ་ནི། དཔལ་གསང་བའི་བདག་པོ་ཕྱག་ན་རྡོ་རྗེས། མཁན་ཆེན་ལས་ཀྱི་རྡོ་རྗེ་ལ། ང་ལག་ན་རྡོ་རྗེས་ཀྱང་མ་དྲི་ཟླ་བའི་ཡོན་ཏན་གྱི་མཐའ་རྟོགས་པར་མི་ནུས་སོ། ཞེས་གསུངས་པས་གཞན་རྣམས་ཀྱིས་ཇི་ལྟར་བརྗོད་པར་ནུས། འོན་ཀྱང་རྗེ་རིན་པོ་ཆེ་ཉིད་ཀྱི་ཞལ་ནས།

དང་པོར་རྒྱ་ཆེར་ཐོས་པ་མང་དུ་བཙལ།
བར་དུ་གཞུང་ལུགས་ཐམས་ཅད་གདམས་པར་ཤར།
ཐ་མར་ཉིན་མཚན་ཀུན་ཏུ་ཉམས་སུ་བླངས།

ཀུན་ཀུང་བཤར་པ་རྒྱས་པའི་ཆེད་དུ་བསྒོ།

ཞེས་གསུངས་པ་ལྟར་གདུལ་བྱ་ཐུན་མོང་གི་དབང་དུ་བྱས་པའི་རྣམ་ཐར་ཆུང་ཞིག་བརྗོད་པ་ལ། ཧེ་འདི་ནི་སངས་རྒྱས་མྱ་ངན་ལས་འདས་ཚུལ་བསྟན་ནས། ལོ་ཉིས་སྟོང་ཆིག་བརྒྱ་དགུ་བཅུ་རྩ་གཅིག་འདས་པ་རབ་བྱུང་དྲུག་པའི་གསེར་འབྲུག་ཞེས་པ་སེ་མོ་བྱའི་ལོ་ལ། བོད་ཆོལ་ཁ་གསུམ་གྱི་ནང་ནས་མདོ་སྨད་པའི་ཆོལ་ཁ། དགེ་བཅུ་ཚང་བའི་ཡུལ་འཁོར་ཁ་ཞེས་བྱ་བར་ས་ལ་གྱི་རིགས་ལས་ཡབ་སྐྱ་འབུམ་དང་། ཡུམ་མིང་བཟའ་ཨ་ཆོས་གཉིས་ཀྱི་སྲས་སུ་ངོ་མཚར་བའི་ལྟས་དུ་མ་དང་བཅས་ཏེ་སྐུ་བལྟམས། ལྟེ་བ་བཅད་པའི་ཁྲག་ལས་ཙོན་དར་དཀར་པོའི་སྡོང་པོ་ཞིག་སྐྱེས་པའི་འདབ་མ་རེ་ལ་རྒྱལ་བ་སེང་གེའི་ང་རོའི་སྐུ་རེ་ཡོད་པ་འབུམ་ཚོ་གཅིག་བྱུང་བ་སྙིང་པོར་བྱས་ནས་མཆོད་རྟེན་དུ་བྱས་པ་ལ་ད་ལྟ་སྐུ་འབུམ་དུ་གྲགས་སོ།། དགུང་ལོ་གསུམ་པ་ལ་ཆོས་རྗེ་ཀརྨ་པ་རོལ་པའི་རྡོ་རྗེའི་དྲུང་དུ་ཡོངས་རྫོགས་དགེ་བསྙེན་གྱི་སྡོམ་པ་བཞེས་ཏེ། མཚན་ཀུན་དགའ་སྙིང་པོར་བཏགས། དེའི་ཚེ་ཆོས་རྗེ་བའི་མནལ་ལམ་དུ་ཕྱོགས་འཛིན་ཅན་དང་གྱི་རྒྱན་ཤིང་ཤིན་ཏུ་ཆེ་བ་ཞིག་སྐྱེས་འདུག་པའི་གྲིབ་བསིལ་དུ་ཕྱོག་ཆགས་གྲངས་མེད་པ་ངལ་གསོ་བ་ཞིག་མཐོང་། ཡབ་ཡུམ་གཉིས་ལ་ཕྲིས་པ་འདི་ས་ས་བཀོད་པར་གནས་པའི་བྱང་ཆུབ་སེམས་དཔའ་ཆེན་པོ་ཞིག་ཡིན་པར་འདུག་པས་གཅེས་སྐྱོང་གང་དྲག་གྱིས། མི་རིངས་པར་ལྟེ་བ་བཅད་པའི་ཁྲག་ལས་རྩོད་ཤིང་ཁྲོད་པར་ཅན་ཞིག་སྐྱེ་བར་འདུག་ཅིང་། ཤིང་དེས་མ་འོངས་པ་ན་འགྲོ་བ་རྣམས་ལ་ཕན་ཐོགས་པར་འགྱུར་རོ་ཞེས་ལུང་བསྟན། དགུང་ལོ་དྲུག་པ་ལ་ཆོས་རྗེ་དོན་གྲུབ་རིན་ཆེན་པའི་སྤྱན་སྔར་བྱོན། ཆོས་རྗེ་དེས་ཀྱང་སྔར་ལྟ་ན་ནས་དགོངས་ནས་གསང་སྔགས་རྡོ་རྗེ་ཐེག་པའི་སྨིན་གྲོལ་པར་མཛད་ཅིང་། གསང

མཚན་དོན་ཡོད་རྡོ་རྗེ་ཞེས་བཏགས། དགུང་ལོ་བདུན་ལོན་པའི་ཚེ། ཆོས་རྗེ་དོན་གྲུབ་རིན་ཆེན་པས་མཁན་པོ་དང་། གཞོན་ནུ་བྱང་ཆུབ་ཀྱིས་སློབ་དཔོན་མཛད་དེ། ཁྱིམ་ནས་ཁྱིམ་མེད་པར་རབ་ཏུ་བྱུང་དེ་ཚིགས་སྤྲ་ས་དགེ་ཚུལ་གྱི་སྡོམ་པ་ཡང་དག་པར་མནོས་ཤིང་མཚན་བློ་བཟང་གྲགས་པའི་དཔལ་ཞེས་བྱ་བར་གསོལ། བླ་མ་འདི་རྣམས་རྗེ་འདི་ཕྱིས་པ་ཉིད་ནས་བདག་གིར་མཛད་དེ། རབ་ཏུ་བྱུང་ཞིང་ཐོས་བསམ་གྱི་བསླབ་པ་མ་དང་དབུས་སུ་བྱོན་པའི་མཐུན་རྐྱེན་ཡང་ལེགས་པར་མཛད་པས་བཀའ་དྲིན་ཆེ་བའི་བླ་མ་གཅིག་ཏུ་མཛད་པ་ཡིན་ནོ།། ཡི་གེ་འབྲི་ཀློག་ལ་བརྗོད་པར་མཛད་པས་རིག་པའི་གནས་ལ་ཆེ་བ་ཚེགས་མེད་པར་ཐུགས་སུ་ཆུད། བཅུ་བདུན་བཞེས་པ་ན་ལེགས་བཤད་ཀྱི་སྐྱེས་ལེན་པའི་ཕྱིར་མཁན་པོས་བདག་རྐྱེན་མཛད་ནས་ཡུལ་དབུས་སུ་བྱོན། འབྲི་གུང་ཐེལ་དུ་སྤྱན་སྔ་ཆོས་ཀྱི་རྒྱལ་པོ་ལ་སེམས་བསྐྱེད་དང་ཕྱག་ཆེན་ལྔ་ལྡན་ལ་སོགས་པ་གསན། རྒྱུར་ཆོས་པ་བླ་མ་ཀུན་སློ་བ་བ་ལ་རྡོ་རྗེ་ཕྲེང་བའི་དབང་ཡོངས་སུ་རྫོགས་པར་གསན། དེ་ནས་ཆོས་གྲྭ་ཆེན་པོ་སྐྱི་ཚང་བདེ་བ་ཅན་དུ་བྱོན་ཏེ། མཚན་ཉིད་ཀྱི་རྟོགས་ལ་ཐུགས་སྦྱོངས་མཛད། བླ་མ་དམ་པ་བསོད་ནམས་རྒྱལ་མཚན་ལ་འཇམ་དབྱངས་ཨ་ར་པ་ཙ་ནའི་རྗེས་གནང་། བདེ་མཆོག་དྲིལ་བུ་ལུས་དཀྱིལ་གྱི་དབང་དང་། གུར་མགོན་གྱི་རྗེས་གནང་རྣམས་གསན་ནོ། །དགུང་ལོ་བཅུ་དགུ་པ་ལ་མཁས་པའི་མདུན་ལ་དཔལ་ལྡན་གསང་ཕུར་པར་ཕྱིན་གྱི་གྲྭ་སྐོར་མཛད་དེ། མཁས་པ་མཐའ་དག་གི་ཁེངས་པའི་རི་བོ་བཅོལ་བར་མཛད། དེ་ནས་དཔལ་ལྡན་ས་སྐྱ། བཟང་ལྡན། དམ་རིང་རྣམས་སུ་པར་ཕྱིན་གྱི་གྲྭ་སྐོར་མཛད་པས་སྙན་གྲགས་ཀྱི་བ་དན་བཙུགས་པ་བཞིན་དུ་གྱུར། དེ་ནས་ལུང་སྟོད་རྩེ་ཆེན་དུ་བྱོན་ཏེ་མཁས་པའི་དབང་པོ་ཉ་དབོན་ཀུན་དགའ་དཔལ་བའི་སྤྱན་སྔར་

ཕར་ཕྱིན་གྱི་གཞུང་བཤད་ཚར་གཅིག་གསན་ནས་ཐུགས་ཤིན་ཏུ་རངས་པར་གྱུར། དེའི་ཚེ་རྗེ་བཙུན་རེད་མདའ་བ་བཟང་མ་སྨྲ་ནས་རྗེ་ཆེན་དུ་ཀ་དགོན་པའི་དྲུང་དུ་ཐེབས་བྱུང་བ་ལ། སྟོད་ཀྱི་འབྲེལ་པས་མཚམས་སྦྱར་དེ་མཛོད་ཀྱི་བཤད་པ་ཚར་གཅིག་གསན་པས་ཐུགས་ཤིན་ཏུ་མཉེས་ཤིང་དད་པ་ཆེན་པོ་འཁྲུངས། རྗེ་ཉིད་ཀྱི་དབྱར་ཆོས་དེ་གྲོལ་ནས། སྟོན་ཀ་དགོན་སློབ་གཉིས་ཀ་ཉང་སྟོད་འབམས་གླིང་དུ་ཆོས་བར་ལ་བྱོན་དེ་རེད་མདའ་བའི་དྲུང་དུ་དབུ་མ་འཇུག་པའི་བཤད་པ་གསན། རྗེ་ཁྲུད་པོ་ལྷུམ་པ་ལ་སི་ཏུ་བརྒྱ་རྩའི་དབང་ཆེན་སོགས་གསན། དགུང་ལོ་སུམ་ཅུ་པ་ལ་ཡར་ལུང་ནས་རྒྱལ་དུ་ཇོ་གདན་ཚོགས་པའི་མཁན་པོ་ཚུལ་ཁྲིམས་རིན་ཆེན་གྱིས་མཁན་པོ་དང་། བྲོ་རྫོང་མཁན་པོ་ཤེས་རབ་མགོན་པོས་སློབ་དཔོན། དབུ་མཛད་བསོད་ནམས་རྡོ་རྗེས་གསང་སྟོན་མཛད་ནས་བསྙེན་པར་རྫོགས་དེ་འདུལ་བ་འཛིན་པ་རྣམས་ཀྱི་གཙུག་གི་ནོར་བུར་གྱུར། གདན་ས་ཐེལ་དུ་སྤྱན་སྔ་གྲགས་པ་བྱང་ཆུབ་ལ་ནཱ་རོ་ཆོས་དྲུག་གི་ཁྲིད་སོགས་གསན། ལྷ་ཁང་ཀེ་རུར་ཚ་ཁོ་དཔོན་པོ་སོགས་སྡེ་སྣོད་འཛིན་པ་མང་པོ་ལ་དཀའ་ཆེན་བཞིའི་བཤད་པ་སྩལ། སྐྱིད་ཤོད་ཚལ་དུ་བཀའ་འགྱུར་ལ་གཟིགས་རྟོག་གནང་། ལྷ་མར་སྒང་གནས་ཀྱི་ཐུགས་དམ་དང་། བདེ་བ་ཅན་དུ་ཆོས་མང་དུ་གསུངས། ཁྱད་པར་དུ་སོར་མཁར་བཀྲ་ཤིས་གདོང་དུ་མཁས་པ་གྲྭ་མཆོ་ལྔ་བརྒྱ་ལ་རྒྱ་གར་སྐད་བཅོ་ལྔའི་དབུ་དུས་གཅིག་ཏུ་བཙུགས་ནས་བཤད་པ་མཛད་པ་ནི་མཛད་པ་ཐམས་ཅད་ཀྱི་མཆོག་ཏུ་གྱུར་པའོ། །དེ་ལྟར་དབུས་གཙང་གི་མཁས་གྲུབ་དུ་མ་རྣམས་ལ་ཚུལ་བཞིན་དུ་བསྟེན་ནས་ཐུན་མོང་གི་རིག་གནས་དང་། སྡེ་སྣོད་གསུམ་དང་རྒྱུད་སྡེ་བཞི་མན་ངག་དང་བཅས་པའི་དམ་པའི་ཆོས་རྒྱ་ཆེན་པོ་ཐོས་པས་སྒྲོ་འདོགས་ཆོད་པར་མཛད་དོ། །དེ་ནས་སྒྲ་མ་དབུས་པ་བརྩོན་འགྲུས

མིང་གིས་མཚམས་སྦྱར་ནས་རྗེ་བཙུན་འཇམ་པའི་དབྱངས་ལ་ཟབ་ཆོས་དུ་མ་གསན་ཅིང་། དེའི་ཚེ་རྗེ་བཙུན་གྱི་ཞལ་ནས། ད་ཕྱིན་ཆད་བླ་མ་དང་ཡི་དམ་ཐ་མི་དད་དུ་བྱས་པ་ལ་གསོལ་བ་འདེབས་པ། སྤྱར་བསམགས་ཀྱི་ཕྱག་ལྷུང་སྦྱོང་ཞིང་ཚོགས་རྒྱ་ཆེན་པོ་གོང་ནས་གོང་དུ་སྤེལ་བའི་བསགས་སྦྱང་ལ་འབད་པ། ཤིང་རྟ་ཆེན་པོ་རྣམས་ཀྱི་རིགས་པ་ལ་བརྟེན་ནས་མདོ་རྒྱུད་དགོངས་འགྲེལ་དང་བཅས་པའི་དོན་ལ་ཞིབ་ཏུ་དཔྱོད་པ་གསུམ་སུམ་སྦྲིལ་དུ་གྱིས་ལ་རྒྱུན་མི་ཆད་པར་ཉམས་སུ་ལོངས་དང་། རིང་པོར་མི་ཐོགས་པར་ལྟ་བའི་གདན་ས་མཐར་ཕྱག་པ་དང་། མདོ་རྒྱུད་ཀྱི་དོན་མཐའ་དག་ལ་མི་འཁྲུལ་བའི་ངེས་པ་སྐྱེད་པར་འགྱུར། ཞེས་གསུངས་པ་བཞིན་ནན་ཏན་དུ་མཛད་པས་ཀླུ་སྒྲུབ་ཡབ་སྲས་ཀྱི་དགོངས་པ་ཕྱིན་ཅི་མ་ལོག་པར་རྟོགས་ཏེ་ཟབ་མོ་དབུ་མའི་ལྟ་བ་ཐུགས་ལ་འཁྲུངས། སྐྱོ་བྲག་ཁྲུབ་ཆེན་ནས་མཁའ་རྒྱལ་མཚན་དང་། བྲ་གོར་མཁན་ཆེན་ཆོས་སྐྱབས་བཟང་པོ་གཉིས་ལ་བཀའ་གདམས་ཀྱི་སྐོར་གསན་ནས་ཕྱག་ཉམས་སུ་བཞེས་པས་གསུང་རབ་ཐམས་ཅད་གདམས་ངག་ཏུ་ཤར་བར་ཤར་བར་མཛད་དོ། །དེ་སྐད་རྗེ་བཙུན་འཇམ་པའི་དབྱངས་ཀྱིས།

དབྱུ་མོད་འདུལ་དཀའི་སེམས་ཅན་འདི་རྣམས་ལ།
བཤད་པས་ཕན་འདོགས་ཆེན་པོར་ག་ལ་འགྱུར།
དེ་བས་བསྒྲུབ་པ་ལྷུར་བླངས་དབེན་པ་བསྟེན།
རང་གཞན་གཉིས་ཀ་འཚང་བའི་ལམ་སྙེད་སྙམ།

ཞེས་དང་། ད་ལྟ་ནས་བཤད་པ་བྱས་ཀྱང་ཕན་འདོགས་ལྟར་སྣང་ལས་མི་འོང་བས། རི་ཁྲོད་ཏུ་ཐལ་བྱས་དབེན་པ་བསྟེན་ནས་སྒྲུབ་པ་སྙིང་པོར་གྱིས་ཤིག། ཞེས་སྒྲུབ་པ་ཉམས་ལེན་ལ་བསྐུལ་བར་མཛད་པས། དགུང་ལོ་སོ་དྲུག་གི་དུས

སྒྲུ་ཡི་དམ་གྱིས་ཕྱུང་བསྟན་པའི་འཁོར་ཀླུ་མ་འཛམ་དཀར་བ་དང་དོགས་ལྡན་འཛམ་དཔལ་རྒྱ་མཚོ་སོགས་དག་པ་རྣམ་བརྒྱད་ཕྲུག་ཕྱིར་ཁྲིད་དེ་བྱ་བྲལ་ལ་ཕྱིན། ནོལ་ཁང་ཞིབས་ནས་དགུན་དབྱིད་གཉིས་ལ་འོལ་ཁ་ཆོས་ཕྱུང་དུ་བཞུགས་ཏེ། དཔོན་སློབ་རྣམས་ཅན་ཀྱིས་འཚོ་བ་དཀའ་ཐུབ་ཆེ་ཆེན་པོ་ལ་བརྟེན་ནས་ཕྱོགས་བཞི་ཚང་བའི་བསམ་གྲངས་སྤྲང་ལ་ཤིན་ཏུ་འགྲུས་པར་མཛད། རྗེ་རིན་པོ་ཆེ་རང་གིས་ཀུང་སྦྱུང་བཤགས་བརྒྱ་ཕྲག་དང་བཅས་པ་དང་། མཎྜལ་འབུལ་བ་སོགས་ལ་དཀའ་སྤྱད་དྲག་པོ་མཛད་ཅིང་། རྫོང་ཕྱིའི་ཏུ་བས་པ་ལ་འཕང་མཇལ། དེ་ནས་སླར་ཕྱུང་གི་རྒྱ་སོག་ཕྱུར་ཕྱིན། དེར་རྗེ་བཙུན་འཛམ་པའི་དབྱངས་ཀྱི་ལྷ་གཟི་བརྗིད་ཕྱུར་སྐུབ་ཚོགས་པ་ཅིག་ལ་ཀླུ་སྒྲུབ་ཐོགས་མེད་ལ་སོགས་པའི་པཎྜི་ཏ་དུ་མ་དང་། ཨིནྡྲ་བྷུ་ཏི་དང་ས་ར་ཧ་ལ་སོགས་པའི་གྲུབ་ཆེན་དུ་མས་བསྐོར་བ་ཞལ་གཟིགས། གཞན་ཡང་གནས་དེར་གཟིགས་སྣང་དཔག་ཏུ་མེད་པ་བྱུང་། དེ་ལྟར་སྒྲུབ་པའི་རྒྱལ་མཚན་བཙུགས་པར་མཛད་པས་ཡི་དམ་གྱི་ལྷ་དང་བླ་མ་དུ་མས་རྒྱུད་བྱིན་གྱིས་བརླབས་པ་སོགས་ཐུན་མོང་དང་ཐུན་མོང་མ་ཡིན་པའི་དངོས་གྲུབ་པ་ཁྱད་པར་ཅན་བསམ་གྱིས་མི་ཁྱབ་པ་ཐུགས་རྒྱུད་ལ་འཁྲུངས། དེ་ནས་རྗེ་བཙུན་འཛམ་པའི་དབྱངས་ཀྱིས་བསྟན་བཅོས་འདི་དང་འདི་རྩོམ་ཞེས་བསྐུལ་མ་མཛད་པ་བཞིན་མདོ་སྔགས་ཀྱི་གསུང་རབ་རྣམས་ཅན་ཀྱི་སྙིང་པོའི་གནད་གསལ་བར་བསྡུས་ཏེ་བསྟན་པ་ངོ་མཚར་སྐད་དུ་བྱུང་བའི་ལེགས་བཤད་བྱང་ཆུབ་ལམ་གྱི་རིམ་པ་དང་གསང་སྔགས་ལམ་གྱི་རིམ་པ་ལ་སོགས་པ་མདོ་སྔགས་ཀྱི་གཞུང་དུ་མ་ཟབ་མོ་རྩོམ་མཛད་པ་རྣམས་དཔྱད་པ་གསུམ་གྱིས་དག་ཅིང་བསྟན་པ་རིན་པོ་ཆེའི་མཛེས་རྒྱན་དུ་གྱུར་ཏོ། །དགུང་ལོ་ང་གསུམ་པ་ས་མོ་གླང་གི་ལོའི་ཚེ་འཕྲུལ་ཟླ་བའི་ཚེས་གཅིག་ནས་བཅོ་ལྔའི་

བར་ཟླ་བ་སྨོན་ལམ་ཆེན་མོ་འཚུགས་ནས་དགེ་འདུན་སྟོང་ཕྲག་བརྒྱད་ལྷག་ཙམ་ལ་བསྙེན་བཀུར་རྒྱ་ཆེར་བསྒྲུབས་ནས་བསྟན་པ་རིན་པོ་ཆེ་ཕྱོགས་མཐར་རྒྱས་པའི་ཐུགས་སྨོན་རྣམ་པར་དག་པ་མཛད། འབྲོག་རི་བོ་ཆེ་དགེ་ལྡན་རྣམ་པར་རྒྱལ་བའི་གླིང་བདག་སྐྱེ་གསེར་མདོག་ཅན་པན་འཛིན་པའི་རིང་ལུགས་ཕྱོགས་དང་ཕྱོགས་འཚམས་ཀུན་དུ་དར་ཞིང་རྒྱས་པའི་འབྱུང་ཁུངས་གཅིག་པུར་གྱུར་དོ། །གནས་རི་དེ་ཡང་སྐུ་གསུང་ཐུགས་ཀྱི་རྟེན་རང་བྱོན་གསལ་ཞིང་གྲངས་ལས་འདས་པས་གང་བར་སྣང་ལ། དེ་ལྟ་བུའི་དགོན་གནས་དམ་པའི་བསྟན་པ་རིན་པོ་ཆེ་བཤད་སྒྲུབ་གཉིས་ཀྱི་སྒོ་ནས་ཉིན་མོ་ལྟར་གསལ་བར་མཛད་ནས་ལོ་བཅུ་གཅིག་གི་བར་དུ་གདན་ས་ཆེན་པོ་སྐྱོང་བར་གནང་ཞིང་། དགུང་ལོ་རེ་གསུམ་པའི་ས་དྭགས་ལོར་སྐྱེ་སྟོབས་འཛིན་པ་མཐའ་ཡས་པ་ལ་བྱང་ཆུབ་ལམ་རིམ་དང་གསང་འདུས་བདེ་མཆོག་གི་རྒྱུད་སོགས་ཆོས་དཔག་ཏུ་མེད་པ་གསུངས་ཤིང་། ཇོ་བོ་རིན་པོ་ཆེའི་དྲུང་དུ་བྱོན་ཏེ་མཆོད་པ་དང་སྨོན་ལམ་རྒྱ་ཆེན་པོ་མཛད་ནས་བསྟན་པ་རིན་པོ་ཆེ་ཡུན་རིང་དུ་གནས་པའི་གསོལ་བ་བཏབ། ནས་མཁར་ལས་ལྷའི་གཉྫིའི་སྒྲ་དྲག་པོ་བྱུང་བས་དགའ་ལྡན་གཟིམས་ཁང་དུ་ཐེབས། དེར་ཐུགས་སྣང་དམ་པ་རྒྱལ་ཚབ་རིན་པོ་ཆེ་ལ་དབུ་ཞུ་དང་། བེར་ཐུལ་ཅིག་གནང་སྟེ་གདན་ས་རང་དོན་གྱིས་བསྐོ་བར་མཛད། གནས་བརྟན་རིན་ཆེན་རྒྱལ་མཚན་ལ་སོགས་པ་ཞབས་དྲུང་དུ་འཁོད་པ་ལ་ཚུལ་འདི་ཤེས་པར་གྱིས་ལ་བྱང་ཆུབ་ཀྱི་སེམས་སྒོམས་ཤིག་ཅེས་གསུངས་ནས། ཟླ་བ་བཅུ་པའི་ཉེར་ལྔའི་སྔ་དྲོའི་ཆ་ལ་དགེ་ལྡན་གཟིམས་ཁང་དཀར་པོར། འོད་གསལ་ལྷ་ཁང་དུ་འཆི་བ་ཆོས་སྐུར་བསྒྱུར་བའི་སྒོ་ནས་བར་དོ་ལོངས་སྤྱོད་རྫོགས་པ་སྤྲུལ་པ་ལྟ་བུའི་སྐྱེ་བ་བཞེངས་ནས། སྐུ་ཚེ་ཕྱི་མ་དགའ་ལྡན་དུ་རྒྱལ་སྲས་འཇམ་དཔལ་སྙིང་པོ་ཞེས་

བྱ་བར་སྨྲའི་སྐྱེ་བ་བརྙེས་ཤིང་། མ་འོངས་པ་ན་ཊོ་ར་ཙ་ར་ཛ་ད་བྱང་བགོད་པའི་ཞིང་དུ་སྒྲུབ་པ་སེང་གེའི་ང་རོ་ཞེས་བྱ་བར་སངས་རྒྱས་པའི་ཚུལ་བསྟན་ཏེ་མཛད་པ་བཅུ་གཉིས་ཀྱི་རྣམ་པར་འཕྲུལ་བ་སྟོན་པར་འགྱུར་བ་ཡིན་ནོ། །བདག་ཉིད་ཆེན་པོ་འདིའི་གསུང་ལས་སྐྱེས་པའི་སློབ་མ་ཡང་། རྗེ་བཙུན་རིང་མདའ་པ་སོགས་རྒྱ་མར་གྲུར་པ་བཞི་དང་། རྒྱལ་ཚབ་དར་མ་རིན་ཆེན་དང་། འདུལ་འཛིན་གྲགས་པ་རྒྱལ་མཚན་དང་། མཁས་གྲུབ་དགེ་ལེགས་དཔལ་བཟང་དང་། འཇམ་དབྱངས་ཆོས་རྗེ་དང་། བྱམས་ཆེན་ཆོས་རྗེ་དང་། རྗེ་བཙུན་ཤེས་རབ་སེང་གེ་དང་། པཎ་ཆེན་དགེ་འདུན་གྲུབ་པ་དང་། རྟོགས་ལྡན་འཇམ་དཔལ་རྒྱ་མཚོ་སོགས་སྡོམ་པ་གསུམ་གྱི་ཚུལ་ཁྲིམས་ལ་གནས་ནས་སྐྱེས་བུ་གསུམ་གྱི་ལམ་རིམ་དང་། རིམ་པ་གཉིས་ཀྱི་རྣམ་འབྱོར་ལྷུར་ལེན་ཅིང་། སྡེ་སྣོད་གསུམ་གྱི་ཊཱི་ཀ་ཆེ་བརྒྱུད་མར་སྒྲོགས་པ་མངའ་རིས་དང་དབུས་གཙང་ཁམས་གསུམ་སོགས་སུ་བྱུང་བ་རི་གནས་ཀྱི་སྐར་མ་དང་མའི་རྡིག་པ་བཞིན་དུ་མཐའ་ཡས་པ་བྱོན་ནོ། །དེ་སྐད་ཡང་། སྟོན་པ་སངས་རྒྱས་ཀྱི་བཀའ་ལས། ཀུན་དགའ་བོ།

ད་ལྡང་ལ་ཤེལ་དཀར་གྱི། །འཕྲེང་བ་ཕུལ་ནས་སེམས་བསྐྱེད་པ།
མ་འོངས་དུས་ཀྱི་སྙིགས་མ་ལ། འབྲི་དང་ལྡན་གྱི་ས་མཚམས་སུ།
དགེ་ཞེས་བྱ་བའི་དགོན་པ་འདེབས། བློ་བཟང་ཞེས་བྱའི་མཚན་ཅན་འབྱུང་།
འཁོར་ནི་ཉམས་བཞི་རབ་བསྒྲུས་ནས། སྟོན་པའི་མདོ་བཞིན་གསུང་སྒྲོགས་པ།

སྐྱ་ཁང་ཀ་བ་ཤིང་པོ་ཅན། ང་ཡི་ལྷ་གཟུགས་རྣམ་གཉིས་ལ།
དབུ་རྒྱན་འབུལ་ཞིང་མཆོད་པར་བྱེད། ང་ལ་གསོལ་བ་རབ་བཏབ་ནས།

བསྟན་པ་ལོ་སྟོང་བར་དུ་གནས། ། འདི་ནས་འཛམ་ནས་བྱང་ཀར་གྱི། །
ངོ་མཚར་བཀོད་མཛེས་འཇིག་རྟེན་དུ། ། མིང་གཞི་ང་རོ་ཞེས་བྱར་འགྱུར། །

དེ་ལ་དད་བྱེད་ཞིང་དེར་སྐྱེ། ། ཞིང་མཆོག་དེ་ནི་ཁྱད་པར་འཕགས། །

ཞེས་དང་། ། པདྨ་བཀའ་ཆེམས་ལས། །

འཇམ་དབྱངས་སྤྲུལ་པ་གདུལ་བྱ་བ་བསྟན་པའི་བདག །
མདོ་སྔགས་བསྟན་འཛིན་བློ་བཟང་གྲགས་པ་ཞེས། །
སྔ་རབས་བརྒྱུད་དུ་གསང་སྔགས་རྒྱས་པར་སྟོན། །
ཞིང་འདི་འདས་ན་བྱམས་པའི་དྲུང་དུ་འགྲོ། །
དེ་ཡི་བརྒྱུད་འཛིན་ཆོ་གཅིག་སངས་རྒྱས་ཡིན། །

ཞེས་དང་། ། དཔལ་ཕྱག་ན་རྡོ་རྗེས། །

གསང་འཛིན་ལས་ཀྱི་རྡོ་རྗེ་ལ། ། སྟོན་ནས་ཉེ་བར་འབྲེལ་བ་ཡིན། །
བློ་བཟང་གྲགས་པ་འདི་ཉིད་ནི། ། སངས་རྒྱས་ཀུན་གྱི་སྤྲུལ་པ་སྟེ། །
པཎ་ཆེན་རྒྱང་གི་ཡུམ་བརྒྱུད་ནས། ། མདོ་དང་སྔགས་ཀྱི་དོན་བཤད་ཅིང་། །
ངེས་པ་ཀོ་རར་འཚང་རྒྱ་འོ། །

རྒྱ་གར་རྒྱ་ནག་བལ་པོ་དང་། ། དབུས་གཙང་མདོ་ཁམས་ཡུལ་ཕྱོགས་སུ། །
སྐྱེ་བ་བརྒྱུད་ཅིང་འགྲོ་ཀུན་རྣམས། ། ཐར་པའི་ལམ་ལ་འཁྲིད་པར་བྱེད། །
འཇམ་པའི་དབྱངས་ནི་རྣམ་པའི་ལྷ། ། དབྱངས་ཅན་མ་ནི་ལས་རྒྱ་སྟེ། །
ངེས་པ་ཀོ་ནར་བྱང་ཆུབ་པོ། །

འཕགས་པའི་སྨོན་ལམ་འདུ་བར་བྱེད། ། ལུས་འདི་བོར་ཚེ་དགའ་ལྡན་དུ། །

བྱམས་པའི་དྲུང་འགྲོ་ཆོས་ཀྱང་འགྱུར། འཇམ་དཔལ་སྙིང་པོ་ཞེས་བྱ་བ།
སེམས་ཅན་ཀུན་ལ་བརྩེ་བ་སྟེ། དེ་ནི་ས་བཅུའི་མཐར་ཕྱིན་ཏོ།

ཞེས་གསུངས་པ་ལྟར་ལ། བསྟན་པ་རྗེ་སྲིད་གནས་ཀྱི་བར་དུ་སྤྲུལ་སྐུ་སྣ་ཚོགས་ཀྱིས་གཞན་དོན་མཛད་ཚུལ་ཡང་། བཀའ་གདམས་གླེགས་བམ་ལས།

བདག་གི་སྤྲུལ་པ་དམ་པ་གཅིག །རེས་འགའ་དགེ་སློང་ཉིད་དུ་སྤྲུལ།
དེ་ནི་གནས་ནི་སྐྱོང་བར་བྱེད། རེས་འགའ་བྱིས་པའི་གཟུགས་སུ་འོང་།
རེས་འགའ་དབུལ་འཕོངས་སྡུག་པོའི་གཟུགས། རེས་འགའ་ཐོལ་མོང་བྱ་ཁྱིའི་གཟུགས།
རེས་འགའ་གསོལ་འདེབས་དབྱངས་ཀྱི་གཟུགས། རེས་འགའ་ཡིག་འབྲུ་གཟུགས་ཀྱི་གཟུགས།
གྲགས་པ་ཅན་གྱི་དགེ་སློང་ངོ་། བསྟན་གནས་བར་དུ་ཡང་ཡང་འོང་།

ཞེས་གསུངས་པ་ལྟར་ལགས་སོ།། །།

དེ་ལྟ་བུའི་འཇམ་མགོན་རྒྱལ་བ་གཉིས་པའི་བསྟན་པ་རྒྱ་ནག་ཡུལ་དུ་ཕྱོགས་མར་དར་བར་མཛད་པའི་སྐྱེས་མཆོག་བྱམས་ཆེན་ཆོས་རྗེ་ནི། ཞང་འགྲོ་བའི་མགོན་པོའི་གདན་ས། ཚལ་གུང་ཐང་གི་ཉོལ་དུ་སྐུ་བལྟམས། ཆུང་དུས་ནས་སྔོན་གནས་རྗེས་དྲན་གྱི་གསུང་མང་དུ་བྱོན། དམ་པའི་རིགས་ཀྱི་བག་ཆགས་ཡོངས་སུ་སད་དེ་སངས་རྒྱས་ཀྱི་བསྟན་པའི་སྒོར་ཞུགས་ནས་རབ་ཏུ་བྱུང་སྟེ་མཚན་ཀུ་ཤི་ཞེས་སུ་གསོལ། དེ་ནས་བརྩམས་ཏེ་ཐུབ་པའི་བསྟན་ལུགས་ཀྱིས་སྡོམ་གསུམ་ཡང་དག་པར་བསླབས་ཤིང་། བཤེས་གཉེན་དུ་མའི་ཞབས་པད་བསྟེན་ནས་གསུང་ལུགས་ལ་སྦྱངས་པས་མཁས་པའི་གོ་འཕང་

བརྟེན་ཤིང་། ཁྱད་པར་དུ་ཆོས་ཀྱི་རྒྱལ་པོ་བཙོང་ཁ་པ་ཆེན་པོའི་རྣམ་པར་བསྟོད་ནས་རྩ་བ་ཤེས་རབ། བཞི་བརྒྱ་པ། བྱང་ཆུབ་ལམ་རིམ། གསང་འདུས་རིམ་ལྔ་སོགས་མདོ་སྔགས་ཀྱི་ཆོས་ཐམས་ཅད་ཐུབ་པ་གང་གྲོའི་ཚུལ་དུ་མང་དུ་གསན། ལྷག་པར་ཐུགས་སྙིང་རྗེའི་ཉམས་ལེན་དང་། ཚུལ་ཁྲིམས་ལ་གཅེས་སྤྲས་སུ་མཛད་ཅིང་སྤྲས་པའི་ཚུལ་གྱིས་གསང་འདུས་ཀྱི་བསྐྱེད་རྫོགས་ལ་ཉམས་ལེན་གཙོ་བོར་མཛད། བར་སྐབས་ཤིག །ཧོར་གྱི་ཕོ་གར་ཕེ་ཧྲུར་རྒྱལ་པོའི་སྐུས་རྒྱ་ནག་གོང་མ་ཏཱ་མིང་ཡུང་ལོ་རྒྱལ་པོས། ཇི་སྐད་དུ། སྟོན་པ་སངས་རྒྱས་ཀྱི་བཀའ་ལས།

བསྐལ་པ་དམ་གསུམ་ཐམས་ཅད་དུ། དཀོན་མཆོག་གསུམ་པོ་མཆོད་པ་དང་།
སློག་ཆགས་ཐེ་བའི་ཚེ་སྐྱབས་ཀྱང་། ཚེ་འདིར་སངས་རྒྱས་མི་འཐོབ་སྟེ།

ཡོན་ཏན་རྒྱ་མཚོ་བླ་མ་ལ། དད་པའི་ཡིད་ཀྱིས་བསྙེན་བྱས་ན།
མཆོག་དང་ཐུན་མོང་ཡོན་ཏན་ནི། ཚེ་འདི་ཉིད་ལ་ངེས་པར་འཐོབ།

ཅེས་དང་།

ཐོས་པས་ཆོས་རྣམས་ཤེས་པར་འགྱུར། ཐོས་པས་སྡིག་ལས་ལྡོག་པར་བྱེད།
ཐོས་པས་དོན་མ་ཡིན་པ་སྤོང་། ཐོས་པས་མྱ་ངན་འདས་པ་འཐོབ།

ཅེས་གསུངས་པ་ལྟར་དགེ་བའི་བཤེས་གཉེན་བསྟེན་པ་དང་། ཆོས་ཐོས་པའི་ཕན་ཡོན་རྣམས་བསམས་ཏེ། གངས་ཅན་གྱི་ལྗོངས་ནས་མཆོག་གནས་སུ་ངེས་པའི་སྐྱེས་མཆོག་དམ་པ་ཞིག་གདན་འདྲེན་པར་དགོངས་པ་ན། རྗེ་རིན་པོ་ཆེའི་སྙན་གྲགས་གསན་ནས་ད་ཉིད་བཞིས་གཙོ་བྱས་བང་ཆེན་པ་རྣམས་མངགས་པ་བོད་དུ་འབྱོར་བའི་ཚེ། རྗེ་རིན་པོ་ཆེ་ཉིད་ཐོག་པར་སྐུ་མཚམས་ཤེར་དུ་དམ་པར་

བཞུགས་ནས་མཛལ་ཁ་གནང་། དེ་ནས་རི་དབང་གྲགས་པ་རྒྱལ་མཚན་པས་གཙོ་མཛད་ དཔོན་རྣམས་ མཁར་ བཙན་པོ་བ་དང་ བཅས་ པ་ཏི་ཆེན་ དུ་སྤྱན་ནས། གསེར་ཡིག་པ་རྣམས་ཀྱིས་ཞིག་ནས་མཆིས་པ་བྱུང་ཞིང་ཞུ་བ་རང་ཆེར་ཕུལ་བས། མི་རང་ཐེབས་ནས་གསེར་ཡིག་པ་རྣམས་ལ་མཛལ་ཁ་གནང་། གོང་མ་ཆེན་པོའི་བཀའ་ལུང་དང་། གནང་སྦྱིན་གྱི་དངོས་པ་ཕུལ་བ་རྣམས་ཀྱང་བཞེས། རྗེ་རང་ཉིད་རྒྱ་ནག་ཏུ་ཐེབས་ནས་དགག་བྱ་ཆེ་ཞིང་། དགོས་པ་ཆུང་བའི་རྒྱུ་མཚན་དང་བཅས་གསུངས་ནས་མི་འབྱོན་པར་ཐག་བཅད། དེ་ནས་གསེར་ཡིག་པ་རྣམས་ཀྱིས་རྗེ་ཉིད་ཐེབས་པ་ཐུབ་ཀྱང་། རྗེ་ཉིད་དང་ཁྱད་པར་མེད་པའི་སློབ་མ་ཞིག་མཆོད་གནས་སུ་གཏོང་དགོས་ཚུལ་ཞུས་པས། རང་གི་སློབ་མ་མཁས་གྲུབ་མཐར་ཡས་པ་ཡོད་པའི་ ནང་ནས་ ཆོས་རྗེ་འདི་པ་སྐུ་ ཚབ་དུ་ འབྱོན་དགོས་པའི་བཀའ་དང་། འགྲོ་དོན་ཆེ་ཞར་བྱ་ཚུལ་གྱི་བསླབ་སྟོན་ཞིབ་པར་སྩལ་ཞིང་། རྒྱལ་ཆེན་རྣམ་ཐོས་སྲས་ཆོས་རྗེ་འདིའི་འཕྲིན་ལས་བསྒྲུབ་པའི་བསྲུང་མར་བསྔོ་བར་མཛད། དེ་ནས་ཆོས་རྗེ་འདི་པ་དཔོན་སློབ་རྣམས་དང་། དྲུ་ཞིར་བཞི་བཅས་ལྷོ་ཁམས་ཡི་ཐང་གི་ས་ཆ་བརྒྱུད་དེ་རྒྱ་ནག་ཏུ་ཕྱིན། རྗེའུ་ཀྲེན་དུ་ཐེབས་པའི་ཚེ། རྒྱའི་དཔོན་པོ་རྣམས་ཀྱིས་དཔག་མི་དང་བཅས་ཏེ་བསུས། དེ་ནས་ཕྱིར་དུ་ཕྱིའི་མཁར་དུ་བྱོན་པའི་ཚེ། གོང་མ་ཆེན་པོ་ནས་དྲུ་དེར་བཞི་གནང་སྦྱིན་གྱི་དངོས་པ་དང་བཅས་བསུ་བར་བཏང་བའང་འབྱོར་ཏེ། རྒྱལ་པོའི་བཀའ་ལས། ཤཱཀྱ་ཡེ་ཤེས་ཞེས་བྱ་བའི་བླ་མ་ཆོད། . རྟོགས་པའི་ཡོན་ཏན་མཐོ་ཞིང་ཆེ་བ། ཤེས་རབ་ཆེ་ཞིང་གསལ་བ། སྨོན་ལམ་གྱི་མཐུ་སྟོབས་ཟབ་པ། དེ་བཞིན་གཤེགས་པའི་རྟོགས་པ་དང་ལྡན་པ། གདུལ་བྱ་ཞི་བའི་ཐབས་ཀྱིས་འདུལ་བར་བྱེད་པ། ཞེས་སོགས་ཀྱི་ལུང་དང་ཟང་ཟིང་གི་སྐྱེས་ཀྱ་དངོས་པ་བསྐུར་བ་རྣམས་

ཀུང་ཟླ་པ། དེ་ནས་རིམ་གྱིས་བྱོན་ཏེ་སོ་བྲང་དང་ཉེ་བར་ཕེབས་པའི་ཚེ་བློན་པོ་ཆེན་པོ་རྣམས་ཀྱིས་བསུས་ཏེ། སོ་བྲང་གི་ནང་གཡས་སེར་པོའི་བྲང་ཕྱོགས་སུ་ཏེ་ཡིན་ཧྲི་ཞེས་བྱ་བའི་དགོན་པར་བྱོན་ནས་བཞུགས། དེ་ནས་རྒྱལ་པོའི་སོ་བྲང་ནང་ཕར་གོང་མ་དང་མཇལ་འཕྲད་མཛད། དེའི་ཚེ་གོང་མ་ཆེན་པོ་ནས་བཀར་སྟེ་དང་ཕྱག་ཤིན་དུ་དགྱེས་པའི་གསུང་འཕྲོས་མང་པོ་གནང་ཞིང་། དཔྱིད་ཐང་ཏེ་ཡིན་ཧྲི་ཞེས་བྱ་བའི་དགོན་པར་བཞུགས་ནས་རྒྱུད་སྡེ་བཞིའི་དཀྱིལ་འཁོར་གྱི་སྒྲུབ་མཆོད་བྱེད་དགོས་ཞེས་གསུང་གནང་། དེ་ནས་རྗེ་འདི་བ་དཔོན་སློབ་རྣམས་ཀྱིས་གསང་འདུས། བདེ་མཆོག །འཁོར་ཆེན་འཇིགས་བྱེད་ཏེ་དགུ་མ། སྨན་བླ་རྣམས་ཀྱི་སྒྲུབ་མཆོད་རྒྱས་པར་མཛད། དེའི་ཚེ་ནམ་མཁའ་ལས་ལྷ་རྣམས་ཀྱིས་རོལ་མོའི་སྒྲ་བསྒྲགས་པ་ཡང་ཀུན་གྱིས་ཐོས་ཤིང་། ནམ་མཁའི་ངོས་སུ་རྒྱལ་མཚན་རྡོ་རྗེ་འཁོར་ལོ་པདྨ་སྣ་ཚོགས་རྡོ་རྗེའི་དབྱིབས་ཅན་གྱི་འཇའ་ཚོན་ཡང་ཡང་ཤར་བ་སྐྱེ་བོ་ཐམས་ཅད་ཀྱིས་མཐོང་སྣང་དུ་མཐོང་། སྔོན་དང་ཐལ་བའི་ནམ་མཁའ་ལས་མེ་ཏོག་གི་ཆར་བབས་པ་ཡང་ལན་དུ་མར་བྱུང་བས་ཐམས་ཅད་ཡིད་ཆེས་ཀྱི་དད་པ་ཐོབ། རྒྱལ་པོའི་མནལ་ལམ་དུ་ཡང་ཏེ་ཡིན་ཧྲིའི་སྟེང་གི་ནམ་མཁའ་ལ་ཕྱོགས་བཅུའི་སངས་རྒྱས་བྱང་སེམས་ཐམས་ཅད་བྱོན་ནས་བཞུགས་པ་རྨིས་པས་ཕྱག་ཤིན་དུ་དགྱེས་ཤིང་ཡིད་ཆེས་ཀྱི་དད་པ་ལྷག་པར་སྐྱེས་ཏེ། ཆོས་རྗེ་འདི་ལ། ཐམས་ཅད་མཁྱེན་པ། བློ་གྲོས་ཆེན་པོ། ཀུན་གྱི་སློབ་པ། བྱམས་པ་ཆེན་པོ། ཡངས་པའི་རྒྱལ་ཁམས་ཐམས་ཅད་བདེ་བར་སྐྱོང་བ། ཀུན་གྱི་གཙུག་ན་དབང་བསྒྱུར་བ། ནུབ་ཕྱོགས་ཀྱི་རྒྱལ་བའི་སྲས་པོ། སྲིད་པའི་རྒྱལ་སྲིད་མི་འགྱུར་བརྟན་པའི་བླ་མ་ཆེན་པོ། དྷ་ཀོ་ཤྲཱི་བྱམས་ཆེན་ཆོས་རྗེ་ཞེས་པའི་མཚན་དང་། གསེར་ཡིག་ལས་གྲུབ་པའི་ཐ

པ་ཀ་དང་བཅས་ཕུལ་ཏེ་བསྟན་འཛིན་མཐའ་དག་གི་གཙུག་རྒྱན་དུ་མངའ་གསོལ། རང་གི་ཕོ་བྲང་དུ་གདན་དྲངས་ནས་རྒྱལ་པོ་རང་དང་བཞུགས་གདན་མཐོ་དམན་འདྲ་བར་མཛད་ཅིང་། ཡུལ་ལུགས་ཀྱི་སྟོན་མོ་ཡང་གཟབ་སྟེ་ཕུལ། དེ་ནས་གོང་མ་བདག་པོ་ཆེན་པོ་ལ་གྲུབ་རྒྱལ་བའི་ལུགས་ཀྱི་ཚེ་དབང་། གྲུབ་ཆེན་ཏི་ལོ་པའི་ལུགས་ཀྱི་བདེ་མཆོག་འཆི་བ་མཐར་བྱེད་ཀྱི་དབང་དང་བཅས་ཕུལ། གོང་མའི་དགྲ་ཕྱོགས་དུ་བྱས་པ་བཞག་པའི་ཚེ་བདུད་ཧོ་བུས་པའི་ཁ་ནས་ཕྱུང་བ་དང་། ཚེ་རིང་ལས་འདོད་འགྲོ་བ་སོགས་བྱུང་བས་རྒྱལ་པོ་ཡང་ཐུགས་པར་དད་བས་སྐྱེས། ཡོན་དུ་ཚང་ཆེ་གི་དངོས་པོ་གཉིས་ཆེ་བ་ཕུལ། དེ་ནས་རི་བོ་རྩེ་ལྔར་བྱོན་ནས་འཇམ་དབྱངས་དང་། རྗེ་བོ་ཨ་ཏི་ཤ་ཡབ་སྲས། བླ་མ་འཕགས་པ་རྣམས་ཀྱི་ཞལ་གཟིགས། དེར་བཞུགས་རིང་ཧྲོགས་ཐ་དད་ནས། བླ་མ་དཔོན་པོ་ད་ལས་གཙོས་དང་ལྷད་ཀྱི་སྐྱེ་བོ་མཐའ་ཡས་པ་མཛལ་དུ་འོང་བ་ལ་དབང་། རྗེས་གནང་། ཁྲིད་བསྐྱེད་རྫོགས། རབ་བྱུང་དང་བསྙེན་གནས་དང་སྦྱོང་གནས་ཀྱི་སྡོམ་པ་འབོགས་པ་སོགས་རང་རང་གི་སྐལ་བ་དང་འཚམས་པའི་དམ་པའི་ཆོས་ཀྱི་ཆར་ཆེན་པོ་ཕབ་ནས་སྨིན་གྲོལ་གྱི་ལམ་ཡང་དག་པ་ལ་འགོད་པར་མཛད། ཤིན་ཏུ་སྔ་བའི་རྗེ་སློབ་པོ་མཁྲིགས་པ་ཞིག་འདས་ལྷར་བཞེས་ཏེ་ཕྱག་རྗེས་ཀྱང་བཞག་པས་ཕྱོགས་དེའི་སྐྱེ་བོ་ཐམས་ཅད་ངོ་མཚར་བའི་གནས་ལ་བཀོད། དེ་ནས་ཕྱིར་བྱོན་ནས་བསྟན་འགྲོའི་དོན་རྒྱ་ཆེར་མཛད་ཅིང་། ཁྱད་པར་དུ་རི་བོ་དགེ་ལྡན་པའི་མདོ་སྔགས་ཀྱི་རིང་ལུགས་དྲི་མ་མེད་པ་གསལ་བར་མཛད། དེ་ནས་སྐྱུར་དབུས་སུ་འབྱོན་ཁར་གོང་མ་ཆེན་པོས་གོས་ཆེན་སྟོང་ཕྲག་གཅིག་གིས་གཙོས་ཟང་ཟིང་གི་དངོས་པོ་མཐའ་ཡས་པ་ཕུལ། དེ་ནས་རིམ་གྱིས་བྱོན་ཏེ་གྲོམ་པར་དགའ་ལྡན་དུ་ཕེབས་ནས་རྗེ་བདག་ཉིད་ཆེན་པོ་དང་

མཇལ་དེ་ཟང་ཟིང་གི་འཁྲུལ་འཁོར་ཀུན་དུ་བཟང་པོའི་མཆོད་སྦྱིན་ལ་འགྱུར་པ་དྲུལ། སྐྱིད་ནས་སེ་རར་གདན་དྲངས། ནས་སོར་རྫོང་རྫོམ་ འཁོར་རྒྱ་ཆེར་ བསྐོར་བའི་ཞབས་ཏོག་བསྒྲུབས་དེ། འགྲེལ་པ་སྒྲོན་གསལ་གྱི་བཤད་པ། ཟིམ་ཕུའི་དཔར་ཁྲིད། དུས་འཁོར་འགྲེལ་ཆེན་དྲི་མེད་འོད་ཀྱི་བཤད་པ། སྦྱོར་དྲུག་གི་ཁྲིད། བདེ་མཆོག་རྩ་རྒྱུད་ཀྱི་བཤད་པ། ན་རོ་ཆོས་དྲུག །དབུ་མའི་ལྟ་ཁྲིད་སོགས་ཟབ་པ་དང་རྒྱ་ཆེ་བའི་ཆོས་དཔག་ཏུ་མེད་པ་གསན། དེའི་རྗེ་རིན་པོ་ཆེས་བསྟན་རྩ་ནི་གསོལ་སུ་དགོངས་དེ་རྗེ་འདི་ལ་རྒྱུད་བཀྲ་ནས་དག་འཛུགས་པ་དང་། སེ་ར་ཐེག་ཆེན་གླིང་འདེབས་དགོས་པའི་བཀའ་གནང་བ་སྟེར་དང་དུ་བླངས་དེ། དཔལ་ལྡན་རྒྱུད་སྨད་གྲྭ་ཚང་འདེབས་པ་དང་། ས་ཕག་གི་ལོར་སེ་ར་ཐེག་ཆེན་གླིང་འདེབས་པར་མཛད། གཙུག་ལག་ཁང་དེའི་ནང་དུ་ཆོས་རྗེ་བ་རང་ཉིད་ཀྱིས་རྒྱ་ནག་ནས་བསྣམས་པ་དེ་རེབས་པའི་སྟོན་པ་གནས་བརྟན་བཅུ་དྲུག །དགེ་བསྙེན་ཧྭ་ཤང་དང་བཅས་པ་ཙན་དན་དཀར་པོ་ལས་གྲུབ་པ་དང་། ཞུགས་སུ་བཞུགས་པའི་སྐུར་སྐུ་ཁྲིད་པར་ཅན་བཞེངས། རྒྱ་ནས་བསྣམས་པའི་བཀའ་འགྱུར་ཏོ་མཚར་ཅན་རྣམས་འཇོག་པ་གནང་ ནས་ལོ་གཉིས་ཙམ་གྱི་བར་དུ་ཆོས་ཀྱི་འཁོར་ལོ་བསྐོར། དེ་ནས་སླར་ཡང་ལྕགས་གླང་གི་ལོར། གོང་མ་བདག་པོ་ཆེན་པོས་གདན་འདྲེན་པ་བྱུང་བར་བརྟེན། རྗེ་རིན་པོ་ཆེའི་དངོས་སློབ་ཆོས་ཀྱི་རྗེ་དར་རྒྱས་བཟང་པོ་གདན་སར་བསྐོས། དེ་ནས་ཡེ་ཤེས་བླ་ཆོས་རྗེ་དང་། བསོད་ནམས་ཤེས་རབ་ཆོས་རྗེ་ནམ་གཉིས་ཀྱིས་གཙོས་སློབ་མ་དགེ་བའི་བཤེས་གཉེན་དུ་མ་དང་བཅས་པ་བོད་ཡུལ་ནས་རྒྱ་ནག་ཏུ་ཕྱིན་པ་དང་ཕོ་བྲང་དང་ཁང་པ་བར་ཟིམ་པས་སྐབས་གོང་མ་སྐུ་གཤེགས། སྲས་དེ་རྒྱལ་སར་འཁོད་ནས་ཆོས་རྗེ་འདི་ལ་ཡབ་རྒྱལ་པོའི་དུས་ལས་ཀྱང་གུས་འདུད་ཆེ་བར་མཛད། རྒྱལ་པོའི་

དགོངས་རྫོགས་སུ་རྒྱུད་སྡེ་བཞིའི་དཀྱིལ་འཁོར་ཞལ་ཕྱེ་རབས་སྤྱན་མཆོད་མཛད། དེའི་ཚེ་འཇའ་དང་མེ་ཏོག་གི་ཆར་བབས་པ་སོགས་བྱུང་བས་རྗེ་དེ་རྒྱལ་པོ་ཡང་ཡིད་ཆེས་ཀྱི་དད་པ་གོང་འཕེལ་དུ་གྱུར། རྒྱལ་པོ་ལ་ཞལ་ད་གནང་སྟེ་རྒྱ་ནག་གི་ཡུལ་གྲུ་སོ་སོར་གཙུག་ལག་ཁང་རྟེན་དང་བཅས་པ་གསར་དུ་བཞེངས་པ་དང་། དགེ་འདུན་གྱི་སྡེ་མང་པོ་འཛུགས་པ། སྨྲ་ཁང་རྙིང་པ་གསོ་བ་སོགས་བསྟན་པའི་ཞབས་ཏོག་ཡང་དག་པ་མཛད། གཟམས་པ་ཡོན་དར་ཅན་རྣམས་ལ་ཀོ་ཀྲི་དང་ཆར་ཤི་ལ་སོགས་པའི་ཆེན་པོའི་མིང་དང་གོས་གནང་ཞིང་བདག་རྐྱེན་རྒྱ་ཆེར་མཛད། དེ་ལྟར་བསྟན་པ་དང་འགྲོ་བའི་དོན་རྒྱ་ཆེན་པོ་མཛད་ནས་དགུང་ལོ་བརྒྱད་ཅུ་རྩ་གཉིས་པ་ཤིང་ཡོས་ཟླ་བ་བཅུ་པའི་བཅོ་བརྒྱད་ཀྱི་ཉིན་ཆོས་རྗེ་རྣམ་པ་གཉིས་ལ་ཞལ་ཆེམས་གནང་སྟེ། ཉེར་བཞིའི་ཉིན་ཞི་བའི་དབྱིངས་སུ་གཤེགས་པའི་ཚུལ་བསྟན་ཏོ། །སྐུ་གདུང་ཞུགས་ལ་ཞེན་པའི་ཚོ་ངོ་མཚར་བའི་ལྟས་དུ་མ་བྱུང་ཞིང་རིང་བསྲེལ་ཡང་མང་དུ་བྱོན། དེའི་སློབ་མ་སྐྱེ་ཐང་པ་ཆོས་རྗེ་ཨ་མོ་གྷ་པ་དང་། བསོད་ནམས་ཤེས་རབ་གཉིས་ཀྱིས་ཀུང་ཤྲི་དེ་རྒྱལ་པོའི་ཏི་ཤྲི་མཛད་དེ་ལུགས་གཉིས་ཀྱི་འཁྲིད་ལས་མཆོག་ཏུ་འཕེལ་བར་གྱུར། བླ་མ་དེ་གཉིས་ཀྱི་སློབ་མ་ཆོས་རྗེ་གཞོན་ནུ་དཔལ་ལྡན་ཤེས་པས་ཀྱང་ རྒྱལ་པོའི་བླ་མཆོད་མཛད་དེ་དགེ་འདུན་གྱི་སྡེ་བསྐྱངས་ཤིང་ རྒྱལ་བའི་ བསྟན་ པ་རིན་པོ་ཆེ་སྤེལ་བར་མཛད་དོ། །དེ་རྣམས་བརྒྱུད་སྟོད་ལྷོའི་བར་དུ་རྒྱལ་ཁབ་ཆེན་པོ་པོའི་ཡོང་དུ་མཉམ་མེད་རི་བོ་དགེ་ལྡན་པའི་རིང་ལུགས་དྲི་མ་མེད་པ་དར་རྒྱས་སུ་གྱུར་པ་ཡང་ཆོས་རྗེ་འདི་པའི་བཀའ་དྲིན་དུ་ཤེས་པར་བྱའོ། ། ། །

འཇམ་མགོན་རྒྱལ་བ་གཉིས་པའི་བསྟན་པ་རིན་པོ་ཆེ་ཧོར་གྱི་ཡུལ་འདིར་ཕྱོགས་མར་དར་བར་མཛད་པ་ནི། གངས་ཅན་འགྲོ་བའི་མགོན་པོ་པད་དཀར་འཛིན

པ་རྒྱལ་དབང་གསུམ་པ་རྗེ་བསོད་ནམས་རྒྱ་མཚོ་དཔལ་བཟང་པོ་ཡིན་ལ། རྗེ་དེ་ཉིད། རྗེ་སྐད་དུ། བཀའ་གདམས་གླེགས་བམ་ལྷུང་བསྟོད་ལས།

ཐོད་དུས་དག་ཡི་གྲ་ས་ལ། བསོད་ནམས་མཆོག་གི་མཚན་ལྡན་པ།
བཤད་ཚོགས་རྒྱ་མཚོ་ལྷ་བུ་ར། བསྟན་པའི་སེ་རུ་གསོ་བར་བྱེད།

ཅེས་དང་།

བོད་དབུས་ཀྱི་ཕྱོགས་ནས་བྱང་ཕྱོགས་སུ།
མི་བརྒྱུད་ཀྱི་སྤྲུལ་པ་དམ་པ་ཞིག
འབངས་མགོན་མེད་མང་པོ་འདྲེན་དུ་འགྲོ།

ཞེས་པའི་ལུང་བསྟན་གྱི་དུས་ལ་བབ་སྟེ། སྤྱིར་ཧོར་གྱི་ཡུལ་གྱི་ཆར་རྗེ་རིགས་ལུགས་གཉིས་ལ་མཁྱེན་པ་རྒྱས་ཤིང་། རང་གསང་སྔགས་ཀྱི་དྲིང་ངེ་འཛིན་ལ་མངོན་པར་གཞོལ་བའི་ཡབ་སྡེ་པ་རྣམ་རྒྱལ་གྲགས་པ་དང་། ཡུམ་རིན་དཔལ་འཛོམས་བུ་ཁྲིད་གཉིས་ཀྱི་སྲས་སུ་ངོ་མཚར་བའི་ལྟས་མང་པོ་དང་བཅས་ཆུ་མོ་ཡོས་ཀྱི་དབྱིད་ཟླ་རའི་ཉེར་ལྔ་ལ་སྐྱེས་པའི་སྐུ་ཁྲིད་ལྟའི་སྲས་པོ་ནས་ཀུང་མཛེས་ཤིང་ལྡན་སྡུག་པ། མཐོང་བ་དགའ་ཞིང་ལྡན་ནས་ཚོག་མི་ཤེས་པ། སྐུ་ལ་དཀར་ལ་དམར་བའི་མདངས་ཆགས་པ། སྐྱེས་བུ་ཆེན་པོའི་མཚན་དཔེ་རྣམས་ཚང་དང་ལྡན་པ། སྐུ་སྟོད་ལ་ལྷའི་གོས་ཀ་ཤི་ཀ་ལས་ཀྱང་འཇམ་ཞིང་མཉེན་པའི་སྤྲ་ས་དཀར་པོའི་ཚོམ་གོས་གསོལ་བ། སྐུ་སྨད་ལ་སྟག་གི་བགས་པའི་རི་མོ་རང་བྱུང་དུ་རྣམ་པར་བཀྲ་བ་ཆབས་ཅིག་མད་ཆད་ཁྲབ་པའི་ཤམ་ཐབས་གསོལ་བ། སྤྱན་གཉིས་ཡིད་དུ་འོང་བའི་འདབ་མ་ལྟར་མཛེས་པས་ཀུན་དུ་གཟིགས་ཤིང་། ཞལ་རང་བཞད་པའི་ཚུལ་དུ་འཛུམ་པ་བ་འཕྲུལ་སོ། །དེ་མཐོང་ནས་ཀུང་ཡུམ་འཁོར་དང་བཅས་པ་ཐམས་ཅད་ཀུང་དགའ་བར་གྱུར་ཏོ། །

དེ་ཡང་སྐུ་འཁྲུངས་ནས་ཟླ་བ་གསུམ་ལོན་པ་ནས་ཞེ་བར་བརྒྱང་སྟེ། རང་པར་གྲོ་རངས་ཕྱག་ཏུ་ཐོ་བར་སྐུ་ཚོག་པུའི་ཚུལ་དུ་བཞུགས་ཤིང་། ཕ་མ་ཡང་གཉིད་ལས་སློང་བར་མཛད་དེ་ཕྱག་གིས་སྐུ་ནས་འཁྱེར་ཞིང་། ཕ་ཉི་ཞེས་གསུངས་ཚོག་བུར་སྦོད་དུ་འཇུག་པར་མཛད་དོ། །སྐབས་ཤིག་སློར་གོང་རྒྱ་བོས་བཟོ་མ་རྟུངས་པའི་གཟུགས་ཀྱིས་བར་ཆད་བྱེད་པར་བརྩམས་པ་ན། བཙོས་ཧཱུྃ་ན་འདས་རྡོ་རྗེ་འཇིགས་བྱེད་བདུད་ལས་རྣམ་པར་རྒྱལ་བ་ཡོད་དེ་དཀར་པོའི་ཕྱོགས་དེ་དག་རྩར་བཅད་པ་དངོས་སུ་གཟིགས། ཉིན་གཅིག་འོད་ཀྱི་ཁང་ཁང་ཞིག་འདུག་པ་ལ་ཕྱག་མང་དུ་མཛད་པས་སྐུ་འཁོར་རྣམས་ཀྱིས་ཅི་ལྟར་ལགས་ཞེས་ཞུས་པ་ལ། ཁྱོད་རྣམས་ཀྱིས་མ་མཐོང་ངམ། རྡོ་རྗེ་ནག་པོ་ཆེ་ཡོང་ཁ་པ་ཡོད་དེ་ན་ལྷ་འདང་བཞུགས་འདུག་གསུངས། ཡང་ཕྱོགས་བཞིར་ཡང་ཕྱག་འཚལ་ནས། རྡོ་རྗེ་ནག་པོ་ཆེའི་ཕྱོགས་བཞི་ན་མངས་རྒྱས་དཔག་ཏུ་མེད་པ་བཞུགས་འདུག། ཤར་ཕྱོགས་པ་རྣམས་སྔོན་པོ། ལྷོ་ཕྱོགས་པ་རྣམས་སེར་པོ། ནུབ་ཕྱོགས་པ་རྣམས་དམར་པོ། བྱང་ཕྱོགས་པ་རྣམས་ལྗང་གུ་འདུག་གསུངས། གཞོན་ནུ་ལོ་ཆུང་ཀྱི་ཚེ་ཁྲ་སལ་གྱི་སྤྱོད་ཚུལ་ཐམས་ཅད་རྒྱང་རིང་དུ་བསྐྱུངས་ཏེ་ཆོས་འཆད་པ། དིང་ངེ་འཛིན་སྒོམ་པ། དགོན་པ་འདེབས་པ། རྡོ་མང་པོ་བཀྲུལ་དུ་བསྒྲིགས་ཏེ་ཆོས་སྐྱོང་འདི་དང་འདི་ཞེས་བགྱི་བ་ཡིན་ནོ་ཞེས་མཆོད་བསྟོད་མཛད་ལ་སོགས་ཀྱིས་དུས་འདའོ། །གཞུ་པ་ཞིག་འཛམ་དུ་འོངས་ནས་རྗེ་བཙུན་བཙོང་ཁ་བའི་སྐུ་ཞིག་ཕྱག་ཏུ་ཕུལ་བས་ཤིན་ཏུ་མཉེས་མཉེས་མཛད། ཕྱོགས་མཐོང་པོ་ལ་བཞུགས་སུ་གསོལ་ཏེ་ཕྱག་དང་མཆོད་པ་ཕུལ། ཡབ་ཡུམ་ལ་ཕྱག་མཆོད་ཕུལ་ཞིག་གསུངས་པས། ངེད་ནི་ཁྱོད་ཀྱི་བྲམ་དེ་ལ་དད་པ་མེད་ཞུས་པར། ངའི་བླ་མ་ཁྲུད་བར་ཅན་འདི་ལ་མ་དད་ན་ཁྱེད་རང་རྣམས་དལ

འཁོར་སྟོང་ལག་ཏུ་སོང་བ་ཡིན། ཞེས་གསུངས་ནས་ཁོ་དགེས་པའི་རྣམ་འགྱུར་མཛངས་པས། ཁོ་ན་ཉིད་གཉིས་ཀྱིས་ཕྱག་འཚལ་ཞིང་སྐུ་སེ་རང་ཙམ་ཞིག་བཞེང་ངོ་ཞུས་པས་མཆིས་དེ་དམིགས་བརྩེ་བ་གསུང་ངག་ནས་སློབ་པར་མཛད་དོ། །རྗེ་འདི་ལ་རྣལ་འབྱོར་པ་ཐུགས་དམ་གྱི་གདེངས་ཚད་དུ་སྨས་ཀྱང་རྗེ་ཐུགས་ཅན་མཁྱེན་པ་དགེ་འདུན་རྒྱ་མཚོའི་རྣལ་སྐུ་ཡིན་པར་ལུང་བསྟན་ཅིང་། རྗེ་ཉིད་ཀྱིས་ཀྱང་རྗེ་གོང་མའི་འཕྲུལ་སྣང་སྒྲོལ་དཀར་རང་ཤེལ་འཕྲེང་སོགས་ཤིན་ཏུ་གསལ་བར་ངོས་འཛིན་མཛད་པ་ལ་སོགས་པས་ཡུལ་མེད་ཀྱི་ཡིད་ཆེས་པ་བྱུང་ངོ། །མི་ནུ་རྣམ་པ་རྒྱ་བའི་དཀར་ཕྱོགས་ཀྱི་རྒྱལ་བ་གཉིས་པར་སྨྲ་བ་རིན་པོ་ཆེ་དཔོན་གཡོག་རྣམས་དང་ཆོས་རྗེ་ཆེན་པོའི་མཁན་སློབ་སོགས་དུར་ཁྲིག་གི་རྒྱལ་མཚན་འཛིན་པ་རྣམས་ཀྱི་ཆིབས་བསུ་དང་བཅས། ཆོས་རྗེ་ཆེན་པོ་དཔལ་ལྡན་འབྲས་སྤུངས་ཀྱི་ཞི་འདབས་སུ་ཐེབས་པ་ན། དགེ་འདུན་གྲངས་མེད་པ་ཆོས་གོས་སྣམ་སྦྱར་གསོལ། དུར་ཁྲིག་གི་རྟགས་ཀྱིས་མཛེས་པར་བཀབ་ཤིང་སྤོས་པོར་ཚོགས་པས་སྣ་དྲངས། མཆོད་རྫས་སྣ་ཚོགས་པ་ཕྱོགས་པའི་མེར་སྦྱངས་ཀྱི་བཀོད་པས་མཛེས་ཤིང་། སྐུལ་བའི་ཆོས་སྐྱོང་བེ་ཀར་ཡང་ཤུ་ཁྱོག་ཏུ་བཞུགས་དེ་བསྐྱུ་བར་བྱེར། སྐྱོ་ཚོའི་ཁྲོས་ཁྲི་ཕྱག་ཏུ་ཞི་བས་ཞལ་མཇལ་བྱེད་པར་འོངས་པ་དང་། མི་དམག་གི་ཆར་འཇབ་འོད་ཀྱི་གུར་སོགས་སྣ་དང་མིའི་ངོ་མཚར་བའི་ལྟས་བྱུང་སྤུས་ཚོགས་པ་དང་བཅས་ཏེ་དཔལ་ལྡན་འབྲས་སྤུངས་ཆོས་ཀྱི་སྡེ་ཆེན་པོ་ཕྱོགས་ཐམས་ཅད་ལས་རྣམ་པར་རྒྱལ་བའི་གླིང་དུ་ཕེབས་ཏེ་དགའ་ལྡན་ཕོ་བྲང་གི་འཇིགས་པ་མེད་པའི་སེང་གེའི་ཁྲི་ཆེན་པོ་ལ་ཞབས་ཀྱི་པདྨོ་བཀོད་དོ། །དེ་ནས་པཎ་ཆེན་བསོད་ནམས་གྲགས་པའི་དྲུང་དུ། ཡོངས་སུ་རྫོགས་པ་དགེ་བསྙེན་གྱི་སྡོམ་པ་བཞེས་ཏེ། མཚན་བསོད་ནམས་རྒྱ

མཚོ་དཔལ་བཟང་པོ་བསྟན་པའི་ཉི་མ་ཕྱོགས་ ཐམས་ཅད་ ལས་ རྣམ་པར་ རྒྱལ་བར་གསོལ། འདས་པ་རྣམས་ལ་དགའ་སྟོན་རྒྱ་ཆེན་པོ་བསྐྱབས། བཞུགས་གྲལ་གྲོལ་རྗེས་གཟིམས་ཆུང་དུ་འགྲོལ་བཞུགས་སྐབས། ཡབ་ལྷུན་གཉིས་ཀྱིས་བསོད་ནམས་གྲགས་པ་ལ་དད་པ་ཡི་མོང་ཞུས་པས། དེ་འདྲ་མ་ཟེར་ངེད་ཀྱི་བླ་མ་ཡིན་པས། ཆོས་ཀྱི་རྗེ་བསོད་ནམས་གྲགས་པའི་ཞལ་སྔ་ནས་རྗེར་བཀྱིས་གསུངས། དགུང་ལོ་ལྔ་པའི་ཚེ་འགའ་ཞིག་གིས་ཞལ་གདམས་ཞིག་ཞུས་པས།

དད་པ་དཀོན་མཆོག་གསུམ་ལ་གྱིས། བྱམས་པ་སེམས་ཅན་རྣམས་ལ་སྒོམས། འཁོར་འདས་སྟོང་པའི་ངང་དུ་གཏོང་། དེ་ལ་ཁྱོད་ཀྱི་ཆོས་སྐལ་གྱིས། ཞེས་པ་གསུང་། མ་སྐྱེས་ཡོད་རིག་པ་རྒྱ་བའི་ངང་དུ་ར་ས་འགྲོལ་སྟང་དུ་ཕེབས། རྗེ་ཀུན་དགའ་གིས་གཙོས་པའི་རིན་གསུམ་རྣམས་ལ་གསེར་ཆབ། དཀར་སེ། ལྷ་བཀོས། སྔར་དང་སོགས་མཆོད་པའི་བྱེ་བྲག་བསམ་གྱིས་མི་ཁྱབ་པ་ཕུལ། བསྟོད་ཕྱག་མང་དུ་མཛད་ཅིང་སྨོན་ལམ་རྒྱ་ཆེན་པོ་འདེབས་པ་གནང་། རྗེ་དབོན་རིན་པོ་ཆེ་སྐུ་གཤེགས་ནས་སོང་ འདུག་ གསུང་། དེར་འཁོད་པ་རྣམས་ ལ་རྗེ་བོའི་སྐུ་སྙད་དུ་བླ་མའི་རྣལ་འབྱོར་ཞིག་གནང་བས། ལེགས་ཚོགས་ཐམས་ཅད་ཀྱི་རྩ་བ་བརྟེན་པའི་རྟེན་འབྲེལ་འགྲིག །ཁྱོན་ཁྲི་དྲུག་བཅལ་བ་ལ་ཡི་གེ་དྲུག་པའི་བཟླས་ཐུང་དང་རྡོ་རྗེ་སེམས་དཔའི་སྔགས་ བཟླས་ གནང་ སྤྱི་ཀུན་ཀུང་ དད་ པའི་ མ་ལ་བཀོད་དོ། །མ་ཕྱི་མ་ག་རྒྱ་བའི་ངང་དུ་པཎ་ཆེན་བསོད་ནམས་གྲགས་པས་གསལ་ཁར་པོ། གསང་བླ་ཆོས་རྗེ་ལེགས་པ་དོན་གྲུབ་ཀྱིས་ལས་སྦྱིན། ཤར་རྩེ་ཞིགས་དོན་པས་ དུས་སྒོ་བ་ མཛད་ དེ་དགེ་ཚུལ་གྱི་སྡོམ་པ་ བརྙེས་ དེ་སྡོམ་པ་བཟོར་དད་པའི་ལུགས་ཡང་དག་པར་བཟུང་། པཎ་ཆེན་བསོད་ནམས་གྲགས་པའི་

དྲུང་དུ། ཆོ་དབང་གྲུབ་རྒྱལ་པ་དང་། མགོན་ཆོས་ལྷ་མོ་རྣམ་གསུམ་ནམ་རྣམས་ཀྱི་རྗེ་གནང་གསར། ཆོས་རྗེ་ལེགས་དོན་ལ་སོགས་པའི་དྲུང་དུ། ལས་སྒྲོན། ལམ་རིམ་ཆེ་ཆུང་། ཇ་འདྲུག་དང་། དེའི་ཊཱིཀ་ཆེན་སོགས་སང་པོ་གསར། ཀླུགས་ཁྲིའི་ལོར་སླེ་མ་ཚམས་ཤེར་རྡུས་པ་གནང་སྦྱི་ཚེ་དཔག་མེད་ཀྱི་བསྐོར་བ་འབུམ་ཚོ་བཅུ་གསུམ་དང་། ཧ་ཡགྲིར་གྱི་བསྐོར་བ་འབུམ་ཚོ་ཉི་ཤུ་རྩ་གཅིག་གནང་ བས་ཡི་ དམ་གྱི་ལྷ་གཉིས་ཀ་ དངོས་ སྣ་ནང་ གཟིགས་ཤིང་ གསུང་གི་གནང་བ་བསྐྱལ། ཀླུགས་ལག་གི་ལོར་གཞི་བྲིས་ཀྱི་དགེ་འདུན་རྒྱ་མཚོ་ལྷ་བུ་ལ་བྱང་ཆུབ་ལམ་གྱི་རིམ་པའི་བཀའ་ཆོས་གནང་བས་ཉིན་རེ་བཞིན་མི་དོག་གི་ཆར་བབ། ཆུ་པོ་བྱི་བའི་ལོར་དཔལ་ལྡན་འབྲས་སྤུངས་ཆོས་ཀྱི་སྡེ་ཆེན་པོའི་མཁན་པོའི་ཁྲི་འཛེགས་ཆོས་ཁྲི་ལ་ཞབས་སེན་རིང་བུ་བཀོད། པར་ཆེན་བསོད་ནམས་གྲགས་པའི་དྲུང་དུ་རྡོ་རྗེ་འཛིགས་བྱེད་ཀྱི་དབང་དང་སྒྲུབ་ཐབས་རྒྱ་མཚོའི་རྗེས་གནང་སོགས་ཆོས་མང་པོ་གསར། ཆུ་གླང་ལོར་ལྷ་མའི་སྒྲོན་ལམ་ཆེན་མོར་སྨྲས་རབས་མོ་བཞི་སོགས་གནང་། ཡང་སྐབས་ཤིག་ངས་རི་སྒྲུགས་ཀྱི་བརྒྱུད་པ་མང་པོ་མོང་། ཁྲིད་ཆོས་རྗེ་ཙམ་མོང་ཤེད་ཅིག །ངམ་ཡ་ཡ་དྲ་ཛ། ཀུན་ར། རྡོ་རཀ་མོ། ཀ་ལ་རྡེ་པ་རྣམས་དང་ཕྲུང་རེ་མོང་། ཙམ་བྱེད་མ་ཡ་གཅིག་མོང་། གཞན་ཡང་བརྒྱུད་པ་མང་པོ་མོང་གསུང་བ་ལ། གཟིམས་དཔོན་ཆོས་རྗེ་ཡང་དགོར་པས། ཉི་ཟླ་གཟའ་འཛིན་བྱུང་དུས་འཁྲུགས་ཁྲོད་རྗེ་བའི་དབང་དུ་མཛད་པ་ཡིན་ལམ་ཆེ། གཞན་དེ་ཙམ་ཕྱི་འགྲོ་ནམ་པས། བཀའ་ལས། ང་ལ་གདོང་པ་བཅུ་གཅིག་ཡོད་པས་བརྒྱ་ཕྱེད་རེ་ལ་སྦྱོང་སྟུག་རེ་འགྲོ་བ་འདུག །ཉི་ཟླ་གཟའ་འཛིན་གྱི་འཁྲུགས་ལ་མ་སྦྱོས། ཡིད་མ་ཆེས་ན་ལྷ་མོ་དབང་དུ་གཞུག་རམ་མཐར་ཕྱུལ་ཆོག །གཞན་ཡང་ཤོང་རྒྱ་མང་དུ་ཡོད་དེ་ཁྲིད་

ཉམས་ཀྱི་སྐྱོར་སྡེ་ཞོང་བ་འདུག་གསུངས། འཕགས་སྤྱི་བོ་ལྷ་བ་སྤྲུགས་རབས་པ་དགེ་འདུན་བཀྲ་ཤིས་རྒྱལ་དམ་སྤྱོར་དྲུང་ས་ཏེ། ཕྱོགས་ཁར་སྐྱུར་རས་གཟིགས་དོན་ཆགས། བཅུ་གཅིག་ལ། ཚེ་དཔག་མེད་ལྷ་དག་གསུམ་གྱི་དབང་། རྡོ་རྗེ་ཕྲེང་བ་དང་ཀྲི་ཡ་ས་སྡུ་ཚུ་གཉིས་ གཅིག་ཏུ་འདྲིལ་བའི་དཀྱིལ་འཁོར་ནི་ལྔའི་དབང་རྫོགས་པར་གསན། གཞན་ཡང་རྒྱུད་བཀའི་དབང་འདུས་པ་འཕགས་ལུགས་དང་ཡེ་ཤེས་ཞབས་ལུགས་གཉིས། བདེ་མཆོག་ལཱུ་ཧི་པ། དྲིལ་བུ་རྡུལ་དཀྱིལ་དང་ལུས་དཀྱིལ། ནཱ་རོ་ལུགས་ཀྱི་འཇིགས་བྱེད་དང་དགྲ་ནག གཉོས་ལུགས་ཀྱི་རོ་ལངས་བཅུད་སྐོར་དང་དགྲ་ནག །ཞང་ལུགས་ཀྱི་ཞི་དག་པ་སོགས་དབང་བཀའ་དུ་མ་དང་། རྣ་ཐོད། ག་ཡེར་རྗེའི་འཕྲུལ་འཁོར། མགོན་པོ་ཕྱག་དྲུག་པའི་བེ་ཏ་བུམ་སོགས་དབང་རྗེས་གནང་ཁྲིད་ལུང་གི་རིམ་པ་མཐའ་ཡས་པ་ཐོས་པ་མང་པོའི་ཚུལ་དུ་གསན། དགུང་ལོ་བཅུ་དྲུག་པ་ས་དུ་པའི་ཚེ་ རྒྱ་བྲྀ་པའི་ཆོས་བཅོ་ལྔའི་གཟའ་སྐར་བཟང་པོ་ལ། སེ་ར་ཐེག་ཆེན་གླིང་གི་ཆོས་ཀྱི་ཁྲི་ལ་ཞབས་དེ་བསྐྱོགས་པས་རི་ནཔོ་ཆེའི་ཚོགས་ཆེས་གདང་བས་རྣམ་སེ་དཀོག་གི་ཆར་པབ་ཅིང་ཀུན་ དད་པའི་ ས་ལ་ བགོད་དེ་ ལུགས་ གཉིས་ཀྱི་དགའ་སྟོན་རྒྱ་ཆེན་པོ་བསྐྲུན་སོ། །དགུང་ལོ་ཉེར་གཉིས་པ་ཤིང་མོ་བྱི་བའི་ལོ། ཡང་དག་པར་རྫོགས་པའི་སངས་རྒྱས་ཀྱི་དུས་ཆེན་གསུམ་འཛོམ་པའི་ཚེས་ ཟླ་བཞི་པ་ས་ག་ཟླ་བའི་ཚེས་བཅོ་ལྔའི་ཉིན། དགའ་ལྡན་ཁྲི་རིན་པོ་ཆེ་རྒྱལ་བ་མཁས་གྲུབ་དགེ་ལེགས་དཔལ་བཟང་པོས་མཁན་པོ། ཁྲི་ལས་ཕྱོགས་པ་དགེ་ འཕེལ་པོ་དོན་འདི་རྣམ་པར་སྦྱུས་པ་དགེ་འདུན་བསྟན་པ་ དང་ རྒྱས་ཀྱིས་ལས་སློབ། ཤངས་དགེ་འཕེལ་ཆོས་རྗེ་རྡོ་རྗེ་ལས། རྣམ་རྒྱལ་བས། གསང་སྟོན། ལྔའི་བཙུན་པ་བསོད་ནམས་དཔལ་བཟང་གིས་དུས་སྐྱོ་བ་མཛད་དེ། དང་

པའི་དགེ་འདུན་གྲངས་ཚང་བའི་དབུས་སུ་དགེ་སློང་གི་སྡོམ་པ་བཞེས་མཁན་སློབ་སོགས་ལ་ཟང་ཟིང་གི་བསྙེན་བཀུར་དཔག་ཏུ་མེད་པ་མཛད་དོ། །ས་སྦྲུལ་ལོར་གཙང་ནས་སྐུ་སེར་སང་པོས་སྤྱི་གོང་ནས་ཡང་ཡང་སྤྱན་འདྲེན་ཞུས་པ་ལྟར་ཕྱིན་གྲལ་ཕྱེར་ཚལ། ཐུ་ལུག །ཁངས། དབེན་ས་རྣམས་བརྒྱུད་དེ་བཀྲ་ཤིས་ལྷུན་པོར་ཕེབས། དགོན་དེར་ནས་མཁའ་གཡའ་དག་པ་ལ་འབྲུག་གི་སྐད་ཆེན་པོ་སྒྲོགས་པ་དང་། འཇའ་འོད་མེ་ཏོག་གི་ཆར་སོགས་ལྟས་ཡ་མ་རྫང་མང་དུ་བྱུང་། ཁྲིམས་ཤིན་ཏུ་ཆེ་བར་ལས་དག་པ་འགས་སྤྱན་རས་གཟིགས་སུ་མཐོང་། ཉིན་རེ་བཞིན་དགོན་པའི་བདུད་ཀྱི་ཁྱུང་རེར་གླེགས་བམ་གསུངས། མེ་ཏོག་གི་ཆར་ལག་ཏུ་བཟུང་ཚོག་པ་ཙམ་བབས། བསྙེན་རྫོགས་བརྒྱ་ཕྲག་མང་པོ་གནང་། དེ་ནས་ཁྲི་ཟུར་ཕེབས། ཁྲི་ཟུ་ལོ་ཟླ་ནས་བཞེངས་པའི་བྱམས་པ་བོད་གངས་ཅན་ན་སྐུ་ཚད་ཆེ་བ་དེ་ཉིད་ལ་མཇལ་ཞིང་སྨོན་ལམ་གནང་ནས་རྗེ་བཙུན་བྱམས་པ་ལ་ཕྱོགས་བཅུའི་སངས་རྒྱས་ཀྱིས་བསྔོར་བ་རྣལ་གཟིགས། རྒྱལ་མཁར་རྩེར་སྤྱན་དྲངས། དེ་བཞིན་གཤེགས་པའི་སྐུ་གདུང་ཆ་བརྒྱད་དུ་བགོས་པའི་རྒྱལ་པོ་མ་སྐྱེས་དགྲའི་དེར་སྐལ་གྱི་འཕེལ་གདུང་ལ་མཇལ་ཞིང་སྨོན་ལམ་གནང་ནས་རིང་བསྲེལ་འགྲོ་ལྷ་རང་བབ་ཏུ་བྱུང་། དེ་ལྟར་དབུས་གཙང་ཕྱོགས་སུ་མི་ཟླའི་ལོའི་བར་དུ་བཤད་སྒྲུབ་ཆོས་ཀྱི་འཁོར་ལོ་རྒྱ་ཆེར་བསྐོར་ཏེ། གོང་གི་གླེགས་བམ་གྱི་ལུང་བསྟན་དང་། སྔོན་འགྲོ་མགོན་ཆོས་རྒྱལ་འཕགས་པ་ལ་ཏཱ་ཡི་ལའི་མི་ཆེན་རྒྱལ་ཧོར་གོང་དུ་བརྟོད་པ་ལྟར་ཐོག་མ་དང་བར་དང་ཐ་མ་གསུམ་དུ་འབུམ་ཆེན་གསུམ་བཞུ་རྗེས། གོས་ཡུག་ནག་པོ་བདུན། དེའི་རྗེས་སུ་དཀར་པོ་གཅིག་ཕུལ་ནས། ཟླ་བའི་ཞལ་ནས། ཁྱེད་རང་གཉིས་སྐྱེ་བ་བདུན་གྱི་རིང་མི་འབྲལ། དེ་ནས་ཁྲིད་རྒྱལ་པོ

གསེར་གྱི་སྡིང་ཅན་དང་། ཟེར་ཏུ་ལས་བྱས་པའི་སྡིང་ཅན་དུ་གྱུར་ཆེ་རབ་ལ་ནས་འགྲོ་དོན་རྒྱ་ཆེན་པོ་བྱེད་གསུངས་པའི་དུས་ལ་བབ་བ་དང་། ཆོས་རྒྱལ་ཨ་ལ་ཐུར་གི་གིན་ན་ཀར་གྱིས་སྤྱི་ཅོར་མཆོད་དགེ་ཡ་སེང་རྒྱ་ཡ་ལས་ཧྲི་དྷེའི་རྣམ་ཐར་ཞིབ་ར་ཐོས་རེ་བཀོད་དུ་སོང་པའི་དད་པ་ཐོབ་པས་རང་གི་ཡང་ནོ་ཧུག་བུའི་མེ་རེར་ཚོང་ཐུའི་ཏི་སོགས་དང་གྲོས་བསྡུར་མཛད་ནས། ཟེ་སྐད་དུ། ཆོས་རྗེ་རྒྱལ་སྲས་རིན་པོ་ཆེའི་ཞལ་ནས།

གང་ཞིག་བསྟེན་ན་ཉེས་པ་ཟད་འགྱུར་ཞིང་།
ཡོན་ཏན་ཡར་ངོའི་ཟླ་ལྟར་འཕེལ་འགྱུར་བའི།
བཤེས་གཉེན་དམ་པ་རང་གི་ལུས་ལས་ཀྱང་།
གཅེས་པར་འཛིན་པ་རྒྱལ་སྲས་ལག་ལེན་ཡིན།

ཞེས་དང་། སྟོན་པ་སངས་རྒྱས་ཀྱི་བཀའ་ལས།

སངས་རྒྱས་འབྱུང་བ་བརྒྱ་ལས་རྙེད་པར་འགྱུར།
མིར་སྐྱེ་བ་ཡང་ཤིན་ཏུ་དཀའ་བས་རྙེད།
གྲོགས་པོ་གང་དག་དད་དང་ཆོས་མཆན་པ།
འདི་འདྲ་བསྐལ་པ་བརྒྱར་ཡང་རྙེད་པར་དཀའ།

ཞེས་གསུངས་པ་དང་མཐུན་པར། བཤེས་གཉེན་དམ་པ་བསྟེན་པའི་ཕན་ཡོན་དང་ཆོས་ཐོས་པ་ཤིན་ཏུ་རྙེད་དཀའ་བའི་ཚུལ་བསམས་པའི་བློ་ནས། རྗེ་འདི་ཉིད་ལ་གསེར་ཡིག་པ་མངགས་ཏེ་སྤྱན་འདྲེན་ཞུས་པས། རྗེ་འདི་ཉིད་མཆོད་ཡོན་མཐོ་ཁར་དགོས་མཛལ་གནང་བའི་གང་ཅིའི་རྐྱེན་ཆ་དང་། ཐེ་ཚིག་བླ་མཆོད་དུ་འདལ་བསྐྱོབ་དཔོན་བཞུགས་འགྲུས་བཟང་པོ་སྟོང་སྟ་མཛད། བྱམས་ཆུ་གང་བ་རྒྱལ་པོས་ཐོག་དྲངས་པའི་མི་ཁྲི་ཕྲག་གིས་བཏང་ཀྱང་ཟད་མི་ཤེས་པའི་རྫུ

འདྲ་བ་ངོ་མཚར་ཅན་བསྟན། ས་ཕྱིའི་ལོར་ཡང་རྒྱལ་པོའི་གདན་འདྲེན་གཉིས་པ་ཨ་དྲེ་ས་དར་ལར་སོགས་སྐྱེ་བས་ཏེ། གསེར་ཡིག་དང་འབུལ་བ་ཕུལ་ཏེ་གདན་འདྲེན་ཞུས་པས། རྗེ་འདིས་ཞལ་འཛུམ་གདང་ལྷུ་གསུང་བ། རང་ཅག་སྡོད་ཀྱི་རྟེན་འབྲེལ་ལེགས་པོ་ཡོད་པས་ཁོ་བོས་ཤིས་ཀྱང་འགྲོ་རྒྱུ་ཡིན། བང་ཆེན་ཁྲིད་ཅག་སྡོད་དུ་སོང་བས་རྒྱལ་པོ་སོགས་ལ་མགོ་བར་གྱིས་ཤིག །ཞེས་བཀའ་ཕོག་བཅས་བསྐུར་བས་དེ་དག་ཡུལ་དུ་འཁོར་ཏེ་རྒྱུ་མཚན་ཞུས་པ་དང་། ཐམས་ཅད་ཀྱིས་དགའ་སྟེ་མཚོ་སྡོད་ཀྱི་རྩལ་ཆེ་ཡལ་ཞེས་པའི་མ་ཆར་གཙུག་ལག་ཁང་ཆེན་པོ་བཞེངས། ས་གླང་གི་ལོར་སྡེ་ཆེན་རྣམས་ཀྱི་བསྡུ་བ་མང་པོ་དག་རིམ་པ་བཞིན་དུ་བྱུང་། དེ་ནས་རྗེ་འདིས་ལྷ་ལྡན་སྤྲུལ་པའི་གཙུག་ལག་ཁང་དུ་སྨོན་ལམ་ཆུ་བསྐུར་གནང་ཞིང་། ཧོར་ཟླ་བཅུ་གཅིག་པའི་ཉེར་དྲུག་ལ་འབྲས་སྤུངས་སུ་སྐུ་ཆིབས་ཁ་བསྒྱུར། རིམ་གྱིས་ན་སྒྲོང་གི་ཏེན་པ་ཚལ་པ་སྡོད་དེ་ཉལ་གདམས་པ་གནང་བ་ནི།

ཐེད་སོག་པོའི་རྒྱལ་པོས་སྤྱན་དྲངས་ནས།
ཡུལ་མཐར་འཁོར་གནས་སུ་འགྲོ་ཤར་ཀྱང་།
དུས་མི་འགྱངས་བཞིན་དུ་འཁོར་བགྱིད་པས།
དེ་བར་དུ་སེམས་ལ་བཀག་བྱ་ནི།
གནས་དཔལ་ལྡན་འབྲས་སྤུངས་ཆོས་ཀྱི་སྡེ།
གཞིས་དགའ་ལྡན་ཕོ་བྲང་དཀོར་བཅས་ཀྱི།
དོན་འཛིན་འབྲས་ལེགས་པར་མ་ཟོར་ཞིང་།
རང་རྒྱུ་འབྲས་ཆོས་ལ་ཡིད་ཆེས་དང་།
ལས་དགེ་བའི་ཕྱོགས་ལ་འབད་ཀྱང་འཚལ།

ཞེས་སོགས་གསང་། ཞབས་སྐྱིལ་དུ་དགའ་ལྡན་ཁྲི་རིན་པོ་ཆེ་སོགས་རྒྱ་ཆེར་རྣམས་དང་། ས་སྐྱོང་བཀྲ་ཤིས་རབ་བརྟན་སོགས་བྱོན། ས་སྐྱོང་བཀྲ་ཤིས་ཟས་སྲིབས་ཡོབ་ལ་འཛུམ་ནས།

བསྟུར་བའི་དཔལ་གྱུར་རྒྱ་མའི་ཞབས་པད་བརྟན།
བསྟན་འཛིན་སྐྱེས་བུས་མ་སྟེང་ཡོངས་ལ་ཁྱབ།

ཅེས་ཚིག་རྐང་གཉིས་འབུལ་རྟོས་པཛད་ཐོག །པཆི་པས་བརྡངས་དེ་གསུང་རྒྱ་པ་བྱུང་བས།

བསྟུར་བའི་སྦྱིན་བདག་མངའ་ཐང་འབྱོར་བ་རྒྱས།
བསྟུར་བ་ཕྱུན་རིང་གནས་པའི་བཀྲ་ཤིས་ཤོག།

ཅེས་རིབས་ཐོག་ནས་གསང་ངོ་། །དེ་ནས་རིམ་གྱིས་ཁ་མཚོ་སྟོད་དུ་ཕེབས། དགོན་པས་གཙོས་པའི་སྐུ་སེར་གྱི་ཁྲིམས་ཆེན་པོ་ཚོགས་པ་དེ། གསེར་སྤྱང་སྟོང་ཕྲག་གསུམ་ཙམ་གྱིས་གཙོས་པའི་ཟང་ཟིང་གི་འབུལ་བ་རྒྱ་ཆེར་ཕུལ། རྒྱ་པའི་རྣམ་འཇོར། ཡི་གེ་དྲུག་པའི་བཟླས་ལུང་གནང་། རབ་བྱུང་བསྙེན་རྫོགས་སྟོང་ཕྲག་དུ་མ་བ་སོགས་གནང་སྟེ་ཀུན་ཀྱང་ཐར་པའི་ལམ་ལ་བཀོད། བཞུགས་ཁྲིའི་རྒྱབ་ཡོལ་གྱི་རྡོ་ལ་ཐུགས་རྗེ་ཆེན་པོ་ཕྱག་བཞི་པའི་སྐུ་རང་བྱོན་གསལ་བར་བྱུང་། དེ་ནས་སྨ་རྩེའི་འགྲམ་དུ་བཞུགས་སྐར་ཕེབས་པ་ན། ཚུར་མཐོང་གི་སྐྱེ་བོ་རྣམས་ཀྱིས་ཆུ་འདི་ཉ་ཚང་ཆེ་བས་རི་ཞིག་སྐྱོལ་བར་སི་དྲུས་སོ། ཞེས་སྨྲ་བ་ལ། མང་ནས་ཡངས་དེ་བསྐྲུས་ཙ་ན་དོང་བྲུས་རྡུབ་ཙམ་ལས་མི་འདུག་པས་ཐམས་ཅད་སྨྲ་མི་ཤེས་པའི་ཡ་མཚན་དུ་གྱུར། རིམ་གྱིས་ཕེབས་པས་ལམ་དགོན་པའི་མི་དང་མི་མ་ཡིན་རྣམས་ཀྱིས་བསུས་དེ་བསྙེན་བཀུར་ཚད་མེད་ཞུས། རབ་ཅིག་སོག་པའི་ལྷ་འདྲེ་ཐ་མེང་ཐ་ཀྲི་ལ་སོགས་ཀྱི་པགོ་བརྐར

ཚར་མང་པོ་རིག་ཚོམ་སྐྱོང་བེག་ཙེམ་ཁྲིད་དམ་དོང་མ་བ་དམ་ལ་བཏགས་ཏེ་ཚོམ་བྲིད་རྣམས་ལ་བར་ཁད་ཡེ་བྲིད་པའི་བྲོ་བོར། ཚོང་གི་བསྡུ་བ་རྣམས་ཀྱང་རིམ་གྱིས་འབྲིར་ལ། མི་ཆེན་ཧོང་ཐའི་ཅིམ་ཕྱུགས་ཐེ་ཆེན་པོ་བྱུག་བཞི་བར་མགོང་། དེ་ནས་རིམ་པ་གྱིས་ཕེབས་པ་དང་མ་ཕྱུག་ལོའི་ཚོར་རྒྱ་བྲ་པའི་ཆོས་བཅོ་ལྔའི་ཉིན། སྐྱ་དར། རྒྱ་གླིང་། ལམ་རྣམ་མོ་རིམ་སོགས་གོང་མ་རྒྱལ་པོའི་བློ་པ་ལ་འདོམ་པའི་ཆེ་བ་དང་བཅས་ཏེ། སྐྱང་པོ་ཆེ་མ་ལ་རབ་བརྟན་འཆི་མེད་དབང་པོའི་ཁྲིམས་ཀྱི་ཐྱིང་བུར་དལ་གྱིས་རྒྱ་བ་ལྟར་གཞིགས་པའི་གཡས་གཡོན་དང་རྒྱབ་རྣམས་སུ། རྒྱ་དང་སོག་པོ་སྣ་མེར་གྱི་ན་བ་སྡོང་ཕྱག་མང་བོམ་མ་གཉིས་མཐའ་དག་གཡོགས་པ་ལྟར་བསྐོར་ཏེ་ཕེབས་པ་ན་ཚེ་རིང་གནས་ཀྱི་ཞེ་སོང་ལ་བཞེད་ནས་རྟོད་ནས་ཀུན་འཁོར་ལོས་བསྒྱུར་བ་ཨམ་ཕར་རྒྱལ་པོ་ཉིད། མཐར་འཁོར་སུར་པའི་གླིང་དཀར་པོར་བྱས་པའི་བཟ་ཚང་དུ་གོམ་ དཀར་པོ་གསོལ་ཏེ་འཁོར་ཕྲི་ཕྱག་ཙམ་དང་། དེ་ཉིད་ཀྱི་བཙུན་མོ་འཁོར་མང་པོ་དང་བཅས་ཏེ་དོངས་ནས། མཆོད་ཡོན་མཇལ་བའི་དགའ་སྟོན་གྱི་ཕོག་མར། དངུལ་སྲང་སྟོ་བརྒྱ་ལས་གྲུབ་པའི་མཎྜལ། གསེར་གྱི་ཐོར་བ་ཕུལ་དབུས་ཀྱི་བྲེ་ཚད་སོང་བ་ཞིག་རིན་པོ་ཆེས་བཀང་བ་སོགས་འབྲུལ་བ་ཚད་མེད་པ་ཕུལ། དེ་ནས་ཁྲིམ་འབྲུས་ཕྱག་ཙམ་འཚོགས་པའི་དབུས་སུ་མཆོད་ཡོན་ཉི་རྐྱ་ཆུང་གཅིག་ཕེབས་ཏེ། ཉིང་ཐིའི་ཅིམ་གདན་བདད། ཀུ་ཤྲཱི་དཀྲིས་ལོ་ཙྪ་བསྒྱུར་ཏེ། སྤྱོད་ནས་གནས་ཀྱི་རིགས་ལམ་རད་པས་སྤྱོབས་ཆེ། རྒྱ་བོད་ཧོར་གསུམ་དུག་ཅོས་དབང་དུ་བསྡུས། མ་སྐྱ་པ་དང་མཆོད་ཡོན་དུ་འབྲེལ་ཏེ་ཆོས་དར། སྐྱར་ཕོག་ནས་ཐེ་སུར་རྒྱལ་པོ་ནས་ཆོས་ཚད། ལམ་སུ་ཕྱིག་དང་ཟམ་སུ་བཀྲག་བོ་ར་ལ་ལོངས་སྤྱོད་པའི་སྐུར་རག་ཁྲག་པོའི་གླིང་ལྟ་བུར། མཆོད་ཡོན་ཉི་རྐྱ་ཆུང་གཅིག་གི་བཀའ་

ཊཱི་ཀ་ལས། ངས་པའི་ཚོས་ཀྱི་ལས་འབྲེད། ཁྲག་མཚོ་འི་མར་བསྐྱུར་བ་འདི་བཀའ་ཊཱི་ཀ་ཆེ་བས། སྟོགས་ལ་འདི་ན་ཡོད་པའི་རྒྱ་བོད་ཧོར་སོག་ཀུན་གྱིས་ཀྱང་དགེ་བ་བཅུའི་ཁྲིམས་ལ་གནས་པ་དགོས། ཉི་མ་དེ་རིང་ནས་ཁྲིད་པར་སོག་པོ་རྣམས་ལ་ཁྲིམས་སུ་བཅས་པ་ནི། སྔར་སོག་པོ་ཡི་འདི་རྗེས་སུ་དྲག་ཞན་གྱི་རྣམ་དབྱེ་རང་གི་རྐང་མ་བྲན་གཡོག་རྟ་ནོར་སོགས་སྲོག་གཅོད་པ་ཡིན་ནའང་། ད་ཕྱིན་ཆད་སྲོག་གཅོད་ཀྱི་ཡུལ་དུ་གྱུར་པའི་རྟ་ནོར་སོགས་ཀྱི་སྟེང་དུ་ཛེ་ཚམ་ཧྲིལ་འཚམས་པར་བཅད་ནས་དགེ་འདུན་དང་བླ་མ་ལ་ཕུལ། འབྱོང་སྦྱོར་ལས་ན། ག་ཞིན་པོའི་རྗེས་སུ་དམིགས་པའི་སྲོག་གཅོད་གཏན་ནས་མ་བྱེད། གལ་ཏེ་སྔར་བཞིན་མི་བསད་པ་བྱུང་ན་ཁྲིམས་ཀྱིས་ལུས་སྲོག་དང་འབྲལ་བ་ཡིན། རྟ་ཕྱུགས་བསད་པ་བྱུང་ན་ཁྲིམས་ཀྱིས་ནོར་ཐམས་ཅད་འཕྲོག ། བླ་མ་དང་དགེ་འདུན་གྱི་ཆ་ལུགས་ཅན་ལ་བརྡུང་བརྙོག་སོགས་ལག་བཀག་པ་བྱུང་ན། ལག་འཇོག་མཁན་གྱི་གཞི་མ་ཐམས་ཅད་གཏོར། སྔར་ཨོང་གོད་དུ་གྲགས་ག་ཞིན་པོ་ཐམས་ཅད་ཀྱི་གཟུགས་བྱས་པ་ལ་རིང་བདགས་པའི་རྒྱབ་བྱང་རེམས་ཀྱི་ཆ་སྟོང་བརྒྱད་གསུམ་ལ་ཊ་ཕྱུགས་བསད་པའི་ཁྲག་གིས་མཆོད་པ་དང་། ལོ་དུས་ཀྱི་མཆོད་པ་ལ་དྲག་ཞན་གྱི་དབྱེ་བ་མང་ཉུང་མཐའ་ཡས་ཤིག་གསོད་པ་རྣམས། དེང་ཕྱིན་ཆད་ནས་བཅུད་ཐེར་དེ་རྣམས་མེ་ལ་བསྲེགས་ནས། ལོ་རྒྱའི་དུས་ཀྱི་མཆོད་པར་སྲོག་གཅོད་པ་གཏན་ནས་མ་བྱེད། གལ་ཏེ་བྱས་པ་བྱུང་ན་ཁྲིམས་ཀྱི་ཆད་པ་ཇི་སྙེད་གང་བསད་ཀྱང་དེའི་བཅུ་འགྱུར་འཕྲོག །ཨོང་གོད་མེ་ལ་མ་བསྲེགས་ན་ཁྱིམ་གཏོར། ཨོང་གོད་ཀྱི་ཚབ་ཏུ་ཡེ་ཤེས་ཀྱི་མགོན་པོ་ཕྱག་དྲུག་པའི་སྐུ་རི་འཛིན་པ་དང་། དེ་ལ་ཡང་དཀར་གསུམ་གྱི་མཆོད་པ་མ་གཏོགས། ཁྲག་གིས་མཆོད་པ་གཏན་ནས་མ་བྱེད། གཞན་ཡང་ཐམས་ཅད་ཀྱིས་དགེ

བ་ལ་འབབ་པ། ཨ་སྟོང་བརྒྱད་གསུམ་ལ་བསྐོར་གནས་སྤྲང་ས། རྒྱ་ནོད་ནོར་ཀུན་ལ་དགོས་མེད་ཀྱི་འཕྲོག་འཇོམས་མ་བྱེད། མདོར་ན་ནོད་ཡུལ་དབུས་གཙང་དུ་ཐེ་ཐུར་བྱ་བ་ཐུར། ཡུལ་ཕྱོགས་འདིར་ཡང་བྱ་དགོས་ཞེས་ཁྲིམས་སང་ད་བསྒྲགས་སོ། །ཕྱུགས་ཐེ་ཅིན་པོའི་བརྒྱས་ཅུང་གནང་བ། ལོ་ཟླ་བས་སོག་པོའི་སྐད་ད་བསྒྱུར་ཏེ་ཀུན་གྱིས་གོ་བས་མཆོག་དཔར་མཐུད་དག་ཡི་གེ་དྲུག་པ་བརྒྱབ་ལ་བསྒོར་པར་བྱུར། དེའི་ཚེ་འཛམ་འོད་ཀྱི་གུར་དང་མེ་དོག་གི་རར་མང་དུ་བབ། དེ་ནས་མཆོད་ཡོན་ཞིབ་པར་གསུང་གླིང་གནང་བའི་སྐབས། རྒྱལ་པོས་སྤྱོད་འཕགས་པ་ཤིང་ཀུན་གྱི་གཙུག་ལག་ཁང་བཞེངས་པའི་ཚེ་ངེ་ཆེན་རྒྱལ་པོ་དང་ཁྲོད་བླ་མ་འཕགས་པར་བྱུར། ཁྲིད་ཀྱིས་གཙུག་ལག་ཁང་ལ་རབ་གནས་མཛད། ང་དེ་ནས་ད་བར་གང་དུ་འཁྲུངས་ཞེས་སྤྱོད་གནས་ཐེས་དྲན་གྱི་ཉ་བ་ཕྱུལ། ཐེ་ཐམས་ཅད་མཁྱེན་པ་ཨིད་ཞལ་འཛུམ་སྟེ་གསུང་བ། ང་ཨག་ད་སྔ་འབབ་ཉིག་ད་མཛལ་བ་ཙམ་མིར་གྱི་སྤྱོད་ནས་ མང་དུ་མཛལ་ཕྱུད་བྱེད་པ་ཞིག་ཡིན་ནོ། ཡབ་ཐུན་རྒྱལ་པོ་ཁྲིད་སྤྱོད་ཐུབ་དབང་གི་དུས་སུ་ཀོ་ས་ལའི་རྒྱལ་པོ་གསལ་རྒྱལ་ད་བྱུར་ཏོང་། ཐོག་ད་ཅིང་གིས་ཀྱི་རིགས་ལས་ཧ་ཤི་ལའི་མི་ཆེན་རྒྱལ་པོར་བྱུར་ཏོ། ཁྲི་ཐོ་འདགས་པ་ཟླ་མར་གྱུར་པ་དེ་སྨྱུན་དྲངས་དེ་རྒྱལ་པོ་དང་བཙུན་མོ་གཉིས་ལ་ཀྱི་ཧོར་གྱི་དབང་བསྐུར་བ་ལ། འབྱུལ་བ་ཆེན་པོ་བྱས་དེ་དེ་ཀྱིའི་ཚེ་ལ་སོགས་གནང་ངོ་། །མི་ཆེན་ཧོང་ཐའི་ཅི་འདི་སྤྱོད་པ་ག་བའི་རྒྱལ་པོ་གཟུགས་ཅན་སྙིང་པོར་གྱུར། ག་ཀྲི་པཀྲི་འདི་སྤྱོད་ལོ་ཙྪ་བསྒྲི་ཛར་ཞེས་རབ་དང་། འཕགས་པ་ཟླ་མའི་དུས་སུ་ལོ་ཙ་བ་ཉ་རག་པར་གྱུར་ཏེ་རྒྱལ་པོ་དང་འཕགས་པ་གཉིས་ལ་ལོ་ཙྪ་བ་བྱས། དེང་སང་ཡང་ཏེ་ང་གསུམ་གྱི་ལོ་ཙ་བྱས་པས་འདི་དང་ཡར་གསུམ་ད་ཁྲི་བོའི་སློབ་མར་གྱུར། ཅེས་སོགས

བཀའ་ལུར་དང་བཅས། དེ་རིགས་ལྔ་མཆོད་པའི་དར་སྣོད་སྣ་ཞྭ་ཕ་ལ་སྤྲ་བསྟང་རྫོ་རྫིའི་མདངས་པའི་རྒྱས་སྨྲས་པ་དང་། རིན་པོ་ཆེའི་ཕོར་པ་འབྲུ་སྣ་ཚོགས་ཀྱིས་བཀང་བ་རིག་རྒྱལ་པོ་ལ་གནང་ངོ་། །དེ་རྣམ་མཆོད་ཡོད་མཛལ་བའི་མ་དེར་གཙུག་ལག་ཁང་བཞེངས་པའི་ས་བདལ། དུས་གསུམ་མངས་རྒྱས་དང་། རྫི་རྨ་པ་དང་། རྫི་ཉིད་ཀྱི་སྐུ་འདྲ་སོགས་བཞུགས་པའི་ལྷ་ཁང་རེ་རེ་དང་བཅས་རྒྱ་ནག་གི་ལུགས་སུ་བཞེངས། ལུགས་རི་རིམ་པ་གསུམ་གྱིས་བསྐོར་བ་རིང་ཐིག་ཆེན་ཆོས་འཁོར་གླིང་དུ་བཏགས། དེ་སྐབས་སྟོང་འཁོར་ཆོས་རྗེ་ཡོད་དུས་རྒྱ་མཚོ་བསྐོར་རྫོགས་དང་འདོད་ ཆོས་ཞུ་བར་འབྱོར་བ་ལྟར་རེ་བ་ཡོངས་སུ་བསྐང་། དེ་ནས་རྒྱལ་པོས་གསེར་གྱི་ཕོར་པ་ཆེན་པོ་མུ་ཏིག་གིས་བཀང་བ་སོགས་ཡོ་བྱད་ཤིན་དུ་ལེགས་པ་དང་བཅས་ཏཱ་ལའི་བླ་མ་བཛྲ་དྷ་ར་ཞེས་ཁྱབ་བདག་རྡོ་རྗེ་འཆང་གི་ལམ་ཀ་རུལ། རྒྱལ་པོ་ལང་ཆོས་ཀྱི་རྒྱལ་པོ་ལྷའི་ཚངས་པ་ཆེན་པོ་ཞེས་མཚན་གསོལ། མི་ཆེན་དོང་ཕྱིའི་ཅོ་དང་ཀ་ཧྲི་པཀྲི་སོགས་ལ་རང་རང་གི་ཐབ་དང་བསྟུན་པའི་ལུགས་རྒྱང་གི་ཆོ་ལོ་གནང་ངོ་། །ལྷའི་ཚངས་པ་དེ་ཉིད་ཀྱིས་གསེར་སྲང་བརྒྱ་ལས་གྲུབ་པའི་ཐམ་ཀ་འབྲུག་སྟེར་སོ་ལྔས་མཚན་པ། ཁ་རིམ་ལ། རྡོ་རྗེ་འཆང་ཏཱ་ལའི་བླ་མའི་ཐམ་ཀ་རྒྱལ་ཞེས་དེར་ཡིག་གསར་དུ་ཡོད་པ་དང་། གསེར་ལས་གྲུབ་པའི་དབྱུ་རྒྱན། ཀུམ་པ་སོགས་ཡོ་བྱད་ཁྱད་འཕགས་རྣམས་ཕུལ། རྒྱལ་རིགས་གསུམ་སོགས་བཙུན་པ་བརྒྱ་རབ་བྱུང་མཛད། དབུས་སུ་སེ་འབྲས་དགེ་གསུམ་སོགས་ལ་འགྱེད་མང་ཇ་སོགས་ཀྱི་འབུལ་བ་སྐོང་ས་ཅན་བཏང་། དཔོན་པོ་སོ་སོས་འབུལ་བ་རྣམ་སྐུས་ཀྱི་ལོ་རྒྱང་གི་མཛོད་ལྷ་བྲུ་སྨོས། དེ་ནས་རྒྱལ་པོ་དང་དཔོན་སོ་སོར་འདོད་ཆོས་རྒྱས་པར་གནང་། རབ་བྱུང་བསྐྱེན་རྫོགས་སྟོང་ཕྲག་བཅུ་པ་བསྒྲུབས

ཚོང་རྒྱ་བརྒྱད་པའི་རང་དུ་རྒྱ་ནག་གོང་མ་ཁྲིན་ལི་རྒྱལ་པོས་རྒྱལ་ཁབ་ཐམས་ཅད་ཀྱི་སྐྱབས་གནས་གཙོ་ཆེ་ཅང་སྐྱའི་མཛད་དང་། ཐ་མ་ཀ་སོགས་ཡུལ་དེ་གདན་འདྲེན་ནས། སྐབས་དེ་དག་ཏུ་རྒྱ་ནག་གི་ཕྱི་དཔོན་ཕེབས་འགྲུལ་བ་དང་། སྐྱེ་འགྲོ་རྣམས་ཀྱིས་བསྙེན་བཀུར་བ་རི་གྲངས་ལས་འདས་ཤིང་། ཀུན་ལ་ཐར་པ་དང་ཐམས་ཅད་མཁྱེན་པའི་ས་བོན་ཡང་དག་པར་བསྐྲུན། རབ་བྱུང་བསྙེན་རྫོགས་སྟོང་ཕྲག་བཅལ་པ་བསྒྲུབས། ཀློ་དང་འཆོལ་བའི་ཆོས་ཀྱིས་རོལ་པར་མཛད། དེ་ནས་སླར་ཆེན་མདོ་ཁམས་ལི་ཐང་ཕྱོགས་སུ་བདེག ། སྐབས་ཤིག་ཨལ་ཐན་རྒྱལ་པོ་ཆེན་པོས་གདན་འདྲེན་ནས་པ་ལ། རི་ཉིག་སྨྲ་རབ་ལ་སོག་ཡུལ་དུ་སྟོང་འཁོར་ཆོས་རྗེ་ཡོན་ཏན་རྒྱ་མཚོ་རྫོང་སྟ་མཛད། ལྕགས་འབྲུག་གི་ལོར་ཕྱི་ཐང་དུ་དགོན་པ་འདེབས་པ་རེར་གསེར་ཐང་ལས་གྲུབ་པའི་ཐུབ་ཆེན་ཁམས་གསུམ་ཟིལ་གནོན་རྒྱབ་མགོ་རི་བཞི་པ་བཞེངས། དགོན་པའི་མིང་ཐུབ་བཤད་བྱམས་ཆེན་ཕྱོགས་ཐམས་ཅད་ལས་རྣམ་པར་རྒྱལ་བའི་སྡེ་ཞེས་བཏགས། རབ་བྱུང་བསྙེན་རྫོགས་བརྒྱ་ཕྲག་བཅལ་པ་བསྒྲུབས། ལྕགས་སྦྲུལ་གྱི་ལོར་ཙབ་མདོ་བ་རྣམས་ཀྱིས་གདན་འདྲེན་པ་ལྟར་ཕེབས་དེ་འདོད་ཆོས་ཀྱི་ཆར་བབ། རྒྱལ་པོ་ཆེན་པོ་ཨལ་ཐན་དེ་དཔང་པོ་དོན་དྲུག་གི་གྲོག་ཆུ་རུ་ཡོར་སྣང་གཉིས་ཆེན་པོས་གཤེགས་པ་ལྷ་བྲུ་གར་པའི་ཆོ་དབོན་ཆེན་དང་རྙོར་འབངས་འཀར་ཉིག་གིས་བླ་མ་དཀོན་མཆོག་གི་ཕྱོགས་སུ་ཁ་གཏོང་བྱས་པ་ལ། སྟོང་འཁོར་སྐྱོལ་སྐུ་རིན་པོ་ཆེས། དཔོན་འབངས་མཐའ་དག་བསྒྱུར་དེ་སེ་ནག་པའི་ཆོས་བཀོད་ཅིང་། འོན་ཀྱང་རྗེ་ཐམས་ཅད་མཁྱེན་པས་རྒྱལ་པོ་ཆེན་པོ་འདི་བྱང་ཆུབ་སེམས་དཔའ་ཡིན་པར་གསུངས་པས། བསྟན་པ་རིན་པོ་ཆེ་དང་བསྟན་པ་འཛིན་པའི་རྗེ་ཐམས་ཅད་མཁྱེན་པ་དང་། བསྟན་པའི་ཕྱིར་བདག་ཆོས་རྒྱལ་གསུམ

ཀྱི་བདེན་པའི་སྟོབས་ཀྱིས་རྒྱལ་པོ་ཁྱེད་སོས་པར་གྱུར་ཅིག །ཅེས་དབོད་ཚིག་བྱས་ཤིང་། རྒྱལ་པོ་རྒྱལ་པོ་ཞེས་ལན་གསུམ་དུ་བོས་པ་དང་རྒྱལ་པོ་ཉེར་པོ་སྐྱར་གསོས་ཏེ་གསུང་བ། གྲོང་དབོན་དང་འབངས་རྣམས་ཀྱིས་ཁོ་བོས་བཟག་པའི་དམ་པའི་ཆོས་དང་དགེ་འདུན་ལ་ཁ་གཏོང་བའི་རྒྱ་མཚན་ཅི་ཡིན། སྟོར་ཆོས་མ་དར་བའི་དུས་སུ་མ་ཤི་དང་ཚེ་ཐར་བའི་མི་རིག་མཐོང་ངམ། སྟོར་ཀྱང་དེ་རྒྱལ་པོས་ཀུང་སྐྱེ་འགྲོ་རྣམས་མི་དག་པ་ལ་བསྐྱལ་བའི་ཚེད་དུ་སྐྱ་གཞེགས་པའི་ཚུལ་བསྟན་པར་ཐེ་ཐབས་ཅན་མཁྱེན་པས་གསུང་བ་མ་ཐོས་སམ། ཞེས་སོགས་ཀྱི་བསླབ་ཚིག་གསུང་བ་དང་། བཙུན་མོ་དང་སྲས་དང་འབངས་ཐབས་ཅན་ཀྱིས་དགའ་སྟེ་ཐེ་ལྟར་བསྒོམས་པ་ལྟར་རྒྱ་མ་དགོན་མཆོག་གི་རྟོགས་སུ་གཏོང་བ་ས་ཁྱེད་པར་མཛད་བསྐུལ་ཏེ་བཅའ་ཁྲིམས་སུ་ཡང་དེ་ལྟར་ཁྲིམས་ཏེ་བཀག་པས། རྒྱལ་པོ་ཆེན་པོ་དགའ་རབ་པོ་གཅིག་སྐུ་ཚེ་ཐེར་འཇིལ་ཏེ་པོ་རྒྱས་པ་རྒྱ་ཡུལ་གྱི་ཡོང་གཤེགས་སོ། །དེའི་ཚེ་ཐེ་ཐབས་ཅན་མཁྱེན་པས་ཁལ་ཐར་རྒྱལ་པོའི་འཛིག་རྟེན་པ་ཆོས་དག་གཤེགས་པ་མཛད་པར་མཁྱེན་པས་གཟིགས་ཏེ། ཀོ་རབ་ཀྱི་རྟེར་བདེ་མཆོག་གི་དཀྱིལ་འཁོར་དུ་བཅུག་སྨིན་གྲོལ་ངོ་བསྟུར་ཅིང་དབང་བསྐུར་རིམ་ཐེམས་སུ་བརྒྱུད་དོ། །དེ་ནས་རྒྱ་ཡུལ་གྱི་ཡོང་རྒྱལ་པོ་དེའི་སྲས་སེང་གེ་རྡོ་ཀ་རྒྱང་རྒྱལ་སར་བཞུགས་ཏེ། ཡབ་ཀྱི་དལ་ཆེམས་གནང་བ་བཞིན་ཐེ་ཐབས་ཅན་མཁྱེན་པ་གདན་འདྲེན་དུ་ཕྱིའི་ཚེ་གཅིག་གིས་གསོལ་བྱས་ཏེ་མངགས་པ་འགྲོན་ཏེ། ཐེ་ཉིད་མཆོ་ཁར་ཕེབས། རྒྱལ་པོ་ཨ་ལ་བྲན་དམིགས་ཡུལ་དུ་གཙོ་བོའི་བསྐྱེས་པའི་སྟོན་ལས་བྱམས་པའི་འཇུམ་ཞལ་མཛེས་དུ་བཞིན་བའི་ཡོ་ཆ་ཞེས་བྱ་བ་ཕྱགས་རྩེས་གནང་། དེ་ཡིས་སྐུ་འབྲས་དུ་བཅོན་ནས་དེར་བཀོད་ཀྱི་གསར་དུ་བཙུགས་པ་དང་། བསྟན་པ་རྒྱས་པའི་ཆོས་སྡེ་རྣམས

ལ་གཞིར་བཏང་མཛད། རི་པ་གྱིས་རི་བོ་ཞང་དཀྲིག་ད་ཕེབས་དེ་སྤྲུ་མ་རྫོང་མ་ཕུར་རིང་དུ་གནང་། དཔལ་འཁོར་ལོ་སྡོམ་པའི་ལྷ་ཚོགས་ནམ་གཟིགས། ཡང་རིག་དང་ཤིང་ཀུན་སོགས་གནས་ཆེན་དུ་པ་འཕེབས་དེ་གཉན་རིན་རྒྱ་ཆེར་མཛད། དེ་ནས་རི་བ་གྱིས་ཡོང་དུ་སྤྱི་དཔོན་པོ་མི་ཆེན་ཅོང་ཐའི་ཅིའི་སྐུ་ཕྱོགས་ད་ཕེབས་དེ་དབང་རྗེས་གནང་སོགས་འདོད་ཆོས་དུ་མ་བསྩལ། ཤིང་བྱའི་ལོར་རབ་བྱུང་སྟོང་ཕྲག་གཉིས་ལ་བསྐྱབས། སོག་པོ་ཚོ་ཆེར་བཞི་བཅུའི་བདག་པོ་ཅི་རོང་རྒྱལ་པོས་བསྐུ་བ་དང་བཅས་དེ་གདན་དྲངས། རིན་པོ་ཆེའི་ཕོར་པ། གོས་ཕྲུག་བརྒྱ། དངུལ་སྲང་སྟོང་སོགས་འབུལ་བ་ཁྲི་ཕྲག་ཕུལ། རྒྱལ་པོ་དེ་དང་མི་ཆེན་ཅོང་ཐའི་ཅི་དང་། མི་ཆེན་དྲུའི་ཉིང་སོགས་དཔལ་གྱི་རྡོ་རྗེའི་དཀྱིལ་འཁོར་དུ་བཅུག་སྟེ་དབང་བསྐུར། རྒྱལ་པོས་རང་གི་བུ་ལ་རྒྱལ་སྲིད་གཏད་དེ། འཁོར་བའི་དཔུང་ཚོགས་མཐར་དག་སྤྲུངས་ནི་རབ་དུ་བྱུང་། ཡོས་བུ་ཆུ་ཤར་རི་ཡོར་གྱིས་གདན་དྲངས། ཐའི་ཅི་འཁོར་བཅས་འཆི་མེད་ཚེ་སྒྲུབ་དཀྱིལ་འཁོར་དུ་བཅུག་སྟེ་དབང་བསྐུར། མི་ཁྲིའི་ལོང་ཨ་ལ་ཐན་རྒྱལ་པོའི་སྲས་སེང་གེ་དྷུ་ག་རུང་ རྒྱལ་པོ་སོགས་ དཔོན་ཆེན་ རྣམས་ཀྱིས་ ཡུལ་འདིར་ ཕེབས་ དགོས་པའི་གསོལ་བ་བཏབ་པ་ལྟར་མཁར་སྔོན་པོ་ཞེས་པ་ལྷའི་གྲོང་ཁྱེར་ས་ལ་འབེབས་པ་ལྟ་བུ་ཇེར་ངོ་མཚར་བའི་བསྐྱ་བ་དང་བཅས་དེ་ཕེབས། ཨ་ལ་ཐན་རྒྱལ་པོས་བརྙེས་པའི་དངུལ་གྱི་ཤཱཀྱ་ཐུབ་པའི་སྐུ་གཟུགས་ལ་ གཟུངས་ གཞུག་དང་ རབ་ གནས་རྒྱས་པར་མཛད། རྒྱལ་པོས་གསེར་གྱི་མཎྜལ་སོགས་ཁྲི་ཕྲག་ཕུལ། རྗེ་འབངས་ཁ་ཤས་ལ་ཀྱཻ་རྡོ་རྗེ་ དང་ དཔལ་ འཁོར་ལོ་སྡོམ་ པའི་ དབང་ བསྐུར། ཨ་ལ་ཐན་རྒྱལ་པོའི་གདུང་དེ་ས་ལ་བཏགས་སུ་གསོལ་བ་ལ་ སྐད་དེ་འདི་འདྲ་བའི་རིན་ཐང་མེད་པའི་ཆོས་བྱ་རིན་པོ་ཆེ་ཁྲིད་ ལག་གིས་ས་ ལ་ཇི་ལྟར་ ཞོར་ཞེས་

ས་བཅོམ་དེ་བསྐྱང་ནས་ཞབས་ལ་ཕྱལ་བས་ནམ་མཁའ་ཁྱམས་ཆར་འཛིན་འོད་ཀྱི་དྲ་བས་ཁེངས་ཤིང་མེ་ཏོག་གི་ཆར་བབ། ཧཱུྃ་དང་ཧྲཱི་སོགས་ཡི་གེ་དང་རིང་བསྲེལ་མཐར་ཡས་པ་བྱུང་། ཕྱི་ཉིན་དུ་དབུལ་སྤྱང་སྦྱོང་ལས་གྲུབ་པའི་མཆོད་རྟེན་བཞེངས་པ་ལ་རབ་གནས་མཛད། དེ་ནས་སེ་བག་གི་ཡོར་སེང་གེ་དྲུ་གུ་རྫོང་རྒྱལ་པོ་ཀ་ཤི་ཀས་པའི་དགོངས་རྫོགས་བསྐྱབས་དེ་དགེ་བ་རྣམས་རྫོགས་བྱང་དུ་བསྔོས། ཉིན་གཅིག་རགས་འཁྲིར་རེ་བ་ཡོད་པའི་རི་ཉིག་ལ་ཐེབས་པས། དགེ་སློང་དབང་བཟང་རྒྱལ་ལེ་བཞིས་པ་ཞིག་དང་མཆམས་ཕྱག་མཛད་གསུང་སྐྱོང་སར་དུ་གནང་སྟེ་རིགས་གསེབ་ལ་ཕྱེད་ཀྱིས་བཏུན་སོང་བས། སྐུ་འཁོར་རྣམས་ཀྱིས་དྲི་བ་ཞུས་པར། རྒྱལ་བླ་ཕྲོག་སྟེང་ནས་གྲུབ་རིན་ཐར་པའི་རྒྱལ་མཚན་ཁོ་བོ་འགྲོ་ཁར་ཕྲག་པ་ལ་བྱོན་པར་འདུག་གསུང་། ཚུང་ཞིག་སྐྱུང་བའི་ཚུལ་མཛད། དབུས་གཙང་གི་གདན་འདྲེན་པ་རྣམས་ཀྱིས་ཡར་ཐེབས་དགོས་པའི་ཞུ་བ་འབུལ་ཀྱང་། ཆོས་རྗེན་ཀྱི་རྒྱལ་ཐེམ་གདན་འདྲེན་ཞུས་པ་ལྟར་ཐེང་ཐེབས་དེ་ཀྱི་རྫོང་གི་དབང་སོགས་གནང་ཞིང་། ཐེར་དགེ་འདུན་གྱི་སྡེ་གཙུགས་འདག་པ་ལ་རབ་དུ་གནས་པ་རྒྱས་པར་མཛད། དཀར་པོ་ཞི་དྲུག་གི་ས་ཕྱིའི་ཡོར་སྐྱ་བ་དང་པོའི་མཇུག་ནས་ཚུང་རྣད་ཕྱི་འཚོལ་བའི་རྣམ་པ་བསྟན། ཀྱི་ནག་གོང་ས་རྒྱལ་པོས་པོ་བྲང་དུ་ཐེབས་དགོས་པའི་གདན་འདྲེན་དུ་སེ་བརྒྱུད་ཀྱིས་གསང་པ་ནས་བཏེགས་པའི་གསེར་ཡིག་པ་མངགས་ནས་ཀུན་དེང་དུ་གོ་ཕྱིའི་མཚར་ཕྱུལ། ཉིན་འབྲེལ་དུ་དགོངས་ནས་པོ་བྲང་དུ་ཐེབས་པའི་ཞལ་བཞེས་མཛད། རག་པ་རྒྱ་བ་ནས་སྐྱང་བབས་རྟེ་བའི་ཚུལ་བསྟན་དེ་གསུང་སགར་ཕྱ་ས་གནང་། དེའི་ཚེ་དཔོན་ཆེན་རྣམས་ཀྱིས་སེམས་ཤིན་དུ་གདུང་སྟེ་ཛེ་ཕྲམས་ཅད་མཁྱེན་པ་སྐུ་སྐྱེ་ཉིང་མ་ངེད་ཀྱི་རིགས་སུ་འཁྲུངས་པ་ཞིག་ཀྱང་གནང་དགོས་

ཞེས་གསོལ་བ་བཏབ་པས། ཇོ་བོ་ཉིད་ཀྱིས།

སྐྱབས་བསྐྱེད་མེད་དཀོན་མཆོག་གསུམ་ལ་འདུད།
ཀྱེ་ཡངས་པའི་རྒྱལ་ཁམས་དོར་གྱི་ཡུལ།
འོངས་སྤྱོད་ཀྱི་འབྱོར་བ་ཀུན་ཚོགས་པར།
ཁོང་གསེར་གྱི་རྒྱལ་པོས་གཙོས་བྱུང་བའི།
བཙུན་དང་ལྷག་གྱི་སྦྱིན་བདག་སློབ་མ་རྣམས།
སྔོན་དགེ་ལེགས་ཀྱི་འབྲེལ་བ་མི་དམན་པས།
དུས་དེང་སང་ཉེར་འབྲེལ་བྱུན་སུམ་ཚོགས།
སྐྱར་སྨོན་ལམ་མཐུ་ལས་ཕྱི་མར་ཡང་།
ཚུལ་འདི་ལྟར་ཐེག་ཆེན་ལས་བཟང་ནས།
ཁྱེད་སྐལ་ལྡན་འདྲེན་པའི་དཔལ་དུ་འགྱུར།

ཞེས་པ་ནས།

སྣང་ཚུལ་གྱི་རྟེན་འབྲེལ་ཆོས་འདི་ལ།
བདེ་སྟོར་གྱི་སྒོ་གསུམ་སྤྱོད་ཡུལ་བྱས།
སྐུ་རིམས་ཀུང་ཕན་བདེའི་གྲོགས་སུ་བསྒྱུར།
དཔལ་མཁའ་འགྲོ་བཙུ་གསུམ་རྣམ་དང་།
དབྱེར་མེད་ཀྱི་མགོན་པ་འཕྲིན་ལས་ནུ།

ཞེས་གསུངས། དེ་ལྟར་སྐུ་དངོས་ཀྱིས་གདུལ་བྱའི་མཐར་པ་རྫོགས་དེ་དག་བྲའི་ཉེར་དྲུག་གི་ཐོ་རེངས། སྤྲུལ་སྐུ་རགས་པའི་ཟས་ཏོག་ལས་འོངས་སྐུ་ཡེ་ཤེས་སྒྱུ་མའི་སྐུ་ཚོགས་སུ་ཐིམ་ནས། ཇོ་བཙུན་འཇམ་དཔལ་སྙིང་པོའི་དུང་དག་ཞིགས་སོ། །སྐུ་གདུང་ཞུགས་ལ་བྱུལ་བས་བདེ་མཆོག་དང་། སྤྱན་རས་

གཟིགས་ཀྱི་སྐུ། ཡིག་འབྲུ་མང་པོ་དང་། དབྱུ་ཕྱོད་རི་ལ་པོར་ཞེབས། རིང་བསྐྱིལ་གྱི་སྤྱང་འཇོར་གྱུར་པ་རྫོགས་ཐམས་ཅད་དུ་བཀྱེ་ནས་སོ་སོས་གདུང་རྗེར་གྲངས་མེད་བརྩེངས་པ་ནི། ཆོས་རྒྱལ་སྤྱང་རས་མེད་ཀྱིས་མཚོད་རྟེར་བྲེ་བ་བརྩེགས་པའི་མཆེད་རྒྱར་གྱུར་དོ།། ||

དེ་ནས་འགྲོ་བའི་མགོན་པོ་རྒྱལ་དབང་བཞི་པ་ཡོན་དར་རྒྱ་མཚོ་དཔལ་བཟང་པོ་ནི། རྒྱལ་དབང་བསོད་ནམས་རྒྱ་མཚོ་དེ་གོང་དུ་བྱུང་བའི་བཀའ་ཆེམས་དེ་དང་། གཉིས་ཡང་།

ཐོ་གནས་བསྔོས་ཀྱི་དགའ་བ་སྐྱེད་བྱེད་རྒྱལ།
མཚན་ཀུན་དུ་གྲུམ་པའི་ཡོན་དར་དེ།
དཔལ་ཡར་གྱི་རྗེ་བཞིན་གོང་དུ་འཕེལ།

ཞེས་པའི་དོན་གནས་བསྔོས་ནི་རྫོང་གིས་ཀྱི་རྒྱལ་བརྒྱུད་དེའི་རིགས་སུ་འཁྲུངས་པས་ཡབ་ཡུམ་སོགས་ཕྱོགས་དེའི་སྐྱེ་བོ་རྣམས་ཀྱི་དགའ་བ་བསྐྱེད་པར་བྱེད་པ་དང་། ཡོན་དར་ཞེས་པའི་མཚན་བྱུང་དངོས་སུ་ཕྱིན་པའི་བཀའ་ཆེམས་གནང་བ་བཞིན་ཆེན་པོ་ཆོར་གྱི་རྒྱལ་ཁམས་མཐར་དག་དུ་འཛམ་མགོན་བྲ་མའི་རིང་ལུགས་རྡོ་མ་མེད་པས་ཁྱབ་པར་མཛད་པའི་དོན་དུ་དགའ་ལྡན་མཁའ་སྤྱོད་ཀྱི་གནས་ནས་སྐར་མདའ་འཕངས་པ་བཞིན་སེང་གེ་རྒྱ་གྲུང་རྒྱལ་པོའི་སྲས་ཆེ་བ་སྤྲུ་ཐེར་དུའི་ཆིང་ཧོང་ཐའི་ཇིའི་བཙུན་མོ་རྣ་འཁས་བྷ་ལར་ཏྲོ་ལའི་ལྷུམས་སུ། ས་ཕྱི་ནག་པ་རྒྱ་བའི་གནས་མང་གི་ཉིར། ཁྲི་བྱ་དཀར་པོ་ཤེལ་འཕྱིང་ཕྱོགས་པའི་རྣམ་པ་ཅན་གྱི་ཚུལ་དུ་ཞུགས་སོ། །དེའི་ཚེ་ཡུམ་གྱི་གུར་ལ་འཇའ་ཁྱོག་ལྷ་པ་ལས་མང་པོའི་བར་དུ་རྒྱུག་པ་དང་། མི་རྟོག་གི་ཆར་བབས་པ་ཀུན་གྱིས་མངོན་སུམ་དུ་མཐོང་བ་སོགས་ངོ་མཚར་བའི་ལྟས་ལ་མཚན་མང་པོ་ཡང་ཡང་

གླིང་བ་དང་བཅས་མ་སོ་སྤང་གི་ལོ་འདི་ཆོ་འཕྲུལ་ཟླ་བའི་དགའ་བ་དང་པོའི་ཕྱི་ཤར་གྱི་དུས་སུ། བདུད་དཀར་པོ་འདས་ཀྱི་སྐྱོན་གྱིས་མ་གོས་པ་ལྟར་མངལ་གྱི་ཉེས་པའི་རྒྱ་ལས་རྣམ་པར་གྲོལ་དེ། དགའ་ལོ་གསུམ་ཙམ་ལོན་པའི་ཚོང་ཚོད་ཙམ། གསེར་གྱི་མཆོད་སྡོང་ཉི་མའི་འོད་ཀྱིས་ཁྱབ་པ་ལྟ་བུའི་གཟི་མདངས་དང་ལྡན་པའི་ཚུལ་གྱིས་ཐུག་ན་ཤེལ་གྱི་འཕྲེང་བ་བསྣམས་བཞིན་དུ་འཁྲུངས་སོ། །ཉིན་གཅིག་ཡུམ་ལ་ལྷ་ཁང་ནས་བཀའ་འགྱུར་གྱི་པ་དམ་སྤྱན་དྲངས་ཤིག་གསུངས་པ་ལྟར་བཀྲམ་པས། གླེགས་བམ་ལ་གཟིགས་དེ་འདི་དེ་བའི་རྣམ་པར་ཐར་པའི་ཞེས་གསུངས། གླེགས་བམ་ཁ་ཕྱེ་ནས་དམ་ཆོས་པད་དཀར་གྱི་ནང་གི་དོན་ཡོད་ཞགས་པའི་རྣམ་ཐར་དྲུང་ནས། སྤྱན་རས་གཟིགས་ཀྱི་སྐུལ་བ་ཡིན་པར་ཐམས་ཅད་ཡིད་ཆེས་ཤིང་གསོལ་བ་འདེབས་པར་བྱེད། དུས་སྟུ་ཕྱིར་ཆོས་ཀྱི་ཁྲི་ཅིག་པ་དང་། ཆོས་འཆད་པའི་རྣམ་པ་དང་རྡོ་ཆུང་དུ་མང་པོ་བསམགས་དེ་གྲལ་དུ་བསྒྲིགས་ནས། འདི་རྣམས་བླ་མ་ཡིན་པས་མངས་རྒྱས་བྱང་སེམས་ཀྱི་སྐུ་འདྲ་དང་འདི་འདྲ་ཡིན་ཞེས་སོགས་གསུངས། ཉིན་གཅིག་ཡི་གེ་མགོན་པོ་ཕྱག་དྲུག་པ། ལས་མཁྱེན། རྣམ་སྲས། ཕྱག་བཞི་པ། གར་ཞལ་སོགས་ཆོས་སྐྱོང་མང་པོ་ཞལ་གཟིགས་ནས་རྣམ་འགྱུར་འདི་ལྟ་བུ་དང་བཅས་དེ་ཐོར་བྱུང་གསུང་སྟེ་དག་གི་ལྟད་མོ་མང་པོ་མཛད། ལོ་འཁོར་ནས་ཡབ་ཀྱི་མཆོད་ཁང་ལ་རབ་གནས་བྱེད་པའི་དུས་སུ་སྤྲུལ་སྤྱན་འདྲེན་རྒྱལ་བ་གོང་མའི་སྐུ་ལ་ཕྱག་འཇུབ་གནང་ནས་འདི་ང་ཡིན་གསུངས། དེར་འཁོད་པ་མང་པོས་ཕྱག་དབང་ཞུས་པས། ཕྱག་གཡས་ཀ་དང་ཡ་གཅིག་སོགས་ཀྱི་སྣོ་ནས་དུག་ཞན་གྱི་ཕྱག་དབང་གནང་། གསོལ་དཔོན་པ་སོགས་ཕྱག་ཕྱི་རྩིང་བ་རྣམས་ཀྱི་ཕྱི་ལོར་ཕྱག་འཛོག་པ་དང་སྐད་ཅིག་ཏུ་མོ་མོའི་མིང་

ནས་ཐོས་དེ་ངོས་འཛིན་མཛད་པས་ཀུན་སླུ་མི་ཤེས་པའི་དད་པ་ཐོབ་བོ། །བར་སྐབས་གཅིག་མཇལ་བར་འོངས་པ་རྣམས་ལ་རྗེ་ཐམས་ཅད་མཁྱེན་པ་འདི་ཕྲུགས་རྗེ་ཆེན་པོ་ཕྱག་བཞི་པ་དང་། ཡི་གེ་ཧཱུྃ་དཀར་པོ་དང་། འོད་དཀར་པོའི་ཐིག་ལེ་དང་། རལ་པའི་ཐྲུང་ལོ་ཅན་ཕྱམ་ཧོར་དཀར་པོ་བཞེས་པ་སྤྲས་པ་ཉིད་ཀྱི་རྣམ་པ་ཅན་སོགས་མཐོང་ཚུལ་མི་འདྲ་བ་མང་དུ་བྱུང་བས། སྐྱེ་རྒུ་མཐའ་དག་རྗེ་གོང་མའི་མཆོག་གི་སྤྲུལ་སྐུར་ཐེ་ཚོམ་དང་བྲལ་བའི་ངེས་ཤེས་རྙེད་དེ། ཕྱག་བསྐོར་མཆོད་པ་གསོལ་འདེབས་སོགས་དགེ་བཅུའི་ལས་ལམ་འཕེལ་བར་གྱུར་ཏོ། །རྒྱ་འབྲུག་ཡོར་མཁར་སྟོན་ཐོར་སྤྱུར་དུ་འབྱོན་པའི་གསུང་གནང་བ་ལྟར། བླ་ཆེན་མི་ཆེན་རྣམས་ཀྱིས་གདན་འདྲེན་པ་དང་། རིམ་སྤྲེལ་བ་ཡབ་ཀྱིས་གསོལ་བའི་ཧ་པ་ཕྱོང་ཐུག་གིས་བསྐོར་ནས་ཕེབས་དེ་རྗེ་གོང་མ་ཉིད་ཀྱིས་ཕྱིར་ཕྱིས་བཏབ་པའི་གནས་ཁྱད་པར་ཅན་དེར། གཞུག་སར་གནས་པའི་དགེ་འདུན་རྣམས་ཀྱིས་མཆོད་པའི་བྱེ་བྲག་དུ་མ་ཕྱོགས་པས་མདུན་བདར་དེ་ཕེབས། གོང་མ་བཞུགས་ཁྲིའི་ཁར་ཞབས་ཀྱི་པདྨ་རྣམ་པར་བཀོད་དེ། དེར་འཁོར་པའི་སྐྱ་སེར་གྱི་ཚོགས་ཆེན་པོའི་དབུས་སུ་རྗེ་གོང་མའི་མཛད་པའི་རིམ་པ་མདོར་བསྡུས་ཙམ་དང་། མ་འོངས་པ་འབྱུང་འགྱུར་གྱི་ལུང་བསྟན་རགས་རིམ་ཞིག་འཇིགས་པ་མེད་པའི་གསུང་གིས་བཀའ་བསྩལ། དེ་ནས་རི་ཞིག་གི་བར་ཕྱག་ཕྲིས་འདི་ཀློག་ཕྱག་དཔེ་འཛིན་པ་སོགས་ཐུགས་གཉེར་གྱི་རིམ་པ་རྣམས། རིན་པོ་ཆེ་ཀུན་བཟང་རྗེ་ནས་ཀྱིས་ཐུལ་བས་འབད་རྩོལ་ལ་མ་ལྟོས་པར་དཀའ་ཚེགས་ཆུང་ངུས་མཁྱེན། དེ་ནས་ཕྱག་མཛོད་ཆེན་པོ་དཔལ་ལྡན་རྒྱ་མཚོས་མཆོག་གི་སྤྲུལ་སྐུ་སོག་ཡུལ་དུ་བྱོན་པའི་གདན་ས་སྔར་ཐོག་དེ་དབུས་ནས་བཏེག། དེ་དང་མཐུན་པར་སྡེ་དགོན་ཆེ་ཕྲ་མང་པོ་དང་། སེར་འབྲས་དགེ་གསུམ་གྱིས

ཕྱོགས་དྲངས་པའི་ཚོས་སྤྱི་ཁག་ཆེ་བ་རྣམས་ཀྱི་གདན་འདྲེན་པ་དང་བཅས་སྒར་སྤྱོད་པོར་འབྱོར། ཕྱོག་ལར་མཇལ་བའི་ཚེ་སྤྱོན་གནས་རྗེ་དྲུང་གྱིས་ངོས་འཛིན་གྱི་གསུང་དུ་མ་བསྐུལ་ལ་ནས། ཕྱག་མཛོད་ཀྱིས་གཙོས་པའི་དྲུང་འཁོར་རྙིང་པ་རྣམས། རྗེ་གོང་མ་དྲུན་པས་དགའ་བ་དང་སྐྱེ་བ་སྤྲུལ་པའི་རྣམ་འགྱུར་སྣ་ཚོགས་བསྟན། དགའ་ལྡན་ཁྲི་ཟུར་རིན་པོ་ཆེ་རྒྱལ་ཁང་རྩེ་བ་དཔལ་འབྱོར་རྒྱ་མཚོ་དེ་ཉིད་ཀྱིས་ཕྱག་མཛོད་ཆེན་པོ་སོག་ཡུལ་དུ་ཐེབས་དུས་གསུང་བ། ངེད་ནང་ཚོད་མཐོང་བས་སོག་ཡུལ་དུ་སྐྱ་ཞབས་སུ་སྐྱེ་བ་ཞིག་མི་ཡོད་འདུག་ཀུང་། དེང་སང་དབུས་གཙང་དུ་རང་ཕྱོགས་ཀྱི་བླ་མའི་ཐན་མགོ་ངེད་རང་ཡིན་པ་རྣམ་ཞབས་དྲུང་རིན་པོ་ཆེར་མཚན་འབུལ་བའི་འབབས་འབྲེལ་འདུག་པས། ཐམས་ཅད་མཁྱེན་པ་ཡོན་དར་རྒྱ་མཚོ་དཔལ་བཟང་པོ་ཞེས་མཚན་འབུལ་རྒྱུ་ཡུལ་ནས། དེ་ནས་བརྒྱུད་མཆོག་དམར་ཀུན་ལ་མཚན་འདི་ཉི་ཟླ་ལྟར་གྲགས་སོ། །དགུང་ལོ་བཅུ་བཞི་པ་བཞེས་ཀྱི་བར་དུ་ཆེན་པོ་ཧོར་གྱི་འགྲོ་བ་རྣམས་ཀྱི་དོན་དུ་བཞུགས་ཏེ། ཉིན་རེ་བཞིན་དུ་སོག་པོ་ཚོ་ཚེར་རྣམས་ཀྱི་འབུལ་བ་སོགས་རིན་རྒྱལ་པོ་ཆེན་པོས་དཔྱ་ཁྲལ་བསྡུ་བ་བཞིན་དང་། དཔལ་འབྱོར་ལོངས་སྤྱོད་རྣམ་གྲོས་ཀྱི་བྱའི་མཛོད་ལྟ་བུར་གྱུར་ཏོ། །དབུས་ནས་འཇམ་འཚོ་བྱེད་ཞེས་རབ་རྒྱལ་མཚན་སོག་ཡུལ་དུ་གདན་འདྲེན་ལ་ཡོང་བ་དང་ཐེབས་གྲབས་ཀྱི་རྟ་མགོ་གཞར་བ་ལ། རྒྱལ་པོ་རྒྱལ་མོ་སོགས་ཀྱིས་ཐབས་དུ་མའི་སྒོ་ནས་བཀོལ་ཐབས་མཛད་ཀྱང་ཕྱག་མཛོད་ཆེན་པོས་ཐབས་མཁས་ཀྱི་འཕྲུལ་ཆེན་པོས་བགེགས་ལས་གྲོལ་བར་མཛད་དེ། རིམ་གྱིས་རྒྱའི་རྣམས་རི་དང་ཉེ་བའི་སྤྱི་ཕྱོགས་ཀྱི་ལམ་བརྒྱུད་དེ་མཚོ་ཁར་ཐེབས། དེར་དཔོན་པོ་ཁོ་ལོ་ཆེས་གསོལ་བ་བདབ་པ་བཞིན་ཟླ་བ་གཉིས་གསུམ་བཞུགས་ནས་ཕྱོགས་དེའི་སྐྱེ་རྒྱ་རྣམས་ལ

ཐར་པ་དང་ཐམས་ཅད་མཁྱེན་པའི་ས་བོན་བསྒྲུབ་དེ་སྲིད་འདེབ། །རིམ་གྱིས་ད་སྐྱིད་དུ་ཕེབས་དེ་ཆོས་ཁྲིར་བཞུགས་ནས་བཀའ་གདམས་གླེགས་བམ་གྱི་ཆོས་གསུངས་པས་མི་རྟོག་གི་ཆར་དང་འཛའ་འོད་ཀྱི་གུར་སོགས་ལ་མཚན་པའི་ལྟས་ངམས་གྱིས་ཕྱི་ཁྱབ་པ་བྱུང་། དེ་ནས་དགའ་ལྡན་ཁྲི་ཟུར་རིན་པོ་ཆེ་མངས་རྒྱས་རིན་ཆེན་སོགས་བླ་ཆེན་རྣམས་ཀྱི་བསུ་བ་དང་། ཁྲིམས་ལྡན་དུར་སྒྲིག་འཛིན་པའི་དགེ་འདུན་གྱིས་སྤྱན་བསུས་དེ་དགའ་ལྡན་དུ་ཕེབས་པ་དང་མི་རྟོག་གི་ཆར་ཆེན་པོ་བབས། ཡབ་རྗེའི་དབུ་ལ་གདུང་ལ་མཇལ་བའི་ཆོ་འཛམས་མགོན་བླ་མའི་ཞལ་གཟིགས། ཚོགས་ཆེན་དུ་ཆོས་ཀྱི་འབྲེལ་བ་བསྐྱལ། ལྷ་མང་ཕེབས་པའི་ཚོ་ཁྲིམས་ཁྲི་ཐུག་མང་པོ་དག་གིས་འདི་འདྲ་བའི་མིག་གི་དགའ་སྟོན་ནི་སྔ་མ་མཁན་གྱིས་སྨྲ་བ་ཞིག་ཡིན་ནམ་ཞེས་གླེང་ཞིང་། ཕལ་ཆེ་བ་དག་ནི་ཐམས་ཅད་མཁྱེན་པ་བསོད་ནམས་རྒྱ་མཚོ་དཔལ་བཟང་པོ་དེ་ཉིད་དྲན་པའི་གདུང་བའི་ཤུགས་ཀྱིས་མིག་ནས་མཆི་མ་འཁྲུག་ཅིང་དག་ནས་གསོལ་འདེབས་ཀྱི་སྨྲ་ཆེན་པོ་དང་དེར་དུ་སྒྲོག་པར་གྱུར་དོ། །ཆོས་བཅོ་ལྔའི་ཉིན་སེར་འབྲས་དཀར་སྒོར་སོགས་ཏེ་འཁོར་གྱི་དགོན་སྡེ་གྲངས་མེད་པའི་དགེ་འདུན་རྣམས་འདུས་དེ། དུར་སྒྲིག་གི་གོས་རྩང་བ་ཚད་དང་ལྡན་པའི་ཁ་དོག་གིས་ནམ་མཁའི་ལམ་ཀུན་ཀྱང་གསེར་གྱི་མདངས་འཛིན་པར་ནུས་པའི་སེར་སྐྱེངས་ཀྱི་འཕྲེང་བ་རིང་པོར་བསྒྲད། གདུགས་དང་། རྒྱལ་མཚན། བ་དན། རོལ་མོ། མི་རྟོག་སོགས་མཆོད་པའི་ཚོགས་བསམས་གྱིས་མི་ཁྱབ་པ་དང་བཅས་སྤྱན་བསུས་དེ་དཔལ་ལྡན་འབྲས་སྤུངས་ཕྱོགས་ཐམས་ཅད་ལས་རྣམ་པར་རྒྱལ་བའི་གླིང་གྱུ་འཛིན་གཉིས་པ་དགའ་ལྡན་པོ་བྲང་གི་སེང་གེའི་ཁྲིར་ཕེབས། དེར་བསུ་བ་དང་ཕེབས་སྐྱིལ་དུ་འདུས་པའི་སྐུ་སེར་གྱི་ཚོགས་ཆེན་པོ་ལ་དགའ་སྟོན་རྒྱ་ཆེན་པོ

བསྐྱབས། དེ་ནས་ཇོ་བོ་ཤཱཀྱ་མུ་ནིའི་དྲུང་དུ་རབ་ཏུ་བྱུང་བའི་མཁན་པོ་དཀའ་ལྡན་ཁྲི་རིན་པོ་ཆེ་ཟུར་པ་ནས་ སྔ་ནས་ མངས་ རྒྱས་རིན་ཆེན་དང་ ཁྲི་རིན་པོ་ཆེ་དགེ་འདུན་རྒྱལ་མཚན་གྱིས་སློབ་དཔོན་གནང་སྟེ་རབ་བྱུང་དགེ་ཚུལ་གྱི་དངོས་པོ་བཞེས་ནས་འགྲོ་བ་ཀུན་གྱི་ཡོངས་གནས་བླ་ན་མེད་པར་གྱུར་ཏོ། །དེ་ནས་བཀྲ་ཤིས་ལྷུན་པོ་ནས་པཎ་ཆེན་ ཐམས་ཅད་ མཁྱེན་པ་བློ་བཟང་ ཆོས་ཀྱི་ རྒྱལ་ མཚན་དཔལ་བཟང་པོ་སྤྱན་དྲངས་ཏེ་དབང་ལུང་ སོགས་ནས་ པའི་ ཆོས་ མང་དུ་གསན། བཀའ་ཆོས་ གསར་ནས་ བཞུགས་ཁྲི་སོགས་ཏེ་ཕྱིར་འདོམས་པའི་ བཀུར་ བསྙོམས་ཟེ་མཁྱེར་གནང་། ཤིང་འབྲུག་གི་ལོའི་ཚོ་འཕྲུལ་ཆེན་པོའི་སྨོན་ལམ་གྱི་མཆོད་པའི་གྲལ་དབུར་ཕེབས་ཏེ་ཁྲིམས་ཤིན་ཏུ་མང་བ་འདུས་ པ་ལ་ འཕྲུངས་ རབས་སོ་བཞི་ལྷུགས་ཀློག་བཟང་ཞིང་སྙན་བརྗོད་དག་པ་དང་བཅས་ཏེ་གནང་བས། ཀུན་གྱིས་བོད་སྐད་ཀྱི་ནང་ནས་ཀྱང་སྟོང་ལུང་ པའི་ སྐད་ མ་ཉམས་པ་ འདི་འདྲ་ཡ་ མཚར་ཆེ་ཞེས་སྨྲེང་ནས་དད་ཡིད་གུས་པར་གྱུར་སོ། །དེ་ནས་རིམ་མེད་ཀྱི་དགོན་པ་རེ་ཚུང་གི་བླ་ཆེན་ རྣམས་དང་ མཁྱེན་ཆེན་པོ་རྣམས་ཀྱིས་ གདན་འདྲེན་ པ་ལྟར་ཕེབས་ཏེ་ཆོས་དང་ཟང་ཟིང་གི་ཕྱིར་པས་ དགོན་སོ་སོའི་གྲྭ་པ་གཡུ་རིགས་ རྣམས་ཀྱི་རེ་བ་ཡོངས་སུ་བསྐང་། དེ་ནས་གཙང་ཕྱོགས་ཀྱི་གྲྭ་རིགས་སྤྱིར་བདག་རྣམས་ཀྱིས་གསོལ་བ་བཏབ་སྟེ་ཞལ་བཞེས་གནང་བ་ལྟར། བཀྲ་ཤིས་ལྷུན་པོ་ནས་གདན་འདྲེན་པར་ཤར་རྗེ་དཔོན་སློབ་དགུ་འདུས་པར་འབྱོར། འབྲས་སྤུངས་ནས་གཙང་དུ་ཕེབས་པའི་ལམ་སྐབས་སུ་མཆོག་དམར་ཀྱི་སྐྱེ་བོ་ཀུན་ ཆོས་དང་ཟང་ཟིང་གི་སྒོ་ནས་ཚོགས་ལྡན་གྱི་དགའ་སྟོན་བསྐྱེད་པར་མཛད། བཀྲ་ཤིས་ལྷུན་པོར་ཕེབས་ཉིད་ཡོངས་རྫོགས་བསྟན་པའི་མངའ་བདག་པཎ་ཆེན་རིན་པོ་ཆེ་བློ་བཟང་ཆོས་ཀྱི་རྒྱལ་མཚན་ དཔལ་ བཟང་ བོས་དབུ་ མཛད་ པའི་སློབ་ དཔོན

རྣམས་ཀྱིས་སྙིབས་བསུ་ལ་ཕེབས་ཏེ་ཞབས་ཐད་ལ་རྗེ་བོ་བཞུགས་པ་གཟིགས་པས། སྙིབས་ལས་བཀོལ་བ་གནང་བར་ལ་ལ་དགེ་བཤེས་གཉེར་སྟོན་པའི་རྣམ་ཐར་དང་མཚུངས་པ་འདུག་ཅེས་བསྔགས་པ་བརྗོད། དགེ་འདུན་སྟོང་ཕྲག་དུ་མ་བའི་སེར་ཕྲེང་དང་བཅས་དེ་ཆོས་གྲྭ་ཆེན་པོ་བཀྲ་ཤིས་ལྷུན་པོར་ཕེབས་ནས་ཚོགས་སུ་མང་འགྱེད་དང་། པཎ་ཆེན་རིན་པོ་ཆེར་བརྒྱ་འབུལ་སོགས་རྒྱས་པར་མཛད་དེ་བཀའ་དབང་བཀའ་ཆོས་ཀྱང་མང་དུ་གསན། དེ་ཕྱོགས་ཀྱི་གནས་ཆེན་ཕལ་ཆེར་ལ་ཕྱིན་དེ་སྐྱ་སེར་ཀུན་ལ་ཐར་པའི་ས་བོན་བསྐྲུན། དེ་ནས་འབྲས་སྤུངས་སུ་ཕེབས་དེ་རི་ཁྲོད་ཕུགས་དས་ཟབ་མོའི་ཉམས་བཞེས་ལྷུར་མཛད་ཅིང་བཞུགས། དེ་ནས་ལྷུགས་ཟག་མོར་པཎ་ཆེན་རིན་པོ་ཆེ་འབྲས་སྤུངས་སུ་ཕེབས་ཏེ་དཀྱིལ་འཁོར་རྒྱ་མཚོའི་གཙོ་བོར་བཞེངས་རས་ཧྲེ་འདི་ལ་རྡོ་རྗེ་འཕྲེང་བའི་དབང་འབུལ་བ་གནང་། སྐབས་ཤིག་སྟོང་འཁོར་ཞབས་དྲུང་རྒྱལ་བ་རྒྱ་མཚོ། འཕགས་པ་ལྷའི་མཆོག་གི་སྤྲུལ་སྐུ་འཕགས་པ་ཆོས་ཀྱི་རྒྱལ་པོ། བ་སོ་སྤྲུལ་སྐུ་སོགས་མདོ་སྨད་དང་རྒྱ་སོག་གི་ཀླ་ཆེན་མང་པོ་ཕེབས་དེ་ཡུལ་ཐབས་དང་བསྟུན་པའི་ཚང་ཚིང་གི་འབུལ་བ་གྲངས་མེད་པ་ཕུལ་བར་ཆོས་དང་འཇིག་རྟེན་ཀྱི་རེ་བ་ཡོངས་སུ་བསྐང་། འཕགས་པ་ལྷ་དང་བ་སོ་སྤྲུལ་སྐུ་གཉིས་ཀྱི་གཙུག་ཕུད་བཞེས། རྡོ་རྗེ་འཇིགས་བྱེད་བཅུ་གསུམ་མའི་དབང་སོགས་གནང་ངོ་། །

དགུང་ལོ་ཉེར་དྲུག་པ་ཤིང་ཕག་ཧོར་ཟླ་བཅུ་གཉིས་པའི་དུས་ཆོས་དགེ་བར་དཔལ་ལྡན་འབྲས་སྤུངས་ཆོས་ཀྱི་སྡེ་ཆེན་པོར་པཎ་ཆེན་རིན་པོ་ཆེ་བློ་བཟང་ཆོས་ཀྱི་རྒྱལ་མཚན་ལས་མཁན་པོ་དང་། པཎ་ཆེན་བསོད་ནམས་གྲགས་པའི་སྤྲུལ་སྐུ་བསོད་ནམས་དགེ་ལེགས་དཔལ་བཟང་གིས་ལས་སློབ། གཞན་ཡང་གསང་སྟོན་དུས་མགོ་བ་སོགས་ལས་ཀྱི་ཁ་སྐོང་བའི་དགེ་འདུན་གྲངས་ཚང་བའི་དབུས

སུ། དར་ཚོག་ཉེས་མེད་ཕུན་ཚོགས་ཀྱི་སྒྲོ་རམ་ཚངས་པར་སྤྱོད་པའི་གཙོ་བོ་འབྱོར་པར་རྫོགས་པའི་སྨོས་པ་བཞེས་ཏེ་དུར་ཁྲིག་འཆང་བ་རྣམས་ཀྱི་རྒྱལ་མཚན་གྱི་ཏོག་དམ་པར་གྱུར་ཏོ། །དེ་ལྟར་པར་ཆེན་རིན་པོ་ཆེ་སོགས་བླ་མ་དམ་པ་དམ་པའི་དྲུང་དུ་མདོ་སྔགས་ཀྱི་ཆོས་ཚུལ་ཟབ་སྙིང་པ་མཐུན་ནོ། །འཇིག་རྟེན་གྱི་མིག་གཅིག་བྲུ་ཛེ་བཙུན་རྡ་ཆེན་ཞབས་ཀྱི་ཕྲུར་རིལ་པོ་རང་རྟེན་ལ་བཞུགས་ཤིང་། འཇིགས་པ་འཕྲིན་སྐུ་རི་ལ་རྒྱལ་བ་བཙོང་ཁ་པ་ཆེན་པོའི་རྟ་འཕྲུལ་གྱིས་ཡ་མ་ནྟ་ཛ་སྟོང་ཕྲག་རེ་འབྲུམ་དེ་རྣམས་ཅན་མཛད་པའི་སྐུ་བརྟན་ཅིང་རྟ་བས་ཅན་དེའི་དྲུང་དུ། འབྲས་བརྗོད་ཀྱི་རིམ་པ་བཀྲུང་བ་ལས་འདས་པ་གསང་ཞིང་། སྨིར་དམ་པ་རྣམས་རི་གཏུལ་བའི་ཉོར་མཁས་པ་དང་། གྲུབ་པ་དང་། བཙུན་པ་དང་། བཟང་བ་སོགས་སྣང་ཚུལ་སྣ་ཚོགས་སུ་སྟོན་པ་ལས། སྐུ་ཚེ་འདི་ལ་གཙོ་བོར་སྒྲུབ་པ་ཉམས་ལེན་གྱི་རིམ་པ་ལ་ཕྱག་ས་གཏོང་བ་ཞིག་གོ །མི་འཁྲུག་རྒྱ་བ་གསུམ་པའི་རང་དུ་རྒྱ་ནག་གོང་མ་རྒྱལ་པོ་ཀྲན་ཤུ་ཧྲང་ཧེ་བདེའི་ཧྲང་གིས་བླ་མ་བསོད་ནམས་བློ་གྲོས་སོགས་རྒྱ་མི་མང་པོ་མངགས། ཁྲབ་བདག་རྡོ་རྗེ་འཆང་མངས་རྒྱས་ཀྱི་ལམ་ཀ་དང་ལམ་ཉ་ལམ་གོས་ཕྱག་ཀ་གྲལ། འབྲས་སྤུངས་སུ་རྒྱ་སྤྱི་ཁང་དུ་གདན་དྲངས་ཏེ་འབུལ་བ་དང་རྟེན་སྣ་ཡ་མཚན་མང་པོ་ཕུལ། རྒྱ་ནག་ཏུ་ཕེབས་དགོས་པའི་སྐད་གསར་ཕུལ་བས་དེར་འབྱོན་གྱི་སྒོ་ནས་ཞལ་བཞེས་མཛད། བླ་མ་བསོད་ནམས་བློ་གྲོས་ཀྱི་རྒྱ་ཡུལ་དུ་བཅིངས་པའི་ལྷ་ཁང་ལ། དགའ་ལྡན་པོ་བྲང་གི་རྟེ་རམ་ཞལ་དེ་ཕྱོགས་སུ་གཟིགས་ཏེ་ཐུག་ནས་གཏོར་བས། མཆོད་ཁང་གི་ཕྱི་རང་ཕྲམས་ཅན་དུ་ནམ་འཕྲུག་རྒྱ་ཡོད་པ་བྱུང་ཞིང་། དེར་འགའ་ཞིག་གི་ཕྱགས་ཀར་སོ་ཏོག་དངོས་སུ་བབྱུང་བ་སོགས་བློའི་ངག་ལས་འགོངས་པའི་རྟ་འཕྲུལ་གྱི་བཀོད་པ་རྒྱ་ཆེན་པོ་བསྟར། གསང་ཡིབ

ཆད་ཅིང་ལ་ཕེབས་པའི་ཚེ་རྗེ་ལ་ཞབས་རྗེས་གསལ་བར་བྱུང་། ཕྱག་མཛོད་གུ་ཀྱི་ཆེན་པོའི་རྗེས་སུ། རྗེ་གོང་མའི་དངོས་པོ་རྟེ་ཁ་ནས་ཆོས་རྗེ་སོགས་ཕྱག་མཛོད་ཁང་ཡིན་པ་ཁ་ཡར་བྱུང་བ། རྗེ་ཐམས་ཅད་མཁྱེན་པ་དགེ་འདུན་རྒྱ་མཚོ་གསུང་མགུར་ལས།

བླ་མའི་ཞབས་འབྲིང་ཉེ་གནས་པལ་སོ་ཆེ།
དཀོར་གྱིས་ཚིག་ནས་ལས་འབྲས་ཁྲིད་དུ་གསོད།
ཡུན་དུ་འགྲོགས་པས་སྨོན་མཐོང་དད་པ་འཕེལ།

ཅེས་གསུངས་པའི་དོན་དང་། རྗེ་བཙུན་མི་ལས།

དད་པ་ཅན་གྱི་དད་རྫས་འདི། ས་ལ་བརྒྱ་བ་ནས་འགས།
ཉོ་ལ་བརྒྱ་བ་ན་ཉོ་འགས།

ཞེས་གསུངས་པ་ལྟར། གང་གི་འཁྲིད་ལས་ཀྱི་ཆ་ཤས་ལས་ཉེ་བར་གྲུབ་པའི་བཏོག་པ་མང་པོར་ལོངས་མ་སྤྱད་པའི་སེ་སྣེས། ལུས་ངག་ཡིད་གསུམ་གྱི་སྦྱོར་བ་རྣམ་པར་ཅིག་པས། ཚུལ་མིན་ཡིད་བྱེད་ཀྱི་སོལ་བའི་མགལ་དུམ་ཆེས་ཆེར་སྤྲུངས་པ་མང་པོ་ཞིག་གིས་སྟོད་ཚུལ་སྣ་ཚོགས་བྱས་རའང་གྲུལ་བྱ་དགེ་དོན་གྱིས་སྦྱིག་དོན་ལ་བསྒྱུ་བ་ལྟར་དེ་དག་ལ་ལྷག་པར་བརྗེ་བར་མཛད་དོ། །དེ་ནས་སྐུ་བསྐྱང་བའི་ཚུལ་བསྟུན་དེ་ཚོར་རྒྱ་བཅུ་གཉིས་པའི་ཆོས་བཅུ་ལྔའི་ཉིར་གཟུགས་སྐུའི་བཀོད་པ་ཚོམ་དབྱིངས་སུ་བསྡུས་ཏེ་དགའ་ལྡན་གྱི་གནས་སུ་གཤེགས་སོ། །དེ་ནས་དཔྱང་ཞག་ཞི་དགུའི་བར་དུ་དགོངས་རྫོགས་རྒྱ་ཆེན་པོ་བསྒྲུབས་སོ། །སེ་སྤྲུལ་སྟོན་མཆུག་པ་ཆེན་རིན་པོ་ཆེས་རྒྱུད་སྟེ་དང་མཐུན་པའི་ཕྱག་ལེན་རྣམ་པར་དག་པས་སྐུ་གདུང་རིན་པོ་ཆེ་ཞུགས་སུ་སྦྱལ་བར་དབྱུ་ཚོད་བས་རིལ་དང་། ཐུགས་ལྗགས་སྤྱན་གསུམ་གདུང་རིང་བསྲེལ་མང་དུ་ཕེབས

ཤིང་། ཁལ་ཁ་དཔོན་པོ་རྣ་ཞར་གྱིས་དབུ་ཁྲིད་དང་། ཐུ་མེད་ཐའི་ཅི་རྒྱལ་བཟང་བསྟན་འཛིན་རྒྱ་མཚོས་ཕྱག་སོ་སོའི་ཡུལ་གྲུར་བསོད་ནམས་ཀྱི་ཞིང་དུ་གདན་དྲངས། གདུང་རིང་བསྲེལ་བ་རྣམས་པའི་མཆོད་སྡོང་བཞེངས་པ་ལ་པར་ཆེན་རིན་པོ་ཆེ་སོགས་ཀྱིས་རབ་གནས་མཛད་དོ།། །།

དེ་ལྟར་ཨལ་ཐན་ལེ་གེར་རྒྱལ་པོས་རྗེ་ཐམས་ཅད་མཁྱེན་པ་བསོད་ནམས་རྒྱ་མཚོ་གདན་དྲངས། གསོར་ཏ་ཤིར་གྱི་དགེ་བར་རྟེན་པའི་ཕྱོགས་གཙོད་པ་སོགས་ལོག་ཆོས་ཀྱི་རྒྱུན་བཅད། དམ་པའི་ཆོས་ཀྱི་སྣང་བ་དཀར་པོས་ཁྱབ་པར་མཛད། ཧོ་སེར་གྱི་བསྟན་པའི་སྲོལ་བཙུགས་ཏེ་རྒྱལ་དབང་དེ་ཉིད་སོག་ཡུལ་དུ་མྱ་ངན་ལས་འདས་པའི་སྤྲུལ་སྐུ་རྒྱལ་དབང་བཞི་པ་ཡོན་ཏན་རྒྱ་མཚོ་རིར་ཡུལ་དུ་སྐུ་འཁྲུངས་པས་ལྷག་པར་སོག་ཡུལ་དུ་བསྟན་པ་དར་བ་ལ་ཕན་པར་གྱུར། རྒྱལ་དབང་དེ་དག་གི་བཀའ་དྲིན་ལས་སོག་དུ་སྟོང་གིས་རྒྱལ་པོ་བཙུན་དང་བཅས་པའི་བརྒྱུད་པ་ཁལ་ཁ་དང་། ཚོ་ཆེན་ནེ་དཀར་གནས་པའི་དཔོན་པོ་རྣམས་ཀྱང་དཀོན་མཆོག་གསུམ་ བླ་མར་ བཟུང་སྟེ་ མཁས་མེད་ དགེ་ལུགས་པའི་བསྟན་པ་བསྟན་འཛིན་དང་བཅས་པ་ལ་གུས་པས་མཆོད་པར་མཛད་པས་མཆོད་སོག་པོ་ཐམས་ཅད་དགེ་ལྡན་པའི་ཕྱིར་བདག་ཏུ་གྱུར། རྒྱལ་དབང་ཡོན་ཏན་རྒྱ་མཚོ་དབུས་ཕྱོགས་སུ་བྱོན་ནས་རྗེས། རྗེ་བཙུན་བྱམས་པ་རྒྱ་མཚོའི་སྤྲུལ་སྐུ་རིན་པོ་ཆེ་དགེ་འདུན་དཔལ་བཟང་ རྒྱ་མཚོ་དེ་རྒྱལ་ དབང་ རང་གི་རྒྱལ་ཚབ་ཏུ་ བསྐོས་དེ་ནོར་གྱི་ ཡུལ་དུ་བྱོན་ལ་ རྒྱལ་ དབང་ བསོད་ ནམས་ རྒྱ་མཚོའི་བཞུགས་ཁྲིར་མངའ་གསོལ་བས་མི་ཏྲི་ཏ་ཧུག་ཐུ་ཞེས་གྲགས་སོ། །རྗེ་བསོད་ནམས་ རྒྱ་མཚོའི་དངོས་སློབ་ མཁར་ ཕྱོད་ཀྱི་པཎྜི་ཏ་ནི་ རེ་གེ་ཐུག་ཀུ་ཤྲི་ཆོས་ རྗེས་ཡུམ་རྒྱས་འབྲིང་བསྡུས་གསུམ་ དང་རྗེ་བཙུན་མི་ལའི་རྣམ་ཐར་ མགུར་ འབུམ་

སོགས་མདོ་དང་བསྟན་བཅོས་མང་པོ་སོག་སྐད་དུ་བསྒྱུར། ཧ་ཧར་ལེགས་ལྡན་རྡོ་ཕྱོག་ཕྲུའི་དམ་སྲུ་ཀུན་དགའ་འོད་ཟེར་གཙོས་པའི་ལོ་ཙཱ་བ་མང་རབས་བཀའ་འགྱུར་ཡོངས་སུ་རྫོགས་པ་སོགས་དམ་པའི་ཆོས་མང་པོ་སོག་སྐད་དུ་བསྒྱུར། དེ་དག་ནས་བཙུབས་ཏེ་ད་ལྟའི་བར་དུ་ཆོས་བསྒྱུར་བ་དང་འཆད་ཉན་བྱེད་པ་སོགས་ཆོས་ལུགས་ལེགས་པར་འཕེལ་བས་ཧོར་གྱི་ཡུལ་ལྗོངས་ཐམས་ཅད་དཀར་པོ་དགེ་བའི་ལས་ལ་གནས་ཤིང་མཆོག་གསུམ་བླ་མར་འཛིན་པའི་དད་པ་དང་གཏོང་བ་སོགས་ཡ་རབས་ཀྱི་སྤྱོད་ཚུལ་ལ་ཤིན་དུ་བརྩོན་པར་གྱུར་ཏོ།། འདིར་གོང་དུ་བརྗོད་པའི་ཀུ་བླི་གེ་གེན་རིན་གྱིས་དགེ་ལུགས་པའི་བསྟན་པ་ལ་ཞབས་འདེབས་མཛད་པའི་ཚུལ་བཀའ་དྲིན་མཚུངས་མེད་འཇམ་དབྱངས་ཆོས་ཀྱི་རྒྱལ་པོ་ཛ་བཙུན་དཀོན་མཆོག་འཇིགས་མེད་དབང་པོའི་གསུངས་པ་རྣམས་བསྡུས་ཏེ་བརྗོད་ན་འདི་ལྟར། བྱང་ཕྱོགས་ཧོར་གྱི་ཡུལ་དུ་བསྟན་འཛིན་ཆོས་ཀྱི་རྒྱལ་པོ་ཀུ་བླི་ཆན་ཞེས་བྱ་བ་བྱུང་སྟེ། གཏེར་སྟོན་དྲི་མེད་གླིང་པའི་ལུང་བསྟན་ལས།

ཕྱིར་ཡང་མཐའ་དམག་ལན་བདུན་ཐམ་ལ།
བཛྲ་བྷ་ཧོའི་སྤྲུལ་པའི་རྒྱལ་པོ་ཞིག
བོད་ཁམས་དང་ཨིག་བདེ་ལ་སྤྱོར་བ་འབྱུང་།

ཞེས་དཔལ་གསང་བའི་བདག་པོ་ཕྱག་ན་རྡོ་རྗེའི་རྣམ་འཕྲུལ་དུ་ལུང་བསྟན་ཅིང་། མར་གནས་ཀྱི་བྱང་སེམས་ཆོས་ལྡན་རྒྱལ་པོའི་རྣམ་པར་སྤྱོད་པ་ཞིག་སྟེ། རྒྱལ་པོ་འདི་ཉིད་ཆུ་ཕོ་རྟའི་ལོ་ལ་འཁྲུངས། མཚན་ཕོ་རོལ་པའི་ཁང་བཏགས་སོ།། དགུང་ལོ་བཅུ་གསུམ་ལོན་པའི་ཚེ་མགོ་དཀར་གྱི་དམག་ཁྲི་ཕྲག་ཙམ་གྱི་སྟེང་དུ་དམག་དཔོན་བྱས་ཏེ་ཕྱིན་པས་པ་རོལ་གྱི་དཔུང་ཚོགས་ཐམས་ཅད་བཅོམ་སྟེ

གཡུལ་ལས་རྣམ་པར་རྒྱལ་བའི་སྐད་པ་ཕྱིབ། དེ་སྐབས་ཡུལ་དེར་ཆོས་པ་དར་བར་ཡོད་པ་ལས། སོག་པོའི་ཡུལ་གྱི་གཉན་དག་དུ་རྒྱལ་དབང་བསོད་ནམས་རྒྱ་མཚོ་དང་། གསེར་གྱི་རྒྱལ་པོ་མཆེད་ཡོན་ཟུང་གི་བཀའ་དྲིན་ལ་བརྟེན་ནས་དམ་པའི་ཆོས་དར་ཞེས་པའི་ཆོས་ཀྱི་སྲིང་ཙམ་ཐོས་པར་བརྟེན་ནས་དད་པ་ལྷག་པར་འཕྲུངས་ཏེ། ཕྱོགས་དེར་ཕྱུག་ཡང་དང་ཡང་དུ་བཅལ་ནས་དཔྱལ་བ་སྤྲངས་པ་ཙམ་དུ་གྱུར་ཅེས་གྲགས། བར་སྐབས་ཤིག །ཉལ་ཉ་ང་ཡོའི་རིང་གཉིས་པར་རྩེད་མ་མཐུན་པར་འཁྲུག་པ་ཆེན་པོ་བྱུང་བའི་ཚེ་སྙིང་རྗེའི་གཞན་དབང་དུ་གྱུར་ཏེ་ནལ་ཁའི་ཁྲིད་དུ་ཆས་ཆོས་མེད་པར་བྱོན་ནས་པར་རྩོད་ཀྱི་བར་འདུམ་པར་མཛད་པས། དེ་ལ་སྟོང་འཁོར་ཆོས་རྗེ་དང་ཉལ་ཁའི་རྒྱལ་སྲིད་རྣམས་ཀྱིས་དགའ་སྟོན་བའི་ག་ཀྲི་ཞེས་པའི་ཚ་ལོ་ཕྱིན། སྤྱར་རང་ཡུལ་དུ་བྱོན། རྒྱལ་བ་བསོད་ནམས་རྒྱ་མཚོ་ལ་ཡོའི་རིང་ཀྱི་མི་ཞིག་གིས་མདོ་སྨད་གསེར་འོད་དམ་པ་ལ་ཕྱག་ནས་ཞུས་པའི་ཚེ་སྲིང་རྡིས་པར། ཨ་ལ་ཐན་ཀ་རེ་ལ་རྫེར་ཞུས་པས། དེ་ནས་མི་ལོ་ཉི་ཤུ་ནུབ་ཀྱི་ཡུལ་དུ་ཆོས་འདི་དར་བར་འགྱུར་རོ་ཞེས་ལུང་བསྟན་པ་ལྟར་སྤྲུལ་བདག་མཛད་དེ་གསེར་འོད་དམ་པ་སོགས་ཆོས་མང་དུ་བསྒྱུར་ཞིང་བསྟན་པའི་སྲོལ་བཏོད། ཁོང་དུ་བཞུད་པའི་ཚེ་ཧོར་ཚོགས་ཕྱི་རང་ཡུལ་ནས་སྐྱགས་པ་ས་མཆོ་ཁར་འཐེངས་ནས་ཨ་མདོའི་ས་ཆ་རྣམས་མངའ་འོག་ཏུ་བཙུག་སྟེ་རི་ཞིག་དབང་ཐང་ཆེ་བར་བྱུང་བས་བསྟན་པ་སྐྱེ་དང་ཁྲིད་པར་རི་བོ་དགེ་ལྡན་པའི་བསྟན་པ་ལ་གནོད་པ་རྩེ་འཁྲུག་བྱས་པའི་རྒྱ་མཚན་རྒྱལ་པོ་འདིའི་སྐད་དུ་སོན་ཏེ། རྗེ་རིན་པོ་ཆེའི་བསྟན་པ་འབབ་ཤིག་ཅེས་པར་དགོངས་ནས་དམག་གི་དཔུང་ཆེན་པོ་དང་བཅས་རང་ཡུལ་ནས་ཐོན་པ་སེ་ལྷུང་རྒྱ་བ་དང་ཕོར་མཚོ་ཁར་འཇོར་དེ་གཡུལ་བཀྲེ་བས་སོག་ཕྱིའི་དམག་ཁྲི་ཕྲག་བཞི་དང་བཅས་པ་ལྷག་མ་མེད

པར་བཅོམ་སྟེ། སྡེ་སྣོད་ཀྱི་ཕྱོགས་མཐའ་དག་མངའ་འོག་ཏུ་བསྡུས། དེ་ནས་རྒྱལ་བ་ཡབ་སྲས་ལ་མཇལ་བའི་ཆེད་དུ་དབུས་སུ་བྱོན་ནོ། རྒྱལ་དབང་ལྔ་པ་ཆེན་པོ་དང་། པཎ་ཆེན་བློ་བཟང་ཆོས་ཀྱི་རྒྱལ་མཚན་གཉིས་ཀྱི་ཞལ་མཇལ་ཏེ་གཙུག་གི་རྒྱན་དུ་བསྟེན། དགའ་ལྡན་དུ་མཇལ་བར་བྱོན་པའི་ཚེ། དེ་དགོངས་ཉེར་བདུན་ཡིན་པའང་སྲིད་ཀྱི་དུས་ཧེ་ཏུ་ཕྲ་བོ་ཙམ་ཡང་མཐོང་བའི་སྤུན་པ་ཤིན་ཏུ་དཀར་བ་བྱུང་བས་བསྟན་སྲིད་མཐའ་དག་དཀར་འཛམ་དུ་འགྱུར་བའི་རྟེན་འབྲེལ་འགྲིག །བར་ཁམས་སུ་བེ་རི་རྒྱལ་པོ་དོན་ཡོད་ཞེས་པ་སངས་རྒྱས་ཀྱི་བསྟན་པ་ལ་ཞེ་སྡང་ནག་ཅིང་བོན་གྱི་རིང་ལུགས་ཁོ་ན་གཙོ་བོར་མཆོད་པའི་རྒྱ་མཚན་གསན་ཏེ། ས་ཡོས་ལོར་ཟླ་ལྔ་པའི་ནང་དུ་དཔུང་གི་ཚོགས་དང་བཅས་བེ་རིའི་སྟེང་དུ་བྱོན་ནས་མངའ་འབངས་ཕལ་ཆེར་བཟུངས། བེ་རི་རྒྱལ་པོ་ཕྱོགས་གཞན་དུ་བྲོས་པ་ལྕགས་འབྲུག་ཟླ་བ་བཅུ་གཅིག་པའི་ཉེར་ལྔ་ལ་བཟུང་སྟེ་ཁྲི་མོར་དུ་བཙུག །ས་དགེ་ཀར་འབྲུག་ཕྱག་ཕྱུང་བ་སོགས་ཀྱི་བླ་དཔོན་བཙོན་དུ་ཚུད་པ་རྣམས་ཀྱང་། བཙོན་དེ་རང་གནས་སུ་བསྐྱལ། འཇང་རྒྱལ་པོ་ཧུན་ཚད་ཀྱི་སྐྱེ་རྒྱུ་རྣམས་ཀྱིས་རྫོང་གི་དཔྱ་ཁྲལ་འབུལ་ཞིང་གུས་འདུད་སྐྱར་སྐྱངས། དེའི་ཚེ་དབུས་གཙང་གི་རྒྱལ་པོ་ཏེ་སྡེ་སྲིད་གཙང་པ་ཡིན་ཅིང་། དེས་ཀརྨ་པ་ཞྭ་ནག་ཆོད་ཀྱི་གཙོ་བོར་བཟུང་སྟེ་དགེ་ལུགས་ཕྱོགས་ལ་བསམས་སྦྱོར་ལོག་པ་མང་དུ་བྱས་པར་བརྟེན་རྒྱལ་པོ་འདི་དཔུང་གི་ཚོགས་ཆེན་པོ་དང་བཅས་དེ་དབུས་གཙང་གི་ཕྱོགས་སུ་བཏེག །གཙང་པའི་དཔུང་མཐའ་དག་བཅོམ་སྟེ་གཙང་པ་རྒྱལ་སྐོར་བརྒྱུད་ནས་དབུས་ཀྱི་སྡེ་རྡུ་གཉིས་ཁར་བཙོན་དུ་བཅུག་ཅིང་དབུས་གཙང་གི་ཕྱོགས་ཀུན་མངའ་འོག་ཏུ་བསྡུས། བོད་ཆོལ་ཁ་གསུམ་གྱི་རྒྱལ་པོར་གྱུར་ཏེ་བཀའ་ཁྲིམས་ཀྱི་གདུགས་དཀར་པོ་སྲིད་རྩེའི་བར་དུ་འཁོར། དགེ་ལུགས་ལ

ཡོག་པར་འཁྲ་བའི་མི་བསྒྱུར་པའི་སྐྱེ་བོ་ཐམས་ཅད་ནང་གཙོད། རྒྱ་གར་གྱི་རྒྱལ་པོ་རཁྲི་ཤིང་། ཧལ་པོ་ཡས་བུ་རྒྱལ་པོ། མང་འ་རིམ་རྒྱལ་པོ་སོགས་མཐའི་རྒྱལ་ཕྲན་མང་པོས་ཀུང་ཡུལ་ཡུགས་ཀྱི་སྐྱེས་སྤྲུལ། དབུས་གཙང་གི་མངའ་འབངས་མཐུར་དག་རྒྱལ་དབང་ཐམས་ཅད་མཁྱེན་པར་སྤྲུལ་ཏེ། གསུམ་བསྐོས་དགའ་ལྡན་པོ་བྲང་གི་ཆབ་སྲིད་ཀྱི་དབུ་འཕང་དགུང་ལ་རེག་པར་བྱུང་ངེ། ད་ལྟའི་བར་དུ་མ་དགའ་ལྡན་གསུམ་དགའ་ལྡན་དུ་གྲགས་པ་འདི་ཡང་རྒྱལ་པོ་འདིའི་བཀའ་དྲིན་དུ་ཁྲུམས་སོ། །རྒྱལ་དབང་གོང་མ་རྣམས་གཉིས་དེའི་རྗེས་སུ་ཨེ་ཆེ་གེ་ཆུས་ལྷ་བཙུན་ནེའི་ཆེ་ཕོ་ཡོད་ཞེས་སྐད་པར་གྲགས་པའི་རྗེ་དེ་ཉིད་ཀྱིས་ཆེན་པོ་ཆོར་གྱི་ཡུལ་དུ་བསྟན་པ་རིན་པོ་ཆེ་དར་བར་མཛད་དོ། །རྗེ་དེ་ནི་དབུས་གཙང་གི་སྤྲ་ཐུང་ཤཱཀྱ་ལ་ དང་ཇེ་བའི་ཐོགས་ཀྱི་ཨ་གེ་ཐུད་ཕོར་གོད་ཀྱི་བདག་པོ་ཨ་ཡུ་ཤི་རྒྱལ་པོའི་ཁ་བོ་སེར་གེར་ཐེ་བེ་ན་ཞེས་བྱ་བ་འཛིན་བ་སྤྱད་སུས་སོགས་པ་དམག་དཔུང་ཁྲི་ཚོ་དང་ལྡན་པའི་དཔོན་པོ་ཤིག་གི་སྐྱེས་སྐྱ་རབ་བྱང་དག་པའི་སེ་སྒྲོལ་ལོར་སྔ་འཕྲངས་པས་སིང་ཨ་ཤི་ད་ཞེས་བཏགས། དེས་སྐུ་ཚེ་ཆུང་ངས་ནས་རང་བཞིན་བཙང་ལ་ཕྱག་བརྟུལ་ཅན་ལ་བྱམས་ཤིང་བརྩེ་བ། ཚོག་ཤུབ་དང་རྫུན་མི་སྨྲ་ཞིང་ དབང་པོ་ཤིན་ཏུ་རྣོ་བས་ ཡབ་ཀྱིས་ སེའི་ཆེ་ཕོ་ཡོད་ཞེས་བཏགས། སྐབས་ཤིག་ན་གོགས་མང་པོ་བཙམས་ཕྱིངས་བྱེད་པ་དང་ཀུང་པོ་སྨྲས་པ་ཞིག་ ལ་ནང་འ་ འཕངས་པས་ དེའི་ཐོ་བ་རུལ་ ནས་ཁྲག་བྱུང་བ་ལ་ཀུང་སོ་རེས་སྨྱེས་བརྟགས་ཀྱིན་ཡོད་པ་མཐོང་ནས་ཡིད་འབྱུང་སྟེ། འཁོར་བ་ལ་སེ་འདོགས་ལྷ་བུར་མཐོང་བའི་སྐྱེ་ཤུས་སྨྱེས་རྣམ་རབ་ཏུ་བྱུང་བའི་བསམ་པ་སྐྱེས་ཏེ། ཡབ་ལ་རབ་ཏུ་འབྱུང་བར་ཞུས་པས། ཡབ་ས་གནང་བར་ཤིས་ཀྱང་ཆུང་མ་ལེན་དགོས་ཞེས་པས། རང་དབང་མེད་པར་བཙུན་མོ་བླངས་ནས་བུ

གཅིག་ཀུང་བྱུང་བ་ལ་ཨེར་དེ་སྲུན་ད་པའི་ཉེས་རིང་བཏགས་སོ། །དེ་ནས་བཙུན་མོ་སྲུམ་བཙམས་ལ་སེམས་སྐྱོ་སྟེ་རབ་ཏུ་བྱུང་བའི་གྲབས་བྱས་པ་དང་། ཡབ་ཀྱིས་ཚོར་ནས་སི་རང་ཐོས་བྱུར་བྱས་ནས་བསྲུང་བར་བྱེད་དོ། །ཉིན་གཅིག་སྐབས་ཁྲིད་ཀྱི་དཔེ་ཆ་གློག་གིན་ཡོད་པ་ལ། གློ་བུར་དུ་རླུང་འཚུབ་བྱུང་ནས་དཔེ་ཆ་དེ་ཁྱེར་བའི་རྗེས་སུ་སློག་བཞིན་རིང་དུ་སོང་བ་ལ་བསྲུང་མཁར་གྱི་སྲུ་བོ་རྣམས་ཀྱིས་མ་མཐོང་བས། འཕྲོས་པའི་སྐབས་རྐེད་དེ་དབུས་གཙང་ཕྱོགས་སུ་སོང་བ་ཡབ་ཀྱིས་ཐོས་ནས་རྗེས་སུ་སློག་ཀུང་མ་རྐེད། དེ་ནས་རིམ་གྱིས་བཀྲ་ཤིས་ལྷུན་པོར་ཕྱིན་ཏེ། པཎ་ཆེན་ཐམས་ཅད་མཁྱེན་པ་བློ་བཟང་ཆོས་ཀྱི་རྒྱལ་མཚན་གྱི་ཞལ་སྔ་ནས་ལ་བསྙེན་པར་རྫོགས་པའི་མིང་ལ་ཚུལ་ཁྲིམས་གཙང་བ་ཞེས་བཏགས། མདོ་སྔགས་གཉིས་ལ་སྦྱོང་གཉེར་བྱས་པས་མཁས་པར་གྱུར་ཏེ། པཎ་ཆེན་རིན་པོ་ཆེ་སོགས་ལ་དབང་དང་གདམས་ངག་མང་དུ་གསན་ནོ། །དེ་ནས་པཎ་ཆེན་རིན་པོ་ཆེར་ཁ་ཐོས་ཡུལ་གཞན་ཞིག་ཏུ་སོང་ནས་བསྒོམས་པ་བྱེད་བར་ཞུ་ཞུས་པས། པཎ་ཆེན་ཐམས་ཅད་མཁྱེན་པའི་ཞལ་ནས། ཁྱོད་ཀྱི་སྔོན་གྱི་སྨོན་འབྲེལ་ཅན་གྱི་གདུལ་བྱ་རྣམས་ཤར་ཕྱོགས་སུ་ཡོད་པས་ཤར་ཕྱོགས་སུ་སོང་ན་བསྟན་པ་དང་སེམས་ཅན་གྱི་དོན་རྒྱ་ཆེན་པོ་འབྱུང་བར་འགྱུར་རོ། ཞེས་ལུང་བསྟན་ནོ། །དེ་ནས་རྗེ་དེའི་བཀའ་བཞིན་དུ་ཤར་ཕྱོགས་སུ་ཐེབས་པའི་ལམ་དུ་རི་ཁྲོད་ཀྱི་གནས་རྣམས་འགྲིམས་ཏེ་བསྒོམས་ཤིན་རིམ་གྱིས་སོང་བ་དང་མཁར་སྟོད་ཀྱི་ས་ཆར་ཕྱིན་ནས་དེའི་རྒྱལ་རི་སོགས་ཀྱི་རི་ཁྲོད་རྣམས་སུ་ལོ་མང་པོའི་བར་དུ་དཀའ་སྤྱད་སྣ་ཚོགས་ཀྱིས་སྒྲུབ་པ་སྙིང་པོར་མཛད་དོ། །ལྷག་པར་རྗེ་དེ་ཉིད་ཀྱིས་འཇིག་རྟེན་གྱི་བྱ་བ་སྤངས་བཏང་ནས་ཁྱིམས་སྐྱུངས་ཤིང་དམར་ཆ་བཅུང་སྟེ་བསྟན་པ་དང་སེམས་ལ་ཕན་འདོགས་པར་མཛད་ཅིང་། ཁྲིད་པར་དུ་ཡིག

པར་རྟོགས་པ་དང་རྒྱང་མའི་ལྟ་བ་སོགས་ཀྱི་དྲི་མས་མ་སྒྲིབས་པར་སྒྲོ་བཛང་རྒྱལ་བ་གཉིས་པའི་གཞུང་ལུགས་དྲི་མ་མེད་པ་ལ་ལེགས་པར་བསྒྲེད་དེ་ལས་རིམ་དང་། གསང་འདུས་དང་འཇིགས་བྱེད་ལྷ་བཅུ་གསུམ་མ་གཉིས་ཀྱི་བསྐྱེད་རྫོགས་ཐུགས་ཉམས་སུ་བཞེས་ཤིང་། རྗེས་འཇུག་རྣམས་བདང་རྩལ་དེ་ལྟར་དུ་འདོམས་པར་མཛད་དོ། །དེ་ནས་མཁར་སྟོད་ཀྱི་ཡོས་ཀྱུ་རྡོང་ཕུའི་ཆོས་གདན་ཧྥྲངས་དེ་ཆོས་ཞུས་པ་ལྟར་གསང་འདི་འཇིགས་གསུམ་སོགས་ཀྱི་དབང་གནང་ངོ། །དེ་ལ་བོན་པོ་ཞིག་ཕྲག་དོག་གིས་བླ་མའི་སྟེང་དུ་ཕྲོག་དབབ་ལ་བླ་མས་ཕྲོག་དེ་དག་བསྡུས་ནས་དེ་ལ་ཕྱིར་བས་དེ་དང་པ་ཕྲོག་ནས་རབ་དུ་བྱུང་ངོ། །འདིས་མཚོན་གོང་འོག་ཏུ་མཛོན་ཤེས་མང་དུ་གསུངས་པ་དང་རྫུ་འཕྲུལ་བསྟན་པ་ཡང་མང་སྟེ་མ་སྤྲོས། དེ་ལྟར་རི་ཁྲོད་དུ་མར་འགྲིམ་བཞིན་དུ་ཐུན་བཞིའི་རྣལ་འབྱོར་ལ་ཆག་པར་མཛད་ཅིང་། ཐུན་འཚམས་རྣམས་སུ་བང་སྐལ་བ་དང་ལྡན་པ་རྣམས་ལ་བསྐྱེད་རྫོགས་དང་དབང་ལུང་སོགས་ཆོས་ཀྱི་སྦྱིན་པ་དང་། དབུལ་འཕོངས་རྣམས་ལ་ཟང་ཟིང་གི་སྦྱིན་པས་ཆོས་པར་མཛད་པའི་འཕྲིན་ལས་ཡང་ངའི་རྒྱ་ལྟར་འཕེལ་ལོ། །དེ་ནས་བསྟན་པ་རྒྱས་པའི་རྟེན་འབྲེལ་འགྲིག་ཆེད་དུ་ཞབས་ཀྱིའི་དགེ་སློང་ལུས་ཙ་དང་བཅས་ལུག་རེར་དུ་ལུད་རེར་པོགས་ཏ་ཕྲའི་ཙུང་རྒྱལ་པོ་ལ་མཇལ་འཕྲད་མཛད་པ་ལ་རྒྱལ་པོས་ཁྲིད་ཁོ་བའི་མཆོད་གནས་སུ་བཞུགས་ཤིག་ཞེས་གསུངས་པས་ཁོ་བོ་ལ་དེ་འདྲ་བའི་ཡོན་དུ་མ་མཆིས། ཆོར་ཡུལ་དུ་འགྲོ་བར་ཞུས་པ་ལྟར་གནང་ནས་རས་དམར་པོ་རེ་རེ་གནང་ངོ། །དེ་ནས་ཐ་དེ་ཡེ་ཐུ་ཏད་ཀྱི་མར་ཀྲེན་པ་དང་ཕན་དེས་ཆོས་ཞུས་ཏེ་བླ་མའི་བཀའ་བཞིན་དུ་ཡུལ་དེར་བོན་པོ་སོགས་གདུར་ནས་བྱེད་མི་ཚོག་པར་ཁྲིལ་བསྒྲགས། ཡོང་བོད་མཐའ་དག་བསྡུས་ཏེ་སེར་བསྒྲེགས་ནས་སངས་རྒྱས་ཀྱི་བསྟན་པ་དར

བར་མཛད་དོ། །དེ་ནས་ཆོས་ཆེན་དུ་ཐེབས་ཏེ་ཛེ་རི་ཀ་ཁྲུ་ཆེན་ཕྲང་ཡོག་ཤིང་སོགས་ལ་དཔལ་རྡོ་རྗེ་འཇིགས་བྱེད་ལྷ་བཅུ་གསུམ་གྱི་དབང་བསྐུར་བའི་ཆོ་ཁྲུང་དེས་བླ་མ་ལ་རྡོ་རྗེ་འཇིགས་བྱེད་ཡུམ་བཅས་སུ་མཐོང་ངོ། །གཞན་ཡང་སྐད་རིགས་མི་འདྲ་བའི་སྐྱེ་བོ་མང་པོ་ལ་སོ་ཐར་རིགས་བརྒྱད་ཀྱི་སྡོམ་པ་ཁྲི་རིགས་གནང་སྟེ་རབ་བྱུང་གི་སྡེ་སྤེལ་བ་དང་། བླ་མའི་རྣལ་འབྱོར་དམིགས་བརྩེ་མའི་ཁྲིད་དང་འཇིགས་བྱེད་ཀྱི་བསྐྱེད་རྫོགས་ཀྱི་ཁྲིད་དང་གསང་འདུས་དབང་དང་རྣ་རྒྱུད་སོགས་བཀའ་ཆོས་མང་དུ་གནང་སྟེ་བསྟན་པ་རིན་པོ་ཆེ་དར་བར་མཛད་དོ། །དེ་ནས་ཧོར་བཅུའི་དཔོན་ཆེན་རྣམས་ཀྱིས་གྲོས་བྱས་ནས་བླ་མའི་བཞུགས་གནས་སུ་ལྷ་ཡན་ཇོ་གོའི་ས་ཆ་ལ་དགོད་པ་འདེབས་ཏེ་བཀའ་འགྱུར་སོགས་བཞུགས་སུ་གསོལ་བ་ལ་བླ་མས་རབ་གནས་མཛད། དེ་ནས་ཀོང་ཤྲིས་ཀྱི་ས་ཆར་གདན་འདྲེན་པ་ལྟར་བྱོན་ཏེ་རྒྱ་མཚོ་ཕའི་ཐི་དང་ཏོ་གོན་དུ་རི་ན་ཁྲོད་སོགས་ལ་འཇིགས་བྱེད་ཀྱི་དབང་ཁྲིད་སོགས་གནང་། ཧོར་མང་པོའི་སྐྱེ་འགྲོ་གྲངས་མེད་པ་འདུས་པ་ལ་སོ་ཐར་རིགས་བརྒྱད་ཅི་རིགས་གནང་བ་སོགས་ཀྱི་སྒོ་ནས་སོ་སོང་མོའི་བར་དུ་ཏུར་སྒྲིག་འཛིན་པས་གང་བར་མཛད་དོ།། དེ་ནས་བྲུ་སེད་ཧོར་གི་ཛ་སག་ཡོས་པོ་རྒྱ་རུར་དང་མོང་གོལ་ཅིན་གྱི་ཛ་སག་ཤས་པ་སོགས་ཀྱིས་གཙོས་དཔོན་ཆེ་ཆུང་འབངས་དང་བཅས་པ་རྣམས་སྤྱན་དྲངས་པ་ལྟར་ཐེབས་ཏེ་སྐྱབས་ཁྲིད་དང་རྡོ་རྗེ་འཇིགས་བྱེད་ཀྱི་དབང་དང་བསྐྱེད་རྫོགས་ཀྱི་ཁྲིད་དང་བླ་མའི་རྣལ་འབྱོར་དང་ཧེར་སེམས་ཀྱི་ཁྲིད་སོགས་རྒྱས་པར་གནང་། དེ་ནས་དཔོན་ཆེན་རྣམས་ཀྱིས་བླ་མ་ལ་དགུན་གྱི་དུས་སུ་ཐྲོགས་འདིང་བཞུགས་པའི་དགོན་པ་འདེབས་པར་གསོལ་བ་བཏབ་པ་ལྟར་གནང་སྟེ་མོང་གོལ་ཅིན་གྱི་ས་ཆར་དགོན་པ་བཏབ་ནས་ཐུལ། སྐབས་ཤིག་ཏུ་ནས་མན་ཧོར་གི་ཏོང

པྲ་ག་ཕྱོར་ བྲང་གི་གར་དུ་བྱས་པ་ ཐོས་པའི་ཚེ་ཕྲང་ ངེས་ ཁྲོས་དེ་ཕྱུར་ དུ་བྱིན་བྱུང་ཤིག་ཅེས་བས། དེ་ལ་བླ་མས་ཁྲིད་ང་ངོ་མི་ཤེས་པ་བདེན། རྗེ་བཙོང་ཁ་པའི་གསེར་སྐུ་འདི་ངས་ང་ངོ་མཁྱེན་སྲིད་ཅེས་པས་སྐུ་བརྟན་ངེས་ཞལ་འཛུམ་པའི་ཚུལ་བསྟན་པས། ཕྲང་ངེས་བླ་མ་ཞེས་བྱ་བ་འདི་ལགས། མངས་རྒྱས་དེ་བླ་མ་ངོ་མཁྱེན། བླ་མས་ཀྱང་མངས་རྒྱས་ངོ་ཤེས་པ་འདི་ཡ་མཚན་ཆེ་ཞེས་བླ་མ་ལ་དད་པ་ཆེན་པོ་སྐྱེས་ཏེ་ཕྱག་འཚལ། དེ་ཕྱིར་ཚད་དུས་ཕྲང་ངེས་བླ་མ་དཀོན་མཆོག་གསུམ་ལ་དད་པ་ཆེར་སྐྱེས་སོ། །དེ་ནས་ཨཙ་ཏན་དང་། ཤིང་ཏོག་དང་། ཛ་དོད་དང་། ཨ་རུ་ཏོར་ཆེན་དང་། ལྷུག་རིན་སོགས་ཚོག་སོ་སོའི་ཛ་མག་དང་དཔོན་ཆེན་སོགས་ཀྱིས་གདན་དྲངས་པ་ལྟར་ཐོན་དེ་གསང་འཛིགས་གཉིས་ཀྱི་དབང་སོགས་ སྟུར་ ལྟར་ གདང་སྟེ་བསྟན་ པ་རིན་པོ་ཆེ་ཆེས་ཆེར་ དར་བར་མཛད། དེ་ནས་བླ་ཡན་ཇོ་ཤོ་གོན་གྱི་དགོན་པ་ན་བཞུགས་པའི་ཚེ་ཕྲང་ཐེའི་མི་སོགས་དང་ལྷན་སྦྱིན་ བདག་ རྣམས་ཀྱིས་ བྱུང་བའི་གསེར་བཙོ་མས་རྗེ་བོ་ཤཱ་ཀྱ་ཐུབ་པ་དང་རྗེ་རིན་པོ་ཆེའི་སྐུ་དང་ མཆོད་རྟེན་ གསུམ་རེ་རེ་ནས་ཁྲུ་ཚད་ཅམ་བརྒྱ་རྩ་བརྒྱད་རེ་རེ་བཞེངས། ཡང་མགོ་གང་དང་སོར་ལྔ་དྲུག་ཅམ་གྱངས་མེད་དུ་བཞེངས་ཏེ། གཟུངས་གཞུག་རབ་གནས་སོགས་རྒྱས་པར་མཛད་དེ། ཚོག་སོ་སོའི་ཕྲང་པའི་ལི་པའི་སོ་གང་ཕའི་ཏེ་སོགས་སྦྱིན་བདག་ དང་སློབ་མ་དང་ལྷན་རྣམས་ལ་མཆོད་པའི་རྟེན་དུ་གནང་ ནས་རྒྱུན་དུ་ཕྱག་མཆོད་བགྱིས་ཤིག་གསུངས། དེ་ནས་ཕྱག་དེར་མཁར་ལས་ཚོག་བུ་དང་ལྷག་ཚ་དང་མཚལ་རྣམས་ཉོས་ནས་ཡིག་མཁན་རྣམས་ བསྡུས་ཏེ་བཀའ་ འགྱུར་ རིན་པོ་ཆེ་འདྲིར་བཙུག་སྟེ་རིས་ཀྱིས་བརྒྱ་རྩ་བརྒྱད་རྫོགས་པར་བསྒྲུབས་ཏེ་སྟོང་ བཞིན་དང་ལྷན་སྦྱིན་བདག་དང་སློབ་མ་རྣམས་ཀྱི་མཆོད་ཡུལ་དུ་གནང་། ཡང་སྦྱིན་བདག་རྣམས་ཀྱིས

ཟླུམ་བའི་གསེར་དངུལ་སོགས་ནོར་ལོངས་སྤྱོད་ཀྱི་རིགས་ཐམས་ཅད་ཕྱོགས་ཕྱོགས་སུ་རྡོ་རྗེ་འཇིགས་བྱེད་དང་། གསང་འདུས་མངོན་རྟོགས་དང་། གསང་འདུས་རྩ་རྒྱུད་རེ་རེ་སྒྲོན་བཀླུང་བ་རྣམས་ལ་གསེར་སྣང་རེ་རེ་གནང་བས་མཆོད་དབུལ་འབྱོངས་རྣམས་ལ་ཟང་ཟིང་གི་ཕྱིན་པ་རྒྱ་ཆེར་གནང་བས། གསང་འཇིགས་ཀྱི་མངོན་རྟོགས་བཀླུང་བ་སོགས་ཤིན་ཏུ་མང་པོ་བྱུང་ཞིང་། སྐབས་འདིའི་གྲགས་པ་ཡང་དབྱར་གྱི་ཆུ་གསང་ལ་འགྲན་པ་ལྟ་བུར་གྱུར་ཏོ། །དེ་ལྟ་བུའི་ཚུལ་གྱིས་སྐུ་གསུང་ཐུགས་རྟེན་བགྲང་ལས་འདས་པ་བསྒྲུབས་ཏེ། ཤར་ཕྱོགས་ཀྱི་རྒྱ་མཚོའི་གོས་ཅན་གྱི་མཐའི་བར་དུ་རབ་ཏུ་བཀང་སྟེ་རྒྱལ་བསྟན་སྤྱི་དང་ཁྱད་པར་རྒྱལ་བ་གཉིས་པའི་བསྟན་པ་རིན་པོ་ཆེ་སྤྱད་པའི་གླིང་དུ་ཉི་མ་ཤར་བ་ལྟར་ཤིན་ཏུ་གསལ་བར་མཛད་དེ། དགུང་ལོ་གོ་བདུན་ཐོག་ཆུ་སྤྲེལ་ལོའི་ཧོར་ཟླ་བཅུ་བའི་ཚེས་བཅོ་ལྔ་ལ་ཞི་བར་གཤེགས་པའི་ཚུལ་བསྟན། སྐུ་གདུང་མཆོག་སྤྲེག་དུ་ཞུ་བས་དྲི་བཟང་འཕྲུལ་ཞིང་འཇའ་ཚོན་ཐུག་པ་དང་མེ་ཏོག་གི་ཆར་བབས། ཡུངས་འབྲུ་ཙམ་གྱི་རིང་བསྲེལ་གྲངས་ལས་འདས་པ་བྱུང་བ་རྣམས་ལྷ་ཡོན་ཏོ་སོ་སོར་གྱི་དགོས་པར་མཆོད་རྟེན་དུ་བཞུགས་སུ་གསོལ་ལོ། ། ། །

ཡང་སྔོས་རང་ཨག་ཆེན་པོ་ཆེང་གི་རྒྱལ་རབས་འདི་ལ་བཤོད་ནས་སྟོབས་ཀྱིས་ཕྲ་ར་འཕགས་པ་ཐའི་ཙུང་ཨུ་ད་རེར་པོག་ད་རྒྱལ་པོ་སུག་དེར་གྱི་སར་བཞུགས་པའི་སྐབས་སུ་བདེ་ལྡན་ཞིང་གི་མགོན་པོ་རྒྱལ་བ་སྟོང་བ་མཐར་ཡས་ཀྱི་སྤྲུལ་པ་པར་ཆེན་ཐམས་ཅད་མཁྱེན་པ་བློ་བཟང་ཆོས་ཀྱི་རྒྱལ་མཚན་དང་། གངས་ཅན་འགྲོ་བའི་མགོན་པོ་རྒྱལ་དབང་ལྔ་པ་ངག་དབང་བློ་བཟང་རྒྱ་མཚོ་གཉིས་ཀྱིས་སི་ཤག་གི་གུ་ཤྲཱི་སེ་ཆེན་ཆོས་རྗེ་ལ་ཨོ་ལ་ཀྲུག་མདའ་རྡུ་ཐོག་ཁྲིའི་ཆོ་ལོ་གནང་སྟེ་ཤར་ཕྱོགས་ཀྱི་ཚངས་པ་ཐའི་ཙུང་བོགད་རྒྱལ་པོ་དེའི་མཚམས

ཉམས་ལ་མངགས་ཏེ་ཕུལ་བའི་ཡི་གེ་ནི། སྤྱིར་ཁམས་གསུམ་འཁོར་བའི་འགྲོ་བ་གཞན་ སང་ཐོ་ལ་ བཟུམ་ རང་ལ་ འཁྱེར་ གྱི་ མི་ ལུས་ རིན་པོ་ཆེ་ ཐོབ་ པ་ དེ་ཉིད་མོ་ནི་སྐར་མ་ལས་ཀྱང་ཤིན་ཏུ་དཀོན་ལ། དེའི་ནང་ནས་ཀྱང་སྐྱེ་རྒྱ་མ་ཟུམ་བ་དབང་དུ་སྤྱོད་པའི་རྒྱལ་པོར་གྱུར་པ་ཉི་བསམས་འཕེལ་ཡོད་བཞིན་གྱི་སྐོར་བྱ་རྣར་རྐྱེད་པར་དཀོན། །དེ་བས་ན་རྩོད་དུས་འགྲོ་བའི་མངའ་བདག་རྒྱལ་པོ་ཆེན་པོར་གྱུར་པ་འདིའི་དུས་ སུ་སྐྱེ་འགྲོ་མཐའ་ དག་ཆོས་བཞིན་དུ་ལེགས་པར་ བསྐྱང་ན་ཐོགས་རྒྱལ་པོ་ཞེས་པའི་དོན་དང་མཐུན་པ་དེ་ལགས། ལྷག་པར་མར་བདེའི་རྩ་བ་རྒྱལ་བའི་བསྟན་པ་རིན་པོ་ཆེ་ཐུགས་ཀྱིས་དགོངས་ཏེ་ལེགས་པར་སྐྱོང་དགོས། ཅེས་བསྐུར་གནང་བས། ཚུལ་དེ་ལྟ་བུ་དེ་ཐོགས་རྒྱལ་པོས་ཚོར་ཏེ་ཤིན་ཏུ་དགྱེས་ཤིང་རང་ཉིད་ཀྱིས་ཞོ་ཐང་གི་ཕྱི་རོལ་དུ་བསུས་ནས་ བཀའ་ཤོག་ལ་ཕྱག་འཚལ་ཅིང་། འཇམ་མགོན་ས་སྐྱ་པཎྜི་ཏའི་ཞལ་ནས།

ཉི་མའི་འོད་ཟེར་རབ་ཚ་ཡང་། མེ་ཤེལ་མེད་པར་མེ་མི་འབྱུང་།
དེ་བཞིན་སངས་རྒྱས་བྱིན་རླབས་ཀྱང་། བླ་མ་མེད་པར་འཇུག་མི་ནུས།

དེས་ན་ཁྱོད་ཉིད་མཉེས་ པ་ཡིས། སངས་ རྒྱས་ ཐམས་ཅད་ མཉེས་པར་འགྱུར།
དཀོན་ མཆོག་ གསུམ་ པོ་ གཅིག་ བསྡུས་ པའི། བླ་ མ་ ཁྱོད་ ལ་ བདག་སྐྱབས་མཆི།

ཞེས་དང་། སྟོན་པ་སངས་རྒྱས་ཀྱི་བཀའ་ལས།

གལ་ཏེ་བསྐལ་པ་ཁྲག་ཁྲིག་ཏུ། ཆོས་ཐོས་མི་འགྱུར་སྤྱོད་པ་དེ།
ཁྱོད་ཀྱིས་དེ་རིང་རྟེན་རྙེད་ཀྱིས། བག་མེད་པ་ལུས་རྣམ་པར་སྤོངས།

ཞེས་གསུངས་པ་དང་མཐུན་པར། ཟ་ཧོར་གཉེན་དམ་པ་བསྟེན་པའི་པཎ་ཡོན་དང་བཅས་པ་ཏྲི་བ་ཀྲམ་ཤྲཱི་དུ་ཆོས་ཐོས་པ་རྒྱུད་པར་དཀའ་བའི་ཚུལ་བསམས་ནས་ཡི་ལ་ཀུན་མཁར་རྡོ་ཐོག་ཕྱོགས་རི་ལ་བླ་མར་ བརྒྱུད་སྟེ་དབང་དང་ལུང་སོགས་ཀྱི་ཐབ་ཆོས་དུ་མ་གསན་ནས་ མཉམ་མེད་རི་བོ་དགེ་ལྡན་ པའི་བསྟན་པ་ ལ་ཤིན་ཏུ་མོས་པར་གྱུར། དེ་ནས་མི་ཆེན་ཆོས་རྗེ་དེ་དབུས་སུ་བྱོན་དུས་འབྲུལ་བ་ཆེན་པོ་ཕྱག་ཞིང་། རྒྱལ་བ་ཡབ་སྲས་གཉིས་ལ་ཞོག་ནས་བླ་མར་བཟུང་སྟེ་རིན་པོ་ཆེ་གསེར་དངུལ་ལ་སོགས་པའི་འབུལ་བ་སྤྲས་མཐོ་བ་ཕུལ་དེ་ཞུ་བ་ནི། ཁྲི་སྲོང་ལྡེ་སྲིང་རྒྱལ་པོའི་མངའ་འབངས་ཆབ་འོག་ཏུ་གཞུག་ལ་གནང་ཉེ་བས། དོན་དེ་གྲུབ་པའི་དུས་སུ་རྗེ་རྒྱལ་ བ་ཡབ་ སྲས་ཁྲིད་གཉིས་ ལ་གདན་ འདྲེན་ཞུས་ནས་ཞལ་གྱི་དཀྱིལ་འཁོར་ལ་མཇལ་ཞིང་བསྟན་པ་རིན་པོ་ཆེ་དར་བར་བགྱིད། ཞེས་གསོལ། བོད་ཀྱི་བཤད་སྒྲུབ་ཀྱི་སྡེ་ཆེ་ཆུང་མཐའ་ཡས་པ་ལ་འབུལ་འབྲེད་གྱ་ནོས་པ་མཛད་ དེ་རི་བོ་དགེ་ལྡན་པའི་བསྟན་པའི་སྦྱིན་ བདག་ཆེན་པོར་གྱུར་ཏོ།། མི་རིང་བར་ དེའི་སྲས་བཙོང་སུ་ཞི་ཐུ་ཤུར་ཏེ་ཡེ་ཡེ་པེར་ཛ་ སག་ཆེ་རྒྱལ་པོས་རྒྱ་བོད་ཧོར་གསུམ་ གྱིས་ མཆོད་པའི་ མཉམ་འོག་གི་སྐྱེ་འགྲོ་རབ་ལ་མི་ཆེ་ དབང་དུ་བསྡུས་ཏེ། ཡབ་རྒྱལ་པོའི་བཀའ་བཞིན་སྒྲུབ་པའི་ཆེད་དུ་ཐུགས་ཡོས་མོར། ཇི་སྐད་དུ། སྟོན་པ་སངས་རྒྱས་ཀྱི་བཀའ་ལས།

བྱང་ཆུབ་སེམས་དཔའ་གང་ཞིག་རྗེས་སུ་བསྟེན་དང་འགྲུར་བྱེད་ཅིང་།
དྲན་པ་ཉེ་བར་བཞག་སྟེ་ཟླ་བའི་ཡག་གཞིག་མི་བྱེད་ན།
དེ་ཕྱིར་དེ་ཡི་དོན་རྣམས་ཀུན་ཅན་འགྲུབ་པར་འགྱུར།
འབྱུང་བའི་སངས་རྒྱས་ཡེ་ཤེས་བྱང་ཆུབ་དྲུང་དུ་འཚང་ཡང་རྒྱ།

ཞེས་དང་།

མི་དང་སངས་རྒྱས་འབྱུང་རྟེན་དཀའ། དང་བའང་ཤིན་ཏུ་རྟེན་པར་དཀའ།
མི་ཁོམས་བརྒྱད་སྤངས་རྟེན་པར་དཀའ། ཆོས་ཉན་པ་ནི་གཙོ་བོ་ཡིན།

ཞེས་གསུངས་པའི་དོན་དང་མཐུན་པར་མཛད་དེ། དབུས་གཙང་ནས་པཎ་ཆེན་ཐམས་ཅད་མཁྱེན་པ་བློ་བཟང་ཆོས་ཀྱི་རྒྱལ་མཚན་དང་། འཕགས་པ་འཇིག་རྟེན་དབང་ཕྱུག་དང་གཉིས་སུ་མེད་པའི་རྒྱལ་དབང་ལྔ་པ་ཆེན་པོ་གཉིས་ཀ་ཕྱོགས་འདིར་བསྟན་པའི་རྒྱལ་མཚན་འཛུགས་པའི་ཕྱིར་གདན་འདྲེན་ཞུས་པ་ལ། པཎ་ཆེན་རིན་པོ་ཆེའི་ཞལ་ནས་ཁོ་བོ་ན་ཚོད་ཏ་ཚ་ཆེ་བས་འགྲོ་མི་ཐུབ་གསུངས་ནས་མ་ཕེབས། རྒྱལ་དབང་རིན་པོ་ཆེ་ནི་ཕེབས་པ་ཡིན་ནོ། དེ་ཡང་རྒྱལ་དབང་ལྔ་པ་དེ་ནི་རབ་བྱུང་བཅུ་པའི་མེ་མོ་སྦྲུལ་གྱི་ལོ་ལ་བོད་ཞིང་སྨོས་ཅན་གྱི་བདག་པོ་དཔལ་ལ་པག་གྲུ་པའི་བཀའ་བློན་རྒྱ་མར་སང་བཀར་གྱི་རིགས། ཟ་ཧོར་གྱི་གདུང་བརྒྱུད། ཡབ་ས་སྐྱོང་མིའི་དབང་པོ་དགའ་འདུལ་རབ་བརྟན་དང་། ཡུམ་ཁྲི་ལྕམ་ཀུན་དགའ་ལྷ་མཛེས་ཀྱི་སྲས་སུ་འཁྲུངས། འཇའ་འོད་ཀྱི་གུར་དང་མེ་ཏོག་གི་ཆར་བབས། ངོས་འཛིན་གསལ་ཞིང་འཁྲུངས་དུས་རྗེའི་ཞལ་གཟིགས་པར་གྲགས། དགུང་ལོ་དྲུག་པའི་སྟོད་ཆོས་སྡེ་ཆེན་པོ་དཔལ་ལྡན་འབྲས་སྤུངས་ཕྱོགས་ཐམས་ཅད་ལས་རྣམ་པར་རྒྱལ་བའི་གླིང་དུ་སྤྱན་དྲངས། སའི་སྟེང་གི་འོག་མིན་གཉིས་པ་དགའ་ལྡན་ཕོ་བྲང་དུ་གསེར་གྱི་ཁྲི་ལ་ཞབས་ཀྱི་པདྨ་རྣམ་པར་བཀོད་པས་དཀར་ཕྱོགས་པ་རྣམས་རབ་ཏུ་དགའ་བས་གུས་པའི་ཐ་སྙོགས་པར་གྱུར་ཏོ། །དགུང་ལོ་བརྒྱད་པའི་ཐོག་འཛམ་གླིང་མཁས་པ་ཀུན་གྱི་གཙུག་རྒྱན་པཎ་ཆེན་ཐམས་ཅད་མཁྱེན་པ་བློ་བཟང་ཆོས་ཀྱི་རྒྱལ་མཚན་ལ་དགེ་ཚུལ་གྱི་སྡོམ་པ་བཞེས་པས་ལྷག་པ་ཚུལ་ཁྲིམས་ཀྱི་བསླབ་པའི་བདུད་རྩིས་ཐུགས་རྒྱུད་རབ་ཏུ་གང་བར་མཛད་པས་ཐུབ་བསྟན་གསལ་བའི་ཉིན་བྱེད་དུ་གྱུར

ནོ། །དགུང་ལོ་བཅུ་གཅིག་པ་རབ་བྱུང་བཅུ་གཅིག་པའི་ཤིག་ས་མེ་ཡོས་ཀྱི་ལོར་གཞུང་ལུགས་རབ་འབྱམས་སྨྲ་བ་བྲི་རིན་པོ་ཆེ་དགོན་མཆོག་ཆོས་འཕེལ་གྱིས་སྐུ་ཡོན་འབུལ་བའི་མགོ་མཛད་དེ་དཀའ་ཆེན་ལྷ་ལ་མཁས་པར་སྦྱངས་པའི་ཚུལ་བསྟན། དེ་ནས་དགུང་ལོ་བཅུ་བདུན་ནས་པ་བོད་ཁབ་རྗེ་དཔལ་འབྱོར་ལྷུན་གྲུབ་སོགས་མཁས་གྲུབ་དུ་མའི་དྲུང་དུ་མདོ་རྒྱུད་དུ་མ་དང་གསང་སྔགས་གསར་རྙིང་གི་དབང་ལུང་ཁྲིད་མན་ངག་ཟེ་རྙིང་ཅིག་གསན་པར་མཛད། དགོན་ཆེ་ཆུང་གི་བླ་གྲྭ་མཐར་དག་ལ་ཐོས་བསམ་སློབ་པ་དང་། བཤད་ཉན་ལ་རྟེང་བསྐུལ་ཆེ་བར་མཛད་པས་གཞུང་ལུགས་རེ་རེ་ཞེས་པའི་མཁས་པ་ཚམ་མིན་པའི་གསུང་རབ་རབ་འབྱམས་ལ་རང་གིར་སྤྱོད་པའི་མཁས་མང་གིས་འཛམས་གླིང་ཁྱབ་པར་གྱུར། དེ་ནས་པར་ཆེན་ཐམས་ཅད་མཁྱེན་པ་བློ་བཟང་ཆོས་ཀྱི་རྒྱལ་མཚན་དཔལ་བཟང་པོ་ལ་མཁན་པོ་ཞུས་དེ་བསྙེན་པར་རྫོགས་པ་དགེ་སློང་གི་དངོས་པོ་བཞེས་དེ་ཐུབ་བསྟན་ཡོངས་རྫོགས་མངའ་བདག་དུ་གྱུར། དེ་ནས་དགུང་ལོ་རེ་དྲུག་གི་བར་བསྟན་འགྲོའི་དོན་རྒྱ་ཆེན་པོ་མཛད་དོ། །ལྷག་པར་གོང་མ་རྒྱལ་པོས་གདན་འདྲེན་པ་ལྟར་དགུང་ལོ་སོ་བྲུ་ཕོག་ལྕགས་ཡོས་ལོར་པོ་བྲང་དུ་ཕེབས་ཁ་བསྐྱོད་ཅིང་། རྒྱ་འབྲུག་གི་ལོར་འཛམས་དབྱངས་གོང་མ་མའི་ཚངས་པ་ཆེན་པོ་དང་མཆོད་ཡོན་ཞལ་འཛོམས་ཞིང་གསུང་བདུད་མཛད་ནས། རྒྱལ་དབང་དེ་ཉིད་བསྟན་པའི་བདག་པོར་མངའ་གསོལ་དེ་འགྲོ་མགོན་འཕགས་པ་དང་མཉམ་པ་བཛྲ་དྷ་རའི་ཡུང་དང་ཐམས་ཀ་བྱལ། སྐྱེ་རྒྱ་དང་ཐུར་ཉིད་རེ་ཡབ་ང་ས་ཆེན་པོའི་དྲུ་གྲངས་དང་མཉམ་པར་གསུང་ཆོས་དང་ལུག་དབང་མཛད་པས་འགྲོ་བ་ས་ཡུམ་པ་དགའ་ བསྟན་དུ་སྐྱེ་བའི་འབྲེལ་པ་གནང་བར་མཛད་དེ་སྐྱར་དབུས་ཕྱོགས་སུ་ཡར་ཕེབས། གོང་མ་རྒྱལ་པོ་དེས་རྣམ་ཀྲམ་པར་ཆེན་རིན་པོ

ཆེ་བླ་མར་བརྩུང་སྟེ་འབུལ་བ་རྒྱ་ཆེན་པོ་ཕུལ་ཞིང་། གཙུག་ལག་ཁང་མང་དུ་བཞེངས་ནས་དགེ་འདུན་གྱི་སྡེ་ཚུགས་པ་སོགས་ཀྱི་སྒོ་ནས་མཉམ་མེད་ཐུབ་པའི་དབང་པོའི་བསྟན་པ་ལ་སྲི་ཞུ་ལྷག་པར་མཛད་ཅིང་། སྐྱེ་འགྲོ་མཐའ་དག་ཀྱང་ཆོས་བཞིན་དུ་སྐྱོང་བར་མཛད་པས་སྙན་པའི་གྲགས་པས་ས་སྟེང་ཐམས་ཅད་དུ་ཁྱབ་བོ། །དེའི་སྲས་གང་གི་དཔལ་དང་གཟི་བརྗིད་ཕུན་སུམ་ཚོགས་པས་སྔོན་དུས་ཆེ་སོར་འཕྲིང་བའི་ས་བདག་ཐལ་སོ་ཆེའི་སྐྱེམས་པ་འཁྲུག་ཞིང་། བྱམས་པ་བརྩེའི་སྟོབས་ཀྱི་གོམས་པ་མཐུའི་རྒྱལ་ཕྲན་བྱེ་བའི་ཨོད་པར་ཡང་ལ་གསོ་བའི་ས་སྐྱོང་ཆེན་པོ་འཛམ་དཔལ་དབྱངས་དངོས་གོང་མ་ཤིང་ཙུ་བདེ་སྐྱིད་རྒྱལ་པོས་དགེ་འདུན་གྱི་སྡེ་མང་དུ་བཙུགས་པ་དང་སྐུ་གསུང་ཐུགས་རྟེན་བསྐྲུན་ལས་འདས་པ་བཞེངས། ཁྲི་རིན་པོ་ཆེ་ངག་དབང་བློ་གྲོས་རྒྱ་མཚོ་དང་། ལྕང་སྐྱ་ཐམས་ཅད་མཁྱེན་པ་ངག་དབང་བློ་བཟང་ཆོས་ལྡན་དང་། ཐུའུ་བཀྭན་རིན་པོ་ཆེ་ངག་དབང་ཆོས་ཀྱི་རྒྱ་མཚོ་སོགས་མཁས་གྲུབ་ཚད་ལྡན་དུ་མ་ཡུལ་གྲུ་སོ་སོ་ནས་གདན་དྲངས་ཏེ་བསྟན་པ་རྒྱས་པར་བྱེད་དུ་བཅུག་གོ །དེ་ལ་ཁྲི་རིན་པོ་ཆེ་ངག་དབང་བློ་གྲོས་རྒྱ་མཚོ་ནི། རྗེ་བདག་ཉིད་ཆེན་པོའི་སྐུ་བལྟམས་པའི་གནས་བཙོང་ཁར་གྲགས་པ་དང་ཉེ་བའི་ཕྱོགས་ཀི་ཉག་གི་ཡུལ་ར་སྡིང་དུ་ཤིང་མོ་ལུག་གི་ལོར་ཡབ་ནག་ཏུག་ཚེ་རིང་དང་། ཡུམ་ཆེ་སྒྲོན་རྒྱལ་གཉིས་ཀྱི་སྲས་སུ་འཁྲུངས། བྱིས་པའི་དུས་ནས་ཉེར་སོང་བའི་གཉེར་དབང་དུ་སོང་བའི་གྲ་སལ་པ་དག་གི་ངང་ཚུལ་དང་མི་འདྲ་བར་ས་རྣད་འཛིགས་སྐྲག་འབྱུང་བ་སོགས་ཀྱི་ཆོ་དམིགས་བརྟེ་མ་དང་བཟླ་བྲིའི་གཟུངས་ཐུགས་བཟླས་ནས་ལྷ་དང་ལྷ་མར་གསོལ་བ་འདེབས་པར་མཛད། དགུང་ལོ་བདུན་པའི་དུས་སྒྲ་ཆར་འཚོ་བྱེད་བྱམས་པ་རྒྱ་མཚོ་ལ་སྐབས་འགྲོ་བྱེད་ཕྱགས་དང་བློས་ས་ནག་པོའི་དབང་ཚོག

སྐལ་ལྡན་རྗེས་འཛིན་གྱི་སྒྲོན་མས་གྲོག་མའི་གསང་ཕྱུགས་ཀྱི་འཇུག་སྒོ་མཛད། མཁྱེན་རབ་ཀྱི་མཐུ་ལྡག་ཕར་ཆེ་བས་ཁྱིམ་པའི་སྐབས་ནས་ཀུང་ཡི་གེ་སོགས་དཀའ་རྩོམ་མེད་པར་ཐུགས་སུ་ཆུད། དགུང་ལོ་བཅུ་གཅིག་པའི་གྲོག་ཆོས་རྗེ་རྣོན་ལྡན་གྱིས་མཁན་པོ་མཛད་དེ་རབ་ཏུ་བྱུང་། འབྲུག་ལོར་རྒྱལ་དབང་ཕྲ་པ་ཆེན་པོ་འཇམས་དབྱངས་གོང་མའི་རྒྱལ་ཁབ་ཏུ་ཆིབས་བསྐྱོད་སྐབས་ལམ་དུ་མཇལ་ནས་བཀྲ་འབྲུལ་བཟང་པོ་ཕྱུལ་ནས་གསུང་གི་བདུད་རྩི་སྩོང་། ལོ་དེ་ལ་དབུས་ཕྱོགས་སུ་བཏེག །ཟླ་བ་བཅུ་གཅིག་ལ་བཀྲ་ཤིས་ལྷུན་པོར་ཕེབས་དེ་པཎ་ཆེན་ཐམས་ཅད་མཁྱེན་པ་བློ་བཟང་ཆོས་ཀྱི་རྒྱལ་མཚན་གྱི་ཞབས་ལྷ་ནས་ལ་དགེ་བསྙེན་ནས་དགེ་ཚུལ་གྱི་བར་གྱི་སྡོམ་ཁྲིམས་མནོས་ཤིང་རྗེས་གནང་དང་ལུང་མང་དུ་གསན། དེ་ནས་ཆོས་རྗེ་ཆེན་པོ་དཔལ་ལྡན་འབྲས་སྤུངས་སུ་བྱོན་དེ་བཀྲ་ཤིས་སྒོ་མང་གི་ཆོས་གྲྭར་ཞུགས་ནས་རིག་པ་སྨྲ་བའི་དབང་ཕྱུག་སྒོ་མང་འཁྲིན་ལས་ལྷུན་གྲུབ་པ་ལས། རིག་པའི་སྒོ་འབྱེད་ཚད་མ་རིགས་པའི་བསྡུས་གྲྭའི་རྩ་བཤག་གི་དཀའ་སྒྲོན་ཐོག་མར་སྦྱང་། རྒྱལ་དབང་ལྔ་པ་ཆེན་པོ་སོགས་སྨྲ་ས་དུ་མ་ལ་བཀའ་ཆོས་མང་དུ་ཐོབ། དགུང་ལོ་ཉེར་བདུན་སྟེང་པཎ་ཆེན་ཐམས་ཅད་མཁྱེན་པ་བློ་བཟང་ཆོས་ཀྱི་རྒྱལ་མཚན་གྱིས་མཁན་པོ་མཛད་ནས་བསྙེན་པར་རྫོགས། ཉེར་དགུ་ལ་རྒྱུད་གྲྭ་ཞུགས། ལོ་དེའི་ཟླ་བ་བཅུ་གཉིས་ལ་བདེ་ཡངས་གྲྭ་ཚང་གི་ཆོས་ཀྱི་ཁྲི་མཐོན་པར་འཁོད། དགུང་ལོ་སོ་གཅིག་ལ་སྒོ་མང་གྲྭ་ཚང་གི་ཁྲིར་ཐེབས། དེ་རྗེས་སྨད་རྒྱུད་གྲྭ་ཚང་གི་བླ་མའི་ཁྲིར་བཞུགས། དེ་ནས་དགེ་ལྡན་བྱང་རྩེའི་ཁྲིར་ཐེབས། དགུང་ལོ་ཞེ་བརྒྱད་པའི་ཚེ་ཁྲི་ལོར་སྟོན་སྒྲ་འབྲིང་པོའི་ཆོས་བཙོ་སྦྱལ་དགེ་ལྡན་རྣམ་པར་རྒྱལ་བའི་གླིང་དུ་ཁམས་གསུམ་ཆོས་ཀྱི་རྒྱལ་པོ་བཙོང་ཁ་པ་ཆེན་པོའི་གསེར་ཁྲི་མཐོན་པོར་ཞབས་ཐང་

བཀོད། དེ་ནས་འཇམ་དབྱངས་མགོན་པ་ཁང་ཞི་བདེ་སྐྱིད་རྒྱལ་པོས་ཚོགས་འདིར་བསྡུར་འགྲོ་ལ་ངར་པ་འབྱུང་ངེས་པའི་བླ་མ་ཞིག་གཏོང་དགོས་ཚུལ་ཐམས་ཅད་མཁྱེན་པ་དྭ་པའི་བླ་མའི་སྐུ་ཞབས་སུ་གསེར་ཡིག་གནང་བར། དེ་སྐབས་རྒྱལ་དབང་ལྔ་པ་ཞིང་གཞན་དུ་གཤེགས་པ་གསང་སྟོན་སྐབས་ཡིན་ཀྱང་། གོང་གི་ཡིན་པའི་ཚུལ་གྱིས་བཀའ་ཤོག་བྱུང་བ་དེ་བླ་མའི་བཀའ་ཡིན་པར་དགོངས་དེ་དང་དུ་བཞེས་ནས་མི་ཡོས་ལོར་ཆིབས་བསྐྱོད་གནང་། གོང་མ་རྒྱལ་པོ་དང་མཇལ་སྤྲད་གནང་ཞིང་སྤྱི་ཞུ་དང་བཀུར་སྟི་ཆེ་རྒྱས་ཀྱིས་གཟེངས་སུ་བསྟོད་པར་མཛད། དེ་ནས་རྒྱ་ནག་དང་སོག་སྟོད་ཕྱོགས་ཀྱི་སྐྱེ་བོ་དུ་མ་ལ་དམ་པའི་ཆོས་ཀྱི་དགའ་སྟོན་རྒྱ་ཆེན་པོ་བསྐྱལ་བའི་སྒོ་ནས་བཀའ་དྲིན་བསམ་གྱིས་མི་ཁྱབ་པར་གནང་ངོ་། །ཡོངས་རྫོགས་བསྟན་པའི་མངའ་བདག་རྒྱང་སྐུ་རིན་པོ་ཆེ་ངག་དབང་བློ་བཟང་ཆོས་ལྡན་དཔལ་བཟང་པོ་ནི། མདོ་སྨད་བཙོང་ཁའི་ལྗོངས་གཡི་དགེ་ཞེས་བྱ་བའི་ཆར་གཏོགས་ཤ་ཟུག་ཏུ་གྲགས་པའི་གྲོང་ཏུ་ཡབ་ཐང་ལྷེ་དར། ཡུམ་ཐར་སྐྱོ་མཚོ་ཞེས་པ་དེ་གཉིས་ཀྱི་སྲས་སུ་ཆུ་ད་མགོ་ཟླ་བའི་ཚེས་བཅུའི་མཚན་མོ་སྐུ་བལྟམས། ལྷུམས་སུ་ཞུགས་པའི་ཚེ་ཡུམ་གྱི་མནལ་ལམ་དུ་ཉི་མའི་དཀྱིལ་འཁོར་ས་ནས་རྐྱེད་པ་སོགས་ཀྱི་ལྟས་ཡ་མཚན་པ་མང་དུ་བྱུང་། དེ་ནས་མཐུན་པའི་ཡོ་བྱད་དག་གིས་སྐྱེད་བསྟེངས་ཏེ་ལོ་ཁ་ཤས་ལོན་པ་ན་སྡོང་གནས་རྗེས་དྲན་གྱི་མཐུས་ང་རྒྱང་སྐུ་བླ་མ་ཡིན། ང་ལ་གྲྭ་པ་དང་ཉེར་གསུམ་འདི་དང་འདི་བྱ་བ་ཡོད་ཚུལ་གྱི་གསུང་གསལ་པོ་གནང་བྱུང་བར། ཡབ་ཡུམ་གཉིས་ཀྱིས་སྐུ་སྐྱེ་རྣམས་ཀྱི་གནས་ཚུལ་མ་གསན་ཅིང་ཡི་མགྲིན་པར་འཛིན། དེ་སྐད་མ་ཟེར་ཞེས་བཀག་པས་ཅི་ཡང་མི་གསུང་བའི་ཚུལ་མཛད་དེ་ལྐུགས་པ་བ་ལྟ་བུར་བཞུགས། དེ་ནས་ཡབ་ཡུམ་གཉིས་ཕྱུགས་མ་བའི་བར་རྐྱགས་ཁ་འབྲེད་

པའི་ཐབས་དང་རིམ་འགྲོ་སང་དུ་བྱས་པས་ཚང་ས་ཡར་པར་ལུས་བསྐྱུར་དེ་དགེ་བསྙེན་དུ་བསྒྲུབས་ནས་མཚན་ལ་དགེ་འདུན་སྐྱབས་ཞེས་བཏགས་པས་རིམ་གྱིས་སྨྲ་ཐུབ་པར་གྱུར། ཕར་ཆེན་རིན་པོ་ཆེའི་ཞལ་ནས་ཆོས་རྗེ་གྲགས་པ་འོད་ཟེར་གྱི་སྐུ་སྐྱེ་འཕྲུལ་མེད་ཡིན་ཚུལ་གྱི་བཀའ་ལུང་གསལ་པོ་བསྩལ། དེ་ནས་དགུང་ལོ་ཟླ་བཞིས་པའི་ཚེ་དགོན་ལུང་སྤྱི་སྒེར་གྱི་སི་རྟ་ལྷུང་སྟེའི་དཔོན་པོ་གྲྭ་པ་དང་བཅས་པས་ཕང་རིང་ཐར་པ་གླིང་དུ་གདན་དྲངས་ནས་བཞུགས་སུ་བཅུག །འདན་མ་གྲུབ་ཆེན་ཚུལ་ཁྲིམས་རྒྱ་མཚོ་དང་། ཁྲི་ཧོག་པ་ཧུར་ཚོགས་བཟང་པོའི་མཚན་ཅན་གཉིས་ཀྱི་དྲུང་དུ་རབ་ཏུ་བྱུང་ནས་མཚན་བསྟན་འཛིན་ལེགས་བཤད་རྒྱ་མཚོར་གསོལ། དེ་ནས་སྐུ་ཁྲི་རབ་འབྱམས་པ་ཟེར་པ་དགེ་རྒན་དུ་བསྟེན་ནས་ཀློག་བསླབ་པས་ཚོགས་མེད་པར་མཁྱེན་དེ་ཆོས་སྤྱོད་ཀྱི་རིགས་མ་ལུས་པ་ཐུགས་སུ་ཆུད་པར་མཛད། དགུང་ལོ་དགུ་ཐོག་ཆོས་སྡེ་ཆེན་པོ་དགོན་ལུང་བྱམས་པ་གླིང་དུ་གདན་དྲངས། དགུང་ལོ་བཅུ་གཅིག་ལ་རྒྱལ་དབང་ལྔ་པ་ཆེན་པོ་རྒྱལ་ཁམས་པའི་ཤིང་དུ་བྱོན་པའི་ལམ་བར་དུ་མཇལ་ཏེ། དགེ་བསྙེན་དང་རབ་བྱུང་གི་སྡོམ་པ་གསོས་ཤིང་། ཐུགས་རྗེའི་ཆེན་པོའི་རྗེས་གཟུང་ཡང་གསན། དེ་ནས་དགོན་ལུང་ཁྲི་ཧོག་པ་ཕར་པོ་བཀྲ་ཤིས་རྒྱལ་མཚན་གྱི་དྲུང་དུ་རིགས་ལམ་གྱི་འགྲོ་དང་། ཕར་ཕྱིན་གྱི་གཞུང་ཚན་ལ་ཡར་གསན་པས་གཞུང་དེ་རྣམས་ཀྱི་དོན་ཆ་ལག་མ་མེད་པར་ཐུགས་སུ་ཆུད། དེ་ནས་མདོ་སྔགས་ཀྱི་གཞུང་ལ་སློབ་གཉེར་གཞན་མ་ཞིག་མཛད་པར་བཞེད་ནས་ཡུལ་དབུས་སུ་བྱོན། ཐམས་ཅད་མཁྱེན་པ་ལྔ་པ་ཆེན་པོའི་དྲུང་དུ་དགེ་ཚུལ་གྱི་སྡོམ་པ་བཞེས་དེ་མཚན་ངག་དབང་བློ་བཟང་ཆོས་ལྡན་ཞེས་བཏགས། དེ་ནས་རྒྱལ་སྲས་རིན་པོ་ཆེ་བློ་བཟང་བསྟན་འཛིན་ལ་མཇལ་ནས་བཀའ་ཆོས་ཆེ་རིགས་པ་གསན། དེ་ནས་བཀྲ

ཤིས་ལྷུན་པོར་ཕྱིན་ཏེ་པཎ་ཆེན་བློ་བཟང་ཆོས་ཀྱི་རྒྱལ་མཚན་གྱི་དྲུང་དུ་མཇལ་ཏེ་ཟང་ཕྱིང་གི་འབུལ་རྫོང་གཟབ་རྒྱས་ཞུས། སྐུ་ངང་གི་ཉེར་མཇལ་ཡང་ཞིབ་པར་གནང་། དེ་ནས་དབུས་སུ་ཕྱིན་ཏེ་ཆོས་རྗེ་ཆེན་པོ་དཔལ་ལྡན་འབྲས་སྤུངས་ཀྱི་དགའ་ཆེས་ཕོག ། མཁས་མཆོག་ཀྲེ་བོའི་བསྟི་གནས་དཔལ་ལྡན་བཀྲ་ཤིས་སྒོ་མང་གི་ཆོས་གྲྭ་ཞུགས། དཔོན་སློབ་འཕྲིན་ལས་ལྷུན་གྲུབ་པའི་དྲུང་དུ་ལོ་གསུམ་གྱི་རིང་པར་ཕྱིན་ཡོངས་རྫོགས་གསན་པས་ཤེར་ཕྱིན་གྱི་དགོངས་དོན་སྨྲ་བ་ལ་འགྲན་ཟླ་དང་བྲལ་བའི་མཁས་པ་ཆེན་པོར་གྱུར། དགུང་ལོ་ཉེར་གསུམ་བཞེས་པའི་ཚེ་རྒྱལ་དབང་ལྔ་པ་ཆེན་པོའི་དྲུང་དུ་བསྙེན་རྫོགས་ཀྱི་སྡོམ་པ་བཞེས་ནས་ཚུལ་ཁྲིམས་ཤིག་གི་འབྲས་བུ་ལྟར་བསྲུང་བར་མཛད། དགུང་ལོ་ཉེར་བཞི་པ་ཤིང་མོ་སྦྲུལ་གྱི་ལོར། འཇམ་མགོན་ངག་དབང་བློ་གྲོས་རྒྱ་མཚོ་དཔལ་ལྡན་བཀྲ་ཤིས་སྒོ་མང་གི་འཆད་ཉན་པར་ཕྱིན་པའི་དྲུང་དུ་དབུ་མ་མཛོད་འདུལ་སྔགས་ལོ་བརྒྱུད་ཀྱི་བར་དུ་གསན་ནས་རྫོགས་པར་མཛད། ཆུ་བྱི་ལོར་དཔལ་ལྡན་འབྲས་སྤུངས་སུ་གླིང་བསྲེ་བཀའ་བཅུའི་མཚན་བརྟགས་མཛད། དགུང་ལོ་སོ་གསུམ་ཐོག་གཙང་སྟོད་བཀྲ་ཤིས་ལྷུན་པོར་ཕྱིན། པཎ་ཆེན་ཐམས་ཅད་མཁྱེན་པའི་སྐུ་ལ་སྐུ་རིན་པོ་ཆེ་དང་མཇལ། ཤར་རྩེ་མཁན་པོ་བློ་བཟང་བརྟན་དང་རྗེ་དགེ་འདུན་དོན་གྲུབ་སོགས་བཤེས་གཉེན་དུ་མ་ལ་དབང་ཁྲིད་གདམས་ངག་མང་པོ་ཞུས། དེ་ལྟར་དགུང་ལོ་ཉེར་གཅིག་ནས་ཞེ་གཉིས་ཀྱི་བར་དུ་དབུས་གཙང་དུ་བཞུགས་པའི་རིང་ལ་མཚན་ཉིད་དང་ལྟར་པའི་དགེ་བའི་བཤེས་གཉེན་རྣམས་ལས་ཟབ་རྒྱས་དམ་པའི་ཆོས་མང་དུ་གསན་ཅིང་ལེགས་པར་བཤད་པ་རིན་པོ་ཆེའི་ཐུགས་ཀྱི་བུམ་བཟང་ཡོངས་སུ་གང་བར་གྱུར་ཏོ། །དེ་ནས་ཙ་དགའ་གི་ལོར་མདོ་སྨད་དུ་ཕྱིར། དེ་རྗེས་ཁྲི་ཆེན་བློ་གྲོས་རྒྱ་མཚོ་རྒྱལ་མཁན་པོའི་ངང་དུ

གདན་དྲངས་ཏེ་ མཚོ་སྔོན་པོའི་ཁར་ ཕེབས་པ་ ན་རྗེ་འདི་ མཇལ་ ད་བྱེར་བ་དང་། ཟེད་དང་མཉམ་དུ་འགྲོ་དགོས་གསུངས་ལྟར་ཞབས་ཕྱིར་ཕྱིན། མེ་ཡོས་ལོར་ ཁྲི་རིན་པོ་ཆེ་ལ་གོང་མས་མཇལ་ཁ་ ལན་གཉིས་བྱུང་ བས་ སྔ་ཕྱིར་རྗེ་འདི་ཡང་ ཕེབས་ཏེ། མཇལ་ཁ་སྔ་མའི་སྐབས་སུ་གོང་མ་ཆེན་པོས་བཀའ་འདྲི་དང་ཁ་བཏགས་གོས་ཆེན་སོགས་ཀྱི་གནང་སྦྱིན་གྱི་རིམ་པ་མཛད། རྗེས་མའི་སྐབས་སུ་ཨཾ་དན་རྗེ་བོའི་མདུན་དུ་གོང་མའི་བཀའ་ལྟར་གནས་རྙིང་ཞབས་དྲུང་དང་རྗེ་འདི་པ་གཉིས་བགྲོ་གླེང་མཛད་ པས་གོང་མ་ཐུགས་དགྱེས་ཏེ་དཔལ་ དར་གནང་། གོང་མའི་བཀའ་ལས་རྗེ་འདི་དང་དབུ་མཛད་གཉིས་པོའི་ཕྱིང་ལ་བཞུགས་དགོས་ཞེས་གསུངས་ པར་ ཁྲི་རིན་པོ་ཆེ་ནས་ ཐབས་ མཁས་ཀྱིས་ དགོངས་ པ་ཞུས་པ་ལྟར་བྱུང་། དེ་ནས་མ་འབྲུག་ལོར་ཨ་མདོར་ཕྱིན་ཏེ་དགོན་ལུང་བྱམས་པ་གླིང་གི་ཁྲིར་ཕེབས་ནས་རྩལ་རྒྱས་ཆོས་ཀྱི་བཀའ་དྲིན་ལེགས་པར་བསྐྱལ། ལྷགས་ཏ་ལོར་རྗེ་རང་ཉིད་དབེན་གནས་བྱང་ཆུབ་གླིང་དུ་ཕེབས་ནས་མདོ་སྔགས་ཀྱི་ལས་ཀྱི་རིམ་པ་ས་ལུས་པ་ཐུགས་ཉམས་སུ་བཞེས་པར་མཛད། དེ་ནས་རྗེ་འདི་ཉིད་ཀྱིས་ཐུགས་སྨོན་གྱི་དབང་གིས་རྒྱ་ནག་པོའི་གདུལ་བྱ་རྣམས་འདུལ་བའི་དུས་ལ་ཉེ་བར་བབས་པ་ན། གོང་མ་བདེ་སྐྱིད་རྒྱལ་པོའི་བཀའ་ལས། ཇེད་ལ་ཡོན་དན་ཆེན་པོ་ཡོད་པའི་བླ་མ་ཆེ་བ་ཞིག་དགོས་བྱུང་བར་ཁྱོད་རང་ཡོན་ཏན་ཆེན་པོ་ཡོད་པའི་བླ་མ་བཟང་པོ་ཡིན་འདུག་པས་འདོད་མཁན་ བཏང་བ་ ལྟར་ ཨེས་ཀྱང་ཡོད་དགོས་ཞེས་བཀའ་ལུང་སྩལ་ བསྐུལ་བ་ལྟར། སྐུས་བླ་ཞབས་དྲུང་རིན་པོ་ཆེས་གཙོ་མཛད་ དཀའ་ རབ་ འབྲུམས་ དུ་མའི་ འཁོར་ དང་ བཅས་ པ་ རྒྱ་ནག་ཏུ་ཆིབས་ཁ་བསྒྱུར། དེ་ནས་རིམ་གྱིས་ཕེབས་ཏེ་གོང་མ་དང་མཇལ་འཕྲད་མཛད། གོང་མ་ཆེན་པོ་ནས་རྗེ་འདི་ཞབས་འདྲེན་དང་ བཅས་ པ་ལ་ན་ བཟའ་ ཚང་མ

སོགས་བདག་ཉིད་ཚད་མེད་པར་གནང་། དགུང་ལོ་ང་དྲུག་པ་མེ་གླང་གི་ལོར་གོང་མ་ཆེན་པོའི་བཀས་ དབུས་ སུ་བྱོན་དེ་རྒྱལ་དབང་ རིན་པོ་ཆེ་དྲུག་པ་ གདན་སར་མངའ་གསོལ། པཎ་ཆེན་རིན་པོ་ཆེ་སོགས་བླ་མ་རྣམས་ལ་དང་འབུལ་བ་གྱ་ནོམ་ཕུལ་ཏེ་ཆོས་ཀྱང་ཞུས་ནས་ཕྱིར་ཕེབས། གོང་མའི་བཀའ་བཞིན་དུ་ལོ་ལྔར་གྱིས་དགུན་པའི་ཙིང་དུ་བཞུགས། དབྱར་མཚོ་བདུན་གྱི་དགོན་པར་བཞུགས། དེ་ཕྱིའི་ཚེ་ཞི་དགའི་དཔོན་ཆེན་འབངས་བཅས་དང་། ཁལ་སྡེའི་ཧ་སག་ལྷ་བཙུ་ལྷག་སོགས་ཆེན་པོ་དོར་ཡུལ་གྱི་དཔོན་ཆེན་དང་སྐྱེ་བོའི་ཚོགས་རྣམས། རྗེ་འདི་ཉིད་ཀྱི་ལུང་རྟོགས་ཀྱི་ཡོན་ཏན་བསམས་ གྱིས་མི་ཁྱབ་ པས་ཡིད་ དྭངས་ཏེ་བསྡུའི་མཚོ་ལ་ཁང་དྲུག་གི་འདུ་འགོད་ ལྷར་ སྒྲོགས་ སོ་སོ་ནས་ ཆབ་ ཆོས་དོན་དུ་གཉེར་བའི་སྐྱེ་བོ་མཐའ་ཡས་པའི་རིམ་ བར་འདུས་པ་རྣམས་ ལ་དགེ་བསྙེན་ནས་བསྙེན་རྫོགས་བར་གྱི་སྡོམ་པ་དང་བྱང་ཆུབ་ལམ་རིམ་དང་ གསང་བདེ་འཇིགས་གསུམ་སོགས་ཀྱི་དབང་རྗེས་གནང་། ལུང་ཁྲིད་སོགས་དམ་པའི་ཆོས་ཀྱི་ཆར་ཆེན་པོ་བབས་ཏེ་ཡིད་ཀྱི་ཞིང་སར་བྱང་ཆུབ་ཀྱི་སྨྱུ་གུ་རྒྱས་པར་མཛད། རྣམ་པར་དཀར་པའི་མཛད་འཕྲིན་ཀུང་ཕྱོགས་ བརྩར་ རྒྱས་དེ་སྐྱེ་བོ་ཀུན་གྱི་ཡིད་ཀྱི་གསོས་སྨན་ནས་བར་གྱུར་ཏོ། །དགུང་ལོ་རེ་ལྔ་བ་མེ་པོ་ཁྱིའི་ལོར་གོང་མ་ཆེན་པོ་ནས། རྗེ་འདི་ལ་བཀུར་སྟིང་ སུ་ཐུ་ ཤར་ བཀྲ་ཅི་དྷ་ཀོ་ཤྲཱི་ཞེས། ཧོར་གྱི་སྐད་དུ་བྲམས་བརྩམས་ཀུན་གྱི་སྤྱི་བོ་ནས་ དབང་བསྒྱུར་ བའི་ཀུན་མཁྱེན་བླ་མ་ཆེན་པོ་ཞེས་པའི་བཀའ་དང་གསེར་ཡིག་ གསེར་སྲང་ བརྒྱད་ཅུ་བརྒྱད་ དང་ཉོ་བརྒྱད་ ཕར་མ་བརྒྱད་ལས་བཟོས་པའི་གསེར་ཐམ་ཕྱང་ལས་རྣམས་གནང་ངོ་། །དགུང་ལོ་རེ་དྲུག་པ་ ལྕགས་ཕྱག་གི་ལོར་ དགོན་ལུང་དུ་ཕེབས་པ་དང་། ཀུན་མཁྱེན་འཇམ་དབྱངས་བཞད་པའི་རྡོ་རྗེ་མཇལ་བར་བྱོན་ནས་རྗེ་འདི་ཉིད་ཀྱིས། འཇམ་དབྱངས་

བཞད་པ་རིན་པོ་ཆེར་སྤྲ་མོར་ཁྲིད་ཀྱིས་སྤྲགས་ཀྱི་འཆར་ཤར་ཉིག་འཛུག་དགོས་གསུངས་པ་དུས་ལ་བབས་འདུག་པས། ཁྲིད་ཀྱིས་འཛུག་དགོས་ཞེས་བཀའ་གནང་བར་ཀོང་གིས་ཀྱང་བླ་མའི་བཀའ་བཞིན་བསྒྲུབ་སྟེ། ཆོས་སྡེའི་ཁྲི་རིན་པོ་ཆེ་དང་། འདྲེན་མ་ཞབས་དྲུང་རིན་པོ་ཆེ་སོགས་ལ་འགྲོལ་པ་བཞི་སྤྲུགས་ཀྱི་བཤད་ལུང་གནང་ཞིང་། རྒྱུད་གཉིའི་སློབ་དཔོན་དུ་འདྲེན་མ་ཞབས་དྲུང་དང་། བླ་མ་དབུ་མཛད་ལ་ཀུན་ཆེན་བློ་གྲོས་རྒྱ་མཚོ་བསྐོས་ཏེ་འདུས་པའི་རྒྱུད་གྲྭ་དང་པ་ལ་ལྟར་སྤྱད་རྒྱུད་ཇི་ལྟ་བ་བཞིན་དུ་བཙུགས། ཕྱོགས་དེར་བསྟན་འགྲོའི་དོན་རྒྱ་ཆེར་མཛད་དེ་སྐར་པའི་ཚེ་ང་དུ་ཕྱོན་དེ་གཞན་དོན་མཛད། དགུང་ལོ་དོན་གཉིས་ཐོག་མ་ཚོ་མདུན་དུ་གོང་མའི་བཀའ་ལྟར་རྗེ་འདི་དང་གོང་མ་གཉིས་བཞུགས་ཁྲི་གཅིག་གི་སྟེང་དུ་བཞུགས། ཞབས་ཏྲེའི་དཀའ་རམས་གཉིས་ཀྱིས་བགྲོ་གླེང་མཛད་པས་གོང་མ་ཐུགས་མཉེས་ཏེ་ཐེབས་ཀར་གོང་མའི་ཞལ་ནས། ལྷ་ཁང་འདི་ནི་ཧྲུའི་སོག་པོ་ཐམས་ཅད་ཀྱི་དོན་དུ་བཞེངས་པ་ཡིན་པས། ཁྱེད་ཆོས་རྗུ་རིམ་ལེགས་པར་བྱས་པའི་མཐུས་སོག་པོ་ཐམས་ཅད་ལ་བདེ་སྐྱིད་ཕུན་སུམ་ཚོགས་པ་བྱུང་། ད་དུང་སྔར་སྲུ་བཞིན་ཡུན་རིང་སྐྱོང་པའི་རྟེན་འབྲེལ་གྱི་ཆེད་དུ་ཁ་བཏགས་སྟེར་བ་ཡིན་ཞེས་རྗེ་འདི་ལ་ཁ་བཏགས་དང་བཅས་བཀའ་ལུང་བཟང་པོ་བསྩལ། དེ་ལྟར་དགུང་ལོ་དོན་གསུམ་པའི་ཤིང་ཕྲའི་ལོའི་བར་དུ་དབུས་དང་མདོ་དང་རྒྱ་དང་ལྷག་པར་ཆེན་པོ་ཧོར་གྱི་གདུལ་བྱ་མཐའ་ཡས་པའི་དོན་མཛད། རྒྱལ་བསྟན་སྤྱི་དང་ཁྱད་པར་འཛམ་མགོན་བླ་མའི་རིང་ལུགས་དྲི་མ་མེད་པ་ཉིན་མོ་ལྟར་ཆེར་གསལ་བར་མཛད་དེ། ལོ་དེའི་ཟླ་བ་ལྟ་པའི་བཅུ་གསུམ་ནས་བསྐྱུང་ཚུལ་བསྟར་ནས་ཉི་ཤུ་ཐའི་ཉིན་བཀའ་གནང་སྟེ་གྲྭ་མང་ལ་ཕྱག་དབང་གནང་། གྲྭ་བ་རྣམས་ལ་རེ་རེ་ནས་གཟིགས་རྟོག་ཀྱི་བར་མཛད། སྤྱལ་གྱི

དུས་སུ་སྡོང་པ་གསུམ་རིམ་གྱིས་ཕྱིས་ནས་ཐམས་ཅད་སྡོང་པ་དོར་ཀྱི་འོད་གསལ་མངོན་དུ་མཛད་དེ་མཁའ་སྤྱོད་ཀྱི་གནས་སུ་ཞི་བར་གཤེགས་པའི་ཚུལ་བསྟན་ཏོ།། །།

ཧེ་རུ་ཀ་བཀའ་རིན་པོ་ཆེ་ངག་དབང་ཆོས་ཀྱི་རྒྱ་མཚོ་ནི། མདོ་སྨད་བསོད་ཁའི་ཡུལ་དང་ཆ་ཚང་ཕུག་ཕི་རི་ང་བ་ན་རུར་ཟེར་སྟེང་ཞེས་བྱ་བའི་གྲོང་པ་ཤིག་ཏུ་རྣ་ཡོགས་རི་སྤྲེལ་ལོར་སྐུ་འཁྲུངས། སྐབས་ཤིག་ཁྲི་ཆེན་བློ་གྲོས་རྒྱ་མཚོ་རྒྱ་ནག་པ་པོ་བྲང་དུ་ཕེབས་སྐབས་མཇལ་བར་ཕྱུས་ཀྱིས་ཁྲིར་བས། ཁྲི་ཆེན་གྱིས་དབྱུ་བཏུགས་མཛད་ཅིང་སྐུ་ཚེ་རྒྱལ་མཚན་བཙུན་པར་གྱུར་ཅིག །ཞེས་གསུངས་པས། ཕྱིས་པ་འདི་གཞན་དང་མི་འདྲ་བ་ཞིག་ཡིན་པ་འདུག་ཅེས་ཀུན་གྱིས་གླེངས་སོ། །དགུང་ལོ་གསུམ་བཞིའི་དུས་སུ་སྟོན་གནས་རྗེས་སུ་དྲན་པས་སྔ་རོ་ལྷ་སའི་ལོ་རྒྱུས་འགའ་ཞིག་གསུང་བ་སྔོན་གྱི་བླ་རིགས་རྣམས་ཀྱིས་ཐོས་ནས་རྗེ་བློ་བཟང་རབ་བརྟན་པའི་སྐུའི་སྐྱེ་བར་ཐག་བཅད་དེ་ཆོས་སྡེ་ཆེན་པོ་དགོན་ལུང་དུ་གདན་དྲངས་དེ་གདན་ས་མར་མངའ་གསོལ། རྒྱང་སྐྱ་ཐམས་ཅད་མཁྱེན་པ་ངག་དབང་བློ་བཟང་ཆོས་ལྡན་གྱི་དྲུང་དུ་རབ་བྱུང་གི་ཚུལ་ཁྲིམས་མནོས་ཏེ་མཚན་ལ་ངག་དབང་ཆོས་ཀྱི་རྒྱ་མཚོ་ཞེས་བཏགས་ཏེ་བཙོ་བས་བསྐྱངས། དགོན་ལུང་གི་ཆོས་གྲྭར་ཞུགས་ཏེ་རིགས་ལམ་ལ་མཁས་པར་སྦྱངས། ཚོགས་སུ་ཤེས་རབ་སྙིང་པོ་གསུང་སྐབས་ནས་མཁའ་ནས་ཤེར་སྙིང་གི་མདོ་ཚིག་ཡོངས་སུ་རྫོགས་པ་ཞིག་གསར་བས་སྟོང་ཉིད་ཀྱི་ལྟ་བ་ལ་ངེས་པ་སྐྱེད། དེ་ནས་མདོ་ཤེས་རབ་སྙིང་པོ་ཉིད་རེ་བཞིན་ཞལ་འདོན་མཛད་པས་སྐབས་ཤིག་ར་ཨ་ཡིག་གསེར་གྱི་མདོག་ཅན་གྱིས་ནམ་མཁའ་གང་བ་གཟིགས་པས་ཕྱགས་རྒྱུད་ལ་ལྟ་བའི་གོ་བ་སྟུར་གཏད་ནས་འཆར་མ་སྟོང་བ་བྱུ་རས་ཀྱི་རི་གསར་དུ་སྔོང་བ་ལྟ་བུ་ཞིག

འཁྲུངས་པ་ཡིན་གསུངས། སྐབས་ཤིག་དགོན་ལུང་གི་རི་སྐོར་ལ་བྱོན་པས འཁོར་ལོ་སྡོམ་ཆེར་བའི་རི་ཕྱ་རེར་སྐྱིབས་པ་ན་རྡོ་བཙུན་འཛམ་དབྱངས་དཔར མེར་འོད་ཀྱི་གུར་ཁང་གི་དབུས་ན་བཞུགས་པ་ཞིག་གསལ་བར་གཟིགས། ཡང་ཕོ་རིངས་ཤིག་སངས་མེད་པ་ན་གཟིམས་ཚང་གི་བྱ་འདབ་དུ་བྱིའུ་ཞིག་གིས་ཡི་དྭགས་པའི་ཚིག་མང་པོ་སྨྲུགས་པ་ གསར་ པས་ཀྱིན་ བྱས་དེ་འདི་སྣང་ལ་ ཞེན་པ་ལོག་པའི་སྒྲོ་ཤེས་རྒྱུན་ཧར་དུ་བྱུང་། རྡོ་རྗེ་འཆང་ངག་དབང་བློ་བཟང་ཆོས་ལྡན་པའི་སྐུ་དྲུང་ནས་ དཔལ་རྡོ་རྗེ་འཇིགས་བྱེད་ཆེན་པོ་ལྷ་ བཅུ་ གསུམ་ མའི་དབང་གསན་ཏེ་བསྐྱེད་རྫོགས་ཀྱི་དམིགས་རྣམ་མ་ཆད་པར་བསྐྱང་། དེ་ནས་དབུས་གཙང་དུ་ཐེབས་ནས་དཔལ་ལྡན་འབྲས་སྤུངས་ཀྱི་ཆོས་ཀྱི་སྡེ་ཆེན་པོར་བཀྲ་ཤིས་སྒོ་མང་གི་ཆོས་གྲྭར་ཞུགས། ཀུན་མཁྱེན་འཇམ་དབྱངས་བཞད་པའི་རྡོ་རྗེ་རིགས་ཀྱི་ཚོད་པར་དུ་བཞེས་ཏེ་རབ་ བྱུང་ནས་ པའི་ཆོས་ཀྱི་དགའ་ སྟོན་ལ་རོལ་བར་མཛད། ཀུན་མཁྱེན་འཇམ་དབྱངས་བཞད་པ་ དང་རྗེ་རབས་དུ་མ་ནས་འབྲེལ་བས་སྐུ་ཚེ་འདིར་ཡང་ཐུགས་ཡིད་གཅིག་འདྲེས་ཀྱི་སྒོ་ནས་ཁོང་ལ་མངའ་བའི་གདམས་པ་མ་ལུས་པ་བུམ་པ་གང་བྱོའི་ཚུལ་དུ་རྗེ་འདི་ལ་སྩོལ་བར་མཛད་དོ། །དེ་ནས་གཙང་དུ་ཐེབས་ནས་པཎ་ཆེན་ཐམས་ཅད་མཁྱེན་པ་བློ་བཟང་ཡེ་ཤེས་ དཔལ་ བཟང་པོའི་ཞལ་སྔ་ནས་ ལས་ བསྙེན་ པར་རྫོགས་པ་ དགེ་སློང་གི་སྡོམ་པ་བཞེས། དེ་དུས་པཎ་ཆེན་རིན་པོ་ཆེས་བསྟན་པ་ལ་བྱ་བ་ཆེན་པོ་མཛད་དགོས་པའི་ཞལ་ཏ་གནང་། དེ་ནས་དགོན་ལུང་དུ་བྱོན་ནས་རྒྱལ་སྲས་རིན་པོ་ཆེའི་བཀའ་བཞིན་དུ་དགོན་ལུང་གི་མཁན་ཁྲིར་བཞུགས་ཏེ་འཆད་ཉན་མཛད་པས་དགོན་ལུང་གི་གྲྭ་ས་ལ་འཆད་ཉན་རྗེ་འདིའི་རིང་ལ་ལྟ་བུ་མ་བྱུང་ཞེས་ཀུན་གྱིས་སྒྲོག་བར་བྱེད་དོ། །དེ་ནས་ཆོས་བཟང་རི་ཁྲོད་བཏབ་སྟེ་དེར་རྗེ་རྒྱས་བཏང་བའི་རི་ཁྲོད

པ་བདུན་དང་བཅས་ཏིང་ངེ་འཛིན་གྱི་དགའ་བ་རིམ་དུས་འདའ་བར་མཛད་ཅིང་། རྗེ་ཉིད་ཀྱིས་དཔལ་རྡོ་རྗེ་འཇིགས་བྱེད་ཞལ་ཕྱག་ཡོངས་སུ་རྫོགས་པ་དང་། སངས་རྒྱས་སུམ་ཅུ་སོ་ལྔ་དང་། འཕགས་པའི་གནས་བརྟན་ཆེན་པོ་བཅུ་དྲུག་གི་ཞལ་གཟིགས། ཕྱུགས་ནས་ཉམས་རྟོགས་འབྱུར་མཚོ་ལྟར་རྒྱས་པར་གྱུར་ཏོ། །དེ་ནས་གོང་མ་བདེ་སྐྱིད་རྒྱལ་པོའི་བཀས་རྒྱ་ནག་པོ་ཁྲང་དུ་གདན་དྲངས། གོང་མ་ཆེན་པོ་དང་མཇལ་ཕྲད་མཛད་ནས་ཐུགས་དགྱེས་ཚོར་ཆེན་པོས་ལྷོ་ཕྱག་ཕོ་ཆེ་བའི་ཡུགས་སྐྱོལ་ལྟར་གྱི་རོག་དང་གདང་སྦྱིན་སོགས་མཛད། སྐབས་ཞིག་རྒྱལ་དབང་དྲུག་པའི་སྐུའི་ཡང་སྲིད་ཡི་ཁྲང་དུ་འབྱོངས་པ་བོད་དུ་གདན་དྲངས་ནས་གདན་ས་ར་འཁོད་པའི་ཆོར་རྗེ་འདི་ཉིད་གཙོས་རྒྱ་དང་ཧོར་གྱི་དཔོན་ཆེན་རྣམས་འགྲོ་དགོས་ཀྱི་བཀའ་ཕེབས་པ་བཞིན་རྒྱལ་དབང་རིན་པོ་ཆེ་དང་ལྷན་དུ་དབུས་སུ་ཕྱིར་ནས། གོང་མ་ཐམས་ཅད་མཁྱེན་པ་ཁྲིར་བཀོད། པར་ཆེན་མཆོག་ལ་གོང་ནས་གནང་བའི་གསེར་ཡིག་སོགས་ཕུལ། རྒྱལ་བ་ཡབ་སྲས་ཀྱིས་གཙོ་བའི་སྐྱེས་ཆེན་དམ་པ་རྣམས་ལ་འབུལ་བ་དང་། སེ་འབྲས་དགེ་གསུམ་སོགས་ཀྱི་དགེ་འདུན་པ་སྟ་མ་སྐོར་ལས་དང་བཅས་པར་མང་འགྱེད་སོགས་ཤིན་ཏུ་རྒྱ་ཆེ་བ་མཛད། འབྲས་སྤུངས་སྔགས་དབང་གླིང་དུ་སྐལ་ལྡན་གྱི་སློབ་མ་སྟོང་ཕྲག་ལྷག་ཙམ་ལ་དཔལ་རྡོ་རྗེ་འཇིགས་བྱེད་ཆེན་པོ་ལྷ་བཅུ་གསུམ་མའི་དབང་གནང་། རྗེ་ངག་དབང་མཆོག་ལྡན་སོགས་སྐུ་ཆེན་དུ་མས་ཀྱང་ཆོས་གསན། དེ་ནས་རྒྱ་ནག་ཏུ་ཕྱིར་ཕེབས། གོང་མ་བདེ་སྐྱིད་རྒྱལ་པོ་ཞིང་བརྗེས་ཤིང་། ཡུང་ཀྲིང་རྒྱལ་སར་འཁོད་པ་དང་མཇལ་ཕྲད་མཛད་པར་གོང་མ་ཆེན་པོས་དགྱེས་ཚོར་ཤིན་ཏུ་ཆེ་བ་མཛད་ཅིང་། བོད་ཀྱི་གནས་ཚུལ་སོགས་ཀྱི་བཀའ་འདྲི་ཞིབ་པར་གནང་ཞིང་བླ་མ་སེར་པོ་པ་རྣམས་ལ་ལུགས་གཉིས་ཀྱི་བསླབ་བྱ

ཞིགས་པར་སྐྱོབ་པའི་ཐབས་ཀ་ཁྲ་མར་བསྒོ་བཞག་མཛད་དོ། །སྐབས་ཤིག་མཚོ་སྔོན་གྱི་དཔོན་པོ་བསྟན་འཛིན་རེར་ཧྲུང་ལ་གོང་མའི་སྐྱར་བསྐང་ཤིག་དུ་ཆེ་བ། ཁྲིམས་བསྙོད་དམག་གིས་པ་འཆུན་པར་དོ་ལོག་ཚོས་ཀྱིས་ཟེར་ཚིང་ཟེར་བའི་རྒྱ་མཁར་ཆུང་དུ་ཞིག་སོག་དམག་གིས་གཏོར་བ་སོགས་དུས་གཞིར་བསྐྱངས། དེ་དུས་བཙན་པོ་དགོན་གྱི་སོག་པོའི་གུ་ཡ་མེ་ཆེན་སྤྱ་འབྲུགས་པ་ཟེར་བས་ཁོ་རང་གི་རིགས་གཏོགས་ཀྱི་གུ་ཡ་མང་པོ་ཁྲིད་ནས་སོག་པོའི་དམག་རོགས་ལ་ཕྱིན་པ་སོགས་ཀྱི་རྐྱེན་ངར་བྱས་པ་ལ་བརྟེན་ནས་གཙོ་བོད་གསེར་ཁོག་དགོན་དང་། དེའི་ཉར་ལ་དགོན་ལྷུང་སོགས་ཨ་མདོའི་དགོན་ཆེ་ཆུང་མང་པོ་ཞིག་ཡོ་འུ་ཙང་རྫུན་དང་ཉེན་གུང་གསོལ་བྱས་པའི་རྒྱ་དམག་གིས་གཏོར། གཙུག་ལག་ཁང་དང་སྤྲུལ་པོ་རྣམས་མེར་བསྲེགས། རབ་བྱུང་གི་རྟགས་ཅ་ལུགས་འཛིན་པ་ཙམ་ཡང་མེད་པར་བྱས། འདི་དུས་གོང་མ་ཆེན་པོའི་བཀས་བདག་གི་རྗེ་སློབ་དཔོན་ལྕང་སྐྱ་ཀོ་ཤྲི་རིན་པོའི་སྤྲུལ་སྐུ་ཉམས་ཉེས་མེད་པར་ཅིས་ཀྱང་འདིར་གདན་འདྲོངས་ཤིག་ཅེས་བཀའ་བབས་པ་བཞིན་དམག་དཔོན་གཉིས་ཀྱིས་གདན་དྲངས་ནས་པེ་ཅིང་དུ་འབྱོར། རྗེ་འདི་ཉིད་དང་མཇལ་འཕྲད་མཛད་པས་ཐུགས་དགྱེས། དེ་ནས་རྗེ་འདིས་ཐབས་མཁས་ཀྱིས་གོང་མ་ཆེན་པོར་མདོ་སྨད་ཀྱི་དགོན་པ་རྣམས་གསར་འཛུགས་བྱེད་རྒྱུའི་སྐར་སྐྱོན་པོ་ཤམ་ཀྱི་རིང་ལ་ཡང་ཡང་ཞུས་པ་དང་། གོང་མའི་མཛོད་ནས་དགོན་པ་གཉིས་འདུ་ཁང་གྲྭ་བཤག་བཅས་གསར་འཛུག་བྱེད་པ་གནང་བ་དེ་ཐམས་ཅད་རྗེ་འདིའི་བཀའ་དྲིན་ཁོ་ནར་ཤེས་པར་བྱིས་ཤིག །ཕོ་བྲང་དུ་བཀུགས་རིང་ལ་ལྕང་སྐྱ་རིན་པོ་ཆེས་རྡོ་རྗེ་འཇིགས་བྱེད་ཀྱི་དབང་སོགས་དབང་ཁྲིད་ལུང་རྗེས་གནང་སོགས་བཀའ་ཆོས་ཟབ་མོ་རྣམས་ཞུས་པ་གང་བྱོའི་ཚུལ་དུ་འབུལ་བར་མཛད། སྐབས་ཤིག་གོང

མའི་བཀས་རྗེ་འདི་ལ་ཇིང་ཇིའུ་ཅན་ཞི་ཞེས་རྣམ་དག་བསྒྲུབ་ལྡང་ བསམས་ གདན་གྱི་སློབ་དཔོན་དུ་བསྐུགས་པའི་ཚོ་བོ་དང་། ཐམ་ཀ་དང་གསེར་ཡིག་གནང་བ་དེ་འདི་ལྟར་རོ། །བཙང་དེའི་བཀའ། བོ་དྲང་གི་རྒྱལ་སེར་པོ་པ་རྣམས་ལ་ལུགས་གཉིས་ཀྱི་བསྒྲུབ་བྱ་ལེགས་པར་སྐྱོབ་པའི་ཧ་ ཤག་དྷུ་རྒྱ་ས་ཕྲུ་ བཀྲན་དྲོ་ཐོག་ཐུ་ལ་བསྒྲུབ་བ། མངས་རྒྱས་ཀྱི་བསྟན་པ་རིན་པོ་ཆེ་དེ། ཕྱོག་མར་འཕགས་པའི་ཡུལ་དང་། དེ་ནས་མ་ཧཱ་ཙིན་དང་། སྔོན་འདི་ཡུལ་དུ་དར་བ། ལུས་ཅན་ཐམས་ཅད་ཀྱི་སྡུག་བསྔལ་སེལ་བ་དང་བདེ་བ་ཐམས་ཅད་འབྱུང་བའི་གཞི་གཅིག་པུ་ཡིན་པས། གང་སུ་དག་བསྟན་པ་རིན་པོ་ཆེ་སྡེ་སྣོད་གསུམ་གྱི་འཆད་ཉན་དང་། བསྒྲུབ་པ་གསུམ་གྱི་ཉམས་ལེན་གྱི་སྒོ་ནས་འཛིན་ཅིང་སྤེལ་བར་བྱེད་པ་རྣམས་ལ་ བཀུར་སྟི་དང་གཟེངས་ བསྟོད་བྱེད་ པ་ནི་ས་སྐྱོང་ཆེན་པོ་རྣམས་ཀྱི་ལུགས་སྲོལ་ཡིན། ཕྲུའུ་བཀྲན་དྲོ་ཐོག་ཐུ་ཁྱོད་རང་བཞིན་བཟང་ཞིང་། ལྷག་པའི་བསམ་པ་རྣམ་པར་དག་པ་དང་། ལུང་རྟོགས་ཀྱི་ཡོན་ཏན་དབང་འབྱོར་བའི་སྐྱེས་བུ་དམ་པ་ཡིན་ཞིང་། ཁྱད་པར་དུ་ངེད་ཀྱི་ཐུག་གཡོག་སྒྲུབ་ནས་ལོ་མང་སོང་ཡང་སྐྱོ་ངལ་མེད་པར་མ་ཟད། དད་པ་དང་ཡིད་ཆེས་སོགས་གོང་འཕེལ་དུ་གྱུར་འདུག་པ་བཅས་གཟེངས་བསྟོད་བྱ་བ་སྐབས་སུ་བབས་པས། ཁྱོད་ལ་ཇིང་ཇིའུ་ཅན་ནིའི་ལུང་ལས་བྱིན་པ་ཡིན། ཁྱོད་ཀྱིས་ཀྱང་ངེད་ཀྱི་བཀའ་དྲིན་རྗེས་སུ་དྲན་པས་བསྟན་པའི་བྱ་བ་ལ་སྐྱོ་ངལ་མེད་པར་མཛོད། རིགས་ཅན་གསུམ་གྱི་གང་ཟག་ལས་ཐེག་པ་ཆེ་ཆུང་ལ་སོགས་པ་རྣམས་ཀྱང་ཐབས་ཀྱིས་བཀྲི་བར་བྱས་ཏེ་ཐེག་པ་མཆོག་ལ་འགོད་པ་དང་། ཕལ་པ་རྣམས་ཀྱང་དམ་པའི་རྗེས་སུ་སྐྱོབ་པ་ལ་བཀྲི་མཁས་མཛོད་ལ། ངེད་ཀྱི་ཡབ་མེས་རྣམས་ཀྱི་དགོངས་པ་དང་ངེད་རང་གི་བསམ་པ་བཞིན་དུ་བསྟན་པ་རིན་པོ་ཆེ་གོང་ནས་གོང་འཕེལ

དུ་འགྱུར་བའི་ཐབས་ཚུལ་ལ་སྒོ་གསུམ་བརྩོན་པར་མཛོད། ཅེས་གནང་། དྲུ་ཏིང་གི་རྒྱལ་རབས་འདི་ལ་ཟླ་མ་སེར་པོ་བའི་ཁྲོད་དུ་ཆར་རིའི་བཀའ་ཐམས་གནང་བའི་གྲོགས་རང་འདི་ཡིན་གསུང་། ཀུན་མཁྱེན་འཇམ་དབྱངས་བཞད་པའི་རྡོ་རྗེ་རང་གི་ཞུ་བའི་ཟླ་བ་ཡང་ཡིན་ལ། མཁས་གྲུབ་གཉིས་འཛོམས་ཀྱི་བསྟན་པའི་མངའ་བདག་ཆེན་པོ་ཡང་ཡིན་པས་གཏན་པར་འཕྲིན་ལས་ཀྱི་ཞབས་འདེབས་སུ་འགྱུར་བར་དགོངས་ནས་གོང་མ་བདག་པོ་ཆེན་པོར་ཞུ་སྐུ་མཛད་དེ། བསྟན་པ་འཛིན་ཅིང་སྤེལ་བར་བྱེད་པའི་ཨེར་དེ་ནི་ནོ་མོན་ཁན་ཞེས་པའི་ཆོ་ལོ་དང་བཀའ་ཐམ་སོགས་ཀྱིས་གཟེངས་བསྟོད་མཛད་པའི་ཞབས་འདེགས་གནང་ངོ་།། པའི་ཅིང་དུ་བཞུགས་རིང་ལ། ཆེན་པོ་ཧོར་གྱི་ཡུལ་ནས་མཁར་སྔོན་ཤི་རེ་གེ་ཐུ་ཧྲེ་ཐོག་ཐུ། ནེའི་ཆི་ཐུ་ཡོན་ཧྲེ་ཐོག་ཐུ། ཛ་ཡ་པཎྜི་ཏ་སྤྲུལ་སྐུ། ཀྱི་བ་སྤྲུལ་སྐུ། དུས་འཁོར་པཎྜི་ཏ་སོགས་བསྟན་པའི་ཁུར་བསྣམས་པའི་སྐྱ་ཆེན་དང་མཁས་པ་དུ་མས་ཀྱང་ཞབས་ལ་བཏུགས་ཏེ་ཆོས་ཞུས། ཧར་ཆེན་ཁྲང་ཡི་དས་སྐབས་ཀྱིས་སྦྱིན་བདག་གི་མཐིལ་མཛད་པས་མཆོད་ཏར་ཆེན་ཧོ་ཤི་ཐའི་ཛ་མག་དཔོན་པོ་རྣམས་ཀྱིས་གཙོས་ཚོ་ཆེན་ནེ་དགུ་དང་། དར་ཚོ་ཆེན་པོ་བརྒྱད། ཧལ་ཧ་ཚོ་བདུན་སོགས་ཀྱི་ཧྲང་། པའི་ལེ། པའི་སེ། གུང་སོགས་དཔོན་པོ་ཆེ་ཆུང་འབངས་དང་བཅས་རྗེ་འདི་ལ་ཆོས་ཞུས་ཤིང་སྦྱིན་བདག་ཏུ་གྱུར། དེ་ལྟ་བུའི་ཚུལ་གྱིས་ཧོར་གྱི་ཡུལ་དུ་བསྟན་པ་རྒྱས་པར་མཛད་དེ། དགུང་ལོ་ང་བདུན་ཐོག་དགོན་ལུང་གི་རྒྱབ་རི་ཡི་རི་ཁྲོད་དུ་ཡེ་ཤེས་ཆོས་སྐུ་མངོན་དུ་མཛད་དོ། །དེ་ལྷར་བཀོད་པ་བདེ་སྐྱིད་རྒྱལ་པོ་དེས་ ཁྲི་ཆེན་ངག་ དབང་བློ་གྲོས་རྒྱ་མཚོས་གཙོས་མཁས་གྲུབ་གཉིས་འཛོམས་ཀྱི་སྐྱེས་མཆོག་དུ་མ་སྤྱན་དྲངས་ཏེ་བསྟན་པའི་བྱ་བ་ཆེ་ཆེར་མཛད་ཅིང་། གསུམ་ཐོག་གི་སྐུ་འགྲོ་ཕྱི་དང་ཁྱད་པར་ཧོར་གྱི་སྐྱེ་བོ

མཐའ་དག་ལ་གཅིག་ཏུ་བརྩེ་བའི་བློ་ནས། རྒྱལ་བའི་བཀའ་འགྱུར་རོ་ཅོག་ཏོང་གྱི་སྐད་དུ་བསྒྱུར་བ་རྣམས་ལ་མཁས་པ་དུ་མར་ཞུ་གཏུགས་ཀྱིས་གདན་ལ་ཞིགས་པར་འཕེབ་ཏུ་བཅུག་སྟེ་སྤར་དུ་བསྐྲུན་ནས་དད་པ་དང་སྐལ་བར་ལྡན་པ་རྣམས་ལ་ཆོས་སྦྱིན་གྱི་སྒོ་འཕར་བརྒྱ་ཕྱག་ཕྱེ་སྟེ་ཆེས་པར་མཛད་པ་སོགས་རྒྱལ་བའི་བསྟན་པ་རིན་པོ་ཆེ་འདི་ཉིད་མི་ནུབ་པའི་རྒྱལ་མཚན་དུ་མཛད་དོ། །དེ་རྗེས་འཇམ་དཔལ་རྡོར་པོ་སི་རྗེའི་གར་གྱིས་རོལ་པ་གོང་མ་ཉི་ཙུང་ཡུང་ཏེང་རྒྱལ་པོས་ཡབ་ཀྱི་མཆོད་གནས་ཁུ་ཐུ་བཀྲ་རིན་པོ་ཆེ་དང་། ཡང་སྐྱོགས་དུས་ཀྱི་འགྲོ་བ་ཡོངས་ཀྱི་མགོན་སྐྱབས་སྐྱ་ནསེད་པ་ལྕང་སྐྱ་ཐམས་ཅད་མཁྱེན་པའི་མཆོག་སྤྲུལ་རིན་པོ་ཆེ་རོལ་པའི་རྡོ་རྗེ་དང་། བསྟན་པའི་མངའ་བདག་ཁྲི་ཆེན་སྤྲུལ་སྐུ་བློ་བཟང་བསྟན་པའི་ཉི་མ་སོགས་བླ་ཆེན་དུ་མ་གདན་དྲངས་དེ་མཆོད་ཡོན་དུ་འབྲེལ་ཞིང་། དཀོན་མཆོག་གསུམ་གཙུག་ཏུ་མཆོད། ཞུ་མེར་ཆེད་པར་འཚང་བའི་རིང་ལུགས་བླ་ནས་བླར་སྤེལ་བར་མཛད་ཅིང་བསྟན་པའི་བྱ་བ་མཛད་ཚུལ་ནི་ཕྱི་མ་རྗེ་ལྟ་བ་བཞིན་པ། ཁྱད་པར་དུ་བདག་པོ་འདི་ཉིད་ཟབ་མོ་དབུ་མའི་ལྟ་བ་ཐུགས་ཉམས་སུ་བཞེས་པ་ཞིག་གོ །གནས་འོག་གི་ཆབ་འབངས་མཐའ་དག་ལ་བརྩེ་བ་ཆེན་པོས་ཆོས་སྲིད་ཟུང་དུ་འབྲེལ་བའི་བཀའ་ཁྲིམས་བཟང་པོས་བདེ་བར་བསྐྱངས། བསྟན་བཅོས་འགྱུར་རོ་ཅོག་གི་སྤར་གསར་དུ་བསྐྲུན་པ་སོགས་མཁས་པས་གཅིག་ཏུ་བསྡུགས་པར་འོས་པའི་མཛད་པས་དོན་འཛིན་གྱི་ཁྲིད་དགེ་ལེགས་ཀྱིས་ཁྱབ་པར་མཛད་དོ། །དེའི་སྲས་གོང་མ་ཆེན་པོ་ཁྲན་ལུང་ལྷས་སྐྱོང་འཇམ་དཔལ་གཞོན་ནུར་གྱུར་པ་དེ་ཉིད་ཀྱིས་ཡབ་མེས་ཀྱི་སྲོལ་བཟང་པོ་གོང་ནས་གོང་དུ་འཕེལ་བ་དང་། ཆབ་འབངས་མཐའ་དག་ལ་ཐུགས་ཤིན་དུ་བརྩེ་བས་བདེ་བར་སྐྱོང་བའི་ཐབས་འབའ་ཞིག་ཐུགས་ལ་བརྟག་པས་རྒྱལ

བསྟན་སྐྱོ་དང་། ཁྲིད་པར་ཟླ་མེར་བསྟན་པའི་ཞབས་འདེབས་དང་། སྐྱེ་འགྲོ་ཡོངས་དང་བྱེ་བྲག་ཧོར་སོག་སྐྱི་ལ་མཆོག་ཏུ་སྨིར་པར་དགོངས་ཏེ། བཀའ་ལས། དེང་དུས་སོག་ཡུལ་དུ་སངས་རྒྱས་ཀྱི་བསྟན་པ་རིན་པོ་ཆེ་རྒྱ་ཆེར་དར་ཞིང་། གོང་མ་ཧིང་ཐུ་བདེ་སྐྱིད་རྒྱལ་པོའི་བཀས་བཀའ་འགྱུར་ཡོངས་རྫོགས། སོག་ཡིག་ཏུ་བསྒྱུར་བ་སྤྱར་དུ་སྒྲུབ་པ་མཛད་འདུག་ཀྱང་། བསྟན་འགྱུར་ཡོངས་རྫོགས་སོག་ཡིག་ཏུ་བསྒྱུར་བ་སྤྲུ་པར་མེད་འདུག་པས། ལྕང་སྐྱ་ཐམས་ཅད་མཁྱེན་པ་རོལ་པའི་རྡོ་རྗེ་དང་། ཁྲི་རིན་མཆོག་སྤྲུལ་རིན་པོ་ཆེ་རྗེ་བཙུན་བློ་བཟང་བསྟན་པའི་ཉི་མ་གཉིས་ལ་ཁྲིད་གཉིས་ཀྱིས་ཐུགས་ཁུར་མཛད་ནས་བཀའི་དགོངས་འགྲེལ་གྱི་བསྟན་བཅོས་འགྱུར་ཇི་ཡོད་རྣམས་ཧོར་གྱི་སྐད་དུ་བསྒྱུར་བར་མཛོད་ཅེས་ཞེ་བས། རྗེ་དེ་གཉིས་ཀྱིས་བཀའ་བཞིན་དུ་ཐུགས་ཁུར་ཆེ་བཞེས་ཀྱིས་བསྒྱུར་བ་ལ་ཉེ་བ་ན། ཆེན་པོ་ཧོར་གྱི་ཡུལ་གྱི་སོ་སོའི་སྐད་ཀྱི་མིང་འདྲ་ཡང་། ཐུར་ཚུང་ཟད་རེ་མི་འདྲ་བ་མང་ཞིང་། ཁྲིད་པར་དུ་ཆོས་བསྒྱུར་བའི་མིང་བརྡའ་འདོགས་ཚུལ་བཀས་བཅད་འདྲ་བ་ཞིག་མི་འདུག་པས། ཡོ་ཀྵ་བ་དུ་ཡས་སོ་སོར་རང་རང་གི་འདོད་པས་ཐ་སྙད་མི་མཐུན་པ་སྣ་ཚོགས། སྤྱར་ཆེ་ཕོས་ བསམ་བྱེད་པ་རྣམས་ཀྱིས་རྟོགས་དཀའ་བ་སོགས་ཉེས་པ་དུ་མའི་གཞིར་འགྱུར་བས། གསུང་རབ་ཀྱི་མིང་བརྡའི་ཐ་སྙད་འདོགས་ལུགས་རིགས་བསྡུས་ཤིག་སྤྱར་དུས་སྔར་དུ་བསྒྲུབས་ཏེ་ཀུན་ལ་ཁྱབ་པར་བྱས་རིགས་ཚུལ་གོང་མ་ཆེན་པོར་སྙན་སྒྲོན་བྱུལ་བར་དགྱེས་པ་ཆེན་པོས་དེ་ལྟར་གྱིས་ཤིག་པའི་བཀའ་སྩལ། དེ་ནས་ལྕང་སྐྱ་རིན་པོ་ཆེས་དག་ཡིག་མཁས་པའི་འབྱུང་གནས་ཞེས་བྱ་བ་ཐོག་མར་སྒྲིང་གཞི་དང་ཆོས་བསྒྱུར་ཚུལ་གྱིས་བཀས་བཅད། དེ་ནས་པར་སྤྲིན། དབུ་མ། མདོར་པ་གོང་འོག །འདུལ་བ། ཕྱུ་མཐའི་སྐོར། སྔགས་ཀྱི་སྐོར།

གཏན་ཚིགས་རིག་པ། སྒྲ་རིག་པ། བཟོ་རིག་པ། གསོ་བ་རིག་པ། བརྡང་གསར་རྙིང་སྔོར་ རྣམས་ལེ་ ཚན་དུ་བྱས་དེ་ཤིང་གི་ རྣམ་གྲངས་ ཐམས་ཅད་བོད་སོག་གི་སྐད་གཉིས་ཤན་སྦྱར་དུ་བགྱིས་པ་སྟོན་མེད་པའི་ལེགས་བཤད་ཀྱི་བསྟན་བཅོས་གསར་རྩོལ་མཛད་དེ་གནང་བས། བཀའ་དྲིན་འདི་གཞིག་བྱ་ཡང་ཚོང་སོག་གི་སྐྱེ་བོ་རྣམས་ཀྱིས་ནམ་དུ་ཡང་གཞལ་བའི་མཐའ་རྙེད་པར་དཀའོ། །དེ་སྔར་སྨོན་གྱི་དུས་སུ་རྒྱལ་སྲིད་བྱང་ཆུབ་སེམས་དཔའི་སྐུ་རིང་ ལ་ལོ་པར་ རྣམས་ཀྱིས་ འཕགས་ ཡུལ་ནས་ བོད་དུ་དར་ བའི་ ཆོས་བསྒྱུར་ བའི་ ཕྱག་ སྲོལ་དང་མཐུན་པར་བཀའ་བཅད་མཛད་དེ། ལྕང་སྐྱ་རིན་པོ་ཆེ་དང་ཁྲི་ཆེན་སྤྲུལ་སྐུ་རིན་པོ་ཆེ་རྣམ་གཉིས་སྤྱར་བྱེད་ཀྱི་གཙོ་བོ་དང་། གཞན་ཡང་གཞུང་ལུགས་ལ་སྦྱངས་པའི་དགེ་བའི་བཤེས་གཉེན་དག་དང་། སྐད་གཉིས་སྨྲ་བའི་ལོ་ཙཱ་བ་མཁས་པ་མང་པོ་དང་བཅས་པས་ ལྕགས་མོ་བྱ་ལོའི་སྤྱིར་དྲུག་ ཟླ་བའི་རྒྱལ་བྱུང་གྲུབ་སྦྱོར་གྱི་ཉིན་དབུ་བཙུགས་དེ་ཆུ་པོ་ཁྱི་ལོའི་མགོ་ཟླའི་ཚེས་བཅོ་ལྔ་ལ་འགྱུར་ཡོངས་སུ་རྫོགས་པ་གྲུབ་པར་བགྱིས་དེ། གོང་མ་ཆེན་པོར་གཟིགས་རྟོག་ཕུལ་བར་དགྱེས་པའི་བསྔགས་བརྗོད་རྒྱ་ཆེར་མཛད་ཅིང་། སྤྱར་བྱེད་རྣམས་ལ་གནང་རག་གི་ཡོན་སོགས་བདག་ཉིད་བསམ་གྱིས་མི་ཁྱབ་པ་མཛད། གོང་མའི་མཛོད་ནས་དཔར་དུ་བསྒྲུབས་དེ་ཆེན་པོ་ཆོར་གྱི་ཡུལ་ཀུ་ཐམས་ཅད་ལ་ཁྱབ་པར་མཛད་པས་བསྟན་པ་རིན་པོ་ཆེ་མི་ནུབ་པའི་ཆ་རྐྱེན་མཆོག་དུ་གྱུར་དོ། །ཤིང་ཁྱི་ལོར། གོང་མ་ཆེན་པོས་ལྕང་སྐྱ་རིན་པོ་ཆེ་ལ་བོད་གངས་ཅན་གྱི་ལྗོངས་སུ་བསྟན་པ་རིན་པོ་ཆེ་ཇི་ལྟར་དར་ཚུལ། བསྟན་འཛིན་གྱི་སྐྱེ་ཆེན་དམ་པ་ཇི་ལྟ་བུ་བྱོན་ཚུལ། བཀའ་བསྟན་གྱི་སྤྱི་ཇི་འདྲ་ཡོད་ཚུལ་རྣམས་བཀའ་འདྲི་ཞིབ་དུ་གནང་བར། རྗེ་དེ་ཉིད་ཀྱིས་སོ་སོའི་ལོ་རྒྱུས་སྙིང་དུ་ཕྱུང་བར། གོང་མས། སྟོན་པ

མངས་རྒྱས་ཀྱི་བཀའ་ལས།

དེ་བཞིན་གཤེགས་པའི་དུས་པའི་ཆོས་འཁོར་པ།
བརྒྱ་བྱིན་ཚངས་པ་དེ་བཞིན་འཛིག་རྟེན་སྐྱོང་།
འཁོར་ལོས་བསྒྱུར་དང་མི་ཡི་རྒྱལ་པོར་འགྱུར།
བདེ་དང་ཡིད་བདེས་བྱང་ཆུབ་དེ་འཚང་རྒྱ།

ཞེས་གསུངས་པའི་དུས་ཆོས་འཁོར་པའི་པར་ཡོར་གྱིས་ཕྱུགས་འཕྲོག་སྤྱི་བཀའ་ལས། མངས་རྒྱས་ཀྱི་བསྟན་པ་དར་རིང་རྒྱས་ལ་ཡུན་རིང་དུ་གནས་པ་ཟབ་ཀྱང་སྒྲུབ་ཀྱི་སྒོ་ལ་སྨག་ལས་ཤིང་། དེ་ཡང་པོད་ཕྱུགས་ཕ་སྐད་རིག་གནས་ཕྱམས་ཅད་ལ་སོ་སོར་ཕྲོས་བསམས་བྱེད་པའི་སློབ་གྲྭའི་སྤྱི་ཚེར་པོ་བྱུང་ན་བསྟན་པའི་རྒྱུར་ལ་ཕན་པ་འདུག །ཕྱོགས་འདིར་སྔོན་གྱི་དུས་སུ་འཛམ་མགོན་ས་པཎ་དང་འཕགས་པ་རིན་པོ་ཆེ་སོགས་ཀྱིས་འཆད་ཉན་གྱི་སྒོ་བཙུགས་འདུག་ནའང་ད་ལྟའི་དུས་སུ་མིང་ཙམ་དུ་གྱུར་འདུག་གསུངས་ནས། རྗེ་འདི་ཉིད་དང་ཁྲི་ཆེན་སྐྱབ་སྐུ་རིན་པོ་ཆེ་གཉིས་ལ། རྒྱལ་ཁབ་པའི་སྲིད་འཛིན་གནས་ཤིན་ཏུ་ཆེ་བར་འདུག་ནའང་། ཡབ་སེམས་གོང་མ་རྣམས་ཀྱི་དུས་བསྟན་པའི་སྐྱོན་དང་རྒྱས་ཆེ་སོང་ཀྱང་། ཕྱི་ནང་རིག་པའི་གནས་ཚང་མར་འཆད་ཉན་གྱི་སྐྱོན་ཆེ་བ་ས་དང་འདུག །ད་ཆ་ཕྱག་བསྟར་སྤྱི་དང་ཁྲིད་པར་ཏུ་མེར་ཡོད་པར་འཆང་བའི་བསྟན་པ་རྒྱས་པ་དང་། ཡབ་སེམས་གོང་མ་རྣམས་ཀྱི་ཕྱགས་དགོངས་རྫོགས་པ། འགྲོ་བའི་ བདེ་སྐྱིད་ འཕེལ་བའི་ཆེད་ དུ་དམིགས་ དེ་ཡབ་ རྒྱལ་པོ་བཟང་ གནང་ དུས་བཀུགས་པ་གཉིས་ཁང་འཇིར་ལྷ་ཁང་། འདུ་ཁང་། གྲྭ་ཤག་ཁག་སོགས་དགོན་གནས་རྒྱ་ཆེ་བ་གསར་དུ་བསྐྲུན་ པར་རིག་ གནས་སྦྱང་ལ་འཆད་ ཉན་བྱེད་པའི་གྲྭ་ཚང་གསར་འཛུགས་གནང་རྒྱུ་ཡིན་པའི་ བཀའ་ངོ་མཚར་ ཧད་དུ་བྱུང་བ་ཞིབས་

བར། ངས་པ་གཉིས་ནས་ཤིན་དུ་དབེན་སྟེ་སྔོན་བྱས་ཀྱང་རྣམ་པ་ཅི་ཡོད་ཀྱིས་ཕྱག་གཡོག་འབྲིད་ཅེས་གསོལ་བར་གོང་མ་ཆེན་པོ་ཐུགས་ཤིན་དུ་དགྱེས། དེ་ནས་ཕོ་རིང་བར་གོང་མ་ཆེན་པོའི་མཛོད་ནས་གཏན་པ་མེད་པའི་མཆོད་ཕྱིར་གྱི་སྒོ་འཕར་ཏེ་སྟེ། དགོན་སྡེ་གསར་བསྐྲུན་གྱི་ལས་ཀ་བཙུགས་ཏེ། ཕྱིའི་འཁོར་ཡུག་ཏུ་རྒྱགས་རི་ཤིན་ཏུ་ཡངས་པས་བསྐོར་བའི་དབུས་སུ་ཚོགས་ཆེན་གྱི་འདུ་ཁང་ཆེན་པོ། དེའི་གཡས་ཕྱོགས་སུ་ལྷ་ཁང་། གཡོན་དུ་མགོན་ཁང་སོགས་ཀྱི་ལྷ་ཁང་མང་པོ་དང་། མཚན་ཉིད། རྒྱུད་པ། སྨན་སྐར་དཔངས། སྐར་ཀྱི་ཀུ་ཚང་བཞིའི་འདུ་ཁང་དང་། རྩང་ཁང་ལྷ་བྲང་གྲྭ་པ་སོ་སོའི་ཁང་པ་ཆེ་ཆུང་མང་པོ་དང་བཅས་ཀ་ཤག་སྟོར་ཀྲུངས་མང་ཞིང་རྒྱ་ཆེ་བ་དང་། གཙུག་ལག་ཁང་རྣམས་སུ་སྐུ་གསུང་ཐུགས་རྟེན་བསམས་ཀྱིས་མི་ཁྱབ་པ་དང་། འདུ་ཁང་དང་ལྷ་ཀླུའི་སྒྲིལ་བུ་རྣམས་སུ་ཐན་འདུག་པ་ཡར་ཆད་ཀྱི་ཉེར་མཁོའི་ཡོ་བྱད་གང་ཡང་མ་ཚང་བ་མེད་པ་མཛོད་ནས་སྦྱིན་པར་མཛད། ཆོས་སྡེའི་མཚན་དགའ་ལྡན་བྱིན་རྒྱས་གླིང་ཞེས་པ་གནང་སྟེ། ངས་པ་གཉིས་ཀྱིས་གསོལ་བའི་དགེ་འདུན་དུ་ས་ས་རབ་གནས་རྒྱས་པ་དཀྱུང་རྒྱག་གསུམ་གྱི་བར་གནང་སྟེ་ཡི་ཤེས་ཀྱི་བྱིན་ཆེན་པོ་བབ། གོང་ནས་ཀྱང་རབ་ཡོན་གྱི་གནང་ཕྱིར་རྒྱ་ཆེ་བ་བསྩལ། ལོ་དེ་ཀའི་ནང་དུ་སོག་པོ་ཚོ་ཆེན་བཞི་བཅུ་ཞེ་དགུ། །ལས་ཀ་ཚོང་འདུན་སོགས་དང་། གཞན་ཡང་རྒྱ་བོད་ཀྱི་བཙུན་གསར་སྐྲ་རིག་བཟང་བ་བུ་བརྒྱ་བསྡུས་ཏེ། མཚན་ཉིད་ཀྱི་གྲྭ་ཚང་ལ་གྲྭ་པ་སུམ་བརྒྱ། རྒྱུད་པ་གྲྭ་ཚང་ལ་བརྒྱ། སྨན་དང་སྐྲ་སྐར་ཀྱི་གྲྭ་ཚང་སོ་སོར་ལྔ་བཅུ་རེ་བཅས་བཞག་ལ་ཚོགས་འཚོག་ཕྱུགས། སོས་འཆད་ཉན་བྱེད་ཕྱུགས། རྒྱུད་ཀྱི་སྒྲིགས་ལམ་སོགས་བསྟན་པའི་སྲོལ་ཡང་དག་པ་དང་མཐུན་པར་དགོས་པའི་བཀའ་ཤོབས་ནས། བདག་པོ་ཆེན་

འཕྲོས་ཡང་ཡང་ཐེབས་དེ་གཟིགས་རྟོག་གནང་། དགེ་འདུན་རྣམས་ལ་གསོལ་ཐོག་ཟླ་རེ་བཞིན་མཇོད་ནས་སྨོར་འཇགས་མཛད། གྲྭ་ཚང་སོར་ཀླ་པ་དང་དགེ་ཆར་དུ་འོས་པའི་དགེ་བཤེས་ནོད་ནས་འཐོད་དགོས་ཚུལ་གྱི་བཀའ་ཐེབས་པ་བཞིན་མཚན་ཉིད་གྲྭ་ཚང་གི་བླ་མར་འབྲས་སྤུངས་ཁ་སྐོང་རབ་འབྱམས་པ་ངག་དབང་ཆོས་འཕེལ། རྒྱུད་པ་གྲྭ་ཚང་གི་བླ་མར་སྨང་རྒྱུད་བླ་མ་དགོན་མཆོག་བསྟན་དར། རིག་གནས་གྲྭ་ཚང་གི་བླ་མར་རྩོག་རྩེག་པ་ཞབས་དྲུང་། གསོ་རིག་གྲྭ་ཚང་གི་བླ་མར་ཕུན་ཚོགས་འཇམ་གླིང་། སྒོ་གསལ་ལ་བ་རྣམས་ཀྱི་དགེ་ཆར་དུ་གདན་ས་ཆེན་པོ་གསུམ་དང་རྒྱུད་སྟོད་སྨད་སོགས་ནས་དགེ་བའི་བཤེས་བཅོ་བརྒྱད་རྣམས་བཀུགས་ནས་འབྱོར། ནོད་ནས་ཐེབས་པའི་དགེ་བཤེས་རྣམས་ལ་བགྲོ་གླེང་བྱེད་དུ་འཇུག་པ་གནང་། གོང་མ་ནས་ཤིང་དུ་དགྱེས་པས་སྨོན་དཔོན་རྣམས་ལ་སོ་སོར་གོས་དར་སོགས་ཀྱི་གནང་སྦྱིན་དང་། གྲྭ་པ་རྣམས་ལ་རྟེ་ཞུ་ཇ་གས་དངུལ་སོགས་ཀྱི་གསོལ་རས་གྱ་ནོམ་པ་བསྩལ། ཕྱི་ལུག་ལོར་ཟླ་བ་གཉིས་པའི་ནང་དུ་དགོན་སྡེ་གསར་པར་སྟོན་ལས་ཀྱི་སྒྲོམ་འཛུགས། དེ་ཀའི་ཆོས་གཅིག་ལ་བདག་པོ་ཆེན་པོ་ཡང་ཚོགས་དབུར་ཐེབས་ཕྱོག །ནས་པ་གཉིས་ལ་ཆོས་ཀྱི་བགྲོ་གླེང་དང་། དགོང་བ་གསར་བའི་གྲྭ་སྐོར་གཉིས་ཀྱིས་ནས་བཤར་བཞག་པར་དགེ་བཤེས་སང་ཐེམ་བགྲོ་གླེང་བདང་སྟོ་སྨ་ཐུན་སྤོར་ལས་ཆེན་མོ་བཞིན་ཤིང་བཏགས་ཀྱི་སྒྲོམ་འཛུགས་པ་གནང་། གོང་མའི་བཀས་སྐུ་མདུན་དེ་ཁར་བླ་མ་དགེ་འདུན་འདུས་པའི་ཚོགས་ལ་སྐྱང་སྐུ་རིན་པོ་ཆེས་བཀའ་ཆོས་གནང་ཞིང་། ཟླ་བ་གཉིས་ལ་བཞུགས་སྡོད། སྐེ་འཕོལ་སོགས་ཀྱེར་སྐུད་ཀྱིས་གཙོས་དངོས་པོ་སྐྱས་མཚོ་བ་དང་། དེ་འོག་གི་བླ་མ་གྲྭ་རིགས་རྣམས་ལ་འང་བབས་དང་བསྟུན་པའི་གསོལ་རས་རྒྱ་ཆེར་

བསྟུལ། དེ་སྐད་གོང་མ་ཆོས་ཀྱི་རྒྱལ་པོ་ཆེན་པོ་དང་། ཞབས་འདེགས་ཀྱི་སྐྱེས་མཆོག་དམ་པ་གཉིས་ལ་སོགས་པ་སྙིགས་མའི་དུས་འདིར་མཐའ་དབུས་ཀྱི་འགྲོ་བ་མཐའ་དག་གི་རྒྱུད་པ་གཉེར་བ་དང་། ཐུབ་བསྟན་ཡོངས་སུ་རྫོགས་པའི་གདན་ས་ཚང་ལ་མ་ནོར་བ་ནུ་མེར་ཅོད་པན་འཛིན་པའི་རིང་ལུགས་འདི་ཉིད་སྤེལ་བ་ལ་རྣམ་པར་དགེ་བའི་སྤྱོད་ལམ་གྱི་མཐུས་གཙོ་བོ་དང་འཁོར་གྱི་རྣམ་པ་སོགས་སུ་བསྟན་དེ་ལྟར་ཅིག་གདན་འཛོམ་པའི་རྣམ་དཀར་གྱི་འཕྲིན་ལས་ཐད་ད་བྱུང་བ་ནི་རྒྱལ་བ་སྲས་བཅས་ཐམས་ཅད་ཀྱིས་བསྔགས་པའི་གནས་དང་། ཚུལ་ལུགས་ཇི་ལྟ་བ་བཞིན་དུ་འཛིན་པའི་དགོངས་རྒྱན་མཐའ་དག་དད་པ་དང་སྨོན་བ་དང་རྗེས་སུ་ཡི་རང་བའི་གནས་སུ་གྱུར་པའོ། །ལྷག་པར་གོང་མ་རྒྱལ་པོ་འདིས་བསྟན་འགྲོའི་ཕན་བདེ་ཆེ་ལྷག་ཏུ་སྤེལ་བའི་ཆེད་དུ་བདག་གི་མཁན་རིན་པོ་ཆེ་དོན་གྱི་སྐད་དུ་མཚན་ནས་སྨོས་ན་པཎ་ཆེན་སྣང་བ་མཐའ་ཡས་རྗེ་བཙུན་བློ་བཟང་དཔལ་ལྡན་ཡེ་ཤེས་དཔལ་བཟང་པོའི་ཞབས་སྔ་ནས་དེ་ཉིད་རྒྱལ་ཁབ་འདིར་སྤྱན་དྲངས་པ་ཡིན་ནོ། དེ་ལ་པཎ་ཆེན་ཐམས་ཅད་མཁྱེན་པའི་རྣམ་ཐར་ཕྲ་བ་ནས་མཁའ་ལྟར་མཐའ་ཡས་པ་བཀྲལ་བ་ལས། མདོ་ཙམ་བརྗོད་ན། རྗེ་འདི་ཉིད་སྔོན་བྱུང་བ་བསྐལ་པ་གྲངས་མེད་པ་བཅུའི་ཕྱུང་གཅིག་གི་ཐེ་མ་སྐྱེད་འདས་པའི་དུས་སུ་འཁོར་ལོས་བསྒྱུར་བའི་རྒྱལ་པོ་རྫི་བས་ཀྱི་སྤྱན་སྔར་ཞེས་བྱ་བར་གྱུར་པའི་ཚེ་སངས་རྒྱས་རིན་ཆེན་སྙིང་པོའི་སྤྱན་སྔར་བྱང་ཆུབ་མཆོག་ཏུ་ཐུགས་བསྐྱེད། དེ་ནས་དཔག་པར་དཀའ་བའི་ཚོགས་གཉིས་རྒྱ་མཚོའི་ཕ་རོལ་ཏུ་ཕྱིན་ཏེ། ནུབ་ཕྱོགས་ཀྱི་དག་པའི་ཞིང་མཆོག་བདེ་བ་ཅན་དུ་ཆོས་སྐུ་སྣང་བ་མཐའ་ཡས་དང་། ལོངས་སྐུ་ཚེ་དཔག་མེད་དང་། སྤྲུལ་སྐུ་འོད་དཔག་མེད་ཀྱི་ངོ་བོར་སངས་རྒྱས། དེ་ནས་ཕྱོགས་བཅུའི་འཇིག་རྟེན་གྱི་ཁམས་མཐའ་ཡས་པ་རྣམས་སུ་སངས

ཀྲུས་དང་བྱང་ཆུབ་སེམས་དཔའ། ཨ་ནན་རང་དང་རྩ་ངེས་དབང་། འཁོར་ལོས་བསྒྱུར་རྒྱལ་སོགས་ དག་པ་དང་ མ་དག་ པའི་སྤྲུལ་སྐུ་ བསམ་ གྱིས་མི་ཁྱབ་པ་འགྱེད་ནས་འཁོར་ བ་ཇི་སྲིད་ བར་དུ་སེམས་ ཅན་གྱི་དོན་མཛད་ པ་ལས། མི་མཇེད་ཀྱི་འཛིག་རྟེན་འདིར་ཡང་ མངས་ རྒྱས་ ཤཱཀྱའི་རྒྱལ་པོའི་དུས་སུ་ གནས་བརྟན་འཕགས་པ་རབ་འབྱོར་དང་། འཕགས་པ་འོད་སྲུང་གི་དགེ་ཚུལ་པདྨའི་ངང་སྐྱང་དང་། སློབ་དཔོན་ཆེན་པོ་ལེགས་ལྡན་འབྱེད་དང་། སློབ་དཔོན་དོ་ཧེ་རི་ལ་བ་དང་། སློབ་དཔོན་ཨ་བྷ་ཀ་ར་གུཔྟ་དང་། ཤཱཀྱ་འདི་ཡུལ་གྱི་རིགས་ལྡན་རྒྱལ་པོ་འཇམ་དཔལ་གྲགས་པ་དང་། སློབ་དཔོན་ཆེན་པོ་པདྨ་སམྦྷ་ཝ་དང་། ཇོ་བོ་ཡུལ་བྱུང་ནབས་དང་། སློབ་དཔོན་ལྭ་བླ་བླ་བུ་དང་། འགོས་ལོ་ཚུ་བ་ཁྱུག་པ་ལྷས་བཙས་དང་། མཉམ་མེད་སྒམ་པོ་པ་བསོད་ནམས་རིན་ཆེན་དང་། ས་སྐྱ་པཎ་ཆེན་ཀུན་དགའ་རྒྱལ་མཚན་དང་། རྒྱལ་བ་གཡུང་སྟོན་རྡོ་རྗེ་དཔལ་དང་། མཁས་གྲུབ་དགེ་ལེགས་དཔལ་བཟང་དང་། གྲུབ་དབང་བསོད་ནམས་ཕྱོགས་ཀྱི་གླང་པོ་དང་། དབེན་ས་པ་ཆེན་པོ་རྒྱལ་བ་བློ་བཟང་དོན་གྲུབ་དང་། པཎ་ཆེན་ཆོས་ཀྱི་རྒྱལ་པོ་བློ་བཟང་ཆོས་ཀྱི་རྒྱལ་མཚན་དང་། པཎ་ཆེན་ཐམས་ཅད་མཁྱེན་ གཟིགས་ཆེན་པོ་རྗེ་བཙུན་བློ་བཟང་ དཔལ་ལྡན་ཡེ་ཤེས་རྣམས་སུ་སྤྲུལ་པའི་སྐུ་བསྟན་ནས་སེམས་ཅན་གྱི་དོན་མཛད་དོ། །དེས་ན་པཎ་ཆེན་རིན་པོ་ཆེ་འདི་ནི། གཙང་གི་ས་ཆའི་ཡུལ་ཤངས་ཞེས་བྱ་བའི་ནང་ཚན་བཀྲ་ཤིས་རྩེ་ཞེས་བྱ་བ་ར། ཡབ་ནི་ཐང་ལྷ་ཞེས་བྱ་བ་དང་། ཡུམ་ནི་མང་ཐོས་བཀུར་བའི་གདུང་བརྒྱུད་བུད་མེད་ཀྱི་ནང་ལ་ གཡོ་སྒྱུ་ཆུང་ཞིང་ རང་བཞིན་དྲང་བ་གློས་པ་དང་དཀོན་མཆོག་ལ་དད་ པ་དང་ ལྡན་པ་ སོགས་ ཡོན་ཏན་དུ་མས་བརྗོད་པ་སྟེ། ཡབ་ཡུམ་དེ་གཉིས་ཀྱི་སྲས་སུ་རབ་བྱུང་བཅུ་གཉིས་པའི་ས་

ཕོ་རྟའི་ལོར་ཧོར་ཟླ་བཅུ་གཅིག་པའི་ཚེས་བཅུ་གཅིག་ལ་ཉི་འོད་དང་འགྲོགས་ནས་འཛམ་ཚོར་ཕྱུ་ལྷ་པ་ཞིག་ཁང་པའི་ནང་དུ་བྱུག་པ་སོགས་ཀྱི་ངོ་མཚར་བའི་ལྟས་མཚར་དུ་མ་དང་བཅས་སྐུ་བལྟམས་སོ། །ཟླ་བ་གཉིས་ཙམ་སོང་བ་ན་ཕྱག་གཉིས་ཐལ་མོ་སྦྱོར་བ། ཟླ་བ་བདུན་ནས་མ་ཎི་སྒྲ་ཕྱོལ་ཐུང་དུ་ཡང་ཡང་གསུང་བ། ཟླ་བ་བརྒྱད་ནས་དམིགས་བརྩེ་མ་ཞལ་འདོན་མཛད་པ་བྱུང་། ཇེ་གོང་མའི་སྐུ་བརྟན་ནས་འདི་ང་ཡིན་གསུང་། རྒྱུན་པར་བྱིས་པ་རྩལ་པ་ལྟར་དུ་བ་དང་། ཀློག་ཞབ་ཕྱི་ཡུལ་བ་སོགས་མི་མཛད་པར་ཕྱག་ཐུགས་ཀར་ཐལ་མོ་སྦྱར་དེ་སྐྱིལ་ཀྲུང་གི་ཚུལ་དུ་བཞུགས་པ་གནང་། དེ་ལྟར་སྐུ་ན་ཕྲ་མོའི་དུས་སུ་ཡང་བྱིས་པ་དལ་པའི་སྤྱོད་པ་མཐའ་དག་ལས་རིགས་ཀྱབ་ཀྱིས་ལྡོགས། དད་པ་དང་བརྩོང་བ་དང་རང་བཞིན་གྱིས་ཡིད་གཞུང་བ་སོགས་ཡ་རབས་ཀྱི་སྤྱོད་པ་དུ་མས་རྣམ་མཛེས། རྟེན་ལ་མཆོད་པ་འབུལ་བ་དང་། ཕྱག་འཚལ་བ་དང་། གསང་སྔགས་ཟབ་མོའི་བཟླས་བརྗོད་མཛད་པ་སོགས་དད་པས་བསྔགས་པར་འོས་པའི་རྣམ་པར་ཐར་པ་དྲི་མ་མེད་པ་ལ་གཅིག་ཏུ་གཞོལ་བར་གྱུར་ཏོ། །དེ་ནས་ལྕགས་སྤྲེའུའི་ལོ་ཟླ་བ་བརྒྱད་པ་ལ། མི་དབང་བསོད་ནམས་སྟོབས་རྒྱས་དང་། རྒྱལ་དབང་མཆོག་གི་སྐུ་ཚབ་མགྲོན་གཉེར་ངག་དབང་བློ་བཟང་། བཀྲ་ཤིས་ལྷུན་པོ་ནས་བཏང་བའི་མི་སྣ་སོགས་འཛོམས་ཐོག་དགའ་ལྡན་ཁང་གསར་གྱི་སྟེང་དུ་ཁོ་ཆོས་སྐྱོང་ཆེན་པོ་སྤྱན་དྲངས་ཏེ། སྐབས་མགོན་པཎ་ཆེན་ཐམས་ཅད་མཁྱེན་པའི་ཡང་སྲིད་རིན་པོ་ཆེ་དབུས་གཙང་ཁམས་གསུམ་གང་ན་བཞུགས་ཀྱང་གསལ་བར་ལུང་སྟོན་པ་ནན་ཏན་ཞུས་པས། ཆོས་སྐྱོང་ཆེན་པོའི་ཞལ་ནས།

དགོན་བཀྲ་ཤིས་ལྷུན་པོའི་བདག་ཉིད་ཆེ།
ཡུལ་བཀྲ་ཤིས་རྩེ་རུ་སྐུ་འཁྲུངས་པ།

ང་བཀྲ་ཤིས་མངའ་གསོལ་སྣང་དུ་མཛོད།
ཀུན་བཀྲ་ཤིས་སྣང་བས་ཁྱབ་གྱུར་ཅིག།

ཅེས་སོགས་ཀྱིས་ངེས་ཤེས་འདྲོངས་པའི་ལུང་བསྟན་གསལ་པོ་ཕབས་པ་དང་། རྒྱལ་དབང་ཐམས་ཅད་མཁྱེན་པས་ཀྱང་། ང་ལས་བཀྲ་ཤིས་རྟེ་བར་འཁྲུངས་པ་རེ་ཉིད་གང་ཅི་རུས་ངེས་ཤེས་འདྲོངས་པའི་གསལ་ཐོན་བྱུང་འདུག་པ་ཤིན་དུ་ལེགས་ཅེས་བཀའ་ཕེབས་དེ་ཡས་བར་གཉིས་ལ་བརྒྱུད་ནས་གོང་མ་བདག་པོ་ཆེན་པོའི་གསན་སྙན་དུ་ཕུལ། དེ་ནས་ཧོར་ཟླ་དགུ་པའི་ཚེས་དྲུག་ལ་རྒྱལ་དབང་ཐམས་ཅད་མཁྱེན་པ་ཆེན་པོ་ནས་བློ་བཟང་དཔལ་ལྡན་ཡེ་ཤེས་ཞེས་མཚན་གསོལ་གནང་བ་དང་བསྟུན་བླ་བྲང་ནས་དུང་འཁོར་བཅས་བཀྲ་ཤིས་རྟེར་སྤངས་ནས་དགའ་སྟོན་སྟོན་མོ་ཀྱ་རོལ་བ་ཕུལ། དེ་ནས་ལྕགས་བྱ་ཧོར་ཟླ་དྲུག་པའི་ཚེས་བཞི་ལ་ཕྱག་མཛོད་ཆེན་པོ་སོགས་དང་། གོང་མ་རྒྱལ་པོའི་བཀས་མངགས་པའི་ཏཱ་བླ་མ་སོགས་དང་བཅས་དགེ་འདུན་ཁྲིར་ཉེ་ནས་གདུགས་དང་རྒྱལ་མཚན་སོགས་མཆོད་རྫས་སྣ་ཚོགས་ཕྱོགས་པའི་སེར་སྤྲེང་གིས་མདུན་བསུས་ཏེ། ཆོས་སྡེ་ཆེན་པོ་བཀྲ་ཤིས་ལྷུན་པོར་གདན་དྲངས་ཏེ་སྒོ་འཛིགས་མེད་བཞིའི་ཁྲི་ལ་ཞབས་ཀྱི་པདྨོ་ལེགས་པར་བཀོད་དོ། །སྐབས་ཤིག་བཞུགས་ཁྲིའི་ཕྱོགས་སུ་ཕྱག་འཚལ་མང་དུ་མཛད་རྗེས་སྟན་ལ་བཞུགས་ཏེ་ཕྱག་ཐལ་མོ་སྦྱར་ནས་གསོལ་བ་འདེབས་པའི་ཚུལ་མཛད་ཀྱིན་འདུག་པར། ཕྱག་མཛོད་བློ་བཟང་ཚེ་དབང་ནས་ཇི་ལྟར་ལགས་ཞུས་པར། བཞུགས་ཁྲིའི་སྟེང་དབུས་སུ་རྗེ་བཙོང་ཁ་པ་ཆེན་པོ་དང་། གཡས་གཡོན་དུ་རྗེ་བཙུན་འཇམ་དབྱངས་དང་ཕྱག་རྡོར་བཅས་བཞུགས་འདུག་པ་ལ་གསོལ་བ་འདེབ་པ་ཡིན་ཞེས་བཀའ་ཕེབས། ཆུ་ཕྲུ་ལོར་རྗེ་ངག་དབང་ཕུལ་བའི་དྲུང་ནས། བྱང་ཆུབ

ལས་སྒྲོན་སོགས་ལུང་དང་། དགེ་བསྙེན་གྱི་སྡོམ་པ་མནོས་ཤིང་། རྡོ་རྗེ་འཇིགས་བྱེད་ཀྱི་དབང་ཡང་གསན་ནོ། །ཆུ་ཕག་གི་ལོར་རྡོ་རྗེ་འཛིན་པ་བློ་བཟང་བཟོད་པ་ཡོངས་འཛིན་དུ་མཛད་དེ་བཀའ་ཆོས་མང་དུ་གསན། ཤིང་ཁྱིའི་ལོར་ཡོངས་འཛིན་དེས་མཁན་པོ་མཛད་དེ་རབ་བྱུང་དགེ་ཚུལ་གྱི་སྡོམ་པ་བཞེས་ཏེ་ཐར་འདོད་རྣམས་ཀྱི་གཙུག་གི་ནོར་བུར་གྱུར་ཏོ། །ཤིང་གླང་ལོར་ཡོངས་འཛིན་དེ་ལ་བསྐུལ་བའི་གསན་སྦྱོང་དང་། རྗེ་རིན་པོ་ཆེ་དང་། པཎ་ཆེན་བློ་བཟང་ཆོས་ཀྱི་རྒྱལ་མཚན་དང་། པཎ་ཆེན་བློ་བཟང་ཡེ་ཤེས་ཀྱི་གསུང་འབུམ་སོགས་གསན། དགུང་ལོ་བཅུ་གསུམ་གྱི་གོང་རྗེ་བླ་མ་མཆོག་རང་ཉིད་ཀྱི་ཞབས་བརྟན་གསོལ་འདེབས་བློ་གྲོས་དཔག་བསམ་མ་སོགས་ཀྱི་གསུང་རྩོམ་མཛད། དགུང་ལོ་བཅོ་ལྔའི་ཆུ་སྤྲེའུའི་ལོར་རྒྱལ་བ་ཀུན་གྱི་སྙིང་རྗེ་ཆེན་པོའི་རང་གཟུགས་རྒྱལ་དབང་བདུན་པ་བློ་བཟང་བསྐལ་བཟང་རྒྱ་མཚོའི་ཞལ་སྔ་ནས་ཀྱི་དྲུང་དུ་རྒྱུད་སྡེ་བཞིའི་བང་མཛོད་རྡོ་རྗེ་འཕྲེང་བ་དང་། མི་ཏྲ་བརྒྱ་རྩའི་དབང་ཆེན། དཔལ་དུས་ཀྱི་འཁོར་ལོའི་དབང་ཆེན། དཔལ་རྡོ་རྗེ་འཇིགས་བྱེད་ལྷ་བཅུ་གསུམ་གྱི་དབང་ཆེན། སྣར་ཐང་བརྒྱ་རྩ། བ་རི་བརྒྱ་རྩ། སྒྲུབ་ཐབས་རྒྱ་མཚོ་གསུམ་གྱི་རྗེས་གནང་ལུང་དང་བཅས་པ་དང་། རྒྱལ་དབང་མཆོག་གི་བཀའ་འབུམ་གྱི་ལུང་སོགས་བཀའ་ཆོས་མང་པོ་གསན། རྡོ་རྗེ་འཇིགས་བྱེད་ཀྱི་དབང་གནང་བའི་མཇུག་ཏུ་རྒྱལ་དབང་མཆོག་གིས་ལྷ་མཆོག་འདི་ཉིད་ལ་ཡི་དམ་གྱི་མཐིལ་དུ་མཛད་ན་མཆོག་དང་ཐུན་མོང་གི་དངོས་གྲུབ་བདེ་བླག་ཏུ་འགྲུབ་པར་འགྱུར་རོ་ཞེས་བཀའ་ཕེབས། དེ་ལྟར་པད་དཀར་འཛིན་པས་རྗེ་འདི་ཉིད་གསང་ཆེན་བསྟན་པའི་བདག་པོར་མངའ་གསོལ་བར་མཛད་དོ། །དགུང་ལོ་ཉི་ཤུའི་མེ་གླང་ལོའི་ཟླ་བ་དྲུག་པའི་ཚེས་བཞི་ཆོས་འཁོར་བསྐོར་བའི་དུས་ཆེན་གྱི་ཉིན་གནས་བརྟན

འདུལ་བ་འཛིན་པ་རིན་པོ་ཡོངས་འཛིན་ཉལ་སྟོ་ནམ་གྲོ་བཟང་རིམ་འཛིན་ཀྱིས་མཁན་པོ། གྲོས་བསམས་གླིང་ཉལ་སྟོ་ནམ་གྲོ་བཟང་བཀྲ་ཤིས་ཀྱིས་ལམ་སྐྱོབ་སོགས་མཛད་དེ་བསྐྱེད་པར་རྫོགས་པ་དགེ་སྦྱོང་གི་སྡོམ་པ་ལེགས་པར་བཞེས་དེ་འདུལ་བ་འཛིན་པ་མཐང་དག་གི་གཙུག་གི་རྒྱན་དུ་གྱུར་ཏོ། །ཡོངས་འཛིན་མཁན་ཆེན་དེ་ལ་དཔལ་ལྡན་ན་རོ་རྗེ་འཛིན་པ་ཆེན་པོའི་དབང་ཆེན་སོགས་བཀའ་ཆོས་མང་པོ་གསན་ནོ། །དགུང་ལོ་ཉེར་གཉིས་མ་ཡོས་ལོར་ལྷུང་སྐུ་ཁམས་ཅང་མཁྱེན་པ་རོལ་པའི་རྡོ་རྗེའི་ཉལ་སྟོ་ནམ་ཀྱིས་གསོལ་བ་བཏབ་པ་ལྟར་རྗེ་དེ་ཉིད་དགོན་གཡོག་དང་། ཆེ་སོ་སྐུལ་སྐྱ། རྗེ་ངག་དབང་བྱམས་པ། ཀུན་མཁྱེན་རྒྱལ་འཇམ་དབྱངས་བཞད་པ། རྗེ་བཙུན་དཀོན་མཆོག་འཇིགས་མེད་དབང་པོ། བྲག་གཡབ་སྐྱབས་མགོན། རྒྱལ་སྲས། སེམས་དཔའ། རྗེ་དྲུང་སྐལ་ལྡན་རྣམ་པ་གསུམ། བཙན་པོ་ནོ་མོན་ཧན། ཐུ་ཀྭན་རིན་པོ་ཆེ་ཁྲི་བདག་བློ་བཟང་ཆོས་ཀྱི་ཉི་མ། ཤི་ཤེག་ཐུ་རོ་མོན་ཧན། སེ་འབྲས་དགེ་གསུམ་གྱི་རྒྱ་མ་དང་ཀླུ་རི་གས་སོགས་ནོར་གཞིར་ཅན་ཉིས་སྟོང་བཀྲལ་བའི་མཁས་པང་འདུས་པ་རྒྱ་མཚོའི་དབུས་སུ་དཔལ་ལྡན་ཀྱི་འཁོར་ལོའི་དབང་ཆེན་ངོ་མཚར་རྨད་དུ་བྱུང་བའི་ལེགས་བ་ཀར་ཀྱིས་བསྒྲུབ་དེ་ལེགས་པར་བསྐྱལ། ཏུ་དའི་ལོར་རྗེ་སེ་ཏེའི་མཚན་ཅན་གྱིས་རྗེ་འདི་ཉིད་ལ། འཆད་རྩོད་རྩོམ་གསུམ་གྱི་སྒོ་ནས་རྒྱལ་བསྟན་འཛིན་སྐྱོང་སྤེལ་བར་མཛད་དགོས། རྒྱུག་པར་དོན་གཉེར་བ་རྣམས་ལ་རབ་བྱུང་བསྐྱེན་རྫོགས་ཀྱི་སྡོམ་པ་གནང་དགོས། འདུལ་བ་རྣམ་རབ་བྱུང་བསྐྱེན་རྫོགས་ཀྱི་མཁན་པོ་བྱེད་པ་ལ་བསྙེན་པར་རྫོགས་བཞེས་རྣམ་ཡོ་བྱད་དུ་ཚོམ་ཞིང་འདུག་པས། བསྟན་པའི་རྒྱུད་ལ་དགོངས་ནས་དོན་གཉེར་བ་རྣམས་ལ་བསྙེན་རྫོགས་ཀྱི་སྡོམ་པ་གནང་དགོས་ཞེས། རབ་བྱུང་གི་ཕྱོག་ས་ཚབ་མདོ་འཕགས་པ་ལྷའི་སྐུལ་བའི་སྐུ

རིན་པོ་ཆེ་ལ་གསང་རིགས་མཛོད། ཞེས་གསུང་ངན་ཆེ་བ་ཐེབས་པར་བརྟེན་ཞལ་བཞེས་གནང་སྟེ། རྗེ་འདི་ཉིད་ཀྱིས་མཁན་པོ་མཛད་ནས་འཕགས་པ་བླའི་མཆོག་གི་སྐུལ་སླ་ལ་དགེ་བསྙེན་རབ་བྱུང་དགེ་ཚུལ་གྱི་སྡོམ་པ་གནང་། ཚ་ཕྱག་མོའི་རྒྱ་བ་དང་པོའི་བཅུ་གཉིས་ཀྱི་ཉིན་རྗེ་ཉིད་ཀྱིས་མཁན་པོ་མཛད་དེ་བསྒྲུབ་བྲ་གོ་གཉིས་ལ་བསྙེན་པར་རྫོགས་པའི་སྡོམ་པ་བསྩལ། ཤིང་ཁྱིའི་ལོ་རྒྱ་བ་དང་པོའི་ཚེས་བཅུ་གསུམ་ལ་རྒྱལ་དབང་མཆོག་ནས་དུས་འཁོར་གསར་འཛུགས་གནང་བའི་ལེགས་འགྲུབ་བསྟར། རྒྱབ་གསུང་བ་ལ་ལྟགས་པ་མཆོག་གྲུབ་བཅུ་དྲུག་ནས་དུས་འཁོར་གྱི་སྒྲུབ་མཆོད་འཛུགས་པར་བཞེད་དེ་ཆོས་བཙུའི་སྤྲ་རར་དཔལ་དུས་ཀྱི་འཁོར་ལོའི་སྐུ་གསུང་ཐུགས་ཡོངས་སུ་རྫོགས་པའི་རྟེན་ཚོན་གྱི་དཀྱིལ་འཁོར་བཞེངས་ནས་ཆོས་བཅོ་ལྔའི་ཉིན་ནས་བརྒྱུད་སྒྲུབ་མཆོད་ཉིན་བདུན་མཇུག་དུ་སྦྱིན་སྲེག་དང་བཅས་པ་གནང་སྟེ་དཔལ་དུས་ཀྱི་འཁོར་ལོའི་བཀའ་སྒྲུབ་སྲིད་མཐའི་བར་དུ་མི་ཉམས་པའི་བདག་རྐྱེན་ཆེ་ནས་མཛེས་པ་མཛད་དོ། །དེ་ནས་རྒྱལ་དབང་མཆོག་སྤྲུལ་རིན་པོ་ཆེར་དགེ་ཚུལ་གྱི་བསླབ་སྡོམ་བཞེས་རྒྱུའི་མཁན་པོར་དབུས་ཕྱོགས་སུ་ཐེབས་བསྐུར་གནང་དགོས་ཚུལ་ཀྱི་བ་མཛད་པ་བཞིན་དབུས་སུ་ཐེབས་ཏེ། རྒྱ་དྲུག་པའི་ཚེས་བཞི་ལ་རྒྱལ་དབང་མཆོག་གི་སྤྲུལ་པའི་སྐུ་རིན་པོ་ཆེར་དགེ་ཚུལ་གྱི་སྡོམ་པ་བསྩལ་ཏེ་བསྟན་འགྲོའི་དཔུང་གཉེན་ཆེན་པོར་མངའ་གསོལ་བར་མཛད་དེ་ལས་རིམ་ཆེན་པོའི་བཀའ་ལུང་བདེ་ལམ་གྱི་ཁྲིད་སེམས་སྐྱེད་མཆོད་པ་དང་བཅས་བྱུང་། སེ་ཁྲི་ཕོ་ཐོང་ས་རྒྱལ་གྲོས་ཇ་མག་རྒྱ་མ་ངག་དབང་དཔལ་འབྱོར་ཚོ་ཕྱག་ཕྱི་སོགས་སྔགས་དེ་གནང་བའི་གཟེངས་བསྟོད་ཡི་གེ་རེ། ཉིན་ནས་འཇའ་ས་གསེར་ཡིག་བསྩལ་ས་ཁྲོད་པ་སྤང་བཞིན་པར་ཆེར་ཕྱིར་དེ་དོ་ནས་པའི་གཟེངས

བསྟོད་བྱས་ཏེ་བཀྲ་ཤིས་ལྷུན་པོའི་སྤྱི་ཆེར་གྱི་གཙོ་བོར་གཟེངས་བསྟོད། ཁྲོད་ཀུང་དགེ་འདུན་སྡེ་སང་ལ་འདུལ་ཁྲིམས་ཀྱི་དྲིལ་བསྒྲགས་ཏེ་དས་པའི་སྤྱོད་ཚུལ་ལ་སྤྱར་ནས་བྱས་ནས་དབུས་གཙང་དུ་བསྐྱར་བ་ནུས་དག་སྤར་བཞིན་ཕྱིར་བ་དང་ངེད་ཀྱི་ཡུལ་དབུས་འཛིན་སེམས་རྗེ་གཅིག་གིས་ཕྱུ་དུང་ཞིགས་པར་གྱིས་ཞེས་གནང་། སྐབས་ཤིག་པོད་ལར་ཕེབས་ནས་རྒྱལ་དབང་རིན་པོ་ཆེ་ལ་གསང་འདུས་ཀྱི་བསྐྱོད་རྡོ་རྗེ་དང་། དཔལ་འཁོར་ལོ་བདེ་མཆོག་དང་། དཔལ་རྡོ་རྗེ་འཇིགས་བྱེད་དང་། གཤེད་དམར་དང་། དགྱེ་དག་ལྷ་བཅུ་གསུམ་མ་གསུམ་གྱི་དབང་ཆེན་དང་། རྡོ་རྗེ་འཛིན་པ་དང་། སི་དུ་བརྒྱ་རྩ་སོགས་ཀྱི་དབང་དང་། སྒྲུབ་ཐབས་རྒྱ་མཚོ་དང་། པ་ཊི་བརྒྱ་རྩ་སོགས་སྤྱི་བཀའ་དང་། རྣར་བཀའི་རྗེས་གནང་མང་པོ་དང་། རྗེ་རིན་པོ་ཆེའི་གསུང་འབུམ་གྱི་ལྷུགས་ལུང་སོགས་བཀའ་ཆོས་མང་པོ་གནང་། སྐབས་ཤིག་རྗེ་ཐམས་ཅད་མཁྱེན་པ་ཉིད་ཀྱིས་མཁན་པོ་མཛད་ནས་རྒྱལ་དབང་རིན་པོ་ཆེར་བསྙེན་རྫོགས་ཀྱི་སྡོམ་པ་ཕུལ་བ་སོགས་ཀྱིས་མཆོད། དབུས་གཙང་གི་ཕྱོགས་དང་ཡར་མདོ་དང་ཆེན་པོ་ཁོར་གྱི་ཡུལ་གྲུ་ཐམས་ཅད་ནས་དང་སྤོབས་དང་རྟ་ནི་པའི་གདུལ་བྱ་བསམས་གྱིས་མི་ཁྱབ་པ་རྣམས་ཀྱིས་ཚང་སྤྱིང་གི་འཁོར་བ་ཕྱུལ་དུ་བྱུང་བའི་མཆོད་སྤྲིན་རྒྱ་མཚོས་ཞིགས་པར་མཆོད་དེ། རང་རང་གི་འདོད་འདུན་ལྟར་བསྙེན་རྫོགས་ཀྱི་སྡོམ་པ་དང་ཚབ་པ་དང་རྒྱ་ཆེ་བའི་ཆོས་ཀྱི་འཁོར་ལོ་ཉིད་ནི་བཞིན་བསྐོར་བའི་སྒོ་ནས་མཁས་པའི་སྐྱེ་བོས་མ་སྟེང་ཁྱབ་པར་མཛད་དོ། །མ་ཟག་གི་པའི་ཟླ་བ་དང་པོ་ལ། གནས་བསྐོས་འཛམ་དབྱངས་གོང་མ་ཆེན་པོ་ཉིད་ནས། འཛམ་མགོན་བླ་མ་བཙོང་ཁ་པ་ཆེན་པོའི་ཞལ་ནས།

ཡིན་ལུགས་ཁོང་དུ་ཚུད་ཚང་དབང་པོ་དུལ།

མཛེང་བ་ཅན་གྱིས་གཞན་ཡིད་འཕྲོག་པར་བྱེད།
བསྟེན་པ་ཅན་གྱིས་དགེ་འཕེལ་སྐྱོན་འགྲིབ་པའི།
ཟ་གེས་གཉེན་དམ་པ་བསྟེན་དང་རྒྱལ་ཁམས་པ།

ཞེས་གསུངས་པའི་དོན་དང་མཐུན་པར་རྗེ་བཙུན་བླ་མ་མཆོག་འདི་ཉིད་རྒྱལ་ཁབ་ཏུ་གདན་དྲངས་ཏེ་ནམ་མཛལ་དགོས་པའི་བཀའ་ལུང་གནང་བར་བརྟེན། བླ་བ་དྲུག་པའི་ཚེས་བཅུ་བདུན་ལ་མཚན་སོའི་མགོན་པོ་རྒྱ་སྐར་གྱི་ཚོགས་ཀྱིས་བསྐོར་བ་བ་ཉིན་ཚེས་སྐྱེ་ཤེར་བོ་བཀྲ་ཤིས་ལྷུན་པོ་ནས་ཆིབས་ཁ་བསྒྱུར་བ་མཛད། ཆིབས་བསྒྲལ་བོད་ཡུལ་པར་གྱིས་མཆོད་བོད་ཀྱི་སི་དྲུག་དམག་མི་སོགས་གྲངས་མེད་པས་བསྐོར་ནས་ཕེབས་པ་ལ། རྒྱལ་དབང་མཆོག་གིས་བརྟན་བཞུགས་དང་ཕེབས་སྐྱོང་ས་རྒྱས་པར་སྤྲུལ། དེ་ནས་རིམ་གྱིས་རྫོགས་འདུས་ཀྱི་སྐྱེ་འགྲོ་མཐར་དག་ལ་ཕྱག་དབང་དང་འཛིན་ཆོས་ཟབ་མོ་རྒྱ་ཆེ་བ་གནང་བཞིན་པར་བྱོན་ཏེ་ཟླ་བ་བཅུ་པའི་ཚེས་བཅོ་ལྔ་ལ་འཇམ་མགོན་རྒྱལ་བ་གཉིས་པ་འཁྲུངས་པའི་གནས། བཙོང་ཁའི་ཡུལ་གྱི་ཆོས་སྡེ་ཆེན་པོ་སྐུ་འབུམ་བྱམས་པ་གླིང་དུ་ཕྱག་ཕེབས། ལྷ་མཆོད་ཀྱི་མཆོད་པ་རྒྱ་ཆེན་པོ་གནང་། ཟླ་བ་བཅུ་གཅིག་པའི་ཚེས་བཅུའི་ཕྱི་དྲོ་ནས་བཟུང་ཟླ་བ་གཅིག་གི་རིང་སྐུ་མཚམས་མཛད་དེ་དཔལ་རྡོ་རྗེ་འཇིགས་བྱེད་ཀྱི་བསྙེན་སྒྲུབ་ལ་གཙོར་བར་མཛད་ཅིང་མཐུག་ཏུ་ཀྱེ་རྡོར་དབང་དྲག་གི་སྦྱིན་སྲེག་ཀྱང་གནང་། དེ་ནས་ཟླ་གསར་ཕྱིའི་ལོ་ཟླ་བ་གསུམ་པའི་ཚེས་བཅུ་ལ་སྐུ་འབུམ་ནས་ཆིབས་ཁ་བསྒྱུར། སྐབས་འདིར་ཕྱག་མཛོད་ཆེན་པོ་སོགས་ཉས་འཁྲིང་ནུབས་འབྱུས་པ་ཐར་པས། རྗེ་ཉིད་ཀྱིས། ཀུན་མཁྱེན་བླ་མ་དཀོན་མཆོག་འཇིགས་མེད་དབང་པོ་ལ་ཁྱེད་ཀྱིས་དེ་སྐབས་ལ་ལྟ་ཐོར་འདེབས་པར་མཛོད། ཅེས་བཀའ་ཕེབས་པ་ལྟར། ཡ་ལག་ཀ་དགོན

བསྟན་རྒྱས་གླིང་དུ་ཕྱག་མཛོད་རིན་པོ་ཆེ་སོགས་སེར་སྐྱ་སུ་ལ་འགྲུ་སྐོར་དང་བཅས་སྒྲོན་ལ་ཕེབས་དེ། ལྷ་ཕྱིར་བདག་པས་རི་དག་གང་ལ་ཡང་སྐྱོན་སེ་འབྱུང་བར་རྐྱལ་འབྲས་ལས་ཐར་བར་མཛད་པས་ཀུན་མཁྱེན་ བ་རྡ་ པ་རྡེ་དེ་ཤིད་དེ་སྐབས་ཀྱི་བ་རྣམས་ལ་བཀའ་དྲིན་བསམས་གྱིས་ཀི་ཁྲབ་པར་གྱུར་ཏོ། །དེ་ནས་རིམ་གྱིས་ཐྱེན་དེ་ཨོང་ང་རྡུའི་ཨོ་ཕྱོག་པའི་ཡིའི་ས་རར་བསྒྲུབ་བྱ་ འདི་བཀྲ་ བརྒྱད་ཆུ་ཀ་ཐྲལ་བསྙེན་རྫོགས་ཀྱི་སྡོམ་པ་བསྒྲུབ། ཆ་ཁར་གྱི་ས་ཆར་བསྒྲུབ་བྱ་བརྒྱ་དང་དྲུག་ཅུ་རེ་འདུན་ལ་བསྙེན་རྫོགས་ཀྱི་སྡོམ་པ་བསྒྲུབ། དྲུག་པའི་ཉི་ཀུའི་ཤིད་ལ་མཚོ་འདུན་དུ་ཕྱག་ཕེབས་པ་ལ། གོང་ནས་བསྒྲུབ་བའི་གསེར་ཡིག་དང་དེན་རས་རྣམས་ཕྱུལ། རྗེ་ཉིད་ཀྱིས་ལྷུང་སྐྱ་རི་ནོ་ཆེ་སོགས་སླ་གྲའི་ཚོགས་པང་ལ་བྲམ་ཚོད་བདེ་སྟོང་དབྱེར་མེད་ པ་སོགས་ཀྱི་བཀའ་ ཆོས་གནང་། ཤིན་རེ་བཞིན་ཁོར་གྱི་ཚོགས་ཚོགས་ ནས་འདུས་པའི་ཀླུ་ཆེན་དཔོན་རིན་སོགས་སྐྱེ་འགྲོ་གྲངས་ལས་འདས་པ་རྣམས་ཀྱིས་སྤྱི་བོས་མཆོད་པར་བདུད་ནས། འབྲོར་ལྡན་རྣམས་ཀྱིས་ ཛང་ ཇིང་གི་འདོགས་པ་ ཆད་མེད་ པ་དེ་རྒྱལ་པོ་ཆེན་པོའི་དབྱུ་ཁྲལ་བཞིན་དུ་བསྟབས། ཆོས་ཀྱི་རྗེ་ཆེན་པོ་བཞུགས་པས་སྐྱེ་བོ་རྣམས་ཀྱི་སྙིང་གི་གདུང་བ་རི་ཡོངས་སུ་བསལ་བ་ཐུབ་པའི་བསྟན་པ་རིན་པོ་ཆེ་རྫོགས་ལྡན་གྱི་རང་དང་འགོགས་པའི་རྒྱུ་གཏེར་བཞིན་དུ་རྒྱས་པར་མཛད་དོ། །དེར་བ་དགས་དུས་མཇལ་བ་ཏུ་ཟང་མང་པའི་སྟབས་ཀྱིས་དགེ་བསྙེན་པ་ས། རབ་བྱུང་དང་རབ་བྱུང་ས། དགེ་ཚུལ་པ་མའི་སྡོམ་པ་ཤིན་དུ་མང་པོ་གནང་ ར་ཡང་བསྙེན་རྫོགས་སྡོམ་པ་གནང་བའི་ཐུགས་ཡིད་ས་བྱུང་བས། ཤེར་དགུའི་ཤིན་མཚོ་འདུན་ནས་བཅེལ་ཕྱི་ལས་བར་དུ་སྐྱ་སེར་གྲངས་མེད་པ་ལ་ཕྱག་དབང་གནང་ཞིང་། བསྙེན་རྫོགས་ཀྱི་སྡོམ་པ་ཡང་ལན་གསུམ་གྱི་བར་ དུ་གནང་ བའི་རང་པོའི་སྐབས་སུ

གདངས་ཡང་གི་ཉིད་བསྐྱེད་རྫོགས་བརྒྱ་དང་བཞི། གཉིས་པའི་སྐབས་སུ་བདུན་པའི་ཆོས་གཅིག་ལ་བསྐྱེད་རྫོགས་ཉིས་བརྒྱ་བཅོ་བརྒྱད། གསུམ་པའི་སྐབས་སུ་ཆོས་པ་བྲའི་ཉིད་རང་གདན་ཟ་ལག་ཅེས་པའི་ས་ཆར་ཞུགས་བཞམས་དང་བསྡུད་ནས་ཉི་མ་ བཞི་ར་ ཀར་ བའི་དུས་ སུམ་ མགོ་བརྟུས་མ་དེ་ མཚན་མོའི་ཐུན་ དང་པོའི་དཀྱིལ་ཚལ་དུ་སྤྱིན་པའི་བར་ལ་ཡི་དེ་དོ་ཕྱག་ཕྱོ་སོགས་ བསྒྲུབ་བྱ་ བཞི་བརྒྱ་དང་གསུམ་བསྙེན་པར་རྫོགས་པར་མཛད། དེའི་དུས་སུ་ཁོ་བོས་ཀྱང་བསྐྱེད་རྫོགས་ཀྱི་སྤྱོད་པའི་བགོ་སྐལ་མ་རྟོས་པས་ཡོད་ཀྱི་ཤིང་ བལ་འདབ་ བཟང་དབང་པོའི་བགྱིད་པར་འགྱུར་བ་བྱུང་། དེ་ལྟར་ཉིན་རེ་བཞིན་རྫོགས་ཕྱོགས་ནས་སྤྱིན་བཞིན་འདས་པའི་སྐུ་མེར་ ཁྲི་ཕྲུག་ བརྒྱལ་བར་ ཕྱག་དབང་ དང་ བཀའ་ ཆོས་སང་པོ་གནང་བཞིན་རིས་གྱིས་ཕེབས་དེ། རྒྱ་བ་བདུན་པའི་ཉིན་གཉིས་ཀྱི་ཉིན་རྒྱང་སྐུ་ཁྲམས་ཅན་མཁྱེན་པ་སོགས་ཀྱི་བསྒྲུ་བ་དང་ དགེ་འདུན་མང་པོ་མེར་སྦྱོང་བཅས་ཡི་ནའི་སྤྱོད་ཚལ་གྱི་པོ་བྲང་ མེར་པོར་འཛམ་ དབྱངས་རིའི་རྩེ་མོ་དང་ ལྷན་ཅིག་ར་ཞལ་འཛོམ་པ་ དང་གོང་ མ་ཆེན་པོར་ནང་ མཆོད་ཁ་ བདགས་ སོགས། ཕྱལ་དེ་མཚམས་སུ་མཛད། གོང་མས་ཀྱང་ང་མཆོད་ཁ་བཏགས་ཕྱག་ནས་དགྱེས་བཞིན་དུ་གསུང་སྒྲོང་མཛད་དེ། སྐུ་ལ་བཞེས་པའི་རིན་ཐང་ཕྱལ་བའི་ཁམས་སོགས་ཚམ་གྱི་ཆེ་བ་ སྲུ་རིག་གི་སྤྱང་ བ་རིན་པོ་ཆེའི་རྒྱན་རྩེན་ སོགས་རྫེ་ཉིད་ལ་ ཕྱལ་དེ་སྤྲོད་ཚུལ་གྱི་རྟོགས་བྲམས་ཅད་དུ་ཤིས་བརྗོད་མཛད་པར་བཀའ་ཕེབས་པ་བཞིན་ཤིས་བརྗོད་མཛད་ནས་བཀྲ་ཤིས་ལྷུན་པོའི་གཟིམས་ཁང་དུ་ཕེབས། ཕྱི་ཉིན་གོང་མ་ཆེན་པོས་བཀྲ་ཤིས་ལྷུན་པོར་ཕེབས་དེ་རྫེ་ཉིད་ལ་བཤད་བརྒྱུགས་ཀྱི་དངོས་ཆས་བསམ་གྱིས་མི་ཁྱབ་བ་ཕྱལ་དེ་རྒྱས་གར་གྱི་རྟེན་ སྐུའི་གཟིགས་ འབྱུལ་བསྐོར། གསོལ་ཇ་ བཞེས། སྐབས་གོང་ མའི་བཀའ་ ལས་ངེད་ཀྱི་ལོ་བདུན་ ཟླའི་སྔ་ཡར་

ཆེན་པོའི་ཕྱོག་ པར་ཆེར་ ཤེར་དེ་དེ་ ཕྱགས་སྐྱོབ་གཉེར་ པར་ ཞེབས་ པ་དི་ རྟོགས་འཛིའི་མངས་རྒྱས་ཀྱི་བསྟན་པ་དང་སེམས་ཅན་ལ་ཤིན་དུ་པར། ངས་ཡོ་མང་པོར་ལྷང་སྐྲ་ཧོ་ཕྱོག་ཕྱུ་ལས་ཆོས་ཚུང་རྫང་བསླབས་ པ་ཡིན་རྟུང་ མངས་རྒྱས་ཀྱི་ཆོས་འདི་རྒྱ་མཚོ་ལྟར་ཟབ་ལ་རྒྱ་ཆེ་ཞིང་། ངེད་རས་རྒྱལ་སྲིད་ཀྱི་ལས་དོན་མ་སྟོང་གི་དོན་དག་ཐམས་ ཅད་བྱེད་ དགོས་པས་ངོང་སྐབས་མེད་པའི་སྐབས་ཀྱིས་རྡོ་ཕྱག་ཕྱི་རས་བསླབ་པའི་ཆོས་རྣམས་ ལ་བསྒོམ་པའི་རྟོགས་ པ་སྐྱེ་མ་ཐུབ་ཀྱང་རེས་རེས་བྱེད་པའི་སྐབས་ར་ཡོད། ད་ལམ་ངང་རེ་མཆོད་ཡོད་དངོས་ཀྱིས་མཇལ་བ་འདི་སྟོར་གྱི་སྟོར་ལས་ དང་ཕྱགས་བསྐྱེད་ ལས་ འབྲེལ་ བཟང་པོ་ཞིག་པར་སྨིན་པའི་དུས་ལ་བབས་པ་ཡིན་འདུག་པས་ངེད་ རས་བླམ་ཉིད་ལ་ཆོས་དང་རྗེས་གནང་ཕར་ཡི་ཞུ་རྒྱུ་ཡིན། སྟོར་དུ་ལའི་བླ་མ་ཐྲ་པ་ཞེབས་སྐབས་ཀྱང་། མེས་པོ་རྒྱལ་པོས་ལྷ་ཁང་མེར་པོ་བཙེམས་ པའི་སྐོར་ ལས་ ལྟར་ད་ ལས་ བླམ་ཉིད་བཞུགས་ ཕྱུལ་ ལ་ངེད་ རས་ བཀྲ་ཤིས་ལྷུན་པོ་དང་ འདྲ་ བའི་ལྷ་ ཁང་འདི་བཞེངས་པ་ཡིན། ངེད་རས་སྔར་བོད་ཀྱི་པལ་ལྡན་ཡི་ཤེས་ཀྱང་བླམ་ཉིད་ཞེབས་རྒྱུར་འཕྲུལ་དུ་ཧོ་ཕྱག་ཕྱུལ་ཉེ་བར་མཁོ་བའི་པལ་ལྡན་གང་རྗེད་འབད་རྩོལ་གྱིས་བསྒྲུབས་པ་ཡིན་སྐང་བྱང་པོ་ཡི་འདུག །ཆོས་ཀྱི་གདམས་ཁྲ་སོ་རྣམས་ཧོ་ཕྱོག་ཕྱུས་ཡོ་ཙ་ཐུས་རས་བསྒྱུར་ཚིག་ཚེས་བཀའ་བཟང་པོ་བཀྱལ། གོང་མ་ཞེབས་རྗེས་རྗེ་ཉིད་ལ་ལྷུང་སྐུ་རི་ནབོ་ཆེས། གོང་མ་ཆེན་པོ་རས་རྗེ་ཉིད་ལ་ཕྱགས་དང་དང་ལྷག་པར་ དགེས་ཚོར་ བསམ་པ་ཀྱིས་ཏེ་ ཁབ་པ་ གདང་ བ་དེ་ཁོ་བོ་ཆད་པོ་ནཚོད་འདི་ལྷ་བུའི་བར་ རྒྱལ་པོ་འདི་དང་འགྲོགས་པ་ཡིན་ཀྱང་ དེ་ལྟ་བུའི་དགེསཚོར་གདང་རས་མ་ཤེས། འདི་ཕྱམས་ཅད་མཆོད་ཡོད་རྣམ་གཉིས་ཀྱི་ཕྱགས་བསྐྱེད་རླབས་པོ་ཆེའི་མཐུས་སྒྲུར་ ཡང་རྒྱལ་ བ་བཟོད་ཁ་ པ་ཆེན་པོའི་བསྟན་པ

འདི་བྲྭ་ནས་ བྲྭར་གོང་འཕེལ་དུ་འགྲོ་བའི་རྟགས་སུ་ སྣང་བས་ཤིན་ཏུ་ཕྱུགས་རྗེ་ཆེ་ཚུལ་གྱི་ཉུ་བ་དང་བྲྭ་ཡར་གྱི་ཁ་བདགས་འབུལ་བ་མཛད་དོ། །བརྒྱུད་པའི་ཆོས་དྲུག་ ལ་བཀྲ་ ཤིས་སྨྲན་ བོར་སྦྱོར་ལས་ཚོགས་ པའི་ སྒོན་དུ་མཛོད་ཡོད་གཉིས་འཛོམས་པ་ལ་རྗེ་ཉིད་ནས་བསྒྲུབ་པ་དང་བསྟུར་ འབར་པ་ བདེ་སྦྱོར་སོགས་གསུངས། གོང་ནས་ བཀའ་རེབས་ པ་བཞིན་རྗེ་ཉིད་ཀྱི་གཙང་གི་བཀྲ་ཤིས་སྨན་པོའི་ཕྱག་ཐོལ་ ཕྱར་ དགོན་པ་རིར་ མདོ་སྔགས་ཀྱི་ཚོགས་ཕྱག་ལེན་ སོགས་གསར་ཚུགས་གནང་། ཆོས་པ་བདུན་ལ་རྗེ་ཉིད་ནས་འཛམ་དབྱངས་གོང་མ་ཆེན་པོ་དཔག་ལོ་བདུན་ཅུར་རེབས་ པའི་ བཀྲ་ཤིས་ཁྲི་ཐུག་ཁྲི་ཐུག་གི་དྲུ་ཡར་ཆེན་པོ་དང་ བསྟུར་གོང་ས་ཆེན་པོར་སྐུ་གསུང་ཐུགས་རྟེན་གྱིས་གསོས་དངོས་པོ་སྟེས་མགོ་བ་ཕྱལ་དེ་འཛམ་པའི་དབྱངས་གོང་མ་ཆེན་པོའི་རྒྱལ་སྲིད་ཀྱི་མཛད་པ་བསམ་གྱིས་མི་ཁྱབ་ཅིང་། སྐུ་ཆེ་བའི་བརྟགས་བརྗོད་ལས་བརྩམས་དེ་གསུང་བཤད་འབྲུམས་གླས་པ་ མཛད་པ་ རྣམས་ སྙིང་སྟོ་དོ་རྗེ་འདར་ནང་ ནས་སོག་སྐད་དུ་བསྒྱུར་ནས་ཉུ་བ་གནང་། གོང་མ་ཆེན་པོ་ནས་དགྱེས་གྲུས་བསམ་གྱིས་མི་ཁྱབ་པ་དང་བཅས་དེ། བཀའ་ཆེན་ཨེར་དེ་ནི་ མངས་རྒྱུས་ཡིན་པས་ ད་རེ་མ་བཀའ་གང་རེབས་པ་ཐམས་ཅད་དོན་གནས་ཀ་ཐུག་ཡིན། ངེད་ནས་རྒྱལ་སྲིད་ནོར་བཞིན་དུ་བསྐྱངས་དེ་པོ་བྲང་ཁག་ལ་སོགས་ པའི་ མངས་ རྒྱས་ཀྱི་བསྟུར་ པ་གང་ད་བཞུགས་པའི་ཡུལ་ དང་ གནས་རྣམས་ སུ་དེ་བཞིན་ཀ་ཤེགས་ པའི་སྐུ་གསུང་ཐུགས་རྟེན་མང་དུ་བཞེངས་དེ་མཆོད། དགེ་འདུན་གྱི་སྡེ་ཡང་པོ་གསར་དུ་བཙུགས་ནས་འཚོ་བའི་བསྙེན་བཀུར་བསྟབས་དེ་མངས་ རྒྱས་ཀྱི་བསྟུར་ པ་གོང་ནས་གོང་དུ་རྒྱས་ པར་ བྱས། ཞེས་སོགས་ ཐབ་ཅིང་ རྒྱ་ཆེ་བའི་ བཀའ་ ལན་བསྩལ། ཆོས་དཀྱལ་བསྒྲུབ་བྱ་སེམས་བརྒྱ་བཞི་བཅུ་སྟོང་ལ་བསྙེན་རྫོགས་ཀྱི་

སྦྱོར་བ་བསྟུན། ཆོས་བཅུ་གསུམ་གོང་མ་ཆེན་པོའི་འབྱུང་སྐར་གྱི་ཟླ་ཡར་ཆེན་པོ་ལ་ཇོ་ཉིད་ཀྱིས་བརྟན་བཞུགས། ཟླ་བ་དེ་གོང་མའི་འབྱུང་ རབས་ གསོལ་འདེབས་ གསར་ རྩོམ་མཛད་ པ་ རེར ཡོད་པའི་ འབྱུང་ རབས་ཀྱི་རིམ་ པ་ནི། སྟོན་པ་སངས་རྒྱས་ཀྱི་དུས་སུ་རྒྱལ་པོ་གསལ་རྒྱལ། དེ་ནས་ཀུ་ས་ལི་ཆེ་བ། ས་སྐྱོང་སངས་རྒྱས་སྐྱོངས། བོད་རྒྱལ་སྲོ་ཏི་བཙན་པོ། ཡང་རྒྱ་གར་དུ་ཀླུབ་སློབ་དཔོན་ཆོག་རྡོ་རྗེ། བོད་དུ་རྡོག་ལེགས་པའི་ཤེས་རབ། དཔལ་ལྡན་འདར་འབྱར་བ། ཆེན་པོ་རྡོང་གི་ཆོས་རྒྱལ་བོ་དེ་ལ་བའི་མི་ཉིད། འཛམ་དབྱངས་སྦྱོར་ལམ་དཔལ་བ། རྗེ་སྐྱབས་རྗེ་ཆོག་དཔལ་བཟང་། བར་ཆེན་སྦྱིན་པ་རྒྱ་མཚོ། ཆོས་ཀྱི་འཁོར་ལོས་བསྒྱུར་བ་བླ་མ་སྐྱོང་རྒྱལ་པོ་ཆེན་པོ་རྣམས་བཞུགས་སོ།། ཆོས་ བཅོ་ལྔའི་ཉིན་ བསྐྱབ་ བྱ་ བཞི་ བརྒྱ་དོན་དྲུག་ ལ་ བསྔོ་བརྗོད་རྗེས་ཀྱི་ སྨོན་པ་བསྟུན། བཅུ་བདུན་ལ་བསྐྱབ་བྱ་བཞི་བརྒྱ་དོན་གཉིས་ལ་བསྔོ་བརྗོད་རྗེས་ཀྱི་སྨོན་པ་གསང་། བཅོ་བརྒྱད་ཀྱི་ཉིན་གོང་མ་ཆེན་པོས། རྗེ་སྐད་དུ། དཔལ་ལྡན་དཔའ་བོས།

གང་ཞིག་ཕྲོས་པས་ཡིད་རི་དྭང་གྱུར་ནས།
ལེགས་པར་དཀའ་ལ་བརྟན་པ་ཉིད་དུ་འགྱུར།
ཤེས་རབ་སྐྱེ་རིང་གཏི་མུག་སེང་པར་འགྱུར།
རང་གི་ཤེས་ཀྱང་དེ་རི་ཆེ་བའི་རིགས།

ཕྲོས་པ་གཏི་མུག་སྐྱུར་སེལ་སྦྱོར་བ་ཡིན།
ཀུན་པོ་ལ་སོགས་རི་འཁྲིང་རོང་གི་མཆོག།
ཀུན་དུ་སྦྱོང་བའི་དགྲ་འཇོམས་མཆོད་ཆ་ཡིན།

ཁབས་རྩྭ་པ་མར་ངག་སྤྱོད་པས་གྲོགས་ཀྱི་མཆོག།

ཚེམ་རིགས་དས་རོལ་ཁྲིམ་པའི་པར་ཡོད་བཞས་གྱིས་ཕོ་བྲང་བ་གསུངས་པའི་ནོར་རང་མཐུན་པར་ཆོས་གསན་པར་བཞེད་པ་སྣང་བའི་མཚོག་དཀར་པོའི་ཚེ་དབང་ལེགས་པར་ཐུལ་བ་ལྷུང་སྒྲ་རི་ནཔོ་ཆེས་སོག་སྐད་དུ་བསྒྱུར་ཏེ་ཉུབ་གནང་། དེ་ལྟར་ཡི་ཤིའི་ཕྱོགས་སུ་བསྟན་འགྲོའི་དོན་བསམས་གྱིས་ཕོ་བྲང་བ་མཛད་དེ་ཉི་ཀྱུ་རྫིའི་ཉིན་རྒྱལ་ཁབ་ཡོ་བྲང་ཆེན་པོར་གཤེགས་དེ་རིམ་གྱིས་ལས་སྐབས་སུ་གཉན་དོན་མཛད་ནས་ཆ་ལྷུང་སྒྲ་ཧོ་ཐེ་འཛང་སོགས་ཀྱིས་སྤྱན་ཆེན་འདོམ་འདུལ་གྱི་མཆོད་སྤྲིན་རྒྱ་ཆེན་པོ་སྤྲིས། དེ་ནས་ཡོ་སི་ཡུན་གྱི་སྐྱིད་ཚལ་དུ་ལྷུན་པོ་གཟིགས་པའི་ཕྱིར་ཕེབས་པའི་ལམ་དུ་དང་ཤང་མཁས་པ་ཞིག་ལ་ལྷ་བ་དང་འདལ་བའི་སྒོར་སོགས་ལ་གསུང་འདྲི་གནང་བ་དང་། དེས་ཡིན་ཕྱོགས་སེང་དུ་ཐུལ་བ་ལ་ཤིང་དུ་དགྱེས་པའི་འབྲུགས་བཞེད་མཛད་པ་བོང་ནས་གསན་དེ་ཉ་ཤང་དེ་ལ་རང་ཉིའི་ཆོ་པོ་གནང་ངོ་། །དེ་ནས་གོང་མའི་བཏུགས་གནས་རྣམས་དང་ཅན་དན་ཇོ་བོའི་ལྷ་ཁང་སོགས་སུ་ཕེབས་བཅུ་བདེ་ཆོས་གསུམ་གྱི་ཉིད་གྲུ་ཅ་དིའན་དུ་མཆོད་ཡོན་ཞལ་འཛོམས་པར་རྗེ་ཉིད་ལ་སྤྱོད་སོ་རྒྱས་པ་སྤྱལ། དོ་བྲང་དུ་བཏུགས་པའི་སྐབས་སུ་བསྒྲུབ་བྱ་བརྒྱ་དང་དོན་དྲུག་ལ་བསྟེན་རྫོགས་ཀྱི་རྫོང་པ་གནང་བ་སོགས་ཟབ་པ་དང་རྒྱ་ཆེ་བའི་ཆོས་ཀྱི་འཁོར་ལོ་རབ་ཏུ་བསྐོར་བར་མཛད་དོ། །དེ་ནས་གོང་མ་ཆེན་པོ་ནས་གསེར་གྱི་སྐུ་བ་ཕུལ་ཏེ་བཞེད་པ་ལྟར་རྗེ་བླ་མ་མཆོག་ནས་སྤུར་མཛད་ཡེ་ཤེས་ཀྱི་མགོན་པོ་ཕྱག་དྲུག་པའི་རྗེས་གནང་གཟབ་འཕར་དང་བཅས་བསྟུལ་བ་ལྷུང་སྐྱ་རིན་པོ་ཆེ་ནས་སོག་སྐད་དུ་བསྒྱུར་ཏེ་ཉུབ་པར་མཛད། གཏང་རག་གི་ཡོན་དུ་མཎྜལ། མཛོད་ཐོས་ཕྱག་བརྡུར་ཚ་དོར་གཞིས་སོགས་ཕུལ། རྗེ་ཉིད་ནས་ཀུང་གོང་མ་ལ་ཁ་བཏགས་

པ་གོར་ཆོས་ལྷ་པོའི་རྩང་བརྒྱན། སའི་འཁྲུལ་འཁོར་འཕེར་ཅེད་ཀྱི་ས་པདའ་རྒྱགར་ས་དང་། རལ་གྲི་རྣམས་ཕྱུལ་བས་དགྲེས་ཀྲུམ་ཆེན་པོས་བཅིངས། ཆོས་ཉེར་བཏེ་ནས་སྐུ་ཁམས་ཐུང་ཟད་སྙེམས་པའི་ཚུལ་བསྟན་པ་ལ་ལྷང་སྐྱ་རིན་པོ་ཆེ་དང་གོང་ས་ཆེན་པོ་མཆོགས་ཀྱིས་ཡང་དང་ཡང་དུ་ཞབས་བརྟན་ཕུལ་བ་དེ་གསོལ་བ་བཏབ་པ་ལ་སྨྲོན་པེད་ཚིས་བཀའ་བེབས། དེ་སྐྱར་ས་ཏྲ་ཨོ་དིའི་ཕྱུར་ཀྱུ་ཆེན་པོར་ཞུགས་མིན་ཀྱི་པོད་དྷྲི་ས་ཕོད་པར་བགོད། འཁོར་ལོས་བསྒྱུར་བ་ཆེན་པོའི་ཐུགས་ཀྱི་བཞེད་པ་དེ་བཤང་། རྒྱ་དང་སོར་དང་སན་ཇུམ་མཚོར་བའི་སྐལ་ལྡན་གྱི་གདུལ་བྱ་བགྱང་ལས་འདས་པ་རྣམས་ལ་ཟབ་པ་དང་རྒྱ་ཆེ་བའི་ཆོས་ཀྱི་འཁོར་ལོ་བསྐོར་ཏེ་ཕར་པ་དང་ཐམས་ཅད་མཁྱེན་པའི་ལམ་ལ་བཀོད་པས་གཙོས། སངས་རྒྱས་འཇིག་རྟེན་དུ་བྱོན་པ་དང་འདྲ་བར་ཤར་ཕྱོགས་ཀྱི་རྒྱལ་ཁམས་མཐའ་དག་བཀྲ་ཤིས་ཀྱི་དགེ་མཚན་ཆ་ཆེན་པོས་ཁྱབ་པར་མཛད་དོ།། དེ་ནས་ཧོར་ཟླ་བཅུ་གཅིག་པའི་ཚེས་གཅིག་གི་ཉི་ཤར་ཙམ་ན་བསྟན་འགྲོའི་དཔལ་མགོན་གཅིག་པུ་དེ་ཉིད་གཟུགས་སྐུའི་བཀོད་པ་རྒྱལ་བ་འོད་དཔག་མེད་ཀྱི་ཐུགས་ཀར་ཐིམ་པའི་ཚུལ་བསྟན་ཏོ། །དེ་ནས་ཞི་རིང་བཟའ་ཆེས་ཡིན་དུ་སྙིགས་མའི་དཔྱད་ཚོད་གདུལ་བྱ་རྣམས་ལ་རྒྱག་པར་བརྩེ་བའི་ཐུགས་རྗེ་ཆེན་པོས་ཉེ་བར་གཟིགས་ཏེ་སྔོད་ཉིའི་གཙུག་རྒྱན་མཆོག་གི་སྤྲུལ་པའི་སྐུ་རིན་པོ་ཆེ་ཤིགས་པར་བསྟན་ནས་དུས་གསུམ་ཕྱོགས་བཅུའི་སངས་རྒྱས་ཀྱི་མཛད་པ་མཐའ་དག་བདག་ཉིད་གཅིག་བུས་བདག་གིར་མཛད་པ་བཞིན་ཏེ་མཚར་རྨད་དུ་བྱུང་བའི་མཛད་པ་བཟང་པོས། ། འཇམ་མགོན་རྒྱ་མ་བ་གཉིས་པའི་བསྟན་པ་རིན་པོ་ཆེ་ཉིད་སོ་སྐྱར་གསལ་བར་མཛད་བཞིན་དུ་བཞུགས་པ་འདི་བཞིན་ལགས་སོ།།

བདེ་ལྟར་ཉིང་གི་གཙོ་བོ་ཛ་ཏོགས་འདིར་ཀླབས་རྒྱང་བགོད་ནས་དཔག་བསམ
ཤིང་བཞིན་དུ།
འཇམ་དབྱངས་གོང་མའི་ཕྱག་ས་བཞེད་བསྟན་ཉིང་པོ་བཅོང་ཕུལ་རྣ་རིག་སོགས
ཀྱིས་འབྲེལ་ཐོགས་པའི།
རྒྱ་བོད་ཡུལ་གྱི་སྐྱེ་རྒྱུ་ཡོངས་ལ་བསྟུ་བའི་དངོས་བཤིས་ལེགས་ངང་ཚིམ་པར
མཛད་དེ།
མཚོ་སྒོ་ངེས་ལེགས་ལམ་ལ་བགོད་པའི་ཚོ་མཚར་མཛད་བཟང་དྲན་ཀྱིས
སྐབས་སུ་མཆི།

དེ་ནས་ད་ལྟའི་གོང་མ་ཆེན་མོའི་ཞི་ཡལ་ཐའི་ཡི་རུ་གེལ་ཐུ་ཙཱ་ཧྲིང་རྒྱལ་པོ་འདི་ཉིད་ཀུང་གོང་མ་ཐའི་ཙང་ཧྭང་དིའི་ལུགས་སྲོལ་བཟང་པོ་ཡིགས་པར་བསྐྱངས་པའི་སྒོ་ནས། སྔ་ཚེ་དུ་མར་རང་ཅག་རྒྱ་སོག་གི་སྐྱེ་རྒྱུ་མཐའ་དག་གི་བླ་སྐལ་ལྷ་ཁུར་གྱུར་ཏེ་བཀའ་འདྲིན་བསམས་ཀྱིས་མི་ཁྱབ་པས་བསྐྱངས་པའི་སྐབས་མགོན་ནས་པ་ཁམས་གསུམ་འགྲོ་བའི་བླ་མ་རྒྱང་སྐུ་མཆོག་སྤྲུལ་རིན་པོ་ཆེ་རྡོ་རྗེ་འཆང་ཡེ་ཤེས་བསྟན་པའི་རྒྱལ་མཚན་གྱི་ཞལ་སྔ་ནས་དང་། ཁྲི་ཆེན་མཆོག་སྤྲུལ་རིན་པོ་ཆེ་ཁྲབ་བདག་ལྷ་པ་ངག་དབང་ཕུན་བསྟན་དབང་ཕྱུག་དཔལ་ལྡན་འཕྲིན་ལས་རྒྱ་མཚོའི་ཞལ་སྔ་ནས་དང་། ཁྲི་ཆེན་ནས་མཁན་བཟང་པོའི་མཆོག་སྤྲུལ་རིན་པོ་ཆེ་དཀྱིལ་འཁོར་རྒྱ་མཚོའི་མངའ་བདག་རྡོ་རྗེ་འཆང་འཇིགས་མེད་ནམ་མཁའི་ཞལ་སྔ་ནས་ལ་སོགས་པ་མཆོད་གནས་སུ་མཛད་ཅིང་། དཀོན་མཆོག་གསུམ་ལ་བཀུར་སྟི་མཛད་དེ་བསྟན་འགྲོའི་ཕན་བདེ་གོང་ནས་གོང་དུ་སྤེལ་བཞིན་དུ་བཞུགས་པ་འདི་ལྟར་ལགས་སོ། །གཞན་ཡང་རྒྱལ་པོ་གོང་མ་རྣམས་ཀྱི་རིང་ལ་ཡོངས་རྫོགས་བསྟན་པའི་མངའ་བདག་བ་སོ་རྗེ་དྲུང་མཆོག

སྤྲུལ་རིན་པོ་ཆེ་དང་། བཙུན་པོ་སྐྱིད་གྲོལ་དོ་བོད་ལྡན་རིན་པོ་ཆེ་དང་། ཁྲི་བཀའ་མཆོག་སྤྲུལ་རིན་པོ་ཆེ་ཁྲབ་བདག་འཁོར་ལོའི་མགོན་པོ་རྡོ་བཟང་ཆོས་ཀྱི་ཉི་མའི་ཞབས་སྔ་ནས་དང་། སྟོང་འཁོར་མ་ཧཱུྃ་ཀྲྀ་དོ་མོར་ལྡན་དང་། རྫེ་ཨ་ཀུ་སྤྲུལ་སྐུ་རིན་པོ་ཆེ་དང་། རྫེ་ངག་དབང་དཔལ་འབྱོར་རྣོ་ཐོག་ཕྱི་སོགས་མཁས་གྲུབ་གཉིས་འཛོམས་ཀྱི་བླ་ཆེན་རྣམས་དང་། དགེ་བའི་བཤེས་གཉེན་མཁས་པ་རང་པོ་སྐུ་དྲུངས་རེ་བསྟུད་ཐལ་ཐ་བ་མཛད། དེ་ལྟར་ན་དུའི་ཆེད་གོང་མ་རྒྱལ་པོ་རྣམས་ཀྱིས་མཐའ་མེད་དགེ་ལུགས་པའི་སྐྱེས་མཆོག་ཁོ་ནར་མཆོད་ཡོན་དུ་འབྲེལ་བར་མཛད་དོ། །སྐྱེས་ཆེན་དམ་པ་དེ་དག་ལ་ལྷ་ཆེ་བ་རྣམས་ཀྱིས་རིན་རྒྱ་དང་མདན་ཛུ་དང་། ལྕག་པར་ཆེན་པོ་ཚང་གི་ཡུལ་གྲུ་མཐུད་དག་གི་དཔོན་ཆེན་རྣམས་ཀྱིས་གཏོས་སྐྱོན་འབངས་སྐྱེ་འགྲོ་རྣམས་ལ་ཆབ་པ་དང་རྒྱ་ཆེ་བའི་ཆོས་ཀྱི་ཞར་ཆེན་ལེགས་པར་ཕབ་སྟེ་རྩིས་པར་མཛད་པའི་སྒོ་ནས་སྐྱོ་བཟང་རྒྱལ་བའི་བསྟན་པ་རིན་པོ་ཆེ་ཕྱོགས་ཀུན་དུ་རིམ་ཆེར་དར་ཞིང་རྒྱས་པར་མཛད་དོ། །དེ་ལྟར་གོང་མ་ཆོས་ཀྱི་རྒྱལ་པོ་རྣམས་ཀྱིས་དེ་དབུས་གཙང་མདོ་སོགས་ནས་མཁས་གྲུབ་ཀྱི་སྐྱེ་ཆེན་དམ་པ་དུ་མ་སྐུ་དྲུངས་དེ་རྒྱ་དང་ཧོར་གྱི་ཡུལ་གྲུ་ཆེན་པོ་རྣམས་སུ་མདོ་སྔགས་དང་ཐ་སྙད་རིག་གནས་ཀྱི་དམ་པའི་ཆོས་ཀྱིས་མཆོད་མངས་རྒྱས་ཀྱི་བསྟན་པ་ཉིན་མོ་ལྟར་གསལ་བར་མཛད་པའི་མཛད་འཕྲིན་བཟང་པོ་འདི་དག་གིས་ཏེ། བོད་ཀྱི་ཆོས་རྒྱལ་རྣམས་ཀྱིས་འཕགས་པའི་ཡུལ་ནས་པར་གྲུབ་དམ་སྐྱུན་དྲངས་ཏེ་བསྟན་པ་རྒྱས་པར་མཛད་པའི་ཕྱག་ཀྱི་ཁྱེངས་པ་འཚོག་པ་ལྟ་བུར་གྱུར་ཏོ། །གཞན་ཡང་ཞལ་ངའི་ཡུལ་གྲུ་ཆེན་པོར་གྲུབ་ཐོབ་ཀྱི་འཁོར་ལོས་བསྒྱུར་བ་ནག་པོ་སྤྱོད་པ་དང་ཀུན་མཁྱེན་འཇམ་དབྱངས་ཆོས་རྗེ་དང་གྲུབ་ཆེན་དྷ་རྣ་ཐའི་མཆོག་གི་སྤྲུལ་སྐུ། མཆོད་པ་ན་བདེ་བར་གཤེགས་པ་དས་

མཁའི་ཐིག་ལེ་ཞེས་བྱ་བའི་མདངས་རྒྱས་ཀྱི་མཛོད་པ་སྟོན་དགོས་ཀྱི་ཟླ་བཙུན་དམ་པ་བློ་བཟང་བསྟན་པའི་རྒྱལ་མཚན་གྱི་སྐུའི་སྐྱེ་བ་སྔ་ཕྱིའི་རིམ་བརྒྱུད་དང་། བཀའ་འགྱུར་གྱི་ལུང་དང་སེ་ར་རྡོར་འཛིན་གྱི་དབང་ཆེན་སོགས་དམ་པའི་ཆོས་ཀྱི་རང་ཆེན་ལེགས་པར་པཎ་སྨི་བསྟན་པའི་བྱ་བ་རྒྱ་ཆེར་མཛད་པའི་སྐྱེས་མཆོག །པཎ་ཆེན་ཐམས་ཅད་མཁྱེན་པ་བློ་བཟང་ཆོས་ཀྱི་རྒྱལ་མཚན་དང་རྒྱལ་དབང་ལྔ་པའི་དངོས་སློབ་ཛ་ཡ་པཎྜི་ཏ་བློ་བཟང་འཕྲིན་ལས་དང་། ཞལ་ང་མ་ཧཱུྃ་ཀྱི་རྡོ་ཡོན་ཅན་དང་། ཞལ་ང་ཨེར་དེ་ནི་པཎྜི་ཏ་དབང་ཆེན་ནོར་ཡོན་ཅན་དང་། རྗེ་སྐུ་ཚུགས་ཐུ་རི་ནོར་ཅན་སོགས་སྐྱེ་ཆེན་དམ་པ་དུ་མ་འཁྲུངས་ཏེ་ཕྱོགས་ཕྱོགས་སུ་དགོན་ཆེན་མང་པོ་བཏེངས་ནས་མཚན་ཉིད་གྲྭ་ཚང་དང་རྒྱུད་གྲྭ་སོགས་གྲྭ་ཚང་མང་པོ་བཙུགས་ཏེ་བསྟན་པ་རིན་པོ་ཆེ་འཕེལ་རྒྱས་ཆེར་མཛད་དོ། །ཡང་ཕྱིར་ཀོར་ཨ་ལ་ཤ་ཡི་རྒྱལ་པོའི་ཕྱོགས་སུ་འདང་རྒྱལ་བསྟན་དར་ཞིང་དེའི་ཤར་ཕྱོགས་ཀྱི་མོག་རྒྱལ་དགའ་ལྡན་ཧོར་ཆེ་རིག་ཐུ་ཆང་ཕྲའི་ཤིའི་དུས་སུ་བཙུགས་པའི་མཚན་ཉིད་ལས་རིམ་རྒྱུད་པ་སོགས་གྲྭ་ཚང་བཞི་ལ་དགེ་འདུན་སྟོང་ཉི་ཁྲི་ལྷག་ཡོད་པ་དེ་རྣམས་ཀྱིས་སློབ་ཁྲིམས་ལེགས་པར་བསྐྱང་ཞིང་། བསྡུས་ཚད་ལུང་ཚད་ཀང་མེད་པའི་མདོ་རྒྱུད་དང་རྗེ་བཙོང་ཁ་ཡབ་སྲས་དང་པཎ་ཆེན་བློ་བཟང་ཆོས་རྒྱན་གྱི་གསུང་རབ་སྟོང་ནས་འཆད་ཉན་དང་བསྒྲུབ་པ་གསུམ་ལ་ཉམས་ལེན་ཚུལ་བཞིན་དུ་མཛད་པར་གྲགས་པ་ལྟར་ཡོད་ཚད་དུ་གདའོ། །དེ་བཞིན་དུ་ཨ་ལག་ཤའི་ཕྱོགས་སུ་ཧེ་དགའ་ཟེ་མཆོག་སྤྲུལ་རིན་པོ་ཆེ་ཀུན་གྲོལ་ནོ་མོན་ཧན་གྱིས་མཚན་ཉིད་ཀྱི་བཤད་གྲྭ་སོགས་བཙུགས་ཏེ་བསྟན་པའི་བྱ་བ་མཛད། ཨོ་རང་ཕྱོགས་སུ་མཁས་དབང་དམ་འཕོར་འཕྲེང་བས་པད་དཀར་ཆོས་གླིང་བཏབ་སྟེ་མཚན་ཉིད་དང་དུས་འཁོར་གྲྭ་ཚང་བཙུགས་ཏེ་བསྟན་པ་རྒྱས་པར་

མཛོད་པས་མཆོད། ཨོ་ཌི་རི་ཤ་དང་། མ་ཚོ་སྦྲིན་དང་། ཞ་ཧུར་དང་། སྦུ་ཧིད་དང་། ཨ་གྲཱ་ཀ་དང་། དུར་བེད་དང་། ཕུ་རི་ནང་དང་། ཡ་ཧུ་ཧོར་ཆེན་དང་། ཆེ་གུན་པོར་ཆེན་དང་། ཨཱ་བུ་ཏན་དང་། སྲི་པ་ན་དང་། ཡོང་སྐྱིད་དང་། ཇ་ཧེ་དང་ལ་སོགས་པའི་ཕྱི་ལོགས་དང་ནང་སོགས་ཀྱི་གྲོང་གི་ཡུལ་གྲུ་ཆེན་པོ་མཐར་དག་ལ་དབུས་གཙང་དང་ཨ་མདོ་སོགས་ནས་མདོ་སྔགས་ཀྱི་གཞུང་ལ་མཁས་པར་སྦྱངས་པའི་སྐྱེས་ཆེན་དམ་པ་དུ་མ་སྤྱན་དྲངས་པ་དེ་དག་དང་། ཤོག་མ་མོའི་གྲྭ་པ་ཤིན་ཏུ་མང་པོ་དག་ དབུས་གཙང་ ཨ་མདོ་སོགས་ཀྱི་ཕྱོགས་སུ་སོང་སྟེ་སློབ་གཉེར་བྱས་པའི་མཁས་པ་དུ་མ་རྣམས་ཀྱང་ ཕྱོགས་ཕྱོགས་སུ་དགོན་པ་ཆེ་ཆུང་ཤིན་ཏུ་མང་པོ་བཏབ་སྟེ་མཚན་ཉིད་ཀྱི་བཤད་གྲྭ་རྒྱུད་གྲྭ་ལས་རིམ་གྲྭ་ཚང་སོགས་འཛུགས་ཏེ་འཆད་ཉན་དང་། སྡོམ་ཁྲིམས་ལ་གནས་པར་བརྩོན་པ་སོགས་ཀྱི་སྒོ་ནས་རྒྱལ་བསྟན་རིན་པོ་ཆེ་བོད་ཀྱི་ཡུལ་ཕྱོགས་ཀུན་ཏུ་ཁྱབ་པར་མཛད་པ་ལྟ་བུར་གྱུར་པས་ཐམས་ཅད་བརྗོད་པར་ག་ལ་ནུས། འོན་ཀྱང་ཕྱོགས་འགའ་ཞིག་ཅུང་ཟད་སྨོས་ན་ནི། རང་རེའི་ཞར་ཆེར་ཕུ་ལེད་ཀྱི་ཤོག་འཛིན་སྐྱོང་བཅས་གཞས་བཙོད་ནུས་མ་ཆེ་རིང་པོའི་སྟོབས་ཀྱིས་མཐོ་རིམ་ཀྱི་ཡོན་ཏན་བདུན་གྱིས་ལེགས་པར་བསྒྲུབ་པ། བླ་མ་དཀོན་མཆོག་གསུམ་ལ་མི་ཕྱེད་པའི་དད་པ་དང་ལྡན་ཏེ་ཞིང་། རྒྱང་སྣ་རིན་པོ་ཆེ་ཕྲ་མར་བཀྲུང་ནས་ལས་རིམ་དང་གསང་སྔགས་ལམ་ལ་ཐུགས་གཅིག་ཏུ་གཏོད་པའི་སྐྱེས་མཆོག་བསྟན་པའི་སྒྲོན་བདག་ཆེན་པོ་ཛ་མུག་པའི་མི་ནག་པོ་ཀ་བླ་ཡས་གྲོ་ཡང་ཕྱི་ཞེས་སྐད་པར་གྲགས་པ་དེས་རང་ཉིད་ཀྱིས་བསྟན་པ་རིན་པོ་ཆེ་དར་སྤེལ་བྱས་ལ་ཡུལ་རིང་དུ་གནས་པའི་སྐབས་སུ་དམིགས་ཏེ་རང་གི་ཞོ་བྲང་གི་ཉེ་འདབས་སུ་ཡོད་ཉིད་བདེ་བའི་སྐྱ་ཁང་ཆེན་པོས་གཙོས་པའི་དགོན་པ་བཏབ་སྟེ་དེར་མཚན་ཉིད་གྲྭ་ཚང་གསར་དུ

བཙུགས་ཤིང་ དགེ་འདུན་རྣམས་ལ་ མགྲོན་སྐྱེན་ གྱི་དངོས་རྫས་ སྦྱོར་འཇུགས་མཛད། དབུས་གཙང་གི་རྒྱལ་བ་ཡབ་སྲས་གཉིས་ཕེབས་འབྱོལ་བ་སྲུས་སྐྱོབ་ཕུལ་བ་སོགས་ཀྱི་ཞབས་ཏོག་མཛད། ལྷག་པར་བཀའ་དྲིན་མཚུངས་མེད་ཀྱི་ཀུན་མཁྱེན་བླ་མ་འཇམ་དབྱངས་བཞད་པ་རྡོ་བཙུན་ དཀོན་མཆོག་འཇིགས་མེད་དབང་པོའི་ ཞལ་སྔ་ནས་དེ་ཉིད་ ཡུལ་ ཕྱོགས་ འདིར་ སྤྱན་ དྲངས་ དེ་དོ་ཕོ་འདེམས་མཆོད་ཧོར་གྱི་ཡུལ་ཕྱོགས་དུ་མར་བསྟན་པ་རྒྱ་ཆེར་སྤེལ་བར་ མཛད་པའི་བདག་རྐྱེན་གནང་བས་བཀའ་དྲིན་བླ་ལྷག་ཏུ་གྱུར་པ་ཡིན་ནོ། །འདིར་འཇམ་དབྱངས་ཆོས་ཀྱི་རྒྱལ་པོ་དེ་ཉིད་ཀྱི་རྣམ་ཐར་ཚུང་ཟད་བརྗོད་པ་ལ། རྗེ་དེ་ནི་མདོ་སྨད་སྔང་རའི་གནས་སུ་ ཡབ་སྟོང་འཁོར་ མ་ཧཱ་ ཤྲཱི་རྗེ་ངག་ དབང་ བསོད་ནམས་རྒྱ་མཚོའི་གཅུང་ངག་ དབང་ རྣམ་རྒྱལ་ དང་ཡུམ་ གནམ་སྐྱིད་གཉིས་ཀྱི་ སྲས་ སུ་རབ་བྱུང་བཅུ་གཉིས་ པའི་ ས་སྤྲེའུའི་ལོར་ཅོ་མཚར་ བའི་ ལྟས་ མང་པོ་བཅས་སྐུ་འཁྲུངས། མཚན་རིན་ཆེན་མཁར་དུ་གསོལ། ཁྱེས་པའི་ སྐབས་ སྐུ་འདང་ བག་མེད་ཀྱི་དྲི་མས་མ་གོས་པར་དག་པའི་སྤྱོད་པས་མཛེས་པར་ བརྒྱུད་ལ་ཀུན་གྱིས་ བསྔགས་པའི་ཡུལ་དུ་གྱུར། དགུང་ལོ་དྲུག་པའི་དུས་སུ་དགེ་ཚུལ་ཆོས་རྗེ་དོན་གྲུབ་རྒྱ་མཚོ་ལས་རབ་ཏུ་བྱུང་སྟེ་མཚན་ངག་དབང་རྒྱལ་མཚན་དུ་གསོལ། ལྷ་ཁང་ལ་བཞུད་ནས་ཀློག་ བསླབས་ པས་ མགོ་སློབ་པ་ ཙམ་གྱིས་ ལེགས་པར་ མཁྱེན། དགུང་ལོ་བཅུ་ གསུམ་ཐོག་ མ་ཁ་ སྟོང་འཁོར་ མ་ཧཱ་ ཤྲཱི་རིན་པོ་ཆེའི་ དྲུང་དུ་དགེ་ཚུལ་གྱི་སྡོམ་པ་ཐོབ་སྟེ་མཚན་ངག་དབང་འཇམ་དབྱངས་འཕྲིན་ལས་རྒྱལ་མཚན་དཔལ་བཟང་པོ་ཞེས་གསོལ། རྒྱུད་འདུག་གཉིས་ཀྱང་ལེགས་པར་བཟུང་། རྗེ་དེ་ལ་རྡོ་རྗེ་འཇིགས་བྱེད་དཔའ་ གཅིག་གི་དབང་ གསང་བདེ་ནག་ པར་ ཕུགས་ཉམས་སུ་བཞེས། འཇམ་དཔལ་ཞལ་ལུང་གི་ཁྲིད་དང་། རིག་བྱེད་མའི་རྗེས་

གདམས་སོགས་བཀའ་ཆོས་མང་པོ་ཡང་གསན་ནོ། །དགུང་ལོ་བཅུ་དྲུག་ཐོན་པའི་ཚེ། ལོ་སོ་དང་། གནས་རྒྱང་། དགའ་གདོང་ཆོས་སྡིང་རྣམས་ཀྱིས་རྗེ་འཇམ་དབྱངས་བརྒྱུད་པའི་རྡོ་རྗེ་བར་ཕྱག་བཅར་དེ་བཀྲ་ཤིས་འཁྱིལ་གྱི་གདན་སར་འཁོར་ལོས་དེའི་རྗེས་སར་བཀྲ་ཤིས་འཁྱིལ་གྱི་སྤྱོད་ལམ་གསུང་ཆོས་རྣམས་ལ་ཆག་མེད་དུ་ཞིབས་ཏེ་ཆོས་བཀའ་དང་བསྐོ་སྤྱོད་ལ་སོགས་པ་རྣམས་ཀུང་སྐུ་བར་མཛད། དགེ་བའི་བཤེས་གཉེན་ངག་དབང་བསྟན་འཛིན་དགེ་རྒན་དུ་བསྟེན་ནས་བསྡུས་གྲྭ་ལ་སྦྱངས་པས་ཉི་ཤུ་གཅིག་གཉིས་ནས་རྟགས་གསལ་ཞིགས་པར་མཁྱེན། ཡོངས་རྫོགས་བསྟན་པའི་མངའ་བདག་དཔལ་འཁོར་ཆོས་སྡེའི་མཁན་ཆེན་རྡོ་རྗེ་འཆང་དགེ་འདུན་རྒྱ་མཚོ་གདན་དྲངས་ཏེ་ཁོང་གི་དྲུང་དུ་འཇིགས་བྱེད་བཅུ་གསུམ་མ་དང་། གསང་འདུས་གཉིས་ཀྱི་དབང་། ཕྱག་རྗེ་ནོར་པོ་བཅུ་གཅིག་ཞལ་གྱི་དབང་སོགས་དབང་ཆེན་གྱི་རིགས་དང་། སྣང་ཐང་བརྒྱ་རྩ། སྒྲུབ་ཐབས་རྒྱ་མཚོ་སོགས་སྤྱི་བཀའི་རྗེས་གནང་དང་། མགོན་པོ་བཀའ་བརྒྱད་གསུམ། སྒྲོལ་དཀར། ཁྲུང་ནག །ཁྲུང་ཁྲ་སོགས་ཟུར་བཀའི་རྗེས་གནང་དུ་མ་དང་། བཀའ་གདམས་གླེགས་བམ། །སྙིང་པོ་སྐོར་གསུམ། བཀའ་ཆེན་གསུང་འབུམ། སྣང་སྲུ་གསུང་འབུམ་སོགས་ལུང་གི་རིགས་དུ་མ་དང་བཅས་ཟབ་པ་དང་རྒྱ་ཆེ་བའི་དམ་པའི་ཆོས་མང་དུ་གསན། དགུང་ལོ་ཉེར་གཉིས་པའི་ཚེ་དགོན་ཆུང་བྲུམས་པ་གླིང་དུ་མཁས་གྲུབ་ཀུན་གྱི་གཙུག་རྒྱན་རྫོང་སྨད་རིན་པོ་ཆེ་ཡེ་ཤེས་བསྟན་པའི་སྒྲོན་མེའི་ཞལ་སྔ་ནས་ལ་མཁན་པོ་ཞུས་ཏེ་བསྙེན་པར་རྫོགས། ལོ་དེའི་སྟོན་སྟོང་འཁོར་རི་ནར་པོ་ཆེ་དགོན་གསར་བཀྲ་ཤིས་རབ་བརྟན་དུ་སྤྱན་དྲངས་ཏེ་རྡོ་རྗེ་འཕྲེང་བ་དང་ཀྱཻ་ཡ་སྐུལ་བའི་དབང་ཆེན་ཡོངས་རྫོགས་གསན། དགུང་ལོ་ཉེར་ལྔ་ཐོན་པ་རྒྱ་བོ་སྤྲེ་བྱའི་ལོར་ཡུལ་དབུས

སུ་བྱོན་དེ། ཕོ་བྲང་ཆེན་པོ་པོ་ཏ་ལར་རྒྱལ་དབང་ཐམས་ཅད་མཁྱེན་ཅིང་གཟིགས་པ་ཆེན་པོ་བློ་བཟང་བསྐལ་བཟང་རྒྱ་མཚོ་དང་པཎ་ཆེན་ཐམས་ཅད་མཁྱེན་པ་བློ་བཟང་དཔལ་ལྡན་ཡེ་ཤེས་གཉིས་དང་མཇལ། པཎ་ཆེན་རིན་པོ་ཆེ་ནས་རྒྱལ་དབང་མཆོག་ལ་བཀའ་ཆོས་གསར་པའི་སྐབས་སུ་འདུག་པས་ཆོས་ཞར་པའི་གྲལ་དུ་བཞུགས་ཏེ། སྒྲུབ་ཐབས་རྒྱ་མཚོ། བ་རི་བརྒྱ་རྩ། སྣར་ཐང་བརྒྱ་རྩ། སྣར་བརྒྱའི་རྗེས་གནང་སོགས་དང་། རྒྱལ་དབང་རང་གི་གསུང་འབུམ་གྱི་ལུང་སོགས་ཆོས་བཀའ་མང་དུ་གསན། དེ་ནས་འབྲས་སྤུངས་སུ་དཔལ་ལྡན་བཀྲ་ཤིས་སྒོ་མང་གི་ཆོས་གྲྭར་ཞུགས་ཏེ་མཁན་ཆེན་སངས་རྒྱས་རྡོ་རྗེའི་དྲུང་དུ་ཞིབ་འཇུག་གསན་ཅིང་། རིག་པའི་དབང་ཕྱུག་ཀླུ་འབུམ་བློ་བཟང་དར་རྒྱས་དགེ་ཤར་དུ་བསྙེན་ནས་ཤེས་རབ་ཀྱི་ཕ་རོལ་ཏུ་ཕྱིན་པའི་གཞུང་ལུགས་ལ་སྦྱངས། ཕྱིར་བུ་རྟོགས་རྡོ་རྗེ་གྲུབ་པའི་དབང་ཕྱུག་དཔོན་སློབ་བྱམས་པ་རིན་པོ་ཆེར་མཇལ་དུ་བྱོན་པས་ཐུགས་དགྱེས་སྤྲོས་ཀ་མཛད། ཆོས་འབྲེལ་ཞིག་ཞུས་པས་སྒྲོལ་དཀར་གྱི་ཚེ་ཁྲིད་གཅིག་གནང་། ཆུ་བྱིའི་ལོར་རྒྱལ་དབང་རིན་པོ་ཆེར་རྗེ་འདི་ཉིད་ཀྱིས་ཞུས་ཏེ་བྱང་ཆུབ་བདེ་ལམ་གྱི་ཁྲིད། འགྲེལ་པ་བཞི་སྦྲགས་ཀྱི་བཤད་ལུང་གཉིས་ཐུགས་དགྱེས་བཞིན་དུ་བསྩལ། བར་སྐབས་ཤིག་ཁ་ཐངས་ནས་རྡོ་རྗེ་འཛིན་ཕྱག་ལྷ་རིན་པོ་ཆེ་ཕེབས་བྱུང་བར། གོང་གི་མདུན་དུ་བདེ་མཆོག་ལྷ་ཡི་པའི་དབང་། ས་སྐྱའི་གསེར་ཆོས་སོགས་གསན། དཔོན་སློབ་བྱམས་པ་རིན་པོ་ཆེ་ལས་བདེ་ལམ་གྱི་ཁྲིད་དང་། འཇིགས་བྱེད་ཀྱི་བསྙེན་རྫོགས་གཉིས་ལེགས་པར་གསན། དེ་ནས་གཙང་དུ་ཕེབས་ཏེ་པཎ་ཆེན་རིན་པོ་ཆེར་ཚེ་དབང་སོགས་གསན། ས་སྐྱར་ཕེབས་ཏེ་རྗེ་ངག་དབང་ཀུན་དགའ་བློ་གྲོས་ཀྱི་དྲུང་དུ་བདེ་མཆོག་ནག་པོའི་དབང་སོགས་ཆོས་རྒྱུན་དཀོན་པ་ཅི་རིགས

གསན། དེ་དུས་ལྷུང་སྣ་རིན་པོ་ཆེ་དབུས་སུ་ཕེབས་བྱུང་ནས་རྗེ་དེ་ཉིད་ཀྱི་དྲུང་དུ་གསང་འདུས་ཀྱི་དབང་། བདེ་མཆོག་དྲིལ་བུ་ཀྲི་རང་གི་དཀྱིལ་འཁོར་གཉིས་ཀྱི་དབང་། བདེ་མཆོག་ལུས་དཀྱིལ་གྱི་བསྐྱེད་རྫོགས། ཁྲིད་ཆེན་བརྒྱད་སོགས་གསན། ཉེས་དཔོན་སློབ་ཟུར་ལ་ངག་དབང་དོན་གྲུབ་ཀྱི་དྲུང་དུ་ལམ་རིམ་ཆེན་མོའི་བཤད་ལུང་གསན། རྗེ་ཡང་དགོན་སྔགས་རམས་པ་བློ་བཟང་དོན་གྲུབ་ལས་སྐྱབ་ཐབས་རིན་འབྱུང་སོགས་ཆོས་བཀའ་མང་དུ་གསན། དབུ་པར་གྱི་སློབ་གཉེར་དང་མདོ་སྔགས་ཀྱི་གསན་པ་རྒྱ་ཆེར་མཛད་དེ། མ་ཡོས་ལོར་སྨྲ་བྱུང་ཆེན་པོ་བཀྲ་ཤིས་འཁྱིལ་དུ་ཕྱག་ཕེབས་དེ། ཆོས་འཇིག་རྟེན་གཉིས་ཀྱི་སྒོ་ནས་ལེགས་པར་བསྐྱངས། དགུང་ལོ་སོ་གསུམ་པའི་ཟླ་བ་གཉིས་པའི་ཡར་ཚེས་ལ་འཚར་ཤར་གྱི་ཁྲིར་ཞབས་སེང་བཀོད་ནས་དཀར་ཆོད་ཆེན་པོ་ལྔའི་རྟེས་བཞག་གཏང་ནས་མཆོད་ཕྱོགས་ཕྱོགས་ནས་འདུས་པའི་སྐལ་ལྡན་གྲངས་མེད་པ་རྣམས་ལ་ཟབ་པ་དང་རྒྱ་ཆེ་བའི་ཆོས་ཀྱི་འཁོར་ལོ་རྒྱུན་མི་ཆད་པར་བསྐོར་བར་མཛད། བར་སྐབས་ཤིག་འཛམ་དབྱངས་གོང་མ་རྒྱལ་པོས། རྗེ་འདི་ལ་བསྟན་པ་འཛིན་ཅིང་སྤེལ་བར་བྱེད་པའི་ཡེར་དེ་ནི་ནོ་མོན་ཧན་ཞེས་པའི་ཆོ་ལོ་དང་ཐམ་ཀ་འཇའ་ས་བཅས་གནང་། དགུང་ལོ་སོ་དྲུག་ཐོག་སྤྱི་སོར་པཎ་ཆེན་ཐམས་ཅད་མཁྱེན་པས་དུས་འཁོར་གྱི་རྩང་ཞིག་འདེབས་དགོས་ཀྱི་བཀའ་ལུང་ཡོད་པས་དེར་བཀའ་བཞིན་སྒྲུབ་པའི་མཆོད་པ་སོགས་སུ་དམིགས་དེ། དུས་འཁོར་གྱི་རྩང་བདག་རྡོ་རྗེ་ཉིད་ཀྱིས་ཆོས་ཐུགས་ཁ་ཞལ་གནང་བ་སོགས་ཀྱིས་འཚར་ཤར་ལེགས་པར་བཙུགས། ཐུའུ་བཀྭན་རིན་པོ་ཆེས་གཙོས་དགོན་ལུང་གི་ལམ་སྐྱེ་བ་རྣམས་ཀྱིས་གསོལ་བ་བཏབ་པ་ལྟར་དགོན་ལུང་གི་ཆོས་ཁྲིར་བཞུགས་དེ་ཆོས་ཀྱི་དགའ་སྟོན་སྤེལ། དགུང་ལོ་སོ་བརྒྱད་ཐོག་སྐུ་འབུམ་གྱི་གྲྭ་བ་རྣམས་ཀྱིས་

གསོལ་བ་ བཏབ་པ་ བཞིན་དེ་ཀའི་ ཆོས་ཁྲི་ལ་ཞབས་སེང་ བཀོད་ནས་ ཆོས་ཀྱི་འཁོར་ལོ་རྒྱ་ཆེར་བསྐོར། དེ་ལྟར་ དགོན་ཆེན་གསུམ་གྱིས་གཙོས་ཕྱོགས་ཕྱོགས་ཀྱི་དགོན་པ་ཆེ་ཆུང་རྣམས་དང་། མཆོད་སྡོང་གྱི་དབོན་ཆེན་སོགས་བོད་སོག་གི་གདུལ་བྱ་མཐའ་ཡས་པ་ རྣམས་ལ་ དབང་རྗེས་གནང་ ལུང་ཁྲིད་བསླེན་རྫོགས་ཀྱི་སྟོན་པ་སོགས་ ཟབ་པ་ དང་རྒྱ་ཆེ་བའི་ཆོས་ཀྱི་བདུད་རྩིས་ཚིམ་པར་མཛད་དེ། སྔར་དགོན་ལུང་དུ་ལྕང་སྐྱ་རྡོ་རྗེ་འཆང་ལ། མི་དྲིའི་དབང་ཞིག་གསན་འདུན་ཆེ་ཚུལ་ཞུས་པར། མཆན་སྒོམ་མཁན་པོས་ཁྲི་ཆེན་སྤྲུལ་སྐུའི་མདུན་ནས་གསན་ཡོད་ པས་ཁོང་ལ་ཞུས་ ན་ལེགས་ གསུངས་ ཡོད་པ་ ལྟར་ མི་དྲིའི་དབང་དང་། རྡོ་རྗེ་འཆང་ཉིད་ལ་ཡང་རིམ་བླ་གསལ་སྒྲོན་གྱི་བཤད་ལུང་ཞུ་རྒྱུར་རི་བོ་རྩེ་ལྔའི་གནས་མཇལ་ བཅས་ཀྱི་ཆེད་དུ་ས་ ཕྱུང་ལོའི་ ས་ག་ཟླ་ བའི་ཉེར་གཉིས་ལ་རི་བོ་རྩེ་ལྔར་ཆིབས་ཀྱི་ཁ་ལོ་བསྒྱུར་བར་མཛད་དེ། ལམ་གྱི་སྐབས་སྐབས་སུ་ཟླ་ཆེན་དང་དཔོན་ཆེན་སོགས་ཀྱིས་ བསུ་སྐྱེལ་ དང་ཆོས་ཞུས་ པ་དང་བསྙེན་བཀུར་ཕུན་སུམ་ཚོགས་པ་དང་བཅས་རི་བོ་རྩེ་ལྔར་འབྱོར་ བའི་ཚེ་ཟླ་ཆེན་རྣམས་ཀྱིས་ གཡོན་ཁྱུ་རིགས་ རྣམས་ཀྱིས་སེར་སྤྲེང་ བཅས་ བསུས་ཏེ་ཕེབས། དེའི་ཚེ་ལྕང་སྐྱ་ཐམས་ ཅད་ མཁྱེན་པ་བཟང་ ཀྱ་ཡིན་དུ་ནས་ཐོར་བཞུགས་སྐབས་ཡིན་པས་རྗེ་ཉིད་གཅིག་པུར་དངོས་མཇལ་མཛད་ཅིང་ ཕྱོགས་གཉིས་དང་འབྲེལ་བའི་ནང་སྤྲུར་གྱི་གསུང་གླེང་ཤིན་ཏུ་འཕེལ། ཟླ་བ་བདུན་པའི་ནང་དུ་རི་བོ་རྩེ་ལྔའི་གནས་སྐོར་ལ་ཐེབས་ པའི་ཚེ་མཐོང་སྣང་ཐུན་ པར་འཇིགས་བྱེད་ཞལ་ཕྱག་ཡོངས་རྫོགས་ཞིག་གཟིགས་པར་དངོས་སུ་གསུངས། བརྒྱད་པའི་ཆོས་ལ་ལྕང་སྐྱ་རྡོ་རྗེ་འཆང་སྐུ་མཚམས་ གྲོལ་ཏེ་རྗེ་ཉིད་ནས་གསོལ་བ་བཏབ་ པ་བཞིན་དུ་ཞབས་འབྲིང་རྣམས་ དང་བཅས་ པར་བདེ་ ལམ་གྱི་སྔོན་འགྲོ་ཕྱག་ཆེན་ མ་ཡིན་པ

སོགས་དང་། ཛཱ་ཧྲིད་གཅིག་བྱུར་ཟབ་ཆོས་འགའ་ཞིག་བསྒྲུབ། རི་བོ་རྩེ་ལྔའི་གནས་མཇལ་སོགས་ཀྱི་བཞེད་དོན་གྲུབ་སྟེ། སྤར་ཆོས་སྐབས་དེ་ཡན་ཆེས་གདན་འདྲེན་གྱི་ཞུ་བ་ནན་དར་ཕུལ་ཡོད་པ་བཞིན་མཁར་ཕྱོར་དུ་ཕེབས། དེ་ནས་དུར་ཁྲོད་དང་། སུ་ཧྲིད་གཡས་གཡོན་གྱི་དཔོན་ཆེན་རྣམས་ཀྱིས་གདན་འདྲེན་པ་ལྟར་བྱོན། དུར་ཁྲོད་དུ་བཞུགས་པའི་སྐབས་སུ་བསྟར་པའི་ཕྱིར་བདག་ཆེན་པོ་བྲུ་མེད་པའི་སམས་གདན་འདྲེན་ལ་རྗེ་རིམས་པ་ངག་དབང་ཉིམ་རབ་དང་། ཛ་ལན་གཅིག་བཅས་སངགས་པ་འགྲོར་དེ་སྐད་གསན་ཕུལ་བར་སྐྱར་ཕེབས་རྒྱའི་ཞལ་བཞེས་གནང་། དེ་ནས་རི་པ་གྱིས་མཚོ་འདུར་དང་ཡི་ཚང་ཕེབས་དེ་ཆོས་ཀྱི་དགའ་སྟོན་འཁྲིད། དེའི་ཚེ་རྩ་བའི་ཕྱིར་བདག་དགས་པ་བྲུ་མེད་ཁ་སོ་ག་པྲ་ཡས་གོ་ལང་གྲུ་པའི་སེམས་གདན་འདྲེན་གྱི་རི་སྟུ་ཙུ་ལྷ་དང་བཅས་སངགས་པ་འགྲོར་བས་བཅུ་གཉིས་པའི་རྔ་དུ་དེར་ཚེབས་ཁ་བསྐྱར་དེ་རི་པ་གྱིས་ཉེ་བར་ཞོན་པའི་ཚེ་བྲུ་མེད་པའི་སེ་དཔོན་ཚོན་འཁོར་བཅས་དང་། དགོན་པའི་རྒྱ་ས་ལས་སྟེ་སོགས་ཀྱི་ཏ་བསུ། མཆོད་རྫས་སྣ་ཚོགས་ཕྱོགས་པའི་དགེ་འདུན་མང་གི་སེར་སྤྲེང་དང་བཅས་པས་སྣ་དྲངས་བདར་དེ་དགོན་པར་ཕྱག་ཕེབས། དེར་བཞུགས་རིང་དཔོན་གཡོག་ཐམས་ཅད་ལ་གང་ཅིའི་ཞབས་ཏོག་བཀུར་སྟི་སྣ་ན་མེད་པའི་ཁར་ལེན་པའི་སེམས་མཛད། ཐུགས་ཕྱག་ཕྱིའི་ཚོ་འཕྲུལ་སྐོར་ལས་ཀྱི་གསུང་ཆོས་སོགས་སུ་ཕེབས། པའི་སི་དང་སྲས་སོགས་སོ་སོ་རྣམ་གསོལ་བ་བདབ་པ་བཞིན་འཁོར་ལོ་སྡོམ་པ་ལྷ་རེ་གཉིས། འཇིགས་བྱེད་བཅུ་གསུམ་མ་དང་། དཔའ་བོ་གཅིག་པ། རས་མཁའ་སྒྲོ་འབྱེད་སོགས་ཀྱི་དབང་། གསང་བདེ་གཉིས་ཀའི་བསྐྱེད་རྫོགས་ཀྱི་ཁྲིད། ཆོས་དྲུག་དཔར་ཁྲིད་སོགས་ཟབ་ཆོས་མང་དུ་སྩལ། བསྒྲུབ་བྱ་ཆེས་མང་བར་བསྐྱེད་གནས་དགེ་བསྐྱེད་སོགས་དང

དགེ་ཚུལ་སྐྱོང་གི་སྨོས་པ་ཐོག ། ཉིད་རེ་བཞིན་ཕྱོགས་རིམ་སེད་ནས་མཇལ་བ་སྟོང་ཕྲག་དུ་མ་འདས་པ་ལ་ཐུག་དབང་སོགས་ཀྱིས་རེ་བ་བསྐང་། གཉིས་པའི་ཆོས་ལ་ཕོ་བྲང་ཕྱོགས་སུ་ཐེབས་དེ་གསུམ་པའི་ཆོས་ལ་དཀྱིལ་འཁོར་རྒྱ་མཚོའི་མངའ་བདག་ཀླུང་སྐུ་རྡོ་རྗེ་འཆང་གི་ཞབས་དྲུང་དུ། འཇམ་མགོན་བླ་མའི་ལེགས་བཤད་ཀྱི་ཡང་སྙིང་རིམ་ལྔ་གསལ་སྒྲོན་གྱི་བཀའ་ལུང་རྒྱས་པར་གསན་དེ་རྗེས་སོར་ལན་མང་དུ་བསྐུལ་བའི་སྒོ་ནས་གསང་ཆེན་རྡོ་རྗེ་ཐེག་པའི་བསྟན་པ་རིན་པོ་ཆེ་མི་ནུབ་པའི་རྒྱལ་མཚན་ལེགས་པར་བཙུགས་པར་མཛད་དོ། །དེ་ནས་རིམ་གྱིས་ཡི་རོར་བྱོན་དེ་ཡི་ཇའི་བཀའ་དྲམས་ཀྱི་སྐད་གསན་སྤུར་ནས་ཕྱུལ་ཡོད་པ་བཞིན་ཟླ་བ་བཞི་པའི་བཅུ་གསུམ་ལ་དབུ་བརྙེས་དེ་ཧི་དང་ནང་གི་དེ་ཉིད་ཀྱི་ཤུ་ཚང་བའི་རྡོ་རྗེ་འཛིན་པ་ཆེན་པོ་མཆོད་སྨོགས་མཁན་རིན་པོ་ཆེ་བློ་བཟང་དར་རྒྱས་པའི་ཞལ་སྔ་ནས་ཀྱི་དྲུང་ནས། གྲུབ་པའི་འཁོར་ལོས་བསྒྱུར་བ་མི་དགོན་ཀོའི་ཕྱགས་བཙུད། རྒྱུད་ཀྱི་སྨོན་པ་རྡོ་རྗེ་འཆང་ཆེན་ཐོས་དཀྱིལ་འཁོར་གྱི་འཁོར་ལོ་བྲི་བ་བླུག་ཐིག་སྙེད་ཙམ་གསུངས་པ་མཐར་དག་རིམ་པས་བསྐུས་ཀྱི་སྒོ་ནས་བྲིས་རླབས་ཀྱི་བཀའ་བབས་ཕྱོགས་གཅིག་ཏུ་རྫིལ་བའི་མར་ངག་ཡོད་བཞིན་གྱི་ནོར་བུ་རིན་པོ་ཆེའི་ཟ་མ་ཏོག ། རྒྱུད་འཛུག་ནོར་བུའི་སྙིང་དང་ཆས་པའི་རྣལ་འབྱོར་གྱི་དབང་ཕྱུག་ དེད་དཔོན་མཁས་པ་མཐར་དག་གིས་བརྙེས་པའི་གྲུ་གཟིངས་ཆེན་པོ། མི་ཏྲ་བརྒྱ་རྩར་གྲགས་པའི་དབང་ཆེན་ཡོངས་སུ་རྫོགས་པ་ཞག་བཞི་བཅུ་སྐོར་གྱི་རིང་ལ་སྨིན་རྒྱས་སུ་སོང་པར་མཛད་དོ། །འདི་ལ་བརྟེན་ནས་མཁན་རིན་པོ་ཆེའི་འཁྲིད་ལམ་བྱ་ཆེར་རྒྱས་སོ། །མཁན་རིན་པོ་ཆེ་ནས་ཀུང་ཚུར་རྗེ་ཉིད་ལ་རྗེས་གནང་དུ་མ་དང་ རྣམ་ཁྲིད་ འགའ་ཞིག་ནས་པ་རྣམས་ཀྱིས་ཕྱགས་བཞེད་བསྐང་། རང་ཆེན་ཀྲ་གིས་གདན་དྲངས་པ་ལྟར་ཐེབས་དེ

བཟོ་ལས་ཀྱི་ཁྲིད་དང་། འཇིགས་བྱེད་བཅུ་གསུམ་མའི་དབང་སོགས་གནང་། ཉིན་རེ་བཞིན་མཛལ་བ་སྟོང་ཕྲག་དུ་མའི་རེ་བ་བསྐང་། དེ་ནས་ཇ་ཞག་གུང་དང་། ལྷུང་གི་ཞོག་དང་། རྡོ་རྗེ་འཆང་ཀྲ་རས་པ་བཀྲ་ཤིས་དར་རྒྱས་ཀྱི་ཞལ་ནས་སོགས་ཀྱིས་གདན་དྲངས་པ་ལྟར་ཕེབས་ཏེ། ཆོས་ཀྱི་བདུད་རྩིས་ཚིམ་པར་མཛད། དེ་ནས་ཐུ་མིད་པའི་མིའི་དགོན་པར་བྱོན་ནས་ས་སྐྱོང་དམ་པ་ཉིད་ནས་ཞུས་ངོར་འདུ་ཁང་རང་དུ་དེ་ཀའི་ཚོགས་ཡོངས་དང་དཔོན་སློབ་འཁོར་བཅས་སོགས་པ་ལ་ཚེ་དཔག་མེད་ལྷ་དགུ་དང་། གཤེད་དམར། དགྲ་ནག་གསུམ་གྱི་དབང་ཆེན་བསྐུལ་བའི་ཚེ་ཐར་ངོས་ཀྱང་ཆོས་ཀྱི་བདུད་རྩིའི་དགའ་སྟོན་སྤྱོང་སྤྱོ་ཟང་མི་ཤེས་པའི་དགའ་སྟོ་སྤྲིས། གཞིས་ཚང་དུ་པའི་མི་དཔོན་གཡོག་ཀྱང་བསྐྱུས་པ། དུག་དབང་སྐུ་ཏྲ་རྒྱས་པ། ནེ་གུ་ཆོས་དྲུག་སོགས་ཟབ་ཁྲིད་མང་དུ་གནང་། བསྐྱབ་བྱ་སྟོང་དུ་ཉེ་བ་ལ་བསྐྱེན་རྫོགས་ཀྱི་སྡོམ་པ་བསྐྱལ་ཏེ་ཤར་ཕྱོགས་མངས་པའི་ངོར་འཛིན་མཐའ་དག་དུར་སྤྱིག་འཆང་བའི་དགེ་འདུན་གྱིས་ཁྱབ་པ་ལྷ་ཅུའི་བཀའ་དྲིན་མཛད། སྐྱར་ཡང་ཨ་རུ་དོར་ཆེན་ནས་གདན་འདྲེན་གྱི་ཕྱི་སྦྲ་དྲུང་བ་ལྟར་དེ་ཕྱོགས་སུ་ཆིབས་ཁ་བསྒྱུར་ཏེ་ལམ་ཁར་མཛལ་བ་སྟོང་ཕྲག་དུ་མའི་རེ་བ་བསྐང་། ཨ་རུ་དོར་ཆེན་དུ་རྒྱབ་གཅིག་བཞུགས་ཏེ། ཟེའི་ལོ་སོགས་ཀྱིས་ཞུས་ངོར་གཤིན་རྗེ་གཤེད་དམར་ནག་འཇིགས་གསུམ་དང་། ཀུན་རིག །ཐུགས་རྗེ་ཆེན་པོའི་དབང་སོགས་ཆོས་ཀྱི་འཁོར་ལོ་རྒྱ་ཆེར་བསྐོར། དེ་ནས་ཇ་རྫོང་གཡས་གཡོན་གཉིས་དང་། སྤྲུ་རིན་ཁྲུང་སོགས་ཀྱིས་གདན་དྲངས་པ་བཞིན་ཕེབས་ཏེ་གདུགས་དཀར་དང་ཐུགས་རྗེ་ཆེན་པོའི་དབང་སོགས་འདོད་ཆོས་ཀྱིས་ཚིམ་པར་མཛད། དེ་ནས་སྟོང་གོལ་ཟིན་ནས་བསྟན་པའི་གསལ་བྱེད་ཆ་གན་དྭ་ཡར་ཚེའི་སྤྲུལ་སྐུ་སྤར་སྐྱར་གསར་ཐུལ་ཡོད་པ་བཞིན

གདན་འདྲེན་ཞུ་མི་ཕྱག་མཛོད་ཀྱིས་ གཙོས་མི་དམག་ཁ་ ཤས་ ཅུ་ལྔ་དང་བཅས་འཁྱེར་ནས་དེར་ཆིབས་བསྐྱོད། སྤྲུལ་པའི་སྐུས་གཙོ་མཛད་སྡོང་གྲོལ་ཆེན་ཟེའི་ཡི་བསོད་ནམས་དཔལ་འབྱོར་ཡར་ སྨུས་སོགས་ཀྱིས་ བསུས། དགེ་འདུན་མང་གི་སེར་སྤྲེང་དང་ བཅས་སྡོང་གྲོལ་ཆེན་ དགོན་པར་ཕེབས། བཅུ་གཉིས་པའི་ཆོས་ལ་ཚ་གན་དུ་ཡར་ཆེའི་སྐུལ་སྐུ་དང་། ཤར་ཆེན་སྐྱོར་ལམ་བླ་མ་རྡོ་རྗེ་འཆང་བཀྲ་ཤིས་དར་ རྒྱས་ཀྱི་ཞལ་སྔ་ ནས་སོགས་དོན་གཉེར་ ཚང་དུ་མ་ལ་ལས་རིམ་ཆེན་པོའི་བཤད་ལུང་ཤིན་ཏུ་རྒྱས་པ་བསྐུལ། དཔྱང་ལོ་ཞེ་བཞི་པ་ལྷགས་སྔོ་ཡོས་ཀྱི་ལོ་གསར་ཀྱང་དེར་གནང་། ཕྱོགས་འདུས་ཀྱི་མཇལ་བ་འཛུལ་ཕྱག་བཙལ་བ་རྣམས་ཀྱི་རེ་བ་རྫོགས་པར་མཛད། ཉིན་གཅིག་ངེད་ཆོས་གྲྭར་སྡོང་ནས་དོན་བདུད་རྩིའི་རྫས་བཅག་གཏོང་རྒྱུ་ཡིན་ཞེས་བཀའ་ཕེབས་པས། ཕྲང་སྐུ་ཞབས་སྙིང་སྐྱ་འབྲུམ་གྱི་ཁྲིར་ བཞུགས་ པའི་ཚོ་ཚ་ གན་དུ་ཡར་ཆེའི་སྐུལ་བའི་སྐྱུ་དབུས་ནས་མར་ཕེབས་ པའི་ལམ་ཁར་དུ་མཇལ་ཏེ་རང་གི་དགོན་པར་མཚན་ཉིད་ཅིག་ཚུགས་ན་རྫི་འདྲ་ ཡོད་ཞུས་པར་ མཚན་ཉིད་ཚུགས་ན་ ལེགས་ འཆད་ཉན་འཕེལ་བ་ཡོད། རྫས་སོར་དོན་བདུད་རྩིའི་རྫས་བཅག་ངེད་ཀྱིས་གཏོང་དགོས་གསུངས་པ་ལ་ཐུགས་ བརྟག་ལེགས་ པར་འདུག་སྙམ་དུ་དགྱེས་ཚོར་ཙམ་ ལས་རྫས་བཅག་གནང་ རྒྱུ་རྟེན་འབྲེལ་ གྱི་གསུང་ ཙམ་ཡིན་ དགོངས་པ་ བྱུང་ཡང་། སྐབས་དེར་གྲྭ་ཚང་ལ་ཡང་ བསྡུས་གྲྭ་རྩོད་རྟགས་སོགས་ཀྱི་འཛིན་གྲྭ་རིམ་པར་ཕྱེ་སྤྱི་དོན་ བདུད་རྩིའི་འཛིན་ གྲྭ་ཚུགས་རན་ གྱི་མཚམས་ སུ་སྨིན་ པ་དུས་ ཕྱག་པ་བཅས་སྤྱིར་གྱི་གསུང་གི་དོན་གཙོད་ དྲན་ཏེ་དེ་དུས་ ནས་མ་འོངས་ པ་འདི་ཐམས་ཅད་མཛོད་སྤྱུས་ད་གཟིགས་པར་འདུག་སྙམ་དུ་སོམ་གསུམ་དང་། འཆད་ཉན་འཕེལ་བར་ གསུངས་ པ་ལ་ ཡང་ཡིད་ ཆེས་ཏེ་ བཏན་དུ་སྡོང་ བས་ དཔོན་སློབ

ཐམས་ཅད་སྐྱོབ་ཚད་མེད་པ་དང་བཅས་ཆོས་གྲྭར་ཚོགས་པ་ ལ་རྗེ་ཉིད་ནས་དོན་བདུན་ཅུའི་རྩིས་བཞག་གནང་། སྤྲུལ་སྐུས་ཞུས་ངོར་དོན་བདུན་ཅུ་ཁྲིད་འདུས་ཤིག་གི་ལྗགས་རྩོམ་ཡང་མཛད། སྤྱིར་འཆད་ཉན་ལ་ཉམས་ཆག་ལན་འགའ་བྱུང་ཡང་དེ་ནས་བརྒྱུ་བར་ཆད་མེད་པར་འཆད་ཉན་འཕེལ་རྒྱས། སྐུ་སྟོང་བ་དི་རྗེ་འདིའི་ཕྱག་རྗེ་ཡིན་ཞེས་གྲྭ་པ་ཐམས་ཅད་མགྲིན་གཅིག་ཏུ་སྒྲོང་། དེར་ཚོགས་མང་ལ་གདམས་ངག་དཀར་གྱི་དབང་སོགས་གནང་། དཔོན་ཆེན་པོའི་མི་སོགས་ཀྱིས་གདན་འདྲེན་ཞུས་པར་དབང་རྗེས་གནང་སོགས་བཀའ་ཆོས་མང་པོ་བསྩལ། དེ་ནས་ཐུ་མེད་པོའི་མིའི་དགོན་པར་བྱོན་དེ་བཀའ་ཆོས་དང་ཕྱག་དབང་སོགས་ཀྱིས་རེ་འབྲས་སྐོང་པར་མཛད། དེ་ནས་ཧོག་སོ་སོའི་དཔོན་ཆེན་རྣམས་ཀྱིས་གདན་འདྲེན་ཞུས་པ་ལྟར་ཡོང་ཉིད། བླ་རིན། ཨུ་ཐུ་སུ་ཆེན་གཡས་གཡོན། ཨ་བླ་ག་སོགས་སུ་བྱོན་དེ་བདེ་མཆོག་དང་ཀྱེ་འཁྲུགས་པའི་དབང་སོགས་ཆོས་ཀྱི་ བདུད་རྩིས་ཚིམ་ པར་མཛད་ དེ་རིམ་གྱིས་ མཆོ་བདུན་ ད་ཕྱུག་ཕེབས་ཏེ། ཐམས་ཅད་མཁྱེན་པ་ལྕང་སྐྱ་རིན་པོ་ཆེར་དངུལ་སྲང་སྟོང་སོགས་འབུལ་བ་ཕུལ། དེའི་ཚེ་ཡོངས་རྫོགས་བསྟན་པའི་མངའ་བདག་ཁལ་ཁ་རྗེ་བཙུན་དམ་པའི་སྤྲུལ་སྐུ་རིན་པོ་ཆེས་ལྕང་སྐྱ་རྡོ་རྗེ་འཆང་ལ་ཆོས་གསན་པའི་སྐབས་སུ་འདུག་པས་རྗེ་དེ་དང་ལྷན་དུ་གསང་བདེ་འཇིགས་གསུམ་གྱི་དབང་ སོགས་ཆོས་བཀའ་མང་དུ་གསན་ཏེ་ཚོགས་མཆོད་ཕུལ། རྗེ་བཙུན་དམ་པའི་སྤྲུལ་སྐུ་རིན་པོ་ཆེར་འབུལ་བ་བཏེགས། རྗེ་དེ་ཉིད་ཀྱང་ཚུར་དངོས་པོ་རྒྱ་ཆེ་བ་བསྩུར། དེ་ནས་སུ་ཉིད་གཡས་གཡོན། དུར་བེད། ཆལ་ཆ། མཁར་སྟོན། ཨོར་དོ་སུ། ཨ་ལག་ཤ་སོགས་ཀྱི་བླ་ཆེན་དཔོན་ཆེན་རྣམས་ཀྱིས་གདན་དྲངས་པ་ལྟར་ཕེབས་ཏེ་འཇིག་བྱེད་རོ་ལངས་བརྒྱད་བསྐོར་དང་ཞི་དགུས་དང་རྗེས་དབྱིངས་ཀྱི་དབང་

སོགས་ཆོས་ཀྱི་བདུད་རྩིའི་དགའ་སྟོན་བསྐྱལ་བ་ཏེ་ཚིམ་པར་མཛད་དོ། །དེ་ལྟར་ཆེན་པོ་དོར་གྱི་ཡུལ་དུ་བྱོན་ནས་ཐུགས་བཞེད་ཀྱི་བཀའ་ཆོས་མང་པོ་གསན་པ་དང་། མཐོང་གྲོལ་དྲན་རིག་གིས་འགྲོལ་སོགས་པའི་སྐྱེ་རྒྱ་མ་ལུས་པ་མངོན་སུམ་ངེས་ལེགས་ཀྱི་ལམ་བཟང་པོ་ལ་ལེགས་པར་བཀོད་དེ་ཡབ་རྗེ་བླ་མའི་རིང་ལུགས་དྲི་མ་མེད་པ་ཤར་ཕྱོགས་རྒྱ་མཚོའི་མཐའི་བར་དུ་ཁྱབ་པར་མཛད་དོ། །དེ་ནས་རིམ་གྱིས་ཆིབས་བསྐྱོད་གནང་སྟེ་འབྲུག་པའི་ཚོ་འཕྲུལ་ཟླ་བའི་བཅུ་གཅིག་ལ་བླ་བྲང་ཆེན་པོ་དགོན་ལག་བཅས་ཀྱི་དགེ་འདུན་གྱི་སེར་སྦྲེང་། དད་འདུས་ཀྱི་མཇལ་བ་ཁྲི་ཕྲག་བཅལ་བ་སོགས་ཀྱི་མདུན་བསུས་ཏེ་བླ་བྲང་ཆེན་པོར་ཕྱག་ཕེབས། ཞག་གཅིག་རིང་མཚམས་ནས་གསུང་ཆོས་ལ་ཕེབས་ཏེ་སྨྲས་རབས་སོགས་གསུང་། བླ་བྲང་ཆེན་པོས་གཙོས་ཕྱོགས་སོ་སོའི་དགོན་པ་མང་པོའི་དགེ་འདུན་པ་རྣམས་ལ་འགྱེད་དང་འཛོམ་པ་སོགས་ཀུ་ཤོས་པ་མཛད་དེ། ཕུ་སྦྱི་ཧི་རྗེ་གསས་པར་དཔལ་དུས་ཀྱི་འཁོར་ལོ་གསང་བདེ་འཇིགས་གསུམ་གྱི་དབང་སོགས་ཆོས་ཀྱི་འཁོར་ལོ་མཐའ་ཡས་པ་རབ་ཏུ་བསྐོར་བར་མཛད། ཚོགས་ཆེན་འདུ་ཁང་སྟེ་ས་ཀ་བ་བརྒྱད་ཅུ་པའི་ཕྱུག་གི་རྡོ་གཙང་ཁང་དང་མགོན་ཁང་བཞུགས་ཁྲི་རྣམས་བསྐྱོད་མི་དགོས་པའི་ཐབས་གནང་སྟེ། གཞན་གྱི་རྟོག་པ་ཐམས་ཅད་བཞིག་ནས་པདྨ་དང་གཡས་གཡོན་དུ་ཀ་བ་དྲུག་ཅུའི་མར་ཕྱིར་བསྐྱེད་དེ་ཀ་བ་བརྒྱ་བཞི་བཅུ་པའི་འདུ་ཁང་ཆེན་པོ་གསར་བསྐྲུན་མཛད་ཅིང་། ནང་གི་ལོགས་རིས་ལ་རྗེ་རིན་པོ་ཆེ་དང་། རྒྱལ་བ་ཀུན་གཟིགས། རྡོ་རྗེ་འཇིགས་བྱེད། བསྐལ་བཟང་གི་སངས་རྒྱས་སྟོང་། གདུགས་དཀར་དུ་མགྲིན་སྒྲོལ་མ་མགོན་ཆོས་སོགས་བླ་མ་ཡི་དམ་ཆོས་སྐྱོང་ཤིན་ཏུ་མང་པོ་མཛེས་པར་བསྒྲུབས། ལོ་རེ་བཞིན་བསྙེན་རྫོགས་སོགས་ཀྱི་སྡོམ་པ་དང་བཀའ་ཆོས

མང་དུ་གནང་བ་བརྙེད་ཀྱིས་མི་ལང་། རགས་རིམ་འདྲ་འགའ་བརྗོད་པར། རྡོ་རྗེ་འཕྲེང་བའི་དབང་ཡང་དཔལ་རིའི་ཕྲུར་ཆེན་དགོན་པར་དྭགས་པོ་རིན་པོ་ཆེ་ཀུན་གྲོལ་པ་རྣ་བོད་ནང་སོགས་ཀྱིས་ཞུས་ངོར་གཅིག །ཨ་མ་ཚོགས་དགོན་པར་གཅིག། བྱང་ངག་དབང་དར་རྒྱས་སོགས་ཀྱིས་ཞུས་ངོར་གཅིག་སྟེ་གསུམ་གནང་། གཞན་ཡང་ལམ་རིམ་ཆེན་མོའི་བཤད་ལུང་། འཇམ་དཔལ་ཞལ་ལུང་དང་བདེ་ལམ་གྱི་ཁྲིད། བདེ་གསང་འཇིགས་གསུམ་གྱི་བསྐྱེད་རྫོགས། འགྲེལ་པ་བཞི་སྦྲགས། རིམ་ལྔ་གསལ་སྒྲོན། རྒྱུར་བཀའ་དང་སྤྱི་བཀའི་དབང་རྗེས་གནང་མཐར་དུ་མང་པོ་བསྩལ། ས་ཕག་ལོར་པཎ་ཆེན་རིན་པོ་ཆེ་རྒྱ་ནག་ཏུ་ཕེབས་ལམ་དུ་ཆིབས་བསུའི་ཚུལ་གྱིས་མཇལ་བར་དགོངས་པའི་གསུང་འཕྲོས་གནང་ཞིང་གི་ཁ་གཉིས་པའི་ཁྲིད་རྫོར་ཞིག་ཕྱག་བསྟར་ཏེ་གནང་བ་ཉེར་འབྲེལ་ཞིག་སྣང་། པཎ་ཆེན་རིན་པོ་ཆེས་བཀས་གནང་བ་བཞིན་ཇེ་དེ་ཉིད་ཀྱི་ཕྱག་མཛོད་ཆེན་མོ་དང་གསོལ་དཔོན་མཁན་པོ་གཉིས་ཀྱིས་གཙོས་མི་སྣ་སྤྱི་སྤུས་བརྒྱ་ལྷག་པ་རྣམས་ལ་ལྷ་ཕྱིང་བདབ་པས་གཅིག་ལ་ཡང་ཉེས་སྐྱོན་མེད་པར་བདེ་བར་ཕྱིར་པར་མཛད་པས། པཎ་ཆེན་ཐམས་ཅད་མཁྱེན་གཟིགས་ཆེན་པོ་ནས་ཀྱང་དགྱེས་ཚོར་ཚད་མེད་པས་བཀའ་ཤོག་གནང་བ་ནི།

ལུང་རིགས་ཁྲིན་ལ་མཁས་པའི་རིན་ཆེན་གྱི།
རྒྱན་མང་རབ་བཀྲ་བསླབ་གསུམ་མཚན་དཔེ་རྫོགས།
ཛཻ་ཤྭ་ཛཻ་སྙིང་གནས་ལྷུགས་ཡོངས་གྲུབ་པའི།
རབ་ཏུ་བཏུད་པའི་འཇམ་དཔལ་རྡོ་རྗེའི་དྲུང་།

ཞེས་སོགས་ཀྱི་སྙན་ཚིག་སྤྲོད་དུ་འགྲོ་བའི་བདག་རྐྱེན་དུ། ཡེ་ཧེ་ཨ་ཆི་ཐུ་ས་ནཱ་ཤྲི་བཏྟུ་ཏ་ཞེས་པའི་ཆོ་ལོ་དང་བཀའ་ཤོག །ཆང་མཛོད་ཁ་བཏགས། གསེར་

སྤྱང་ཁང་། དངུལ་ཏ་ཕྱིག་མ་བཅུ་སོགས་ལེགས་སྐྱེས་ཀྱང་སྤྲས་མཛོ་བ་གནང་། རྗེ་དེ་ཉིད་ཀྱི་ཞལ་ནས། ངེད་སྟོད་མཁར་ན་ཡོད་སྐབས་ཐེ་ལམ་ལ། ཀླུགས་ཀྱི་ར་བ་བྲུས་པོ་སྒོ་མེད་པ་ཞིག་གི་ནང་དུ་འགྲོ་མ་པ་ རྐེད་པར་ ཡོད་པའི་ཚེ་མི་ཞིག་གིས་འདིར་འཛམ་དབྱངས་བཞད་པ་ཚང་གིས་ སྐུ་བཙུགས་ འདུག་ཟེར་བར་ཕྱིན་པ་ན་གསེར་གྱི་སྐུ་ཤིག་འདུག་པས་ དེར་འཛེགས་ ནས་ཕྱིད་པ་ཕྱིས་གསུངས་པ་ཡང་ཚུལ་ འདིའི་ལྟས་ ཡིན་ནས་ སྐུས་ཞེས་ བདག་གི་ བཀའ་དྲིན་མཚུངས་མེད་ཀྱི་བླ་མ་གུང་ཐང་ ཐམས་ ཅད་མཁྱེན་པས་ གསུང་། དེ་སྐབས་ཕྱོགས་ཕྱོགས་སུ་ཡང་དབང་དང་རྗེས་གནང་སོགས་བཀའ་ཆོས་མང་པོ་གནང་། དེ་ནས་ཤིང་འབྲུག་ལོར་དབུས་གཙང་ཕྱོགས་སུ་ཐུག་ ཕེབས་དེ་རྒྱལ་དབང་རིན་པོ་ཆེ་དང་པཎ་ཆེན་རིན་པོ་ཆེ་སོགས་བླ་མ་རྣམས་ ལ་དངོས་འབྲེལ་སྤྲས་མཛོ་བ་ཕུལ། སེ་འབྲས་དགེ་གསུམ་བཀྲ་ཤིས་ལྷུན་པོ་སོགས་དགོན་སྡེ་ཆེ་ཆུང་མང་པོ་ལ་མང་འགྱེད་ཀྱི་བསྔོ་བཀུར་རྒྱ་ཆེར་མཛད་ཅིང་། གཙང་དུ་པོ་ཆེན་སྤྲུལ་སྐུ་རིན་པོ་ཆེར་རྡོ་རྗེ་འཕྲེང་བ་དང་། མི་ཏྲ་བརྒྱ་རྩའི་དབང་སོགས་དང་། གཞན་རྣམས་ལ་དུས་འཁོར་གསང་འདུས་སོགས་ཀྱི་དབང་དང་རྗེས་ གནང་སོགས་བཀའ་ཆོས་ཆེས་མང་པོ་གནང་། པཎ་ཆེན་རིན་པོ་ཆེའི་རྣམ་ཐར་རྒྱས་པ་སོགས་བརྩམས་པར་མཛད། དབུས་ཕྱོགས་སྐུའང་བྲག་ཡབ་ཆེ་ཚང་སྤྲུལ་པའི་སྐུ་ཁྲི་བཅུ་དཔལ་ ལྡན་བསྟན་ པའི་རྒྱལ་ མཚན་གྱིས་ ཕྱིར་ནས་ གསོལ་བ་ནན་ཆེར་བཏབ་པ་བཞིན་ཁོང་དང་། རྗེ་དྲུང་སྤྲུལ་པའི་སྐུ་རིན་པོ་ཆེ་ཡེ་ཤེས་བསྟན་པའི་མགོན་པོ། འཇམ་མགོན་བླ་མ་འཇམ་དཔལ་སྙིང་པོས་གུང་ཐང་ཐམས་ཅད་མཁྱེན་ པ་དཀོན་ མཆོག་བསྟན་ པའི་སྒྲོན་མེའི་ ཞལ་སྔ་ ནས་སོགས་ བླ་ཆེན་དང་དགེ་བའི་བཤེས་གཉེན་བཞི་བརྒྱ་ཙམ་ལ། རྡོ་རྗེ་འཕྲེང་བ་དང་། མི་ཏྲ་བརྒྱ

ཟླའི་དབང་ཆེན། སྒྲུབ་ཐབས་རྒྱ་མཚོ། བ་རི་བརྒྱ་རྩ། མགོན་པོ་བཀའ་བཅུ་གསུམ་སོགས་ཀྱི་རྗེས་གནང་དང་ ལུང་སོགས་ ཟབ་པ་དང་ རྒྱ་ཆེ་བའི་ཆོས་ཀྱི་འཁོར་ལོ་རྒྱ་ཆེར་བསྐོར། ཀློང་རྡོལ་བླ་མ་རིན་པོ་ཆེ་སོགས་ཀྱིས་ཞུས་པ་ལྟར་སྤྱི་ཕྱིར་ འཇམ་ དཔལ་ གསང་ ལྡན་དང་ བདེ་མཆོག་ ནག་པོ་དང་རྡོར་ དབྱིངས་སོགས་ཀྱི་དབང་དང་། ས་སྐྱའི་གསེར་ཆོས་བཅུ་གསུམ་ སོགས་རྗེས་གནང་མང་པོ་དང་། ལེགས་བཤད་སྙིང་པོའི་བཤད་ལུང་སོགས་བཀའ་ཆོས་མང་པོ་བསྐུལ་བ་སོགས་ཀྱི་སྒོ་ནས་དབུས་གཙང་གཉིས་སུ་ཆོས་སྲིད་རྒྱ་ཆེར་གྱི་བསྟན་འགྲོའི་དོན་རླབས་པོ་ཆེ་མཛད་དེ། རང་གི་གདན་ས་བླ་བྲང་ཆེན་པོར་ཕྱག་ཕེབས་ཏེ་འཁོར་ལོ་གསུམ་གྱི་སྒོ་ནས་ལེགས་པར་བསྐྱངས། ཁྱད་པར་གདན་ས་ཆེན་པོའི་རྣམ་པ་ལས་སྐྱེ་འདུས་སྤྱི་བཙམ་ཀྱིས་སྤུར་ རས་ཡང་ ཡང་གསོལ་བ་བཏབ་པ་བཞིན་ཚོགས་ཆེན་ཁྲི་བཀབ་བདག་བླ་མ་རྡོ་རྗེ་འཆང་དཀོན་མཆོག་བདེ་ཆེན། ཁྲི་ཆེན་མཆོག་སྤྲུལ་རྡོ་རྗེ་འཆང་འཇིགས་མེད་རིག་པའི་མིང་གི །ཁྲི་ཆེན་མཆོག་སྤྲུལ་རྡོ་རྗེ་འཆང་འཇིགས་མེད་ནམ་མཁའ། གཞུང་དབང་སྟོ་ཁྲི་སྤྲུལ་སྐུ་རིན་པོ་ཆེ་ཁྲིམ་བདག་འཇམ་དབྱངས་ཐུབ་བསྟན་ཉི་མ་སོགས་སེར་སྐྱ་བློ་སྟོང་བཅུ་ལ་བར། གཞུང་པའི་དབང་ཕྱུག་ཆེན་པོ་ཤི་དྷརྨ་ཀ་ལ་ཐུགས་རྗེ་ཆེན་པོ་རྒྱལ་བ་རྒྱ་མཚོས་དངོས་སུ་གནང་བའི་ཤི་དྷ་བརྒྱ་རྩའི་དབང་ཆེན་བསྐུལ། ཞལ་ན་མི་ཆེན་དཔར་གྱི་རྣམ་ཡོངས་འཛིན་དམ་པ་ཡེ་ཤེས་རྒྱ་མཚོས་ཞུས་ངོར། བྱང་ཆེན་འཇིགས་མེད་འབྱུང་ གནས་ལ་ རྗེ་བཙུན་རྡོ་རྗེ་ རྣལ་འབྱོར་ མས་དངོས་སུ་བསྟུལ་པའི་རྡོ་རྗེ་འཕྲེང་བའི་དབང་རྫོགས་པར་གནང་། བདེ་མཆོག་ལྷ་ལྔ་པ་དང་དྲིལ་བུ་རྩི་དང་ རྔ་དཀྱིལ་གཉིས། རྡོ་རྗེ་འཇིགས་བྱེད་དཔའ་བོ་གཅིག་པ་དང་ལྷ་བཅུ་གསུམ་མ་ལ་སོགས་པའི་དབང་མང་པོ་དང་། གཞན་ཡང་ལས་

རིམ་ཆུང་དྲུ་དང་། གསང་འདུས་བསྐྱེད་རིམ་དངོས་གྲུབ་རྒྱ་མཚོ་དང་། རྫོགས་རིམ་རིམ་ལྔ་གསལ་སྒྲོན་གསུམ་གྱི་བཤད་ལུང་། དབུ་མ་རིགས་ཚོགས་དྲུག། བཀའ་གདམས་གཞུང་དྲུག །ཆོས་ཆུང་བརྒྱ་རྩ། བཀའ་གདམས་གླེགས་བམ། རྗེ་བཙུན་མི་ལའི་རྣམ་ཐར་མགུར་འབུམ་སོགས་ཀྱི་ལུང་དང་། བླ་མ་མཆོད་པ་དང་ཕྱག་ཆེན་སྨྲ་བའི་ཁྲིད་སོགས་ཁྲིད་མང་པོ་དང་། རབ་བྱུང་བསྙེན་རྫོགས་སོགས་ཀྱི་སྡོམ་པ་ཆེས་མང་དུ་བསྐྱལ་བ་སོགས་ནམ་པ་གྱིས་མི་ཁྲབ་པའི་ཆོས་འཁོར་བོ་ཞིག་པར་བསྐོར་ཏེ། དེ་དག་ངལ་ཆེར་ལ་བརྟེན་ངོས་ཀྱིས་ཀྱང་བཀའ་དྲིན་ཞུས་སོ། །རྗེ་ཉིད་དང་འབྲེལ་ཐོགས་པའི་གདུལ་བྱ་ཐམས་ཅད་དགའ་ ལྡན་ དག་ པའི་ ཞིང་ དུ་རྗེ་ བཙུན་ བྱམས་ པའི་ དྲུང་ དུ་ཁྲིད་ པའི་ དོན་ དུ་གསེར་ཁང་ཆེན་པོ་གསར་ བསྐྲུན་ གྱི་ རང་ཉིད་ ཀྱི་གཙོ་བོ་ བྱམས་ ཆེན་མཐོང་བ་དོན་ལྡན་གྱི་ གསེར་ སྐུ་ཆེན་པོ་བཞེངས། བྱ་ཁྱུང་གི་བླ་མ་ ལས་སྐྱེ་བ་རྣམས་ཀྱིས་གསོལ་བ་བཏབ་ པ་ལྟར་ དགོན་ཆེན་ དེའི་ ཆོས་ཁྲིར་ ཞབས་སེན་ བཀོད་དེ་ཆོས་ཀྱི་དགའ་སྟོན་བསྐྱལ། སྤྱི་བོ་ཞིག་ནས་བཀའ་འགྱུར་རིན་པོ་ཆེའི་ལུང་རྒྱུན་རྩིང་ཐོགས་དང་མ་འབྲེལ་བའི་བརྒྱུད་པ་ གཙང་བ་ མདོ་དབུས་ཀུན་ཏུ་ཐར་གཅོད་ནར་དར་མཛད་ཀྱིན་བཞུགས་པ་ལ། བྱ་ཁྱུང་གི་ཁྲིར་ཐེབས་སྐབས་ཆ་རྐྱེན་རྫོགས་ནས་ཡོངས་འཛིན་དམ་པ་ཆོས་རྗེ་བློ་བཟང་བཀྲ་ཤིས་མཇལ་དུ་ཐེབས་པ་དང་གསུང་འཕྲོས་གནང་ བས་ལུང་ རྒྱུན་ཁུངས་ བཙུན་ ཡོད་ པར་ གཟིགས་ཏེ། སྐྱར་བཀྲ་ཤིས་འཁྱིལ་དུ་བཀའ་འགྱུར་གྱི་ལུང་ཞིག་བྱེད་དགོས་ཀྱི་བཀའ་ཐེབས་པ་ལྟར་བཀའ་དྲིན་མཚུངས་མེད་ཀྱི་བླ་མ་བཀའ་འགྱུར་བ་ཆོས་རྗེ་རིན་པོ་ཆེ་དེ་ཉིད་ཀྱིས་བླ་བྲང་ཆེན་པོ་བཀྲ་ཤིས་འཁྱིལ་དུ་ཕྱིན་ནས། བསྟན་པའི་གསལ་བྱེད་དཔལ་མང་སྤྲུལ་སྐུ་རིན་པོ་ཆེས་གཙོ་མཛད་པའི་དགེ་བཤེས་གྲྭ་བ་སུམ་ཅུ་ཙ་ལྷག་

རྣམས་ལ་ཡོངས་རྫོགས་བསྟན་པའི་མངའ་བདག་རྗེ་ཡབ་པཎྜི་ཏ་ནས་ཉེ་བར་བརྒྱུད་པའི་བཀའ་འགྱུར་གྱི་ལྷགས་ལུང་རྣམ་པར་དག་པ་ཡོངས་རྫོགས་གནང་བའི་བཀའ་དྲིན་བསྐྱལ། དེ་ལ་བརྟེན་ནས་དགེ་བཤེས་འཇིགས་མེད་རབ་རྒྱས་ཀྱིས་ལྷ་བྲང་ཆེན་པོ་བཀྲ་ཤིས་འཁྱིལ་དང་། སྐུ་འབུམ་བྱམས་པ་གླིང་། ཅོ་ནེའི་རྫོང་རྫོགས་སོགས་སུ་བཀའ་འགྱུར་གྱི་ལུང་ཆར་ལྟ་བུ་བྱས་པས་མཆོད། དཔལ་མང་སྤྲུལ་སྐུ་རིན་པོ་ཆེ་སོགས་ཀྱིས་ རྒྱ་ཆེར་སྤྲེལ་བས་རྒྱལ་ བའི་བསྟན་པ་རིན་པོ་ཆེ་འོད་དང་སོག་པོའི་ཡུལ་ཁམས་ཆེ་བར་དར་ཞིང་རྒྱས་པར་མཛད་པའི་ཐབས་མཁས་ཀྱི་མཛད་པ་བཟང་པོ་འདི་དག་ཞེས་པར་གྱིས་ལ་བཀའ་དྲིན་བསམས་གྱིས་མི་ལྡབ་པ་རྗེས་སུ་དྲན་པར་བྱོས་ཤིག །དེ་ལྟར་སྐུ་དངོས་ཀྱི་གདུལ་བྱ་ཡོངས་སུ་རྫོགས་ནས་ཐུགས་ཡག་རོར་ཀླུ་བཙུ་པའི་ཉི་ཤུ་བརྒྱད་ཀྱི་སྦྱོད་ལ་རགས་པའི་གཟུགས་སྐུའི་བྲ་མ་རྟོག་པོར་ནས་དགའ་ལྡན་ཡིད་ དགའ་ཆོས་འཛིན་དུ་རྒྱལ་བ་མི་ཕམ་མགོན་པོའི་མདུན་སར་ གཤེགས་སོ། །དེ་ནས་ བསྟན་འགྲོ་ཡོངས་དཔལ་མགོན་དུ་མཆོག་སྤྲུལ་ཡིད་བཞིན་ནོར་བུ་བཀའ་དྲིན་མཚུངས་མེད་སྐྱབས་མགོན་རིན་པོ་ཆེ་སྐྲ་བཟང་ཐུབ་བསྟན་འཇིགས་མེད་རྒྱ་མཚོའི་ཞལ་སྔ་ནས་གདན་ས་ཆེན་པོར་མི་འཇིགས་ཆོས་ཀྱི་ཁྲི་ལ་ ཞབས་སེན་ཏེ་བར་ བགོད་དེ་རྣམ་དཀར་གྱི་མཛད་པ་ཡར་ཆེས་ཀྱི་ཟླ་བ་ལྟར་ གོང་དུ་འཕེལ་བཞིན་ པ་འདི་ལགས་སོ། ། ཀུན་མཁྱེན་བླ་མ་བཞད་ པ་རིན་པོ་ཆེ་དེ་ཉིད་ ཀྱི་ཐུགས་སྲས་ རྣམས་ཀྱི་ནང་ནས་རྒྱལ་མཚན་གྱི་སེ་ཏོག་ལྟར་ མངོན་མཐོ་བ་དྲིན་ཅན་རྩ་བའི་བླ་མ་རྡོ་རྗེ་འཆང་ཐུའུ་བཀྭན་རིན་པོ་ཆེ་དྲུང་ས་བཟླའི་ཞལ་སྔ་ནས་དང་། འཕགས་པ་ཐུགས་རྗེའི་གཏེར་ཆེན་དྲིན་ཅན་རྩ་བའི་བླ་མ་ བཙན་པོ་སྨིན་གྲོལ་ནོ་མོན་ ཧན་རིན་པོ་ཆེ་ངག་དབང་འཕྲིན་ལས་རྒྱ་མཚོའི་ཞལ་སྔ་ནས་དང་། རྗེ་བཙུན་འཇམ་དཔལ་དབྱངས

དངོས་སྟོང་འཁོར་མཆུ་གྲི་ངག་དབང་འཇམ་དབྱངས་བསྟན་འཛིན་རྒྱ་མཚོའི་སྐུ་ཞབས་སྔ་ཕྱགས་སྨས་ནས་ པ་རྣམ་པ་གསུམ་ཀུང་ ཕྱོགས་འདིར་གདན་འདྲེན་ཞུས་པ་ལྟར་བྱོན་ནས་བསྟན་འགྲོའི་དོན་རླབས་པོ་ཆེ་མཛད་དོ། །ཀུན་མཁྱེན་བླ་མ་འཇམ་དབྱངས་ཆོས་ཀྱི་རྒྱལ་པོ་དེ་ཉིད་ཀྱི་ཕྱགས་སྨས་ ནས་པ་ཁྲི་ཆེན་མཆོག་སྤྲུལ་རིན་པོ་ཆེ་ཁྱབ་བདག་རྡོ་རྗེ་འཆང་འཇིགས་མེད་ནམ་མཁའི་ཞབ་སྔ་ནས་ཀྱིས་ཏོར་ཡུལ་དུ་བསྟན་པ་དར་བར་མཛད་པོ་ཡིན་ལ། དེ་ཡང་རྗེ་ཉིད་ཀྱི་སྐུ་གོང་མ་ཁྲི་ཆེན་ནམ་མཁའ་བཟང་པོ་ནི། ཨ་མདོའི་ཡུང་ཚང་རྡོ་ཐུག་ཅེས་པར་སྐུ་འཁྲུངས་དེ་ རབ་དུ་བྱུང་ ཞིང་བོད་དབུས་ སུ་བྱོན་ནས་ འབྲས་ སྤུངས་ གཏུང་པ་ཁམས་ཚན་ལ་བཞུགས་ནས་བསླུས་གྲྭ་ཚང་འབྲིང་རྩེ་གསུམ་དང་གཏུང་པོ་དེ་བྱ་སྡེ་མདོ་ཕྱོགས་ལ་སྦྱངས་པ་མཐར་ཕྱིན་ནས་བླ་མའི་སློན་ལས་རབ་འབྲམས་པའི་གྲུ་སྐོར་མཛད། རྒྱུད་སྟོད་དུ་བྱོན་ནས་སྔགས་ལ་སྦྱངས་པ་མཛད་རྗེས་སྐབ་པ་ལ་རྗེ་གཟིམ་དུ་གཉེལ་བར་བཞེད་དེ་འབྲས་སྤུངས་ཀྱི་རྒྱབ་རིའི་དགེའཕེལ་རི་ཁྲོད་དུ་ཕྱག་ཕེབས་ནས། ཀུན་མཁྱེན་བླ་མ་འཇམ་དབྱངས་བཞད་པའི་རྡོ་རྗེའི་སྒྲུབ་ཁང་དུ་བཞུགས་ནས་ མདོ་སྔགས་ཀྱི་ ཉམས་ ལེན་ལ་ ཕྱགས་ གཞོལ་བར་མཛད ། དེ་ནས་རྒྱུད་སྟོད་དང་ཤར་རྩེའི་བླ་མ་མཛད་རྗེས་སུ་དགའ་ལྡན་གྱི་རྗེ་བླ་མའི་གསེར་ཁྲི་ཞབས་སེན་བཀོད་དེ་རྒྱལ་བསྟན་སྤྱི་དང་ཁྱད་པར་དུ་འཇམ་མགོན་བླ་མའི་ལུགས་བཟང་རྒྱ་ཆེར་སྤེལ་བར་མཛད། མཆན་སྐུ་ག་ཤེགས་ཆོ་དགའ་ལྡན་གནས་སུ་ག་ཤེགས་སོ། །བར་སྐབས་ཤིག་སྲིད་ཞིའི་གཙུག་རྒྱན་པར་ཆེན་ཐམས་ ཅད་མཁྱེན་ པས་གྱ་པ་ཡང་པོ་འདུས་བ་ ལ་བཀའ་ ཆོས་གནང་བཞིན་པའི་དད་ནས་སྤྲུན་ཡང་གཟིགས་དེ་ཞལ་འཛུམ་གནང་ བར་རྒྱ་མཚན་ཞུས་པས། ཁྲི་ཆེན་ནམ་མཁའ་བཟང་དགའ་ལྡན་གནས་ནས་འགྲོ་བའི་དོན་དུ་ཞིང

འདིར་ཕྱིར་བྱུང་། ཞེས་གསུངས་པ་ལྟར། བླ་བྲང་བཀྲ་ཤིས་འཁྱིལ་གྱི་དགོན་ཆེན་དང་ན་ཚང་ཐག་སི་རིང་བའི་ས་ཆར་སྐུ་འཁྲུངས། དཀྱུང་ལོ་ཚང་དུས་རབས་བླ་བྲང་ཆེན་པོར་ཕྱག་ཐེབས་ཏེ། སྐྱབས་མགོན་རྡོ་རྗེ་འཆང་ཆེན་པོ་རིགས་ཀྱི་ཚོད་པར་དུ་བཞེས་ཏེ་རབ་ཏུ་བྱུང་ཞིང་རིགས་ སྨྲ་བའི་སྦྱོང་པ་བཞེས། གཞུང་བཀའ་པོད་ཆེན་པོ་རྣམས་ལ་ཐུགས་གཉེར་ལེགས་པར་མཛད། སྐྱབས་མགོན་རིན་པོ་ཆེའི་ཞབས་དྲུང་དུ་བསྙེན་རྫོགས་ཀྱི་སྡོམ་པ་ཡང་བཞེས། དཔལ་རྡོ་རྗེ་འཇིགས་བྱེད་དང་བདེ་མཆོག་ལྷ་ལྔ་མའི་དབང་སོགས་ཟབ་བཀའི་དབང་དང་། རྡོ་རྗེ་འཕྲེང་བ། མི་ཏྲ་བརྒྱ་རྩ་སོགས་དབང་གི་རིམ་པ་མང་པོ་དང་། མགོན་པོ་བཀའ་ཆེན་བཅུ་གསུམ་སོགས་ཀྱི་རྗེ་གནང་གི་རིམ་པ་དང་། མགོན་པོའི་ཆོས་སྐོར་གྱི་ཟབ་ཁྲིད་སོགས་ཁྲིད་དང་ལུང་དང་གདམས་ངག་མང་པོས་མཚོན་ཟབ་པ་ དང་རྒྱ་ཆེ་ བའི་ དམ་ པའི་ ཆོས་ཀྱི་ བདུད་ རྩིས་ ཐུགས་ ཀྱི་ བུམ་ བཟང་ལེགས་པར་གང་བས་ཆོས་ཀྱི་མངའ་བདག་ཏུ་གྱུར་ཏོ། །དེ་ནས་ཆེན་པོ་ལོར་ཁྲི་ལྷ་པ་དང་སྤྱིར་བདག རྣམས་ཀྱི་སློབ་དཔོན་གྱི་རེ་བ་བསྐང་བའི་ཕྱིར་དུ་སྐུ་ཉིད་ཞོགས་སུ་ཕྱག་ཐེབས་ཏེ་དམ་པའི་ཆོས་ཀྱི་དགའ་སྟོན་རྒྱས་པར་བསྐྱལ། སྤྱིར་བླ་བྲང་ཆེན་པོར་བྱོན། དེ་ནས་རྒྱ་ཁྲིའི་ལོར་དབུས་གཙང་དག་པའི་ཞིང་དུ་ཕེབས་ནས་ རྒྱལ་དབང་ རིན་པོ་ཆེ་སོགས་ ལ་འབུལ་བ་ རྒྱ་ཆེན་པོ་ཕུལ་ཏེ་དམ་པའི་ཆོས་མང་དུ་གསན། གོང་མ་རྒྱལ་པོས་གོང་མ་རིན་པོ་ཆེར་ཁྲི་ཐོ་ལ་ཡོན་ཏན་ཆེན་པོ་ཡོད་པའི་བླ་མ་གཏོང་དགོས་པར་གསེར་ཡིག་བསྐུར་བ་བཞིན་རྗེ་ཉིད་གནང་བས། རྒྱ་ནག་གི་ལོར་གོང་མའི་པོ་བྲང་ཆེན་པོར་ཕེབས་ཏེ་གོང་མ་རྒྱལ་པོའི་ཕྱི་ནང་གི་བྱ་བ་འགངས་ཆེན་ཐམས་ཅད་མཛད་མཁྱེན་གྱིས་ཐོགས་པ་མེད་པར་གསལ་བར་ཕྱུང་བསྟན་པ་དང་། སྐུ་རིམ་གནང་བས་ མི་མཐུན་ཕྱོགས

བཅོམ་པའི་མཐོང་རྟགས་བསྟན་པ་སོགས་ཀྱི་སྒོ་ནས་གོང་མ་ཆེན་པོའི་ཐུགས་ཤིན་ཏུ་དགྱེས་ཏེ་ཐུགས་རྗེས་པའི་མཆོད་གནས་དམ་པར་བཞུགས། གྱ་ཚང་བཞི་ཚང་བར་བཞུགས་པའི་ཡུང་ཧེ་ཀུང་གི་དགོན་ཆེན་གྱི་ཆོས་ཁྲིར་བཞུགས་ཏེ་འདུས་ཚོགས་རྣམས་ཆོས་འཇིག་རྟེན་གཉིས་ཀྱི་སྒོ་ནས་སྐྱོང་བྱེད་པའི་རྫོགས་ལྡན་གཉིས་པའི་དཔལ་ལ་བཀོད་ནས་དེ་དག་གིས་ཀྱང་ཤིན་ཏུ་དགའ་བའི་བསྟོད་བསྔགས་ཀྱི་གླུ་དབྱངས་རྒྱུན་དུ་སྒྲོགས་པའི་མཆོད་འཕྲིན་ལྟར་སྒྲ་བར་བྱས་སོ། །ལྷ་བསོད་ཤིན་ཏུ་རྒྱས་པ་ལས་རྗེ་ཉིད་དང་འབྲེལ་ཐོགས་པའི་སྐྱེ་འགྲོ་མཐར་དག་སྐྱབས་གསུམ་ཀུན་འདུས་ཀྱི་ངོ་བོ་རྗེ་བཙུན་འཇམ་དཔལ་སྙིང་པོས་རྗེས་སུ་བཟུང་ཞིང་ར་འོངས་པ་ངོ་མཚར་རྨད་བྱུང་བཀོད་པའི་དག་པའི་ཞིང་མཆོག་དེར་རྒྱལ་བ་སེང་གེའི་ང་རོའི་འཁོར་གྱི་ཐོག་མར་གྱུར་ཏེ་ཟབ་མོ་དབུ་མའི་ལྟ་བ་དང་འབྲེལ་བའི་རྡོ་རྗེ་ཐེག་པའི་ལམ་བཟང་པོས་ཚིག་གཅིག་ཉིད་ལ་སྐུ་གསུམ་མངོན་དུ་བྱེད་ནུས་པའི་རིན་པོ་ཆེ་ལྟ་བའི་གདུལ་བྱར་འགོད་པའི་ཕྱིར་དུ་ཡི་ཤཱཀྱ་སྐྱེས་བསྐྱང་པ་ལྟ་བུའི་ངོ་མཚར་ལེགས་པར་འབྱོར་པའི་རྒྱལ་བ་སེང་གེའི་ང་རོའི་ཟངས་གསེར་གྱི་སྐུ་ཤིན་ཏུ་ཆེ་བ་བཞེངས་སོ། ། ཀླུ་བྲང་ཆེན་པོ་བཀྲ་ཤིས་འཁྱིལ་དུ་བཞི་བརྩེགས་ཀྱི་གཙང་ཁང་དང་བཅས་པ་ལེགས་པར་བསྐྲུན་ནས་སྐྱེ་རྒྱུའི་བསོད་ནམས་ཀྱི་ཞིང་དུ་བཞུགས་སུ་གསོལ། འཇམ་དབྱངས་ཆོས་ཀྱི་རྒྱལ་པོ་ཀུན་མཁྱེན་བླ་མའི་མཆོག་སྤྲུལ་རིན་པོ་ཆེ་ལ་གནང་གྱི་སྒྲོན་མེ་ཀྱང་བ་སྤྲ་བྱུའི་དངོས་འབྱུལ་གྱི་མཆོད་འཕྲིན་བསམ་པ་ཡིས་མི་ཁྱབ་པ་ཕུལ། །དགེ་འདུན་པ་རྣམས་ལ་ཡང་མང་ཇ་འགྱེད་བཅས་ཀྱི་རིམ་པ་གནང་ངོ༌། །དེང་སང་ཡང་བསྟན་འགྲོའི་དཔལ་མགོན་དུ་གོང་མ་རྒྱལ་པོས་སོག་པོ་ཐམས་ཅད་ཀྱི་དོན་དུ་བཞེངས་པའི་མཆོ་བདུན་གྱི་དགོན་པ་ཆེན་པོའི་ཁྲིམས་ཀ་ལྔ་མའི་གོ་མང་རྣམ

སེར་བཞུགས། ཐོག་མར་ཕྱོགས་འདིར་རིབས་པ་ནས་བརྒྱུད་སྨྲ་རྒྱ་དང་སང་ཧྭ་དང་ལྷག་པར་སུ་ཉིད། ཞལ་ཏ། ཏར་ཆེན། ཕྲ་མེད་སོགས་ཕྱི་ཚོགས་དང་རང་ཚོགས་ཀྱི་ རིན་པོ་ཆེར་གྱི་ ཆོ་ཆེན་ཤེར་དུ་ མང་པོའི་ བླ་ཆེན་ དཔོན་ཆེན་རྣམས་ཀྱིས་གཙོས་སྐལ་ལྡན་གྱི་གདུལ་བྱ་ བགྲང་ལས་འདས་པ་ རྣམས་ལ་གང་ལ་གང་འདུལ་གྱི་སྟོབས་ཁྲིམས་འགོགས་པ་ དང་ལུང་བསྟན་ གསལ་པོ་གནང་བ་དང་དབང་རྗེས་གནང་ལུང་ཁྲིད་ སོགས་ཟབ་དང་ རྒྱ་ཆེ་བའི་ཆོས་ཀྱི་ཆར་ཆེན་པོ་འབབ་སྟེ། དེ་རྣམས་ཀྱི་ཤེས་རྒྱུད་ཀྱི་ཞིང་སར་ཕུར་པ་དང་ཐམས་ཅད་མཁྱེན་པའི་ས་བོན་ཁྱད་པར་ཅན་བསྐྲུན་པར་མཛད་པའི་སྒྲོན་མ་འཕྲིན་ལས་ ཡར་ངོའི་ཟླ་བ་ལྟར་རྒྱས་ པར་མཛད་ བཞིན་དུ་བཞུགས་པ་འདི་ ལགས་སོ། །ཡང་ འཇམ་དབྱངས་ཆོས་ཀྱི་རྒྱལ་པོ་བཀའ་ པ་རིན་པོ་ཆེའི་ཐུགས་སྲས་ དམ་པ་སྐྱེ་བ་མཆོག་སྤྲུལ་ཁྱབ་བདག་བླ་མ་འཇམ་ དབྱངས་ཐུབ་བསྟན་ཉི་མའི་ཞལ་ སྔ་ནས་ཀྱིས་ཆོར་ཡུལ་འདིར་བསྟན་པ་དར་བར་མཛད་པ་ཡིན་ལ། རྗེ་དེ་ཉིད་ཀྱི་སྔ་གོང་མ་གྲུབ་པའི་དབང་ཕྱུག་སྡེ་པ་ཀློ་བཟང་དོན་གྲུབ་ནི། ཇི་སྐད་དུ། རྒྱལ་བའི་ཡུམ་ཆེན་སོ་མ་ཅིག་ལབ་སྒྲོན་གྱི་ལུང་བསྟན་ལས།

སྟོང་སྡེ་དགག་གི་དབང་པོ་དང་། གྲུབ་སྡེ་རྒྱལ་བའི་འབྱུང་གནས་ནི།
ར་དང་ཁྲི་ཞེས་བྱ་བར་འབྱུང་།

ཞེས་པ་ཡིག་རང་གི་ཐུགས་སྲས་དམ་པ་སྟོང་སྡེ་དགག་གི་དབང་པོ་དེ་མ་འོངས་པ་ནས་སྔང་རའི་ཕྱོགས་སུ་སྐྱ་འཕྲུངས་པར་ལུང་ བསྟན་པའི་ ཀུན་མཁྱེན་བླ་མ་བཞད་པ་མཆོག་སྤྲུལ་རིན་པོ་ཆེ་དང་། ཐུགས་སྲས་གྲུབ་སྡེ་རྒྱལ་བའི་འབྱུང་གནས་དེ་མ་འོངས་པ་ཁྲི་ཀའི་ཕྱོགས་ སུ་སྐྱ་འཁྲུངས་ པར་ལུང་བསྟན་པ་ བཞིན་གནས་དེར་སྐུ་ བལྟམས། དགུང་ལོ་ཆུང་དུས་ནས་ རབ་ཏུ་བྱུང་ཞིང་ བོད་དབུས་སུ

ཐེབས་དེ་བཀའ་འཁོད་ཆེན་པོ་ཟླ་ལ་ཕྱུགས་གཉེར་མཐུར་ ཉིན་ནས་ དཀར་པོ་ཉེར་ལྔའི་ཕོག་ཟླ་ས་སྤྱོད་ལས་རབ་འབྱམས་པའི་གྲྭ་སྐོར་མཛད། ཀུན་མཁྱེན་བླ་མ་འཇམ་དབྱངས་བཟང་པོའི་རྡོ་རྗེའི་ཐུགས་སྲས་མཆོག་ཏུ་གྱུར་ནས། བླ་བྲང་ཆེན་པོ་བཀྲ་ཤིས་འཁྱིལ་གསར་དུ་འདེབས་པ་དང་ཆོས་འཆད་ཉན་དར་བར་བྱེད་པའི་ཐོ་མཐུད་པའི་ཕྱོགས་ཐམས་ཅད་ མཐུ་སྟོབས་ནུས་པའི་རྡོ་རྗེས་ཐལ་ བར་བརླག་པར་མཛད། འཇམ་དབྱངས་བླ་མ་ཁྲི་རིན་པོ་ཆེ་ངག་དབང་བཀྲ་ཤིས་པའི་རྗེས་སུ་ཚོགས་ཆེན་ཁྲི་བར་བཞུགས་ཏེ་ཆོས་འཇིག་རྟེན་གཉིས་ཀྱི་སྒོ་ནས་ལེགས་པར་བསྐྱངས། ལྷག་པར་ཀུན་མཁྱེན་བླ་མ་བཞད་པ་རྡོ་རྗེའི་མཆོག་སྤྲུལ་རང་ཆག་རྣམས་ཀྱི་ལྷ་སྐལ་གཅིག་པུ་སྐྱབས་མགོན་རིན་པོ་ཆེ་ཉིད་ལེགས་པར་ངོས་བཟུང་སྟེ་གདན་ས་ཆེན་པོར་གདན་འདྲེན་ཞུས་ ནས་མི་འཇིགས་སེང་གེའི་ཁྲིར་མངའ་གསོལ་ཏེ་རྣམ་དཀར་མཛད་ འཕྲིན་གྱི་རྒྱལ་མཚན་སྲིད་རྩེར་ བསྒྲེང་བའི་བདག་ཉིད་བླ་ན་མེད་པ་མཛད། ཚོགས་བཞི་བཅུ་ཚང་བ་སོགས་ཀྱི་མཚན་ལྡན་ཧུར་སུས་རྫོགས་པ། ཤིན་ཏུ་སྨ་བའི་རྗེ་ལ་དཀར་ཡོལ་ཡུ་རིངས་བཞག་པའི་རྗེ་གསལ་བར་བྱུང་བའི་ནུས་མཐུ་སྟོབས་པ་སོགས་ཀྱི་ཆེ་བའི་ཡོན་ཏན་ བསམས་གྱིས་མི་ཁྱབ་ཅིང་། དཔལ་ལྡུག་ན་རྡོ་རྗེའི་གྲུབ་ཐོབ་ ཨ་བྲག་སྒྲུབ་ཆེན་ནས་མཁའ་རྒྱལ་མཚན་གྱི་རྣམ་འཕྲུལ་དུ་ཡང་གྲགས་སོ། །རྗེ་བཙུན་དེ་ཉིད་ཀྱི་ཡང་སྤྲུལ་རིན་པོ་ཆེ་རྗེ་འདི་ཉིད་ནི་སྟོད་སོག་ཕྱོགས་སུ་སྐུ་འཁྲུངས། དཀར་པོ་ཚུང་དུས་ནས་བླ་བྲང་ཆེན་པོར་གདན་དྲངས། སྐྱབས་མགོན་བཞད་པ་རིན་པོ་ཆེ་རིགས་ཀྱི་ཚོད་བར་དུ་བཞེས་ཏེ་རབ་ཏུ་བྱུང་ཞིང་། གཞུང་བཀའ་འཁོད་རྣམས་ལ་ཕྱུགས་གཉེར་ལེགས་པར་མཛད། སྐྱབས་མགོན་རིན་པོ་ཆེའི་དྲུང་དུ་རྡོ་རྗེ་འཆང་བ་དང་། ཐི་དུ་བཀྱ་ཙའི་དབང་སོགས་ཆོས་བཀའ་མང་པོ་གསན། ཀུང་ཐང་རིན་པོ་ཆེའི་དྲུང་དུ

བསྐྱེད་རྫོགས་ཀྱི་སྦྱོར་བ་ཡང་བཞེས། ཇོ་ཕྱགས་ཙང་མཁྱེན་པ་དེ་ཉིད་དང་། ཞོར་ཚང་གསེར་ཁྲི་རིན་པོ་ཆེ་སོགས་ལས་ཀྱང་དབང་དང་རྗེས་གནང་ལུང་དང་ཁྲིད་སོགས་བཀའ་ཆོས་རང་གྲོ་གསར་བས་ཆོས་ཀྱི་བདུད་རྩི་ཐུགས་ཀྱི་བུམ་བཟང་ལེགས་པར་གང་སྟེ་གདུལ་བྱ་རྣམས་ལ་ཆོས་ཀྱི་དགའ་སྟོན་འགྱེད་པར་མཛད། དེ་ནས་ཆོས་ཀྱི་སྦྱིན་བདག་ཆེན་པོ་ཨ་རྒྱ་རྗེར་ཆེན་གྱི་པོའི་ལེས་གདན་འདྲེན་ཞུས་པ་ལྟར་ཕྱོགས་འདིའི་གདུལ་བྱ་མཐའ་དག་འདྲེན་པའི་ཕྱིར་དུ་ཕྱག་ཕེབས་དེ་ཕོག་དེར་དཔལ་དུས་ཀྱི་འཁོར་ལོའི་དབང་ཆེན་ཟབ་མོ་བསྐུལ་ཞིང་དུས་འཁོར་གྱི་རྩང་ཡང་གསར་བཙུགས་མཛད། ཕྱུ་སེད་ཕོག་འདིར་ཡང་ལས་མང་པོ་སྤྱན་དྲངས་པ་ལྟར་ཕེབས་དེ་ཡིད་འོང་བདེ་བའི་ལྷ་ཁང་གི་དགོན་ཆེན་དུ་རྫོགས་རྫོགས་ནས་འདུས་པའི་གདུལ་བྱ་ཁྲི་ཕྲག་བཅས་པ་རྣམས་ལ་དཔལ་དུས་ཀྱི་འཁོར་ལོའི་དབང་ཆེན་ལེགས་པར་གནང་། ཡང་དེ་ལོར་དྲྭ་ལག་གི་དགོན་པར་བསྟན་པའི་སྦྱིན་བདག་མང་པོ་དག་གིས་ཞུས་པ་ལྟར་དུས་འཁོར་གྱི་དབང་ཆེན་བསྐུལ་ཞིང་དུས་འཁོར་གྲྭ་ཚང་ཡང་བཙུགས་པས་མཆོད་ཕོག་འདི་དང་། སྟོང་གོལ་ཅན་དང་། ཇར་ཆེན་དང་། རྣམ་སྐར་སོགས་ཀྱི་ཚོ་ཆེན་པོ་མང་པོའི་དགོན་ཆེན་རྣམས་ཀྱིས་གཙོས་གདུལ་བྱ་བགྲང་ཡས་པ་རྣམས་ལ་ཆོས་ཀྱི་བདུད་རྩིས་ཚིམ་པར་བྱས་ཏེ་མཛད་པ་ཕྲིན་ལེགས་ཀྱི་ལས་བཟང་པོ་ལ་བཀོད། རྗེ་རང་ཉིད་དང་འབྲེལ་ཐོགས་པའི་སྐྱེ་རྒུ་མཐའ་དག་འཇམ་མགོན་བླ་མ་དང་བསྐལ་བཟང་གི་སངས་རྒྱས་སྟོང་གིས་རྗེས་སུ་བཟུང་ཞིང་། འཇམ་དབྱངས་ཀུན་གཟིགས་ཀྱི་དགའ་བའི་ཞིང་མཆོག་དེར་འདྲེན་པའི་ཆེད་དུ་རྩམ་གསེར་ལས་འཇམ་དབྱངས་ཀུན་གཟིགས་ཀྱི་སྐུ་ཤིན་ཏུ་ཆེ་བ་དང་། གཡས་གཡོན་དུ་མཁྱེན་སེད་ཕྱུག་དབང་དང་རྗེ་བཙུན་ཞབས་པ་མགོན་གཉིས་ཀྱི་གསེར་

སྐུ་ཚེ་བ་དང་། བསྐལ་བ་བཟང་གི་སངས་རྒྱས་སྟོང་གི་གསེར་སྐུ་རྣམས་གཟོ་དབྱིབས་ཤིན་ཏུ་ལེགས་པ་ བཞེངས་དེ་རྣམ་སྣང་ བཀྲ་ཤིས་ འཁྱིལ་དུ་གཙུག་ལག་ཁང་ཆེན་པོ་དང་བཅས་བསྐྲུན་ནས་བརྟགས་སུ་གསོལ། དེང་ཡང་བསྟན་འགྲོའི་དཔལ་མགོན་དུ་སྐུ་ཚེ་ཞབས་པད་བརྟན་ཅིང་རྣམ་དཀར་མཛད་འཕྲིན་དབྱར་མཚོ་ལྟར་འཕེལ་རྒྱས་སུ་བརྟགས་པ་འདི་བཞིན་ནོ། །ཡང་འཇམ་དབྱངས་ཆོས་ཀྱི་རྒྱལ་པོའི་ཐུགས་སྲས་ ནམ་མ་ཁྱབ་ བདག་རྗེ་ཧེ་འཆང་ མཚན་སྨོས་མཁན་ཆེན་གྱི་མཆོག་སྤྲུལ་རིན་པོ་ཆེ་འཇམ་དབྱངས་བཤེས་གཉེན་གྱི་ཞལ་སྔ་ནས་ཀྱིས་ནོར་ཡུལ་དུ་བསྟན་པ་དར་བར་མཛད་དེ། རྗེ་དེ་ནི་སྐུ་ཚེ་ཆུང་དུས་ནས་རྣམ་སྣང་ཆེན་མོ་བཀྲ་ཤིས་འཁྱིལ་དུ་བྱོན་ནས། སྐྱབས་མགོན་ཐམས་ཅད་མཁྱེན་པ་བཞད་པ་རིན་པོ་ཆེའི་ཞབས་དྲུང་དུ་རབ་ཏུ་བྱུང་ཞིང་། རྡོ་རྗེ་འཛིན་པའི་དབང་སོགས་དམ་པའི་ཆོས་ཀྱི་བདུད་རྩི་ལེགས་པར་བཏུས། དབུས་ཕྱོགས་སུ་ཐེབས་ཏེ་བཤེས་གཉེན་དམ་པ་དུ་མ་ལས་ཟབ་ དང་རྒྱ་ཆེ་བའི་དམ་ པའི་ཆོས་ཀྱིས་ཐུགས་རྒྱུད་ལེགས་པར་གཏམས་པར་མཛད། དེ་ནས་རྗེ་དེའི་སྐུ་གོང་མའི་སྦྱིན་པ་དང་ཡོན་བདག་གི་ གཙོ་བོ་བསྟན་ པའི་སྦྱིན་བདག་ ཆེན་པོ་བླ་རིན་ ཁྲང་གིས་གདན་འདྲེན་ཞུས་ པ་ལྟར་ཕྱག་ ཕེབས་ཏེ་མོག་རིས་ མཆོད་ཁང་གི་ཡུལ་ གྲྭ་སང་པོར་དམ་པའི་ཆོས་ཀྱི་དགའ་སྟོན་རྒྱ་ཆེར་སྤེལ་ བའི་ངང་ ནས་འཇམ་ མགོན་རྒྱལ་བ་གཉིས་པའི་རིང་ལུགས་རྡོ་ཡ་མེད་པ་ ཟླ་ནས་ཟླར་ འཛིན་སྐྱོང་ སྤེལ་ བར་མཛད་པ་ཉིད་དུ་བརྟགས་པ་འདི་ལགས་སོ། །དེ་ལྟར་གོང་དུ་སྨོས་པའི་ལུང་རིགས་ཀྱི་ཡོན་ཏན་རྒྱ་མཚོའི་དཔལ་ལ་མངོན་པར་རོལ་པ། གཅིག་ཏུ་རྒྱལ་བའི་བསྟན་པའི་སྤྱི་དང་ཁྱད་པར་རྒྱལ་བ་གཉིས་པའི་བསྟན་པ་རིན་པོ་ཆེ་ཐམས་ མཁས་ཀྱི་མཛད་པ་སྣ་ཚོགས་ཀྱི་རྐྱེན་ནས་སྤེལ་བར་མཛད་ པའི་སྙིང་སྟོབས་ཡུལ་དུ་བྱུང་བ།

མཁྱེན་ཕྱོགས། དྲན་རིག་གིས་འབྲེལ་ཐོགས་པའི་སྐྱེ་རྒྱ་མཐར་དག་རྗེས་སུ་བཟུང་ཕྱི་བྱུང་གྲོལ་གྱི་ལམ་བཟང་པོ་ལ་འགོད་པའི་མཛད་འཕྲིན་ཕུར་སྟུས་ཚོགས་པ་སྣང་བ། ཆེན་པོ་རྣོར་གྱི་གདུལ་བྱ་མཐར་དག་ལ་བཀའ་དྲིན་བསམ་གྱིས་མི་ཁྱབ་པའི་ཁྲར་གྱི་རྩི་བར་གྱུར་པའི་སྐྱེས་ཆེན་དམ་པ་དེ་དང་དེ་རྣམས་ཀྱིས་ནི། རང་དོན་རྙེད་བཀར་དོན་གཉེར་རྣོགས་ཀྱི་རྡུལ་མས་ཕྱུང་ཟད་ཀུང་མ་གོམས་པར་མཐར་འཁོབ་ཡུལ་དུ་སངས་རྒྱས་ཀྱི་བསྟན་པ་རིན་པོ་ཆེ་སྤེལ་བའི་ཐུགས་སྐྱེད་བཟང་པོ་དང་རང་དང་འབྲེལ་ཐོགས་པའི་ལུས་ཅན་གྱི་སྐལ་ལྡན་གདུལ་བྱ་རྣམས་སྨིན་གྲོལ་གྱི་ལམ་བཟང་པོ་ལ་འགོད་པའི་ཆེད་དུ་སྦྱོར་བར་མཛད་པ་དེ་རིང་མཚར་བས་ཀྱང་ཆེས་ངོ་མཚར་རྨད་དུ་བྱུང་བའི་མཛད་བཟང་པོ་ལགས་ཏེ། སྤྲུལ་སྐུ་གྲགས་པ་རྒྱལ་མཚན་གྱི་མ་འོངས་ལུང་བསྟན་ལས།

ས་ལ་གནས་པའི་འཇམ་དཔལ་ཆེ། བསིལ་ལྡན་ལྗོངས་ནས་དགེ་སློང་གི།
རྒྱལ་མཚན་ཐོགས་པ་དུ་མ་ཡང་། ལུས་ཅན་མང་པོའི་དོན་བྱེད་དུ།
ཕྱོགས་རེར་བསོད་སྙོམས་རྒྱུ་ཞིང་ཞུགས།

ཅེས་གསུངས་པས་སོ། །ཡོག་ཏུ་ཨོ་ཆེ་གེ་ཀླུ་མའི་གོ་གོར་གྱི་དངོས་སློབ་ཆ་གནད་ཧྲ་ཡར་ཆེ་ཤེས་བྱ་བ་སྔོང་གོལ་ཅིད་ཤོག་གི་རི་ཁྲོད་མི་འདྲ་བ་གསུམ་དུ་ལོ་བཅོ་བརྒྱད་ཀྱི་རིང་རྩེ་གཅིག་ཏུ་སྒྲུབ་པ་ཉམས་ལེན་མཛད་པས་རྟོགས་པ་མཆོག་བརྙེས་པའི་སྐྱེས་མཆོག་ཞིག་བྱུང་བ་དེས་སོང་གོལ་ཅིད་ཤོག་ཏུ་དགོན་པ་བཏབ་ལ་དེའི་སྤྲུལ་སྐུ་རིན་པོ་ཆེས་མཚན་ཉིད་གྲྭ་ཚང་དང་སྔགས་པ་གྲྭ་ཚང་གཉིས་བཙུགས་ཏེ་རྒྱལ་བསྟན་རིན་པོ་ཆེ་ཆེས་ཆེར་རྒྱས་པར་མཛད། དགོན་པ་འདིར་རྒྱལ་དབང་རིན་པོ་ཆེ་ཡོན་ཏན་རྒྱ་མཚོའི་ཐུགས་རྟེན་དངོས་སུ་བཞུགས་ཡོད་པ་དང་། རྗེ་བླ་མ་དེའི་དམ་ཆོས་འཛིན་པའི་སློབ་ལམ་གྱི་མཐུ་ཐུབ་པའི་སྟོབས

ཀྱིས་རིང་མང་ཡང་བླ་རས་བྲིས་འཛིན་པའི་སྟེང་དུ་སྤྱར་བ་གྲྭ་ཚང་ཡང་བཙུགས་དེ་གྲྭ་ཚང་གསུམ་གནས་སོ། །གཞན་ཡང་པཎ་ཆེན་ཐམས་ཅད་མཁྱེན་པའི་ཐུགས་སྲས་དམ་པ་མཁས་པའི་དབང་པོ་ཞབས་དྲུང་བླ་མ་ངག་དབང་རྒྱ་མཚོས་ཀུང་སོང་གོལ་ཡུལ་དུ་དགོན་པ་བཏབ་ནས་ མཚན་ཉིད་གྲྭ་ཚང་ དང་སྔགས་ པ་གྲྭ་ཚང་གཉིས་ བཙུགས་ཏེ་བསྟན་པ་ རིན་པོ་ཆེ་དར་ཞིང་རྒྱས་ པའི་འཕྲིན་ ལས་རྒྱ་ཆེར་མཛད། རྗེ་དེ་ཉིད་ཀྱི་སྤྲུལ་སྐུ་རིན་པོ་ཆེ་ཡང་བྱོན་ཏེ་བསྟན་པའི་བྱ་བ་མཛད་བཞིན་དུ་བཞུགས་སོ། །ཡང་སོང་གོལ་ཡུལ་གྱི་ཧོ་ཤིག་གི་ཚར་གཏོགས་ཐང་ཀོད་ནལ་ནའི་ཡུལ་ དུ་བསྟན་པའི་ གསལ་བྱེད་ ཛེ་ར་པོ་སི་ཏི་ཧོ་ཐོག་ཐུས་ དགོན་ པ་བཏབ་ནས་མཚན་ཉིད་གྲྭ་ཚང་བཙུགས་ཏེ་བསྟན་པའི་བྱ་བ་མཛད་དོ། །གཞན་ཡང་ཆེན་པོ་ཆོར་གྱི་ཡུལ་ཧུན་གར་ཡུ་གེ་ལུད་ཀྱི་ས་ཆར་ སྐུ་འཁྲུངས་པའི་སྐྱེས་མཆོག་སེར་གིར་བླ་མ་ངག་དབང་བློ་གྲོས་མཚན་ཅན་གྱི་དམ་པ་དེ་ནི། ཆུང་དུས་ནས་རབ་འབྱམས་པ་ཧོར་ཐོག་ཕྲའི་དྲུང་དུ་དམ་པའི་ཆོས་ཀྱི་བགོ་སྐལ་མནོས་ཤིང་བྱང་ཆུབ་ལམ་རིམ་ཆེན་པོ་སོག་སྐད་དུ་བསྒྱུར། དེ་ནས་བོད་དབུས་སུ་བྱོན་ནས་འབྲས་སྤུངས་སྒོ་མང་གི་ཆོས་གྲྭར་ཞུགས་ཏེ་ཐུགས་གཉེར་མཛད་དེ་ཕར་ཕྱིན་ཀྱི་ཆོས་འཁོར་གྱི་སྐབས་སུ་སློབ་བ་ན། རང་ཉིད་ཆོས་ཤེས་པའི་རྣམ་སེམས་ཀྱི་ང་རྒྱལ་ཤུགས་དྲག་པ་ཞིག་སྐྱེས་པ་ན་རང་གིས་ང་རྒྱལ་དེ་མཐོང་དེ། བདག་རང་གི་རྒྱུད་འདུལ་བའི་ཆེད་དུ་ཆོས་གྲྭར་ཞུགས་ནས་ སློབ་གཉེར་བྱ་ བསམ་པ་ཡིན་པ་ལ། ང་ཆོས་ལྡན་ལྡན་ཤེས་པ་དེ་སྐྱར་ཡང་ཉོན་མོངས་འཕེལ་བའི་རྒྱུ་བྱེད་རྒྱུ་ཡིན་པ་འདྲ། དཔེར་ན་ཅིག་ཏུ་སོང་ནས་རྒྱུད་འདུལ་བར་བྱས་ནས་འོང་ངོ་སྙམ་དུ་དགོངས་ཏེ། དགེ་འཕེལ་རི་ཁྲོད་ཀྱི་འགྲམ་གྱི་ཁང་པ་ཞིག་ཏུ་བྱོན་ནས། བླ་མའི་རྣལ་འབྱོར་དང་སྟོང་པ་ཉིད་ཀྱི་ལྟ་བ་བསྒོམ་བཞིན་ཡོད་པ་པ

ལས། ཉིན་གཅིག་གསོལ་ཇ་སྐོལ་བའི་སེ་གཏོང་བཞིན་བཞུགས་པའི་ཚེ། སྟོང་ཉིད་ཀྱི་ལྟ་བའི་དོན་དྲན་བཞིན་པའི་ཤུར་སློ་བྱུར་དུ་སྟོང་པ་ཉིད་མངོན་སུམ་དུ་རྟོགས་ཏེ་ཉེ་འཁོགས་ཀྱི་ཁང་པ་དང་། རང་གི་ལུས་དང་གཟུགས་ཐམས་ཅད་དམིགས་ལས་དུ་མི་སྣང་བར་ཐམས་ཅད་སྟོང་སང་ངེ་གྱུར་པ་ཐག ། །སེར་གོན་ཀླུ་མ་ཐུགས་སྐག་སྟོན་འབྱུང་སོ་ཉག་ཏུ་གྱུར་ནས། ལངས་ཏེ་འགྲོ་ཉེས་པ་བྱུང་ཡང་། མིག་ལམ་དུ་གཟུགས་མི་སྣང་ཞིང་ ཐུགས་ཐོགས་མེད་པ་ངར་ ཐལ་ཐུར་ཐལ་དུ་འགྲོན་བཞིན་པ་ལ་རི་རྩེ་མགོ་མ་ངོས་ནས་བྲུགས་རྡོ་ཐོད་པོ་ཅིག་གིས་དེའི་ཐད་ནས་དུ་བ་འཕྲུལ་བ་མཐོང་སྟེ་བསྣམས་པ་ན། གྲྭ་པ་ཞིག་ཁང་འཁོགས་ཀྱི་རྩིག་པ་ལ་མི་ཐོགས་པར་ཐལ་བྱུང་དུ་འགྲོ་འོངས་མཛད་པ་ན། ཐད་པོ་དེ་སེམས་ཉིད་ཀུར་ནས་སྒོ་མེད་པར་ཁང་པའི་རྩིག་པ་ལ་ཐལ་བྱུང་དུ་འགྲོ་བ་འདི་ཉམས་དགའ་ཞིང་ངོ་མཚར་བ་ཞིག་གོ །འདི་མཐོང་བའི་ཐབས་བྱེད་སྐྱལ་ནས་པའི་འོ་མ་ཁྲིར་ནས་སོང་སྟེ། བདག་འོ་མ་འབུལ་བར་ཡོད་པ་ཞིག་ལགས། ཞེས་སྨད་ཆེན་པོས་པོས་དེ་ཞུས་པ་ནས་ཕྱི་བྱུར་དུ་གཟིགས་ཏེ། སྒོ་ཕྱི་ནས་ངང་དུ་ཞུགས་དུ་བཅུག །འོ་མ་དེས་ཇ་བསྐུས་ནས་བཞེས་ཏེ། ཐད་པོ་དེ་ལ་ཡང་གནང་བས་ཇ་འཕྲུང་སྟེ་གུས་པར་ བྱས་ནས་ དགེ་སློང་མཐོང་བ་ ལ་དགའ་ ཞིང་ ཕྱིར་ཐོན་ཏེ། ཉེ་འགྲམ་གྱི་རི་ཁྲོད་པ་རྣམས་ལ་དགེ་སློང་འདི་ཁང་པའི་རྩིག་པ་ལ་ཐོགས་མེད་དུ་འགྲོ་འོངས་མཛད་ཀྱིན་འདུག་གོ ཞེས་སྒྲོགས་པ་ན། ཉེ་སྐོར་གྱི་རི་ཁྲོད་པ་རྣམས་ཀྱིས་ཕྱུར་མ་ཤེས་པ་ལ་དེ་ཕྱིན་ཆད་ནས་རྟོག་འཇུག་བྱས་ནས་ཤེས་པ་ཡིན་ནོ། །དེ་ནས་སེར་གོན་ཀླུ་མ་རེས། སྒོ་མང་དགོན་སློབ་ཚོར་སློན་གཏུལ་ཆོས་ཀྱི་རྒྱལ་པོའི་དྲུང་དུ་ཕེབས་ཏེ་བདག་ལ་འདི་འདྲ་བའི་རྟགས་ཤིག་བྱུང་། བདག་ཅད་མཐར་ཐྲུངས་པ་ཡིན་པ་འདྲ། དེ་འདྲ་ཡིན་ན་བདག་དུས་ནས་ཡང་དཀྱིལ

བ་དུས་གྲོན་པ་རིག་གི་ཡོང་བ་འདུག་པས་སྨྲ་གསང་མེད་པར་བསྒྲུབ་སྒོན་གསང་བ་མཁྱེན་ཞེས་ཞུས་པ་ན། རྡོར་སློབ་དཔོན་ཆོས་ཀྱི་གྲགས་པོས། ངས་སྟོང་ཉིད་མ་རྟོགས་པས་ཤེས་རྒྱ་མི་འདུག །འོན་ཀྱང་མཚན་ཉིད་ཀྱི་རིགས་པས་དཔྱད་ན་སྐྱོན་ཅན་ཡིན་ནས་སྨྲས་ན་སྐྱོན་མེད་པ་འདྲ་ཞིག །སྐྱོན་མེད་ཡིན་ནས་སྨྲས་ན་སྐྱོན་ཅན་འདྲ་ཞིག་ཏུ་བསམས་ཀྱི་འདུག །ད་ཁྱོད་ཀྱི་ཐེ་ཚོམ་ངེད་ཀྱིས་གཅོད་མི་ནུས་པས། བླ་མ་སྤྱང་ཀྱུར་རྡོ་རྗེ་འཆང་ཞེས་པ་དེ་སྟོང་ཉིད་མངོན་སུམ་དུ་རྟོག་པའི་བླ་མ་ཡིན་སྐད་འདུག་པས་བླ་མ་དེའི་དྲུང་དུ་སོང་། བཤེས་པ་དང་ལས་ཆས་སོགས་ངེད་ཀྱིས་སྦྱོར་བ་ཡིན་ཞེས་བཀའ་གནང་ནས། བཤེས་པ་དང་ལམ་བརྒྱགས་སོགས་གནང་ནས་བཏང་སྟེ། མེར་གེན་བླ་མས་སྤྱང་རྡོ་རྗེ་འཆང་གི་དྲུང་དུ་བྱོན་པ་ན། རྡོ་རྗེ་འཆང་དེ་གྲྭ་མང་པོ་ལ་ཆོས་འཆད་པའི་སྐབས་སུ་སྐྱེབ་སྟེ་བ་ཀུམས་པའི་སྒྲིང་ངག་གི་རྣམ་པས་བདག་ལ་ཉམས་དགའ་བ་འདི་འདྲ་ཞིག་བྱུང་། ཞེས་སྤྱར་གྱི་རྒྱ་མཚན་རྣམས་ཞུས་པ་ལ། རྡོ་རྗེ་འཆང་འཛུམ་པ་ཞིག་མཛད་དེ། སྨྲ་ཚོགས་ནས་ཕྱག་དཔེ་ཞིག་བཏེས་ནས་གནང་སྟེ། དད་ལྡན་ཆོས་འཆད་ཀྱི་འདུག་པས་དཔེ་ཆ་འདི་བཟླ་ཞིང་ཟ་འཕྲུངས་ལ། ངས་ཆོས་བཤད་གྲུབ་མ་ཐག་ཁྱོག་ཅིག་གསུངས་ནས། གསོལ་དཔོན་ལ་གྲྭ་པ་འདི་ལ་ཟ་སོགས་ཀྱིས་བསྙེན་བཀུར་གྱིས་ཤིག་ཅེས་བཀའ་གནང་། གནང་བའི་དཔེ་ཆ་དེ་ལྟ་ཁྲིད་ཡིན་འདུག་པས་ལན་གཅིག་གཟིགས་པ་ཙམ་གྱིས་ལྟ་ཚོར་ཐལ་བ་ཅན་ཚོད་ནས་ཐུགས་བདེ་འཁོལ་གྱིས་སོང་། དེ་ནས་སྤྱང་རྡོ་རྗེ་འཆང་གིས་མེར་གེན་བླ་མས་སྟོང་ཉིད་མངོན་སུམ་དུ་རྟོགས་པར་མཁྱེན་ནས། ང་བདག་ལ་དགེ་ཆ་འདི་ལས་ལྷག་པ་ཡབ་ཀྱི་མི་འདུག་ཅེས་གསུངས་ནས་ཐུགས་ཆེར་དགྱེས་དེ། དེའི་རྗེས་སུ་ཆོས་ཀྱི་རྒྱུད་པ་བསམ་གྱིས་མི་ཁྱབ་པ་ཞིག་གནང་ནས་རྗེས་སུ་བཟུང་བའི་རྒྱུ་

མཆན་གྱིས། སྣང་གྲུང་ཡབ་སྲས་ལྷ་ཉིས་གངས་ཅན་ཀུན་ལ་གྲགས་པའི་གཅིག་བྱུང་བ་ཡིན་ནོ། །རྗེ་བླ་མ་དེ་ཉིད་ལ་ཀུན་མཁྱེན་བླ་མ་འཇམ་དབྱངས་བཞད་པའི་རྡོ་རྗེས་ཀྱང་ཆོས་གསར། ཁོང་གིས་བཞུགས་པའི་རི་ཁྲོད་ཀྱི་ཁང་པ་དེ་ཡང་ཀུན་མཁྱེན་བཞུད་པ་རིན་པོ་ཆེར་གནང་བས་ཀུན་མཁྱེན་བླ་མས་ཁང་པ་དེ་སྐྱར་བཀྲ་བཤིས་མཛད་པའི་སྐབས་སུ་སྨོ་འདི་བླ་མ་རང་ཉིད་ཀྱིས་བཟོས་པའི་སོག་གུར་ཀྱི་སྒོ་ཡིན་པར་འདུག་པས་དགོས་པ་ལ་སྨོས་པ་ཞིག་ཡིན་གསུངས་ནས་རང་སོར་བཞག་སྟེ། ཁང་པ་དེར་ཡུན་རིང་དུ་བཞུགས་ནས་སྤྲུལ་པ་ཉམས་ལེན་ལ་ཕྱག་གཉེར་མཛད་ཅིང་། ངའི་བླ་མ་བཞུགས་པའི་ཕྱིན་རླབས་ཅན་གྱི་གནས་ཡིན་དགོངས་ནས། དབུ་མ། རྣམ་འགྲེལ། གྲུབ་མཐའི་རྣམ་གཞག་སོགས་མཛད་ནས། ཁང་པ་དེ་ལ་མཁའ་སྤྱོད་གུར་ཁང་ཞེས་མིང་འདོགས་མཛད་དོ། །མིར་གོན་བླ་མའི་སྐུ་ཞབས་སྐུ་ན་མཐོན་པོར་ཕེབས་པའི་ཚེ། གྲྭ་པ་རྣམས་ཀྱིས་ཕྱག་འཕྲེང་གི་གྲངས་འཛིན་མཐོང་ནས། འདི་གང་ཞལ་འདོན་དུ་མཛད་པའི་གྲངས་འཛིན་ཡིན་ལགས། ཅེས་ཞུས་པས། ང་ལ་ཁ་ཏོན་མང་པོ་བྱེད་རྒྱུ་ཅི་ཡོད་དེ་དཀོན་མཆོག་གསུམ་ལ་སྐྱབས་འགྲོ་བྱས་པའི་གྲངས་འཛིན་ཡིན་པས་མ་འཆོལ་བ་གྱིས་ཞེས་བཀའ་གནང་། དེ་ནི། བླ་མ་ལ་སྐྱབས་སུ་མཆིའོ། ཞེས་པའི་གྲངས་འཛིན་ཡིན་འདུག་པས། སྐུ་ཚེ་རྣམ་རྫོགས་ཀྱི་བར་ལ་བླ་མ་དཀོན་མཆོག་གསུམ་ལ་སྐྱབས་འགྲོ་མཛད་པའི་རྟགས་དེ་ཡིན་ནོ།།

གཞན་ཡང་རྗེ་ནས་གར་ཕྱུ་གི་ལུང་ཀྱི་སྨྱོས་བྱུ་དས་ཟ། ཀུན་མཁྱེན་བླ་མ་འཇམ་དབྱངས་བཞད་པའི་རྡོ་རྗེའི་དངོས་སློབ། ལུང་རྟོགས་ཡོན་ཏན་རྒྱ་མཚོའི་དཔལ་ལ་མངོན་པར་རོལ་པས་ཆོས་རྗེ་ཆེན་པོ་དཔལ་ལྡན་འབྲས་སྤུངས་ཀྱི་བཀྲ་ཤིས་སྒོ་མང་གི་ཆོས་ཀྱི་ཁྲིར་བཞུགས་པའི་མཁས་པའི་དབང་པོ་བློ་བཟང་རྒྱན

ཚོགས་ཀྱི་ནལ་སྤྱོ་ནས་དང་། ཡང་བསྟན་པའི་སྦྱིན་བདག་ཆེན་པོ་དར་ཆེན་རནྡ་མིཧྲི་དུ་བླང་གི་སྐུམ་བཞི་པ་དེ་ཉིད་དགུང་ལོ་རྒྱུང་དུས་ནས་རབ་དུ་བྱུང་ཞིང་དགོན་ལུང་དུ་ཐེབས་དེ། ཕྱིའི་བཀའ་སྐྱ་ཞབས་རིན་པོ་ཆེ་རིགས་ཀྱི་འོད་པན་དུ་བཞེས་དེ་རིགས་ལས་ལ་སྦྱངས་ཤིང་དག་པའི་ཆོས་ཀྱི་བདུད་རྩི་དུ་མ་མནོས། དེ་ནས་བོད་དབུས་སུ་བྱོན་ནས་སྒོ་མང་གི་ཆོས་གྲར་ཞུགས་ཏེ་བཀའ་ བོད་ཆེན་པོ་ལྔ་ལ་ཕྱག་གཉེར་མཐར་ཕྱིན་ནས་ལྷ་རམས་པའི་མཚན་ བརྙགས་ གནང་། རྒྱལ་དབང་རིན་པོ་ཆེ་དང་ སློབ་དཔོན་བླ་མ་ རིན་པོ་ཆེ་སོགས་ཀྱི་ཞབས་ལ་ བསྟེན་ནས་ཟབ་པ་དང་ རྒྱ་ཆེ་བའི་ཆོས་ཀྱི་ བདུད་རྩིས་ ཕྱག་ཀྱི་བུམ་ བཟང་ ལེགས་པར་གདམས། བཀྲ་ཤིས་སྒོ་མང་གི་ཆོས་ཀྱི་ཁྲི་ལ་ཞབས་སེང་རྣམ་པར་བཀོད་དེ་འཆད་ཉན་ཡར་ལྡན་དུ་མཛད་ཅིང་། འདུས་ཚོགས་མང་པོ་ལ་རྒྱལ་བ་གཉིས་པ་རྗེ་བཙུན་བཙོང་ཁ་པ་ཆེན་པོའི་གསུང་འབུམ་གྱི་ལྟགས་ ལུང་ བསྒྲུབ་ པ་སོགས་ཀྱི་སྒོ་ནས་འཇམ་མགོན་བླ་མའི་བསྟན་པ་རིན་པོ་ཆེ་རྒྱས་པར་མཛད་པ། བདག་གི་བཀའ་དྲིན་མཚུངས་ མེད་ཀྱི་ཁྲབ་ བདག་བླ་མ་རྗེ་ མཐུ་སྟོབས་ཉི་མའི་ཞལ་སྔ་ནས་དེ་སྒོ་མང་བླ་བྲང་ནས་ བ་གཉིས་ཀྱིས་རང་ རང་གི་ ཡུལ་དུ་ཕྱག་ ཐེབས་དེ་མདོ་སྨད་ལས་ རིམ་དབང་ལུང་རྗེས་གནང་ ལ་སོགས་ པའི་ཆོས་ཀྱི་ཆར་ཆེན་པོ་ཕབ་ནས་ ཐར་འདོད་སྐལ་ ལྡན་ གྱི་གདུལ་བྱ་རྣམས་ཀྱི་དོད་ དཔོན་དང་ བསྟན་པ་རིན་པོ་ཆེ་མཛེས་པར་བྱེད་པའི་རྒྱན་མཆོག་དུ་གྱུར་དོ། །གཞན་ཡང་སྒོ་མང་གི་ཆོས་ཆོས་ཁྲིར་བཞུགས་པ་ཕྱོར་གོད་དོར་བཟུབ་རྒྱ་མཚོའི་ཞལ་སྔ་ནས་དང་། ཕྱོར་གོད་དགེ་བཤེས་བློ་བཟང་སྐལ་ གྲགས་སོགས་ཕྱིས་ཆེར་དཔལ་བ་ མང་པོ་བྱུང་སྟེ་བསྟན་པ་རིན་པོ་ཆེ་རྒྱས་པར་མཛད་པའི་སེད་དུ་སྤྱང་སྟེ་སློའི་རབ་ལས་འགོངས་པས་འཕྲིར་མ་སྤྲོས་སོ། །ཡང་ཡོངས་རྫོགས་ བསྟན་པའི་ མངའ་ བདག

མཁས་པའི་ མཆོག་གྱུར་ཞལ་ན་ ཕྱག་རྡོར་མཁན་པོ་རིན་པོ་ཆེས་ ཕྱོགས་འདིར་ གདུལ་བྱ་རྗེས་སུ་ བཟུང་བའི་ ཕྱིར་ ཤ་རིའི་ འོག་ཏུ་བྱོན་ནས་ ཕྱོགས་ ཕྱོགས་ནས་ འདུས་པའི་བླ་ཆེན་དཔོན་ཆེན་གཙོས་ བྱས་པའི་སྐལ་ལྡན་ བརྒྱ་ཕྲག་མང་པོ་རྣམས་ ལས་རིམ་པ་དང་སྨྲན་ དང་རྩིས་དང་ སྐད་ངག་ སོགས་ཀྱི་ བསྒྱུར་དང་ འཇུག་ཁྲིད་ དང་། རྡོ་རྗེ་འཕྲེང་བའི་དབང་སོགས་དབང་དང་རྗེས་གནང་ལུང་ཁྲིད་དམར་ པོ་གནང་སྟེ་བསྟན་པའི་བྱ་བ་རྒྱ་ཆེར་མཛད་དོ། །ཨ་ཏུ་ཤར་གྱི་ཕྱོགས་སུ་ཡང་ བསྟན་པའི་ རྒྱ་ཡག་ ནས་ པར་ གྱུར་པ་ དགེ་བཤེས་བློ་ སངག་ དབང་བློ་བཟང་ མཚན་ཅན་གྱིས་རང་ཉིད་བསྟན་པའི་བྱ་བ་མཛད་པར་མ་ཟད། ཕུ་ཏུ་བཀྲ་རིན་ པོ་ཆེའི་ཐུགས་སྲས་མཁས་གྲུབ་ནམ་ པ་ཕྲང་སྐུ་ ཞབས་རིན་པོ་ཆེ་ཡེ་ཤེས་དར་ རྒྱལ་མཚན་ ཅན་སྤྲུན་ དྲངས་ཏེ་འཁོར་ལོ་གསུམ་ གྱི་སྒོ་ནས་ འོག་དེ་ དང་འོག་ གཞན་དག་ཏུ་ཡང་ བསྟན་པ་རིན་ པོ་ཆེ་སྤེལ་བར་ མཛད་དོ། །གཞན་ཡང་ཉེ་ འཁོར་གྱི་རྗོར་ ཡུལ་འདིར་ འཛམ་ མགོན་བླ་མའི་ བསྟན་ པའི་སྙིང་པོ་བྱང་ཆུབ་ ལམ་གྱི་རིམ་པའི་འཁྲིད་ལས་རྒྱ་ཆེར་དར་ཞིང་རྒྱས་ པར་མཛད་ པའི་སྐྱེས་ཆེན་ དམ་པ་དུ་མ་བྱོན་ནོ། །དེ་དག་ལས་འགའ་ཞིག་བརྗོད་ན་ལྷུང་སྐུ་ཐམས་ཅད་ མཁྱེན་པ་ངག་ དབང་བློ་བཟང་ཚོས་ ལྡན་དང་ཀུན་ མཁྱེན་འཇམས་ དབྱངས་བཞད་ པའི་རྡོ་རྗེ་གཉིས་ཀའི་ དངོས་སློབ་ཁྱུ་རི་སྤྲུ་ཆེན་སློབ་ལས་བླ་མ་རིན་པོ་ཆེ་བསྟན་ འཛིན་གྲགས་ པའི་ཞབས་ སྔ་ནས་ ཀྱི་སྐུ་སྐྱེ་བ་སྔ་ ཕྱི་དག་ གིས་ ལམ་ རིམ་གྱིས་ འཆད་ཉན་རེས་ཆེར་སྤེལ་བར་མཛད། ཤར་ཆེན་འོག་ཏུ་བདག་གི་བླ་མ་ཁྱབ་ བདག་རྡོ་རྗེ་འཆང་ཆེན་པོ་ལྷ་ རམས་ པ་བཀྲ་ཤིས་ དར་རྒྱས་ཀྱི་ཞལ་ སྔ་ནས་དེ་ ཉིད་ནི་མཐོང་བའི་རིགས་སུ་སྐུ་འཁྲུངས། སྐུ་ཚེ་ཆུང་དུས་ནས་ཕྱ་སེད་མཆོད་ རྟེན་གསུམ་གྱི་དཀོར་བར་བྱོན་དེ་ནས་པར་ཡིག་ཙམ་རི་བླ་མའི་ཞབས་ལ་གཏུགས་

ནས་ལོ་མང་པོའི་བར་དུ་ལམ་རིམ་རྒྱས་པར་གསན་པས་མཁྱེན་པ་ཤིན་དུ་རྒྱས། དེ་ནས་བོད་དབུས་སུ་ཕེབས་དེ་འཛམ་མགོན་བླ་མའི་རྒྱལ་ཚབ་ཁྲི་ཆེན་ནས་མཁར་བཟང་པོ་རིགས་ཀྱི་ཚོད་པར་དུ་བཞེས་ནས་གཞུང་བཀའ་བོད་ཆེན་པོ་བླ་ལ་ཕེབས་པར་སྐྱངས་དེ་ལྷ་རམས་པའི་མཚན་བཏགས་ཀྱང་གསང་། ཇེ་དེ་ཉིད་དཔལ་རྡོ་རྗེ་འཇིགས་བྱེད་དཔའ་བོ་གཅིག་པའི་དབང་ཆེན་སོགས་བཀའ་ཆོས་མང་དུ་གསན། གཞན་ཡང་རྒྱལ་དབང་ཡབ་སྲས་དང་ཀླུང་སྐུ་རིན་པོ་ཆེ་སོགས་བླ་མ་དུ་མ་ལས་དམ་པའི་ཆོས་ཀྱི་རྒྱུན་བཟང་ཕེབས་པར་མཛོས་དེ། རང་ཡུལ་དུ་བྱོན་ནས་བོར་ཤར་ཕྱོགས་དང་། དུ་པའི་དགོན་ཆེན་གཉིས་བདབ་ཕྱེ་ལས་རིམ་གྲྭ་ཚང་བཙུགས་ནས་ལམ་རིམ་གྱི་འཁྲིད་ལས་རྒྱ་ཆེར་སྤེལ། ཤར་ཆེན་དང་། ཨ་དྷུ་ཤར་དང་། ཐུ་མེད་ཀྱི་སྒོག་སོགས་སུ་རྡོ་རྗེ་འཕྲེང་བའི་དབང་སོགས་ཟབ་རྒྱས་ཆོས་ཀྱི་འཁོར་ལོ་ཕེབས་པར་བསྐོར་བར་མཛད། སྐུ་གཤེགས་དེ་བྲུ་པའི་གདུང་མཆོག་གཙུ་འཛིན་ཞིང་དུ་འབགས་པ་ཕྱགས་རྗེ་ཆེན་པོའི་ཞབས་དྲུང་དུ་ཕེབས་པའི་ཚུལ་བསྟན་ལ། མཆོག་གི་སྤྲུལ་སྐུ་རིན་པོ་ཆེ་སེ་རིང་བར་ཞིང་འདིར་བྱོན་ནས་བསྟན་འགྲོའི་དཔལ་མགོན་དུ་བཞེད་འཕྲིན་རྒྱས་བཞིན་དུ་བཞུགས་སོ། །བཀའ་དྲིན་ཨ་རི་དང་དེ་དག་ལས་བརྒྱུད་པའི་གུ་ཤྲཱི་ཆོས་རྗེ་སོགས་ཐུ་མེད་སོང་གོལ་ཅན་ཤར་ཆེར་དང་ནུབ་པར་སོགས་སུ་མང་པོ་བྱང་ཕྱོ་ལས་རིམ་གྱི་འཆད་ཉན་སྤེལ་བར་མཛད། སོང་གོལ་ཉིད་ཀྱི་སྒོག་ཏུ་མཁས་པ་གྲུང་ཤན་གྱི་དཀའ་བཅུ་བློ་མ་རིན་པོ་ཆེས་ཀྱང་བྱང་ཆུབ་ལམ་རིམ་གྱི་འཆད་ཉན་དར་ཞིང་རྒྱས་པར་མཛད་དོ། །ཐུ་མེད་སོག་འཇིར་སྤྲ་མ་པོ་ཏྲུ་བ་བཀྲི་དང་ནས་མར་ཡོག་ཇུ་རི་བླ་མའི་སློབ་མ་ཅི་ལ་གར་ཕྱིའི་བློ་བཟང་ཆོས་རྗེ་སྤྲ་མ་སོགས་ལས་རིམ་འཆད་མཁན་གྱི་མཁས་པ་ཡང་མང་པོ་བྱུང་ངོ་། །རྒྱག

པར་བཀའ་དྲིན་མཚུངས་མེད་ཀྱི་བླ་མ་ཡོངས་རྫོགས་བསྟན་པའི་མངའ་བདག། མཉམ་མེད་ཐུབ་པའི་དབང་པོའི་གདུང་འཚབ་དམ་པ། ཁྱབ་བདག་རྡོ་རྗེ་འཆང་ཆེན་པོ་ཡོ་གཙྪ་རི་བླ་མ་ངག་དབང་དོན་གྲུབ་དཔལ་བཟང་པོའི་ཞལ་སྔ་ནས་ཀྱིས་བྱུང་རབས་ལས་རིམ་ཆེས་ཆེར་རྒྱས་པར་མཛད་པ་ཡིན་ལ། རྗེ་བླ་མ་དེ་རི་ཤོག་འདིའི་སྣང་བརྙན་ཞེས་པའི་མ་ཆར་ཡབ་དྲུ་པའི་ཞེས་པ་དང་། ཡུམ་ཁྱིམ་གྲོ་སལ་ཞེས་པ་གཉིས་ཀྱི་སྲས་སུ་ཏོ་མཚར་བའི་ལྟས་མང་པོ་དང་བཅས་རབ་བྱུང་བཅུ་གསུམ་པའི་ནམ་བྱུང་ཞེས་པ་ས་འབྲུག་གི་ལོར་སྐུ་འཁྲུངས། དགུང་ལོ་ཆུང་དུས་ནས་དམ་པའི་སྤྱོད་ཚུལ་བཟང་པོ་བདག་གིར་བཞེས། དགུང་ལོ་དྲུག་པའི་ཚེ་ཧོལ་ཀར་ཕྲའི་དགོན་པར་ཕེབས་དེ་ཡིག་སློབ་དང་སྐབས་འགྲོ་སྐྱར་འདོན་ཁྲིམས་གསོལ་སྨོན་ཤེར་སོགས་ཚོགས་མེད་དུ་ཐུགས་འཛིན་གནང་། དེ་ནས་དགུང་ལོ་བརྒྱད་པའི་ཚེ་དྭ་ཡན་ཅེ་ག་ཤྲི་བཀྲ་ཤིས་ཞེས་པའི་བླ་མ་བཟང་པོ་ཞིག་ལས་རབ་ཏུ་བྱུང་སྟེ་མཚན་བློ་བཟང་དོན་གྲུབ་ཏུ་གསོལ། བླ་མ་དེ་ཉིད་ཀྱི་དྲུང་དུ་བླ་མ་མཆོད་པ་དང་རྡོ་རྗེ་འཇིགས་བྱེད་དང་ཀུན་རིག་གི་ཆོ་ག་སོགས་འདོན་ཚའི་རིགས་མང་པོ་ཐུགས་འཛིན་གནང་། དགུང་ལོ་ཆུང་དུས་ནས་སི་མང་པོ་དག་གིས་མ་ཎྜ་བཅུ་བདུན་བཅུ་སོགས་ཀྱི་གྲངས་ཀ་མང་པོ་སོ་སོར་བཟློད་ནས་འདི་དག་གི་སྦྱོངས་གྲངས་སློས་ཤིག་ཟེར་ན། དེ་དག་གི་བཟློད་མ་ཐག་ཐུགས་ནམས་མགོ་བདད་པ་གང་ཡང་མ་མཛད་པར་གྲངས་འདི་ཙམ་བྱུང་ཞེས་གསུང་བ་དེ་དག་གིས་ཞིབ་ཏུ་རྩིས་ན་ཆ་ཀྱག་ཙམ་གང་ཡང་མེད་པར་བྱུང་ལ། བྱི་མ་རེའི་གཟ་པ་དང་སྤྲིན་བདག་སོགས་རྩོགས་རྩོགས་ནས་ཡོད་མིན་འདུག་བ་ལ། འགའ་ཞིག་གིས་དེ་རིང་འགྲུལ་པ་ཚོའདྲ་ཡོད་ཀྱུ་ཡིན་ཞེས་འདྲི་བ་ལ་དེ་དག་གི་སྙིང་ཆེ་བས་དང་བཅས་གསུང་བ་བཞིན་དུ་འཁྲུལ་མེད་དུ་བྱུང་བས་ཀུན་གྱིས

ཡ་མ་ཚན་པའི་ནང་དུ་བྱེད་དོ། །ཚུལ་འདི་ནི་ཤཱ་རིའི་བུ་ཕྱིར་དུང་སྟོང་སྟང་བཞེས་བྱ་བར་གྲགས་པའི་ཚེ། ཤིང་རྟ་གྲོ་དའི་རྒྱལ་པོའི་འདབ་མའི་གྲངས་མཐོང་ཤེས་ཀྱི་སྟོབས་ཀྱིས་ལོ་བཅུ་གཉིས་དང་ཞག་བདུན་གྱི་བར་རྟེས་དེ་རྟོགས་སོ། །དུས་གཞན་ཞིག་ན་སྟོན་པ་སངས་རྒྱས་སྟོང་ཟླས་ཟེ་སྤྱི་བསངས་ཞེས་བྱ་བར་གྲགས་པ་དེ་ཤིང་དེའི་དྲུང་དུ་བྱུང་བ་དེ་ལ་དྲང་སྲོང་སྟང་བས་ཤིང་དེའི་འདབ་མའི་གྲངས་འདྲི་བ་དང་དེ་མ་ཐག་ལྟག་ཆད་མེད་པར་སྨྲས་པའི་ཚུལ་དང་ཤིན་ཏུ་མཐུན་ནོ། །ཀ་ཤྲི་བྲྃ་ས་དེ་ཉིད་ལ་ཆོས་སྤྱོད་རབ་གསལ་དང་། ཀྱང་སྐུ་ཐམས་ཅད་མཁྱེན་པས་མཛད་པའི་ལས་ཁྲིད་ཟིན་ཐྲིས་སོགས་སོག་སྐད་དུ་བསྒྱུར་བའི་སྔོང་ནས་བཤད་ཁྲིད་ཐོབ་པས་ལས་རིམ་ལ་གོ་བ་ཆགས་ཚུལ་བཤད་དོ། །དེ་ནས་དགུང་ལོ་བཅུ་གཉིས་པའི་སྔོང་རང་གི་གྲོགས་ཁ་ཤས་བཅས་ཨུ་ཏི་སུ་ཅིན་ཏ་ལ་གཞི་སྡུ་སེ་ཞེས་གྲགས་པའི་རི་ཁྲོད་མཆོག་གྲུབ་གླིང་དེར་ཕྱག་ཕེབས་དེ་མཚན་ཉིད་གྲྭ་ཚང་ལ་ཞུགས་ནས་རིགས་པའི་སྒོ་འབྱེད་བསླུས་གཞུང་ལ་སྦྱངས་པས་ལ་འགྲུང་བར་གོ་བ་ལེགས་པར་ཆགས། དེ་དག་གི་སྐབས་སུ་ཡང་ལམ་རིམ་བློ་སྦྱོང་སོགས་ཀྱི་བསྒྱུར་དང་བཤད་ཁྲིད་ལ་སྦྱངས་པས་གོ་བ་ཆེས་ཤིན་ཏུ་འཕེལ་ཞིང་། དེ་དག་གྲོས་ལོ་ཙམ་དུ་མ་སོང་བར་བཟོད་པ་དྲུག་ཅིས་དམིགས་རྣམ་ལེགས་པར་བསྒྲངས་པས་འཆི་བ་མི་རྟག་པས་སྐྱ་དྲངས་པའི་རྟོགས་པ་མཆོག་བསྐྱེས་པའི་ཚུལ་བསྟན། དེར་ལོ་གསུམ་བཞུགས་དེ་རང་ཡུལ་དུ་ཕེབས་ནས་ཚ་རི་དྭ་ཡར་ཆེ་བླ་མའི་དྲུང་དུ་མདོ་ཕྱར་བ་ཆེན་པོ་དང་། རྒྱང་སྐུ་རིན་པོ་ཆེ་ངག་དབང་བློ་བཟང་ཆོས་ལྡན་པའི་གསུང་འབུམ་སོགས་ལུང་དང་དབང་ཁ་ཤས་མནོས་སོ། །དེ་ནས་དགུང་ལོ་བཅུ་བདུན་ཐོག་ཆོས་དབུས་སུ་ཕེབས་དེ་ཆོས་རྗེ་ཆེན་པོ་དཔལ་ལྡན་འབྲས་སྤུངས་ཀྱི་སྒོ་མང་གྲྭ་ཚང་ལ་ཞུགས་དེ་མཁན་པོ་ངང

ཀྲུམ་འོད་ཟེར་དགེ་ཀྲན་དུ་བསྒྱུར། སློ་སང་བློ་མ་ངག་དབང་དགེ་ལེགས་རིན་པོ་ཆེར་རྩིས་བཀག་གསར་རས་སློ་ཞུགས་དོན་བདུན་ཙུ་པར་ཕྱིར་གྱི་གཉན་རྣམས་ལ་ཐུགས་གཉེར་གནང་བས་གསུང་རབ་ཀྱི་མོ་བ་ཀྲུམ། དེ་དག་སྐབས་སུ་ལྟོ་གོས་གནས་གསུམ་རྒྱུང་ལ་བརྐྱར་ཤིང་སུ་གང་ལ་ཡང་འགྲོགས་རྟིས་མ་མཛད་པར་ཉིན་མཚན་ཀུན་དུ་ཐོས་བསམ་སྒོམ་གསུམ་ལ་མ་ཟླ་བ་བར་མཛད། གཉན་གྱིས་ཅི་ཙམ་ བཏྒས་སློད་བྱས་ཀྱང་ མ་ཧོ་ལ་ བརྟུས་ འཕྱུ་བྱེད་པ་དང་ འདྲ་བར་རྣམ་རྟོག་དང་ལས་གང་ཡང་མ་མཛད་པས། གཉུག་དུ་ཀུན་གྱིས་འདི་ནི་རྣལ་འབྱོར་པ་ཤིག་གོ་ཞེས་ཡང་ཡང་སྨྲས་པས་རྣལ་འབྱོར་པའི་མཚན་གྲགས་ཤིང་། སྤལ་ཆེ་བས་བརྟགས་བརྗོད་ཀྱི་འཕྲེང་བ་སྤྲེལ་བར་བྱས་སོ། །དེ་ནས་སྐབས་ཤིག་བཤེས་གཉེར་དམ་པ་བཙོང་བ་རྒྱ་མ་ཡེ་ཤེས་དཔལ་འབྱོར་གྱི་ཞལ་སྔ་ནས་དབྱངས་ཅན་མ་དཀར་མོའི་རྗེས་གནང་གསར་དུ་བསྒྲུབ་པས་གསུང་རབ་མཐའ་དག་ལ་མཁྱེན་རབ་ཀྱི་གཏེར་རྫོལ་བའི་ཚུལ་མཛད། རྒྱ་མ་དེ་ཉིད་ལ་གསང་བ་འདུས་པ་དང་རྡོ་རྗེ་འཇིགས་བྱེད་ཀྱི་དབང་ཆེན་སོགས་ བཀའ་ཆོས་དུ་མ་གསན། པར་ཕྱིན་ལ་སློབ་གཉེར་མཛད་པའི་སྐབས་སུ་འང་ རྣམ་བཤད་ དགོངས་པ་རབ་གསལ་དང་། འཇུག་འགྲེལ་གསལ་བའི་མེ་ལོང་དང་། ལེགས་བཤད་སྙིང་པོ། དབུ་མའི་མཐའ་དཔྱོད་སོགས་ལ་ཞིབ་ཏུ་དཔྱད་པ་གནང་བས་སློ་འདོགས་ལེགས་པར་བཅད་པའི་ཚུལ་བསྟན། དེ་ནས་འདུ་འཛོམས་དཔེར་བའི་གནས་སུ་ཐོས་དོན་ཚུལ་བཞིན་དུ་ཉམས་སུ་བླང་བར་ བྱ་བའི་དུས་ལ་བབ་ པར་དགོངས་དེ་ཐེབས་གཡུབ་མཛད་པར། གྲོགས་པོ་ཁ་ཤས་ཀྱིས་ཚོར་ཏེ་ཁྲེད་ལ་སློབ་གཉེར་ཡགས་པོ་ཡོད་གིན་འདུག་ཤིང་། ད་རྩེད་ཀྱང་ཆུང་བས་ད་དུང་སློབ་གཉེར་བྱེད་དགོས་ཞེས་བཀག་ དམ་རྒྱ་བཁ་ ཤས་མིང་བ་དང་། སློ་བུར་དུ་སྨྲན་གཉིས

སྐྱང་ཞབ་ཆེན་པོ་བྱང་སྟེ་ཞེས་ཀྱང་མ་པན་པ་ལ། ་ པར་ཆེར་ཐམས་ཅད་མཁྱེན་པར་གསུང་བདག་ཉིས་པའི་འཇིར་ ་ རྣལ་འབྱོར་དུ་རི་ཁྲོད་ལ་སོང་ནས་སྐྱབས་འགྲོ་བཀྲིས་དང་སྨོན་ཡོད་ཅེས་ཕེབས་བྱུང་ནས། རང་གི་བཞེད་པ་ལྟར་གྱུབ་སྟེ་མ་གླང་གི་ས་ག་རྣ་བར་བྲག་རིའི་རི་ཁྲོད་དུ་བྱོན་ནས། གཞས་གྱུབ་ཆེན་པོ་ཉི་མ་ཕང་བྲ་རྒྱུར་རིན་པོ་ཆེ་རྗེ་ངག་དབང་དོན་གྲུབ་ཀྱི་སྐུ་ཆབས་ལ་རྒྱ་མཚན་ཞུས་དེ་རྗེས་སུ་འཛིན་པར་གསོལ་བ་བཏབ་པས་དགྱེས་བཞིན་དུ་སྐྱབས་ཁྲིད་གནང་བ་ལྟར་ཉིན་ཁ་ཤས་བསྐྱངས་པས་སྤྱན་གཉིས་ཞིགས་པར་དྲངས་པས་རྗེ་བླ་མ་དེ་གཉིས་ལ་ཡིད་ཆེས་ལྷག་པར་འཁྲུངས། རྗེ་བླ་མ་དེ་ལ་བསྙེན་རྫོགས་ཀྱི་སྡོམ་པ་བཞེས་པས་མཚན་ལ་ངག་དབང་དོན་གྲུབ་ཞེས་གནང་། འདུལ་བའི་སྐོར་ལ་ཞིགས་པར་བསྐྱངས་ནས་འདུལ་བ་འཛིན་པའི་མཆོག་ཏུ་གྱུར། སྐྱབས་འགྲོ་དང་། བཀོངས་ཕྱག་དང་། མཎྜལ་ཕྱལ་བ་གསུམ་རེ་རེ་ནས་འབུམ་ཕྲག་སོང་བའི་བཤགས་སྦྱོངས་དང་སྨྲགས་ནས་ལས་རིམ་ཆེ་ཆུང་ལ་བསམས་བསྒོམས་གནང་། རྗེ་བླ་མ་དེ་ལ་ཉི་མ་བཅུའི་རིང་ལ་བདེ་ལམ་གྱི་ཟབ་ཁྲིད་ཞུས་ཏེ་རྒྱ་བ་བཞི་བསྐྱངས་པས་ལམ་གྱི་རྟོགས་པ་ཁྱད་པར་ཅན་འཁྲུངས། ལྷག་མཐོང་གི་སྐབས་སུ་གཅིག་ཏུ་བྲལ་གྱི་གཏན་ཚིགས་ལ་བརྟེན་ནས་ལྟ་བའི་དཔྱད་པ་གནང་བས་ཕྱགས་ཤིན་ཏུ་སྨག་པའི་སྣང་བ་བྱུང་སྟེ་དབུ་མའི་ལྟ་བ་བརྙེས་པའི་ཚུལ་བསྟན། དེ་ནས་ཀྱང་ལམ་ཁྲིད་གཙོ་བོར་བསྐྱངས་བཞིན་དུ་སྐབས་སྐབས་སུ་རྗེ་བླ་མ་དེའི་བཀའ་ཆོས་གནང་བ་རྣམས་ལ་ཆག་མེད་དུ་བྱོན་ནས་གསན་པའི་རིམ་པ་ཡང་། འཕགས་པ་བརྒྱད་སྟོང་པ། མདོ་སྡེ་བསྐལ་བཟང་། དབུ་མའི་རིགས་ཚོགས་དྲུག་རིགས་རྒྱ་གཞུང་དུ་མ་དང་། རྗེ་རིན་པོ་ཆེའི་གསུང་འབུམ། པར་ཆེན་བློ་བཟང་ཆོས་རྒྱན་དང་། ལྕང་སྐྱ་རིན་པོ་ཆེ་ངག་དབང་བློ་བཟང་ཆོས

ལྷ་ར་དང་། རྒྱལ་བ་བསྐལ་བཟང་རྒྱ་མཚོ་རྣམས་ཀྱི་གསུང་འབུམ་སོགས་ཕྱུང་གི་རིམ་པ་དུ་མ་དང་། བླ་མཆོད་དང་བསྐྱེད་རྫོགས་ཀྱི་ཁྲིད་སོགས་ཁྲིད་ཀྱི་རིམ་པ་དུ་མ་གསན། གང་དང་གང་གསན་པ་དེ་དང་དེའི་ཕྱག་དཔེ་གཡར་ཏེ་ཞིབས་པར་བཀླག་པའི་སྒོ་ནས་མདོ་སྔགས་ལམ་རིམ་དང་། རིམ་ལྔ་གསལ་སྒྲོན་དང་། འགྲེལ་པ་བཞི་སྦྲགས་སོགས་ཀྱི་དཀའ་གནས་ རྣམས་བླ་མ་རིན་པོ་ཆེར་ཞུས་ཏེ་རབ་འབྱམས་ བཀའ་ དང་ དགོངས་ འགྲེལ་ གྱི་མདོ་ སྔགས་ ཀྱི་གཞུང་ ལུགས་གསུང་རབ་མཐར་དག་གདམས་པར་ཤར་བའི་སྒོ་ནས་ཉམས་རྟོགས་ཡར་ངོའི་ཟླ་ལྟར་འཕེལ་བར་མཛད། གཞན་ཡང་སྒོ་མང་ཟླ་བྲུང་རིན་པོ་ཆེ་རྡོ་རྗེ་དགེ་འདུན་བདེ་ཆེན་ལས་རྡོ་རྗེ་འཇིགས་བྱེད་ལྷ་བཅུ་གསུམ་དང་། དཔའ་གཅིག་གི་དབང་། དགོར་གསར་དགེ་བཤེས་སྐལ་བཟང་གྲགས་ལས་གསང་འདུས་དང་། བདེ་མཆོག་ལཱུ་ཨི་པ་དང་། ཐུགས་རྗེ་ཆེན་པོ་བཅུ་གཅིག་ཞལ་རྣམས་ཀྱི་དབང་རྣམས་ཞིབས་པར་གསན་ཏེ། དེ་དག་རང་རང་གི་བསྙེན་པ་ཏིང་ངེ་འཛིན་གྱི་སྦྱིན་སྲེག་གི་ཁ་སྐོང་བཅས་ཚད་ལྡན་མཛད། ཁྱད་པར་རྡོ་རྗེ་འཇིགས་བྱེད་ཀྱི་བསྙེན་པ་ཟླ་བ་དྲུག་བསྐྱལ་བར་མཛད་པས་ལྟས་དང་མཚན་མ་ཡ་མཚན་པ་མང་པོ་བྱུང་ངོ་། དེའི་ཚེ་ན་ ཐང་སྐྱ་ མ་རིན་ པོ་ཆེའི་ ཞལ་ནས་ རྣལ་འབྱོར་ པ་འདི་ནི་ བསྙེན་རིམ་རགས་པ་མཐར་ཕྱིན་པའི་ཚོད་དུ་འདུག་གསུང་། ཡང་བླ་མ་རིན་པོ་ཆེ་དེ་ལ་ནཱ་རོ་མཁའ་སྤྱོད་མའི་དབང་བཞིའི་བྱིན་རླབས་དང་ཁྲིད་ཞུས་ནས་ བསྙེན་པ་ཚད་དུ་འཁྱོལ་བས་ཞག་ཁ་ཞིག་ཐུ་མོ་ གཏིང་ཀྱི་འོད་ གསལ་ལས་ བཞེངས་ཏེ་སྣང་ཞེན་པའི་སྣང་ན་བྱུང་མེད་ཤིག་རྣམ་པ་ སྣང་བའི་ཚུལ་གྱིས་བཞུགས་པའི་ཞལ་གཟིགས་བྱུང་། གཞན་ཡང་བླ་མ་དེ་ལ་བ་རི་བརྒྱ་རྩའི་རྗེས་གནང་། མགོན་པོ་བཀའ་ཆེན་བཅུ་གསུམ་གྱི་རྗེས་གནང་། ཆོས་རྒྱལ་ཕྱི་ནང་གསང་གསུམ་

གྱི་རྗེས་གནང་སོགས་བཀའ་ཆོས་མང་པོ་གསན། མགོན་ཆོས་གཉིས་ཀྱི་བསྙེན་པ་གནང་སྟེ་གཏོར་འབུལ་བ་ཕྱག་བར་མཛད། བཀུགས་པའི་ཁང་པར་བྱང་ཆུབ་སེ་རྡོག་ཅིག་འཁྲུངས་པར་རྗེ་ཉི་ཕང་བླ་མའི་ཞལ་ནས་བྱང་ཆུབ་སེམས་སེད་པ་ལ་སེ་རྡོག་འདི་སི་འཁྲུངས་གསུང་། དེ་ལྟར་བླ་འབྲིང་བཞི་ཕྱག་གི་རིང་སྐྱབ་པ་རྣམས་ལེན་གསོ་བོར་མཛད་ཅིང་། དེ་དག་གི་སྐབས་སུ་ཡང་བྱི་རུ་གི་འདུ་འཛིན་རིང་དུ་དོར། བྲག་རྒྱབ་བླ་མ་རིན་པོ་ཆེར་གཏུམ་མོ་ཞག་གསུམ་པའི་ཁྲིད་ཞུས་དེ་བསྒྲུབ་ནས་ཞག་མ་གསུམ་ལ་བདེ་དྲོད་ཁྱད་པར་ཅན་འབར་དེ་རས་རྐྱང་ཐུབ་པ་བྱུང་། དངོས་པོ་ཆེ་ཆུང་གང་བྱུང་བ་ཐམས་ཅད་བླ་མ་ལ་ཕུལ་ཏེ་འཚོ་བ་སེ་དོག་བཅུད་ལེན་གྱི་དཀའ་ཐུབ་མཛད་ནས་འཕགས་པའི་རིགས་བཞི་ལ་གནས་པའི་ཀུན་སྤྱངས་ཆེན་པོ་རྒྱལ་བ་དབེན་ས་པ་ལྟ་བུར་གྱུར་ཏེ། ཉམས་རྟོགས་ཁྱད་པར་ཅན་ཡང་དེའི་ཟླ་ལྟར་འཕེལ་ནས་གྲུབ་པའི་གོ་འཕང་མངོན་པར་གཤེགས་པར་མཛད་དོ། །དེ་ལྟར་ཡང་། ཕྱུ་བཀྲ་རིན་པོ་ཆེ་རྡོ་རྗེ་འཆང་བློ་བཟང་ཆོས་ཀྱི་ཉི་མའི་ཞལ་སྔ་ནས་ཀྱིས།

རབ་འབྱམས་བཀའ་དང་གདམས་ངག་ཀུན་གྱི་བཅུད།
ཐུབ་པའི་དབང་པོའི་དགོངས་པ་རྗེ་བཞིན་དུ།
དབེན་པའི་གནས་སུ་ཚུལ་བཞིན་ཉམས་བླངས་བས།
དོན་གཉིས་ལྷུན་གྱིས་གྲུབ་ལ་གསོལ་བ་འདེབས།

ཞེས་རྗེ་བླ་མ་འདི་ཉིད་ཀྱི་ཆེ་བའི་ཡོན་ཏན་གསུངས་པ་ལྟར་ལགས་སོ། །དེ་ནས་རྗེ་བླ་མ་ཉིད་ཀྱི་ སྔོན་གྱི་ཐུགས་ བསྐྱེད་སྨོན་ ལམ་གྱི་འབྲས་བུ་ སྨིན་དེ་རང་ ཤག་སྨས་ཀྱི་རྒྱུད་ལ་ཕར་བའི་ས་བོན་བསྐྲུན་པའི་དུས་ལ་ བབ་པ་དང་རྗེ་ཉིད་ཀྱི་ཡ་ཁ་བླ་མས་རྗོགས་འཛིན་ འགྲོ་དགོས་ པའི་ཡི་གེའི་ཐོ་ཡང་ཡང་ གནང་སྟེ

བསྐུལ་ བའི་ཚུལ་དེ་རྗེ་ཉིད་ས་ ཐང་བླ་མ་ རིན་པོ་ཆེར་ཞུས་དེ་ནོར་ ཡུལ་དུ་སོང་བ་དང་འདི་ཀར་སྤྱོད་པ་གང་ལགས་ཞེས་གསོལ་བས། བླ་མ་རིན་པོ་ཆེའི་ཞལ་ནས། སེམས་ལ་བརྟན་པ་ཐོབ་པའི་རྣལ་འབྱོར་པ་གནས་ཡུལ་གང་དུ་བསྡད་ཀྱང་ཁྱད་པར་མེད། འོན་ཀྱང་རང་ཡུལ་དུ་བྱོན་ན་སྐལ་ལྡན་གྱི་གདུལ་བྱ་མང་པོ་ལ་ཕན་ཐོགས་པ་ཡོང་ བས་བྱོན་ ན་བཟང་ ཞེས་བཀའ་ ཕེབས་པ་ ལྟར་ཐག་བཅད་དེ། དགུང་ལོ་ཉེར་དྲུག་པའི་ཆུ་སྤྲེལ་ལོར་བླ་མ་རིན་པོ་ཆེར་སྐྱབས་འཇུག་ཡང་དག་ཞུས་ནས་ཐུགས་འདིར་ཕྱག་ཕེབས། སྐུ་འབུམ་གྱི་གྲྭ་རིགས་དགེ་སློང་དཔལ་ལྡན་གྲགས་པ་ཟེར་བ་ཞིག་ གིས་རྗེ་ཤིང་དུ་བླ་མ་རིན་པོ་ཆེར་མཇལ་ནས་ཞབས་ཀྱི་ཚུལ་བཞིན་དུ་ཞུས་འདེབས་བྱས་པ་དེས། ཐུ་ཡན་ཨོ་ལན་གྱི་རྒྱབ་རི་ཨོ་ལན་དཔ་ར་ཞེས་ པའི་ས་ འཛིན་ཆེ་ཞིང་ བརྗིད་ ཚུགས་པ་ དེའི་རྒྱབ་ཕྱོགས་ཏེ་མོ་ ཐུའི་ལུང་ པ་ནགས་ དང་མེ་ཏོག་གིས་མཛེས་ པ་དེར་རི་ཁྲོད་བཏབ་སྟེ་ཤིང་ཏ་ལོའི་ལྷ་པའི་ཚེས་ལ་བླ་མ་རིན་པོ་ཆེ་གདན་དྲངས་ནས། དེར་ཚོགས་པའི་སྐྱ་སེར་མཐའ་དག་གིས་དད་གུས་རྩེ་གཅིག་པས་བསྙེན་བཀུར་ཞུས་ཏེ། བླ་མའི་རྣལ་འབྱོར་དགའ་ལྡན་ལྷ་བརྒྱའི་ ལུང་ཞུས་པ་ ལྟར་དེ་དང་ དམིགས་བརྗེ་མའི་རླུགས་ ལུང་ གཏད་ ནས་འཛམ་ མགོན་བླ་ མའི་ བསྟན་པ་ ལ་ཕན་ པའི་རྟེན་འབྲེལ་འགྲིག་སྟེ་འཛིན་ལས་ཀྱི་སྒོ་འཕར་ཐོག་ མར་ཕྱེ་ བར་མཛད། དེ་ནས་སློབ་མ་རེ་གཉིས་ སོགས་རིམ་ གྱིས་འདུས་ པ་རྣམས་ ལ་ལུང་ སྐུ་རིན་པོ་ཆེས་གསུངས་པའི་ལམ་ཁྲིད་རྗེ་ཁྲིམ་སོགས་སོག་སྐད་དུ་བསྒྱུར་ནས་བཤད་ཁྲིད་ངོ་མཚར་གནང་ཞིང་། སྐྱབས་འགྲོ་དང་། དགའ་ལྡན་ལྷ་བརྒྱ་མ་དང་འབྲེལ་བའི་དམིགས་ བརྗེ་མ་ སོགས་ཀྱི་ དགེ་སྦྱོར་ལ་ སྤྱར་བར་ མཛད། དེ་ཡང་སྤྱོད་པ་མངས་རྒྱས་ཀྱི་བཀའ་ལས།

ཚུལ་ཁྲིམས་ལྡན་པའི་དགེ་སློང་འོད་དང་ལྡན།
ཚུལ་ཁྲིམས་ལྡན་པ་གྲགས་འགྱུར་བ་བདེ་བ་ཐོབ།

ཅེས་གསུངས་པ་ལྟར་ཚུལ་ཁྲིམས་རྣམ་པར་དག་པའི་སོགས། ཀྱིས་རྗེ་འདིའི་སྐར་གྲགས་ཕྱོགས་ཀུན་ཏུ་ཁྱབ་པ་ལ་བརྟེན་ནས། པཎྜི་ཏི་མཆོ་ལ་དད་པའི་ཚོགས་འདུས་པ་བཞིན་དུ་ཆོས་དོན་གཉེར་གྱི་བློ་ལྡན་ཇེ་མང་ཇེ་མང་འདུས་པ་ལ་གང་ལ་གང་འཚམས་ཀྱི་ཆོས་ཀྱིས་ཚིམ་པར་མཛད། ངོས་ཀུང་རྗེ་བླ་མ་འདིའི་ཞབས་དྲུང་དུ་ལོ་ལྔའི་རིང་ལ་ལམ་རིམ་ཁྲིད་དང་། དབང་དང་རྗེས་གནང་དང་གསང་ཆེན་ལས་ཀྱི་ཁྲིད་དུ་མའི་བཀའ་དྲིན་ཞུས་སོ། །རྒྱ་ཡོས་ལོར་རྗེ་བཙུན་འཇམ་དཔལ་གྱི་དག་ཞིང་རི་བོ་རྩེ་ལྔར་ཞབས་དེ་རྟེན་མཇལ་མཛད། དེར་སྔང་སྐུ་ཐམས་ཅད་མཁྱེན་པ་བཞུགས་ཡོད་པ་ལ་དགོངས་དགྱེས་རང་དུ་ཞུས་པས་ཤིན་ཏུ་དགྱེས་པའི་ཚུལ་བསྟན། རྗེ་དེ་ལ་གསང་འདུས་མི་བསྐྱོད་རྡོ་རྗེའི་དབང་ཆེན་དང་། འཇམ་དབྱངས་དཀར་པོ་དང་ནག་པོའི་རྗེས་གནང་སོགས་གནང་། དེར་བཟང་ཕྱག་ཏུ་བྲག་ལྷ་ཕྱག་ཙམ་བཞུགས་དེ་ཐུགས་དམ་འཕེལ་བར་མཛད། བར་སྐབས་ཤིག་ཕྲུ་ཆུ་བཀྲིན་རྡོ་རྗེ་འཚང་བློ་བཟང་ཆོས་ཀྱི་ཉི་མའི་ཞལ་སྔ་ནས་ལ་མཇལ་བས་ཕྱག་ཤིན་དུ་དགྱེས་དེ་ཆོས་ཀྱི་འབྲེལ་གནང་མང་དུ་མཛད། རྗེ་དེ་ཉིད་ལ་སྨན་བླའི་རྣམ་འགྱུར་མཁས་གྲུབ་ཚོག་བརྒྱད་མའི་ཁྲིད་དང་། བདེ་ལམ་གྱི་ཟབ་ཁྲིད་དང་། ཆོས་དྲུག་དམ་ཁྲིད་དང་། སྦྱོང་གཉིས་ཚོ་གའི་ཁྲིད་སོགས་དང་། རྗེ་དེའི་གསུང་འབུམ་པོ་ཏི་དྲུག་གི་ལུང་དང་། རྒྱལ་དབང་རྒྱལ་པོ་དང་། རྡོ་རྗེ་སེམས་དཔའ་ཡུམ་བཅས་ཀྱི་རྗེ་གནང་སོགས་ཀྱི་ཆོས་ཀྱི་བདུད་རྩིས་ཐུགས་ཀྱི་བུམ་བཟང་གང་བར་མཛད་དོ། །དེ་ནས་ཀུང་ཡང་བསྐྱར་བསམགས་སྔོར་དང་འབྲེལ་ཏེ་བདེ་ལམ་གྱི་ཁྲིད་ལེགས་བསྐྱངས་པར་མཛད། རྗེ་ཕྲུ་ཆུ་བཀྲིན

རིན་པོ་ཆེས་རང་ཡུལ་དུ་བྱོན་པའི་སྐབས་སུ་ཡང་རྗེ་བླ་མ་འདི་ཉིད་ཀྱི་བསྔགས་བརྗོད་མང་དུ་གསུང་བར་སྣང་ངོ་། །དེ་ལྟར་ཤིང་རྟའི་ལོ་དེ་ནས་བཟུང་སྟེ་མེ་སྤྲེལ་ལོའི་བར་དུ་ལོ་ཉི་ཤུ་རྩ་བཞིའི་རིང་ལ་ཐུ་མེད་དང་སོང་གོལ་ཅེན་སོགས་སོག་མང་པོའི་གྲྭ་བ་ཚུལ་མཐུན་དང་དད་ལྡན་སྦྱིན་བདག་རྣམས་ཀྱིས་གཙོས་སྐལ་ལྡན་གྱི་གདུལ་བྱ་ལོ་རེ་བཞིན་ཇེ་མང་ཇེ་མང་དུ་འཕེལ་ནས་རེས་མང་པོ་འདུས་པ་དེ་རྣམས་ལ་གང་ལ་གང་མཚམས་ཀྱི་དམ་པའི་ཆོས་བྱང་ཆུབ་ལམ་རིམ་ཆེ་ཆུང་གི་བཤད་ཁྲིད་ཆེས་མང་དུ་བྱུང་བའི་བཤད་པ་གནང་བས་གཙོ་བྱས་པའི་བདེ་ལམ་དང་འཇམ་དཔལ་ཞལ་ལུང་གི་དམར་ཁྲིད་དང་བཤད་ཁྲིད་དང་། ཐོག་མཐའི་བློ་སྦྱོང་དང་ཆོས་སྤྱོད་རབ་གསལ་དང་སྨྱུང་གནས་ལོ་རྒྱུས་དང་། དགེ་སློང་གི་བསླབ་བྱ་གནས་རྩ་རྩིང་ས་དང་། འདུལ་འཛིན་པའི་བསླབ་བྱ་ཆེན་པོ་དང་། འདུལ་བའི་གླེང་འབྲུས་དང་། བྱང་སེམས་ཀྱི་བསླབ་བྱ་བྱང་ཆུབ་གཞུང་ལམ་སོགས་སྡོམ་པ་གསུམ་གྱི་བསླབ་བྱ་ཆེ་ཆུང་རྣམས་དང་། སྔགས་ཀྱི་རྒྱུད་བཞི་སོགས་སོག་སྐད་དུ་བསྒྱུར་ཏེ་གནང་བའི་ཆོས་ཀྱི་བདུད་རྩིའི་དགའ་སྟོན་རྒྱ་ཆེར་བསྐྱལ་ཏེ་ཞེས་རྒྱུད་ལ་ཕན་པ་དང་ཐམས་ཅད་མཁྱེན་པའི་ས་བོན་ཐེབས་པར་ཅན་བསྐྲུན་པར་མཛད། དེ་ཡང་ལོ་རེ་བཞིན་དགུན་གྱི་སྐབས་སུ་རྒྱལ་བ་གཉིས་གསུམ་གྱི་རིང་ལ་སྨྲ་འཚམས་དམ་པོ་གནང་ཞིང་ལས་ཁྲིད་དང་བསྙེན་རྫོགས་ཀྱི་རྣལ་འབྱོར་ཆབ་ཡོ་ལ་ཐུགས་གཉེར་བར་མཛད། དེ་ནས་ཕྱོགས་ཕྱོགས་ནས་འདུས་པའི་གྲྭ་བ་རྣམས་ལ་བླ་མའི་རྣལ་འབྱོར་གྱི་ཉམས་ལེན་གཞིར་བྱས་སྟེང་སྡོམ་ཁྲིམས་རྣམ་པར་དག་པའི་ཐབས་ལམ་འབྲས་ལ་ཡིད་ཆེས་བསྐྱེད་པ་གལ་ཆེ་ཚུལ་དང་། ཚེ་འདིའི་སྣང་ཞེན་གྱི་དབང་དུ་མི་འགྲོ་བའི་ཐབས་དལ་འབྱོར་རྙེད་དཀའ་འཆི་བ་མི་རྟག་པ་བསམ་ཚུལ་ནས་བརྟམས་ཏེ་ཁྲི་རིམ་གྱིས་

ཁྲིད་པ་དང་། བདེ་ལས་འཆར་དུ་བཅུག་ནས་ཁྲིད་གནང་བའི་སྒོ་ནས་ཉམས་ཁྲིད་བསྐྱང་བར་སྐྱོར་བ་དང་། དེ་ནས་སྔར་དབང་ཐོབ་པ་རྣམས་ལ་དུས་ཚིག་དག་པར་ བྱེད་པའི་ ཐབས་གནང་ བའི་གྲོགས་ངང་ རང་ གི་སེམས་ པ་ལྟར་ འཇམ་དབྱངས་དཔར་མེར་དང་དཀར་པོ། ཕྱག་ན་རྡོ་རྗེ་ཆེན་པོ་དང་། སྒྲོལ་མ་ལྗང་གུ་དང་དཀར་པོ། ཚེ་དཔག་མེད་སོགས་བཀྲ་པའི་ལྷ་རྣམས་ཀྱི་རྗེས་གནང་དང་ཁྲིད་གནང་སྡེ་སྐྱུགས་ལས་ལ་ཁྲིད་པར་མཛད། སྐལ་ལྡན་ཤུང་ཤས་ཀྱིས་ཞུས་ངོར་དཔལ་རྡོ་རྗེ་ འཇིགས་བྱེད་ ཀྱི་དབང་ དང་རིམ་པ་ གཉིས་ཀྱི་ ཟབ་ཁྲིད་ཡར་ལག་དང་བཅས་པ་ཡང་ཤིན་ཏུ་བཀའ་དོག་པས་གནང་བར་མཛད། ལམ་རིམ་ཆེ་ཆུང་དང་འཇམ་དཔལ་ཞལ་ལུང་གི་བཤད་ཁྲིད་ སོགས་ཀྱི་སྐབས་ སྦུབ་ང་ཉིད་རེ་ལ་ཧོག་ཟླ་ བྱེད་དུས་ གཅིག་ལྟ་ ཟླ་ཤང་ཤས་ ཀྱི་སྟེང་དུ་ཚིག་ གཅིག་ཀྱང་མ་ལུས་པ་ལྟ་བུར་མཛད་དེ་ཕྱོགས་འདིར་སྤྱོད་ཚད་ས་ཆུང་བའི་ཆེས་ངོ་མཚར་བའི་བཤད་པ་འཛིན་ཆོས་སྒྲུབ་ཁྲ་ནས། སྔར་འཛིན་རྒྱུག་བཞེས་པ་སོགས་ཀྱི་སྒོ་ནས་སྐབས་གསུམ་ཀུན་འདུས་ཀྱི་ངོ་བོ་འཇམ་མགོན་བླ་མ་བཙོང་ཁ་པ་ཆེན་པོའི་ཐུགས་ཀྱི་ཉིང་ཁུ་ བྱང་ཆུབ་ལམ་རིམ་ ཀྱི་འཁྲིད་ ལམ་ཕྱོགས་ ཀུན་ཏུ་ཆེས་ཆེར་འཕེལ་བར་མཛད་པའི་བཀའ་དྲིན་བསམས་ཀྱིས་མི་ཁྱབ་པ་བསྟན་པའོ། །དེ་ལྟར་སྐབས་མགོན་དཔལ་པ་བླ་མ་ རིན་པོ་ཆེ་ དེ་ཉིད་ དེ་ཕྱར་ ཆེན་ཐུ་རི་པའི་རྣམ་འཕྲུལ་དུ་གྲགས་ཤིང་། ལམ་རིམ་ཆེས་ཆེར་རྒྱས་ པར་མཛད་ པའི་རྣམ་མན་ཡོ་ག་ཧུ་རི་བླ་མའི་ སྤྲུལ་སྐུ་འགྱུར་ པའི་དོན་དུ་ཡར་ཞུས་ བའི་ཚེ་རྗེ་བླ་ མ་འདི་ཉིད་ལ་ངོས་ཟིན་གསལ་པོ་བྱུང་བ་ལྟར་གདན་འདྲེན་པ་ ཡོང་སྟེ་ཞུས་ཀྱང་ བླ་ཆེན་གྱི་གོ་ས་གདན་ནས་མི་བཞེད་པས་གནང་སློབ་ས་སུ་མཛད་དེ། ཕྱི་འདུལ་བའི་ཀུན་སྤྱོད་ལ་ གཞོལ་བར་ བརྒྱུད་ནས་ ཁང་དུ་གཤང་ ཆེན་པས་ ཀྱི་སྙིང་པོ་ལ་བརྒྱགས

ལེགས་པར་གསོལ། ངོ་རྙོག་མེད་པར་ལམ་རྒྱུ་འབྲས་ཀྱི་རྒྱུད་དོན་ལ་ཞིབ་རྟོགས་མཛད་དེ་འཇིག་རྟེན་གྱི་བྱ་བཞག་ཆེ་ཆུང་གང་ཡང་རྩོལ་ན་རིང་དུ་དོར། འགྲོས་སྤྱོད་རྒྱལ་བའི་འབྱུང་གནས་ཀྱི་རྣམ་ཐར་ལེགས་པར་བསྒྲུངས་ཏེ་ཞིར་དུ་དམར་ཆ་འཛིན། གཞན་ཆེ་ཆུང་གང་ལ་ཡང་སྐྱོན་འདོགས་མི་གསུང་ཞིང་ཡོན་ཏན་ཁོ་ན་བརྗོད། གསུང་རབ་ལ་མཁྱེན་རབ་ཐོགས་པ་མེད་པ་ཐོལ་བ་སོགས་ཡོན་ཏན་ཐམས་ཅད་ཀྱིས་མི་ཁྱབ་པ་མཐའ་ཡང་བྱས་རང་གི་སར་མི་ལྟར་སྡུམ་ཏེ་རང་ལ་སྐྱོན་ཡོད་པ་ལྟར་བཙོས་དམ་ཡང་ཡང་གསུང་། སློབ་མ་རྣམས་ཀྱི་ཉེས་སྤྱོད་རྣམས་ཇི་ལྟ་བ་བཞིན་དུ་མཁྱེན་མོད་དངོས་སུ་གང་ཡང་མི་གསུང་བར་སྤྱོད་ཀྱི་གདམས་བརྒྱུད་བརྗོད་པ་ལྟ་བུའི་ཐབས་མཁས་ཀྱི་སྒོ་ནས་བསྒྲིག་སྟེ་ཉམས་ལེན་ལ་སྦྱར་བ་དང་སྒྲོ་ཆོས་སུ་བཀོད་པའི་ཐབས་ལ་ཤིན་ཏུ་མཁས། དོན་མ་མཆིས་པའི་ཚིག་གང་ཡང་མི་གསུང་ཞིང་ཐོལ་བྱུང་གི་ཚུལ་གྱིས་གསུང་བ་སོགས་གང་གསུང་བ་ཐམས་ཅད་མཐར་དོན་དེ་ལ་ལེགས་པར་གཏོལ་ཞིང་བབ་པ་ཁོ་ནར་བྱུང་བ་ལས་གཞན་དུ་མི་འགྱུར་རོ། །ལྷག་པར་རྗེ་བླ་མ་ཉིད་སྨོས་པ་གསུམ་སྦྱར་གྱི་འབྲས་བུ་ལྟར་ཆེས་ཤིན་ཏུ་གཙེས་པར་མཛད་པས་སྐུ་ལས་ཚུལ་ཁྲིམས་ཀྱི་དྲི་ངད་ལེགས་པར་འཕྲུལ་ཞིང་། ཐ་ན་བཞེས་པའི་ན་བཟའ་དང་ཉེ་འཁོར་རགས་པའི་དངོས་པོ་ལྟ་བུ་ཡང་ཚུལ་ཁྲིམས་ཀྱི་དྲི་བཟང་གིས་བསྒོས་ཡོད་པ་ཤེས་ལྡན་ཀུན་གྱི་མཐུན་སྣང་དུ་གྲུབ་བོ། །དུས་རྒྱུན་པར་ཉིན་ཞག་གི་ཐུན་བཞིའི་རྣལ་འབྱོར་ཟབ་མོས་ཆག་པར་མཛད་པའི་ངང་ནས་ལས་རིམ་སོགས་ཀྱི་གསུང་བ་བཤད་གནང་བ་དང་། གདུལ་བྱ་རྣམས་ཀྱིས་ཞུས་པ་ལྟར་ཤེར་ཕྱིན་བརྒྱད་སྟོང་པ་དང་། སྡུད་པ་དང་། མདོ་སྡེ་བསྐལ་བཟང་དང་། ཐར་མདོ་སོགས་མདོ་རྒྱུད་མང་པོ་དང་། རྗེ་རིན་པོ་ཆེའི་གསུང་རབ་མང་པོ་དང་།

པཎ་ཆེན་བློ་བཟང་ཆོས་རྒྱན་དང་། སྔགས་སྨྲ་རིན་པོ་ཆེ་ངག་དབང་བློ་བཟང་ཆོས་ལྡན་དང་། ཐུའུ་བཀྭན་རིན་པོ་ཆེ་རྣམས་ཀྱི་གསུང་འབུམ་སོགས་ཀྱིས་མཚོན་ལྗགས་ལུང་མང་པོ་དང་། བླ་མཆོད་དང་སྦྱང་གནས་དང་བསྐྱེད་རིམ་གྱི་ཁྲིད་སོགས་ཟབ་ཁྲིད་མང་པོ་དང་། ལྷག་པའི་ལྷ་མང་པོའི་རྗེས་གནང་སོགས་ཟབ་པ་དང་རྒྱ་ཆེ་བའི་ ཆོས་ཀྱི་ འཁོར་ལོ་ལེགས་པར་བསྐོར་ཏེ་ཆེན་པོ་ཧོར་གྱི་ཡུལ་འདིར་རྒྱལ་བའི་བསྟན་པ་སྤྱི་དང་ལྷག་པར་སྐྱབས་རྒྱུད་ཀྱི་བསྟན་པ་རིན་པོ་ཆེ་ཆེས་ཡིན་དུ་འཕེལ་ཞིང་རྒྱས་པར་མཛད་དོ། །དེ་ལྟར་ལོ་ཉི་ཤུ་ཙ་བཞིའི་རིང་ལ་ཆེན་པོ་ཧོར་གྱི་ཡུལ་ཕྱོགས་འདིར་ སྟོན་ཚད་མ་བྱུང་བའི་རྒྱལ་ བའི་དམ་ ཆོས་མདོ་སྔགས་ ལུང་རྟོགས་ ཀྱི་བསྟན་ པའི་རྒྱལ་མཚན་ བཤད་སྒྲུབ་ གཉིས་ཀྱི་སྒོ་ནས་ལེགས་པར་ བཙུགས་ཏེ་སྐུ་དངོས་ཀྱི་ གདུལ་བྱ་རྫོགས་ མཚམས་ ནས་ཤིང་སྦྲུལ་ལོའི་ ཆུ་ སྟོད་ཟླ་ བའི་དཀར་ ཕྱོགས་ ཀྱི་རྫོགས་པ་ གསུམ་ པའི་སྔ་དྲོའི་ཆ་ལ་རགས་པའི་སྤྲུལ་སྐུའི་ཟླ་བ་རྡོག་རོར་ནས། དགའ་ལྡན་མཁའ་སྤྱོད་ཆོས་ཀྱི་པོ་བྲང་དུ་རྒྱལ་བ་ ཀུན་གྱི་ ཐུགས་ པའི་ བདག་ཉིད་ རྗེ་བཙུན་ མི་ཕམ་ མགོན་པོའི་ཆོས་ཀྱི་མདུན་སར་གཤེགས་པའི་ཚུལ་མཛད་དོ། །བཀའ་དྲིན་མཚུངས་མེད་ཀྱི་རྗེ་བླ་མ་དེ་ཉིད་ཀྱི་ཐུགས་སྲས་དམ་པ་ ཨ་ཀྱཱ་ཡུ་ཤི་སེར་གེན་ ཆོས་རྗེའི་སྤྲུལ་སྐུ་རིན་པོ་ཆེ་དང་ ཧོག་ཧུ་བླ་མ་ངག་དབང་བློ་བཟང་ རྒྱ་མཚོའི་མཚན་ཅན་ དེ་ཉིད་ཀྱིས་རྒྱལ་བའི་བསྟན་པ་རིན་པོ་ཆེ་དར་ཞིང་རྒྱས་ པར་ མཛད་ པའི་ཕྱག་ བསམ་ རྣམ་དག་གིས་རང་ གི་བཞུགས་ གནས་ ཧི་ལ་གན་ ཐའི་དགོན་པ་ དགའ་ ལྡན་དུར་ཚོགས་གླིང་དེར་བཤད་གྲྭ་ཚུགས་བཞེད་ཀྱིས། སློབ་ལས་བཙོས་ལ་ཁྲིད་ཀྱིས་རྩིས་ བཏག་ གཏོང་མཁན་དུ་བྱས་ཏེ་ མཚན་ཉིད་གྲྭ་ཚང་ ཚུགས་ཤིག་པའི་གསུང་སྒྲོ་ལམ་གསུམ་ བཞིའི་བར་དུ་ནན་ཏན་ཆེ་བ་བྱུང་བ་ དང་དུ་བླངས་ནས་

བཤད་གྱུ་བཙུགས་ནས། བསྐུས་ཀྱི་ཁ་དོག་དཀར་དམར་ནས་བཀྲང་སྟེ་བསྐུས་ཆེན་བར་དང་། སྒྲོ་ནགས་དོན་བདུན་ཚ་རྣམས་དང་། པར་ཕྱིན་གྱི་ཡང་དག་པ་བཞི་བར་དུ་རྩིས་བཀྲག་གཏོང་བར་བྱས། དེ་ཡང་རྩིས་བཀྲག་ཕྱུང་མི་རེ་བཏོན་ཡོང་། པལ་ཆེ་བའི་ས་རྫོག་ཏུ་གོ་བ་སྐྱོང་བའི་འགྲོས་རྒྱུན་རིང་པོ་བྱས་པ་དང་། དཔེ་ཚའི་མཛོ་བཀྲིར་དང་། རྩིས་བཀྲག་གི་རྒྱུག་དང་རིགས་འདྲ་གི་རྒྱུག་རྒྱང་བ་དང་། འཛིན་སྐྱོར་སྦྱང་དང་སྒྲོབ་གཉེར་བྱེད་པ་ལ་ནན་དུན་རེར་བྱེད་དུ་བཙུག་བས་རྣམ་དབྱེད་ཅན་གྱི་སློབ་གཉེར་བ་ཡང་མང་པོ་བྱུང་སྟེ་བློ་ས་དས་བ་རྣམས་ཀྱི་འཕྲིན་ལས་སུ་ཁྱབས་སོ། །ཡང་རང་ཅག་གི་འདྲེན་མཆོག་དམ་པ་རྗེ་བླ་མ་དེ་ཉིད་ཀྱི་ཕྱགས་སྐུས་འགྱུར་ཟླ་དང་བྲལ་བའི་མཁས་པ། ཁོ་བོའི་ཆོས་ཀྱི་གྲོགས་དགེ་བའི་བཤེས་གཉེན་བཤད་པའི་གསལ་བྱེད་རྩེ་ས་གྲང་མཁན་རྒྱང་རིན་པོ་ཆེ་ངག་དབང་ཤེས་རབ་མཆོན་ཅན་གྱི་དམ་པ་དེ་ཉིད་ཀྱིས། བསྟོད་པ་རིན་གྲོ་ཆེ་ལ་ཞབས་ཏོག་ཡང་དག་བ་མཛད་ལ། སྐྱེས་མཆོག་དེ་དེ་ཤེག་འདིའི་རི་ནར་ཕྱིའི་ཡུལ་དུ་སྐུ་འཁྲུངས། སྐྱེས་ཐོབ་ཀྱི་ཤེས་རབ་མི་ལྷར་འབར། ཆུང་དུས་ནས་བཤེས་གཉེན་དམ་པ་དུ་མ་ལས་ལས་རིམ་སྒྲ་སྦྱོང་སོགས་སོག་སྐད་དུ་བསྒྱུར་བའི་སྟོང་ནས་བསྒྱུབ། ཐུགས་པར་ཁྱབ་བདག་རྡོ་རྗེ་འཆང་ཆེན་པོ་ཡོ་ག་ཛྙཱ་རི་ཛྙཱ་ན་རིན་པོ་ཆེའི་ཞབས་ལ་བསམ་སྦྱོར་གཉིས་ཀྱིས་ཚུལ་བཞིན་དུ་བསྟེན་ནས་ལས་རིམ་སྒྲ་སྦྱོང་སོགས་ལ་ཐེགས་པར་སྦྱངས་པས། རྗེ་ཛྙཱ་ན་རིན་པོ་ཆེའི་ཕྱགས་སྙེས་པའི་སློབ་མའི་མཆོག་ཏུ་གྱུར། དེ་ནས་ཛྙཱ་ན་རིན་པོ་ཆེས་དེའི་ཤེས་རབ་དང་བརྩོན་འགྲུས་ཀྱི་རྩ་ལ་དང་དགེ་རྩ་ལ་གཟིགས་ནས། ཁྲོད་ཐོད་དབུས་སུ་མོང་སྟེ་མཆན་ཉིད་རྩོགས་དང་རྒྱུད་ཀྱ་དག་ལ་སློབ་གཉེར་ཡགས་པོ་གྱིས་ཤིག་ཅེས་གསུངས་པའི་བཀའ་གནང་བསྐྱོ་བས་བཞེས་ཏེ

བཀའ་བཞིན་སྒྲུབ་པའི་ཆེད་དུ་དབུས་སུ་བཏེགས། སློབ་རང་གྲྭ་ཚང་ལ་ཞུགས་ནས་བཀའ་པོད་ཆེན་པོ་ལྔ་ལ་སྦྱངས་ཏེ་གསེར་རབ་འབྱམས་པའི་མཚན་བཏགས་དང་གྲྭ་ཚང་དགེ་བསྐོའི་ལས་ཀ་ཡང་མཛད། དེ་ནས་རྒྱུད་སྨད་དུ་ཞུགས་ཏེ་མདོ་སྔགས་གཉིས་ལ་ལེགས་པར་སྦྱངས་ཤིང་རྒྱུད་པའི་དགེ་སྐོས་ཀྱང་མཛད། རྒྱལ་བ་ཡབ་སྲས་དང་ཀློང་རྡོལ་བླ་མ་རིན་པོ་ཆེ་དང་ཀུན་མཁྱེན་འཇམ་དབྱངས་བཞད་པ་རིན་པོ་ཆེ་སོགས་ཀྱི་ཞབས་ལ་བསྟེན་ནས་དབང་ལུང་རྗེས་གནང་སོགས་ཀྱི་ཆོས་ཀྱི་བདུད་རྩིས་ཐུགས་རྒྱུད་ལེགས་པར་གཏམས། དེ་ནས་མཁས་པའི་སྐད་པའི་ཇ་གསང་མགྲོན་པོའི་སྒྲ་དབྱངས་ཀྱི་མཆོད་འབྲིང་གིས། གོང་མ་རིན་པོ་ཆེའི་སྐར་གྱི་དབང་པོ་ཆོས་པར་མཛད་པས་ཐུགས་དགྱེས་ཏེ། རྒྱལ་བ་ཀུན་གྱི་སྙིང་རྗེའི་རང་གཟུགས་འཕགས་པ་མཆོག་དྲུག་ན་པདྨོས་དངོས་སུ་བྱིན་གྱིས་བརྒྱབས་པའི་གནས་ཆེན་རྩེད་ཐང་གི་མཁན་པོར་བསྐོ་བཞག་གནང་བ་ལྟར། དེའི་ཆོས་ཁྲིར་བཞུགས་ཏེ་བསྟན་པའི་བྱ་བ་མཛད། དེ་ནས་རང་ཡུལ་དུ་བྱོན་ནས་བསྟན་པའི་ཕྱིར་བདག་ཆེན་པོ་པའི་མི་རོ་ཡོན་གྱི་དགོན་ཆེན་གྱི་མཚན་ཉིད་གྲྭ་ཚང་གི་ཆོས་ཁྲིར་བཞུགས་ཏེ་རྩིས་བཞག་གསར་ཁྲིད་འཆད་ཉན་སྤེལ་བར་མཛད། རང་གི་འཁྲུངས་སའི་ཡུལ་དེར་ཡང་དགོན་པ་བདབ་སྟེ་ལམ་རིམ་གྲྭ་ཚང་བཙུགས་ནས་འཆད་ཉན་བྱེད་དུ་མཛད་པའི་སྒོ་ནས་འཇམ་མགོན་བླ་མའི་བསྟན་པ་འཕེལ་རྒྱས་སུ་མཛད་དོ། །གནས་གཞི་འདིར་ཡང་པ་ཆེན་བྱིན་ཅན་གྱིས་བདབ་པའི་དགོན་ཚང་དུ། འཇམ་མགོན་བླ་མའི་ཐུགས་བཅུད་དཔལ་པ་བྱང་ཆུབ་ལམ་རིམ་སོག་སྐད་དུ་བསྒྱུར་བའི་སྟེང་ནས་བཤད་ཁྲིད་དང་རྩིས་བཞག་རྟགས་གསལ་གྱི་འགྲེམས་དང་བཅས་པའི་འཆད་ཉན་དང་། དཔལ་ལྡན་དང་པོའི་སངས་རྒྱས་དུས་ཀྱི་འཁོར་ལོའི་འཆད་ཉན་རྩ་འགྲེལ་གྱི་བཀའ་རྒྱ་བཙུགས་ཏེ

འཕེལ་རྒྱས་སུ་མཛེས་སོ། །ཆེན་པོ་ཆོར་གྱི་ཡུལ་དུ་སྤྱོད་རིད་རྗེ་བཙུན་ཟླ་བ་ཛ་ཡ་པཎྜི་ཏའི་ཞལ་སྔ་ནས་དང་། བཀའ་འགྱུར་བ་ནོ་སོར་ཙ་ན་རིན་པོ་ཆེ་སྒྲོ་བཟང་ཚུལ་ཁྲིམས་དང་། ཞང་ཚང་དྷ་གྲག་གྲུ་རིན་པོ་ཆེ་དང་། ཙ་ཧར་ཡོ་གཱ་རི་ཟླ་མ་རིན་པོ་ཆེ་སྐུ་མ་བརྒྱུད་བཅས་པ་རྣམས་ཀྱིས། བསྐལ་པ་བྱེ་བར་སྒོམ་པར་དཀའ་བའི་རྒྱལ་བའི་གསུང་རབ་དམ་པ་བཀའ་འགྱུར་རིན་པོ་ཆེའི་ལུང་རྒྱུད་ཆལ་ཆའི་ཡུལ་སོགས་སུ་རྒྱལ་ཆེར་སྤེལ་བར་མཛད་ལ། ལྷག་པར་ཁོ་བའི་ཡོངས་འཛིན་དམ་པ་རིན་པོ་ཆེ་ཆ་ཁར་ལྷ་མ་བཀའ་འགྱུར་བ་ཆོས་རྗེ་སྒྲོ་བཟང་བཀྲ་ཤིས་པའི་ཞལ་སྔ་ནས་ཀྱིས་གླ་བྲང་ཆེན་པོ་བཀྲ་ཤིས་འཁྱིལ་སོགས་སུ་རབ་ཏུ་སྤེལ་བར་མཛད་པའི་བཀའ་དྲིན་གཞལ་དུ་མེད་པ་མཛད་ལགས་ཀྱང་། ནར་ཆེན་གྲུ་མེད་མོང་གོལ་ཧོར་སོགས་སུ་བཀའ་འགྱུར་གྱི་ལུང་གནང་བ་མཐོང་ཐོས་ཀྱི་ཡུལ་དུ་མ་གྱུར་བ་ལ། དཔལ་ལྡན་བླ་མ་དམ་པ་ཐུགས་རྗེ་ཅན་དུ་མས་གཡོལ་བ་མི་མངའ་བའི་འཕྲིན་ལས་དུས་ལས་མི་ཡོལ་བར་འབྱེད་པའི་པོ་ཉ་བཙན་མོས་རང་དབང་མེད་པར་བདས་པའི་འདུ་ཤེས་གསུམ་པས། སངས་རྒྱས་ཀྱི་བྱིན་རླབས་ཀྱིས་སྐུལ་ཤིང་ལས། ཆོས་ཚིག་ཟུང་བརྗེ་བཞིན་དུ། ལྕགས་སྤྲེལ་ལོའི་དབྱར་ཚུལ་ནས་བཟུང་ཕྱུ་བྲུ་མེད་ཤོག་འདི་དང་མོང་གོལ་ཧོར་གཉིས་སུ་རྗེ་ཛ་ཡ་པཎྜི་ཏ་ནས་བརྒྱུད་པའི་བཀའ་འགྱུར་རིན་པོ་ཆེའི་བཀླག་ལུང་ཚར་གསུམ་བྱས་པའི་སྟེང་དུ་ཤེར་ཕྱོགས་ཡོངས་རྫོགས་དང་ཕལ་ཆེན་དཀོན་བརྩེགས་དེ་པོ་དི་མོ་བརྒྱད་དང་། བརྒྱད་སྟོང་པ་ཚར་དགུ །ཐར་མདོ་ཚར་བཅུ་གཅིག་སོགས་དང་། བྱམས་ཆོས་སྡེ་ལྔ། རིགས་ཚོགས་དྲུག །བཀའ་གདམས་གཞུང་དྲུག་སོགས་རིང་མང་བསྟན་འགྱུར་དང་གི་ལུང་བཞུགས་ཚད་ལ་ཆོས་ཚན་ཉིས་སུམ་མ་གཏོགས་པོ་དི་བཅུ་ཕྲག་གི་བཀླག་ལུང་བྱས། དེ་ཡང་

བྱམས་ཆོས་ཚར་ལྔ་དང་། རིགས་ཚོགས་ཚར་བཞི་ལྟ་བུ་ཚར་མང་པོ་བསྒྲགས་པའང་མང་ངོ་། །བཀའ་གདམས་ལམ་རིམ་དཔེ་ཆོས་དང་བེ་བུམ་སྔོན་པོ་དང་། རྗེ་བཙུན་མི་ལའི་རྣམ་ཐར་དང་མགུར་འབུམ། འཇིགས་བྱེད་རུ་ཐོད་དང་། མགོན་པོའི་བེ་བུམ་རྒྱལ་སྲས་བཀའ་འབུམ། ཞྭ་དམར་བཀའ་འབུམ་དབང་རྗེས་གནང་བཅས་དང་། རྗེ་རིན་པོ་ཆེའི་གསུང་འབུམ་ཚར་གཉིས། རྗེ་འདུལ་འཛིན་པ། རྒྱལ་ཚབ་རྗེ། མཁས་གྲུབ་རྗེ་གསུམ་གྱི་གསུང་འབུམ་གྱི་ལྷུང་བཀྲུགས་ཚད། རྒྱལ་བ་དགེ་འདུན་གྲུབ་པ་དང་དགེ་འདུན་རྒྱ་མཚོ། པཎ་ཆེན་བློ་བཟང་ཆོས་ཀྱི་རྒྱལ་མཚན། ཀུན་མཁྱེན་འཇམ་དབྱངས་བཞད་པའི་རྡོ་རྗེ། འཇམ་དབྱངས་ཆོས་ཀྱི་རྒྱལ་པོ་རྗེ་བཙུན་དཀོན་མཆོག་འཇིགས་མེད་དབང་པོ། དཔོན་སློབ་བྱམས་པ་རིན་པོ་ཆེ་རྣམས་ཀྱི་གསུང་འབུམ་ཚར་རེ་རེ། དབེན་ས་བཀའ་འབུམ་ཚར་གཉིས། ལྕང་སྐྱ་ཐམས་ཅད་མཁྱེན་པ་ངག་དབང་བློ་བཟང་ཆོས་ལྡན་གྱི་གསུང་འབུམ་ཚར་བཞི། ཀུན་མཁྱེན་རོལ་པའི་རྡོ་རྗེའི་གསུང་འབུམ་ཚར་གཉིས། ལམ་རིམ་ཆེན་མོ་པ་ཆན་གསུམ་སྒྲིག་པའི་བཤད་ཁུང་ཚར་བཞི། ལམ་རིམ་ཆུང་ངུའི་བཤད་ཁུང་ཚར་གཉིས། བདེ་ལམ་དང་ལམ་གཙོ་དང་བློ་སྦྱོང་དོན་བདུན་མ་སོགས་ཀྱི་ཁྲིད་ཚར་མང་པོ། བློ་སྦྱོང་བརྒྱ་རྩ་དང་ཆོས་སྤྱོད་རབ་གསལ་སོགས་ལུང་གི་རིམ་པ་དང་། དབང་ཆེན་གྱི་སྐོར་ཐུས་པའང་རིན་ཆེན་རྒྱ་མཚོ། སྒྲུབ་ཐབས་རྒྱ་མཚོའི་རྗེས་གནང་རྒྱ་གཏུང་གི་ལུང་བཅས་ཚར་གཉིས། བ་རི་བརྒྱ་རྩའི་རྗེས་གནང་རྒྱ་གཏུང་གི་ལུང་བཅས་ཚར་གསུམ། སྣར་ཐང་བརྒྱ་རྩའི་རྗེས་གནང་ཚར་གཉིས། འཇམ་དབྱངས་ཆོས་སྐོར་དང་། ཇོ་ལུགས་སྒྲོལ་མ་ཉེར་གཅིག་གཉིས་ཀའི་རྗེས་གནང་ཚར་གསུམ་རེ། མགོན་པོ་བཀའ་བཅུ་གསུམ་དང་། རྣམ་སྲས་བཀའ་བཅོ་ལྔ་སོགས་ཀྱི

བཀའ་དང་རྒྱུད་བཀའི་རྗེས་གནང་ཆབ་དུ་མང་པོ་ཞུས་སོ། །དེ་ལྟར་རྣམས་སྤྱིལ་རིམ་པ་ཡོངས་བར་གྱི་རྫོགས་རྒྱུད་ བརྒྱུད་གཉིས་ དྲིན་ཅན་བླ་མ་དམ་པ་ རྣམས་ཀྱི་ཐུགས་བཞེད་དང་བཀའ་བརྡིར་གྲུབ་པའི་ཆེད་དུ་ལོ་རེ་བཞིན་དཔྱིད་ཐབ་པ་དབྱར་རྣམས་སྟོད་ཕུའི་ཐར་དུ་ལམ་རིམ་ཏེ་ཀྲུང་གིས་གཙོས་པའི་འཛམ་དཔལ་ནལ་ཕྱུང་དང་དེའི་ཁྲིར་བྲིམ། གྲོག་པའི་སྤྲུ་སྦྱོང་སོགས་ལས་རིམ་ཀྲུ་སྦྱོང་གི་སྒྲོར་དང་། སྐབས་སྐབས་སུ་འདུལ་བའི་སྤྱོད་གྱི་བཤད་པ་དང་། སྡོམ་གསུམ་གྱི་བསླབ་བྱ་སོགས་སོག་སྐད་དུ་འགྱུར་ཏེ་བཤད་པ་ གང་ཉིགས་བཅས་ བཀའ་འགྱུར་གྱི་ལུང་སོགས་ཀྱི་སྐབས་སྤུའང་དས་ཚག་པར་ཞུས། འདུལ་བའི་གཞི་གསུམ་གྱི་ཉམས་ལེན་ཡང་ཞུས། སོ་ཐར་གྱི་སྡོམ་པ་འབང་བསྙེན་རྫོགས་མང་འུ་རྒྱུང་དབང་པོའི་ གྲངས་ རྟར་གྱིས་ གཙོས་ཁྲི་ལུ་ སོགས་དང་ བསྡོམས་ ར་རྒྱ་གཉེར་མ་འཛིན་རིག་བྱེད་རྒྱ་བའི་གྲངས་རྟར་འབོགས་པར་ཞུས་སོ། །ཀུན་སྤྱོང་བཟང་ན་ཆོས་རྒྱུད་སྤྲོལ་བའི་གཟུགས་ བརྟན་པའི་གྲལ་དུ་འཚང་ཀ་བྱེད་ པའི་རྒྱུ་དང་ཉེ་བར་འགྱུར་ཡང་སྲིད་སྐལ་པ་སྟེ། དེ་ཡང་ བཀའ་དྲིན་ མཚུངས་མེད་ཀྱི་བླ་མ་དམ་པ་ རྣམས་ཀྱི་ བཀའ་དྲིན་པོ་ནོར། །དེ་ལྟར་ བཀའ་ འགྱུར་ གྱི་ལུང་ལན་གསུམ་བརྒྱག་པའི་ཆོ་ཕྲིབ་པའི་བྲུ་པའི་ཁྲོད་ནས་ དཀའ་བཅུ་ དཀོན་མཆོག་དོར་ཞུས་ རྨ་ ས་རི་དཔོ་རའི་སྒྲུབ་གནས་སུ་ བརྒྱག་ ལུང་ཚར་ གཅིག་ཞུས། རབ་འབྱམས་པ་ དཀོན་མཆོག་ བསམ་གྲུབ་ཀྱིས་ དགོན་པ་འདིར་ བརྒྱག་ ལུང་ ཚར་གཅིག་ཞུས། དེང་སང་ཡང་དཀའ་བཅུ་དཀོན་མཆོག་དཔལ་ལྡན་དང་། ཆོས་རྗེ་ཤེག་རྡོ་གཉིས་ཀྱིས་ཕྲུ་རེད་འདི་དང་། ཆོས་རྗེ་གཞན་རྣམ་གཉིས་ཀྱང་སོང་བོལ་ཅེར་ཞོག་ཏུ་བཀའ་འགྱུར་གྱི་ལུང་སྤྲེལ་གྱིན་འདུག་གོ །བཀའ་འགྱུར་གྱི་ལུང་དང་པོ་རྫོགས་འཚམས་ནས། དགེ་བའི་བཤེས་གཉེན་ཆེན་པོ་རྗེས་ཐང

མཁན་ཆེན་རིན་པོ་ཆེས་ཨ་དུ་ཏཱར་ཕྱོགས་ཏུ་དགེ་བཤེས་བླ་མ་ཆེན་པོ་སོགས་ལ་ཀློང་རྡོལ་བླ་མ་རིན་པོ་ཆེ་ནས་བརྒྱུད་པའི་བཀའ་འགྱུར་གྱི་ལུང་ཚར་གཅིག་གནང་ལ། ཕུ་སེད་དང་སོང་གོལ་ཅན་ཕྱོགས་ཏུ་ཡུལ་ཀྲུས་བའི་ལུང་ཡང་རེ་རེ་གནང་། གཞན་ཡང་བླ་མ་རིན་པོ་ཆེའི་སྒྲུབ་གསུམ་སྲུ་རྗེ་རིན་པོ་རྗེའི་གསུང་འབུམ་དང་། གཉན་དང་གཞན་དག་ཏུ་ཆུང་སྐུ་རིན་པོ་ཆེ་ངག་དབང་བློ་བཟང་ཆོས་ལྡན་དང་། རྒྱལ་དབང་བློ་བཟང་བསྐལ་བཟང་རྒྱ་མཚོ་དང་། མཁན་རིན་པོ་ཆེ་པཎ་ཆེན་ཐམས་ཅད་མཁྱེན་པ་བློ་བཟང་དཔལ་ལྡན་ཡེ་ཤེས་དབང་པོ་དང་། དཔོན་སློབ་ངག་དབང་བྱམས་པ་རིན་པོ་ཆེ་དང་། ཀུན་མཁྱེན་རོལ་པའི་རྡོ་རྗེ་དང་། རྒྱལ་སྲས་རིན་པོ་དང་། ཐུའུ་བཀྭན་རྡོ་རྗེ་འཆང་བློ་བཟང་ཆོས་ཀྱི་ཉི་མ་དང་། ཡོངས་འཛིན་དམ་པ་ཡེ་ཤེས་རྒྱལ་མཚན་དེ་རྗེ་བཙུན་བླ་མ་དམ་པ་དེ་རྣམས་ཀྱི་གསུང་འབུམ་དང་། བཀའ་གདམས་གླེགས་བམ་སོགས་ཀྱི་རྗེས་ལུང་མང་པོ་དང་། རྡོ་རྗེ་འཇིགས་བྱེད་ལྷ་བཅུ་གསུམ་དང་དཔའ་གཅིག །བདེ་མཆོག་ལྷ་ལྔ་དང་། སྤྱི་འཁྲུགས་པ་ལྷ་དགུ་དང་། ཚེ་དཔག་མེད་ལྷ་དགུ་དང་། ཐུགས་རྗེ་ཆེན་པོ་ལྷ་ལྔའི་དབང་ཡང་བསྐུལ། ཨ་ཏུ་ཏཱར་དང་། སོང་གོལ་ཅན་གྱི་ཕྱོགས་གཉིས་སུ་སྐྱབས་ཐབས་རིན་འབྱུང་གི་རྗེས་གནང་རེ་རེས་མཆོད་པའི་རྗེས་གནང་མང་པོ་དང་། བདེ་ལམ་གྱི་ཁྲིད་ཀྱིས་གཙོས་པའི་ཁྲིད་མང་པོ་གནང་བས་མཆོད་རྒྱལ་བའི་བསྟན་པ་རིན་པོ་ཆེ་དར་ཞིང་རྒྱས་པར་མཛད་དོ། །མཁན་ཆེན་རིན་པོ་ཆེ་དེས་བཀའ་འགྱུར་གྱི་ལུང་གནང་བ་དང་དུས་མཚུངས་པར་སོང་གོལ་ཅན་གྱི་ཕྱོགས་ཏུ་ཡང་ཆོས་ཀྱི་གྲོགས་ནས་པ་རྣམས་དཀོན་མཆོག་ཏུ་ཡངས་པའི་དཀའ་བཅུ་ངག་དབང་ལེགས་ལྡན་གྱིས། རྗེ་ཛ་ཡ་པཎྜི་ཏ་ནས་བརྒྱུད་པའི་བཀའ་འགྱུར་གྱི་བསྒྲུབ་ལུང་གནང་ཞིང་། དེ་ལ་གསན་པའི་གདུང་ལུགས་རབ

འབྲས་སྤྲུ་བའི་དབང་པོ་འཛམ་དབྱངས་དགེ་འདུན་མཚན་ཅན་གྱི་ཀུན་སྤྱངས་ཆེན་པོ་དེམ་སོང་གོལ་ཅེན་གྱི་ཡུལ་སོ་འདུ་བ་གཉིས་སྤུ་བཀའ་འགྱུར་གྱི་རྒྱུགས་ལུང་ཚད་གཉིས་གནང་ཞིང་། དེའི་རྗེས་སུ་གཞུང་བཀྲ་སྤྲུ་བའི་དབང་པོ་ལྷ་རམས་པ་ཡེ་ཤེས་དོན་གྲུབ་མཚན་ཅན་གྱིས་ཕྱུ་ཞེད་ཕེའི་སེའི་དགོན་པ་ཡོད་འོང་བདེ་བའི་ལྷ་ཁང་དུ་སྐྱོང་རྫོལ་བླ་མ་རིན་པོ་ཆེ་ནས་བརྒྱད་པའི་བཀའ་འགྱུར་གྱི་བསླུག་ལུང་ཚར་གཅིག་གནང་བའི་སྐོ་ནས་ཁོང་རྣམ་པ་གསུམ་གྱིས་རྒྱལ་བའི་བསྟན་པ་རིན་པོ་ཆེ་དར་ཞིང་རྒྱས་པར་མཛད་དོ། །གཞན་ཡང་སོང་གོལ་ཅིན་ཀོག་གི་ཕྲ་ཡོར་ལྷ་རམས་པ་མདོ་སྔགས་ཡོངས་སུ་རྫོགས་པའི་དགེ་བའི་བཤེས་གཉེན་ཛ་སག་བླ་མ་རིན་པོ་ཆེ་རིན་ཆེན་རྒྱ་མཚོའི་མཚན་ཅན་གྱི་ཡོངས་འཛིན་དམ་པ་དེ་ཉིད་ཀྱིས་ར་གན་དུ་ཡར་ཆེ་ཧོ་ཐོག་ཐུའི་དགོན་པ་དེར་མཚན་ཉིད་གྲྭ་ཚང་གི་ཆོས་ཁྲིམ་བཙུགས་ཏེ། འཛམ་མགོན་བླ་མ་བཙོང་ཁ་པ་ཆེན་པོའི་གསུང་འབུམ་གྱི་རྒྱུགས་ལུང་བསྐུལ་ཐམས་མཆོད་དེ། སོང་གོལ་ཅིན་དང་། ཕྱུ་སེད་སོགས་ཀྱི་ཆེན་པོ་ཆོར་གྱི་ཡུལ་གྲུ་རབ་དུ་མང་པོ་རྣམས་ལ། ལྷ་རམས་པ་དང་། རྗེ་རམས་པ། དཀའ་བཅུ་རབ་འབྱམས་པ་རྣམས་ཀྱིས་གཙོས་དགེ་བའི་བཤེས་གཉེན་ཤིན་ཏུ་མང་པོ་བྱུང་བ་དེ་དང་དེ་དག་གིས་རང་གི་ནུས་ཚད་ཀྱིས་རྒྱལ་བའི་བསྟན་པ་སྤྱི་དང་ཁྱད་པར་འཛམ་མགོན་བླ་མ་བཙོང་ཁ་པ་ཆེན་པོའི་བསྟན་པ་རིན་པོ་ཆེ་དར་ཞིང་རྒྱས་པར་བྱེད་པའི་ཐབས་ལ་གཞོལ་བར་མཛད་བཞིན་དུ་བཞུགས་པ་ལགས་སོ། །དེས་ན་བར་བདེའི་ལེགས་ཚོགས་ཀུན་གྱི་འབྱུང་གནས་རྒྱལ་བའི་བསྟན་པ་རིན་པོ་ཆེ་དེ་དེང་སང་ཆེན་པོ་ཆོར་གྱི་ཡུལ་ཕྱོགས་འདིར་སྔོན་གྱི་དུས་ལས། བརྒྱ་འགྱུར་དུ་འཕེལ་རྒྱས་སུ་བཞུགས་པས། དེ་དག་རིམ་པར་རྒྱལ་བས་ལུང་བསྟན་པའི་དུས་ལ་བབས་པ་དང་། ཕྱག

པའི་དབང་པོའི་གདུང་འཚོབ་དམ་པ་ རྒྱལ་དབང་ ཡབ་སྲས་ སོགས་སྐྱེས་ཆེན་དམ་པ་དུ་མའི་མཛད་འཕྲིན་བཟང་པོའི་རྒྱ་ནམས་ཀྱིས་མི་ཁྱབ་པ་སོགས་ལས་བྱུང་ཞིང་། དེར་མ་ཆད་མཁས་མེད་ཤཱཀྱའི་རྒྱལ་པོའི་སྐུ་དངོས་དང་ཁྱད་པར་མ་མཆིས་པའི་ཙན་དན་ཇོ་བོ་རིན་པོ་ཆེ་ དེ་ཉིད་རྟེན་ གྱི་སྐྱེ་རྒྱུ་རྣམས་ ཀྱི་མཆོད་ཡུལ་དུ་དངོས་སུ་བཞུགས་ཡོད་པ་ སོགས་ཀྱི་རྟེན་འབྲེལ་ཁྱད་པར་ ཅན་འགྲིག་པའང་ཡོད་པས་སོ། །དེ་ལ་ཙནྡན་ཇོ་བོའི་ལོ་རྒྱུས་མྱང་སྐུ་རིན་པོ་ཆེའི་གསུང་རིམ་བཞིན་དུ་ཅུང་ཟད་བརྗོད་ན། བདག་ཅག་གི་སྟོན་པ་དགུང་ལོ་སོ་བརྒྱད་པ་ལ་སྟོན་རང་གི་ཡུམ་སྒྲུ་མ་ལྷ་མཛེས་འཛམ་བུ་གླིང་ནས་ཤི་འཕོས་ཏེ་ སུམ་ཅུ་རྩ་གསུམ་དུ་སྐྱེས་པ་དེའི་དོན་མཛད་པ་དང་། གཞན་ཡང་སུམ་ཅུ་རྩ་གསུམ་གྱི་ལྷ་སྐལ་པ་དང་ལྡན་པ་རྣམས་རྗེས་སུ་བཟུང་བའི་ཆེད་དུ་ལྷའི་ཡུལ་དུ་གཤེགས་ཏེ། དེར་ཟླ་བ་གསུམ་དབྱར་གནས་པར་བཞུགས། རང་གི་ཡུམ་དང་ལྷའི་གདུལ་བྱ་མང་པོ་བདེན་པ་ལ་བཀོད་པ་སོགས་ཀྱིས་དོན་མཛད། དེའི་ཚེ་བྲམ་ཟེའི་རྒྱལ་པོ་ཨུ་དྲ་ཡ་ ནས་སྟོན་པའི་ཞལ་མ་ མཇལ་བར་ ཡུན་རིང་སོང་བས་ཡིད་གདུངས་ཏེ། སྐུ་དངོས་དང་འདྲ་བའི་སྐུ་བརྟན་བཞེངས་པར་བསམས་ཏེ་ཙནྡུ་ཀལ་གྱི་བྲུ་ལ་སྐུར། དེས་ཀྱང་བཟོ་བོ་མཁས་པ་སུམ་ཅུ་རྩ་གཉིས་ཁྲིད་དེ་རྫུ་འཕྲུལ་གྱིས་ལྷ་ཡུལ་དུ་ཕྱིན། སྟོན་པའི་སྐུ་དངོས་པ་བལྟར་ བཅུག་པས་བཅོམ་ལྡན་འདས་ཀྱི་འོད་དང་ གཟི་བརྗིད་ མཐར་ཡས་ པའི་ཟིལ་གྱིས་བཟོ་བོ་རྣམས་ཀྱིས་སྐུའི་མཚན་ རྣམས་ཇི་ལྟ་ བ་བཞིན་ཡིད་ ལ་གཟུང་ མ་ནུས་པ་ན་སྟོན་པས་རྒྱ་གྲོང་གི་འགྲམ་དུ་བཞེངས། སྐུ་བཞེངས་སྐབས་སུ་བཞུགས་པའི་གཟུགས་བརྙན་ཆུ་ནང་དུ་ཤར་བ་ ཡར་གསུམ་ བསྐོར་ཏེ་བལྟས་ ལ་མཚན་ བཟང་གི་ཁྱད་པར་རྣམས་ཡིད་ལ་བཟུང་བ་ལྟར་ ཙན་དན་གོ་ཤི་ཥ་ལས་སྐུ་གཟུགས་བཞེངས་པ

ཡིན་ཅིང་། དེའི་ཚེ་ན་བཙན་ཡང་ཙུའི་གཉེར་པས་བསྐྱོད་པའི་ནུས་པ་ཅན་དུ་ཡོད་པ་ལ་དཔེ་དུས་དེ་རྩ་རིམ་པར་བསྒྲུབས། དེ་ཡང་སྐྱོད་པའི་ཀྲིན་རླབས་ཀྱིས་ཉི་མ་གཅིག་ལ་བསྒྲུབས་ནས་རྒྱལ་པོ་སྐུ་དཔལ་ནའི་མཆོད་གནས་སུ་བཞུགས། དེ་ནས་སྟོན་པ་སྐྱར་སི་ཡུལ་དུ་ཕེབས་པའི་ཚེ་རིན་པོ་ཆེའི་ཐེམ་སྐས་གསུམ་སྤྲུལ་དེ་གཡས་པར་ཚངས་པ་ཆེན་པོ་གདུགས་དཀར་པོ་གསེར་གྱི་ཡུ་བ་ཅན་བཟུང་བ་གཟུགས་ཁམས་ཀྱི་ལྷ་རྣམས་དང་བཅས་པ་དང་། གཡོན་པར་བརྒྱ་བྱིན་རྔ་ཡབ་དཀར་པོ་རིན་བྱུའི་ཡུ་བ་ཅན་ཐོགས་པ་འདོད་ཁམས་ཀྱི་ལྷ་ཚོགས་དང་བཅས་པ་དང་། སྟེང་ནས་གནས་གཙང་མའི་རིས་ཀྱི་ལྷའི་བུ་དང་བུ་མོ་མང་པོས་མཆོད་རྫས་སྣ་ཚོགས་པ་ཐོགས་པས་མཆོད་ཅིང་། མདུན་ནས་རྒྱལ་ཆེན་བཞིའི་རིས་ཀྱི་ལྷ་རྣམས་ཀྱིས་རྡོ་བཟང་པོའི་སྐྱོར་ཐོགས་པས་བསུས་དེ་སྟོན་པ་རང་ཉིད་ཐེམ་སྐས་དབུས་མ་ནས་མཚན་དཔེའི་འོད་ཟེར་རབ་ཏུ་འབར་བ་ཉི་མའི་དཀྱིལ་འཁོར་ལྟར་ལྷམ་མེ་ལྷན་ནེ་ལྷང་ངེར་རིམ་རྫུ་འཕྲུལ་དང་རིམ་ཁྲབས་ཀྱིས་རིམ་གྱིས་བྱོན། དེའི་ཚེ་དགེ་སློང་གི་དགེ་འདུན་རྣམས་དང་། རྒྱལ་པོ་དང་། བློན་པོ་དང་། བྲམ་ཟེ་དང་། ཁྱིམ་བདག་པ་སོ་སོ་རྣམས་ཀྱིས་རང་རང་གི་ཅི་འབྱོར་བའི་མཆོད་རྫས་སྣ་ཚོགས་པ་ཐོགས་ནས་བསུ་བ་ཕུལ་སྐབས་སྐུ་བརྙན་འདིས་ནམ་མཁར་འཕགས་དེ་གོམ་པ་དྲུག་བསུས་དེ། སྐུ་དངོས་དང་མཇལ་སྐབས་དབུ་བཏུག་པ་ལན་གསུམ་གྱིས་སྐུ་ཁམས་འདྲི་བའི་ཚུལ་མཛད། སྟོན་པས་སྐུ་བརྙན་འདིའི་དབུ་ལ་ཕྱག་གཡས་པ་བཀྲངས་དེ་བཞག་ནས་སངས་རྒྱས་དངོས་དང་འདྲ་བའི་བསྔགས་པ་མཛད་ཅིང་།

ང་ནི་མྱ་ངན་འདས་འོག་ཏུ། ལོ་ནི་བརྒྱ་ཕྲག་བཅུ་འདས་ནས།
ཤར་ཕྱོགས་ཙི་ནའི་ཡུལ་དུ་བྱོན། བསྟན་དང་འགྲོ་བའི་དོན་ལ་བཞུད།

ཅེས་ལུང་ བསྟན་ནས་ རྒྱལ་པོ་ཨུ་དྲ་ ཡ་ན་ལ་ ཡེགས་སོ་ཧྲིན་དེ་སྐུ་གཟུགས་ཀྱི་གྲིབ་མ་བཀོད་པ་འདྲ་བའི་བསྟན་པ་ལ་བྱ་ བ་བྱས་ཤིང་སྐྱེ་བོ་སྣམ་ པ་དང་ལྡན་པ་མང་པོའི་བསོད་ནམས་ཀྱི་ཞིང་དམ་པར་གྱུར་པ་དང་། གཞན་ཡང་སེམས་ཅན་དཔག་ཏུ་མེད་པའི་དགེ་བའི་རྩ་བ་བསྐྱེད་པའི་གཞི། ཐེག་སྤྱི་དག་པར་བྱེད་པའི་ ཐབས་རྨ་ར་མེད་པ་ བདེ་བར་ གཤེགས་ པའི་སྐུ་བརྙན་ བཞེངས་པའི་ སྐོལ་གསར་དུ་གདོད་པ་ཁྲོད་དང་འདྲ་བ་མེད་དོ་ཞེས་བཀའ་སྩལ་བ་བཞིན་ལགས་ལ། འདིའི་ཕྱགས་ཀ་ནི་ཧྲིང་དཔྱ་ཅམ་རྒྱུན་དུ་ཡོད་པ་དང་། ཞབས་མཐིལ་དང་གདན་གྱི་བར་ན་སྐུད་པ་ཞང་བ་ཙམ་གྱི་བར་སྟོང་ཡོད་པ། བཟོ་བོ་གཞན་གྱིས་འདྲ་ སྐུ་ཇི་ལྟར་ བཞེངས་ཀྱང་ སྐུའི་ཉམས་ཇི་ལྟ་བ་ བཞིན་ ཡོང་ དཀའ་བ་སོགས་ཁྱད་ཆོས་དུ་མ་དང་ལྡན་ནོ། །དེ་ནས་རིམ་པ་བཞིན་རྒྱ་གར་དང་། ཁོ་ཡུལ་དང་། རྒྱ་ནག་གི་ ཡུལ་གྱི་ས་ སྡོང་ཆེན་པོ་སོགས་ ཀྱི་མཆོད་གནས་སུ་བཞུགས། ཧོར་ཆེན་པོའི་ཧོར་གྱི་དུས་སུ་པེའི་ཅིང་གི་ཕོ་བྲང་འདིར་གདན་དྲངས་དེ་རྒྱལ་རབས་རྣམས་དང་བཅས་པས་ མཆོད་གནས་ མཛད། དེ་ནས་ཆེན་པོ་ཧོར་གྱི་རྒྱལ་རབས་ཀུན་དང་། ལྷག་པར་ཧོ་ཐི་པའི་མི་ཆེན་རྒྱལ་པོས་གཙུག་ལག་ཁང་ཆེན་པོ་གསར་དུ་བཞེངས་ཏེ་དགེ་འདུན་གྱི་སྡེ་ བཙུགས་ཤིང་རྟེན་འདི་ཉིད་ལ་མཆོད་པ་བླ་ན་མེད་པ་བྱས། ཧོར་གྱི་རྒྱལ་ རབས་ཕྱི་མ་ རྣམས་དང་། དཱའི་ཆིང་དང་། དཱའི་ཆིང་གི་རྒྱལ་རབས་མཐའ་དག་གིས་མཆོད་གནས་མཛད་ཅིང་། ཏོགས་ཐོགས་ནས་འདུས་པའི་སྐྱེ་རྒུ་རྣམས་ཀྱིས་མཆོད་ཅིང་གསོལ་བ་བཏབ་པའི་མཐུས་སྐྱེ་རྒུའི་བདེ་སྐྱིད་དང་བསྟན་པའི་བྱ་བ་འཕེལ་རྒྱས་སུ་བཞུགས་པ་ལགས་སོ། །གཞན་ཡང་འཕགས་པ་འཇམ་དཔལ་གྱི་ཙ་བའི་རྒྱུད་ལས།

རྒྱ་དང་རྒྱ་ནག་ཆེ་ཉིད་ན། འཇམ་པའི་དབྱངས་ནི་རབ་འགྲུབ་འགྱུར།

བྱང་ཆུབ་སེམས་དཔའ་དཔའ་བོ་ཆེ། །འཇམ་པའི་དབྱངས་ནི་འོད་ཆེན་པོ།
མཛོད་སྤུས་དེ་ཡི་ཡུལ་དགའ་ན། །བྱིས་པའི་གཟུགས་ཀྱིས་བཞུགས་པ་ཡིན།
གྲུབ་པའི་ཞིང་མཆོག་དམ་པ་ལ། །སེ་རི་ཡོངས་སུ་སྐྱབ་པར་འགྱུར།

ཞེས་དང་། མདོ་སྡེ་པད་མོ་ཆེ་ལས། བྱང་ཤར་གྱི་མཚམས་རི་བོ་དྭངས་བསིལ་ཞེས་བྱ་བསྐལ་པ་དང་པོའི་དུས་བྱང་ཆུབ་སེམས་དཔའི་ཚོགས་ཡང་དག་པར་འདུ་བའི་གནས་ཡིན་ནོ། །ད་ལྟ་ཡང་བྱང་ཆུབ་སེམས་དཔའ་འཇམ་དཔལ་གཞོན་ནུར་གྱུར་པ་རང་གི་འཁོར་བྱང་ཆུབ་སེམས་དཔའ་སྟོང་ཕྲག་བཅུའི་ཚོགས་དང་བཅས་པ་གནས་རེར་ཐག་ཏུ་གནས་ཤིང་། དམ་པའི་ཆོས་རྒྱ་ཆེར་བསྟན་ཅིང་བཞུགས་སོ། ཞེས་རྒྱ་ནག་ཆེན་པོའི་ཡུལ་དེ་འཕགས་པ་འཇམ་དཔལ་གྱིས་བྱིན་གྱིས་བརླབས་པའི་གནས་སུ་ལུང་བསྟན་ཅིང་། སོག་པོའི་ཡུལ་གྱི་ཡང་རྒྱ་ནག་ཆེན་པོའི་ཡུལ་དུ་གཏོགས་པ་པར་པཎ་ཆེན་ཐམས་ཅད་མཁྱེན་པ་སོགས་སྐྱེས་བུ་དམ་པ་རྣམས་ཀྱིས་གསུངས་པ་ལ། རྒྱ་དང་ཧོར་གྱི་མཚམས་སུ་འཛམ་བུའི་གླིང་གི་གནས་ཆེན་བཞིའི་ལ་ཀྱལ་སྐྱོད་པ་མངས་རྒྱས་ཀྱིས་འཕགས་པ་འཇམ་དཔལ་གྱི་བཞུགས་གནས་སུ་གསལ་བར་ལུང་བསྟན་པའི་སྤྲུལ་པའི་གནས་མཆོག་རི་བོ་རྩེ་ལྔ་ཞེས་ཡོངས་སུ་གྲགས་པ་དེར་རྒྱལ་བ་ཀུན་གྱི་ཡབ་གཅིག་རྗེ་བཙུན་འཇམ་དཔལ་རིགས་ལྔ་སོགས་སངས་རྒྱས་བྱང་སེམས་མང་པོ་དང་། རྒྱ་གར་གྱི་པཎྜི་ཏ་ལྔ་བརྒྱ་སོགས་དངོས་སུ་བཞུགས་ཤིང་། རྗེ་བཙུན་གྱིས་འཁོར་བྱང་ཆུབ་སེམས་དཔའ་འབུམ་ཕྲག་མེད་པ་ལ་ལམ་རིམ་དང་དབུ་མ་དང་གསང་བདེ་འཇིགས་གསུམ་གྱི་བསྐྱེད་རྫོགས་སོགས་མདོ་སྔགས་ཀྱི་ཆོས་ཀྱི་འཁོར་ལོ་བསམ་གྱིས་མི་ཁྱབ་པ་རྒྱུན་དུ་བསྐོར་ཡོད་པར་ལྕང་སྐྱ་ཐམས་ཅད་མཁྱེན་པས་གསུང་བ་ལྟར་གྱི་གནས་ཆེན་བཞུགས་པ་དང་། དེ་དང་ཉེའི་ཅིང་

གི་པོ་བྲང་ཆེན་པོ་གཉིས་ཀར་བཞུགས་པའི་མཆོད་རྟེན་དཀར་པོ་ཆེན་པོ། དེའི་ནང་དུ་སྔོན་པ་སངས་རྒྱས་ཀྱིས་སྐུ་དངོས་ཀྱི་གདུལ་བྱར་མ་གྱུར་བའི་སྐྱེ་བོ་རྣམས་ལ་ཐར་པ་དང་ཐམས་ཅད་མཁྱེན་པའི་ས་བོན་བསྐྲུན་པའི་ཆེད་དུ་རླབས་པོ་ཆེའི་སྨོན་ལམ་གྱི་མཐུ་བྱིན་གྱིས་བརླབས་པའི་འཕེལ་གདུང་རིམ་ཤིན་ཏུ་མང་པོ་བཞུགས་སུ་གསོལ་ཞིང་། མཚན་མོ་ཡང་འོད་འཕྲོ་ལ་ཆོས་བརྒྱད་དང་བཅོ་ལྔ་སོགས་ཀྱི་དུས་ཁྱད་པར་ཅན་གྱི་མཚན་མོའི་སྐབས་སུ་ནང་འོད་ཟེར་གྱི་སྣང་བ་ཆེན་པོ་བྱུང་བ་ཀུན་གྱི་མངོན་སུམ་དུ་གྱུར་པའི་བྱིན་རླབས་ཀྱི་གཏེར་དུ་གྱུར་པའི་མཆོད་རྟེན་དཀར་པོ་ཆེན་པོ་དེ་གཉིས་སོགས་དང་། ཡང་ཨ་ལག་ཤའི་ས་ཆར་གླང་རི་ལུང་བསྟན་གྱི་མདོ་ལས་བཤད་པའི་མཁར་བའི་གླང་དང་། མཆོད་རྟེན་གོམས་ལ་གནང་བཞུགས་པ་དང་། ཡང་སྔོན་རྒྱ་ནག་དུ་ཐང་ཇུའི་ཇུང་གི་རྒྱལ་པོའི་བློན་པོ་རྣམས་ཀྱིས། ཁྱེད་ཆོས་ཀྱི་རྒྱལ་པོ་ཡིན་ན། གནས་བརྟན་ཆེན་པོ་བཅུ་དྲུག་བསྟན་བསྐྱོང་བའི་འཁོར་ལས་མཛད་པར་གྲགས་པས། དེ་དག་འདིར་དབྱར་གནས་པར་གསོལ་བ་ཐོབ་ཅེས་ཞུས་པས། རྒྱལ་པོས་གསོལ་བ་བཏབ་པས། ཆུ་སྟོད་ཀྱི་ཟླ་བའི་ཚེས་བཅུ་གསུམ་གྱི་དུས་སུ་རྒྱ་ནག་སྤྱུག་ཚམས་ཅན་དུ་བྱོན་ནས་དབྱར་གནས་མཛད། རྒྱལ་པོས་ཁང་པ་བཅུ་དྲུག་བཞེངས་ནས་བཞུགས་པའི་དུས་སུ། རྒྱལ་པོ་འཁོར་དང་བཅས་པ་དང་། ཡུལ་དེའི་སྐྱེ་བོ་ཐམས་ཅད་ཀྱིས་དད་དང་། གོས་ཆེན་ལ་སོགས་པའི་ན་བཟའ་མང་པོ་ཕུལ་བ་རྣམས་ལྷབ་ལྷུབ་དུ་གསོལ་བས་དགྱེས་བཞིན་པ་ཡོངས་སྐུའི་ཆ་བྱད་ལྟ་བུར་གྱུར། དགག་དབྱེ་ཕྱིན་ནས་ཀྱང་རྒྱལ་པོས་བཞུགས་པར་ཞུས་པས་མ་གནང་། རྒྱལ་པོའི་ཞལ་ནས། ང་ཆོས་རྒྱལ་ཡིན་པས་དབྱར་སྤྱན་དྲངས་ནས་བཞུགས་པ་ཡིན། ཁྱེད་རྣམས་ཆོས་སྐྱོང་བའི་བློན་པོ་ཡིན་ན། སྔར་བཞུགས་པར་གསོལ་བ་ཐོབ

སྟེར། སློབ་དཔོན་རྣམས་ཀྱིས་དེ་ལྟར་གསོལ་བ་བཏབ་པས། ཁྱེད་ཨ་ཀྲིང་ག་ནས་ད་སེམས་ཅན་གྱི་དོན་བྱེད་དུ་འགྲོ་དགོས་པས་བསྟོད་པའི་སྐབས་སེང་ངེད་ཀྱི་སྐུ་འབག་རེ་བཞེངས་ཤིང་དང་། དེས་སེམས་ཅན་གྱི་དོན་དུ་འགྱུར་གྱི་གསུང་། དེར་རྒྱལ་པོས་ཁང་པ་དེར་སྐུ་འབག་རེ་བཞེངས་ནས་མཆོད་གནས་སུ་བཞུགས། དབུར་དེར་བཞུགས་པའི་བར་ལ་གནས་བརྟན་ལུང་བསྟན་པའི་མདོ་སྡེ་ཡང་གསུངས་པས། ཐེག་པ་ཆེན་པོའི་ཆོས་ཤིན་དུ་དར་བར་གྱུར། རྒྱ་ནག་པོ་མངའ་ཐང་དང་ལོངས་སྤྱོད་ཆེ་བ་ཡང་གནས་བརྟན་ཆེན་པོ་འདི་རྣམས་ཀྱིས་བཀགས་ཤིང་བཞུགས་པའི་བྱིན་རླབས་ཡིན་པར་གྲགས་སོ། །དེ་ལྟ་བུའི་གནས་བརྟན་བཅུ་དྲུག་གི་སྐུ་བྱིན་རླབས་ཅན་བཞུགས་པ་དང་། ཡང་རྒྱ་བོད་ཀྱི་མཚམས་སུ་ལུང་ཐོའི་མཁར་རང་དུ་ཀྲ་ས་ལ་ཤི་ལའི་མཆོད་རྟེན་དུ་གྲགས་པ་དང་། མཁར་གྱི་ཕྱིའི་ཤར་དུ་མ་པར་གྱི་སྐུ་གདུང་མཆོད་རྟེན་སོགས་མཆོད་རྟེན་མང་པོ་ཡོད་པའི་སྤྲུལ་པའི་སྡེ་དང་། ལྷར་མ་པར་གྱིས་དབང་བསྒྱུར་བའི་དབང་གི་སྡེ་དང་། སུ་དྷ་བཙོན་པ་རིང་པོའི་སྐུ་གདུང་ཡོད་པའི་བདྲའི་སྡེ་དང་། རྡུང་ད་མཁའ་འགྲོས་རང་བྱོན་བཞུགས་པ་རྒྱ་མཚོའི་སྡེ་སྟེ་བཞི་དང་། སྡེ་བཞིའི་རྐྱེ་སུ་ཏྲ་ཆུང་རི་ལུང་བསྟན་ནས་གསུངས་པའི་སངས་རྒྱས་བདེ་བའི་འབྱུང་གནས་ཀྱི་སྐར་གྲགས་པ་ཆེ་བ་འདོས་བཅོ་བརྒྱད་ཡོད་པ་སོགས་རྒྱ་དང་ཧོར་གྱི་ཡུལ་དུ་མང་བྱིན་རླབས་ཅན་གྱི་གནས་ཆེན་དང་དེ་ཁྱད་པར་ཅན་མང་པོ་བཞུགས་པ་དེ་དང་དེ་རྣམས་ལ་རྒྱ་དང་ཧོར་གྱི་རྒྱལ་རབས་རྣམས་ཀྱིས་གཙོས་སྐྱེ་བོ་རྣམས་ཀྱིས་སྨྲེ་ཞུ་བགྱིས་དེ་མཆོད་ཅིང་གསོལ་བ་བཏབ་པའི་མཐུས་འཛིག་རྟེན་དུ་བཀྲ་ཤིས་ཀྱི་དགེ་མཚན་རྒྱ་ཆེན་པོས་ཁྱབ་ཅིང་། རྒྱལ་བའི་བསྟན་པ་རིན་པོ་ཆེ་ཕྱོགས་ཐམས་ཅད་དུ་དར་ཞིང་རྒྱས་ལ་ཡུར་རིང་དུ་གནས་པའི་རྟེན་འབྲེལ

ཁྱད་པར་ཅན་སང་ངོ་ཤིན་ཏུ་ལེགས་པར་འགྲིག་པ་ཡིན་ལགས་སོ། །

མཁྱེན་བརྩེའི་སྒྲོ་ཆེན་གཏིང་མཐའ་མི་མངོན་ཞིང་།
མཁས་བཙུན་བཟང་པོའི་ཡོད་བཏེན་ནོར་བུས་གཏམས།
ངོ་མཚར་ལེགས་བཤད་རླབས་འཕྲེང་ཆེར་གཡོ་བའི།
རྒྱལ་བ་གཉིས་པར་གྲགས་པའི་ཆུ་གཏེར་རྒྱལ།
དེ་ལས་རླབས་ཆེན་སྨོན་ལམ་གྱུར་བསྐྱེད་ནས།
སོད་སྤུགས་ཟུང་འབྲེལ་ལམ་བཟང་དབང་གི་རྒྱལ།
ཀྱེ་ཧོར་ཡུལ་གྱི་རྣམ་དཀར་ནོར་འཛིན་གཞིར།
ལེགས་པར་དྲངས་ནས་འཆད་རྩོད་རྩོམ་གསུམ་གྱི།
བསྒྲུ་སྣང་མཛད་པས་ཕན་བདེའི་ཆར་པབ་སྟེ།
མཐའ་འཁོར་སྐྱེ་དགུའི་རྒྱུད་པ་མཐར་བྱས་ནས།
ལེགས་ཚོགས་དཔལ་གྱི་དགའ་སྟོན་བྲེ་བ་འབུམ།
རབ་ཏུ་འགྱེད་མཛད་བཤེས་གཉེན་མཆོད་སྦྱིན་མཁན།
བྱམས་ཆེན་ཆོས་རྗེ་རྒྱལ་དབང་རྣམ་པ་གསུམ།
པཎ་ཆེན་སྣང་མཐའ་སྒྲོ་རྒྱ་མཚོ་ཟླན་རྗེ།
རྗེ་བཙུན་དམ་པ་རེའི་ཆེ་ཞོ་ཡོད་ཞབས།
ཛ་ཡ་པཎ་ཆེན་ཀུན་མཁྱེན་བཞད་པ་རྗེ།
ཐུའུ་བཀྲན་ཞབས་དང་སྨོན་ལམ་ཀླུ་ས་བཟང་།
བཀའ་དྲིན་མཉམ་མེད་དོན་གྲུབ་མཚན་ཅན་སོགས།
སྐྱེས་མཆོག་རྣམས་ཀྱི་སྐུ་དྲིན་དྲན་པའི་ཚེ།
དགའ་བའི་སྤུ་ལོང་གཡོས་ཤིས་སོས་གུས་འདེབས།

འཇམ་མགོན་བླ་མའི་སྙན་ངག་ལུགས་བཟང་འདོད་མཁས་མཁས་ རྒྱལ་དུ་མའི་ ཉིད་བྱེད་དབང་།

ཀྲ་ཧོར་ཡུལ་གྱི་རྩོམ་ ཀྲུལ་མ་སྦྱོང་ དབང་པོའི་དུ་ མཚེག་ཚོགས་ ཀྱིས་ལེགས་ བྲངས་ཏེ།

མཛོད་བཟང་ཚ་ཟེར་འཕྲུལ་གྱིས་བསྒྱུར་འགྱུར་ལེགས་ཚོགས་པད་དཀར་རྒྱས་ འཕྱིང་འཛུམ་པའི་ཚེར།

ཕན་བདེའི་སྣང་སྟེའི་ དཔལ་ལ་ སྐལ་བཟང་ བཅུད་འདོད་ཅི་དགར་ སྤྱོད་འདི་ཡ་ མཚན་ཆེ།

ཞེས་བྱ་བ་ནི་བར་སྐབས་ཀྱི་ཚིགས་སུ་བཅད་པའོ། །དེ་ལྟར་བརྗོད་པར་བྱ་བའི་གཙོ་བོ་དེ་སོང་རྣམ་ཤར་ལ་ཆོས་ཀྱི་འབེལ་གཏམ་འགའ་ཞིག་བརྗོད་པར་བྱའོ། །སུ་ལ་བརྗོད་ན། ཆོས་ཀྱི་སྣོད་ལྡན་རྣམས་ལ་མ་ཡིན་ཏེ། མིག་ལྡན་པ་ལས་སྟོན་མི་དགོས་པ་བཞིན་ནོ། །སྨྲ་བོ་མཁས་པའི་ང་རྒྱལ་ཅན་དང་དོན་དུ་མི་གཉེར་བའི་ངན་པ་རྣམས་ལ་མ་ཡིན་ཏེ། དཔལ་མགོན་འཕགས་པ་ཀླུ་སྒྲུབ་ཀྱི་ཞལ་ནས།

སྦྲུལ་ལའོ་ས་སྐྱོང་པ་ན། དུག་འཐེབ་པ་འགྱུར་བ་བཟོ་རན་ཟད།
ངན་པ་རྣམས་ལ་གདམས་པ་ཡང་། ཚིག་པ་ཟ་འགྱུར་ཞི་མི་འགྱུར།

ཞེས་གསུངས་པས་སོ། །དེས་ན་རང་དང་སྐལ་མཉམ་གྱི་དོན་གཉེར་ཅན་འགའ་ཞིག་ལ་འཁོར་འདས་ཀྱི་ཆོས་ཚུལ་ཙམ་ཞིག་བརྗོད་པ་ལ། སྟོན་པ་སངས་རྒྱས་ཀྱི་བཀའ་ལས། །

འགྲོ་བ་འདི་དག་མིང་དག་གཟུགས་ཀྱི་འདམ་ལ་ཆགས།
སྐྱེང་གི་འཁོར་ལོ་ལྟ་བུའི་འཁོར་བའི་འཁོར་ཁོར་འཁྱམས།

འགྲོ་བ་འཁྲུལ་བ་རི་དྭགས་རྒྱུ་ཆུད་འདྲར་ཤེས་ནས།
ཤེས་རབ་ལྡན་པ་མཁའ་ལ་བྱ་བཞིན་རྣམ་པར་རྒྱུ།
ཇི་ལྟར་འཛིན་པ་དེ་ལྟར་ཀུན་ནས་ཉོན་མོངས་བསྐྱེད།
བདག་དང་བདག་གིར་ཕྱི་དམིགས་རྣམ་པར་སྤྱང་བར་གསུངས།

ཅེས་གསུངས་པའི་དོན་རང་ཅག་སོ་སྐྱེ་རྣམས་ཀྱི་གདགས་གཞི་ཕུང་པོ་ལྔ་ལ་བདག་དང་བདག་གིར་བདེན་པར་ཞེན་ཅིང་ཆགས་པས་འཁོར་བར་འཁྱམས་པ། བདག་མེད་རྟོགས་པའི་ཤེས་རབ་ཀྱིས་འཁོར་བ་ལས་གྲོལ་བར་འགྱུར་བས་ན་ཤེས་རབ་དེ་བསྐྱེད་པའི་ཐབས་ལ་འབད་པར་བྱ་དགོས་སོ། །གཞན་ཡང་རྒྱལ་དབང་བདུན་པ་བློ་བཟང་བསྐལ་བཟང་རྒྱ་མཚོའི་ཞལ་སྔ་ནས་ཀྱི་ལེགས་བཤད་ལས།

ནམ་ཡང་ཐར་པར་དཀའ་བ་ཡི། རྒྱ་མཚོ་ཆེན་པོ་གང་ཞེ་ན།
སྡུག་བསྔལ་ཆུ་རླབས་ཆེར་འཁྲུག་པའི། སྲིད་པ་གསུམ་གྱི་འཁོར་བ་འདི།

སྡུག་བསྔལ་ཡོད་དགུ་རྫིས་འབྱུང་བའི། སྨོག་པའི་སྦྲ་འདྲ་དེ་སུ་ཞིག།
ལས་དང་ཉོན་མོངས་རྐྱེན་ཅན་གྱི། །སྲིད་པར་སྐྱེ་བ་འདི་ཉིད་དོ།

ཉིན་མཚན་ཏག་པར་བཏང་བཞིན་དུ། མི་ཤེས་རང་དུ་ཆེ་བ་གང་།
ཡང་ཚོའི་དཔལ་རི་སྐད་ཅིག་བཞིན། ཉམས་པའི་ཀ་བ་འདི་ཉིད་དོ།

སྐྱེ་དགུ་ཐམས་ཅད་བཙོད་བྱེད་པའི། ཚད་པ་མཁན་པོ་དེ་སུ་ཞིག།
འཇིག་རྟེན་ཀུན་ལ་དབང་བསྒྱུར་བའི། འཆི་བདག་རྒྱལ་པོ་བཀུས་ཆེན་ནོ།

མི་བགྲེས་བཞིན་དུ་སེམས་ཅན་གཞན། ཁྲུར་སྨིད་ཟ་བའི་སྲིན་པོ་སུ།

གཞན་ལ་ཀྱ་ལྟར་དམན་སེམས་ཤིང་། འབངས་རྣམས་མནར་བའི་རྗེ་དཔོན་དེ།

མི་ཡི་ཡུལ་དུ་གནས་པ་ཡི། སེམས་ཅན་དམྱལ་བ་དེ་སུ་ཞིག།
རྗེ་དཔོན་ངན་པའི་ཁྲིམ་གྱུར་བའི། བློན་གཡོག་དག་དང་འབངས་རྣམས་སོ།

ཟས་ནོར་ལོངས་སྤྱོད་ལྟར་བཞིན་དུ། བསྐྲམ་པས་ཉེར་བའི་ཡི་དྭགས་སུ།
གཏོང་དང་སྤྱོད་པར་མི་ནུས་པའི། འབྱོར་ལྡན་སེར་སྣ་བཅིངས་པ་འོ།

ཁང་བཀྲིས་མི་དང་ལྷན་ཅིག་པར། འཁྲིང་བའི་དུད་འགྲོ་དེ་སུ་ཞིག།
ཤེས་བྱའི་གནས་ལ་རྨོངས་པ་ཡི། ཡོན་ཏན་མི་ལྡན་སྐྱ་བ་འོ།

ཕྱུང་གྲོལ་ཀུན་གྱི་གཞིར་གྱུར་བའི། མཚན་མ་ངན་པ་དེ་གང་ཞིག།
དབང་པོའི་ཡུལ་དུ་སྣང་བ་ཡི། འདོད་པའི་ཡོན་ཏན་འདི་དག་གོ།

སྡུག་བསྔལ་རྒྱུ་ནོར་ནུབ་བྱེད་པའི། ཇོམ་སུ་ཆེ་བ་དེ་གང་ཞིག།
ཡིད་ཀྱིས་འདོར་བར་མི་ནུས་པའི། ཆེ་འདིའི་ལྷུན་སྤུས་ཚོགས་རྣམས་སོ།

བདུད་ཀྱང་གཏོད་པ་འཆར་ཤིག་གིས། དབྱུང་བྱེད་གཏོན་དེ་གང་ཞིག་ཡིན།
ཉོན་མོངས་ཉེས་སྤྱོད་འཕེལ་བྱེད་པའི། སྡིག་པའི་གྲོགས་པོ་ངན་པ་འོ།

འགྲོ་བ་སླུ་ལ་འབྲལ་དཀའ་བའི། དྲི་རུལ་མི་བཟང་དེ་གང་ཞིག།
གང་ཞིག་ཚུལ་མིན་ལ་ཞུགས་པའི། གྲོགས་པོ་ངན་པའི་སྤྱོད་པ་འོ།

ཚང་ཡང་སྡུག་བསྔལ་ཆེན་པོའི་རྒྱུ། ན་བའི་དུག་ཆེན་དེ་གང་ཞིག།
མི་འགྲོད་གཉེན་པོ་མེད་པ་ཡི། ལུས་ངག་ཡིད་ཀྱི་སྡིག་པ་འོ།

འདི་ན་སྐྱེ་དགུ་ཐམས་ཅད་ཀྱི། །ནང་ན་ཕས་པ་སུ་ཞིག་ཡིན།
གང་ཞིག་ཚུལ་ལུགས་ལམ་འགལ་བའི། །ཉེས་སྤྱོད་དག་ལ་སུ་ཞུགས་པའོ།

དགེ་བ་མཐའ་དག་ཉམས་འགྱུར་བའི། །རྩ་བ་གཅིག་ཏུ་གྱུར་པ་གང་།
སྒོ་གསུམ་མི་དགེའི་བྱ་བ་ལ། །ཅི་དགར་སྤྱོད་པའི་བག་མེད་དོ།

མི་འདོད་གནས་སུ་སྦྱོར་བྱེད་པའི། །འབྱུར་རྫི་དམ་པོ་དེ་གང་ཞིག
ཡིད་དུ་འོང་བའི་ཡུལ་རྣམས་ལ། །མངོན་པར་ཞེན་པའི་འདོད་ཆགས་སོ།

གང་དང་ཉེ་བར་གྱུར་པ་ཀུན། །བསྲེག་པའི་མེ་ཆེན་གང་ཞེ་ན།
ཆུང་ཟད་ཙམ་གྱི་རྐྱེན་ལ་ཡང་། །མི་བཟོད་ཁོང་ཁྲོ་དྲག་པོའོ།

སྣང་དུ་རུང་བའི་ཆོས་གང་ཡང་། །མི་མཐོང་མུན་ནག་དེ་གང་ཞིག
ཐོག་མ་མེད་ནས་ཞུགས་པ་ཡི། །མ་རིག་གཏི་མུག་གང་ཡིན་པའོ།

མཐོན་པོར་འཕྱེག་ཀྱང་གཡང་ས་རུ། །བསྐྱུར་བའི་དམུ་རྒོད་ཧ་དེ་གང་།
རང་ཉིད་ཡོན་ཏན་གྱིས་ཁེངས་པའི། །ང་རྒྱལ་མཆོག་འཛིན་མཐོ་བའོ།

མཛེ་བའི་གྲོགས་ཀྱང་འགྲེས་བྱེད་པའི། །ཕྲ་མ་མཁན་པོ་དེ་གང་ཡིན།
གཞན་གྱི་དཔལ་ལ་མི་བཟོད་པའི། །ཕྲག་དོག་ཟུག་རྔུར་གྱུར་པའོ།

མདུན་མ་གཅིག་ཀྱང་མཐར་སོན་དུ། །མི་སྡེར་འཕྲལ་སྐྱོམ་མཁན་སུ་ཞིག
གང་ཞིག་བརྫུས་པའི་བྱ་བ་ལ། །མི་འཇུག་གཡོལ་བའི་ལེ་ལོའོ།

སེམས་ཀྱི་བརྟན་པ་ཉམས་བྱེད་པའི། །སྒྲོག་རྒྱར་ཞུགས་པའི་རྒྱུང་དེ་གང་།
རྟེན་མེད་ཕྱོགས་ལ་ཡིད་གཡོལ་བའི། །རྣམ་པར་གཡེང་བ་ཞེས་བྱ་བའོ།

ཡོད་ཀྱང་ཕན་དུ་མ་སྦྱོར་བའི། །ནོར་གྱི་འཆིང་བ་དམ་པོ་གང་།
རང་རྒྱས་སྤྱོད་པར་མི་ནུས་པའི། །འབྱོར་ལྡན་རྣམས་ཀྱི་སེར་སྣ་འོ།

ལག་མཐིལ་སྟོན་པའི་གཞིས་ནོར་ཡང་། །འཕྲོག་བྱེད་ཆོམ་རྐུན་དེ་གང་ཞིག
གང་ཞིག་དཀར་པོའི་ཕྱོགས་རྣམས་ལ། །རྩེ་གཉིས་པ་ཡི་ཐེ་ཚོམ་སོ།

བསྐལ་པ་ཡང་རང་ཕྱོགས་འཇོམས་བྱེད་པའི། །སླང་སྒྲོན་ཞིག་པ་ལྟ་བུ་སུ།
གང་ཞིག་གཞན་ལ་གནོད་སེམས་པའི། །བསམ་པ་ཞེ་ལ་འཆང་བ་འོ།

དགེ་བའི་ལྗོན་ཤིང་མ་ལུས་པ། །གཅོད་བྱེད་རལ་གྲི་ལྟ་བུ་སུ།
ཡང་དག་དོན་ལ་སྐུར་འདེབས་པའི། །མེད་པར་ལྟ་བ་ཐམས་ཅད་དོ།

དལ་བས་འཇོམས་པ་དེ་ཙམ་དུ། །ཐུར་དུ་འབབ་པའི་རི་བོ་སུ།
ཚོགས་ཀྱིས་བསྒྲུབས་པའི་དེ་མ་ཐག །འདོར་ངེས་སྤྱོད་པའི་དཔལ་འབྱོར་རོ།

སྲིད་པ་གསུམ་དུ་འཚོལ་བའི་ཕྱིར། །བརྒྱུགས་ཀྱང་ལག་སྟོང་ལུས་པ་སུ།
ཐོག་མ་མེད་ནས་འཁྱམས་པ་ཡི། །ཉམ་ཐག་འཁོར་བ་པ་རྣམས་སོ།

སྡུག་བསྔལ་སྟོང་ཡང་མི་གྲག་པའི། །བདེ་ལེགས་ཞིང་མཆོག་དེ་གང་ཞིག
ལས་དང་ཉོན་མོངས་འཆིང་གྲོལ་བའི། །ཞི་བ་མཆོག་གི་ཐར་བ་འོ།

སྡུག་བསྔལ་ཀུན་ལས་སྐྱོབ་ནུས་པའི། །སྐྱབས་མེད་རེ་གནས་སུ་ཞིག་ཡོད།
གང་ཞིག་འཇིགས་པས་མི་འཇིག་པའི། །དཀོན་མཆོག་རིན་ཆེན་གསུམ་པོ་འོ།

འདོད་དགུ་ཐམས་ཅད་འབད་མེད་དུ། །སྩོལ་མཛད་གཙུག་གི་ནོར་བུ་གང་།
ཡང་དག་ལམ་ལ་བཀྲི་མཛད་པའི། །ཐེག་པ་མཆོག་གི་བླ་མ་འོ།

གང་ཞིག་དབུལ་བ་ཀུན་སེལ་བའི། །གཅིག་ཆོག་ནོར་གྱི་དམ་པ་གང་། །
ཡིད་ཀྱི་རྨོག་པ་སེལ་བྱེད་པའི། །དད་པ་ཉིད་ཀྱིས་མི་འཕྲོག་པའོ། །

གང་འདོད་གནས་སུ་སྐྱེལ་ནུས་པའི། །རྟ་མཆོག་རྫུ་འཕྲུལ་ལྡན་པ་སུ། །
གང་བརྩམས་ལས་མི་ངལ་བར། །མཐར་ཕྱིན་བརྩོན་འགྲུས་དྲག་པོའོ། །

དགོས་པའི་གནས་སྐབས་ཕན་ངེས་པའི། །གཟུགས་ཀྱི་དམ་པ་དེ་གང་ཞིག །
ཐོས་དང་བསམ་པ་སྦྱར་འདྲེས་པའི། །བླང་དོར་མི་རྗེད་དྲན་པའོ། །

རང་སེམས་བདེ་བར་ངལ་གསོ་བའི། །མཉམ་ཡངས་བསྟི་གནས་དེ་གང་ཞིག །
རྣམ་པར་གཡེང་བས་མི་གཡོ་བའི། །ལས་རུང་ཏིང་འཛིན་བརྟན་པའོ། །

འཁོར་དང་མྱ་ངན་འདས་པའི་ཆོས། །ཀུན་མཐོང་མིག་གི་དམ་པ་གང་། །
བདེན་པ་གཉིས་ཀྱི་ཚུལ་ལུགས་ལ། །རྣམ་འབྱེད་ཤེས་རབ་གསལ་བའོ། །

བྱ་སྲིད་གནས་ལས་སྒྲོལ་བྱེད་པའི། །སྐྱབ་དཔོན་མཁས་པ་དེ་སུ་ཞིག །
བདག་གི་གནས་སྐབས་ཇི་ལྟར་ཞེས། །ཤེས་བཞིན་དུ་ནི་སྲུང་པའོ། །

སྨྲས་ཀྱང་ཡས་པར་མི་ནུས་པའི། །རྟུལ་ཕོད་ལྡན་པ་དེ་སུ་ཞིག །
གང་ཞིག་ཚུལ་ལས་འགོད་པ་ཡི། །ཉེས་པས་མ་གོས་སྐྱེས་བུའོ། །

འདི་ན་སྐྱེས་བུ་ཐམས་ཅད་ཀྱི། །ང་ན་ལྷ་བའི་ཁྱུ་མཆོག་སུ། །
གང་ཞིག་གཙུག་ལག་གཞུང་རྣམས་ལ། །ཐོས་པར་ལྡན་པའི་སྐྱེས་བུའོ། །

གང་ཞིག་སྐྱེ་དགུ་ཐམས་ཅད་ཀྱི། །མགོ་ལ་ཐོད་བཞིན་བཀུར་བ་སུ། །
ཤེས་བྱའི་གནས་ལ་མ་རྨོངས་པའི། །མཁས་པ་ཡོན་ཏན་ལྡན་པའོ། །

འདི་ན་སྐྱེ་དགུ་ཐམས་ཅད་ཀྱི། ཡིད་དུ་འོང་བ་དེ་གང་ཞིག།
ཡ་རབས་དམ་པ་དང་མཐུན་པའི། སྤྱོད་བ་རབ་ཏུ་གཙང་བ་འོ།

ཐམས་ཅད་དགའ་བར་བྱེད་པ་ཡི། རྒྱ་བར་སྣང་བའི་གདམས་གང་ཞིག།
གང་དག་ཇོར་དང་ལྡན་པ་ཡི། ཚིག་འཇམ་རན་པར་སྨྲ་བ་འོ།

ཉེ་དང་རིང་བ་མཐར་དག་ལ། ཕན་བྱེད་སྦྱིན་དང་འདྲ་བ་སུ།
གཞན་ལ་ཕན་བདེའི་བསམས་པ་ནི། གང་གི་ཡིད་ལ་བཅུགས་པ་འོ།

འཆིང་བ་དག་དང་གྲལ་བ་ཡི། སྐྱེས་བུ་དགའ་མགུར་གནས་པ་སུ།
གང་ཞིག་འདོད་པའི་གནས་རྣམས་ལ། ཞེན་པ་དག་དང་བྲལ་བ་འོ།

གདུང་བ་དག་དང་བྲལ་བ་ཡི། བདེ་བ་མཆོག་ལྡན་སུ་ཞེ་ན།
བདག་གས་གཞན་གྱི་དོན་སྒྲུབ་པའི། བྱ་རྩོལ་སེམས་ཁུར་མེད་པ་འོ།

མེར་དཀའ་མེར་ན་དོན་ཆེ་བའི། སྤྲིར་ཤུགས་ཅང་ཤེས་རྟ་བུ་སུ།
དབང་ཕྱུག་དག་དང་ལྡན་པ་ཡི། སྐྱེས་བུ་རྣམས་ཀྱི་རང་ཚོད་དོ།

སྤྱོང་ན་ཆོས་པར་མི་འགྱུར་ཞིང་། དོན་ལྡན་བདུད་རྩི་ལྟ་བུ་སུ།
གང་ཞིག་ཆོས་དང་འབྲེལ་བ་ཡི། ལེགས་པར་བཤད་པའི་གདམས་ངག་གོ།

ངག་ཏུ་བསྒྲུབས་ནས་སྤྱང་འོས་པའི། ནོར་གྱི་དམ་པ་དེ་གང་ཞིག།
ཀུན་དུ་བསྟེན་ན་དོན་ཆེ་བའི། སྐྱེས་རྟོན་ངེས་པ་གང་ཡིན་པ་འོ།

བདེ་ལེགས་འབྲས་བུ་རྗེ་སྐྱེད་པ། གང་གི་ལག་ན་གནས་པ་སུ།
མངོན་པར་མཐོ་བ་ཐམས་ཅད་ཀྱི། འབྱུང་གནས་བསོད་ནམས་ཞེས་བྱ་བའོ།

ཕན་དུ་བཏགས་པ་ཐམས་ཅད་ཀྱི། །མཆོག་ཏུ་གྱུར་པ་དེ་གང་ཞིག།
མཛའ་བོ་སྡིག་པ་ལས་བསྲུང་ཞིང་། དམ་པའི་ཆོས་ལ་སྦྱོར་བ་འདོ།

གང་ཞིག་གྲོང་ངས་ཁྱིམ་རྣམས་སུ། བཀྲ་ཤིས་བྱེད་པའི་མཚན་མ་གང་།
ཕན་རྒྱུན་ཡིད་དུ་འོང་བ་དང་། བདེ་བར་འདོད་པའི་བྱམས་པ་འདོ།

སྙིག་མར་སྡུག་རྒྱུན་གྱུར་ཀྱང་རེ། མི་འདོར་དམ་བཅའ་དེ་གང་ཞིག། 6
འདི་དང་གཞན་དུ་ཕན་དགེ་བའི། དམ་པའི་ཆོས་ཀྱི་ཚུལ་ལུགས་སོ།

གཞན་དང་ལྷན་ཅིག་འགྲོད་པ་ན། བསྐྱང་བྱའི་གནས་སུ་གྱུར་པ་གང་།
རྣམ་པར་རིག་པ་ངེས་པ་ཡི། ལུས་དང་ངག་གི་བྱ་བ་འདོ།

རྟག་ཏུ་ཕན་གནོད་གཉེར་གྱུར་པའི། སེལ་ཚེ་བྲ་བའི་གནས་དེ་གང་།
དགེ་འདས་སྡིག་པ་རི་ལྟ་ཞེས། རང་གི་སེམས་ཀྱི་གནས་སྐབས་སོ། 10

འདི་ན་སེ་ཡི་ལུས་རྟེན་པའི། འཚོ་བ་རྟེན་དང་ལྡན་པ་སུ།
དགེ་བ་ལེགས་པར་གསོག་པ་ལ། ཉིན་དང་མཚན་དུ་ཐོགས་པ་འདོ།

གང་ཞིག་མཁས་པ་ཐམས་ཅད་ཀྱི། །མཆོག་ཏུ་གྱུར་པ་དེ་སུ་ཞིག།
གང་ཤེས་ལྷ་དང་དོར་བྲ་རྣམས། རང་གི་ལག་ཏུ་ཡོད་པ་འདོ།

གང་ཞིག་བག་ཡོད་ཀྱིས་མཛེས་པའི། བརྩོན་པའི་མཆོག་ཏུ་གྱུར་པ་གང་། 15
ཚེ་འདིའི་རྣམ་པར་རྟོག་པ་དང་། ཡིད་ཀྱི་འཁྲུལ་ཐག་ཆད་པ་འདོ།

རྟོག་རྒྱགས་ཀུན་ལ་ཕན་ངེས་པའི། བཟང་པོའི་མཆོག་ཏུ་སྦྱིན་པ་གང་།
གདུལ་དཀའི་ཡིད་རི་ཉི་བ་དང་། དུལ་བ་ཞིང་དུ་གྱུར་པ་འདོ།
18

གང་འདོད་ཡིད་ལྟར་འགྲོར་བ་ཡི། ཡོངས་སྤྱོད་ཕྱུག་པའི་རབ་དེ་གང་།
རྒྱུད་པ་ངན་ངོན་ཙམ་གྱིས་ཀྱང་། ཚོག་ཤེས་ལྡན་པའི་སྐྱེས་བུ་འོ།

འདི་ནི་ཉིན་དང་མཚན་རྣམས་སུ། ཐམས་པས་པར་བྱ་བ་དེ་གང་ཞིག།
ཉག་ཏུ་འབར་བའི་མེ་ལྟ་བུའི། འཁོར་བའི་སྡུག་བསྔལ་མཚན་ཉིད་དོ།

སྐད་ཅིག་ཙམ་དུའང་ཡོངས་དཀའ་བའི། ཐོར་དུ་བྱ་བ་དེ་གང་ཞིག།
རང་ཉིད་མི་འགྱུར་ཆ་མེད་པའི། མི་རྟག་འཆི་བའི་འཇིགས་པ་འདོ།

འདི་ན་དམ་པའི་ཆོས་རྣམས་ཀྱི། སྙིང་པོར་གྱུར་པ་དེ་གང་ཞིག།
ཉོན་མོངས་གཉེན་པོར་སོང་བ་ཡི། རང་གི་རྒྱུད་ལ་གང་ཕན་པའོ།

གང་ཞིག་གཞན་ལ་གནོད་འགྱུར་བའི། སྤང་བྱ་ཉིད་དུ་ངེས་པ་གང་།
རང་ཕྲོག་བབ་པར་གྱུར་པའི་ཚེ། ཕི་འདོད་གང་ཡིན་དེ་དག་གོ།

འཇིག་རྟེན་དགེ་བ་ཟི་སྙིང་དང་། མཚུངས་པའི་ལེགས་པར་སྤྱད་པ་གང་།
རང་དང་གཞན་གྱི་དགེ་ཚོགས་ལ། ནི་ནས་མཆོག་ཏུ་རངས་པའོ།

འཁོར་འདས་བདེ་དགའ་ཐམས་ཅད་ལ། སྤྱོད་པའི་རྒྱལ་ཐབས་དེ་གང་ཞིག།
རང་གི་དོན་ལས་རྒྱབ་ཕྱོགས་དེ། གཞན་ཕན་བྱང་ཆུབ་སེམས་མཆོག་གོ།

རབ་དུའང་ཚུང་ཟད་ཕི་འགྱུར་བའི། གཏེར་གྱི་མཆོག་གྱུར་དེ་གང་ཞིག།
བཟང་དང་ཞལ་ཐག་རྟེན་རྣམས་ལ། རེ་བ་མེད་པའི་སྦྱིན་པའོ།

ཤིན་ཏུ་དགྲ་བོར་གྱུར་བ་ཡང་། དབང་དུ་འགྱུར་བའི་རིག་སྔགས་གང་།
ལུས་དང་ངག་གི་ཉེས་སྤྱོད་རྣམས། ལེགས་པར་སྡོམ་པའི་ཚུལ་ཁྲིམས་སོ།

ཐབས་ཀྱི་གནོད་པས་རྣམ་དུ་ཡང་། ། ཕྱི་ཟིགས་གོ་ར་སྲུ་བ་གང་།
ཕྱི་རླུང་རྩོག་དང་ཕྱི་སྦྲུག་པའི། ། སྦྲུག་བསྐྱིལ་གནས་ལ་བཟློད་པའོ།

སྒོག་གུར་ཤེས་བྱའི་གཟུགས་བརྙན་ཡང་། ། འཆར་བའི་སེ་ཡོང་གསང་ས་གང་།
བྱིང་དང་རྒོད་པས་ཕྱི་གཡོ་བའི། ། ཞི་གནས་རྣལ་འབྱོར་དྭངས་པའོ།

མཐའ་དང་བྲལ་བའི་རྣམ་མཁའི་དབྱིངས། ། ཕྱོགས་མེད་འདུར་རྫིང་བྱེད་པ་སྲུ།
གནས་ལུགས་རྣམ་མཁའ་ཡངས་པའི་ཀློང་། ། དམིགས་གཏད་རིག་པའི་ལྟ་བའོ།

རང་ཉིད་མཐའ་ན་གནས་བཞིན་དུ། ། མཐོང་བའི་ངོ་མཚར་ལྡན་སོ་གང་།
དབང་པོའི་ཡུལ་དུ་གང་ཤར་བ། ། སྒྱུ་མ་ཙམ་དུ་རིག་པའོ།

ཀུན་མཁྱེན་མ་ལ་སྤྱིར་བྱེད་པའི། ། ཕིག་དང་བསྒྲོད་བྱེད་རྟ་བུ་སྲུ།
གནས་ལུགས་མཐོང་བའི་ཤེས་རབ་དང་། ། ཐབས་མཁས་སྤྱོད་པ་རྒྱ་ཆེ་བའོ།

འཇིག་རྟེན་འཇིག་རྟེན་འདས་པ་ཡི། ། ལེགས་ཚོགས་རྩ་བ་གཅིག་ཐུ་གང་།
རང་བཞིན་དྲི་མ་དང་བྲལ་བའི། ། འོད་གསལ་རང་གི་སེམས་ཉིད་དོ།

ཞེས་གསུངས་པ་ལྟར་ཀུན་བྱང་གི་སྙིང་དོན་ལ་འབད་པར་བྱའོ། ། དེ་ལྟར་འཁོར་བ་ཀུན་ནས་ཉོན་མོངས་ཕྱོགས་ཀྱི་ཆོས་ཅོས་བཟུང་ནས་སྤོང་བ་དང་། བྱང་འདས་རྣམ་བྱང་ཕྱོགས་ཀྱི་ཆོས་ཅོས་བཟུང་ནས་ཉམས་སུ་བླང་བའི་ཆ་བ་ཡང་མཚན་ལྡན་གྱི་དགེ་བའི་བཤེས་གཉེན་ཚུལ་བཞིན་དུ་བསྟེན་པ་དང་ཡིད་ཆེས་ཀྱི་དད་པ་ལ་རག་ལས་པ་ཡིན་ཏེ། ། འཇམ་མགོན་བླ་མ་ཙོང་ཁ་པ་ཆེན་པོའི་ཞལ་ནས།

འཇིག་རྟེན་འཇིག་རྟེན་འདས་པའི་དགེ་ལེགས་ཀྱི།
ཡོན་ཏན་ཀུན་གྱི་རྩ་བ་རྡིར་ཅན་དེ།

ཞེས་དང་། སྡོང་པོ་བཀོད་པ་ལས།

དད་པ་སྟོན་འགྲོས་ལྟར་བསྐྱེད་པ་སྟེ།
ཡོན་ཏན་ཐམས་ཅད་བསྲུང་ཞིང་འཕེལ་བར་བྱེད།
སེམས་ནི་དང་བས་བླ་མའི་བདེ་བ་དང་།
སྒོ་རིམས་དང་ནི་བྱང་གྲོལ་ཐོབ་པར་འགྱུར།

གང་གིས་འདྲེན་པ་རིམ་འབྱུང་ལ། དད་པ་ཐེག་པའི་མཆོག་ཡིན་དེ།
དེ་ཕྱིར་བློ་དང་ལྡན་པའི་མིས། དད་པའི་རྗེས་སུ་འབྲང་བ་བསྟེན།

ཞེས་གསུངས་པས་སོ། །དེ་ལྟར་རྒྱལ་བའི་བསྟན་པ་པོ་ཟླ་སྟོང་དུ་གནས་པ་ལས་སྟོང་ཕྲག་རེ་རེ་ལ་བྱེད་བྱེད་དུ་བཅད་པས་ཟླ་བརྒྱ་པ་ཕྲག་བཅུ་ལ་ལེའུ་བཅུར་འགྱུར་ཏེ། དེ་ལ་ཟླ་བརྒྱ་དང་པོ་དང་། གཉིས་པ་དང་། གསུམ་པ་རྣམས་ལ་རིམ་པ་ལྟར། དགྲ་བཅོམ་པ་དང་། ཕྱིར་མི་འོང་བ་དང་། རྒྱུན་དུ་ཞུགས་པ་མང་དུ་བྱུང་བས་དགྲ་བཅོམ་པའི་ལེའུ་དང་། ཕྱིར་མི་འོང་བའི་ལེའུ་དང་། རྒྱུན་དུ་ཞུགས་པའི་ལེའུ་ཞེས་བྱ་སྟེ་འཁོར་དུ་ཚུད་པའི་ལེའུ་གསུམ་དང་། དེ་ནས་ཟླ་བརྒྱ་བཞི་པ་དང་། ལྔ་པ་དང་། དྲུག་པ་རྣམས་ལ་གོ་རིམ་བཞིན་དུ། ལྷག་མཐོང་དང་། ཏིང་ངེ་འཛིན་དང་། ཚུལ་ཁྲིམས་དང་ལྡན་པ་མང་དུ་འབྱུང་བས་ལྷག་མཐོང་གི་ལེའུ་དང་། ཏིང་ངེ་འཛིན་གྱི་ལེའུ་དང་། ཚུལ་ཁྲིམས་ཀྱི་ལེའུ་ཞེས་བྱ་སྟེ་སྒྲུབ་པའི་ལེའུ་གསུམ་དང་། དེ་ནས་ཟླ་བརྒྱ་བདུན་པ་དང་། བརྒྱད་པ་དང་། དགུ་པ་ལ་རིམ་པ་ལྟར་ཐོས་མང་བ་དང་། མདོ་སྡེ་དང་། འདུལ་བ་སྦྱིན་པ་སྦྱིན་པ་མང་དུ་འབྱུང་བས་མདོར་བའི་ལེའུ་དང་།

སོད་སྟེའི་ལེའུ་དང་། འདུལ་བའི་ལེའུ་སྟེ་ཕྱུང་གི་ལེའུ་གསུམ་དང་། ལྔ་བརྒྱ་པ་བཅུ་པ་ལ་ནི་ རབ་ཏུ་བྱུང་ བའི་རྟགས་ཅན་ ལས་ལྷ་སྦྱིན་ རྣལ་མ་ དང་མི་ལྡན་པས་རྟགས་ཅན་འཛིན་ པའི་ལེའུ་སྟེ་འདི་ཉིད་ལ་ ལྔ་བརྒྱ་ཐ་མ་ཞེས་ བཤད་དོ། ། ད་ལྟའི་ལོ་འདི་རང་ནི་ སངས་རྒྱས་ཀྱི་ བསྟན་པ་ལོ་ལྔ་སྟོང་ གནས་ པའི་སྔ་ནས་ལོ་ཉིས་སྟོང་ དྲུག་ བརྒྱ་ དང་ལོ་དགུ་སོང་སྟེ་བཅུ་ པར་སྐྱེབ་ པའི་ཚུལ་ཁྲིམས་ཀྱི་ལེའུ་ ལོ་བརྒྱ་དང་བཅུའི་ཐང་ དུ་བབ་པས་སྐྱབ་པའི་བསྟན་པ་ཡང་དུས་ཤིན་ཏུ་ཐུང་ངུར་ ལུས་པས་ན་ ཐར་འདོད་ རྣམས་ཀྱིས་ དད་བརྩོན་ དྲག་པོའི་སྒོ་ནས་ ཤིན་ཏུ་བག་ཡོད་པ་པ་བསྟེན་པར་བྱང་དགོས་ཏེ། སློབ་དཔོན་དཔྱིག་གཉེན་གྱིས།

དེ་ལྟར་ཐུབ་པ་དག་གི་བསྟན་པ་ནི།
སྙིག་མར་སྲོག་ཕྱིན་འདྲ་དང་དྲི་མ་རྣམས།
སྟོབས་དང་ལྡན་པའི་དུས་སུ་རིག་ནས་ནི།
ཐར་པ་འདོད་པ་དག་གིས་བག་ཡོད་ཀྱིས།

ཅེས་གསུངས་པས་སོ། །

བྱུང་ན་གོང་དུ་བྱུང་བ་ལྟར། གང་རྣམས་མདོ་འདི་ཐོ་དུས་ན།
ཨི་ཀེ་འཇི་འཆད་ཉན་པ་ནི། ཕ་ཡི་སྤྱོད་པར་ངས་བཤད་སྟེ།
དེ་བཞིན་གཤེགས་པའི་བུ་བ་བྱེད།

ཞེས་གསུངས། ཐ་ན་དམ་པའི་ཆོས་གསང་སྟེ་ཀུན་བྱུར་བྱས་དེ་བཤད་ན་ཡང་ པན་ཡོན་ཆེ་སྟེ། མདོ་དེ་ཉིད་ལས། སྔོན་གྱི་རྒྱལ་པོ་དེ་བཞིན་གཤེགས་པ་ ཡོངས་སུ་མྱ་ངན་ལས་འདས་ན། གང་གིས་ཆོས་ཀྱི་རྣམ་གྲངས་འདི་བཤད་ ནས་ཐ་ན་གསང་སྟེ་ཀུན་བྱུར་སེམས་ཅན་ གཅིག་ ལ་ཡང་ ཡང་དག་ པར་བཤད་ ནས་བསྟན་ན་ཡང་། བོད་ཀྱི་རྒྱལ་པོ་རིགས་ཀྱི་བུའམ་རིགས་ཀྱི་བུ་མོ་དེ། དེ་

བཞིན་གཤེགས་པའི་ཐོ་ཀ་ཡིན་པར་རིག་པར་བྱའོ། །རིགས་ཀྱི་བུའམ་རིགས་ཀྱི་བུ་མོ་དེ་ནི་དེ་བཞིན་གཤེགས་པའི་བྱ་བ་བྱེད་པ་སྟེ། དེ་བཞིན་གཤེགས་པས་མངགས་པར་རིག་པར་བྱའོ། ཞེས་གསུངས་པས་སོ། །ཆོས་བཤད་པ་ནི་སྟོན་པ་སངས་རྒྱས་ལ་མཆོད་པ་བླ་ན་མེད་པར་འགྱུར་ཏེ། བཅོམ་ལྡན་འདས་ཀྱི་ཞལ་ནས།

གང་ལ་ནན་ཐུར་ང་ཡི་ཆོས། ཚུལ་བཞིན་བསྟན་པས་མཆོད་འགྱུར་གྱི།
མེ་ཏོག་དྲུག་པ་སྤར་མེ་ཡིས། རྒྱལ་བ་ཡང་དག་མཆོད་མ་ཡིན།

ཞེས་དང་། གསང་བ་བསམ་གྱིས་མི་ཁྱབ་པའི་མདོ་ལས། རངས་པ་དེ་བཞིན་གཤེགས་པ་གཟིགས་ཤིག་དམ་པའི་ཆོས་ཀྱི་ཚིག་བཞི་པའི་ཚིགས་སུ་བཅད་པ་ཡོངས་སུ་བཟུང་བ་འཛིན་པ་དང་། སྟོན་པ་དང་། ད་ལྟར་བྱུང་བའི་དེ་བཞིན་གཤེགས་པ་རྣམས་ཀྱི་བྱང་ཆུབ་ཡོངས་སུ་བཟུང་བར་འགྱུར་རོ། །དེ་ཅིའི་ཕྱིར་ཞེ་ན། རངས་པ་དེ་བཞིན་གཤེགས་པ་རྣམས་ཀྱི་བྱང་ཆུབ་ནི་ཆོས་ལས་ངེས་པར་བྱུང་བ་ཡིན་པས་དེ་ཆོས་ཀྱིས་མཆོད་པར་བྱའི་ཟང་ཟིང་གིས་ནི་མ་ཡིན་ནོ།། དམ་པའི་ཆོས་ཀྱིས་མཆོད་པ་ནི་མཆོད་པ་ཐམས་ཅད་ཀྱི་ནང་ན་མཆོག་ཏུ་བཤད་དོ། ཞེས་དང་། དེ་ཁོ་ན་ཉིད་བསྡུས་པའི་རྒྱུད་ཕྱི་མའི་ཕྱི་མ་ལས།

སངས་རྒྱས་མཆོད་ལ་སོགས་བརྗོད་ན། བསོད་ནམས་ཆེན་པོ་ཐོབ་གྱུར་ཏེ།
བསོད་ནམས་ཆེད་ཀྱང་སྤུར་བར་ནི། ཆོས་སྦྱིན་པས་ནི་དངོས་གྲུབ་འཐོབ།

ཞེས་གསུངས་པའི་ཕྱིར་ཡིན་དང་། དེར་མ་ཟད་ཆོས་སྨྲ་བའི་གང་ཟག་ལ་གཉིས་པར་བཀྲུང་སྟེ་ཡི་མཐུན་པའི་ཕྱོགས་ལས་བསྐྱང་བར་བྱ་ན་དམ་པའི་ཆོས་འཛིན་པར་ཡང་འགྱུར་ཏེ། ཀླུའི་རྒྱལ་པོ་མ་དྲོས་པས་ཞུས་པའི་མདོ་ལས། གང་འདི་ཆོས་སྨྲ་བ་ཐེག་པ་ཆེན་པོ་ལ་ཡང་དག་པར་ཞུགས་པ་རྣམས་ཡོངས་

སུ་འཛིན་པ་དང་། ཀུན་དུ་བསྲུང་བ་འདི་ནི་དམ་པའི་ཆོས་ཡོངས་སུ་འཛིན་པ་ཡིན་ནོ། ཞེས་གསུངས་པ་ལྟར་རོ། །དག་པའི་ཞིང་གཞན་དུ་བསྐལ་པ་བྱེ་བར་དམ་ཆོས་འཛིན་པ་བས་མི་འཛེད་ཀྱི་ཞིང་འདིར་ཕྱི་དྲོ་གཅིག་ཙམ་དམ་ཆོས་འཛིན་པར་ཡོད་ཅེ་སྟེ། ཚངས་པ་ཁྱད་པར་སེམས་ཀྱིས་ཞུས་པའི་མདོ་ལས།

གང་ཞིག་བསྐལ་པ་བྱེ་བར་ཞིང་གཞན་དུ།
སེམས་ལྡན་དམ་ཆོས་འཛིན་པར་བྱུར་པ་བས།
སུ་དག་ཕྱི་དྲོའི་ཅིག་ཙམ་མི་འཛེད་དུ།
འདི་ནི་དེ་བས་མཆོག་ཏུ་མཁས་པས་དགོངས།

གང་གིས་མངོན་པར་དཀའ་བའི་འཇིག་རྟེན་དང་།
དེ་བཞིན་ཚེ་དཔག་མེད་ཀྱི་བདེ་ཅན་མཆོག
ཞི་ན་སྡུག་བསྔལ་སྡུག་བསྔལ་སྣ་མ་མཆིས།
དེར་ནི་ཡོན་དན་བགྱི་བ་སྐད་མི་ཆེ།

ཨོན་སོང་འབྱུང་གནས་འཇིག་རྟེན་ཞེས་གང་འདིར།
ཞེ་སྡང་ཅན་གྱི་རབ་ཏུ་ཉེས་བརྗོད་ལ།
ཆོས་འདི་ལ་ཡང་གཞན་དག་འཛུད་པ་ནི།
འདི་ནི་དེ་བས་དཀའ་བའི་མཆོག་ཏུ་འགྱུར།

ཞེས་གསུངས་པས་ན་བློ་དང་ལྡན་པ་རྣམས་ཀྱིས་དམ་པའི་ཆོས་འཛིན་ཅིང་སྤྲུལ་པའི་ཐབས་ལ་ཤིན་ཏུ་འབད་པར་བྱ་དགོས་སོ། །དམ་པའི་ཆོས་དེ་འཛིན་ཚུལ་ནི། སློབ་དཔོན་ཆེན་པོ་དབྱིག་གཉེན་གྱིས།

དེ་འཛིན་བྱེད་པ་སྨྲ་བྱེད་དང་། སྒྲུབ་པར་བྱེད་པ་ཁོ་ན་ཡིན།

ཞེས་གསུངས་པ་ལྟར་ལུང་གི་དམ་ཆོས་ཉིད་ཅི་མ་ལོག་པར་གནས་སྐྱ་བའམ་འཆད་པར་བྱེད་པ་དེ་ལུང་གི་དམ་ཆོས་འཛིན་པའི་ཚད་ཡིན་ལ། རྟོགས་པའི་དམ་ཆོས་ཉིད་ཅི་མ་ལོག་པར་སྒྲུབ་པར་བྱེད་པ་དེ་རྟོགས་པའི་དམ་ཆོས་འཛིན་པའི་ཚད་ཡིན་ནོ། །དེ་ཡང་ཆོས་བཤད་པའི་ཕན་ཡོན་འཐོབ་པ་ལ། སློབ་དཔོན་དབྱིག་གཉེན་གྱིས།

ཆོས་སྦྱིན་ཉོན་མོངས་ཅན་མིན་པས། མདོ་སོགས་ཡང་དག་ཇི་བཞིན་སྟོན།

ཞེས་དང་། སློབ་དཔོན་ཆེན་པོ་ཞི་བ་ལྷས་ཀྱང་།

ཆོས་ཀྱི་སྦྱིན་པ་ཟང་ཟིང་མེད། བསོད་ནམས་འཕེལ་བའི་རྒྱུ་ཡིན་ནོ།

ཞེས་གསུངས་པ་ལྟར་རྙེད་བཀུར་ལ་ཆགས་པ་སོགས་ཀྱི་ཉོན་མོངས་པ་དང་མ་འདྲེས་ཤིང་། གང་བཤད་པར་བྱ་བའི་ཆོས་དེའི་ཚིག་དོན་མ་ནོར་བར་སྟོན་པ་དགོས་སོ། །དམ་པའི་ཆོས་དེ་ཐོས་བསམ་སྒོམ་པའི་སྒོ་ནས་ཉམས་སུ་བླང་བར་བྱེད་པ་རྣམས་ཀྱང་། སློབ་དཔོན་དབྱིག་གཉེན་གྱིས།

ཚུལ་གནས་ཐོས་དང་བསམ་ལྡན་པས། སྒོམ་པ་ལ་ནི་རབ་ཏུ་སྦྱོར།

ཞེས་གསུངས་པ་ལྟར་རྣམ་པར་མི་གཡེང་བའི་རྒྱུ་སོ་ཐར་གྱི་ཚུལ་ཁྲིམས་ལ་ཞུགས་པར་གནས་ཏེ། མི་རྨོངས་པའི་རྒྱུ་དམ་པའི་ཆོས་ཚུལ་བཞིན་དུ་ཉན་ནས་ཐོས་བྱུང་གི་ཤེས་རབ་བསྐྱེད། དེ་ནས་གཏན་ལ་འབེབས་པའི་རྒྱུ་བསམ་བྱུང་གི་ཤེས་རབ་དང་ལྡན་པས། སྒྲིབ་པ་དང་བྲལ་བའི་རྒྱུ་སྒོམ་པ་ལ་ནི་རབ་ཏུ་སྦྱོར་བ་ལས་མངོན་རྟོགས་ཀྱི་མར་ཐོགས་པ་མེད་པར་བགྲོད་པར་འགྱུར་རོ། །བསྟན་པའི་སྙིང་བདག་རྣམས་ཀྱིས་ཀྱང་བླ་མ་དཀོན་མཆོག་གསུམ་ལ་དད་གུས་ཀྱིས་ཆོས་ཐོས་པ་དང་བསྙེན་བཀུར་བྱེད་པའི་ཕན་ཡོན་བསམ་གྱིས་མི་ཁྱབ་པ་གསུངས་ཏེ། གསང་བ་བསམ་གྱིས་མི་ཁྱབ་པའི་མདོ་ལས།

ཆོས་ཐོས་པ་ནི་ངན་འགྲོ་རྣམ་པར་སྤོང་།
ཆོས་ཐོས་པ་ནི་བཟང་འགྲོར་འགྲོ་བར་འགྱུར།
ཆོས་ཐོས་པས་ནི་ཉོན་མོངས་རྣམས་ཀུང་ཞི།
བསོད་པའི་དངོས་པོ་དམ་པ་ཐོབ་པར་འགྱུར།

ཞེས་དང་། འཕགས་པ་རིན་ཆེན་དྲ་བ་ཅན་གྱིས་ཞུས་པའི་མདོ་ལས།

གང་ཞིག་བསྐལ་པ་བྱེ་བར་ཚངས་སྤྱོད་ཅིང་།
འཇིག་རྟེན་པ་བཤད་ལས་དོན་ནི་སྤང་སྤྱད་པ།
གང་ཞིག་ཁྲི་མའི་དུས་སུ་མདོ་སྡེ་འདི།
ཐོས་པའི་བསོད་ནམས་གྲངས་སུ་འགྱུར་མ་ཡིན།

ཞེས་དང་། མདོ་སྡེ་བསྐལ་བཟང་ལས།

ནམ་མཁའ་དག་གི་ཚད་དག་བཟུང་བ་དང་།
རྒྱ་མཚོ་ཆེན་པོ་མཐར་གྱིས་བགྲང་ནུས་ཀྱི།
སངས་རྒྱས་དག་ལ་དད་པ་ཤས་ཙམ་གྱི།
བསོད་ནམས་ཚད་བཟུང་བར་ནི་ནུས་པར་དཀའ།

ཇི་སྲིད་སྐྱ་ངན་འདས་བདེ་མ་རིག་པར།
དེ་སྲིད་སྲི་ཁོར་སྡུག་བསྔལ་སྤོང་མི་འགྱུར།
དེ་བས་རྒྱལ་བ་བསོད་ནམས་ཞིང་ཐོབ་ནས།
བག་ཡོད་མི་ཡིས་བཀུར་སྟི་མཆོད་པ་གྱིས།

ཅེས་དང་། སྙིང་རྗེ་ཆེན་པོ་པདྨ་དཀར་པོའི་མདོ་ལས་ཀྱང་། ཀུན་དགའ་བོ་དེ་བཞིན་གཤེགས་པ་རྗེས་སུ་དྲན་ནས་ཀྱུགས་རིང་པོ་འབྱིན་པའི་སེམས་ཅན ༡

དག་ཀྱང་ཡོད། སྒྲ་ཟེར་ཞེས་བྱེད་པ་དག་ཀྱང་ཡོད་དེ། སེམས་ཅན་དེ་དག་ནི་སེམས་ཅན་དམྱལ་བ་དང་། དུད་འགྲོའི་སྐྱེ་གནས་དང་། གཤིན་རྗེའི་འཇིག་རྟེན་དུ་མི་འགྲོ་ཞིང་ ཡང་དག་ པར་རྫོགས་པའི་བྱང་ ཆུབ་ཏུ་ངེས་པར་ གཞོལ་བ་དག་གོ །ཞེས་དང་། འཕགས་པ་རྒྱ་ཆེར་རོལ་པའི་མདོ་ལས་ཀྱང་། གཞན་ལ་བརྟེན་ཅིང་ དགེ་བའི་རྩ་ བསྐྱེད་པར་ བྱེད་པ་དེ་ དག་ནི་མ་ བྱོན་པའི་དེ་བཞིན་གཤེགས་པ་དགྲ་བཅོམ་པ་ཡང་དག་ པར་རྫོགས་པའི་སངས་ རྒྱས་རྣམས་ཀྱིས་མཁྱེན་ཅིང་སེམས་ཅན་དེ་ དག་ནི་དེ་ བཞིན་གཤེགས་པ་ རྣམས་ཀྱི་སྤྱོད་ཀྱི་མཛའ་བོ་སྟེ། དེ་དག་ནི་བདག་ཅག་གི་ཡང་མཛའ་བོ་ཡིན་ནོ་སྙམ་དུ་དགོངས་སོ། །ངས་མི་བྱོན་ པའི་ དེ་བཞིན་ གཤེགས་པ་ དགྲ་བཅོམ་པ་ ཡང་དག་ པར་རྫོགས་པའི་སངས་རྒྱས་རྣམས་ལ་ཡང་གཏད་དེ། དེ་དག་ཀྱང་འདི་དག་ནི་བདག་གི་ཡང་མཛའ་བོ་ཡིན་ནོ། ཞེས་བྱ་བར་མཁྱེན་ཅིང་། བསམ་པ་རྫོགས་པར་མཛད་པར་འགྱུར་རོ། ཞེས་དང་། བྱམས་པ་ལུང་བསྟན་པའི་མདོ་ལས་ཀྱང་།

ཤཱཀྱ་སེང་གེའི་བསྟན་པ་ལ། བསླབ་གཞི་ཡང་དག་བླངས་ནས་ནི།
ཇི་ལྟར་གསུངས་བཞིན་རབ་བསྲུངས་ན། ང་ཡི་བསྟན་ལ་ལྷགས་པ་ཡིན།

དགེ་འདུན་ལ་ཡང་ཆོས་གོས་དང་། ཞལ་ཟས་དང་ནི་བཏུང་བ་དང་།
བསྐུར་གསོས་སྣ་ཚོགས་སྦྱིན་པ་རྣམས། ཕུལ་ན་ང་ཡི་བསྟན་ལ་ལྷགས།

བཅུ་བཞི་དང་ནི་བཅོ་ལྔ་དང་། དེ་བཞིན་ཟླ་ཕྱེད་ཆོས་བརྒྱད་དང་།
ཆོ་འཕྲུལ་གྱི་ནི་ཟླ་བ་ལ། བསྙེན་གནས་ཡན་ལག་བརྒྱད་བསྲུངས་ཤིང་།
མཆོད་དང་གཏོང་སྦྱོང་ལེགས་བྱས་ན། ང་ཡི་བསྟན་ལ་ལྷགས་པ་ཡིན།

ཞེས་གསུངས་པ་ལྟར་ མ་བྱོན་པའི་ སངས་རྒྱས་ རྣམས་ཀྱིས་རྗེས་ སུ་འཛིན་ཅིང་

ཆོས་ལྡན་གྱི་བསམ་པ་དོན་མཐུན་དག་རྫོགས་པར་མཛད་པ་སོགས་ལེགས་ཚོགས་ཐམས་ཅད་འགྲུབ་པར་འགྱུར་ལ། རྗེ་བཙུན་མི་ལའི་ཞལ་ནས་ཀྱང་།

བྲག་ལ་སྒོམ་པའི་སྒོམ་ཆེན་དང་། འཚོ་བ་སྐྱོང་བའི་ཡོན་བདག་གཉིས།
སངས་མཉམ་པོར་རྒྱ་བའི་རྟེན་འབྲེལ་ཡིན།
རྟེན་འབྲེལ་གྱི་སྙིང་པོ་བསྔོ་བ་ཡིན།

ཞེས་གསུངས་པ་ལྟར་མཆོད་གནས་ཀྱི་བླ་མ་དང་བསྟེན་བཀུར་བྱེད་པའི་ཡོན་བདག་གཉིས་མཉམ་དུ་སངས་རྒྱ་བ་སོགས་ཀྱི་བར་ཡོད་བསམས་པས། དེ་བླ་མ་དཀོན་མཆོག་གསུམ་ལ་སྤྱི་ཁྱབ་བྱེད་པའི་ལམ་ལ་བརྩོན་པར་བྱའོ།།

རྒྱལ་བའི་བསྟན་པ་བཅོར་གྱི་ཡུལ་འཛིན་དར་ཚུལ་རབ་བཤད་པ།
རྒྱལ་བའི་བསྟན་པ་གསལ་བྱེད་སྒྲོན་མེའི་འོད་སྣང་མཆོད་འཕྲེང་འདིས།
རྒྱལ་བ་ཀུན་འདུས་བླ་མའི་ཐུགས་དགྱེས་མཆོད་སྤྲིན་ཉིད་གྱུར་ཏེ།
རྒྱལ་དང་རྒྱལ་སྲས་ཀུན་གྱི་བར་བདེའི་ཐུགས་བཞེད་ཀུན་འགྲུབ་ཤོག།

དག་ཞིང་གཞན་དུ་བསྐལ་བ་བྱེ་བར་དམ་ཆོས་འཛིན་པ་བས།
ཞིང་འདིར་ཉིན་གཅིག་དམ་ཆོས་འཛིན་པའི་ཕན་ཡོན་ཆེས་ཤིན་ཏུ།
ལྷག་པར་གསུངས་པ་ཡིད་ཆེས་བསྐྱེད་ནས་བློ་ལྡན་རྣམས་ཀྱིས་ནི།
དམ་ཆོས་ཀུན་ཏུ་སྤེལ་བར་མཛོད་ཅེས་སྙིང་ནས་གསོལ་བ་འདེབས།

འདིས་མཚོན་དགེ་བས་རྒྱལ་བསྟན་ཕྱོགས་དུས་ཀུན་ཏུ་དར་ཞིང་རྒྱས་པ་དང་།
བསྟན་འཛིན་ཀུན་ཀྱང་སྐུ་ཚེ་བརྟན་ཅིང་བདག་སོགས་འགྲོ་ཀུན་རྗེས་སུ་བཟུངས།
བདག་ཀྱང་དེང་ནས་རྒྱལ་བའི་དམ་ཆོས་ཀུན་ཏུ་འཛིན་ཅིང་སྤེལ་བ་ཡིས།
མཁའ་མཉམ་ལུས་ཅན་སྨིན་ཅིང་གྲོལ་བའི་ལམ་ལ་སྦྱོར་དུ་འགོད་འགྱུར་ཅིག།

ཚེས་ཆེན་པོ་ཚར་ཀྱི་ཡུལ་དུ་དར་བའི་ཆོས་ཛཱ་ཧོར་བྱུང་བའི་ཚུལ་འཕྲད་པ་རྒྱལ་བའི་བསྟན་པ་རིན་པོ་ཆེ་གསལ་བར་བྱེད་པའི་སྒྲོན་མ་ཞེས་བྱ་བ་འདི་ནི། ཡོངས་རྫོགས་བསྟན་པའི་མངའ་བདག་ཁྲི་ཆེན་མཆོག་སྤྲུལ་ཟམ་ཚ་སྐྱུ་སྐྱབས་རིན་པོ་ཆེ་རིགས་ཀུན་ཁྱབ་བདག་རྡོ་རྗེ་འཆང་ཆེན་པོ་འཇིགས་མེད་དམ་པའི་ཞལ་སྔ་ནས་དེ་ཉིད་རང་རེའི་ཕྲུ་མེད་ཤོག་གི་བསྟན་པའི་ཕྱིར་བདག་ཆེན་པོ་པའི་མོ་རོ་ཡོན་གྱི་དགོན་པར་གདན་འདྲེན་ཞུས་པ་ལྟར་ཕེབས་པའི་སྐབས་སུ་ངོས་ཀྱིས་མཇལ་བར། རྗེ་ཉིད་ཀྱི་ཞལ་ནས་ཁྱོད་ཀྱིས་ཧོར་ཡུལ་དུ་རྒྱལ་རབས་དང་རྒྱལ་བའི་བསྟན་པ་ཇི་ལྟར་དར་ཚུལ་གྱི་རྣམ་གཞག་བོད་ཀྱི་ཡི་གེ་དང་སོག་པོའི་ཡི་གེ་གཉིས་ཀས་རྩོམས་ཤིག་པའི་གསུང་གི་མེ་ཏོག་ཕྱི་བོར་བླང་བ་ལ། ངོས་ཀྱིས་དེ་དག་གི་ཁུངས་ཚད་གཙོད་དཀའ་བས་ཡི་ཕྲུབ་པ་འདྲ་ཞུས་པར། ཕྲུབ་སོད་འབྲི་དགོས་ཞེས་པའི་གསུང་སྙི་བ་ལན་གཉིས་གནང་བ་དང་དུ་བླངས་ཏེ། དོན་གྱི་སྙིང་དུ་མཚན་རྣམ་སྨོས་དེ་པཎ་ཆེན་ཐམས་ཅད་མཁྱེན་པ་བློ་བཟང་དཔལ་ལྡན་ཡེ་ཤེས་དབང་པོའི་ཞལ་སྔ་ནས་དང་། འཇམ་དབྱངས་ཆོས་ཀྱི་རྒྱལ་པོ་རྗེ་བཙུན་དཀོན་མཆོག་འཇིགས་མེད་དབང་པོ་ཡབ་སྲས་ཀྱི་ཞབས་རྡུལ་སྤྱི་བོའི་རྒྱན་དུ་འཛིན་པའི་བཙུན་གཟུགས་ཀྱིན་བགྱི་ཁྲི་དཀའ་བཅུ་སུ་རྡྷི་ཀྵཱ་ཡུ་ཀྱན་པ་ཤིང་གནས་དབྱངས་ཅན་སྒྲོག་པའི་བློ་གྲོས་འཇིགས་མེད་རིག་པའི་རྡོ་རྗེ་འཛིན་པས། ཧོར་གྱི་རྒྱལ་རབས་རྣམས་ནི་རྒྱ་ནག་པའི་མི་ཆེན་ཧྭང་ཐའི་ཇིའི་སྐུ་ཚ་སེ་ཆེན་མ་སྐྱང་ཐའི་ཤིས་མཛད་པའི་རྒྱལ་བརྒྱུད་ཀྱི་གནས་མེ་ཏོག་གི་ཚོམས་མཛོང་བཏོན་ལྡན་སོགས་ཧོར་གྱི་ཡིག་ཚ་རྣམས་ལ་གཞིར་བཞག། བསྟན་པ་རིན་པོ་ཆེ་རྒྱས་པར་མཛད་པའི་སྐྱེས་མཆོག་རྣམས་ཀྱི་རྣམ་པར་ཐར་པ་དེ་བོད་ཀྱི་མཁས་གྲུབ་དམ་པ་རྣམས་ཀྱིས་མཛད་པའི་ལེགས་བཤད་དག

ལས་ཤིན་ཏུ་ཉུང་བར་བསྡུས་ཏེ། རབ་བྱུང་བཅུ་བཞི་པའི་ལེགས་སྦྱར་གྱི་སྐད་དུ་བྲ་སྨྲྀ་ཏི། བསིལ་ལྡན་གྱི་ལྗོངས་སུ་སྐྱོས་ལྡན། ས་དྷཱ་ཙི་རའི་ཡུལ་དུ་གྱི་མཐུ་ཉིས་པའི་ས་ཡོས་ལོའི་ཁྲིམས་ཟླ་བའི་དཀར་ཕྱོགས་ཀྱི་དགའ་བ་གསུམ་པའི་ཉིན་བཀྲ་ཤིས་དགའ་ལྡན་འཕེད་སྒྲུབ་གླིང་དུ་རྫོགས་པར་སྦྱར་བའི་ཡི་གེ་པ་ནི་ཀུ་ཤྲཱི་བློ་བཟང་ལེགས་བཤད་དར་རྒྱས་དང་ཀུ་ཤྲཱི་ལེགས་བཤད་ཆོས་འཛིན་གཉིས་ཀྱིས་བགྱིས་པ་འདིས་ཀྱང་བསྟན་པ་རིན་པོ་ཆེ་ཕྱོགས་དུས་ཀུན་ཏུ་དར་ཞིང་རྒྱས་ལ་ཡུན་རིང་དུ་གནས་པ་དང་། སྐྱེ་འགྲོ་མཐའ་དག་ལ་ཕན་པ་རྒྱ་ཆེན་པོ་འབྱུང་བར་གྱུར་ཅིག།

གང་ལ་ཞུགས་ན་ཐེག་སྒྲིབ་སྡུག་བསྔལ་དྲི་མ་ཀུན་འཁྲུད་ཅིང་།
འཕྲུལ་དང་སྔགས་ཀྱི་ཕན་དང་བདེ་བའི་སྦྱོག་བཟང་རབ་བརྒྱུད་སྟེ།
རྣམ་གྲོལ་ཡིད་བཞིན་ནོར་བུ་སྦྱིན་པའི་ར་བ་སྔོང་མཛད་པ།
ཐུབ་བསྟན་རྒྱ་གཏེར་ཆེན་པོ་སྲིད་མཐའི་བར་དུ་རྒྱལ་གྱུར་ཅིག།

ཧོར་གྱི་ཡུལ་འདིར་བསྟན་པའི་སྦྱིན་བདག་ཆེ།
རྒྱལ་པོའི་རབས་རྣམས་ཇི་ལྟར་བྱུང་ཚུལ་དང་།
དེ་དག་གིས་ཀྱང་བོད་ནས་སྐྱེ་མཆོག་རྣམས།
གདན་དྲངས་རྒྱལ་དང་རྒྱལ་བ་གཉིས་པ་ཡི།
བསྟན་ལ་བྱ་བ་ཇི་ལྟར་མཛད་ཚུལ་ལས།
བརྟམས་ཏེ་བཤེས་གཉེན་བསྟེན་དང་དམ་པའི་ཆོས།
འཛིན་པའི་པན་ཡོན་ལ་སོགས་སྣང་ངོར་ཀྱི།
གནས་རྣམས་རགས་པའང་བརྗོད་པའི་ཆོས་འབྱུང་འདི།
དང་ལྡན་བཟོད་འགྲུས་རྣམ་དཔྱོད་ལྡན་པ་ཡི།

ཀུ་ཤྲཱི་ཆོས་རྗེ་བློ་བཟང་ཆོས་འཕེལ་གྱིས།
ལྷག་བསམ་དགེ་བས་ཡོན་སྦྱར་དཔར་དུ་བསྒྲུབ།
འདིས་མཚོན་དགེ་བས་ཆོས་རྗེ་དེ་ཉིད་སོགས།
ལུས་ཅན་ཀུན་གྱིས་ཚེ་རབས་འབྲེལ་བ་རྟུ།
ཉེར་བཟང་བརྒྱུད་དེ་ས་ལས་མཐར་ཕྱིན་ཅིང་།
རྒྱལ་བ་ཀུན་གྱི་བསྟན་པ་རྗེ་སྐྱོང་བ།
ཕྱོགས་དུས་ཀུན་དུ་དར་ཞིང་རྒྱས་གྱུར་ཅིག།

སརྦ་མཾ།། །།

Anmerkungen im Text.

pag. 4, Z. 8 zu ཕྱུལ : ལྷས — Z. 9 zu མི་ཚ་ཕྲི་རྣམས: ཡངས་པ་ཅན་པའི — Z. 11 zu སྒྲོལ་མ : ཀྱི་བཟང — zu ལྷ་སྨོ་མོས་དཀར་མོ : ཟླ་བཟང — Z. 12 zu དཀར་མོ : འབྲིང་ཟ —

pag. 10, Z. 8 zu རྫིང་གིས : ས་མཐུང་འདི་རྒྱ་གར་ལྷར་འབོད་དགོས —

pag. 19, Z. 7 zu སྟ་སྟོལ : ཀླུ་མའི་ཆར་གཏོགས་ཟེར —

Kritische Anmerkungen

auf Grund der Schiefner'schen Copie.

1,3 ཏ་ཐཡ — 4,3 སྦྲང་རྩིར — 5,10 das Ende dieses Verses ist nicht bezeichnet — 6,3 འབྲུམ་ངོན — 10 སྤུས: meine Verbesserung སྡུས stützt sich auf Sanang Setsen, Geschichte der Ostmongolen (mongolisch), herausgegeben und übersetzt von I. J. Schmidt, St. Petersburg 1829. p. 58,1 (59,2): negüri ('lieu où s'arrête un peuple nomade', Kowalewski, s. v.) 'Zugstrecke' — 7,2 ཚོ་རིགས — 5 གཉིགས — 8,6–7 ཚོ་རིགས — 13 ཧ་སོལ; meine Verbesserung ཧོ་བོལ (s. 'Berichtigungen') stützt sich auf Sanang Setsen, p. 60,14: Chobol — 17 བའི་ཚེ — 9,2 གྲགས་པ་ས་ནས — 3 འཁྲུངས་བོ oder པོ? undeutlich — 13 རྩེ་ཤིང — 10,3 རྗེས — 11,4 བྱིང་བ oder པ? undeutlich — 12,10 བྱ — 13,2 གཏིབ 3 པ་སྤྲིང — 5 ཀྱིས — 6 ཤ་ར — 14,5 ཁྱིག — 18,7 སྐྱེར — 9 སྦྱིག — 12 སྡུས — 19,1 མངའ་བའི — 20,13 ཚན — 23,2 ཀྱི undeutlich — 24,1 དྲང་རིང་བོ — 2 སྤུ་ཕོ — 16 གཙུང — 25,3 ཕྱུར་དྲི — 19 མཛ — 26,5 རྩལ་གྱི — 16 རིལ་བལ — 27,13 ད་ཡི — 14 སོངས

— 30,2 བཙན — 10 ཉར — 15 རོད་གྲིས་ཚ — 31,2 སྨྲང oder སྦྲང? undeutlich — 4 སླེབ་པའི; ob meine Coniectur richtig ist, ist zweifelhaft; vielleicht ist སླེབ eine der vielen im Tibetischen üblichen Zusammenziehungen zweier Wörter — 16 དགུ་ཡི — 32,2 ནི oder པི? undeutlich — 10 སྒྲང — 33,2 སྦྲོ་སྤྲོ ist vielleicht nur infolge der grossen Aehnlichkeit der Schriftzeichen statt ཨྱུ་འཕྲུས verschrieben; vgl. Z. 12 — 15 སྤྲུལ་ཁོར — 16 དགུ — 34,7 ས sehr unsicher, vielleicht མ — 11 པས oder བས? undeutlich — 12 མོ་ཉ་པས — 15 སང་པའི — 35,14 སེང་གེ — 36,14 རེ་བསྐུངས — 16 ཞལ་པ་སྐྱུར — 17 བརྩེར — 37,1 བརྟེན — 7 མི་སྣང — 17 བཀྲུད — བ་གདལ — 38,4 མཚོན་མོ — 7 འཚོངས — ཇི་ན — 39,2 ལྷ oder སྡ? undeutlich — 5 ཨུ་དྷ་ཀར — 21 ཧོ་དྷ — 40,5 གྲོ་ཟླན — 18 ཏ in ཀྲ fehlt — 41,11 ཧོ་མེན་གྲོ: meine Verbesserung stützt sich auf 41,4 — 21 ལ in ཀྲུང undeutlich — 42,1 གསུམ་པས མ — 43,3 ན་རྒྱུར — 20 ཚུ་རི oder ཙུ་རི? undeutlich — 44,1 བཙན — 10 ཚིལ — 16 སྟོང་གི — 45,3 པའི་རེ — 46,4 བཙན — 11 བོ་མི — 47,3 ཐིག — བསྟན་དུ — 17 ཙ — 19 གཙང་པོ oder པོ? undeutlich — 21 རྡུང་ཀྲུལ་པའི — 48,3 བརྟན — 19 ས་སྦོབ — 21 བཙུ — 50,5 vor དེ་ལྟར fehlt der senkrechte Strich — 6 བསྒྲག: dahinter fehlt der senkrechte Strich — 10 སྤྲུངས — 51,8 དགའ་བོ — 14 གྲིས — 52,5 གྲལ — 53,2 རིལ་ལ

— 9-10 ལྷམ་སྐྱོང་ — 14 ཡལ་ངེའི — འབྲུག — 54,11 གར་མི oder གར་མེ oder གར་མི? undeutlich — 18 གཞིར — 55,8 in diesem Verse ist eine Silbe zu viel — 13 རྩོག་བར — 56,13 ད་བསྒྲོག — 58,4 སྣ་ཚོགས — 59,9 བརྩད — སྨྲལ་བའི — 60,13 ཚོ — 64,9 in diesem Verse sind zwei Silben zu viel — 65,10 འཚོང — 66,9 ད་ཡོངས — 20 འཕྲུག — ཀྲུང་ཐོས (?) — 67,15 རྟེན — 21 ཆེན་ནི — 68,7 གསུང་བ — 8 སྦྱི undeutlich — 17 གདུང་བོ — 69,10 ཕ in ཕོད undeutlich — 16 རྫིགས — 18 vielleicht རིགྣ་པ? vergl. übrigens 71,10 — 70,10 གསེར་མ་མདོག — 17 བརྟེད — 71,6 རྟེད — 10 vielleicht བསྙེ་པ? vgl. übrigens 69,18 — 13 བརླས — 15 བཞིབ — 16 མཚན་ནི — 21 མནས་ལས — 72,16 གསལ་པར — 73,2 རྫས — 12 in dieser Zeile fehlt eine Verssilbe — 75,5 བོ་དྲི་གས — 7 བརྡེ — 12 འཆལ — 14 (དཀྱུ)བར — ཐམས — 76,9 འཕྲད་པས — 11 དུའང oder དྲུའང? undeutlich — 78,4 ཀླན — 81,6 ད་སྐྱོར — 82,8: ཟུ — 83,20 ཀྱི་མ་ཡུལ — 21 སོག་ཡིག — 84,1 མཉེར་བའི — 85,19 ཤིང་པ་བྱིའི་ལོར: „im Holz-Mause-Jahr", = A. D. 1242, was als Karma Bakshi's Geburtsjahr ganz falsch ist, vgl. J. A. S. Beng. 1889, p. 51. — 86,1 སྤྲིམ — 11 བདན — 14 བཀྲའི — 15 དན — 88,10 མཚར་བའི — 90,12 དཔངས་མགོ — 92,2 བཙོད — 8 ཆན — 93,3 རྟེའི — 5 སོག — 94,17 སྤྲིབ — 95,2 གཞིས་མ་ཁྲི — 4 དུབ — 97,11 དབྱུང — 98,15 བྱུང — 99,16

སྤྱིང — སྤྲལ — 100,12 མཆོར་པའི — 20 སངའ་པའི — 101,3 སྤྲིན — 15 འཛིན — 18 བསྡོ་པའི — 102,5 བསྐྱིལ — 103,7 རྫོད — 11 དེ་འདི — 104,15 དོ་མ — ད་(ཡིག) — 17 འདུག — 20 ལའི་ཐེམ — 105,7 ཀྱེད — 106,15 རིང་རིར? undeutlich — 109,8 མཛོད — 13 བསྐྲུན — 18 འཁྱལ — 110,11 ཀྱི — 111,11 im 2. Verse ist eine Silbe zu wenig — 16 ད་ལག — 112,5 འཕྱང — 8 der senkrechte Strich fehlt — 15 བྱས་པ — 113,2 ཆེན — 8 རིག་པས — 17 མདུན་མ — 20 སྟོང — 114,2 རིང — 5 པས་མ oder པསམ? undeutlich — 7 རྒྱའི — 10 རྣམས — 116,19 རྫོམ — 117,7 དམ་པར — 16 བསྐོར་པར — 118,3 འཁྲུལ་བ — 4 མདའ་བ — 19 ད་ཡི — ནམ — 20 གཏོལ་པ — 119,2 བཀོད — 5 in diesem Verse ist eine Silbe zu viel. — 14 ཀྱའི — 122,16 སྤྲིན — 124,7 རིལ་ལས — 126,21 པ་ན — 128,20 དེང་དེ རྒོད — 21 འདི་ལས་དང · 130,3 རྒྱང་དུ་དགོས — 6 འདའ — 9 དང་དུ — 12 བ་ཞེས — 20 དག་རྩལ — 131,14 ཚམ་རྟོད — 15 དྲུད་སྒྲར — ཙ་སྒྲཱི — 132,6 ལྷུ? — 13 ཆོས་གཏང — 133,18 མི་ཆེན — 134,4 དྲི་གམ་གའི — 11 ཁྱེས་བས — 135,1 ཀྱི — 9 ཟ — 13 མིག — 136,10 སྟོང — 15 ཀྱི — བཞིའི་པའི — 19 ཤིམ — 137,14 བརྟུལ — 138,7 བསྒོང — 139,11 ཟ — 140,20 ཕ — 141,5 བྱམས — 15 རྒྱ་ཡིས, was in dem Zusammenhang jener Stelle falsch ist — 142,8 ཁྲིད — 5 ཤིདར་ཆེ་ཐར་དའི — 20 ཕ — རྫོམ — 143,8 མགས — 7 རྫོང་བ — 13 མི — 17 རང་གཏམས — 18

མཐུལ — 144,6 བྱང་དུ་བསྐོས — 12 ཕར — 19 བསྟན་དེ — 147,12 བསྒྲིགས — 18 གདང — 148,17 རིམ — 151,18 མཚོད — 20 མངའ — 152,2 བསྐོར་བ — དགེ་བཤེས — 153,3 རྟོགདས — 9 དོར — 12 ཉུན oder ཀྱུན? undeutlich — 18 ལང་ལ — 154,13 མགའ — 14 མང་པོ — 157,2 བསམ་ཡོད — ཀུལ — 158,2 ལྡབ — 4 དེ་གོངས — 6 དཀང་འཛམ — 13 སྐྱེ — 18 གཙང་བའི — 159,2 བོར་ཕོ — 6 དགའ་ལྡན hinter ས gänzlich verderbt; aus **Cos-kyi ñi-ma** (ed. Sarat Chandra Dás, J. A. S. Beng., 1882, p. 65,7) **ergänzt** — གཏམས — 9 རིན པ — 13 སྤྲུལ — 18 ཀྱི་ན་ཡོད — 160,4 འཚོལ — 161,1 སྤགས — 10 སྦྲ་བའི — 162,2 རྡེའི — 9 ར་ཞེའི — 165,11 བཙི ཏེའི — 166,7 སྨྲས — 18 དག་གཅིག — 19 in diesem Verse fehlen 2 Silben — 168,17 ཏུ — 20 འབྲེལ་བ — 169,6 འགྲིང བའི — སློམས་པ་བ; die Wiederholung von བ ist aber wohl nur dadurch verursacht worden, dass in Schiefner's Copie hinter བ die Zeile abbricht. — 15 ཉི — 170,11 གུར — 171,5 བྱང་བདེ — 17 གུ — 20 བཀག་ཟམ — 172,13 ལམ་བར ཏུ — 173,3 འབྲུས — 9 འབྲུས — 12 statt ཚུ་ཀྱི steht མེ་སྤྲེལ „Feuer-Affen(-Jahr)", was aber in den Zusammenhang (vgl. Z. 9. 12. 13—14 auf derselben Seite) durchaus nicht passt. — 16 དུ་སམ — 175,4 གྱུར oder བྱུར? undeutlich — 6 དབོན — 7 གུའི — 8 རྟོགས་ཀྱི — 21 ཇེ — 176,8 ཀན — ཀྱུད

9 བདུན — ཇེ — 15 ཉེར་བ — ཇེ — 18 སྤྱི་རང — 21 སྨྲལ — 177,5 ཆེར — 178,6 རྗེ་རྗེ — 16 རྫོགས — 20–21 གྲོད་པར — 179,9 པའི་ཆེར — 13 དགོ — 16 ཇ — 19 འཁོར — 180,6 གྲུབ — 19 ཆེས undeutlich — 181,3 བ་དེ — 9 འཛིན — 20 ཇས — 183,3 དད — 4 སྦྱིན — 21 ལ་བ་ནག — 184,2 སྐྱིན — 17 སྤྲར — 186,15 ཆེ་བ — 188,2 ཚངས་སོར — 18 དེ་ཁར — 190,2 མཛོད་ལགམས — 17 གིས་ཆའི — 191,9 ཐལ་བའི — གྲུ་བ — 192,3 གསལ་པོ — 7 གསེར་སྐྱན — 193,10 བཅོ — 194,2 གླིང — 7 ནམ་ཀྱིས — 9 der senkrechte Strich hinter བཤད་པ fehlt — 195,1 རོགས — 20 བརྫངས — 197,14 ཆེན་པ — 17 བྲིའི་སོ — 19 འབྲུམ་མཐར — 198,9 ཀྲུའི — 200,8 ཀྱེ — 4 ཆོས་འདི — 5 ཁོད — 13 ཟོད — 14 འཕང་རྩོལ — 17 ཕྱུགས་དད oder ཕྱུགས་དང? undeutlich — 202,3 རབ — 203,4 ཞུ་བ — 7 མཛོད — 8 སྨིན — 10 གསང་བ — 12 ཆོ་ཡོ — 18 སྒྲུར oder རྒྱུར? undeutlich — 204,16 སྨྲུལ — 205,1 གཙོ་བོས — 5–6 in diesem Verse ist eine Silbe zu viel — 7 རྒྱེན oder གྱེན? — 9 དེ་སྐྱའི — 11 སྐྱེ་གུ — 21 རྫོགས — 206,3 ཞལ་སྐྱ — སྨྲུལ — 207,12 དགལ oder ད་གལ? undeutlich — 16 སྟེང — 208,8 སྤུ — 209,9 ཇ — 12 བག — 21 ཁྲི — 210,4 hinter འཁོར fälschlich ein senkrechter Strich — 13 ཁྲུད — 14 ཇེ — 21 སྦྲིའི — 211,5 མཚོ — 14 སྤྲགས — 212,5 རམ — 7 དེས་ཡོས — 10 ཆོད oder ཆོ་ད? undeutlich — 213,15 ཆེ — བཅད — 214,6 ཇེ oder དེ? undeut-

lich — 14 སྤྲིང — 20 དམ་ར — 21 སྤུལ — 215,14 བྱི་ན — 16 ངེད — 20 དང་ཟབ oder དད་ཟབ? undeutlich — 216,6 དོར — 8 དོམ་ཀྱང — 10 ཆེ oder ཆོ? undeutlich — 16 དོར — 217,2 བསྐྱུང — 9 དེད — 14 དེད — 19 གཏོད་དུན — 218,14 འབྲུལ་བ — 15 སྤྲུལ — 219,6 བསྙོད — 221,18 ཕྱོད — 222,7 ཆོམ — 15 བཞལ་བར oder བར? undeutlich — 225,5 འཛིག — ཀིམ — 226,11 འདམ — 227,8 ང་བོ — 11 ཛ — 228,20 འཁྲངས — 229,6 དག་དངང — 17 སྟོང — 19 བཞུང — 230,3 གསན་བས — 231,5 གཏུགས — 12 དུམ་ལམ — 20 སྤྲ་དང — 232,7 ལམ་ཅན — 9 hinter དེ fehlt der senkrechte Strich — 12 ལམ་ཅན — 233,9 མཐད — 14 གུར — 234,5 ཉིམ oder ཉིལ? undeutlich — 17 སྣོར་ཀྱི — 235,1 གསར — 12 སྤར — 237,3 ཏ — 4 དུམ་མནོམ — 238,4 སྐྱངངག — 21 ནསྨ — 240,18 ལྷ་ཚད — 242,10 བཙང་བ oder ན? undeutlich — 20 ཡོང — བསད་དུང — 243,2 in རྨལ ist ན undeutlich — 5 ཉི་མཁང — 10 མའ — 245,1 ཛེ — 7 རྫོང — མ་བཟླ oder མ་བཟླ? undeutlich — 246,6 སྤྲུལ — 13 དང་གུས — 15 གདན — 247,2 in diesem Verse ist eine Silbe zu viel — 4 དད oder དང? undeutlich — 6 ཆོས་ཀྱིས — 8 ཀྱི — 9 ལྷར — 16 ཆིག — 250,2 ང་རིང — 15 དྲི་དང — 17 གུབ་པོ — 251,5 འགམ — 17 གྲུབ་པའི — 21 བྱུང་བ — 252,4 གོ་བསྐྱེད — 17 རམ་རིམ — 253,5 དབྱངས — 18 ཚང་དུ — 19 རྟིམ་བཞད — 254,9 གཞལ་དམ་མཆིམ — 11 ཆམ་གི — 15 ད in དབར

ganz verderbt — 255,2 དཔོ — 15 ཁྲིར — 17 མཚོའོ ‖ — 257,4 སྦུབ — 17 རྒྱལ་པའི — 258,14 hinter བཙ ein senkrechter Strich — 259,1 འཚོབ — 3 དད — 12 བྲིར oder བྲར? undeutlich — 260,2 ཆུ་དེས — 20 ད་ནི — 261,6 བསྐྱུར — 9 ཡོང — 9–10 བསོགས — 262,21 གསུང་པ — 263,1 པ་བྲང — 7 རྒྱབས་ཀྱི — 15 ཁད — 20 ད་ཆེས — 264,4 ཁད — 15 བདེ་བདེ, wohl nur infolge eines Versehens Schiefner's, in dessen Copie die Seite nach dem ersten བདེ abbricht. — 20 ཀྱུ — 265,5 der Schluss dieses Verses ist nicht bezeichnet. — 12 ཚོགས, cf. 266,5 — 17 ཁྲིད — 21 སྨྲ oder སྨྱ? undeutlich — 266,7 སྦྱང — 15 སྤྲུལ — ཟང — 267,8 ཐམས — 267,12. 268,5. 7. 13. 15. 17. 269,8. 12. 14. 16. 270,2. 6. 14. 16. 18. 271,4. 6. 8. 10. 12. 14. 16. 18. 272,2. 4. 6. 8. 10. 273,2. 4. 8. 12. 14. 16. 18. 274,2. 12. 16. 275,2. 4. 6. 8. die beiden letzten Silben sind in eine zusammengezogen. — 267,13 རྨུག — ཟེ — 17 དཀོད — 19 ཟ ཟ, wohl nur durch das Abbrechen der Zeile nach dem ersten ཟ in Schiefner's Copie veranlasst. — 268,8 ཀྲུམ — 269,4 དགོའི — 5 སྦྱོར ganz verderbt — 7 ཁང — 15 སྤྲོལ undeutlich — 16 དེན — 270,11 གྱང — 271,4 in dem ersten Verse fehlt eine Silbe — 5 རེམ་པའི — 272,16 ངས — 274,18 ཉམ — 276,9 དང་བའི — འབྲས — 19 སྦྱུབ་པའི — 21 འབྱང — 277,6 པའ — 8 དབྱིན — 14 der

Schluss des ersten Verses ist nicht bezeichnet — 278,6 ད་ཡི — 279,14 སྤྲང — 280,14 གཡེང་བའི — 19 ཕ་གུམ — 281,1 ནྡཔ་པར — 14 ཆད — 20 ང in རིང sehr undeutlich — 282,7 མཛེད — 9 ངལ་སོ — 13 སྐྱན — 19 སྤྲོད — ངའི་བསྐྱན. was metri causa unzulässig ist — 283,9 ཚོལ — 284,5 སྤྲིན — 16 བ in དབྱངས undeutlich — 285,2 བྱ་དྲི — 11 རེ་བསྐོང — 286,3 ད —

Berichtigungen.

pag.	8	Z.	13:	statt	ཧ་བོལ་ཧྲད	lies	ཧོ་ཆོལ་ཧ་ན
„	9	„	3:	„	འཁྲུངས་པོ	„	འཁྲུངས་པ
„	25	„	14:	„	ཕཔཔ	„	ཐབ་བ
„	41	„	11:	„	ཡོ	„	ཡོ
„	52	„	9:	„	དེམ	„	དེས
„	54	„	18:	„	ཙན	„	ཅན
„	55	„	7:	„	སེད	„	སེད
„	55	„	9:	„	སྒྲུ	„	སྒྲག
„	55	„	13:	„	ཐར	„	སར
„	61	Seitenzahl		„	༥༡	„	༦༡

pag. 94	Z. 5:	statt ཕོའི	lies པའི
„ 113	„ 14:	„ སྦྱོངས	„ སྦྲོངས
„ 120	„ 3:	„ གནས	„ གནས་གནས
„ 124	„ 13:	„ སྐལ་བ	„ སྐལ་པ
„ 145	„ 1:	„ བཏབ་པས	„ བཏབ་བས
„ 177	„ 10:	„ སྦྱངས	„ སྦྲངས
„ 178	„ 10:	„ ~'	„ ~
„ 189	„ 14:	„ ཡས	„ སྨས

„ 67 „ 14
„ 80 „ 14
„ 182 „ 7
„ 194 16—17
„ 219 „ 5

} „ སྒྲོལ་བར „ སྒྲོལ་པར resp. བའི resp. པའི

www.ingramcontent.com/pod-product-compliance
Lightning Source LLC
Chambersburg PA
CBHW022102230426
43672CB00008B/1259
* 9 7 8 3 3 3 7 3 8 5 1 4 9 *